ΠΑΡΑΜΑΧΑΝΣΑ ΓΙΟΓΚΑΝΑΝΤΑ
(5 Ιανουαρίου 1893 – 7 Μαρτίου 1952)

ΤΑΞΙΔΙ ΠΡΟΣ ΤΗ ΣΥΝΕΙΔΗΤΟΠΟΙΗΣΗ ΤΟΥ ΕΑΥΤΟΥ

ΣΥΛΛΟΓΗ ΑΠΟ ΟΜΙΛΙΕΣ ΚΑΙ ΔΟΚΙΜΙΑ ΓΙΑ
ΤΗ ΣΥΝΕΙΔΗΤΟΠΟΙΗΣΗ ΤΟΥ ΘΕΟΥ
ΣΤΗΝ ΚΑΘΗΜΕΡΙΝΗ ΖΩΗ, ΤΟΜΟΣ ΙΙΙ

ΑΠΟ ΤΟΝ ΠΑΡΑΜΑΧΑΝΣΑ ΓΙΟΓΚΑΝΑΝΤΑ

ΣΧΕΤΙΚΑ Μ' ΑΥΤΟ ΤΟ ΒΙΒΛΙΟ: Το *Ταξίδι Προς τη Συνειδητοποίηση του Εαυτού* είναι το τρίτο από τα ανθολόγια των σταχυολογημένων ομιλιών και δοκιμίων του Παραμαχάνσα Γιογκανάντα. Το πρώτο, *Η Αιώνια Αναζήτηση του Ανθρώπου*, δημοσιεύθηκε το 1975. ακολούθησε το 1986 το *Θεϊκό Ειδύλλιο*. Σ' αυτά τα ανθολόγια περιλαμβάνονται διαλέξεις, ανεπίσημες ομιλίες σε τάξεις γιόγκα και κείμενα που εμπνέουν, που αρχικά είχαν εκδοθεί από το Self-Realization Fellowship στο περιοδικό του, το οποίο άρχισε να κυκλοφορεί από το 1925 (γνωστό από το 1948 ως *Self-Realization*). Οι περισσότερες από τις ομιλίες δόθηκαν στους ναούς του Self-Realization Fellowship που ίδρυσε και στο κεντρικό κτίριο της έδρας του Self-Realization Fellowship στο Λος Άντζελες. Μιλούσε μέσα από την ψυχή του, χωρίς να χρησιμοποιεί γραπτά κείμενα, ανεξάρτητα από το θέμα του. Το γεγονός ότι τα λόγια του διατηρήθηκαν για την τωρινή και τις μελλοντικές γενιές οφείλεται κυρίως στην αφοσιωμένη προσπάθεια μιας από τις αρχικές και πιο στενές μαθήτριές του, που υπηρέτησε για πολλά χρόνια ως εμπιστευτική γραμματέας του και τον βοήθησε να διεκπεραιώσει το πνευματικό και ανθρωπιστικό έργο του. Για περισσότερο από δύο δεκαετίες, η Σρι Ντάγια Μάτα (πρόεδρος του Self-Realization Fellowship από το 1955 μέχρι που πέθανε, το 2010) κατέγραφε με στενογραφία τις δημόσιες διαλέξεις και ομιλίες του, την καθοδήγηση που έδινε ανεπίσημα όταν συναντιόταν με μικρές ομάδες μαθητών και πολλές από τις προσωπικές συμβουλές του. Το *Ταξίδι Προς τη Συνειδητοποίηση του Εαυτού*, όπως και τα δύο προηγούμενα βιβλία του ανθολογίου, παρέχει στον αναγνώστη μια πλούσια συλλογή των γραπτών και των προφορικών λόγων του Παραμαχάνσα Γιογκανάντα σ' ένα ευρύ φάσμα θεμάτων, προφέροντας επίσης μια επαφή με τη δυναμική και γεμάτη αγάπη προσωπικότητα του μεγάλου παγκόσμιου δασκάλου.

Ο τίτλος του βιβλίου στα Αγγλικά που εκδίδεται από το
Self-Realization Fellowship, Los Angeles (California):
Journey to Self-Realization

ISBN-13: 978-0-87612-256-3
ISBN-10: 0-87612-256-X

Μεταφρασμένο στα Ελληνικά από το Self-Realization Fellowship

Copyright © 2018 Self-Realization Fellowship

Όλα τα δικαιώματα διατηρούνται. Εκτός από σύντομα αποσπάσματα, επί λέξει σε εισαγωγικά, κανένα τμήμα του βιβλίου *Ταξίδι Προς τη Συνειδητοποίηση του Εαυτού (Journey to Self-Realization)* δεν επιτρέπεται να αναπαραχθεί, αναδημοσιευθεί, αποθηκευτεί, μεταδοθεί ή προβληθεί σε οποιαδήποτε μορφή, ή με οποιοδήποτε μέσον (ηλεκτρονικό, μηχανικό ή άλλο) που είναι γνωστό τώρα ή θα εφευρεθεί στο μέλλον – περιλαμβανομένων φωτοτυπιών, ηχητικών καταγραφών, ή οποιοδήποτε σύστημα αποθήκευσης ή ανάκτησης πληροφοριών, χωρίς προηγούμενη γραπτή άδεια από το Self-Realization Fellowship, 3880 San Rafael Avenue, Los Angeles, California 90065-3219, USA.

 Εξουσιοδοτημένη έκδοση από το Συμβούλιο Διεθνών
Εκδόσεων του Self-Realization Fellowship

Το όνομα και το έμβλημα του Self-Realization Fellowship (που φαίνονται παραπάνω) υπάρχουν σε όλα τα βιβλία, καταγραφές και άλλες δημοσιεύσεις του SRF, βεβαιώνοντας τον αναγνώστη ότι ένα έργο προέρχεται από την κοινότητα που ίδρυσε ο Παραμαχάνσα Γιογκανάντα και μεταβιβάζει πιστά τις διδασκαλίες του.

1η έκδοση στα Ελληνικά από, 2018
First edition in Greek, 2018
Αυτή η εκτύπωση 2018
This printing 2018

ISBN-13: 978-0-87612-827-5
ISBN-10: 0-87612-827-4

1656-J5065

Αφιερωμένο από το Self-Realization Fellowship
στην αγαπημένη μας πρόεδρο
ΣΡΙ ΝΤΑΓΙΑ ΜΑΤΑ
της οποίας η πιστή αφοσίωση στην καταγραφή των
λόγων του Γκουρού της για τις επόμενες γενιές
διατήρησε για μας και για τους αιώνες
την απελευθερωτική σοφία και την αγάπη για τον Θεό
του Παραμαχάνσα Γιογκανάντα

Η Πνευματική Κληρονομιά του Παραμαχάνσα Γιογκανάντα

Ο Παραμαχάνσα Γιογκανάντα είναι ευρέως αναγνωρισμένος ως μια από τις εξέχουσες πνευματικές μορφές της σύγχρονης εποχής, και η επιρροή της ζωής του και του έργου του εξακολουθεί να αυξάνεται. Πολλές από τις θρησκευτικές και φιλοσοφικές έννοιες και μεθόδους που παρουσίασε πριν από δεκαετίες, βρίσκουν τώρα απήχηση και εφαρμόζονται στην παιδεία, την ψυχολογία, τις επιχειρήσεις, την ιατρική και άλλους τομείς εργασίας – συνεισφέροντας με εκτενείς τρόπους σε ένα πιο ολοκληρωμένο, ανθρωπιστικό και πνευματικό όραμα της ανθρώπινης ζωής.

Το γεγονός ότι οι διδασκαλίες του Παραμαχάνσα Γιογκανάντα ερμηνεύονται και εφαρμόζονται σε πολλά διαφορετικά πεδία, καθώς και από ποικίλα φιλοσοφικά και μεταφυσικά κινήματα, δεν καταδεικνύει μόνο τη σπουδαία πρακτική χρησιμότητα όσων δίδαξε. Καθιστά επίσης σαφή την ανάγκη να βρεθούν τρόποι να διασφαλιστεί ότι η πνευματική κληρονομιά που άφησε δεν θα αλλοιωθεί, δεν θα κατακερματιστεί και δεν θα διαστρεβλωθεί με την πάροδο του χρόνου.

Με την αυξανόμενη ποικιλία των πηγών πληροφοριών σχετικά με τον Παραμαχάνσα Γιογκανάντα, οι αναγνώστες μερικές φορές ρωτούν πώς μπορούν να είναι σίγουροι ότι μια έκδοση ή δημοσίευση βιβλίου ή άλλου υλικού παρουσιάζει με ακρίβεια τη ζωή του και τις διδασκαλίες του. Σε απάντηση σ' αυτές τις ερωτήσεις θα θέλαμε να εξηγήσουμε ότι ο Σρι Γιογκανάντα ίδρυσε το Self-Realization Fellowship[1] για να

---

[1] Κατά κυριολεξία «Αδελφότητα της Συνειδητοποίησης του Εαυτού» (πουθενά όμως δεν απαντάται μ' αυτό το μεταφρασμένο όνομα). Ο Παραμαχάνσα Γιογκανάντα εξήγησε ότι το όνομα Self-Realization Fellowship σημαίνει «Αδελφότητα με τον Θεό μέσω συνειδητοποίησης του Εαυτού και φιλία με όλες τις ψυχές που αναζητούν την Αλήθεια». Βλ. επίσης «Στόχοι και Ιδεώδη του Self-Realization Fellowship» και γλωσσάριο.

διαδώσει τις διδασκαλίες του και να διατηρήσει την καθαρότητα και την ακεραιότητά τους για τις μελλοντικές γενιές. Ο ίδιος προσωπικά επέλεξε και εκπαίδευσε τους στενούς μαθητές του που ηγούνται του Συμβουλίου Εκδόσεων του Self-Realization Fellowship και τους έδωσε συγκεκριμένες κατευθυντήριες οδηγίες για την προετοιμασία και τη δημοσίευση των ομιλιών του, των γραπτών του και των *Μαθημάτων του Self-Realization*. Τα μέλη του Συμβουλίου Εκδόσεων του SRF τιμούν αυτές τις κατευθυντήριες οδηγίες ως ιερή ευθύνη, ώστε το παγκόσμιο μήνυμα αυτού του αγαπημένου από όλη την υφήλιο δασκάλου να συνεχίσει να διαδίδεται με την αρχική του δύναμη και αυθεντικότητα.

Το όνομα Self-Realization Fellowship και το έμβλημα SRF (που φαίνονται παραπάνω) προήλθαν από τον Σρι Γιογκανάντα για να προσδιορίσουν την ταυτότητα της οργάνωσης που ίδρυσε για να συνεχίσει το παγκόσμιο πνευματικό και ανθρωπιστικό έργο του. Αυτά υπάρχουν σε όλα τα βιβλία, ηχητικές και βιντεοσκοπημένες καταγραφές, φιλμ και άλλες εκδόσεις του Self-Realization Fellowship, βεβαιώνοντας τον αναγνώστη ότι το έργο προέρχεται από την οργάνωση που ίδρυσε ο Παραμαχάνσα Γιογκανάντα και αποτυπώνει πιστά τις διδασκαλίες του, όπως ο ίδιος θέλησε να δοθούν.

SELF-REALIZATION FELLOWSHIP

Περιεχόμενα

Πρόλογος xxi
Εισαγωγή xxv

Πώς να Είστε Παντοτινά Νεανικοί 1
Γνωρίστε τον Λόγο της Ύπαρξής Σας 2
Η Νεότητα Είναι Μια Κατάσταση του Νου και της Ψυχής, Καθώς
και του Σώματος 3
Οι Πέντε Νοητικές Καταστάσεις της Συνειδητότητας 4
Μάθετε να Χαμογελάτε με Ειλικρίνεια σε Όλες τις Περιστάσεις 6
Η Σημασία της Προθυμίας και του να Είμαστε Λιγότερο Επικεντρωμένοι
στον Εαυτό Μας 10
Είναι Εφικτή η Αιώνια Νεότητα του Σώματος; 11
Όσο Μεγαλύτερη Είναι η Θέληση, Τόσο Μεγαλύτερη Είναι
η Ροή της Ενέργειας 12
Να Υπακούτε τους Νόμους του Θεού Που Είναι Ενσωματωμένοι
στη Συμπαντική Φύση 13
Το «Ελιξίριο της Νεότητας» Βρίσκεται Μέσα στην Ψυχή 15

Αναδιαμορφώνοντας τη Ζωή Σας 18
Η Ζωή Είναι Μια Μήτρα Συνειδητότητας 20
Η Δύναμη της Συνήθειας 20
Τα «Γηρατειά» Είναι Κατάσταση του Νου 22
Η Δύναμη της Θέλησης Είναι το Μέσον για την Αλλαγή 23
Ελευθερία Είναι να Ενεργείτε για το Ύψιστο Καλό Σας 24
Και η Διάκριση και η Δύναμη Θελήσεως Είναι Απαραίτητες 25
Διώξτε από τον Νου Σας τις Ανεπιθύμητες Σκέψεις 26
Είμαστε Αυτό Που Νομίζουμε Ότι Είμαστε 26
Μην Αφήνετε Τίποτα να Εξασθενίσει τη Θέληση Πίσω από τις
Θετικές Σκέψεις 28
Αλλάξτε τη Συνειδητότητά Σας από Θνητότητα σε Θεότητα 29

Ένας Κόσμος Συμπαντικής Ψυχαγωγίας 32

    Ο Κόσμος Είναι το Λίλα του Θεού 33
    Να Βλέπετε τη Ζωή Σαν μια Κινηματογραφική Ταινία 35
    Ξυπνήστε από το Συμπαντικό Όνειρο 36
    Η Συναισθηματική Ευαισθησία Είναι η Αιτία του Πόνου 39
    Να Είστε Σαν τον Δραστήριο-Αδρανή Κύριο 40
    Στην Ποικιλία της Δημιουργίας Υπάρχει Μια Εγγενής Ενότητα 42

Γιατί ο Θεός Δημιούργησε τον Κόσμο **45**
    Η Δύναμη του Ανθρώπου Δεν Είναι Τίποτα σε Σύγκριση με Αυτήν
    του Θεού 46
    Αυτός ο Κόσμος Είναι το Χόμπι του Θεού 48
    Βλέποντας με τα Ανοιχτά Μάτια της Σοφίας και της Ηρεμίας 49
    Η Ελεύθερη Επιλογή – το Μεγαλύτερο Δώρο του Θεού 51
    Να Παρακολουθείτε τον Εαυτό Σας από τον Εξώστη της
    Ενδοσκόπησης 52
    Διαχωρίστε το Μη Πραγματικό από το Πραγματικό 53

Πώς ο Θεός Μάς Έλκει Πίσω σ' Αυτόν **55**
    Η Θρησκευτική Δεισιδαιμονία Έκανε τους Ανθρώπους να Φοβούνται
    τον Θεό 56
    Ο Νόμος της Έλξης, Εγγενής στη Δημιουργία 58
    Οι Δυνάμεις του Θεού της Έλξης και της Απώθησης σε Λειτουργία
    στη Συμπαντική Δημιουργία 59
    Πώς οι Σκέψεις του Θεού Εξελίσσονται σε Ύλη 62
    Η Εξέλιξη και το Αντίθετο: Η Ενέλιξη 63
    Εκδηλώνοντας τις Θεϊκές Ιδιότητες Που Είναι Εγγενείς στα
    Πέντε Στάδια της Επιστροφής της Ψυχής στον Θεό 64
    Τα Μονοπάτια της Γνώσης, της Αφοσίωσης και της Δράσης 67
    Να Εργάζεστε για τον Θεό, να Αγαπάτε τον Θεό, να Γίνετε Σοφοί
    με τον Θεό και να Τον Συνειδητοποιήσετε Μέσω της Κρίγια Γιόγκα 70

Αποκτώντας Συντονισμό με την Πηγή της Επιτυχίας **72**
    Επιτυχία Σημαίνει να Δημιουργείτε Κατά Βούληση Αυτό Που Χρειάζεστε 73
    Καλλιεργήστε Ευημερία για να Βοηθήσετε τους Άλλους 75
    Να Έχετε Πίστη στη Δύναμη του Θεού 76
    Έχοντας τον Θεό, Έχουμε τα Πάντα 78
    Αναζητήστε την Επαφή με τον Θεό και Θα Σας Καθοδηγήσει 80
    «Όπως Αντιλαμβάνομαι Εγώ, Είθε να Αντιλαμβάνεστε κι Εσείς» 81

Περιεχόμενα

Επάγγελμα, Ισορροπία και Εσωτερική Γαλήνη 82
   Το Έγκλημα και η Βία Είναι οι Πικροί Καρποί Ενός Μη
   Ισορροπημένου Πολιτισμού 83
   Προσδίδοντας Πνευματικότητα στη Φιλοδοξία με το Ιδεώδες
   της Προσφοράς Προς τους Άλλους 84
   Χρειάζεται Μια Ισορροπία Μεταξύ των Χαρακτηριστικών
   Γνωρισμάτων της Ανατολής και της Δύσης 85
   Μάθετε την Τέχνη να Ζείτε Σωστά 87
   Διάγοντας Μια Ισορροπημένη Ζωή 88

Διερευνώντας τον Πυρήνα της Νευρικότητας 92
   Τα Υγιή Νεύρα Είναι Απαραίτητα για Ένα Υγιές Σώμα 92
   Εξετάστε τον Εαυτό Σας για να Δείτε Τι Σας Κάνει Νευρικούς 93
   Μάθετε να Ελέγχετε τα Συναισθήματά Σας 95
   Το να Παγιδευόμαστε σε Συναισθήματα Σημαίνει Ότι Ξεχνάμε τον Θεό 96
   Η Επιθυμία και η Προσκόλληση Εντείνουν τη Νευρικότητα 97
   Η Σωστή Στάση Απέναντι στον Πλούτο 98
   Το Νευρικό Σύστημα Σας Συνδέει με τον Κόσμο και τον Θεό 99
   Η Πνευματική Φυσιολογία Που Καθιστά τον Άνθρωπο Μοναδικό 100
   Το Πνευματικό Μάτι: Η Επιτομή της Δημιουργίας 102
   Πώς το Περίπλοκο Ανθρώπινο Σώμα Δημιουργείται από το Πνεύμα 103
   Το Χρώμα Είναι Σημαντικό στη Ζωή Σας 104
   Η Καλύτερη Διατροφή για τα Νεύρα 105
   Ο Συντονισμός με τον Θεό: το Μεγαλύτερο Γιατρικό για
   τη Νευρικότητα 106
   Να Ζείτε Σαν Θεοί, και Θα Προσελκύετε Άγιους Φίλους 107
   Η Κρίγια Γιόγκα Δίνει την Αληθινή Εμπειρία της Θρησκείας ... 108

Τι Είναι Αλήθεια; 110
   Αλήθεια Είναι Αυτό Που Προσφέρει Μόνιμη Ευτυχία 110
   Οι Τρεις Τρόποι να Φτάσουμε στην Αλήθεια 111
   Η Διαίσθηση: Η Δύναμη της Ψυχής Που Γνωρίζει τα Πάντα 113
   Μέσω της Διαίσθησης Γνωρίστε τον Σκοπό της Ύπαρξής Σας .. 114
   Η Διαίσθηση Αναπτύσσεται Μέσω του Διαλογισμού 115
   Αποκτήστε τη Δύναμη Που Δεν Αποτυγχάνει Ποτέ 116

Η Πανταχού Παρούσα Συνειδητότητα του Χριστού και του Κρίσνα 118
   Το Σύμπαν Αποτελείται από Υλοποιημένες Σκέψεις 121
   Η Αντιστοιχία της Τριάδας στις Ινδουιστικές και τις Χριστιανικές Γραφές 123

Διευρύνετε τη Συνειδητότητά Σας και Γνωρίστε τον Πραγματικό Χριστό 124

Η Πνευματική Ιδιοτέλεια σε Αντίθεση με τη Φαύλη Ιδιοτέλεια 127
    Η Ιδέα της Ιδιοκτησίας Είναι Μια Απατηλή Έννοια 128
    Η Παγκόσμια Οικογένεια Είναι ο Μεγαλύτερος Εαυτός Σας 129
    Χωρίς Φαύλη Ιδιοτέλεια ο Κόσμος Θα Ήταν Παράδεισος 130
    Η Χαρά να Είναι Κάποιος Ανιδιοτελής 132
    Η Ανιδιοτέλεια Διευρύνει τη Συνειδητότητα 133
    Υπηρετήστε τους Άλλους με το Ιδανικό της Αλήθειας με το
    Παράδειγμά Σας 135

Μήπως Έχουμε Ξανασυναντηθεί; 137
    Χρειάζονται Πολλές Ζωές για να Χτιστεί το Μέγαρο της Φιλίας 139
    Αναγνωρίζοντας Αυτούς Που Γνωρίζατε Από Πριν 139
    Ειλικρίνεια Μαζί με Φροντίδα 141
    Κερδίστε τη Φιλία του Θεού 142
    Όταν η Φιλία Γίνει Θεϊκή, Θα Αγαπάτε τους Πάντες 143

Η Τέχνη να Τα Πηγαίνουμε Καλά σ' Αυτόν τον Κόσμο 145
    Η Σπουδαιότητα να Τα Πηγαίνετε Καλά με τον Εαυτό Σας 146
    Η Συνείδησή Σας Θα Σας Βοηθήσει να Τα Πάτε Καλά με τον Εαυτό Σας 148
    Η Αταραξία: Το Σωστό Θεμέλιο της Ύπαρξης του Ανθρώπου 148
    Η Βαθιά Περισυλλογή: Ένας Διάδρομος για τον Θεό και
    τη Διαισθητική Αντίληψη 149
    Η Περισυλλογή Γίνεται Δράση από την Κοινή Λογική 150
    Ελέγξτε τις Επιθυμίες και τη Συνήθεια να Σπαταλάτε τον Χρόνο Σας 151
    Η Καλή Σχέση με τους Άλλους Ξεκινά από το Σπίτι 151
    Μη Θυσιάζετε τα Ιδανικά Σας για να Ευχαριστείτε τους Άλλους 152
    Να Χαμογελάτε Μέσα από την Ψυχή Σας 153
    Κάποια Στιγμή Πρέπει να Παραμένετε Σιωπηλοί Αλλά Ακλόνητοι 154
    Να Φέρεστε με Λεπτότητα· οι Άνθρωποι Δεν Είναι Αναίσθητες Πέτρες 155
    Να Είστε Ειλικρινείς· Ποτέ Μην Καταφεύγετε στην Κολακεία 158
    Ελάτε για την Αλήθεια Που Ρέει από την Ψυχή Μου 160
    Ρωτήστε τον Εαυτό Σας Αν Τα Πηγαίνετε Καλά με τον Θεό 161

Η Ψυχολογία της Ευθιξίας 163

Γιατί η Αγάπη Επιτυγχάνει Εκεί Που η Ζήλεια Αποτυγχάνει 167
    Όλες οι Σχέσεις Πρέπει να Έχουν Θεμέλιο τη Φιλία 168

Περιεχόμενα

Η Ζήλεια Προδιαγράφει το Τέλος της Ευτυχίας............ 169
Η Ζήλεια Προέρχεται από Σύμπλεγμα Κατωτερότητας............ 170
«Ό,τι Δεν Είναι Δικό Μου, Ας Φύγει»............ 170
Οι Σκέψεις Μπορούν να Είναι Πιο Αποτελεσματικές από τα Λόγια............ 171
Ο Θεός Είναι η Έσχατη Απάντηση............ 172
Αυτοί με Αδαμάντινη Νοοτροπία Αντανακλούν το Φως του Θεού............ 173
Η Αποτελεσματικότητα της Ολόψυχης Αφοσίωσης στον Θεό............ 174

Καλέστε την Κατά Χριστόν Συνειδητότητα Μέσα Σας............ 177
Ο Σωστός Τρόπος Εορτασμού των Χριστουγέννων............ 178
Η Δικαιοσύνη του Θεού............ 179
Η Οικουμενικότητα της Κατά Χριστόν Συνειδητότητας............ 180
Να Αγαπάτε Όλες τις Χώρες και Όλες τις Φυλές............ 183
Είθε να Έρθει η Δευτέρα Παρουσία Μέσα Σας............ 184

Ποια Είναι η Αληθινή Ισότητα των Ανθρώπων;............ 186

Η Ανάγκη για Οικουμενικές Θρησκευτικές Αρχές............ 188

Ο Μαχάτμα Γκάντι: Απόστολος της Ειρήνης............ 203
Η Χρησιμοποίηση της Πυρηνικής Ενέργειας από τον Άνθρωπο............ 204
Ο Θησαυρός του Γκάντι............ 205
Αντιμετωπίζοντας τον Θάνατο............ 206
Κι Όσον Αφορά το Μέλλον;............ 207
Σημείωση του Εκδότη............ 208

Έθνη, Προσέξτε!............ 210
Ο Σωστός Πατριωτισμός............ 211

Ένας Ενωμένος Κόσμος με Πρόεδρο τον Θεό............ 214
Διευρύνετε την Αγάπη Σας σε Όλα τα Έθνη............ 215
Γίνετε «Εκατομμυριούχοι του Χαμόγελου»............ 216
Η Εύρεση του Θεού Δίνει Μεγάλη Ανακούφιση και Ευτυχία............ 217

Είναι ο Θεός Δικτάτορας;............ 220
Η Ιστορία της Ηγεσίας............ 221
Κατά Μία Έννοια, ο Θεός Είναι Δικτάτορας............ 224
Το Σχέδιο της Δημιουργίας Ορίστηκε από τον Θεό............ 224
Πνευματική Δικτατορία............ 225
Ο Θεός Αρνείται να Διατάξει τα Παιδιά Του............ 226

Ο Άνθρωπος Θα Πρέπει να Διδαχθεί τον Οικουμενικό Πατριωτισμό................ 227
Κάποιες Αξιόλογες Ιδέες του Francis Bacon.. 228
Κάπου Πρέπει να Κάνουμε Μια Αρχή 230
Ο Θεός Είναι Αυτός Που Δίνει Ζωή σε Όλα τα Όντα....................................... 231
Ένας Δικτάτορας Δεν Θα Μας Έδινε το Δικαίωμα να Τον Απορρίψουμε 231
Είστε Δυνητικά Ίσοι με τον Θεό... 233

Λαμβάνοντας τις Απαντήσεις του Θεού στις Προσευχές Σας 234
Πώς Ένας Γιος του Θεού Που Ξέχασε τη Θεϊκή Του Καταγωγή
  Μπορεί να Αφυπνιστεί 235
Πώς η Πεποίθηση Ότι Είστε Γιοι του Θεού Μπορεί να Γίνει
  Συνειδητοποίηση 236
Η Απαίτηση σε Αντίθεση με την Προσευχή.. 236
Η Έντονη Προσοχή και Αφοσίωση Είναι Απαραίτητες..................................... 239
Απαιτείτε Ασταμάτητα και Θα Λάβετε 240
Μερικές Πρακτικές Συμβουλές... 241
Καθημερινά Άνθη από το Πάντα Ζωντανό Φυτό των
  Προσευχών-Απαιτήσεων.. 242

Ο Σοφός Τρόπος να Υπερβείτε το Κάρμα... 244
Οι Επιρροές Πάνω στην Ελευθερία της Δράσης του Ανθρώπου 245
Ανακτώντας τη Δοθείσα από τον Θεό Ελευθερία Σας... 247
Περισώστε την Ελευθερία Σας με Σοφία και Διάκριση...................................... 248
Μάθετε να Πράττετε με Σοφία Συντονιζόμενοι με Έναν Αληθινό
  Γκουρού 249
Πώς η Πειθαρχία του Γκουρού Ελευθερώνει Κάποιον από Ιδιοτροπίες
  και Συνήθειες Που Τον Υποδουλώνουν 251
Η Σοφία Καταστρέφει τις Ρίζες Κάθε Δυστυχίας... 253
Ο Αληθινός Σκοπός της Θρησκείας 255

Συνειδητοποιήστε την Κατά Χριστόν Αθανασία Σας! 258

Αυξάνοντας τον Μαγνητισμό Σας... 265
Ξεκινήστε με το να Είστε Καλοί με Όλους 266
Πρέπει να Καλλιεργηθεί ο Εσωτερικός Εαυτός 267
Μετατρέψτε τις Δοκιμασίες Σας σε Θριάμβους 269
Η Δύναμη της Καλής Συντροφιάς και της Έντονης Προσοχής 270
Ο Θεός Είναι η Υπέρτατη Μαγνητική Δύναμη 271

Περιεχόμενα

Προετοιμαζόμενοι για την Επόμενη Ενσάρκωσή Σας 273
   Κατανοώντας Γιατί Είμαστε Εδώ 274
   Αν Έχετε τον Νου Σας στον Θεό, Θα Ελευθερωθείτε 275
   Εκπληρώνοντας τα Καθήκοντά Σας Απέναντι στον Θεό και στον
     Άνθρωπο 277
   Η Σωστή Στάση Απέναντι στα Βάσανα 278
   Βρίσκοντας τη Θεϊκή Αγάπη Πίσω από την Ανθρώπινη Αγάπη ... 279
   Η Φιλία – Η Αγνότερη Μορφή Αγάπης 280
   Πνευματικά Ιδανικά για Έναν Ευτυχισμένο Γάμο 281
   Εξισορροπώντας τις Γυναικείες και τις Ανδρικές Ιδιότητες 282
   Ελευθερωθείτε από το Σχολείο των Προβλημάτων 284

Οι Αληθινές Ενδείξεις της Προόδου στον Διαλογισμό 286

Εστιάζοντας τη Δύναμη της Προσοχής για Επιτυχία 289
   Ένα Διαφορετικό Κριτήριο Επιτυχίας στην Ανατολή και τη Δύση ... 290
   Η Ζωή Είναι Κάτι Περισσότερο από Απλή Ύπαρξη 292
   Η Ζωή Θα Πρέπει να Απλουστευθεί 293
   Ο Παράδεισος Βρίσκεται Μέσα Μας, Όχι σε Αντικείμενα 294
   Η Επιτυχία Σας Είναι Αυτό Που Έχετε Κατορθώσει Μέσα Σας ... 295
   Βάλτε τα Καθήκοντά Σας στη Σωστή Προοπτική 296
   Η Θεϊκή Αγάπη Είναι Αξεπέραστη 298
   Η Δύναμη Πίσω από Κάθε Δύναμη 300
   Η Πρακτικότητα του να Αναζητά Κάποιος Πρώτα τον Θεό 301
   Ο Διαλογισμός Αίρει τους Νοητικούς Περιορισμούς 302
   Κρατάτε την Προσοχή Σας Συγκεντρωμένη 304
   Η Εστίαση της Προσοχής στη Δύναμη του Θεού Καθιστά Βέβαιη
     την Επιτυχία σε Οποιοδήποτε Εγχείρημα 305

Επισπεύδοντας την Ανθρώπινη Εξέλιξη 306
   Ο Σκοπός της Ζωής Είναι να Αναπτυχθείτε σε Γνώση και Σοφία ... 307
   Η Εξέλιξη Μπορεί να Επιταχυνθεί 309
   Αυξάνοντας τη Δεκτικότητα του Εγκεφάλου 311
   Η Εστιασμένη Αυτοσυγκέντρωση Σας Καθιστά Οξύτατα Δεκτικούς
     στη Σοφία 312
   Πώς Ένας Αδαής Πιστός Ανακάλυψε Ότι ο Θεός Πρέπει να
     Αναζητηθεί Μέσα Του 314
   Η Κρίγια Γιόγκα: Η Επιστημονική Μέθοδος της Επιτάχυνσης
     της Ανθρώπινης Εξέλιξης 316

Όλη η Γνώση, Όλη η Επιτυχία, Είναι Εφικτές σ' Αυτή τη Ζωή 319

Απόδειξη της Ύπαρξης του Θεού 321
    Η Απόδειξη της Ύπαρξης του Θεού Γίνεται Αισθητή στον Διαλογισμό 323

Αμφιβολία, Πεποίθηση και Πίστη 324
    Αν ο Άνθρωπος Δεν Μπορούσε να Αμφιβάλλει, Δεν Θα Μπορούσε
    να Προοδεύσει 325
    Η Εποικοδομητική Αμφιβολία Μάς Κατευθύνει στην Αλήθεια 326
    Η Πίστη Αρχίζει Με Εποικοδομητική Πεποίθηση 327
    Τα Βασικά Στοιχεία της Πεποίθησης 328
    Οι Απερίσκεπτες Πεποιθήσεις Οδηγούν στην Απώλεια Καλής Ενέργειας 329
    Η Γέννηση της Πίστης 331
    Να Έχετε Ακλόνητη Πίστη Παρά τα Αινίγματα της Ζωής 332
    Η Πίστη Είναι Παντοτινά Απαραβίαστη – Άμεση Αντίληψη
    της Αλήθειας 334
    Στην Ηρεμία, η Διαίσθηση Γεννά την Πίστη 335

Οράματα της Ινδίας: Η Εξέλιξη του Ανώτερου Εαυτού 337
    Μια Χώρα Μεγάλων Αντιθέσεων 339
    Οράματα της Φιλοσοφίας της Ινδίας, Μιας Φιλοσοφίας Που Δίνει Ζωή 340
    Το Ιδεώδες της Προσφοράς Όπως Εξηγήθηκε από τους Σοφούς
    της Ινδίας 341
    Τρία Είδη Ιδιοτέλειας – Η Φαύλη, η Καλή και η Ιερή 342
    Το να Είναι Κάποιος Ιερά Ιδιοτελής 343

Θαύματα της Ράτζα Γιόγκα 345
    Ο Πραγματικός Πνευματικός Σοφός Δεν Είναι Μάγος ή Μάντης 346
    Υλικά και Νοητικά Θαύματα – Η Ανάγκη για τη Ράτζα Γιόγκα 348
    Ιστορικά Καταγραμμένα Θαύματα 351
    Ο Δάσκαλός Μου Μου Έδειξε την Ανεξάντλητη Δύναμη του Θεού 352
    Άμεση Γνώση των Νόμων της Αλήθειας 354
    Η Εσωτερική Πόρτα για τη Θεϊκή Δύναμη και Μακαριότητα 356

**Ανάσταση: Ανανεώνοντας και Μεταμορφώνοντας το Σώμα,
τον Νου και το Πνεύμα Σας** 358
    Θεωρία και Πρακτική 360
    Η Σωματική Ελευθερία Δεν Είναι Πραγματική Ελευθερία 361
    Πρέπει να Τρώτε Σωστά 362

Περιεχόμενα

Η Σοφία της Νηστείας 364
Αναστήστε τον Εαυτό Σας από τη Συνειδητότητα της Αρρώστιας 366
«Άσε τους Νεκρούς να Θάψουν τους Νεκρούς Τους» 368
Κάντε το Καλό και Ρίξτε το στον Γιαλό 370
Η Αγκαλιά της Αθανασίας 371
Η Πνευματική Ανάσταση 372
Η Σταύρωση της Αλαζονείας 374
Ποτέ Μην Παραδέχεστε Ότι Νικηθήκατε 375

Ενότητα με τον Άπειρο Χριστό **377**
Συνειδητοποιήστε τη Μία Ζωή Που Διαποτίζει τα Πάντα 379
Προσπαθήστε να Ζήσετε Όπως Έζησε ο Χριστός 380
Μάθετε να Ενεργείτε Σύμφωνα με την Εσωτερική Θέληση της
  Συνείδησης 380
Να Διαλογίζεστε Όσο Υπάρχει Ακόμα Καιρός! 382
«Ω, Τι Χαρά!» 383

Γίνετε Ένα με την Κατά Χριστόν Συνειδητότητα **386**

Πάρτε Νέες Αποφάσεις: Γίνετε Αυτό Που Θέλετε να Γίνετε! **397**
Η Δύναμη της Σκέψης 398
Οι Κακές Συνήθειες Είναι οι Χειρότεροι Εχθροί Σας 400
Η Ζωή Περιπαίζει τα Καθήκοντα που Επιβάλλετε Εσείς
  οι Ίδιοι στον Εαυτό Σας 402
Όλοι οι Ρόλοι Είναι Αναγκαίοι στο Θεατρικό Έργο του Θεού 404
Η Χαρά του Διαλογισμού Είναι η Καλύτερη Συντροφιά Σας 405
Η Ζωή Είναι Γεμάτη με την Αόρατη Θεϊκή Παρουσία 406

«Η Αγάπη Σου Μόνο Αρκεί» **408**

Να Είστε Κατακτητές Κάθε Καρδιάς **415**
Να Αγαπάτε τους Ανθρώπους Αλλά Όχι τα Ελαττώματά Τους 416
Κρίνετε τον Εαυτό Σας Ενώπιον του Θεού και της Συνείδησής Σας 418
Μόνο οι Πνευματικές Σχέσεις Διαρκούν 420
Πραγματική Αγάπη και Ιδιοτελής Αγάπη 422
Η Προσκόλληση Δεν Μπορεί να Σχηματίσει Έναν Πνευματικό Δεσμό·
  η Αγάπη Μπορεί 423
Να Συνεργάζεστε ο Ένας με τον Άλλον για το Καλό Όλων 425
«Οτιδήποτε Έχω Πει, Το Έχω Πει από την Καρδιά Μου» 426

Πώς να Επισπεύσετε την Πνευματική Σας Πρόοδο 428

    Ο Τυφλός Δεν Μπορεί να Οδηγήσει τον Τυφλό 429

    Ο Θεός Είναι Ήδη Δικός Σας 430

    Επανακτήστε τη Θεϊκή Σας Φύση 431

    Μην Αποδέχεστε Επιρροές που Περιορίζουν 432

    Μη Θέλετε Τίποτα Άλλο Εκτός από τον Θεό 434

    Γιατί ο Θεός Θα Έπρεπε να Μας Ψυχαγωγεί με Δυνάμεις
    και Θαύματα; 436

    Να Ζείτε στην Αμετάβλητη Πραγματικότητα 438

    Για τη Συνομιλία με τον Θεό Απαιτείται Σιωπή 439

    Είμαστε Ψυχές, Όχι Σάρκινα Όντα 440

Συνειδητοποιώντας τον Θεό στην Καθημερινή Σας Ζωή 443

    «Φύγε Μακριά απ' Αυτόν τον Ωκεανό των Βασάνων» 445

    Ο Θεός Είναι η Μεγαλύτερη Ανάγκη της Ζωής Σας 446

    Να Εκτελείτε τις Υποχρεώσεις Σας Έχοντας στη Σκέψη Σας τον Θεό 447

    Ο Θεός Ανταποκρίνεται Όταν Κάνουμε την Προσπάθεια 448

    Η Δυναμική Ισχύς των «Νοητικών Ψιθύρων» 449

    Μην Αποδέχεστε το Κακό Κάρμα Σας 450

    Το Κάθε Λεπτό Είναι Πολύτιμο 451

    Πιάστε τον Θεό στο Δίχτυ της Άνευ Όρων Αγάπης 452

    Τίποτα Δεν Μπορεί να Συγκριθεί με την Εμπειρία του Θεού 454

Παραμαχάνσα Γιογκανάντα: Ένας Γιόγκι στη Ζωή και στον Θάνατο 456

Στόχοι και Ιδεώδη του Self-Realization Fellowship 457

Βιβλία στα Ελληνικά από τον Παραμαχάνσα Γιογκανάντα 458

Βιβλία στα Αγγλικά από τον Παραμαχάνσα Γιογκανάντα 459

Ηχητικές Καταγραφές του Παραμαχάνσα Γιογκανάντα 462

Άλλες Εκδόσεις από το Self-Realization Fellowship 463

Μαθήματα του Self-Realization Fellowship 464

Γλωσσάριο 466

Φωτογραφίες

Εξώφυλλο: ο Παραμαχάνσα Γιογκανάντα στη Νέα Υόρκη το 1926

Η υποδοχή του Παραμαχάνσα Γιογκανάντα όταν έφτασε στο
Λος Άντζελες, το 1926 7
Σε διάλεξη για τη γιόγκα, στο Ντιτρόιτ, 1926 7
Δείπνο προς τιμήν του Παραμαχάνσα Γιογκανάντα, Σινσινάτι, 1926 7
Ο Σουάμι Σρι Γιουκτέσβαρ και ο Παραμαχάνσα Γιογκανάντα, το 1935 9
Ο Σρι Γιογκανάντα στον Ναό του SRF στο Σαν Ντιέγκο, το 1949 9
Πασχαλινή τελετή, στην έδρα του Self-Realization Fellowship, το 1925 9
Το κτίριο διοίκησης στην έδρα του Self-Realization Fellowship 363
Το Κέντρο Άσραμ του Self-Realization Fellowship, στο Ενσινίτας,
Καλιφόρνια 363
Ο Παραμαχάνσα Γιογκανάντα με τον πρόεδρο του Μεξικό, 1929 365
Ο Σρι Γιογκανάντα υποδέχεται τον Πρεσβευτή της Ινδίας στις
Ηνωμένες Πολιτείες, 1952 365
Ο Παραμαχάνσα Γιογκανάντα στη Νέα Υόρκη το 1926 401
Το Γιογκόντα Μάτ (Yogoda Math) του Yogoda Satsanga Society of India 403
Η Λίμνη Σράιν (Lake Shrine) του Self-Realization Fellowship 403

ΠΡΟΛΟΓΟΣ

Τα παρακάτω γράφτηκαν από τη Σρι Ντάγια Μάτα (1914-2010), τρίτη πνευματική ηγέτιδα και πρόεδρο του Self-Realization Fellowship / Yogoda Satsanga Society of India, ως εισαγωγή του πρώτου τόμου των διαλέξεων και ανεπίσημων ομιλιών του Παραμαχάνσα Γιογκανάντα που δημοσιεύθηκε, του βιβλίου *Η Αιώνια Αναζήτηση του Ανθρώπου*.

Είδα τον Παραμαχάνσα Γιογκανάντα για πρώτη φορά σε μια ομιλία του σ' ένα τεράστιο, πλήρως συνεπαρμένο ακροατήριο, στο Salt Lake City. Ήταν το 1931. Καθώς στεκόμουν στο πίσω μέρος της κατάμεστης αίθουσας, έμεινα καθηλωμένη, έχοντας επίγνωση μόνο του ομιλητή και των λόγων του, χωρίς να καταλαβαίνω τίποτα άλλο γύρω μου. Όλο μου το είναι ήταν απορροφημένο από τη σοφία και τη θεϊκή αγάπη που ξεχύνονταν στην ψυχή μου και κατέκλυζαν την καρδιά και τον νου μου. Το μόνο που σκεφτόμουν ήταν: «Αυτός ο άνθρωπος αγαπά τον Θεό τόσο όσο πάντα λαχταρούσα να Τον αγαπώ. *Γνωρίζει* τον Θεό. Αυτόν θα ακολουθήσω». Και από τότε, αυτό έκανα.

Καθώς ένιωθα την εξαγνιστική δύναμη των λόγων του στη ζωή μου, κατά τη διάρκεια αυτών των πρώτων ημερών με τον Παραμαχάνσατζι, ένιωσα μέσα μου την επιτακτική ανάγκη να διατηρήσω τα λόγια του για όλο τον κόσμο, για πάντα. Έγινε το ιερό και χαρούμενο προνόμιό μου, κατά τη διάρκεια των πολλών χρόνων που ήμουν με τον Παραμαχάνσα Γιογκανάντα, να καταγράφω τις διαλέξεις και τις ομιλίες του σε τάξεις, καθώς και πολλές ανεπίσημες συζητήσεις και προσωπικές συμβουλές που έδινε – ένα πραγματικό θησαυροφυλάκιο θαυμαστής σοφίας και αγάπης για τον Θεό. Καθώς ο Γκουρουντέβα μιλούσε, η ορμή της έμπνευσής του αντικατοπτριζόταν στην ταχύτητα της ομιλίας του· πολλές φορές μιλούσε χωρίς παύση για αρκετά συνεχόμενα λεπτά και συνέχιζε έτσι για μια ώρα. Καθώς οι ακροατές του άκουγαν μαγεμένοι, η πένα μου πετούσε! Καθώς στενογραφούσα τις λέξεις του, ήταν σαν να είχε κατέβει μέσα μου μια ειδική χάρη που μετέφραζε ακαριαία τη φωνή του Γκουρού σε στενογραφικούς χαρακτήρες στις σελίδες. Η αποστενογράφησή τους ήταν ένα ευλογημένο καθήκον που συνεχίζεται μέχρι σήμερα. Ακόμα και μετά από τόσο μεγάλο χρονικό διάστημα –κάποιες από τις σημειώσεις μου είναι γραμμένες πριν από σαράντα χρόνια και περισσότερο– όταν αρχίζω να τις αποστενογραφώ, είναι κατά ένα θαυματουργό τρόπο τόσο ζωντανές στον νου μου, σαν να τις είχα γράψει μόλις χθες. Μπορώ ακόμα και να ακούσω εσωτερικά τις διακυμάνσεις του τόνου της φωνής του Γκουρουντέβα σε κάθε πρόταση.

Ο Δάσκαλος σπάνια έκανε έστω και την παραμικρή προετοιμασία για τις διαλέξεις του· ακόμα και όταν έκανε, απλώς έγραφε πρόχειρα και βιαστικά μία ή δύο αποσπασματικές σημειώσεις. Πολύ συχνά, καθώς πηγαίναμε στον ναό με το αυτοκίνητο, ρωτούσε απλά κάποιον από μας: «Ποιο είναι το θέμα μου σήμερα;». Το έβαζε στον νου του και μετά έδινε τη διάλεξη χωρίς κανένα γραπτό κείμενο, από μια ανεξάντλητη εσωτερική πηγή θεϊκής έμπνευσης.

Το θέμα κάθε κηρύγματος του Γκουρουντέβα στους ναούς οριζόταν και ανακοινωνόταν από πριν. Μερικές φορές όμως είχε τον νου του σε εντελώς διαφορετικό θέμα όταν άρχιζε να μιλά. Ανεξάρτητα από το «θέμα της ημέρας», ο Δάσκαλος μιλούσε για τις αλήθειες από τις οποίες η συνειδητότητά του ήταν απορροφημένη εκείνη τη στιγμή, μ' έναν χείμαρρο ανεκτίμητης σοφίας, με σταθερή ροή, από την αφθονία της προσωπικής του πνευματικής εμπειρίας και διαισθητικής αντίληψης. Σχεδόν πάντα στο τέλος τέτοιων κηρυγμάτων, πολλοί άνθρωποι έρχονταν να τον ευχαριστήσουν επειδή τους διαφώτισε σε κάποιο πρόβλημα που τους απασχολούσε ή επειδή εξήγησε κάποια φιλοσοφική σύλληψη η οποία τους ενδιέφερε ιδιαίτερα.

Μερικές φορές κατά τη διάρκεια της ομιλίας του η συνειδητότητα του Γκουρού ήταν τόσο εξυψωμένη, που ξεχνούσε προς στιγμήν το ακροατήριο και συζητούσε καθ' ευθείαν με τον Θεό· όλη του η ύπαρξη ξεχείλιζε από θεϊκή χαρά και μεθυστική αγάπη. Σε τέτοια ανώτερα επίπεδα συνειδητότητας, με τον νου του ολοκληρωτικά ενωμένο με τη Θεϊκή Συνειδητότητα, αντιλαμβανόταν εσωτερικά την Αλήθεια και περιέγραφε τι έβλεπε. Περιστασιακά ο Θεός του εμφανιζόταν ως Θεϊκή Μητέρα ή με κάποια άλλη όψη· ή κάποιος από τους μεγάλους Γκουρού μας ή άλλους αγίους εκδηλωνόταν σε όραμα μπροστά του. Σε τέτοιες περιπτώσεις, ακόμα και οι ακροατές ένιωθαν βαθιά την ιδιαίτερη ευλογία που χαριζόταν σε όλους τους. Κατά τη διάρκεια ενός τέτοιου οράματος του Αγίου Φραγκίσκου της Ασίζης, τον οποίο ο Γκουρουντέβα αγαπούσε πολύ, ο Δάσκαλος εμπνεύστηκε και συνέθεσε το όμορφο ποίημα «Θεέ, Θεέ, Θεέ!».

Πρόλογος

Η Μπάγκαβαντ Γκίτα περιγράφει έναν φωτισμένο Δάσκαλο με τα εξής λόγια: «Ο Εαυτός ξεπροβάλλει σαν τον ήλιο σ' αυτούς που έχουν εξαλείψει την άγνοια μέσω της σοφίας» (V:16). Η πνευματική ακτινοβολία του Παραμαχάνσα Γιογκανάντα θα μπορούσε να γεμίσει κάποιον με τρομακτικό δέος αν δεν υπήρχε συγχρόνως και η ζεστασιά και η φυσικότητά του, καθώς και μια ήσυχη ταπεινότητα, που έκανε αμέσως τους πάντες να νιώθουν άνετα. Κάθε άνθρωπος στο ακροατήριο αισθανόταν ότι η ομιλία του Γκουρουντέβα απευθυνόταν σ' αυτόν προσωπικά. Ένα από τα πολλά ψυχικά χαρίσματα του Δασκάλου ήταν η γεμάτη κατανόηση αίσθηση του χιούμορ. Με μια εύστοχη πρόταση, χειρονομία, ή έκφραση του προσώπου του, προκαλούσε μια ευγνώμονα απάντηση ή ένα εγκάρδιο γέλιο ακριβώς τη σωστή στιγμή για να καταστήσει κάτι απολύτως σαφές, ή για να χαλαρώνουν οι ακροατές του μετά από μια έντονη συγκέντρωση πάνω σ' ένα ιδιαίτερα βαθύ θέμα.

Κανείς δεν μπορεί να περιγράψει στις σελίδες ενός βιβλίου τη μοναδικότητα και την οικουμενικότητα της γεμάτης ζωντάνια και αγάπη προσωπικότητας του Παραμαχάνσα Γιογκανάντα. Έχω όμως την ταπεινή ελπίδα, με το σύντομο αυτό ιστορικό, να προσφέρω μια φευγαλέα εικόνα της προσωπικής ζωής του, που θα αυξήσει την ευχαρίστηση και την εκτίμηση του αναγνώστη καθώς θα διαβάζει τις ομιλίες που παρουσιάζονται σ' αυτόν τον τόμο.

Το ότι είδα τον Γκουρουντέβα μου σε θεϊκή κοινωνία· το ότι άκουσα τις βαθιές αλήθειες και τα λατρευτικά ξεσπάσματα της ψυχής του· το ότι τα κατέγραψα για τους αιώνες· και τώρα το ότι τα μοιράζομαι με όλους – τι χαρά είναι για μένα! Είθε τα μεγαλειώδη λόγια του Δασκάλου να ανοίξουν διάπλατα τις πόρτες για μια ακλόνητη πίστη στον Θεό, για βαθύτερη αγάπη γι' Αυτόν τον Έναν που είναι ο Πατέρας, η Μητέρα και ο Αιώνιος αγαπημένος Φίλος μας.

Ντάγια Μάτα

Λος Άντζελες, Καλιφόρνια
Μάιος 1975

Τώρα έχουν περάσει δεκαετίες από τότε που ο Παραμαχάνσα Γιογκανάντα έδωσε τις ομιλίες που παρουσιάζονται σ' αυτά τα βιβλία του ανθολογίου, από τα οποία το *Ταξίδι Προς τη Συνειδητοποίηση του Εαυτού* είναι το τρίτο. Τα χρόνια έφεραν αναγνώριση της αιωνιότητας της αξεπέραστης, διορατικής, πρακτικής σοφίας του, που διεισδύει στα βαθύτατα βασίλεια της πνευματικότητας – υπερβαίνοντας κάθε σύνορο χώρας και θρησκείας, συζητώντας οικουμενικά τις πνευματικές ανάγκες ενός νεοεμφανιζόμενου πολιτισμού της υφηλίου.

Σε μία από τις διαλέξεις στην *Αιώνια Αναζήτηση του Ανθρώπου*, το πρώτο βιβλίο του ανθολογίου, ο Παραμαχάνσατζι λέει: «Ο μοναδικός σκοπός του Self-Realization Fellowship είναι να διδάξει στον άνθρωπο τον τρόπο με τον οποίο μπορεί να έρθει σε επαφή με τον Θεό». Αυτή η προσωπική θεϊκή κοινωνία, η καρδιά της πνευματικής του κληρονομιάς, είναι το πρωταρχικό θέμα και σ' αυτό το τρίτο βιβλίο του ανθολογίου. Καθώς πλησιάζουμε στη χαραυγή μιας νέας χιλιετίας, είναι σαφές ότι η πιο αληθινή ελπίδα της ανθρωπότητας έγκειται σ' αυτούς που αφιερώνουν χρόνο για να ανακαλύψουν την τρομερή αγάπη και κατανόηση που περιμένουν να αποκαλυφθούν στην παρουσία του Θεού στην ψυχή μας, κατευθυνόμενες από εκεί ως θεραπευτικό βάλσαμο προς όλα τα μέλη της παγκόσμιας οικογένειάς μας.

Πόσο χειροπιαστά ακτινοβολούσαν αυτές οι ευλογίες από τον σεβάσμιο Γκουρού μου! Ακόμα και ξένοι, στους δρόμους, προσελκύονταν ακαταμάχητα να ρωτήσουν με σεβασμό: «Ποιος είναι αυτός; Ποιος είναι αυτός ο άνθρωπος;». Όταν ήμαστε μαζί του κατά τις περιόδους βαθέος διαλογισμού, τον βλέπαμε πλήρως συνεπαρμένο από την κοινωνία με τον Θεό. Ολόκληρο το δωμάτιο γέμιζε με μια αύρα της αγάπης του Θεού. Ο Παραμαχάνσατζι είχε φτάσει στον τελικό στόχο του ταξιδιού της ζωής· το παράδειγμά του και τα λόγια του τώρα φωτίζουν το μονοπάτι εκατομμυρίων ανθρώπων σε όλο τον κόσμο.

Όλοι μας βρισκόμαστε στο ίδιο ιερό ταξίδι, προς έναν προορισμό του οποίου ίσως μέχρι τώρα έχουμε μόνο μια αμυδρή, φευγαλέα ιδέα – ένα ταξίδι προς την ανακάλυψη που σταδιακά θα εκτυλιχθεί μπροστά μας, αποκαλύπτοντας καθ' όλη τη διάρκεια νέα δώρα και θεία χάρη της ψυχής. Με τον καιρό, θα οδηγηθούμε στην πλήρη συνειδητοποίηση του ποιοι είμαστε πραγματικά: όχι η εξωτερική μορφή που μας περιβάλλει, αλλά μια αμετάβλητη σπίθα του Άπειρου Πνεύματος. Προσεύχομαι κάθε αναγνώστης να βρει σ' αυτές τις σελίδες ένα βαθύτατα δυναμωτικό όραμα αυτού του θεϊκού προορισμού και μια νέα επίγνωση της χαράς που είναι εγγενής στο ίδιο το ταξίδι.

Ντάγια Μάτα

Λος Άντζελες, Καλιφόρνια, Ιούλιος 1997

ΕΙΣΑΓΩΓΗ

Στο *Ταξίδι Προς τη Συνειδητοποίηση του Εαυτού*, ο Παραμαχάνσα Γιογκανάντα προσφέρει διαφωτιστικές συμβουλές σε όλους όσους προσπαθούν να καταλάβουν καλύτερα τον εαυτό τους και τον αληθινό σκοπό τους στη ζωή. Στις μυριάδες πολυπλοκότητες της ανθρώπινης ύπαρξης, φέρνει σαφήνεια και συμπονετική σοφία, ανοίγοντας μπροστά μας ένα μεγαλύτερο, πιο μακροπρόθεσμο όραμα του ποιοι είμαστε και προς τα πού πηγαίνουμε.

«Συνειδητοποίηση του Εαυτού», μας λέει ο Παραμαχάνσα Γιογκανάντα, «είναι το να ξέρουμε –στο σώμα, στον νου και στην ψυχή– ότι είμαστε ένα με την πανταχού παρουσία του Θεού· ότι δεν χρειάζεται να προσευχηθούμε να έρθει αυτή η πανταχού παρουσία σ' εμάς, ότι δεν είμαστε απλά κοντά της πάντα, αλλά ότι η πανταχού παρουσία του Θεού είναι η δική μας πανταχού παρουσία· ότι είμαστε τμήματά Του τώρα και για πάντα. Το μόνο που χρειάζεται να κάνουμε είναι να βελτιώσουμε τη γνώση μας».

Αυτό το βιβλίο εξερευνά πώς να «βελτιώσουμε τη γνώση μας» – πώς μπορούμε να βιώσουμε τη Θεϊκή Παρουσία, μέσα μας και σε κάθε ζωή, όχι απλώς ως μια περαστική έμπνευση αλλά ως μια συνεχή εσωτερική συνειδητοποίηση. Μέσω αυτής της διευρυμένης επίγνωσης, λαμβάνουμε τα δώρα της ψυχής: γαλήνη, αγάπη, διαισθητική καθοδήγηση, πάντα ανανεούμενη χαρά – μια εκτυλισσόμενη κατανόηση ότι είμαστε πράγματι «πλασμένοι κατ' εικόνα του Θεού».

Αυτό είναι το τρίτο βιβλίο του ανθολογίου των ομιλιών και δοκιμίων του Παραμαχάνσα Γιογκανάντα – η συνέχεια της *Αιώνιας Αναζήτησης του Ανθρώπου* (1975) και του *Θεϊκού Ειδυλλίου* (*The Divine Romance*, 1986). Η σοφία σ' αυτά τα βιβλία δεν είναι η μάθηση μέσω μελέτης ενός καθηγητή· είναι η εμπειρική μαρτυρία μιας δυναμικής πνευματικής προσωπικότητας της οποίας η ζωή ήταν γεμάτη με εσωτερική χαρά και εξωτερικά επιτεύγματα, ενός δασκάλου του κόσμου που έζησε όσα δίδαξε, ενός *Πρεμαβατάρ* του οποίου η μοναδική επιθυμία ήταν να μοιραστεί τη σοφία και την αγάπη του Θεού με όλους.

Ως ένας άνθρωπος του Θεού και ως αυθεντία στην αρχαία θεϊκή επιστήμη της Γιόγκα, ο Παραμαχάνσα Γιογκανάντα έλαβε τα ύψιστα εύσημα από τους πνευματικούς ανθρώπους της εποχής του και από αναγνώστες των έργων του σε όλα τα μέρη του κόσμου – από το λογοτεχνικό και το ευρύ κοινό, καθώς κι από τους οπαδούς του. Το ότι έλαβε επίσης την ύψιστη επιδοκιμασία από την Υπέρτατη Αυθεντία αποδεικνύεται σαφώς από τις έκδηλες ευλογίες του Θεού στην υποδειγματική ζωή του και από τις άπειρα όμορφες, μοναδικά διαφωτιστικές ανταποκρίσεις του Θεού σ' αυτόν που του δόθηκαν σε οράματα και σε θεϊκή κοινωνία.

Το εξής σχόλιο στο *Review of Religions*, που δημοσιεύθηκε από το Columbia University Press, είναι τυπικό της επευφημίας για το έργο του Παραμαχάνσα Γιογκανάντα, την *Αυτοβιογραφία Ενός Γιόγκι*: «Δεν υπήρξε ποτέ πιο πριν τέτοια παρουσίαση της Γιόγκα, στα Αγγλικά ή σε οποιαδήποτε ευρωπαϊκή γλώσσα». Το *San Francisco Chronicle* έγραψε: «Ο Γιογκανάντα παρουσιάζει μια πειστική άποψη για τη Γιόγκα, και αυτοί που ήρθαν "για να χλευάσουν" μπορεί να μείνουν "για να προσευχηθούν"». Από το *Schleswig-Holsteinische Tagespost*, Γερμανία: «Πρέπει να αναγνωρίσουμε ότι αυτό το βιβλίο έχει τη δύναμη να επιφέρει μια πνευματική επανάσταση».

Για τον ίδιο τον Παραμαχάνσα Γιογκανάντα, ο Σουάμι Σιβανάντα (Swami Sivananda), ιδρυτής του Divine Life Society, στο Ρισικές (Rishikesh), στην Ινδία, είπε: «Ένα σπάνιο πολύτιμο πετράδι ανεκτίμητης αξίας, όμοιο του οποίου ο κόσμος θα δει μόνο στο μέλλον, ο Παραμαχάνσα Γιογκανάντα υπήρξε ένας ιδεώδης εκπρόσωπος των αρχαίων σοφών, της δόξας της Ινδίας». Η αγιότητά του Σανκαρατσάρια του Καντσιπούραμ (Shankaracharya of Kanchipuram), σεβάσμιος πνευματικός ηγέτης εκατομμυρίων ανθρώπων στη Νότια Ινδία, έγραψε για τον Παραμαχάνσατζι: «Όπως ένα λαμπρό φως που λάμπει στο σκοτάδι, έτσι ήταν η παρουσία του Γιογκανάντα σ' αυτόν τον κόσμο. Μια τέτοια μεγάλη ψυχή έρχεται στη γη πολύ σπάνια, όταν υπάρχει πραγματική ανάγκη των ανθρώπων. Είμαστε ευγνώμονες στον Γιογκανάντα που διέδωσε την ινδουιστική φιλοσοφία με τέτοιο υπέροχο τρόπο στην Αμερική και στη Δύση».

Ο Παραμαχάνσα Γιογκανάντα γεννήθηκε στο Γκορακπούρ (Gorakhpur), στην Ινδία, στις 5 Ιανουαρίου 1893. Είχε μια εντυπωσιακή παιδική ηλικία που έδειχνε με σαφήνεια ότι η ζωή του θα είχε θεϊκό πεπρωμένο. Η μητέρα του το αναγνώρισε αυτό και ενθάρρυνε

Εισαγωγή

τα ευγενή ιδανικά του και τις πνευματικές προσδοκίες του. Όταν ήταν μόλις έντεκα ετών, η απώλεια της μητέρας του, την οποία αγαπούσε πιο πολύ απ' όλους σ' αυτόν τον κόσμο, κατέστησε ακλόνητη την έμφυτη σ' αυτόν αμετάκλητη απόφαση να βρει τον Θεό και να λάβει από τον Δημιουργό τον Ίδιο τις απαντήσεις που λαχταρά κάθε ανθρώπινη καρδιά.

Έγινε μαθητής του μεγάλου *Γκιαναβατάρ* (ενσάρκωσης της σοφίας), του Σουάμι Σρι Γιουκτέσβαρ Γκιρί. Ο Σρι Γιουκτέσβαρ ήταν ένας από τη σειρά των εξαιρετικά ανεπτυγμένων πνευματικά γκουρού με τους οποίους είχε συνδεθεί από τη γέννησή του: οι γονείς του Σρι Γιογκανάντα ήταν μαθητές του Λαχίρι Μαχασάγια, ο οποίος ήταν ο γκουρού του Σρι Γιουκτέσβαρ. Όταν ο Γιογκανάντα ήταν βρέφος στην αγκαλιά της μητέρας του, ο Λαχίρι Μαχασάγια τον ευλόγησε και προφήτευσε: «Μικρή μητέρα, ο γιος σου θα γίνει γιόγκι. Σαν πνευματική μηχανή, θα φέρει πολλές ψυχές στο βασίλειο του Θεού». Ο Λαχίρι Μαχασάγια ήταν μαθητής του Μαχαβατάρ Μπάμπατζι, του αθάνατου Δασκάλου που έκανε να αναβιώσει στη σύγχρονη εποχή η επιστήμη της *Κρίγια Γιόγκα*. Παινεμένη από τον Κρίσνα στην Μπάγκαβαντ Γκίτα και τον Πατάντζαλι στις *Γιόγκα Σούτρα*, η *Κρίγια Γιόγκα* είναι συγχρόνως και μια υπερβατική τεχνική διαλογισμού και μια τέχνη ζωής που οδηγεί στην ένωση της ψυχής με τον Θεό. Ο Μαχαβατάρ Μπάμπατζι αποκάλυψε την ιερή *Κρίγια* στον Λαχίρι Μαχασάγια, ο οποίος την αποκάλυψε στον Σουάμι Σρι Γιουκτέσβαρ, ο οποίος τη δίδαξε στον Παραμαχάνσα Γιογκανάντα.

Αφού αποφοίτησε από το Πανεπιστήμιο της Καλκούτα το 1915, ο Σρι Γιογκανάντα έδωσε επίσημους όρκους ως μοναχός του σεβαστού Τάγματος των Σουάμι της Ινδίας. Δύο χρόνια αργότερα άρχισε το έργο της ζωής του ιδρύοντας ένα σχολείο «πώς να ζεις» –που από τότε άνθισε και περιλαμβάνει είκοσι ένα εκπαιδευτικά ιδρύματα σε όλη την Ινδία– όπου διδάσκονταν παραδοσιακές ακαδημαϊκές σπουδές μαζί με εκπαίδευση στη γιόγκα και οδηγίες σχετικά με τα πνευματικά ιδεώδη.

Όταν το 1920 ο Παραμαχάνσα Γιογκανάντα κρίθηκε έτοιμος να αρχίσει την παγκόσμια αποστολή του της διάδοσης της επιστήμης της Γιόγκα η οποία απελευθερώνει την ψυχή, ο Μαχαβατάρ Μπάμπατζι του μίλησε για την ιερή υποχρέωση που είχε: «Είσαι αυτός που επέλεξα για να διαδώσεις το μήνυμα της *Κρίγια Γιόγκα* στη Δύση. Πριν πολύ καιρό συνάντησα τον γκουρού σου, τον Γιουκτέσβαρ, σε μια *Κούμπα Μέλα*· τότε του είπα ότι θα σε έστελνα σ' αυτόν για εκπαίδευση. Η *Κρίγια Γιόγκα*, η επιστημονική τεχνική της συνειδητοποίησης του Θεού, τελικά θα εξαπλωθεί σε όλες τις χώρες και θα βοηθήσει στην εναρμόνιση των εθνών μέσω της προσωπικής, υπερβατικής αντίληψης κάθε ανθρώπου σχετικά με τον Άπειρο Πατέρα».

Ο Παραμαχάνσα Γιογκανάντα ξεκίνησε την αποστολή του στην Αμερική ως απεσταλμένος στο Διεθνές Συνέδριο Θρησκευτικών Φιλελευθέρων στη Βοστόνη, το 1920. Για πάνω από μια δεκαετία ταξίδεψε στα μήκη και τα πλάτη της Αμερικής δίνοντας ομιλίες σχεδόν καθημερινά σε μεγάλα ακροατήρια σε πολλές από τις μεγαλύτερες αίθουσες στη χώρα – από το Carnegie Hall ως τη Φιλαρμονική του Λος Άντζελες. Στις 28 Ιανουαρίου 1925, οι *Los Angeles Times* ανέφεραν: «Η αίθουσα της Φιλαρμονικής παρουσιάζει το ασυνήθιστο φαινόμενο χιλιάδων ανθρώπων [...] να μη βρίσκουν θέση και να φεύγουν, μια ώρα πριν την έναρξη μιας διαφημισμένης ομιλίας, σε μια αίθουσα 3.000 θέσεων, η οποία ήταν κατάμεστη στη μέγιστη χωρητικότητά της. Ο Σουάμι Γιογκανάντα είναι το θέαμα. Ένας Ινδουιστής που εισβάλλει στις Ηνωμένες Πολιτείες για να φέρει τον Θεό [...] κηρύσσοντας την ουσία της χριστιανικής θρησκείας». Δεν ήταν μικρή η αποκάλυψη στη Δύση ότι η Γιόγκα –που τόσο εύγλωττα εξηγήθηκε και με τόση σαφήνεια ερμηνεύθηκε από τον Σρι Γιογκανάντα– είναι μια παγκόσμια επιστήμη και, ως τέτοια, είναι πράγματι η ουσία όλων των αληθινών θρησκειών.

Στο Λος Άντζελες, το 1925, στην κορυφή του Mount Washington, ο Παραμαχάνσα Γιογκανάντα ίδρυσε την έδρα του Self-Realization Fellowship, της κοινότητας που είχε αρχικά ιδρύσει στην Ινδία το 1917 με το όνομα Yogoda Satsanga Society of India. Μέχρι σήμερα το παγκόσμιο έργο του Σρι Γιογκανάντα διευθύνεται από εκεί (βλ. φωτογραφία στη σελίδα 371), καθοδηγούμενο και υπηρετούμενο από μοναχούς και μοναχές του Μοναστικού Τάγματος του Self-Realization Fellowship, στους οποίους ο Παραμαχάνσατζι ανέθεσε την ευθύνη να συνεχίσουν το έργο του και να διατηρήσουν τις διδασκαλίες του στην αρχική ανόθευτη μορφή τους.

Στα τέλη της δεκαετίας του 1930, ο Παραμαχάνσατζι άρχισε να αποσύρεται σταδιακά από δημόσιες διαλέξεις σε ηπειρωτικό επίπεδο. «Δεν ενδιαφέρομαι για πλήθη», είπε, «αλλά για ψυχές που θέλουν ένθερμα να γνωρίσουν τον Θεό». Από τότε επικέντρωσε τις προσπάθειές του σε ομιλίες και διδασκαλίες σε τάξεις γιόγκα σ' αυτούς που ενδιαφέρονταν βαθιά να αναζητήσουν τον Θεό και έδινε ομιλίες κυρίως στους δικούς του ναούς του Self-Realization Fellowship και στην έδρα του.

Ο Παραμαχάνσα Γιογκανάντα συχνά έκανε την εξής πρόβλεψη: «Δεν θα πεθάνω στο κρεβάτι, αλλά όρθιος, μιλώντας για τον Θεό και την Ινδία». Στις 7 Μαρτίου 1952, η προφητεία επαληθεύθηκε. Σ' ένα δείπνο προς τιμήν του Πρεσβευτή της Ινδίας, του B. R. Sen, ο Παραμαχάνσατζι ήταν επίτιμος ομιλητής. Απευθύνθηκε στο κοινό με μια συγκινητική ομιλία, ολοκληρώνοντάς την με τα εξής λόγια από ένα ποίημα που είχε γράψει, το "My India": «Εκεί όπου ο Γάγγης, τα δάση, οι σπηλιές των Ιμαλαΐων και οι άνθρωποι ονειρεύονται τον Θεό – είμαι καθαγιασμένος· το σώμα μου άγγιξε αυτό το χώμα!». Μετά, ανασήκωσε τα μάτια του και εισήλθε στο *μαχασαμάντι*, τη συνειδητή έξοδο του ανεπτυγμένου πνευματικά γιόγκι από τη γη. Πέθανε όπως έζησε, παρακινώντας τους πάντες να γνωρίσουν τον Θεό.

Οι ομιλίες του Γκουρού τα πρώτα χρόνια καταγράφονταν μόνο σποραδικά. Όταν όμως η Σρι Ντάγια Μάτα έγινε μαθήτρια του Παραμαχάνσα Γιογκανάντα το 1931, ανέλαβε το ιερό καθήκον να καταγράφει πιστά, για τις επόμενες γενιές, όλες τις διαλέξεις και τις ομιλίες σε τάξεις γιόγκα του Γκουρού της. Αυτό το βιβλίο είναι μόνο μια σταχυολόγηση: υπό την καθοδήγηση του Παραμαχάνσα Γιογκανάντα, πολλές καταγραφές –κυρίως αυτές που περιέχουν προσωπικές οδηγίες και τεχνικές και αρχές διαλογισμού που δόθηκαν σε σπουδαστές του Self-Realization– συγκεντρώθηκαν μαζί με κάποια από τα γραπτά του σε μια σειρά *Μαθημάτων του Self-Realization Fellowship·* άλλες ομιλίες παρουσιάζονται τακτικά στο περιοδικό *Self-Realization*.

Τα περισσότερα κείμενα σ' αυτό το βιβλίο είναι διαλέξεις ή ομιλίες σε τάξεις γιόγκα που δόθηκαν κατά τις τελετουργίες σε ναούς του Self-Realization Fellowship ή στην έδρα στο Λος Άντζελες. Λίγες από τις ομιλίες δόθηκαν σε ανεπίσημες συγκεντρώσεις ή *σατσάνγκα* (satsangas) με μικρές ομάδες μαθητών· ή σε διαλογιστικές τελετές κατά τις οποίες ο Γκουρού βρισκόταν σε εκστατική κοινωνία με τον Θεό, παρέχοντας σε όλους τους παρόντες μια φευγαλέα ματιά αυτής της μακάριας συνειδητότητας. Επίσης σ' αυτό το βιβλίο περιλαμβάνονται και κάποια γραπτά που εμψυχώνουν. Ο Παραμαχάνσατζι ήταν ένας πολυγραφότατος συγγραφέας που συχνά χρησιμοποιούσε τις ελεύθερες στιγμές του για να συνθέσει μια νέα ωδή αγάπης για τον Θεό ή κάποιο σύντομο άρθρο που θα μπορούσε να βοηθήσει τους άλλους να καταλάβουν καλύτερα κάποια πλευρά της αλήθειας.

Καθώς οι περισσότερες ομιλίες που εκτίθενται σ' αυτό το βιβλίο δόθηκαν σε ακροατήρια που ήταν εξοικειωμένα με τις διδασκαλίες του Self-Realization, κάποιες διευκρινίσεις σε θέματα ορολογίας και φιλοσοφικών συλλήψεων μπορεί να φανούν χρήσιμες στον αναγνώστη. Γι' αυτόν τον σκοπό έχουν συμπεριληφθεί πολλές υποσημειώσεις· επίσης ένα γλωσσάριο που εξηγεί κάποιες σανσκριτικές λέξεις και άλλους φιλοσοφικούς όρους και παρέχει πληροφορίες σχετικά με γεγονότα, πρόσωπα και μέρη που συνδέθηκαν με τη ζωή και το έργο του Παραμαχάνσα Γιογκανάντα. Μπορεί να σημειωθεί εδώ ότι τα αποσπάσματα από την Μπάγκαβαντ Γκίτα σ' αυτό το βιβλίο είναι παρμένα από τις μεταφράσεις του ίδιου του Παραμαχάνσα Γιογκανάντα, τις οποίες απέδωσε στα Αγγλικά από τα Σανσκριτικά, μερικές φορές αυτούσια και μερικές φορές σε παράφραση, ανάλογα με το περιεχόμενο της ομιλίας του. (Η αναλυτική μετάφραση και ο σχολιασμός της Γκίτα από τον Παραμαχάνσατζι, που δημοσιεύεται από το Self-Realization Fellowship, έχει τίτλο: *God Talks With Arjuna: The Bhagavad Gita – Royal Science of God-Realization)* - («Ο Θεός Μιλά με τον Αρτζούνα: Η Μπάγκαβαντ Γκίτα – Η Βασιλική Επιστήμη της Συνειδητοποίησης του Θεού»).

Ο Παραμαχάνσα Γιογκανάντα τιμούσε όλες τις θρησκείες και τους ιδρυτές τους και σεβόταν όλους τους ειλικρινείς αναζητητές του Θεού. Ένα τμήμα της παγκόσμιας αποστολής του ήταν να αποκαλύψει την πλήρη αρμονία και τη βασική ενότητα του αρχικού Χριστιανισμού όπως αυτός διδάχτηκε από τον Ιησού Χριστό και της αρχικής Γιόγκα όπως αυτή διδάχθηκε από τον Μπάγκαβαν Κρίσνα. (Βλ. *Στόχοι και Ιδεώδη*, σελίδα 465). Έδειξε ότι η εξάσκηση στη γιόγκα δημιουργεί έναν εσωτερικό συντονισμό με τον Θεό που συνιστά την οικουμενική βάση όλων των θρησκειών. Οι αφηρημένες έννοιες της θεωρητικής θρησκείας ωχριούν μπροστά στην πραγματική εμπειρία του Θεού. Η αλήθεια δεν μπορεί να αποδειχθεί πλήρως σε κανέναν αναζητητή από κάποιον άλλον· με την εξάσκηση όμως στη γιόγκα, όλοι μας μπορούμε να βρούμε απόδειξη της αλήθειας μέσω της αδιάψευστης βεβαιότητας της δικής μας άμεσης εμπειρίας. «Είμαστε όλοι τμήμα του Ενός Πνεύματος», είπε ο Παραμαχάνσατζι. «Όταν βιώσετε το αληθινό νόημα της θρησκείας, το οποίο είναι να γνωρίσουμε τον Θεό, θα συνειδητοποιήσετε ότι Αυτός είναι ο Εαυτός σας και ότι υπάρχει εξίσου και αμερόληπτα σε όλα τα όντα. […] Μη συμβιβάζεστε με τη διανοητική ικανοποίηση σχετικά με την αλήθεια. Μετατρέψτε την αλήθεια σε εμπειρία, και τότε θα γνωρίσετε τον Θεό μέσω της δικής σας συνειδητοποίησης του Εαυτού σας».

Self-Realization Fellowship

Λος Άντζελες, Καλιφόρνια
Ιούλιος 1997

Πώς να Είστε Παντοτινά Νεανικοί

Στον πρώτο Ναό του Self-Realization Fellowship στο Encinitas, Καλιφόρνια,[1] 20 Μαρτίου 1938

Το βασίλειο του Θεού δεν βρίσκεται στα σύννεφα, σε κάποιο συγκεκριμένο σημείο του διαστήματος· βρίσκεται ακριβώς πίσω από το σκοτάδι των κλειστών ματιών σας. Ο Θεός είναι Συνειδητότητα· ο Θεός είναι απόλυτη Ύπαρξη· ο Θεός είναι πάντα ανανεούμενη Χαρά. Αυτή η Χαρά είναι πανταχού παρούσα. Αισθανθείτε την ενότητά σας μ' αυτή τη Χαρά. Βρίσκεται μέσα σας· και αγκαλιάζει το άπειρο. Πέρα από τα χονδροειδή δονητικά όρια της ύλης, το Αμετάβλητο Άπειρο κυβερνά σε όλη τη μεγαλοπρέπεια και την απεραντοσύνη Του. Ατελείωτο – έτσι είναι το βασίλειο του Θεού· συνειδητή Μακαριότητα, αιώνια και απεριόριστη. Όταν η ψυχή σας έχει διευρυνθεί και νιώθει την παρουσία της παντού, τότε έχετε ενωθεί με το Πνεύμα.

Προσκυνάμε το Άπειρο στο ιερό του ορίζοντα όπου ο ουρανός συναντά τον ωκεανό· και προσκυνάμε το υπερβατικό Άπειρο στο ιερό της γαλήνης μέσα μας.

Παρά τις εκδηλώσεις της άγνοιάς μας, ο Θεός συνεχίζει να μας δίνει ζωή με την παρουσία Του μέσα μας. Κοιμάται στο χώμα· ονειρεύεται στα λουλούδια· ξυπνά στα πουλιά και στα ζώα· και γνωρίζει ότι είναι ξύπνιος μέσα στα ανθρώπινα πλάσματα. Στον υπεράνθρωπο, βρίσκει πάλι τον Εαυτό Του.

Πολλούς αιώνες πριν, οι *ρίσι* και οι Δάσκαλοι της Ινδίας, απομονωμένοι στα ερημητήριά τους, διαλεύκαναν τα μυστήρια που καλύπτουν το Πανταχού Παρόν Πνεύμα. Η έρευνά τους μας έδωσε τις πολύτιμες τεχνικές και μεθόδους που συντονίζουν το σώμα και τον νου με την Απεριόριστη Πηγή της ζωής και της νοημοσύνης που υπάρχουν μέσα σε κάθε άνθρωπο. Με την αυτοσυγκέντρωση μέσα σας, στο Άπειρο, μπορείτε να λάβετε αυτήν την απεριόριστη δύναμη.

Η γνώση που αποκτάται από τη μελέτη βιβλίων ή από μορφωμένους

---

[1] Στον Ναό με το όνομα «Χρυσός Λωτός». Βλ. υποσημείωση στη σελ. 286.

ανθρώπους είναι περιορισμένη· από το Άπειρο όμως μπορεί να αποκτηθεί η απεριόριστη δύναμη της σοφίας. Πώς να το κατορθώσουμε αυτό; Διδάσκουμε τη μέθοδο μέσα από τα εβδομαδιαία μαθήματα που αποστέλλονται από την έδρα μας στο Mount Washington. Οι αλήθειες αυτών των μαθημάτων έχουν προέλθει από τον Θεό και από την έρευνα των Δασκάλων της Ινδίας.

Γνωρίστε τον Λόγο της Ύπαρξής Σας

Είναι προσβολή για τον Εαυτό σας να γεννιέστε, να ζείτε και να πεθαίνετε χωρίς να γνωρίζετε την απάντηση στο μυστήριο του λόγου για τον οποίο πρώτα απ' όλα έχετε σταλθεί εδώ σαν άνθρωποι. Όταν ξεχνάτε τον Θεό, χάνετε όλη την ουσία της ύπαρξης. Μάθετε να αισθάνεστε τον Θεό και να Τον απολαμβάνετε. Κάντε το συνήθεια και θα δείτε με τον καιρό πόσα πολλά θα έχετε κερδίσει. Η απόκτηση υλικών αγαθών και η ευημερία δεν προστατεύουν από τη θλίψη. Θα έρθει μια μέρα που θα νιώθετε απόλυτα αβοήθητοι, τίποτα περισσότερο από ένα πιόνι του πεπρωμένου· και τότε θα αρχίσετε να συνειδητοποιείτε πως μόνο ο Θεός είναι το λιμάνι της ασφάλειάς σας. Δεν θέλει να επιβάλει τον Εαυτό Του σε κανέναν. Πρέπει να πάρετε την πρωτοβουλία να Τον αναζητήσετε μέσω της δικής σας διακαούς επιθυμίας, προτιμώντας Αυτόν περισσότερο απ' όλες τις άλλες επιθυμίες. Όπως ο κύκνος μπορεί να κολυμπά σε λασπωμένα νερά χωρίς να λερώνονται τα φτερά του, έτσι θα πρέπει κι εσείς να ζείτε σ' αυτόν τον κόσμο. Αν προστατεύσετε τον νου σας με την ασπίδα της μη προσκόλλησης, τότε οι υλικές επιθυμίες δεν μπορούν να παραμείνουν μέσα σας.

Η σταγόνα που διαχωρίζεται από τη λίμνη και επιπλέει απομονωμένη πάνω σ' ένα φύλλο λωτού θα εξατμιστεί, εκτός κι αν γυρίσει στη λίμνη. Έτσι, πριν η ζωή εξανεμιστεί με υλικές επιθυμίες, καλύτερα γλιστρήστε στη συνειδητότητα του Θεού. Τότε η δροσοσταλίδα της ζωής δεν θα χρειαστεί να υποστεί τον θάνατο, αλλά θα γίνει αιώνια. Η γέννηση είναι διαχωρισμός από το Άπειρο· ο θάνατος δεν είναι το τέλος της ζωής, αλλά μια μετάβαση σε μια ανώτερη κατάσταση. Η ελευθερία από τη γέννηση και τον θάνατο είναι επιστροφή στον Θεό. Η σταγόνα ανήκει στη θάλασσα. Μακριά απ' αυτήν είναι ευάλωτη στον ήλιο, στον άνεμο και στα άλλα στοιχεία της φύσης· όταν όμως η σταγόνα γυρίσει στην πηγή της, μεγεθύνεται ενωμένη με τη θάλασσα. Έτσι είναι και με τη ζωή σας. Ενωμένοι με τον Θεό γίνεστε αθάνατοι.

Όσο είμαστε ακόμα διαχωρισμένοι από την Αιώνια Θάλασσα, ο σκοπός μας θα πρέπει να είναι να εκδηλώνουμε όσο το δυνατόν περισσότερο την ουσιαστική θεϊκή αθανασία μας. Πάνω στο φύλλο λωτού της υλικής ευτυχίας η δροσοσταλίδα της ζωής πρέπει να παραμείνει ανέγγιχτη και αμόλυντη μέχρι να γλιστρήσει στην απεραντοσύνη της παρουσίας του Θεού. Ο τρόπος να εκφράζουμε την έμφυτη αθανασία μας, παρά το γεγονός ότι υπάρχουν αντίθετης φύσης περιορισμοί, είναι το θέμα που θα μας απασχολήσει, το να κάνουμε τη νεανικότητα να διαρκεί περισσότερο.

Η Νεότητα Είναι Μια Κατάσταση του Νου και της Ψυχής, Καθώς και του Σώματος

Όλοι ενδιαφέρονται για τη νεότητα. Με τον ένα ή τον άλλο τρόπο ο καθένας ψάχνει το μυθικό «Ελιξίριο της Νεότητας». Τι είναι όμως νεότητα; Δεν είναι όλοι οι νέοι άνθρωποι απαραίτητα νεανικοί· μερικοί είναι ήδη γερασμένοι και κουρασμένοι πολύ πέρα από την ηλικία τους. Αντίθετα, μερικοί ηλικιωμένοι διατηρούν τη νεανικότητά τους παρά την προχωρημένη ηλικία τους. Διατηρούν τον νου τους νεανικό. Το χαμόγελό τους ρέει από την ψυχή τους στο σώμα τους και το πρόσωπό τους· το ίδιο το αίμα της ζωής τους πάλλεται από τη χαρά της ύπαρξης. Και υπάρχουν κι αυτά τα μουντά, άψυχα άτομα, που είναι σαν πεθαμένα πριν πεθάνουν – κι ούτε καν το ξέρουν. Είναι οι «ζωντανοί νεκροί». Βλέπεις πολλούς τέτοιους ανθρώπους – αρνητικούς, επικριτικούς, κακοδιάθετους, αποκαρδιωμένους. Δεν υπάρχει δικαιολογία για τη λανθασμένη κατάσταση του νου. Πρέπει να είστε πάντα νοητικά θετικοί, χαρούμενοι, γελαστοί, ζωηροί. Με κάθε τρόπο εξασκηθείτε σ' αυτή τη νοητική νεότητα που πηγάζει από τα μύχια της ύπαρξής σας.

Έτσι, η βιολογική ηλικία δεν έχει πραγματική σχέση με τη νεότητα. Η κατάσταση του νου και ο τρόπος έκφρασης της ψυχής είναι που κάνουν έναν άνθρωπο νεανικό. Ο ορισμός της νεότητας είναι η κατάσταση εκείνη του σώματος, του νου και της ψυχής στην οποία κάποιος νιώθει την κορύφωση, το ζενίθ, της χαράς και της δύναμης. Αν το θέλετε μπορείτε να διατηρήσετε αυτήν την κατάσταση για πάντα. Αντίθετα, αν είστε απρόσεκτοι μπορεί να τη χάσετε πολύ εύκολα.

Ας προσεγγίσουμε το θέμα αρχικά από τη νοητική σκοπιά. Ο νους είναι αυτός που ελέγχει· δηλαδή έχει τα ηνία του σώματος. Το ίδιο το σώμα σχεδιάστηκε από τον νου. Είμαστε το συνολικό αποτέλεσμα της συνειδητότητας που εμείς οι ίδιοι δημιουργήσαμε στην περίοδο των ενσαρκώσεών μας.² Αυτός ο νους ή συνειδητότητα είναι η υπέρτατη δύναμη που κυβερνά όλες τις εκούσιες και ακούσιες δραστηριότητες αυτού του σωματικού εργοστασίου με τα πολυποίκιλα έργα του.

Οι Πέντε Νοητικές Καταστάσεις της Συνειδητότητας

Αξιολογούμε την κατάστασή μας ως επιθυμητή ή ανεπιθύμητη ανάλογα με τον βαθμό της ευτυχίας που υπάρχει σ' αυτήν ή την έλλειψή της. Έτσι, υπάρχουν πέντε νοητικές καταστάσεις: η ευτυχία, η θλίψη, η αδιαφορία, η γαλήνη και η αληθινή χαρά.

Τα κύματα που εγείρονται στη μέση του ωκεανού από μια θύελλα υποχωρούν σε μια κοιλότητα του νερού και μετά σηκώνονται ξανά, το ένα μετά το άλλο, μέχρι να σταματήσει η θύελλα, οπότε τα κύματα διαλύονται στη θάλασσα. Έτσι γίνεται και με τον νου. Τα νοητικά κορυφώματα είναι τα εναλλασσόμενα κύματα της χαράς και της θλίψης της ζωής· τα κοιλώματα ανάμεσα είναι η αδιαφορία ή η ανία. Αυτές είναι οι τρεις πρώτες νοητικές καταστάσεις.

Μπορείτε συνήθως να αναγνωρίσετε την πνευματική κατάσταση ενός ανθρώπου από το πρόσωπό του. Αν ρωτήσετε κάποιον του οποίου το πρόσωπο δείχνει χαρά τι ήταν αυτό που τον έκανε χαρούμενο, θα δείτε ότι κάποια επιθυμία του ικανοποιήθηκε – πήρε αύξηση μισθού, κατάφερε κάτι που επεδίωκε ή ευχαριστήθηκε με κάποιον άλλον τρόπο. Μια επιθυμία που εκπληρώνεται δίνει χαρά.

Όταν βλέπετε κάποιον σκυθρωπό, η έκφραση του προσώπου του δείχνει ότι κάτι τον απογοήτευσε. Μια επιθυμία που διαψεύδεται προκαλεί δυστυχία. Η επιθυμία για υγεία διαψεύδεται με τον πόνο· η επιθυμία για χρήματα διαψεύδεται με τη φτώχεια και ούτω κάθε εξής.

Ύστερα, υπάρχουν και οι άνθρωποι στην ενδιάμεση κατάσταση. Τους ρωτάς: «Είσαι ευτυχισμένος;». Λένε: «Όχι». «Είσαι θλιμμένος;». «Όχι». Είναι στη μέση, ούτε στην κορυφή του κύματος της ευτυχίας, ούτε στο κύμα της θλίψης· βρίσκονται στο ενδιάμεσο κοίλωμα. Αυτή είναι η ουδέτερη κατάσταση της αδιαφορίας.

Δεν μπορεί κανείς να παραμένει επ' αόριστον στις κορυφές είτε της μεγάλης ευτυχίας, είτε της θυελλώδους θλίψης, είτε στη μελαγχολία της ανίας. Σ' αυτόν τον κόσμο των δυαδικών καταστάσεων, που

---
² Βλ. *κάρμα* και *μετενσάρκωση* στο γλωσσάριο.

ανταγωνίζονται η μία την άλλη, ο συνηθισμένος άνθρωπος κλυδωνίζεται – ανεβαίνοντας στο κύμα της χαράς, πέφτοντας στο κοίλωμα της αδιαφορίας και μετά βουλιάζοντας σ' ένα κύμα θλίψης. Ελάχιστα γνωρίζει κάτι πέρα απ' αυτές τις καταστάσεις συνειδητότητας. Το να κυριευόμαστε έτσι συνεχώς απ' αυτές σημαίνει να παραδίδουμε την ελεύθερη βούλησή μας σ' ένα φαινομενικά ιδιότροπο πεπρωμένο.

Αυτό που χρειάζεται ο άνθρωπος για να είναι επιτυχημένος και ικανοποιημένος στη ζωή του είναι η αταραξία του νου. Αυτή μπορεί να επιτευχθεί μόνο με αυτοσυγκέντρωση, απόλυτο έλεγχο των νοητικών ικανοτήτων. Ακόμα και ο πιο τρομερός πόνος περνά με τον χρόνο· τίποτα δεν κερδίζετε με το να τον ξαναζείτε κάθε μέρα. Το να υποφέρετε για κάποιον που πέθανε δεν βοηθά ούτε εκείνον ούτε εσάς, ούτε αλλάζει το θλιβερό γεγονός. Το να κάνετε τον εαυτό σας δυστυχισμένο τρέφοντας ένα σύμπλεγμα κατωτερότητας ή το να τον τιμωρείτε για παλιά λάθη ή αποτυχίες δεν θα σας οδηγήσει πουθενά· παραλύει τις νοητικές σας ικανότητες. Ποτέ μην επιτρέπετε στον εαυτό σας να καταλαμβάνεται από αρνητική νοητική αποτελμάτωση. Κι ούτε να βαριέστε τη ζωή. Αυτή η κατάσταση είναι πολύ άσχημη. Σιγά σιγά σας κάνει να βράζετε μέσα σας. Μην ψήνετε τον εαυτό σας και τις ικανότητές σας στον φούρνο της αδιαφορίας.

Πέρα από τις πρώτες τρεις καταστάσεις του νου –ευτυχία, θλίψη και αδιαφορία– υπάρχει η κατάσταση της γαλήνης. Πολύ λίγοι άνθρωποι φτάνουν σ' αυτό το επίπεδο. Αυτοί που έχουν χρήματα, υγεία και ικανοποιητικές σχέσεις με τους ανθρώπους –ό,τι πραγματικά χρειάζονται ή επιθυμούν– μπορεί να πουν: «Δεν είμαι ούτε ευτυχισμένος ούτε δυστυχισμένος ούτε αδιάφορος. Είμαι ικανοποιημένος· είμαι γαλήνιος». Μετά από μια περίοδο αναταραχής, μια τέτοια κατάσταση είναι ευπρόσδεκτη. Αν όμως έχει κάποιος για πολύ καιρό γαλήνη που συνίσταται απλά στην έλλειψη χαράς ή θλίψης, θα πει: «Χτύπα με στο κεφάλι για να νιώσω ότι είμαι ακόμα ζωντανός!». Τέτοια γαλήνη, που είναι μια αρνητική κατάσταση στην οποία η διέγερση έχει εξουδετερωθεί, δεν ικανοποιεί για πολύ.

Τώρα λοιπόν ερχόμαστε στη θετική πλευρά, την τελευταία ή πέμπτη κατάσταση συνειδητότητας: την επίτευξη της πάντα ανανεούμενης χαράς. Αυτή η κατάσταση έρχεται μόνο με την επαφή με τον Θεό σε βαθύ διαλογισμό, με την εξάσκηση σε τεχνικές σαν αυτές που έδωσαν οι Δάσκαλοι της Ινδίας. Αυτή η χαρά, που παρέχει ολοκληρωτική πληρότητα, δεν ξεθυμαίνει ποτέ. Πώς να την περιγράψω; Αν για δέκα μέρες δεν σας επέτρεπαν να κοιμηθείτε, αλλά ήσαστε αναγκασμένοι να μένετε ξύπνιοι, και μετά σας άφηναν να πέσετε για ύπνο, η χαρά που θα νιώθατε εκείνη τη στιγμή, ακόμα κι αν πολλαπλασιαζόταν κατά ένα εκατομμύριο φορές, πάλι δεν θα μπορούσε ούτε κατ' ελάχιστον να περιγράψει τη χαρά για την οποία σας μιλώ. Ο Ιησούς και άλλοι θεϊκοί Δάσκαλοι μίλησαν γι' αυτή τη χαρά. Ο Άγιος Φραγκίσκος και ο Σρι Τσαϊτάνια[3] ένιωθαν αυτή τη χαρά. Για ποιον άλλο λόγο οι άγιοι θα στερούσαν από τον εαυτό τους τα υλικά αγαθά αν δεν είχαν βρει κάτι σπουδαιότερο; Αυτό το μονοπάτι του Self-Realization δεν σας ζητά να εγκαταλείψετε τα πάντα σ' αυτόν τον κόσμο, αλλά σας παροτρύνει να παραιτηθείτε από κατώτερα παρεμποδιστικά πράγματα για χάρη της ανώτερης, παντοτινά ικανοποιητικής αληθινής χαράς στη ζωή.

Ήρθε η ώρα να γνωρίσετε και να καταλάβετε τον σκοπό της θρησκείας: πώς να έρχεστε σε επαφή μ' αυτήν την ουράνια Χαρά, που είναι ο Θεός, ο μεγαλειώδης και αιώνιος Παράκλητος (Παρηγορητής). Αν μπορέσετε να βρείτε αυτή τη Χαρά κι αν μπορείτε να διατηρείτε αυτή τη Χαρά συνεχώς, άσχετα με το τι συμβαίνει στη ζωή σας, τότε θα μπορείτε να στέκεστε ακλόνητοι μέσα στη συντριβή κόσμων που καταρρέουν.

Αυτός λοιπόν είναι ο πρώτος νόμος για τη διατήρηση της νεότητας: Πρέπει ο νους σας να είναι ευτυχισμένος, σε μια κατάσταση που να μην επηρεάζεται από τα γεγονότα της ζωής. Μέσα σ' αυτή τη χαρά ούτε ο θάνατος δεν μπορεί να σας κλονίσει. Πώς θα μπορούσε ο Ιησούς, ενόψει της σταύρωσής του, να πει: «Πατέρα, συγχώρησέ τους γιατί δεν ξέρουν τι κάνουν»,[4] αν δεν είχε αυτήν την εσωτερική χαρά την οποία ούτε τα βασανιστήρια της σάρκας δεν μπορούσαν να του πάρουν; Μ' αυτό το σταθερό νοητικό θεμέλιο μπόρεσε, στην τελευταία του ανάσα, να εκφράσει την αγάπη του γι' αυτούς που θανάτωσαν το σώμα του. Αυτή είναι η άτρωτη κατάσταση την οποία πρέπει να αγωνιστείτε να καλλιεργήσετε.

Μάθετε να Χαμογελάτε με Ειλικρίνεια σε Όλες τις Περιστάσεις

Η αναζήτηση του Θεού με τον διαλογισμό είναι ο άμεσος τρόπος να αποκτήσετε μια χαρούμενη και νεανική κατάσταση του νου. Υπάρχουν και επιπλέον πρακτικές που θα σας βοηθήσουν κι αυτές να αναπτύξετε νοητική νεανικότητα. Πρώτα απ' όλα μάθετε να χαμογελάτε

---

[3] Ένας εξέχων λόγιος της Ινδίας, ο Σρι Τσαϊτάνια, το 1508 είχε μια πνευματική αφύπνιση και αγάπησε διακαώς τον Θεό, τον Οποίο προσκυνούσε ως τον αβατάρ Κρίσνα (βλ. γλωσσάριο). Η φήμη του ως *μπάκτα* (πιστού του Θεού) διαδόθηκε σε όλη την Ινδία τον δέκατο έκτο αιώνα.

[4] Κατά Λουκά ΚΓ:34.

Από τα μέσα της δεκαετίας του 1920 μέχρι τα μέσα της δεκαετίας του 1930, ο Σρι Γιογκανάντα ταξίδεψε σε όλη την Αμερική δίνοντας ομιλίες και μαθήματα για την επιστήμη του διαλογισμού γιόγκα και την τέχνη της ισορροπημένης πνευματικής ζωής σε πολυπληθή ακροατήρια σε μεγάλες πόλεις. *(Πάνω)* Η υποδοχή του από σπουδαστές κατά την άφιξή του στον σταθμό του τρένου, στο Λος Άντζελες· *(στο κέντρο)* μια από τις τάξεις του στο Detroit· *(κάτω)* σε δείπνο προς τιμήν του, στο Cincinnati.

– να χαμογελάτε ειλικρινά. Όπου κι αν είστε, όσο δύσκολες κι αν είναι οι συνθήκες, να χαμογελάτε μέσα από την καρδιά σας. Μην τρέφετε κανένα είδος θυμού ή κακίας. Προσπαθήστε να χαμογελάτε με αυθεντικό χαμόγελο σε όλους το ίδιο – σε φίλους, στην οικογένεια, σε ξένους. Κατά το ήμισυ το μυστικό της νεανικότητας έγκειται σ' αυτό. Αν έχετε ένα μεταδοτικό χαμόγελο που πηγάζει μέσα από την αληθινή ύπαρξή σας, τότε είστε νεανικοί. Συχνά λέω ότι αν δεν μπορείτε να χαμογελάσετε, σταθείτε μπροστά σ' έναν καθρέφτη και εκπαιδεύστε τον εαυτό σας να χαμογελά τραβώντας προς τα πάνω τις άκρες των χειλιών σας!

Την ημέρα που θα αποφασίσετε να χαμογελάτε, θα διαπιστώσετε ότι τα πάντα θα φαίνεται να συνωμοτούν για να προσπαθήσουν να σας κάνουν να κλάψετε! Έτσι είναι η ζωή. Την ημέρα που θα αποφασίσετε να είστε υπομονετικοί και να συγχωρείτε, θα φαίνεται ότι οι άλλοι ξαφνικά έγιναν πιο δύστροποι. Έτσι είναι η ζωή. Συχνά σταυρωνόμαστε από τους άλλους, αλλά η κακία τους δεν θα πρέπει να κλονίσει την αμετάκλητη απόφασή μας να είμαστε καλοί. Αφήστε τους άλλους να ακολουθούν τον δρόμο τους· εσείς να είστε ανώτεροι και να ακολουθείτε πιστά τον δικό σας δρόμο. Δεν επιδιώκετε την έγκριση των ανθρώπων, αλλά την επιδοκιμασία του Θεού. Μόλις βρείτε ικανοποίηση σ' Αυτόν, θα είστε ευτυχισμένοι. Να προσπαθείτε να ικανοποιείτε τους άλλους στο μέτρο που μπορείτε και να προσπαθείτε να μην προσβάλλετε κανέναν· μην αφήνετε όμως αυτήν τη συμπεριφορά να έρχεται σε αντίθεση με το πρωταρχικό καθήκον σας να ικανοποιείτε τον Θεό, πρώτα και πάνω απ' όλα. Δεν αξίζει.

Να εξασκείστε στο χαμόγελο της νοητικής νεανικότητας συνεχώς. Δείτε πόσες ώρες συνεχόμενα μπορείτε να διατηρείτε την ισορροπία σας παρά τα όποια βάσανά σας. Όταν θα μπορείτε να παραμένετε πάντα χαρούμενα ατάραχοι, θα νιώθετε κάθε κύτταρο του σώματός σας ζωντανό με μια μεγάλη χαρά.

Ο Θεός με ευλόγησε αυτά τα πολλά χρόνια. Είτε το χαμόγελό μου είναι ορατό εξωτερικά είτε όχι, η θεϊκή χαρά είναι πάντα μαζί μου τώρα. Ο μεγάλος Ποταμός της Χαράς ρέει κάτω από την αμμουδιά της συνειδητότητάς μου. Ούτε η μεταβλητότητα της ζωής ούτε το φάντασμα του θανάτου μπορούν να μου την πάρουν. Χρειάστηκε σκληρή δουλειά για να κάνω αυτήν την κατάσταση μόνιμη και αμετάβλητη, αλλά άξιζε.

Τόσο πολλοί άνθρωποι χαράμισαν χρόνια και χρόνια και δεν βρήκαν χαρά. Γιατί να τους μιμείστε και να προσπαθείτε να αποκτήσετε αυτά που υπόσχονται ευτυχία αλλά δίνουν δυστυχία; Αν έρθετε σε επαφή με το Πνεύμα στον διαλογισμό, θα ξέρετε πως όσα σας είπα είναι

 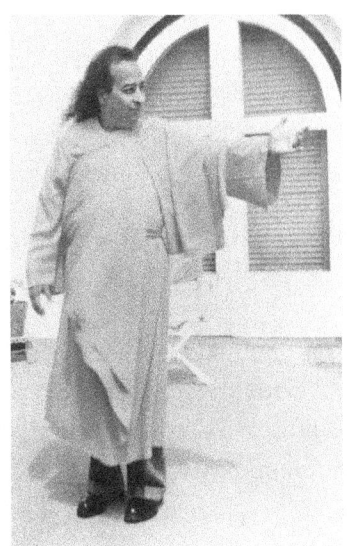

(Αριστερά) Ο Παραμαχάνσα Γιογκανάντα με τον μεγάλο γκουρού του, τον Σουάμι Σρι Γιουκτέσβαρ, το 1935. *(Δεξιά)* Ο Παραμαχάνσατζι προβαίνοντας σε μια θερμή υποδοχή, έξω από τον ναό του Self-Realization Fellowship στο San Diego, το 1949.

Ο Παραμαχάνσα Γιογκανάντα που διεξάγει την Τελετή της Εαρινής Ανατολής, το 1925, στον περίβολο του Mount Washington, στο Λος Άντζελες – στην ιδιοκτησία που λίγο αργότερα έγινε η έδρα του Self-Realization Fellowship (Yogoda Satsanga Society of India), στο παγκόσμιο έργο του.

αλήθεια. Θα έχετε μια χαρά την οποία δεν θα αποχωριστείτε ακόμα κι αν σας προσφέρουν ολόκληρο τον κόσμο σε αντάλλαγμα. Τα χρήματα, το σεξ, το κρασί – τίποτα δεν μπορεί να συγκριθεί μ' αυτήν την υπέρτατη χαρά. Είναι μια αιώνια διάπυρη ακτινοβολία μέσα στην ψυχή σας.

Η Σημασία της Προθυμίας και του να Είμαστε Λιγότερο Επικεντρωμένοι στον Εαυτό Μας

Η προθυμία επίσης είναι σημαντική για να διατηρήσετε νεανικότητα. Όταν συμπαθείτε κάποιον, δεν σας πειράζει να του μαγειρεύετε ή να κάνετε άλλες δουλειές γι' αυτόν· αν όμως πρέπει να το κάνετε για κάποιον που δεν συμπαθείτε, η απροθυμία σας σας κάνει να νιώθετε κουρασμένοι και ευερέθιστοι και να μη θέλετε να κάνετε τίποτα γι' αυτόν. Αυτή η ίδια αρχή ισχύει σε όλες τις περιστάσεις: αν είστε απρόθυμοι, τότε δεν έχετε καθόλου ενέργεια ή ενδιαφέρον. Αν είστε πρόθυμοι, έχετε τη ζωτικότητα και τον ενθουσιασμό της νεότητας.

Ένα ακόμα μυστικό για τη νοητική νεανικότητα είναι να μάθετε να είστε λιγότερο ιδιοτελείς και επικεντρωμένοι στον εαυτό σας και περισσότερο δοτικοί και στοργικοί απέναντι στους άλλους. Για να μπορείτε να διατηρήσετε τη χαρά που έρχεται με την επαφή με τον Θεό στον διαλογισμό, πρέπει να εφαρμόσετε την αρετή Του της αγάπης για όλους, της δικαιοσύνης και της καλοσύνης προς όλους. Συγχωρήστε τους εχθρούς σας. Τι υπέροχη απελευθέρωση θα έχετε από τα δεσμά του θυμού και της ζήλειας! Να βοηθάτε τους άλλους κάθε μέρα, με όποιον τρόπο μπορείτε – και ιδίως οδηγώντας ψυχές στο πνευματικό μονοπάτι για να αναζητήσουν τον Θεό. Προσφέρετε σε όλους την ίδια αγάπη με την οποία αγαπάτε την οικογένειά σας και τους αγαπημένους σας. Ο Θεός σάς δίνει αγαπημένους για να μπορέσετε να μάθετε να διευρύνετε την αγάπη για τον εαυτό σας ώστε να συμπεριλάβει και αγάπη για άλλους. Και επιτρέπει τον θάνατο ή άλλες περιστάσεις που παίρνουν μακριά κάποιους αγαπημένους σας για να μην περιορίζετε την αγάπη σας μόνο σε λίγους, αλλά να μάθετε να την προσφέρετε σε όλους. Όσο πιο οικουμενική θα γίνεται η αγάπη σας, τόσο πιο πολύ η διευρυμένη συνειδητότητά σας θα γεμίζει με τη χαρά της πανταχού παρούσας Ύπαρξής Του. Η Μπάγκαβαντ Γκίτα λέει: «Όταν ένας άνθρωπος βλέπει όλα τα ξεχωριστά όντα ως υπάρχοντα στο Ένα που επεκτάθηκε κι έγινε τα πολλά, τότε συγχωνεύεται με τον Μπραχμά (το Πνεύμα)».[5]

Είναι Εφικτή η Αιώνια Νεότητα του Σώματος;

Μετά έρχεται η σωματική πλευρά της νεότητας. Διάφοροι άγιοι που παρέμειναν σε μυστική απομόνωση, μακριά από το σκεπτικό βλέμμα ενός αφώτιστου κόσμου, έζησαν πολύ περισσότερο από τη φυσιολογική περίοδο ζωής, διατηρώντας όχι μόνο νεανικότητα του πνεύματος αλλά και του σώματος. Ο Μαχαβατάρ Μπάμπατζι[6] είναι ένας απ' αυτούς. Ο Ιησούς, μ' έναν διαφορετικό τρόπο, έδειξε την κυριαρχία του στα μέλη του σώματός του. Είπε και μετά απέδειξε: «Καταστρέψτε τον ναό αυτόν (το σώμα) και σε τρεις ημέρες θα τον εγείρω».[7] Τέτοιες δυνάμεις έχουν καταδειχθεί από μεγάλους Δασκάλους της Ινδίας. Οι ανώτεροι νόμοι δεν έχουν γίνει πολύ γνωστοί στη Δύση γιατί ο πολιτισμός της έχει επικεντρωθεί στην υλική ανάπτυξη, ενώ η Ανατολή έχει αφιερωθεί σε μια εσωτερική έρευνα στα βασίλεια του Πνεύματος.

Γιατί εκπλήσσεστε που κάποιοι Δάσκαλοι, για να εκπληρώσουν έναν θεϊκό σκοπό με εντολή του Θεού, επιλέγουν να ζήσουν ασυνήθιστα πολλά χρόνια; Στη φύση βλέπουμε ότι υπάρχουν ζώα που μπορούν να ζήσουν πολύ περισσότερο από τους συνηθισμένους ανθρώπους. Εντούτοις ο άνθρωπος υποτίθεται ότι είναι το ανώτερο πλάσμα. Γιατί ζει λιγότερο; Διότι ως ανθρώπινα όντα μάς δόθηκε το αποκλειστικό δώρο της ελεύθερης βούλησης, το προνόμιο να κάνουμε ό,τι θέλουμε· και χρησιμοποιώντας λανθασμένα αυτό το δώρο, ο άνθρωπος επιλέγει να κάνει όλα όσα δεν θα έπρεπε να κάνει. Οι λανθασμένες συνήθειές του όσον αφορά τον τρόπο ζωής, τον τρόπο σκέψης, την επιμονή του να ζει χωριστά από τον Θεό, πέρασαν από γενιά σε γενιά με τη διαδικασία της εξέλιξης, περιορίζοντας σημαντικά την έκφραση των θεϊκών του δυνατοτήτων – σωματικά, καθώς και νοητικά και πνευματικά.

Όταν στη μήτρα της μητέρας το ανθρώπινο σώμα αρχίζει να αναπτύσσεται με τη διαίρεση του πρώτου κυττάρου –που προκύπτει από την ένωση του σπερματοζωαρίου και του ωαρίου– σχηματίζεται ένα

---

[5] XIII:30.

[6] Ο αιώνια νέος δάσκαλος που είναι πρώτος στη σειρά των Γκουρού του Self-Realization Fellowship και ο οποίος έκανε να αναβιώσει η επιστήμη της *Κρίγια Γιόγκα* το 1861. (Βλ. γλωσσάριο.)

[7] Κατά Ιωάννη Β:19.

έμβρυο μέσα σε τέσσερις μέρες. Όλες οι δυνατότητες του σώματος βρίσκονται μέσα του την τέταρτη μέρα. Στην αρχή τα κύτταρα του εμβρύου λέγονται σπερματικά κύτταρα, καθένα εκ των οποίων είναι ικανό να μετατραπεί σε οποιοδήποτε είδος σωματικού ιστού. Σύμφωνα μ' ένα συγκεκριμένο σχέδιο, τα κύτταρα αυτά αρχίζουν μυστηριωδώς να εξειδικεύονται στο να δημιουργούν νεύρα, κόκκαλα, δέρμα, αίμα, όργανα – όλα τα συστατικά του σώματος. Καθώς σχηματίζονται τα μέρη του σώματος, τα εξειδικευόμενα σπερματικά κύτταρα εγκλωβίζονται στις συγκεκριμένες λειτουργίες τους και στους περιορισμούς των λειτουργιών αυτών. Αυτό σημαίνει ότι δεν υπακούν πάντα τον συνειδητό νου, γιατί οι εξελικτικές και οι ατομικές καρμικές συνήθειες και σκέψεις αιώνων είναι ενσωματωμένες βαθιά μέσα στη σύστασή τους.

Για παράδειγμα, στον άνθρωπο αναπτύσσονται δύο οδοντοφυΐες· γιατί να μην μπορεί να αναπτυχθεί και τρίτη και τέταρτη; Επειδή τα ίδια τα κύτταρα του σώματός μας είναι υπνωτισμένα από τα εξελικτικά πρότυπα πολλών γενιών τα οποία είναι εμφυτευμένα στον εγκέφαλό μας και στην κυτταρική σύσταση. Όσο πιο πολύ θα απομακρυνόμαστε από την υποσυνείδητη ύπνωση της εξελικτικής κατάστασης του πολιτισμού, τόσο πιο ελεύθεροι θα είμαστε. Το πώς να μετατρέπουμε τα σωματικά κύτταρα σ' αυτό που αρχικά ήταν, δηλαδή δημιουργικά, σπερματικά κύτταρα πολλαπλών δυνατοτήτων, που να μπορούν να ξαναχτίζουν και να αναζωογονούν τα μέρη του σώματος, θα είναι η μελλοντική προσπάθεια της επιστήμης.[8] Το σώμα μας θα έπρεπε να μπορεί να αλλάζει με οποιονδήποτε τρόπο θέλουμε.

Όσο Μεγαλύτερη Είναι η Θέληση, Τόσο Μεγαλύτερη Είναι η Ροή της Ενέργειας

Μάθετε να κρατάτε τη θέλησή σας δυνατή –μια ήρεμη θέληση, όχι μια νευρική θέληση– και τότε το σώμα σας θα είναι γεμάτο ενέργεια.

---

[8] Πρόσφατα οι επιστήμονες έχουν αρχίσει να αναφέρουν κάποιες επιτυχίες, σε προκαταρκτικά στάδια, προς την επίτευξη αυτού του στόχου. Ο Robert Becker, M.D., ερευνητής ορθοπεδικής χειρουργικής στη Νέα Υόρκη, χρησιμοποίησε ηλεκτρική διέγερση για να κάνει τα σωματικά κύτταρα να επανέλθουν στην κατάσταση των μη εξειδικευμένων σπερματικών κυττάρων, δίνοντας έτσι τη δυνατότητα σε βατράχους και ποντίκια να αναπτύξουν νέα μέλη του σώματός τους που είχαν χάσει (αν και αυτά τα ζώα φυσιολογικά δεν έχουν τη δυνατότητα αναγέννησης των σωματικών μελών τους). Ο Dr. Becker και αρκετοί άλλοι ερευνητές χρησιμοποίησαν αυτήν την τεχνική σε ανθρώπους για να θεραπεύσουν κατάγματα οστών που είχαν διαγνωστεί ως ανίατα. Η έρευνα και τα πειράματα συνεχίζονται μέχρι σήμερα.

Με τη θέληση είναι που φέρνετε ενέργεια στο σώμα και τη χρησιμοποιείτε. Όσο μεγαλύτερη είναι η θέληση, τόσο μεγαλύτερη είναι η ροή της ενέργειας. Μάθετε πώς να έλκετε αυτήν την ενέργεια όχι μόνο από το φαγητό και το οξυγόνο, αλλά και από το Άπειρο, γιατί θα έρθει η ώρα που όποια υλικά μέτρα κι αν πάρετε, το σώμα σας θα γίνει αδύναμο. Το φαγητό και το οξυγόνο είναι χρήσιμα στο σώμα μόνον όταν επιδρά σ' αυτά το εσωτερικό ζωικό ρεύμα. Αν αυτό αποδυναμωθεί από σωματική ή νοητική κατάχρηση, τα εξωτερικά στηρίγματα της ζωής καθίστανται αναποτελεσματικά. Οι μέθοδοι που διδάσκω σας δείχνουν πώς να επαναφορτίζετε κάθε μέρος του σώματός σας με ζωική ενέργεια που έρχεται κατευθείαν από την πανταχού παρούσα δονητική δύναμη του Θεού που σας περιβάλλει και είναι μέσα σας. Αυτή η δύναμη είναι που δημιούργησε το σώμα σας και που το συντηρεί. Με την εξάσκηση στις Ασκήσεις Ενεργοποίησης[9] και κυρίως με την *Κρίγια Γιόγκα* μπορείτε να αναζωογονείτε όλη την ύπαρξή σας με Θεϊκή Ζωή.

Κάθε γραμμάριο σάρκας έχει μέσα του αρκετή ενέργεια για να φωτίσει το Σικάγο για δύο μέρες. Νιώθετε θερμότητα και ζωντάνια στη σάρκα που παράγεται απ' αυτήν την ενέργεια, αλλά όχι την ίδια την τρομακτική ενέργεια που βρίσκεται μέσα στα άτομα της σάρκας. Κάθε άτομο είναι μια γεννήτρια δύναμης. Μπορείτε να επαναφορτίζεστε ζωτικά με διαλογισμό *Κρίγια Γιόγκα* και με την εφαρμογή της θέλησης για να ανοίξετε τη συμπαντική πηγή της δύναμης. Αν κρατάτε τη θέλησή σας αλώβητη και χρησιμοποιείτε αυτή τη δύναμη για να εκτελείτε όλες τις σωματικές και νοητικές πράξεις σας με χαρά και προθυμία, το σώμα και ο νους σας θα διατηρήσουν τη ζωτική νεανικότητά τους.

Να Υπακούτε τους Νόμους του Θεού Που Είναι Ενσωματωμένοι στη Συμπαντική Φύση

Η Φύση, η συμπαντική δημιουργία, είναι η ενσωμάτωση των νόμων του Θεού. Γι' αυτό πρέπει να μάθετε να υπακούτε αυτούς τους νόμους. Οι αρρώστιες, οι νοητικές δυσαρμονίες και όλα τα είδη δυστυχίας είναι οι συνέπειες της ανυπακοής. Με λανθασμένη χρήση της ελεύθερης βούλησης, τα ανθρώπινα πλάσματα επιλέγουν να παρεκτρέπονται· και οι πράξεις τους, που είναι αντίθετες με τον θεϊκό νόμο, αργότερα

---

[9] Επινοήθηκαν από τον Παραμαχάνσα Γιογκανάντα και διδάσκονται στα *Μαθήματα* του *Self-Realization Fellowship*. (Βλ. γλωσσάριο.)

επιδρούν στο νευρικό σύστημα και στη συνειδητότητα, δημιουργώντας δυσαρμονίες στο σώμα και στον νου.

Όταν πρόκειται για τη διατροφή, οι κανόνες που αφορούν την υγεία παραβιάζονται συνεχώς. Οι περισσότεροι άνθρωποι σκάβουν οι ίδιοι τον τάφο τους με τα μαχαίρια και τα πιρούνια τους. Τα ζώα στον ζωολογικό κήπο τρέφονται πιο επιστημονικά απ' ό,τι ένας μέσος άνθρωπος. Οι συνήθειες της διατροφής σας θα πρέπει να ρυθμίζονται με βάση αυτά που πρέπει να τρώτε, όχι απλώς αυτά που ευχαριστούν την αίσθηση της γεύσης σας. Στη διατροφή σας θα πρέπει να υπερέχουν τα φρέσκα φρούτα και τα λαχανικά, καθώς και τα αναποφλοίωτα σιτηρά και τα όσπρια. Αποφεύγετε τα πολλά ραφιναρισμένα λιπαρά και τα πολλά γλυκά και περιορίστε πολύ τα λίπη – αυτά μπορεί να αποβούν πολύ επιζήμια για την υγεία. Τα καλύτερα γλυκά είναι τα αποξηραμένα στον ήλιο φρούτα της φύσης, χωρίς συντηρητικά. Αυτοί που τρώνε πολύ κρέας θα πρέπει να σταματήσουν αυτή τη συνήθεια, αποφεύγοντας αυστηρά όλα τα είδη του μοσχαρίσιου και του χοιρινού και να τρώνε μόνο ψάρι, πουλερικά, ή αρνί μόνο περιστασιακά. Κάθε κομμάτι κρέατος που τρώτε θα πρέπει να συνοδεύεται από μια μεγάλη ποσότητα από μαρούλι. Πολύ προτιμότερη είναι μια εντελώς χορτοφαγική διατροφή που να περιλαμβάνει γαλακτοκομικά προϊόντα, αυγά και φυτικές πρωτεΐνες. Τα ανάλατα φιστίκια ή αμύγδαλα ή τα ωμά ρεβίθια, τριμμένα καλά και ανακατεμένα με χυμό πορτοκαλιού, είναι μια καλή πηγή πρωτεϊνών ως υποκατάστατο του κρέατος. Πίνετε γάλα ανάμεσα στα γεύματα, όχι μαζί με τα γεύματα.

Μην τρώτε πολύ. Το να τρώτε περισσότερο απ' όσο χρειάζεται το σώμα μπορεί να αποβεί το ίδιο επιβλαβές όσο και η λανθασμένη διατροφή. Μη σκέφτεστε ότι πρέπει να φάτε απλώς και μόνο γιατί σερβίρεται το βραδινό. Κι όταν τρώτε, να τρώτε λιγότερο. Επίσης μάθετε να νηστεύετε μια μέρα την εβδομάδα και τρεις συνεχόμενες ημέρες μια φορά το μήνα με φρέσκα φρούτα ή χυμούς φρούτων χωρίς γλυκαντικά.

Η σωστή απέκκριση είναι πολύ σημαντική. Τα φρέσκα φρούτα και τα λαχανικά βοηθούν στον καθαρισμό του σώματός σας. Όταν νηστεύετε, είναι καλό να παίρνετε ένα φυσικό υπακτικό μέσα σε χυμό πορτοκαλιού.

Η στάση του σώματος επίσης είναι σημαντική για την καλή υγεία. Η κακή στάση εμποδίζει την υγιή ροή της ζωικής ενέργειας στα διάφορα μέρη του σώματος και στα ζωτικά όργανα. Η καλύτερη στάση είναι με το στήθος προς τα έξω, τους ώμους τραβηγμένους πίσω, το στομάχι και την κοιλιά μέσα και τους γλουτούς σφιγμένους. Μη στέκεστε σε λόρδωση ή καμπουριασμένοι. Μη σωριάζεστε στην πολυθρόνα, χωρίς η σπονδυλική σας στήλη να είναι ευθυτενής, εμποδίζοντας την αναπνοή και την ελεύθερη ροή της ζωικής ενέργειας στη σπονδυλική στήλη. Ψυχολογικά η καμπουριασμένη στάση υποδηλώνει ηττοπάθεια. Πάντα να κάθεστε και να στέκεστε ευθυτενείς. Να είστε κυρίαρχοι του εαυτού σας, με τον νου σας στο Άπειρο μέσα σας και γύρω σας.

Να γυμνάζεστε τακτικά, για παράδειγμα να περπατάτε κάθε μέρα. Μάθετε να αναπνέετε σωστά – ήρεμα και βαθιά, γεμίζοντας τους πνεύμονες μέχρι τα κατώτερα τμήματά τους. Όταν ο οργανισμός οξυγονώνεται καλά με σωστή αναπνοή και σωματική άσκηση, η ζωική ενέργεια μέσα του ζωογονεί ολόκληρο το σώμα, συμπεριλαμβανομένου και του εγκεφάλου.

Τέλος, σχετικά με τη σωματική πλευρά της νεανικότητας, είναι εξαιρετικά σημαντικό να μη σπαταλάτε τη δύναμη του σεξ. Η υπερβολική σεξουαλική δραστηριότητα και η κατάχρηση της αναπαραγωγικής δύναμης της Φύσης θα φέρουν ασθένειες και γηρατειά γρηγορότερα απ' οτιδήποτε άλλο. Μειώνει τη ζωτικότητα του σώματος και αποδυναμώνει το ανοσοποιητικό σύστημα. Οι παντρεμένοι θα πρέπει να περιορίσουν το σεξ και οι ανύπαντροι θα πρέπει να απέχουν απ' αυτό.

Ακολουθώντας πιστά τους κανόνες για καλή υγεία και αποφεύγοντας τη μείωση της εσωτερικής ζωικής ενέργειας μέσω λανθασμένων σωματικών και νοητικών πράξεων, θα εντείνετε την ικανότητά σας να διατηρείτε υγεία και νεανικότητα. Ακόμα και το κακό κάρμα από προηγούμενες ζωές μπορεί με τον τρόπο αυτό να μετριαστεί πάρα πολύ. Άσχετα με το παρελθόν σας, ποτέ δεν είναι πολύ αργά για να προσπαθήσετε να αλλάξετε· ποτέ δεν είναι πολύ αργά για να διορθώσετε τις κακές συνήθειές σας.

Το «Ελιξίριο της Νεότητας» Βρίσκεται Μέσα στην Ψυχή

Σε τελική ανάλυση, το πολυπόθητο «Ελιξίριο της Νεότητας» πρέπει να το βρείτε μέσα στην ψυχή σας. Ο αληθινός Εαυτός σας, καθώς είναι φτιαγμένος κατ' εικόνα του Θεού, είναι αθάνατος. Ποτέ δεν υφίσταται τις καταστροφές που πλήττουν το σώμα. «Κανένα όπλο δεν μπορεί να τρυπήσει την ψυχή· η φωτιά δεν μπορεί να την κάψει· το νερό δεν μπορεί να την υγράνει· ούτε μπορεί ο άνεμος να την ξεράνει. [...] Η ψυχή είναι αμετάβλητη, διαποτίζει τα πάντα, είναι πάντα γαλήνια και αμετακίνητη – αιώνια η ίδια».[10] Αυτή η αθανασία βρίσκεται ακριβώς μέσα στο σώμα σας. Ονειρεύεστε απατηλά όνειρα ότι είστε αδύναμοι και εύθραυστοι κι έτσι δεν βλέπετε ότι πίσω σας και μέσα στην ψυχή σας υπάρχει η αιώνια αναλλοίωτη δύναμη του Θεού. Πρέπει να το συνειδητοποιήσετε αυτό. Αν έστω και μια φορά φτάσετε σ' αυτή τη συνειδητότητα, τότε ούτε καν ο θάνατος δεν θα μπορεί να σας ενοχλήσει. Αυτοί που γνωρίζουν τον Θεό έχουν αυτή τη συνειδητότητα. Γνωρίζουν την επιστήμη της ατομικής δομής της δημιουργίας και ότι η πηγή και η ουσία της είναι η δημιουργική σκέψη του Θεού. Όταν γνωρίζει κάποιος τον Θεό βλέπει το σώμα ως τμήμα του Πνεύματος. Τα θαύματα αυτής της συνειδητοποίησης δεν πρέπει να επιδεικνύονται σε περίεργους ανθρώπους που κοιτάζουν αποσβολωμένοι· όλοι όμως οι άγιοι που συνειδητοποίησαν τον Θεό, με κάποιο τρόπο, ήσυχα, εκδήλωσαν αυτή τη δύναμη.

Στα όνειρά σας μπορείτε να κάνετε τον εαυτό σας οτιδήποτε θέλετε να γίνετε· μπορείτε να κάνετε ό,τι θέλετε να κάνετε. Μερικές φορές είστε άρρωστοι και μερικές φορές πλούσιοι και ούτω κάθε εξής. Ο νους μπορεί να κάνει τα πάντα σ' αυτήν την κατάσταση του ονείρου. Μαθαίνοντας πώς να ελέγχετε τον νου σας όταν είστε ξύπνιοι, συνειδητοποιώντας ότι η δύναμή του είναι ένα τμήμα της συνειδητότητας του Θεού, μπορείτε παρόμοια να έχετε απόλυτη κυριαρχία πάνω στο σώμα. Ο διαλογισμός πάνω στην ψυχή είναι η μέθοδος με την οποία ο νους μπορεί να κάνει τα θαύματά του κάτω από τον έλεγχό σας. Όταν βρείτε τον αληθινό σας Εαυτό, την ψυχή, θα δείτε ότι το σώμα δεν είναι τίποτα άλλο από μια εκπόρευση από τον Θεό.

Αυτοί που είναι ειλικρινείς αναζητητές και ακολουθούν πιστά αυτό το μονοπάτι θα μάθουν το μυστήριο της αιωνιότητας της ψυχής. Αν μπορείτε να είστε χαρούμενοι και ατάραχοι σε όλες τις περιστάσεις και να κάνετε τα πάντα με προθυμία, μπορείτε να είστε πάντα νεανικοί νοητικά. Αν επιπρόσθετα υπακούτε τους νόμους για τη σωματική υγεία και χρησιμοποιείτε τη θέλησή σας για να έλκετε την άπειρη συμπαντική ενέργεια, μπορείτε να καλλιεργήσετε ζωτική νεανικότητα και στο σώμα. Και πάνω απ' όλα, αν ξέρετε ότι είστε αθάνατοι, φτιαγμένοι κατ' εικόνα του Θεού, όλη η ύπαρξή σας θα λάμπει μ' αυτή την αιώνια νεανικότητα· και αν είναι το θέλημα του Θεού, δεν θα χρειαστεί να

---

[10] Μπάγκαβαντ Γκίτα II:23-24.

βιώσετε αυτό που αποκαλούμε θάνατο όταν αφήσετε αυτό το θνητό σώμα.[11] Κι ακόμα κι αν υποστείτε τη φυσιολογική μετάβαση του θανάτου, θα τη δείτε μόνο σαν ένα γαλήνιο όνειρο.

Πάρτε μια σοβαρή απόφαση να διαλογίζεστε κάθε πρωί και κάθε βράδυ πριν πάτε για ύπνο: «Αυτό που θα κάνω πρώτο, τελευταίο και για πάντα, ω Πνεύμα, θα είναι να τηρώ το ραντεβού μου μαζί Σου στον διαλογισμό. Με ευλόγησες να έρθω σε επαφή μ' αυτή τη μεγάλη αλήθεια του Self-Realization και τους Δασκάλους του, ώστε μέσα απ' αυτήν την πύλη να Σε βρω. Ευλόγησέ με να είμαι αφοσιωμένος μέχρι να Σε βρω».

Νιώστε την ενότητά σας με τον Πατέρα. Προσευχηθείτε σ' Αυτόν να μπορέσετε να τελειοποιήσετε το σώμα και τον νου σας ώστε μ' αυτά τα μέσα που θα βρίσκονται σε αρμονία, να νιώσετε την παρουσία Του μέσα σας. Είθε το μεγαλείο του Πνεύματος να είναι μαζί σας. Είθε η ενέργειά Του να φορτίζει το σώμα σας και τον νου σας και το πνεύμα Του να αφυπνιστεί μέσα στην ψυχή σας. Νιώστε το μεγαλείο Του να εκδηλώνει την Άπειρη Αθανασία Του στο σώμα, στον νου και στην ψυχή σας.

---

[11] Στην *Αυτοβιογραφία Ενός Γιόγκι* ο Παραμαχάνσατζι γράφει: «Πολλοί γιόγκι είναι γνωστό ότι διατήρησαν τη συνειδητότητά τους χωρίς διακοπή από τη δραματική μετάβαση από και προς τη "ζωή" και τον "θάνατο"». Ο ίδιος άφησε το σώμα του συνειδητά την ώρα που πέθανε, το 1952.

Αναδιαμορφώνοντας τη Ζωή Σας

Στον Ναό του Self-Realization Fellowship στο Χόλυγουντ, Καλιφόρνια, 3 Ιανουαρίου 1943

Το σημερινό θέμα είναι πολύ σημαντικό. Όσα θα ακούσετε σήμερα θα πρέπει να προσπαθείτε να τα θυμάστε και να τα εφαρμόζετε. Είναι πολύ εύκολο να εμπνέεστε για λίγο και μετά να ξεχνάτε πολλά απ' αυτά που ακούσατε. Αυτός είναι ο λόγος για τον οποίο συχνά χρησιμοποιώ την επανάληψη· διότι για να διαπεράσει τον σκληρό πυρήνα της ανθρώπινης συνειδητότητας, μια αλήθεια πρέπει να επαναλαμβάνεται πολλές φορές. Με τέτοια ανασκόπηση, σταδιακά γίνεται ένα σύνηθες τμήμα των σκέψεων κάποιου.

Υπάρχει τεράστια διαφορά μεταξύ της παρακολούθησης μιας διάλεξης και της εφαρμογής των αληθειών που περιέχει. Οτιδήποτε μου είπε ο γκουρού μου [ο Σουάμι Σρι Γιουκτέσβαρ[1]], το εφάρμοσα. Σαν αποτέλεσμα της εκπαίδευσής του, πάντα είχα σε προτεραιότητα την πνευματική μου ζωή. Ποτέ δεν παραλείπω τρία πράγματα: τον διαλογισμό μου πρωί και βράδυ, τις ασκήσεις μου[2] και την προσφορά στους άλλους. Αυτά τα εκτελώ με θρησκευτική ευλάβεια· όλα τα άλλα, τα λιγότερο σημαντικά, τα βολεύω.

Καθώς ζω με τη συνειδητότητα του Θεού, ανακαλύπτω ότι πολλά πράγματα που κάποτε θεωρούσα αναγκαία έχουν καταστεί περιττά. Χθες το βράδυ δεν ένιωσα καμία ανάγκη για ύπνο γιατί η επίγνωσή μου του Θεού ήταν πολύ ισχυρή. Κάποιες στιγμές έβλεπα το σώμα μου να κοιμάται, αλλά αυτός ο υποσυνείδητος ύπνος-*σαμάντι (νίντρα σαμάντι στίτι)* γρήγορα έφυγε και ο νους και το σώμα μου γέμισαν μόνο με τη συνειδητότητα του Θεού.[3]

---

[1] Βλ. γλωσσάριο.

[2] Τις Ασκήσεις Ενεργοποίησης.

[3] Η ασυνείδητη διαδικασία της απόσυρσης του νου από τις αισθήσεις και την ταύτιση με το σώμα κατά τον ύπνο αναφέρεται ως *νίντρα σαμάντι στίτι*. Το συνειδητό *σαμάντι* επιτυγχάνεται

Αυτά που σας λέω προέρχονται από τη δική μου άμεση εμπειρία· και μια μέρα θα αποτελούν μέρος και της δικής σας συνειδητοποίησης. Μέσω Αυτού τον Οποίο αντιλαμβάνομαι μέσα μου, μπορώ να μεταδίδω σε όσους είναι συντονισμένοι το φως το Θεού μέσα μου. Δεν εξυμνώ εμένα, αλλά Αυτόν που είναι μέσα μου. Όπως ένας πλούσιος μπορεί να χαρίσει την περιουσία του στα άξια παιδιά του, έτσι είναι δυνατόν και ο άνθρωπος που διαθέτει πνευματικό πλούτο να δωρίσει τη θεϊκή περιουσία του στους μαθητές που ακολουθούν το παράδειγμά του. Αυτό ισχύει για όλους τους μεγάλους Δασκάλους. Υπάρχουν πολλά περιστατικά αυτής της μετάδοσης της πνευματικής συνειδητότητας, όπως ο «μανδύας» που έπεσε από τον Ηλία στον Ελισαιέ και το Άγιο Πνεύμα που μεταδόθηκε από τον Χριστό στους έντεκα πιστούς από τους δώδεκα στενούς μαθητές του.

Πολλοί έρχονται στο πνευματικό μονοπάτι· αυτοί όμως που θα μπουν στο Βασίλειο του Παραδείσου είναι αυτοί που θα μείνουν ακλόνητα σ' αυτό μέχρι το τέλος. Οι αληθινοί πιστοί –αυτοί που βλέπουν ότι όλα τα ζοφερά μονοπάτια αυτού του κόσμου οδηγούν στην απογοήτευση– ψάχνουν σταθερά τον Θεό, χωρίς να Τον αμφισβητούν ποτέ. Δεν έχει σημασία αν απαντά ή όχι. Ο πιστός προσεύχεται μέσα του: «Κύριε, γνωρίζεις ότι έρχομαι, επομένως δεν με νοιάζει πότε θα μου απαντήσεις. Αν και δεν αξίζω την απάντησή Σου, εντούτοις δεν μπορείς να μου την αρνηθείς όταν έρθει ο κατάλληλος χρόνος».

Μόλις ο Θεός πεισθεί ότι Τον ψάχνετε στα σοβαρά και ότι τίποτα δεν μπορεί να σας στρέψει μακριά Του, τότε μέσω του γκουρού σάς δίνει την τελική συνειδητοποίηση – ο γκουρού σάς μεταδίδει το φως του Θεού που ρέει μέσα του.[4] Ίσως νομίζετε ότι δεν θα έχετε ποτέ μια τέτοια ευλογία. Αυτήν την υπέρτατη εμπειρία την έλαβα από τον Γκουρού μου. Με το άγγιγμά του, μου έδωσε αυτό που δεν μπόρεσα να κατορθώσω μόνο με τη δύναμη και την προσπάθεια των διαλογισμών μου.

Στο ξεκίνημα αυτού του νέου έτους, πάρτε ακλόνητες πνευματικές αποφάσεις. Κι εγώ πήρα μερικές και προσεύχομαι με όλη τη δύναμη της καρδιάς μου να μπορέσω να τις φέρω εις πέρας με την ευλογία του Πατέρα και του Γκουρουντέβα.

όταν αυτός που διαλογίζεται, η διαδικασία του διαλογισμού (με την οποία ο νους έχει αποσυρθεί από τις αισθήσεις με εσωτερίκευση) και το αντικείμενο του διαλογισμού (ο Θεός) γίνουν Ένα. (Βλ. *σαμάντι* στο γλωσσάριο.)

[4] Βλ. *γκουρού* στο γλωσσάριο.

Η Ζωή Είναι Μια Μήτρα Συνειδητότητας

Είμαστε φτιαγμένοι από τη μήτρα της συνειδητότητας. Όλη η ζωή εκπορεύτηκε σαν αφρός από τη μία Πηγή του ποταμού της συνειδητότητας. Έτσι, η εξατομικευμένη συνειδητότητά σας είναι το ίδιο το θεμέλιο της ύπαρξής σας. Όλες οι σκέψεις και οι πράξεις σας είναι φυσαλίδες και σταγόνες του ποταμού της συνειδητότητας.

Το φαινομενικά συμπαγές σώμα είναι στην πραγματικότητα μια δέσμη ηλεκτρομαγνητικών ρευμάτων. Τα ηλεκτρόνια και τα πρωτόνιά του είναι συμπυκνώσεις των σχετικών θετικών και αρνητικών δημιουργικών σκέψεων που προβάλλει ο Θεός, τις οποίες αποκαλώ *σκεπτρόνια*. Όλη η δημιουργία εκπορεύεται απ' αυτά τα σκεπτρόνια, τη συνειδητότητα του Θεού.

Ποια είναι η διαφορά μεταξύ άσπρου και μαύρου; Είναι δύο αντίθετες σκέψεις, η κάθε μία «παγωμένη» στη συγκεκριμένη σύλληψή της, αυτό είναι όλο. Για παράδειγμα τα άσπρα άλογα και τα μαύρα άλογα σ' ένα όνειρο είναι απλά διαφορετικές αποκρυσταλλώσεις, σχετικότητες προερχόμενες από το ένα ρεύμα σκέψης αυτού που ονειρεύεται.

Με την έσχατη έννοια λοιπόν, τα πάντα είναι δημιουργημένα από σκέτη συνειδητότητα· η πεπερασμένη εμφάνισή τους είναι το αποτέλεσμα της σχετικότητας της συνειδητότητας. Επομένως, αν θέλετε να αλλάξετε οτιδήποτε στον εαυτό σας, πρέπει να αλλάξετε τη διαδικασία της σκέψης που προκαλεί την υλοποίηση της συνειδητότητας σε διάφορες μορφές ύλης και πράξης. Αυτός είναι ο τρόπος, ο μόνος τρόπος, να αναδιαμορφώσετε τη ζωή σας.

Η Δύναμη της Συνήθειας

Μπορώ να δώσω μια διαταγή στον νου μου και αμέσως θα αντιδράσει ή θα συμπεριφερθεί ανάλογα. Οι περισσότεροι άνθρωποι που παίρνουν την απόφαση να σταματήσουν το κάπνισμα ή να σταματήσουν να τρώνε πολλά γλυκά συνεχίζουν αυτές τις πράξεις παρά την απόφασή τους. Δεν αλλάζουν επειδή ο νους τους, σαν στυπόχαρτο, έχει απορροφήσει συνήθειες σκέψης. Συνήθεια σημαίνει ότι ο νους πιστεύει ότι δεν μπορεί να απαλλαγεί από μια συγκεκριμένη σκέψη.

Πράγματι, η συνήθεια έχει δύναμη. Μόλις προβείτε σε μια πράξη, αυτή αφήνει μια επίδραση ή εντύπωση στη συνειδητότητα. Σαν αποτέλεσμα αυτής της επιρροής, τείνετε να επαναλάβετε αυτήν την πράξη.

Μετά από αρκετές επαναλήψεις, αυτή η ροπή δυναμώνει τόσο πολύ που η πράξη γίνεται συνήθεια. Σε μερικούς ανθρώπους μία και μόνο πράξη είναι αρκετή για διαμορφώσει μια συνήθεια εξαιτίας μιας λανθάνουσας τάσης από προηγούμενες ζωές. Ο νους μπορεί να σας πει ότι δεν μπορείτε να ελευθερωθείτε από μια συγκεκριμένη συνήθεια· οι συνήθειες όμως δεν είναι τίποτα άλλο από επαναλήψεις των δικών σας σκέψεων και αυτές έχετε τη δυνατότητα να τις αλλάξετε.

Η φύση της συνήθειας μπορεί να γίνει κατανοητή με την εξής αναλογία: ο πηλός μπορεί να γίνει βάζο· και όσο ο πηλός είναι ακόμα μαλακός, είναι εύκολο να αλλάζετε τη μορφή του βάζου πάλι και πάλι. Μόλις όμως ψηθεί στον φούρνο, το σχήμα του γίνεται μόνιμο. Το ίδιο συμβαίνει και με τη συνειδητότητά σας. Οι σκέψεις σας διαμορφώνουν τις πράξεις σας και οι νοητικές πεποιθήσεις σας από την επανάληψη αυτών των πράξεων είναι η φωτιά που μετατρέπει τις σκέψεις σε άκαμπτα μοτίβα συνηθειών.

Γιατί τα πρόσωπα όλων σας είναι διαφορετικά; Επειδή ο νους σας είναι διαφορετικός. Τα μοτίβα συνηθειών των σκέψεών σας έχουν διαμορφώσει όχι μόνο τον νου σας αλλά και το σώμα σας. Πιθανόν να έχετε παρατηρήσει ότι κάποιοι λεπτοί άνθρωποι τρώνε πέντε γεύματα την ημέρα και ωστόσο ποτέ δεν παχαίνουν. Και κάποιοι χοντροί άνθρωποι μπορεί να τρώνε πολύ λίγο και να παχαίνουν κι άλλο. Γιατί; Οι πρώτοι, κάποια φορά, σε μια προηγούμενη ζωή, εδραίωσαν στη συνειδητότητά τους τη σκέψη ότι είναι αδύνατοι, και σ' αυτή τη ζωή έφεραν μαζί τους αυτή τη σκέψη και τη ροπή. Ό,τι κι αν κάνουν δεν παχαίνουν ποτέ. Το ίδιο και με τους χοντρούς ανθρώπους. Σε προηγούμενες ζωές άφησαν αυτόν τον κόσμο με τη συνειδητότητα ότι ήταν χοντροί και έφεραν τον σπόρο αυτής της σκέψης στην τωρινή ύπαρξή τους. Ολόκληρη η φυσιολογία του σώματος ανταποκρίνεται σ' αυτούς τους καρμικούς σπόρους-ροπές. Αν θέλετε να αλλάξετε την ιδιοσυστασία σας, τότε πρέπει να πείτε: «Εγώ ήμουν που νόμιζα πως ήμουν αδύνατος (ή χοντρός ή φιλάσθενος). Τώρα διατάζω τον εαυτό μου να είναι ρωμαλέος (ή ό,τι επιθυμείτε)». Αν αποβάλετε τη σκέψη που σας έκανε κάτι άλλο απ' αυτό που θέλετε να είστε, θα δείτε το σώμα να αλλάζει. Μπορώ να διατηρήσω το βάρος μου ή, το ίδιο εύκολα, να γίνω αδύνατος κατά βούληση. Το πρόβλημά μου όταν ήμουν νεαρός ήταν ότι ήμουν πολύ αδύνατος. Ο Δάσκαλος [ο Σουάμι Σρι Γιουκτέσβαρ] με θεράπευσε απ' αυτή τη συνειδητότητα κι έτσι από τότε προτίμησα να είμαι πιο εύσωμος.

Τα «Γηρατειά» Είναι Κατάσταση του Νου

Οι περισσότεροι άνθρωποι είναι ψυχολογικές αντίκες· δεν αλλάζουν ποτέ, χρόνο με τον χρόνο παραμένουν ίδιοι. Όλοι έχουν ιδιοσυγκρασία που τους περιορίζει. Αυτή δεν τέθηκε στη φύση σας από τον Θεό αλλά δημιουργήθηκε από σας. Αυτή είναι που πρέπει να αλλάξετε – με το να θυμάστε ότι αυτές οι συνήθειες δεν είναι τίποτα άλλο από εκδηλώσεις των δικών σας σκέψεων.

Αν νιώθετε ότι ο χαρακτήρας σας δεν είναι αυτός που θα έπρεπε, να θυμάστε ότι δεν διαμορφώθηκε από κανέναν άλλον παρά από τον ίδιο τον εαυτό σας. Ασφαλώς υπάρχουν και εξωτερικές επιρροές, αλλά η εσωτερική αποδοχή τους είναι ο καθοριστικός παράγοντας. Αν όλοι λένε ότι ο Τζόνυ είναι κακό παιδί και ο Τζόνυ αποδέχτει αυτήν την αποδοκιμασία, μπορεί να μην κάνει την προσπάθεια να είναι καλός· υιοθετεί αυτήν την αρνητική σκέψη. Αν όμως είχε αρνηθεί να την αποδεχτεί, θα μπορούσε να είχε γίνει διαφορετικός.

Δεν πρέπει ποτέ κάποιος να εγκαταλείπει την ελπίδα ότι θα γίνει καλύτερος. Ένας άνθρωπος είναι γέρος μόνο όταν αρνείται να προσπαθήσει να αλλάξει. Αυτή η αποτελματωμένη κατάσταση είναι τα μόνα «γηρατειά» που αναγνωρίζω. Όταν κάποιος λέει συνέχεια: «Δεν μπορώ να αλλάξω· αυτός είμαι», τότε πρέπει να πω: «Εντάξει, μείνε όπως είσαι αφού αποφάσισες να είσαι έτσι».

Προσπαθήστε να είστε πιο εύπλαστοι, σαν τα παιδιά. Ωστόσο ακόμα και κάποια παιδιά είναι γερασμένα πριν την ώρα τους, γιατί δεν είχαν την εκπαίδευση και δεν τους δόθηκε το έναυσμα να αλλάξουν ροπές από παλιές ζωές· ο νοητικός τους πηλός είναι ήδη ψημένος στον φούρνο και μεγαλώνουν με τις ίδιες προδιαθέσεις που είχαν και στην παιδική τους ηλικία. Από την άλλη μεριά, υπάρχουν ηλικιωμένοι με τους οποίους μίλησα μόνο μία φορά και άλλαξαν προς το καλύτερο. Ο Θεός δεν ενδιαφέρεται για την ηλικία, γιατί η ψυχή δεν έχει ηλικία. Αυτοί που είναι πάντα έτοιμοι να βελτιωθούν και να διευρύνουν τον εαυτό τους είναι σαν δεκτικά παιδιά. Αυτοί των οποίων η κατανόηση ωριμάζει γίνονται πιο πολύ σαν παιδιά. Οι μεγάλοι Δάσκαλοι είναι έτσι.

Το να είστε σαν παιδιά δεν σημαίνει να είστε άτονοι. Δεν φοβάμαι τίποτα στον κόσμο· κανείς δεν μπορεί να με φοβίσει. Ζω για τον Θεό και την αλήθεια και αγαπώ όλο τον κόσμο. Αν κάποιος με παρεξηγήσει, προσπαθώ να έρθω σε συνεννόηση μαζί του. Αν όμως δεν μπορώ να αλλάξω αυτό το άτομο, ούτε κι εγώ πτοούμαι από την κακή του συμπεριφορά.

Αν ένας άνθρωπος που δεν καταλαβαίνει είναι αποφασισμένος να είναι εναντίον σας, γιατί θα πρέπει να αλλάξετε για να τον ευχαριστήσετε ή για να τον κατευνάσετε; Να είστε πιστοί στις αρχές σας όταν έχετε δίκιο και να είστε πρόθυμοι να αλλάξετε αμέσως όταν έχετε άδικο.

Η Δύναμη της Θέλησης Είναι το Μέσον για την Αλλαγή

Αν έχετε διαμορφώσει τον πηλό σε βάζο και τον ψήσατε και τώρα θέλετε να μετατρέψετε αυτό το αντικείμενο σε δίσκο, δεν μπορείτε να το κάνετε. Μπορείτε όμως να κονιορτοποιήσετε το βάζο, να βάλετε τη σκόνη σε φρέσκο πηλό και μετά να τον πλάσετε σε δίσκο. Παρόμοια, όταν μια κακή συνήθεια είναι ριζωμένη στον νου σας και θέλετε να την αλλάξετε, θα πρέπει να χρησιμοποιήσετε την ισχυρή θέλησή σας για να κονιορτοποιήσετε αυτή τη συνήθεια και στη συνέχεια να τη μετατρέψετε σε καινούργιες, εύπλαστες, καλές πράξεις, οι οποίες μπορούν να οδηγήσουν στο επιθυμητό αποτέλεσμα. Ισχυρή θέληση σημαίνει ισχυρή πεποίθηση. Τη στιγμή που θα πείτε στον εαυτό σας: «Δεν έχω αυτή τη συνήθεια» και το εννοείτε, η συνήθεια θα φύγει.

Κοιτάξτε μέσα σας και προσδιορίστε τα κύρια χαρακτηριστικά σας. Σε μερικούς αρέσει να γράφουν, ή να συνθέτουν μουσική, ή να χορεύουν· άλλοι απολαμβάνουν τα οικονομικά θέματα και ούτω κάθε εξής. Δυστυχώς σε μερικούς αρέσει πολύ το κουτσομπολιό και σε άλλους αρέσουν πολύ οι καυγάδες. Μην προσπαθείτε να αλλάξετε τα θετικά στοιχεία σας. Αυτά όμως που κάνετε παρά τη θέλησή σας, και αφότου τα κάνετε νιώθετε δυστυχισμένοι, είναι αυτά από τα οποία θέλετε να απαλλαγείτε. Πώς; Να διαβεβαιώνετε τον εαυτό σας με πεποίθηση, πριν πάτε για ύπνο το βράδυ, καθώς και το πρωί μόλις σηκώνεστε: «Μπορώ να αλλάξω. Έχω τη θέληση να αλλάξω. Θα αλλάξω!» Έχετε αυτή τη σκέψη στον νου σας όλη την ημέρα και μεταφέρετέ την μαζί σας στην υποσυνείδητη χώρα του ύπνου και στο υπερσυνείδητο βασίλειο του διαλογισμού.

Ας υποθέσουμε ότι το πρόβλημά σας είναι ότι συχνά οργίζεστε και μετά μετανιώνετε πολύ που χάσατε την ψυχραιμία σας. Κάθε πρωί και βράδυ να αποφασίζετε ότι θα αποφύγετε τον θυμό και μετά να παρατηρείτε τον εαυτό σας προσεκτικά. Η πρώτη μέρα μπορεί να είναι δύσκολη, αλλά η δεύτερη μπορεί να είναι λίγο ευκολότερη. Η τρίτη θα είναι ακόμα πιο εύκολη. Μετά από μερικές μέρες θα δείτε ότι η νίκη μπορεί να επιτευχθεί. Σ' έναν χρόνο, αν συνεχίσετε την προσπάθειά σας, θα είστε άλλοι άνθρωποι. Στην παιδική μου ηλικία θύμωνα με τις αδικίες. Μια μέρα είδα πόσο ανόητο ήταν: δεν μπορούσα να αλλάξω τον κόσμο σ' ένα λεπτό με μια επίδειξη οργής. Σήκωσα τα χέρια μου και ορκίστηκα: «Δεν θα θυμώσω ποτέ ξανά». Από τότε δεν θύμωσα ποτέ ξανά μέσα μου, αν και εξωτερικά μπορώ να είμαι δριμύς όταν είναι αναγκαίο.

Όταν ήρθα στην Αμερική, είκοσι και πλέον χρόνια πριν, είδα ότι όλοι έπιναν καφέ· έτσι, τον δοκίμασα για πρώτη φορά και σταδιακά άρχισε να μου αρέσει. Αποφάσισα να μην πίνω ποτέ καφέ μόνος μου, μήπως και μου γίνει συνήθεια. Εντούτοις υπήρχαν τόσες προσκλήσεις, που τελικά ανακάλυψα ότι έπινα καφέ όλη την ώρα. Μια μέρα, καθώς έτρωγα μόνος μου σ' ένα ρεστοράν, ανακάλυψα ότι μου έλειπε ο καφές. Σκέφτηκα: «Ώστε έτσι! Μ' έπιασες! Πολύ καλά: αντίο συνήθεια του καφέ!». Αυτό ήταν το τέλος· τα επόμενα είκοσι χρόνια δεν τον άγγιξα ξανά. Μόλις χθες το βράδυ, κάποιοι φίλοι μού σερβίρισαν καφέ. Είχε καλή γεύση, αλλά ποτέ ξανά δεν μπορεί να αποτελέσει πειρασμό για μένα.

Ελευθερία Είναι να Ενεργείτε για το Ύψιστο Καλό Σας

Πρέπει να είστε ελεύθεροι – να μην είστε υποδουλωμένοι σε συνήθειες, ή στην επιθυμία να ευχαριστήσετε τον κοινωνικό περίγυρο, ή σε οτιδήποτε άλλο. Το να μπορείτε να κάνετε όχι αυτό που θέλετε, αλλά αυτό που πρέπει για το ύψιστο καλό σας, αυτό είναι ελευθερία.

Για παράδειγμα, στους δύστροπους ανθρώπους, που είναι έρμαια των συναισθημάτων τους, αρέσει να φοβίζουν και να «κοψοχολιάζουν» τους άλλους. Εγώ λέω: «Προχώρα, κάν' το αν θέλεις, αλλά να θυμάσαι ότι εσύ θα πληρώσεις γι' αυτήν την κακή συμπεριφορά – κανένας άλλος». Κάθε λανθασμένη πράξη είναι αντίθετη προς το καλό σας. Δεν δίνει τη γαλήνη και την ευτυχία που προσδοκούσατε. Μερικές φορές φαίνεται δύσκολο να είναι κάποιος καλός, ενώ είναι εύκολο να είναι κακός· και σας φαίνεται ότι αν εγκαταλείψετε τα πράγματα που βλάπτουν, θα χάσετε κάτι. Σας λέω όμως ότι δεν θα χάσετε τίποτα άλλο εκτός από θλίψη.

Μην είστε σαν το άτακτο παιδί που θέλει να κάνει ακριβώς ό,τι του λένε να μην κάνει. Οτιδήποτε μας προειδοποίησαν οι μεγάλοι Δάσκαλοι να μην κάνουμε είναι σαν το δηλητηριασμένο μέλι. Εγώ λέω να μην το δοκιμάσετε. Μπορεί να πείτε: «Μα είναι γλυκό». Σας εξηγώ λοιπόν ότι αφού γευτείτε τη γλυκύτητά του θα σας καταστρέψει. Το φαύλο έγινε γλυκό για να σας εξαπατά. Πρέπει να χρησιμοποιήσετε τη διάκρισή σας για να κάνετε τον διαχωρισμό ανάμεσα στο δηλητηριασμένο μέλι και σ' αυτό που σας ωφελεί. Να αποφεύγετε αυτά που στο τέλος θα σας βλάψουν και να επιλέγετε αυτά που θα σας δώσουν ελευθερία και ευτυχία. Κατά τη διάρκεια αυτού του νέου χρόνου, αλλάξτε τη συνειδητότητά σας. Καλλιεργήστε τη σωστή συμπεριφορά και τις καλές συνήθειες που οδηγούν στην ελευθερία. Όταν μπορείτε να λέτε: «Δεν ενδίδω σε κακές συνήθειες γιατί είναι αντίθετες προς το συμφέρον μου· επιλέγω την καλοσύνη με τη δική μου ελεύθερη βούληση», αυτό είναι ελευθερία· και αυτό είναι που θέλω για σας.

Και η Διάκριση και η Δύναμη Θελήσεως Είναι Απαραίτητες

Αναδιαμόρφωση της συνειδητότητάς σας σημαίνει εφαρμογή της ελεύθερης βούλησης που καθοδηγείται από τη διάκριση και ενεργοποιείται με τη δύναμη της θέλησης. Η διάκριση είναι η οξεία όρασή σας και η θέληση είναι η δύναμή σας της μετακίνησης. Χωρίς θέληση, μπορεί να γνωρίζετε το σωστό μέσω της διάκρισης αλλά να μην το πράττετε. Αυτό που σας οδηγεί στον στόχο σας είναι η δράση σύμφωνα με τη γνώση. Επομένως και η διάκριση και η θέληση είναι απαραίτητες.

Είναι εύκολο να αναπτύξετε δύναμη θελήσεως. Επιδιώξτε αρχικά να πετύχετε εύκολα πράγματα. Σταδιακά θα απαλλαγείτε από ροπές που νομίζατε ότι δεν μπορούσατε να ξεπεράσετε. Να παρατηρείτε τη συνειδητότητά σας. Αναπτύξτε τη συνήθεια της ενδοσκόπησης, της παρατήρησης και της ανάλυσης των σκέψεων και της συμπεριφοράς σας. Όταν υπάρχουν ενδείξεις κακών συνηθειών ή ροπών, τότε είναι η ώρα να χρησιμοποιήσετε τη διάκριση και να αντισταθείτε με τη δύναμη της θέλησης.

Την πρώτη φορά που υποκύψατε σ' έναν πειρασμό δεν περιμένατε ότι θα αναγκαζόσασταν να το επαναλάβετε. Αφότου όμως ενδώσατε μερικές φορές, η συνήθεια πήρε τα ηνία. Στο τέλος νιώσατε ότι δεν μπορούσατε να απαλλαγείτε απ' αυτήν. Μπορείτε όμως να το καταφέρετε αν χρησιμοποιήσετε τη διάκριση και τη δύναμη της θέλησης που σας έδωσε ο Θεός. Οι συνήθειες είναι απλά σκέψεις που είναι βαθιά ριζωμένες στον εγκέφαλο. Η βελόνα του νου παίζει αυτούς τους δίσκους των συνηθειών ξανά και ξανά. Ακόμα και η χημεία του σώματος ανταποκρίνεται, όπως γίνεται με τον εθισμό. Η επιστράτευση του νου και της θέλησης μπορεί να αλλάξει αυτά τα πρότυπα. Μην επιχειρήσετε αμέσως δραστικές αλλαγές. Πειραματιστείτε με μικρά πράγματα στην αρχή για να εκπαιδεύσετε την έμφυτη δύναμή σας του ελέγχου. Βλέπω ότι πάρα πολλοί από σας εδώ σήμερα θα απαλλαγείτε από τις κακές συνήθειές σας ως αποτέλεσμα της πιστής εφαρμογής αυτών των παραινέσεων.

Διώξτε από τον Νου Σας τις Ανεπιθύμητες Σκέψεις

Αρχίστε τον καινούργιο χρόνο με την αμετάκλητη απόφαση να αντιμετωπίσετε τις κακές συνήθειές σας και να τις εξαλείψετε. Πιάστε τον ταύρο απ' τα κέρατα, τρόπος του λέγειν, και εξημερώστε τον. Οι κακές συνήθειές σας είναι η σατανική επιρροή που κράτησε τον Θεό έξω από τη ζωή σας.

Οι καλές συνήθειες μπορούν να συγκριθούν με τους καλούς ανθρώπους. Όταν κοιτάζουν μέσα από το παράθυρο του νου σας, βλέπουν ότι δεν μπορούν να μπουν στη ζωή σας γιατί οι καρέκλες της συνειδητότητάς σας είναι κατειλημμένες από κακές συνήθειες. Διώξτε τους ανεπιθύμητους ενοίκους και αφήστε να μπουν οι ευγενείς. Δεν χρειάζεστε βοήθεια από τίποτα και κανέναν άλλον για να αλλάξετε τον εαυτό σας· απλώς αλλάξτε τη συνειδητότητά σας. Πολύ απλά, το μόνο που πρέπει να κάνετε είναι να διώξετε από τον νου σας τις σκέψεις που θέλετε να καταστρέψετε, αντικαθιστώντας τες με εποικοδομητικές σκέψεις. Αυτό είναι το κλειδί του παραδείσου· είναι στα χέρια σας.

Οι άνθρωποι που συμπεριφέρονται διαρκώς με τον ίδιο τρόπο είναι αυτοί που αρνούνται να αλλάξουν τις σκέψεις τους. Αυτό είναι όλο. Υπάρχει ένα ρητό: «Μια γυναίκα που πείθεται παρά τη θέλησή της, εξακολουθεί να έχει την ίδια άποψη». Γιατί το λένε αυτό για τη γυναίκα; Και ο άντρας ίδιος είναι. Όλοι πρέπει να μάθουν να κόβουν τις λανθασμένες σκέψεις με το αιχμηρό νυστέρι της σοφίας. Η σκέψη είναι μια προβολή του παντοδύναμου φωτός και της παντοδύναμης θέλησης του Θεού. Αν αποφασίσετε να αλλάξετε, μπορείτε να χρησιμοποιήσετε τη δύναμη του νου σας για να αλλάξετε ριζικά τον εαυτό σας.

Είμαστε Αυτό Που Νομίζουμε Ότι Είμαστε

Είμαστε αυτό που *νομίζουμε* ότι είμαστε. Η συνήθης ροπή των σκέψεών μας καθορίζει τα ταλέντα και τις ικανότητές μας, καθώς και την προσωπικότητά μας. Έτσι, κάποιοι *νομίζουν* ότι είναι συγγραφείς ή καλλιτέχνες, εργατικοί ή τεμπέληδες και ούτω κάθε εξής. Κι αν θέλετε να γίνετε κάτι άλλο απ' αυτό που τώρα νομίζετε ότι είστε; Μπορεί να προβάλετε το επιχείρημα ότι κάποιοι γεννήθηκαν μ' ένα ιδιαίτερο ταλέντο που εσείς δεν έχετε, αλλά θα θέλατε να είχατε. Αυτό είναι αλήθεια. Χρειάστηκε όμως να καλλιεργήσουν τη συνήθεια αυτής της ικανότητας κάποτε – αν όχι σ' αυτή τη ζωή, τότε σε μια προηγούμενη. Επομένως, αρχίστε να αναπτύσσετε τώρα το πρότυπο του ανθρώπου που θα θέλατε να είστε. Μπορείτε να ενσταλάξετε οποιαδήποτε κλίση στη συνειδητότητά σας τώρα αμέσως, με την προϋπόθεση ότι θα εισαγάγετε μια ισχυρή σκέψη στον νου σας· τότε οι πράξεις σας και όλη η ύπαρξή σας θα υπακούσουν αυτή τη σκέψη. Μη συμβιβάζεστε μ' έναν μονοδιάστατο τρόπο σκέψης. Θα πρέπει να μπορείτε να πετύχετε σε κάθε επάγγελμα και σε οτιδήποτε βάζετε στον νου σας. Όποτε οι άλλοι μου έλεγαν ότι δεν μπορούσα να κάνω κάτι, αποφάσιζα ότι μπορούσα να το κάνω και το έκανα!

Σπάνια η δύναμη του νου αποκαλύπτεται πιο εντυπωσιακά απ' ό,τι στη δύναμη της σκέψης σχετικά με την καλή ή την κακή υγεία του σώματος. Ο Γκουρού μου μου είπε την εξής ιστορία: Είχε χάσει πολύ βάρος μετά από μια σοβαρή ασθένεια. Κατά τη διάρκεια της ανάρρωσής του επισκέφτηκε τον γκουρού του, τον Λαχίρι Μαχασάγια. Ο Γιογκαβατάρ[5] τον ρώτησε για την υγεία του. Ο Σρι Γιουκτέσβαρτζι εξήγησε την αιτία της σωματικής αδυναμίας του.

«Ώστε έτσι», είπε ο Λαχίρι Μαχασάγια, «έκανες τον εαυτό σου άρρωστο και τώρα νομίζεις ότι είσαι αδύνατος. Είμαι όμως σίγουρος ότι αύριο θα αισθάνεσαι καλύτερα».

Την επόμενη μέρα ο Γκουρουντέβα πήγε περιχαρής στον Λαχίρι Μαχασάγια και ανακοίνωσε: «Κύριε, με τις ευλογίες σας σήμερα νιώθω πολύ καλύτερα».

Ο Λαχίρι Μαχασάγια απάντησε: «Η κατάστασή σου ήταν πράγματι αρκετά σοβαρή και είσαι ακόμα αδύναμος. Ποιος ξέρει πώς θα νιώθεις αύριο;».

Την επόμενη μέρα ο Σρι Γιουκτέσβαρτζι ήταν πάλι πλήρως εξουθενωμένος. Είπε θρηνώντας στον Γκουρού του: «Κύριε, πάλι είμαι άρρωστος. Με δυσκολία μπόρεσα να συρθώ μέχρι εδώ, σ' εσάς».

Ο Λαχίρι Μαχασάγια αποκρίθηκε: «Ώστε γι' άλλη μια φορά έκανες τον εαυτό σου αδιάθετο».

Μετά από μερικές μέρες εναλλαγής υγείας και αρρώστιας, που

---

[5] Ένας τίτλος που δόθηκε στον Λαχίρι Μαχασάγια, που είναι με ευλάβεια σεβαστός ως αβατάρ (θεϊκή ενσάρκωση), στη ζωή του οποίου εκφράστηκαν ιδεωδώς οι στόχοι της γιόγκα (της επιστήμης της ένωσης με τον Θεό). (Βλ. *Λαχίρι Μαχασάγια* και *αβατάρ* στο γλωσσάριο.)

ανταποκρίνονταν ακριβώς σ' αυτό που περίμενε και σκεφτόταν ο Σρι Γιουκτέσβαρτζι, επηρεασμένος από τους υπαινιγμούς του Λαχίρι Μαχασάγια, ο Γκουρού μου κατάλαβε το ισχυρό μάθημα που ο Λαχίρι Μαχασάγια προσπαθούσε να του διδάξει.

Ο Γιογκαβατάρ είπε: «Τι είναι αυτά; Τη μια μέρα μου λες "είμαι καλά" και την άλλη μέρα μου λες "είμαι άρρωστος". Ούτε σε θεράπευα, ούτε σε έκανα εγώ να αρρωσταίνεις. Ήταν οι δικές σου σκέψεις που σ' έκαναν τη μια φορά υγιή και την άλλη άρρωστο».

Τότε ο Δάσκαλος ρώτησε: «Αν σκεφτώ ότι είμαι καλά και ότι ξαναπήρα το βάρος που είχα, θα γίνει έτσι;».

Ο Λαχίρι Μαχασάγια απάντησε: «Είναι έτσι».

Ο Γκούρουτζι είπε: «Εκείνη την ίδια στιγμή ένιωσα να επανέρχεται και η δύναμή μου και το βάρος μου. Όταν έφτασα στο σπίτι της μητέρας μου εκείνο το βράδυ, έμεινε έκπληκτη όταν είδε πόσο είχα αλλάξει και σκέφτηκε ότι πρηζόμουν από υδρωπικία. Πολλοί από τους φίλους μου σάστισαν τόσο πολύ από την ξαφνική ανάρρωσή μου, που έγιναν μαθητές του Λαχίρι Μαχασάγια».[6]

Τέτοια εντυπωσιακά επιτεύγματα είναι εφικτά γι' αυτούς που κατέχουν τη δύναμη της συνειδητοποίησης ότι τα πάντα είναι σκέψη. Αν δεν έχετε φτάσει ακόμα σ' αυτή τη συνειδητοποίηση, θα πρέπει να εφαρμόζετε συνεχώς τη θέληση και τις θετικές διαβεβαιώσεις μέχρι να κάνετε τη σκέψη να εργάζεται για σας. *Η σκέψη είναι η μήτρα όλης της δημιουργίας· η σκέψη δημιούργησε τα πάντα.* Αν εμμείνετε σ' αυτήν την αλήθεια με ακατανίκητη θέληση, μπορείτε να υλοποιήσετε κάθε σκέψη. Δεν υπάρχει τίποτα που να μπορεί να την αντικρούσει. Μ' αυτό το είδος της ισχυρής σκέψης ήταν που ο Χριστός δημιούργησε ξανά το σταυρωμένο σώμα του· και σ' αυτό αναφερόταν όταν είπε: «Γι' αυτό σας λέω, όλα όσα αν προσευχόμενοι ζητάτε, πιστεύετε ότι λαμβάνετε, και θα τα έχετε».[7]

Μην Αφήνετε Τίποτα να Εξασθενίσει τη Θέληση Πίσω από τις Θετικές Σκέψεις

Μόλις πείτε: «Θα το κάνω», ποτέ μην παραιτείστε. Αν πείτε: «Δεν θα κρυολογήσω ποτέ» και την επόμενη μέρα πάθετε μια φοβερή γρίπη και αποθαρρυνθείτε, επιτρέπετε στη θέλησή σας να παραμείνει

---

[6] Βλ. επίσης την αφήγηση αυτής της ιστορίας στην *Αυτοβιογραφία ενός Γιόγκι*, κεφάλαιο 12.
[7] Κατά Μάρκο ΙΑ:24.

αδύναμη. Δεν πρέπει να αποθαρρύνεστε όταν βλέπετε να γίνεται κάτι αντίθετο απ' αυτό για το οποίο είχατε διαβεβαιώσει τον εαυτό σας. Συνεχίστε να πιστεύετε, γνωρίζοντας ότι έτσι θα γίνει. Αν εξωτερικά λέτε: «Θα το κάνω», αλλά εσωτερικά σκέφτεστε: «Δεν μπορώ», τότε εξουδετερώνετε τη δύναμη της σκέψης και αποδυναμώνετε τη θέληση. Αν η θέλησή σας έχει αποδυναμωθεί από την πάλη με ασθένειες ή άλλες αντιξοότητες, θα πρέπει να πάρετε τη βοήθεια της θέλησης κάποιου άλλου για να σας δυναμώσει με τις προσευχές του και τις θετικές διαβεβαιώσεις του για λογαριασμό σας. Πρέπει όμως να κάνετε κι εσείς την προσπάθεια που σας αναλογεί για να αλλάξετε τη συνειδητότητά σας. Αυτή τη συμβουλή σας δίνω. Αναπτύξτε τη δύναμη της θέλησής σας και της θετικής σκέψης και θα δείτε ότι το σώμα σας, ο νους και η ψυχή σας θα εργάζονται για να διαμορφώσουν τα πάντα στη ζωή σας σύμφωνα με τη θέλησή σας.

Καθώς η σκέψη είναι ο πιο ισχυρός παράγοντας στη ζωή σας, εφόσον ξέρετε πώς να την αναπτύσσετε και να τη χρησιμοποιείτε, ποτέ μην αφήνετε τη δύναμη της σκέψης σας να εξασθενίσει με τη συναναστροφή με ανθρώπους με αδύναμη θέληση ή αρνητικές σκέψεις – εκτός κι αν έχετε πολύ ισχυρό νου και αντίθετα μπορείτε να δυναμώσετε αυτά τα άτομα. Οι αποτυχημένοι θα πρέπει να πηγαίνουν κοντά σε επιτυχημένους ανθρώπους. Οι αδύναμοι θα πρέπει να αναζητούν την παρέα αυτών που είναι ισχυρότεροι. Οι άνθρωποι που δεν διαθέτουν αυτοέλεγχο θα πρέπει να συναναστρέφονται μ' αυτούς που είναι πειθαρχημένοι – ο λαίμαργος, για παράδειγμα, θα πρέπει να τρώει μαζί με κάποιον που έχει αυτοέλεγχο· με τέτοιο παράδειγμα μπροστά του, θα αρχίσει να σκέφτεται: «Κι εγώ μπορώ να ελέγξω την όρεξή μου».

Αλλάξτε τη Συνειδητότητά Σας από Θνητότητα σε Θεότητα

Το σημαντικότερο απ' όλα είναι ότι ακριβώς όπως με τη δύναμη της σκέψης μπορείτε να αλλάξετε τον εαυτό σας και να γίνετε όπως θέλετε, έτσι μπορείτε να αλλάξετε τη συνειδητότητά σας απ' αυτήν ενός θνητού και να τη μετατρέψετε σ' αυτήν μιας θεϊκής οντότητας. Ο θνητός άνθρωπος είναι αυτός που σκέφτεται: «Έτσι ζω κι έτσι θα είμαι μέχρι να πεθάνω». Ο θεϊκός άνθρωπος όμως λέει: «Ονειρεύτηκα ότι ήμουν θνητός, αλλά τώρα ξύπνησα και ξέρω ότι είμαι παιδί του Θεού, φτιαγμένο κατ' εικόνα του Πατέρα». Αν και χρειάζεται χρόνος για να το συνειδητοποιήσει αυτό κάποιος πλήρως, μπορεί να γίνει.

Αν όταν έρχεται η ώρα του διαλογισμού το βράδυ ενδίδετε στη σκέψη: «Είναι πολύ αργά τώρα για να διαλογιστώ· ας κοιμηθώ και θα διαλογιστώ αύριο», θα συνεχίσετε να κοιμάστε μέχρι να μπείτε στον τάφο σας. Όταν ο κόσμος παραδίδεται στη λήθη του ύπνου, εσείς να είστε ξύπνιοι στον Θεό. Και καθ' όλη τη διάρκεια των δραστηριοτήτων της ημέρας να σκέφτεστε ότι ο Θεός είναι που εργάζεται μέσα από σας. Δώστε την ευθύνη σ' Αυτόν. Αυτός που σκέφτεται τον Θεό όλη την ώρα μπορεί να πράξει λανθασμένα; Ακόμα κι αν τύχει να κάνει λάθος, ο Θεός γνωρίζει ότι η επιθυμία του ήταν να κάνει το σωστό. Δώστε τα πάντα στον Θεό και θα αλλάξετε, γιατί τότε το ανθρώπινο εγώ δεν θα μπορεί πλέον να σας προστάζει.

Άσχετα με τις συνθήκες της ζωής σας, απλά να λέτε: «Ο Θεός γνωρίζει καλύτερα. Εκείνος είναι που μου δίνει αυτό το βάσανο· Εκείνος είναι που με κάνει ευτυχισμένο». Μ' αυτή τη στάση όλοι οι εφιάλτες της ζωής θα γίνουν ένα όμορφο όνειρο του Θεού.

Το σκοτάδι είναι η απουσία του φωτός. Η αυταπάτη είναι σκοτάδι· η Πραγματικότητα είναι φως. Τα μάτια σας της σοφίας είναι κλειστά κι έτσι βλέπετε μόνο το σκοτάδι· και υποφέρετε μέσα σ' αυτήν την αυταπάτη. Αλλάξτε τη συνειδητότητά σας· ανοίξτε τα μάτια σας και θα βλέπετε στ' αστέρια το σπινθηροβόλημα αυτού του Θεϊκού Φωτός. Σε κάθε άτομο και μόριο του χώρου θα βλέπετε τη λάμψη του φωτός του γέλιου του Θεού. Πίσω από κάθε σκέψη θα νιώθετε τον ωκεανό της σοφίας Του.

Ο χορός της ζωής και του θανάτου, η ευημερία και η αποτυχία, δεν έχουν πραγματική υπόσταση παρά μόνο ως όνειρα του Θεού. Συνειδητοποιήστε το αυτό και θα δείτε ότι γύρω σας υπάρχουν μόνο υλοποιημένες σκέψεις που χορεύουν και ότι είστε ο ωκεανός της σκέψης. Τίποτα δεν μπορεί να μείνει, ούτε να σας πληγώσει.

Τώρα σας ζητώ να κλείσετε τα μάτια σας και να σκεφτείτε μια κακή συνήθεια από την οποία θέλετε να απαλλαγείτε. Αν αυτοσυγκεντρωθείτε μαζί μου καθώς θα λέω τα λόγια διαποτισμένα με το Πνεύμα, και πιστεύετε, θα ελευθερωθείτε απ' αυτή τη συνήθεια. Διώξτε την ιδέα ότι δεν μπορείτε να την κόψετε, όποια κι αν είναι. Στέλνω μια ισχυρή σκέψη στη συνειδητότητά σας ότι αυτήν ακριβώς τη στιγμή έχετε απαλλαγεί απ' αυτή τη συνήθεια. Διαβεβαιώστε μαζί μου: «Είμαι ελεύθερος απ' αυτή τη συνήθεια *τώρα!* Είμαι ελεύθερος!». Εμμείνετε σ' αυτή τη σκέψη της ελευθερίας· ξεχάστε την κακή συνήθεια. Πολλοί από σας θα δείτε ότι η συνήθεια που θέλατε να φύγει δεν θα έρθει ποτέ ξανά.

Επαναλάβετε μετά από μένα: «Θα αναδιαμορφώσω τη συνειδητότητά μου. Αυτό το νέο έτος είμαι ένας καινούργιος άνθρωπος. Και θα αλλάζω τη συνειδητότητά μου ξανά και ξανά μέχρι να διώξω όλο το σκοτάδι της άγνοιας και να εκδηλωθεί μέσα μου το λαμπερό φως του Πνεύματος, κατά την εικόνα του Οποίου είμαι φτιαγμένος».

Ένας Κόσμος Συμπαντικής Ψυχαγωγίας

Στον ναό του Self-Realization Fellowship στο Χόλυγουντ, Καλιφόρνια, 9 Δεκεμβρίου 1945

Η λέξη *κόσμος* στα πλαίσια του θέματός μας σήμερα δεν περιλαμβάνει μόνο τη γη, αλλά ολόκληρο το σύμπαν της ύλης, τον υλικό κόσμο, του οποίου τα συστατικά μέρη τοποθετήθηκαν στον χώρο σε μια αρμονική σχέση μέσω των θαυμαστών έργων των θεϊκών νόμων του Θεού. Είναι αλαζονικό να σκεφτόμαστε ότι η μικρή γη μας είναι το μόνο μέρος που κατοικείται από νοήμονα όντα. Υπάρχουν πολλοί κόσμοι σαν αυτόν – κάποιοι πολύ εξελιγμένοι και άλλοι σε πιο πρώιμα στάδια εξέλιξης. Η τάξη με την οποία λειτουργεί το σύμπαν δείχνει ότι καθοδηγείται από κάποια μορφή νοημοσύνης που διαποτίζει όλα τα δημιουργημένα πράγματα.

Όταν εξετάζουμε τον μηχανισμό ενός ρολογιού, γνωρίζουμε ότι ένα νοήμον ον δημιούργησε αυτό το όργανο ώστε να λειτουργεί σύμφωνα μ' ένα μαθηματικό σχέδιο. Ο δημιουργός συντόνισε όλα τα μικρά γρανάζια και τα υπόλοιπα μέρη για να παραγάγει μια συγκεκριμένη κίνηση που μετρά την ώρα. Η μέτρηση της ώρας είναι μια αναγκαιότητα σ' ένα σύμπαν του οποίου η ίδια η ύπαρξη εξαρτάται από τις σχετικότητες του χρόνου και του χώρου.

Ολόκληρο το σύμπαν είναι ένα γιγαντιαίο ρολόι με μυριάδες γρανάζια από γαλαξίες, αστέρια και πλανήτες, που τοποθετημένα στο διάστημα μετρούν τον χρόνο με την κίνηση του παρελθόντος, του παρόντος και του μέλλοντος. Όπως το ρολόι που κατασκευάστηκε από τον άνθρωπο είναι δημιούργημα της ανθρώπινης νοημοσύνης, έτσι και το αχανές συμπαντικό ρολόι είναι το εργόχειρο μιας ανώτερης Νοημοσύνης. Δεν μπορούμε να το αμφισβητήσουμε. Παρ' όλο που κάποια πράγματα δεν μας αρέσουν εδώ στη γη, δεν μπορούμε να αρνηθούμε ότι υπάρχει μια μαθηματική αρμονία στο σύμπαν.

Ένας Κόσμος Συμπαντικής Ψυχαγωγίας

Το γιατί ο Θεός δημιούργησε αυτή τη γη αποτελεί πάντα ένα ερώτημα πολύ προκλητικό για τη σκέψη. Από μια ανάλογη σκοπιά, μπορούμε να ρωτήσουμε: «Γιατί φοράω ρολόι;». Η απάντηση είναι: για να μετράμε την ώρα, να μετράμε τα γεγονότα και τις κινήσεις μας κατά τη διάρκεια της μέρας. Το πρωινό γεύμα, η εργασία, το δείπνο, η φροντίδα του σώματος, η ψυχαγωγία, ο ύπνος – όλα συνίστανται σε κάποιες κινήσεις σε συγκεκριμένες ώρες. Έτσι, μπορούμε να πούμε ότι το ρολόι χρειάζεται για να μετράμε το πέρασμα του χρόνου μας. Αυτή η μέτρηση είναι απαραίτητη γιατί αυτός ο κόσμος στον οποίο έχουμε τοποθετηθεί εξαρτάται από τον χρόνο. Η ύπαρξή μας και οι πράξεις μας υπόκεινται στη διαίρεση του χρόνου σε παρελθόν, παρόν και μέλλον. Σαν ανθρώπινα πλάσματα πρέπει να δρούμε, αλλιώς γινόμαστε ανθρώπινα λαχανικά· και η συμπεριφορά μας πρέπει να βρίσκεται σε τάξη και αρμονία με τη συμπαντική κίνηση του χρόνου και τους περιορισμούς του που δημιουργήθηκαν από τον άνθρωπο. Ένα ρολόι μάς βοηθά να το κάνουμε αυτό.

Το συμπαντικό αυτό ρολόι είναι απαραίτητο για τον Θεό; Πρέπει κι Εκείνος να περιορίζεται από το παρελθόν, το παρόν και το μέλλον; Η απάντηση είναι συγχρόνως και ναι και όχι. Ο χρόνος, ο τακτικός χτύπος του συμπαντικού ρολογιού, είναι ένα ακέραιο κομμάτι της *μάγια*, της αυταπάτης, του «Μαγικού Μετρητή», του μόνου τρόπου με τον οποίο ο Θεός θα μπορούσε να δημιουργήσει μια ποικιλία από μορφές και γεγονότα από τη μία συνειδητότητά Του και να επιδείξει την εξέλιξή τους στο σύμπαν για να συμμετάσχουμε και να νιώσουμε δέος.[1] Όμως όχι, ο Ίδιος ο Θεός δεν περιορίζεται από τη σχετικότητα του παρελθόντος, του παρόντος και του μέλλοντος και από τις αλλαγές που είναι σύμφυτες με το πέρασμα του χρόνου. Σ' Αυτόν δεν υπάρχει τίποτα άλλο από ένα αιώνιο τώρα. Και αν και η αυταπάτη προέρχεται απ' Αυτόν, δεν είναι *μέσα σ'* Αυτόν.

Ο Κόσμος Είναι το *Λίλα* του Θεού

Είναι παράδοξο: αν ο Θεός δεν υπόκειται στις σχετικότητες αυτού του κόσμου όπως ο άνθρωπος, τότε γιατί δημιούργησε τον κόσμο; Αν ο Θεός χρειαζόταν αυτόν τον κόσμο, αυτό θα υποδήλωνε ότι δεν είναι τέλειος ούτε πλήρης ή ικανοποιημένος μέσα στον Εαυτό Του. Και από

---
[1] Βλ. *μάγια* στο γλωσσάριο.

την άλλη μεριά, αν ο Θεός είναι τέλειος, τότε γιατί δημιούργησε έναν τόσο ατελή κόσμο;

Οι *ρίσι* της αρχαίας Ινδίας, έχοντας διεισδύσει στην Αρχική Αιτία της Ύπαρξης, δηλώνουν ότι ο Θεός είναι τέλειος· ότι δεν χρειάζεται τίποτα, γιατί όλα περιέχονται μέσα στον Εαυτό Του· και ότι αυτός ο κόσμος είναι το *λίλα* του Θεού, ή θεϊκό παιχνίδι. Φαίνεται ότι στον Κύριο, σαν μικρό παιδί, αρέσει πολύ να παίζει, και το *λίλα* Του είναι η ατελείωτη ποικιλία της αιώνια μεταβαλλόμενης δημιουργίας.

Συνήθιζα να σκέφτομαι ως εξής: ο Θεός ήταν άπειρη, πάνσοφη Μακαριότητα· καθώς όμως ήταν μόνος, δεν υπήρχε κανένας άλλος εκτός απ' Αυτόν για να απολαύσει αυτή τη Μακαριότητα. Έτσι, είπε: «Ας δημιουργήσω ένα σύμπαν και ας διαιρέσω τον Εαυτό Μου σε πολλές ψυχές, ώστε αυτές να μπορούν να παίζουν μαζί Μου στο θεατρικό Μου έργο καθώς αυτό θα εκτυλίσσεται». Με τη μαγική Του μετρητική δύναμη της *μάγια* έγινε δυαδικός: Πνεύμα και Φύση, άντρας και γυναίκα, θετικό και αρνητικό. Όμως, αν και δημιούργησε το σύμπαν μέσω της αυταπάτης, ο Ίδιος δεν απατάται απ' αυτήν. Γνωρίζει ότι τα πάντα δεν είναι τίποτα άλλο από μια διαφοροποίηση της μίας Συμπαντικής Συνειδητότητάς Του. Οι εμπειρίες των αισθήσεων και των συναισθημάτων, τα θεατρικά έργα του πολέμου και της ειρήνης, της αρρώστιας και της υγείας, της ζωής και του θανάτου – όλα συμβαίνουν μέσα στον Θεό ως τον Ονειρευόμενο-Δημιουργό όλων των πραγμάτων, αλλά δεν επηρεάζεται απ' αυτά. Ένα τμήμα της Άπειρης Ύπαρξής Του πάντα παραμένει υπερβατικό, πέρα από δονητικές δυαδικότητες: εκεί ο Θεός είναι αδρανής. Όταν δονεί τη συνειδητότητά Του με σκέψεις διαφοροποίησης, γίνεται εγγενής και πανταχού παρών ως ο Δημιουργός του πεπερασμένου δονητικού βασιλείου του απείρου: εκεί είναι δραστήριος. Η δόνηση παράγει αντικείμενα και όντα που αλληλεπιδρούν μεταξύ τους στον χώρο στις κινήσεις του χρόνου – ακριβώς όπως οι δονήσεις της ανθρώπινης συνειδητότητας παράγουν όνειρα στον ύπνο.

Ο Θεός δημιούργησε αυτό το ονειρικό σύμπαν για να ψυχαγωγηθεί ο Ίδιος και εμείς. Η μόνη ένσταση που έχω σχετικά με το *λίλα* του Θεού είναι η εξής: «Κύριε, γιατί επέτρεψες στον πόνο να είναι μέρος του παιχνιδιού;». Ο πόνος είναι τόσο άσχημος και βασανιστικός. Η ύπαρξη τότε δεν είναι πια ψυχαγωγία αλλά τραγωδία. Στο σημείο αυτό είναι που μεσολαβούν οι άγιοι. Μας θυμίζουν ότι ο Θεός είναι παντοδύναμος και ότι αν ενωθούμε μαζί Του δεν θα πληγωνόμαστε πια από το θέατρό Του. Εμείς είμαστε που επιβάλλουμε τον πόνο στον εαυτό μας αν παραβιάσουμε τους θεϊκούς νόμους στους οποίους βασίζει όλο το σύμπαν. Η σωτηρία μας έγκειται στο να ενωθούμε μαζί Του. Αν δεν συντονιστούμε με τον Θεό και δεν κατανοήσουμε έτσι ότι αυτός ο κόσμος δεν είναι παρά μια συμπαντική ψυχαγωγία, αναπόφευκτα θα υποφέρουμε. Φαίνεται ότι ο πόνος είναι μια αναγκαία πειθαρχία για να μας θυμίζει να αναζητάμε τον Θεό. Τότε, όπως Αυτός, θα ψυχαγωγούμαστε απ' αυτό το φανταστικό παιχνίδι.

Είναι θαυμάσιο να σκεφτόμαστε βαθιά αυτά τα θέματα. Εισχωρώ σ' αυτά τα βασίλεια όλη την ώρα. Ακόμα και τώρα, καθώς σας μιλώ, βλέπω αυτές τις αλήθειες. Θα ήταν πράγματι τρομερό αν ένα Πανίσχυρο Ον μάς είχε ρίξει σ' αυτήν την απατηλή γήινη ύπαρξη χωρίς ελπίδα διαφυγής ή χωρίς την ικανότητα να συνειδητοποιήσουμε ό,τι Αυτό συνειδητοποιεί. Δεν είναι όμως έτσι. Υπάρχει διέξοδος. Κάθε βράδυ στον βαθύ ύπνο ασυνείδητα ξεχνάτε αυτόν τον κόσμο· δεν υπάρχει πια για σας. Και κάθε φορά που διαλογίζεστε βαθιά, είστε συνειδητά υπερβατικοί· ο κόσμος δεν υπάρχει για σας. Γι' αυτό οι άγιοι λένε ότι η ένωσή μας με τον Θεό είναι ο μόνος τρόπος να καταλάβουμε ότι αυτός ο κόσμος δεν είναι κάτι στο οποίο θα πρέπει να δίνουμε πολλή σημασία.

Να Βλέπετε τη Ζωή Σαν μια Κινηματογραφική Ταινία

Σ' αυτόν τον κόσμο η ιστορία, οι πόλεμοι και τα προβλήματα συνεχώς επαναλαμβάνονται. Αν είμαστε αντικειμενικοί, αρχίζουμε να βλέπουμε τα γεγονότα σαν ένα είδος συνεχούς συμπαντικής κινηματογραφικής ταινίας, στην οποία η ίδια βασική ιστορία παίζεται ξανά και ξανά, απλά σε διαφορετικούς χρόνους και τόπους, με διαφορετικούς χαρακτήρες. Δεν θα καθόσασταν να βλέπετε την ίδια ταινία συνεχώς· σύντομα θα χάνατε το ενδιαφέρον σας. Επομένως μπορούμε να παραδεχτούμε ότι ο Ουράνιος Πατέρας φρόντισε να υπάρχουν αλλαγές στην ιστορία και αντιθέσεις στο καλό και το κακό για να δώσουν ποικιλία στη διασκέδαση σ' αυτόν τον συμπαντικό κινηματογράφο.

Μπορούμε να πούμε ότι ο Θεός δεν έπρεπε ποτέ να είχε δημιουργήσει αυτόν τον κόσμο στον οποίο υπάρχουν τόσα πολλά προβλήματα. Από την άλλη μεριά όμως, οι άγιοι λένε ότι αν ξέρατε πως είστε θεοί[2] δεν θα σας πείραζε. Όταν βλέπετε μια ταινία προτιμάτε πολλή δράση

---

[2] «Δεν είναι γραμμένο στον νόμο σας, εγώ είπα, θεοί είστε;» (κατά Ιωάννη Ι:34).

αντί για κάτι ανιαρό, έτσι δεν είναι; Αυτός είναι ο τρόπος με τον οποίο θα πρέπει να απολαμβάνετε αυτόν τον κόσμο. Δείτε τη ζωή σαν ταινία και τότε θα ξέρετε γιατί τη δημιούργησε ο Θεός. Το πρόβλημά μας είναι ότι ξεχνάμε να τη βλέπουμε σαν ψυχαγωγία του Θεού.

Μέσω των Γραφών ο Θεός είπε ότι είμαστε πλασμένοι κατ' εικόνα Του. Ως τέτοιοι, θα μπορούμε να βλέπουμε αυτό το παγκόσμιο έργο σαν ταινία, όπως κάνει και Αυτός, αν δούμε αυτήν την τελειότητα της ψυχής μέσα μας και συνειδητοποιήσουμε την ενότητά μας μαζί Του. Τότε αυτή η συμπαντική ταινία, με τη φρίκη της αρρώστιας και της φτώχειας και των ατομικών βομβών, θα μας φαίνεται τόσο πραγματική όσο απλά μια εμπειρία σ' έναν κινηματογράφο. Όταν ολοκληρωθεί η προβολή της ταινίας, ξέρουμε ότι κανείς δεν σκοτώθηκε· κανείς δεν υπέφερε. Στην πραγματικότητα αυτή η αλήθεια είναι η μόνη απάντηση που βλέπω όταν παρατηρώ το έργο της ζωής. Δεν είναι τίποτα άλλο από ένα θέαμα ηλεκτρικών σκιών, ένα παιχνίδι φωτός και σκιάς. Τα πάντα είναι η δόνηση της συνειδητότητας του Θεού, συμπυκνωμένη σε ηλεκτρομαγνητικές εικόνες. Η ουσία αυτών των εικόνων δεν μπορεί να κοπεί με ξίφος, ούτε να καεί, ούτε να πνιγεί, ούτε να υποφέρει οποιουδήποτε είδους πόνο. Δεν γεννήθηκε, ούτε πεθαίνει. Υφίσταται απλώς μερικές αλλαγές. Αν μπορούσαμε να δούμε αυτόν τον κόσμο όπως τον βλέπει ο Θεός και οι άγιοι, θα ήμαστε ελεύθεροι από τη φαινομενική πραγματικότητα αυτού του ονείρου. Μ' αυτή τη συνειδητότητα μπορώ να καταλάβω ότι αυτός ο κόσμος φτιάχτηκε για διασκέδαση· και ότι δεν είναι αναγκαίος ούτε για τον Θεό ούτε για μας.

Ξυπνήστε από το Συμπαντικό Όνειρο

Μπορείτε να αντιληφθείτε τη ζωή σαν συμπαντική ταινία-όνειρο του Θεού αν αναλύσετε τις ταινίες που δημιουργείτε κάθε βράδυ στα όνειρά σας όταν κοιμάστε. Μερικές φορές έχετε εφιάλτες και μερικές φορές βλέπετε όμορφα όνειρα. Πόσο πραγματικά φαίνονται, και σ' εσάς και σ' αυτούς που βλέπετε στο όνειρο! Όταν όμως ξυπνάτε, ξέρετε ότι δεν ήταν πραγματικά και μπορείτε να περιγελάσετε τη φαντασία σας. Φυσικά όλοι προτιμούν όμορφα όνειρα αντί για εφιάλτες. Το θυμίζω αυτό στον Θεό: «Αν πρέπει να συμμετέχουμε στα όνειρά Σου, Κύριε, μας αρέσουν τα όμορφα όνειρα της υγείας και του χαμόγελου αντί για εφιάλτες αρρώστιας ή νοητικού πόνου». Το πρόβλημα όμως είναι ότι όσο θα σας αρέσουν τα όμορφα όνειρα και θα φοβάστε τους εφιάλτες, προσδίδοντας πραγματικότητα σε οτιδήποτε συμβαίνει μέσα στο όνειρο, τότε όταν έρχονται οι εφιάλτες θα υποφέρετε. Γι' αυτό οι Δάσκαλοι λένε: «Ξυπνήστε και από τα όμορφα όνειρα και από τους εφιάλτες».

Αν είστε προσκολλημένοι στην ανθρώπινη ευτυχία θα έχετε πολλά προβλήματα, γιατί οι εφιάλτες είναι αναπόφευκτο να υπάρχουν μαζί με τα όμορφα όνειρα. Αν όμως σκέφτεστε το όνειρο σαν όνειρο, είτε είναι ευχάριστο είτε τρομακτικό, τότε θα έχετε γαλήνη. Όταν συνειδητοποιήσετε ότι η ζωή είναι ένα όνειρο, τότε θα είστε ελεύθεροι.

Αυτή είναι η φιλοσοφία που διδάσκουν οι μεγάλοι Δάσκαλοι της Ινδίας – ότι αυτός ο κόσμος, αυτή η δημιουργία, είναι το όνειρο του Θεού. Όπως όταν είστε μισο-ξύπνιοι και βλέπετε ένα όνειρο και γνωρίζετε ότι ονειρεύεστε, εντούτοις είστε αποστασιοποιημένοι απ' αυτό, έτσι νιώθει ο Θεός αυτό το σύμπαν. Από τη μία πλευρά είναι ξύπνιος μέσα σε πάντα ανανεούμενη Μακαριότητα και από την άλλη πλευρά ονειρεύεται αυτό το σύμπαν. Έτσι θα πρέπει να βλέπετε αυτόν τον κόσμο. Τότε θα ξέρετε γιατί τον δημιούργησε και δεν θα αποδίδετε αυτές τις ονειρικές καταστάσεις στην ψυχή σας. Αν δείτε έναν εφιάλτη, ξέρετε ότι δεν είναι τίποτα περισσότερο από ένα κακό όνειρο. Αν μπορείτε να ζείτε σ' αυτόν τον κόσμο μ' αυτή τη συνειδητότητα, δεν θα υποφέρετε. Αυτό είναι που θα σας δώσει η *Κρίγια Γιόγκα*. Αυτό είναι που θα κάνουν για σας τα *Μαθήματα* του *Self-Realization Fellowship* αν τα εφαρμόσετε πιστά. Σ' αυτή τη διδασκαλία θα πρέπει να επικεντρωθείτε, όχι στην προσωπικότητά μου ή σε οποιαδήποτε άλλη προσωπικότητα. Και το θέμα δεν είναι απλά να διαβάσετε αυτές τις αλήθειες, αλλά να τις εφαρμόσετε. Το διάβασμα δεν σας κάνει σοφούς· σοφούς σας κάνει η συνειδητοποίηση.

Γι' αυτό δεν διαβάζω συχνά. Έχω πάντα τον νου μου στο κέντρο της κατά Χριστόν Συνειδητότητας (στο κέντρο *Κουτάστα*).[3] Πόσο διαφορετικός φαίνεται ο κόσμος υπό το πανταχού παρόν φως της Συμπαντικής Νοημοσύνης! Μερικές φορές βλέπω τα πάντα σαν ηλεκτρικές εικόνες· δεν υπάρχει βάρος ή μάζα στο σώμα. Διαβάζοντας για τα θαυμαστά έργα της επιστήμης δεν θα γίνετε σοφοί, γιατί υπάρχουν πάρα πολλά ακόμα που δεν ανακαλύφθηκαν. Να διαβάζετε από το βιβλίο της ζωής που είναι κρυμμένο μέσα σας, στην πάνσοφη ψυχή, ακριβώς πίσω από το σκοτάδι των κλειστών ματιών. Ανακαλύψτε αυτό το άπειρο βασίλειο της Πραγματικότητας. Δείτε αυτή τη γη σαν όνειρο και τότε θα

---

[3] Βρίσκεται στο σημείο μεταξύ των φρυδιών. (Βλ. *κατά Χριστόν κέντρο* στο γλωσσάριο.)

καταλάβετε ότι δεν είναι κακό να ξαπλώσετε πάνω στο κρεβάτι αυτής της γης και να ονειρευτείτε το όνειρο της ζωής. Τότε δεν θα σας νοιάζει γιατί θα ξέρετε ότι ονειρεύεστε.

Στη Δύση οι θρησκευτικοί δάσκαλοι κηρύσσουν ευημερία, ευτυχία, υγεία και την υπόσχεση μιας ένδοξης μεταθανάτιας ζωής· όχι όμως πώς να βιώσετε τη Θεϊκή Μακαριότητα και να μένετε ανέγγιχτοι από τα βάσανα εδώ και τώρα. Σ' αυτό το σημείο είναι που οι διδασκαλίες των σπουδαίων *ρίσι* της Ινδίας πηγαίνουν πολύ βαθύτερα. Οι άνθρωποι της Δύσης κατηγόρησαν τους Δασκάλους ότι εισηγούνται μια αρνητική φιλοσοφία ζωής – δηλαδή μη νοιάζεστε αν υποφέρετε, μη νοιάζεστε αν είστε ευτυχισμένοι ή όχι· αρνηθείτε τον κόσμο. Αντίθετα, οι Δάσκαλοι της Ινδίας ρωτούν: «Τι θα κάνετε όταν θα έρθετε αντιμέτωποι με τον πόνο και τη θλίψη; Θα καθίσετε να κλαίτε αβοήθητοι ή θα εξασκηθείτε στις τεχνικές που χαρίζουν αταραξία και υπερβατικότητα όσο θεραπεύετε την αρρώστια;». Συστήνουν τη λήψη θεραπευτικών μέτρων και ταυτόχρονα έλεγχο των συναισθημάτων ώστε αν φύγει η υγεία και έρθει η αρρώστια, να μη σας καταλάβει η απελπισία. Με άλλα λόγια, τονίζουν τη σπουδαιότητα της εδραίωσης του ανθρώπου μέσα του, στην ανέφελη ευτυχία της ψυχής, η οποία δεν μπορεί να σπιλωθεί από τους ιδιότροπους ανέμους των όμορφων ονείρων της ζωής ούτε από τις καταστροφικές καταιγίδες των εφιαλτών. Αυτοί που κατά συνήθεια προσκολλώνται στην υλική συνειδητότητα δεν θέλουν να κάνουν την προσπάθεια που απαιτείται για να φτάσουν σ' αυτό το επίπεδο στο οποίο θα είναι άτρωτοι. Όταν έρχονται τα βάσανα δεν μαθαίνουν απ' αυτά κι έτσι επαναλαμβάνουν τα ίδια λάθη.

Κάποιος που ήρθε να με δει καυχιόταν για τα πολλά χρήματα που είχε. Τον προειδοποίησα: «Μη λες σε όλους πόσα έχεις· κάποιος θα βάλει στο χέρι και εσένα και τα λεφτά σου». Λίγο αργότερα, μια κυρία πράγματι τον έβαλε στο χέρι και μετά από λίγο καιρό ήθελε διαζύγιο και τα μισά του χρήματα. Με τη χάρη του Θεού τον βοήθησα να ξεμπλέξει. Ενόσω περίμενε να εκδοθεί το διαζύγιο, του έγραψα και τον παρότρυνα να μην παρασυρθεί ξανά σε ανάλογες καταστάσεις. Ήξερα την ιδιοσυγκρασία του. Επανήλθε όμως με νέα σύζυγο. Έμεινα άναυδος από την ανοησία του. Η νέα του σύζυγος ήταν καλή γυναίκα και είχε λίγα δικά της χρήματα. Τώρα όμως αυτός ήθελε να την αφήσει κι εκείνη δεν δεχόταν. Καθώς ήταν ανήσυχος άνθρωπος, αποφάσισε ότι δεν ήθελε συζυγική ζωή· ήθελε την ελευθερία του. Έπρεπε όμως να τον συμβουλέψω: «Έχασες την ελευθερία σου με τη θέλησή σου, οπότε τώρα πρέπει να ζήσεις όσο καλύτερα μπορείς με την επιλογή σου αυτή». Δεν είναι παράξενη η ανθρώπινη φύση;

Στην Ινδία, αν η σύζυγος πεθάνει, να είστε σχεδόν σίγουροι ότι ο σύζυγος δεν πρόκειται να παντρευτεί ξανά. Συνήθως ζει με τη μνήμη της. Αυτού του είδους το ειδύλλιο θεωρείται ιδεώδες στην Ινδία - και εντούτοις πού και πού συμβαίνει το αντίθετο. Κάποτε ήρθε να με βρει ένας άντρας που έκλαιγε σπαρακτικά για τον θάνατο της γυναίκας του. Είχε παραδοθεί εντελώς σε ανεξέλεγκτα συναισθήματα. Είπε ότι ήθελε να αυτοκτονήσει. Τον συμπόνεσα για το αίσθημα της απώλειας που ένιωθε, αλλά προσπάθησα να τον κάνω να σκεφτεί λογικά. «Δεν μπορείς να τη φέρεις πίσω συνεχίζοντας μ' αυτόν τον τρόπο», του είπα. Είπε με αναφιλητά: «Δεν θα ξαναπαντρευτώ ποτέ». Είδα όμως ότι τα πράγματα θα ήταν διαφορετικά και είπα: «Θα παντρευτείς σ' ένα μήνα από σήμερα». Επέμεινε: «Ποτέ!». Λοιπόν, σ' ένα μήνα ξαναπαντρεύτηκε· δεν ήρθε όμως να με δει γιατί ντρεπόταν όταν θυμόταν την ισχυρή άρνηση από πλευράς του των λεγομένων μου.

Μερικές φορές, όταν ταξιδεύω με αυτοκίνητο, βλέπω πόσοι άνθρωποι έζησαν παλιότερα στα σπίτια που βλέπω στον δρόμο και πόσοι θα έρθουν να μείνουν εκεί στο μέλλον. Μια φορά ο Κύριος μου είπε: «Δες τα ανθρώπινα κοτέτσια και πώς οι κάτοικοι έρχονται και φεύγουν. Έτσι είναι η ανθρώπινη ζωή». Μη δίνετε υπερβολική σημασία στις περαστικές σκηνές της ζωής. Είστε ο αθάνατος Εαυτός, που ζει μόνο προσωρινά σ' ένα όνειρο που κάποιες φορές είναι εφιάλτης. Αυτή είναι η ανώτερη φιλοσοφία των Δασκάλων της Ινδίας.

Η Συναισθηματική Ευαισθησία Είναι η Αιτία του Πόνου

Μην είστε τόσο ευαίσθητοι. Η συναισθηματική ευαισθησία είναι η αθόρυβη αιτία κάθε πόνου. Το να δίνετε δύναμη στη δημιουργία σαν να ήταν πραγματικότητα με τη συναισθηματική σας ανάμιξη σ' αυτήν είναι ανοησία. Το να μη διαλογίζεστε, να μην κάθεστε ακίνητοι και να μη συνειδητοποιείτε την αληθινή φύση της ψυχής σας, αλλά να παρασύρεστε σαν ένα τμήμα της αιώνιας κίνησης της δημιουργίας, είναι ένας συνεχής κίνδυνος για την ευτυχία σας. Ίσως μια μέρα το σώμα σας να αρρωστήσει φρικτά και, αν και θα θέλετε να περπατάτε ή να κάνετε άλλα πράγματα που συνηθίζατε να κάνετε όταν ήσαστε πιο νέοι ή πιο υγιείς, να ανακαλύψετε ότι δεν μπορείτε να τα κάνετε· είναι μια τρομερή απογοήτευση για την ψυχή. Πριν έρθει αυτή η μέρα, γίνετε τόσο ελεύθεροι που να μπορείτε να βλέπετε το σώμα σας από απόσταση, φροντίζοντάς το σαν να ήταν κάποιου άλλου.

Μία από τις σπουδάστριές μου είχε ένα πολύ οδυνηρό πρόβλημα στο γόνατό της, στο οποίο τα οστά σάπιζαν. Δεν ξέρω πόσες φορές έγινε εγχείρηση σ' αυτό το γόνατο για να επανέλθουν τα οστά στη θέση τους. Μιλούσε όμως γι' αυτό σαν να μην ήταν τίποτα: «Μια μικρή εγχείρηση είναι», έλεγε απλά. Αυτός είναι ο τρόπος να αντιμετωπίζετε τη ζωή. Καλλιεργήστε εκείνη την κατάσταση του νου στην οποία μπορείτε να ζείτε με μεγαλύτερη νοητική δύναμη.

Ακόμα κι αν δεν έχετε την ευκαιρία να διαλογίζεστε πολλές ώρες και βαθιά, πάντα να σκέφτεστε ότι εργάζεστε για τον Θεό. Όταν ο νους σας θα μπορεί να παραμένει αγκυροβολημένος σ' Αυτόν, δεν θα υποφέρετε πια· καμιά αρρώστια, όσο σοβαρή κι αν είναι, δεν θα μπορεί να σας αγγίξει εσωτερικά. Μερικές φορές, όταν αυτό το σώμα έχει πρόβλημα, κοιτάζω μέσα μου και τα πάντα εξαφανίζονται στο φως του Θεού. Όπως παρακολουθείτε τις κινούμενες εικόνες σε μια οθόνη και απολαμβάνετε την αντίθεση μεταξύ των καλών και των κακών πράξεων και μεταξύ των χαρούμενων και των δραματικών σεναρίων, έτσι θα ψυχαγωγείστε απ' αυτόν τον κόσμο. Θα λέτε: «Κύριε, ό,τι κι αν κάνεις, εντάξει». Μέχρι όμως να συνειδητοποιήσετε στ' αλήθεια ότι όλα αυτά είναι ένα όνειρο, δεν θα καταλάβετε γιατί ο Θεός δημιούργησε αυτόν τον κόσμο.

Να Είστε Σαν τον Δραστήριο-Αδρανή Κύριο

Νομίζω ότι όταν δημιούργησε το σύμπαν, ο Θεός ήθελε να βρει απασχόληση. Ας είναι αυτό ένα έναυσμα για τους πνευματικούς αναζητητές. Πολλοί νομίζουν ότι για να βρουν τον Θεό και να ξεφύγουν απ' αυτό το όνειρο πρέπει να εγκαταλείψουν τις υποχρεώσεις τους και να αναζητήσουν απομόνωση στα Ιμαλάια ή σε άλλα τέτοια εντελώς έρημα μέρη· αυτό όμως δεν είναι τόσο απλό. Ο νους θα εξακολουθήσει να είναι νευρικός και απορροφημένος από διάφορες συναισθηματικές διαθέσεις, και το σώμα θα πρέπει να είναι πολύ δραστήριο για να ζεσταίνεται και να ικανοποιεί την πείνα του και τις άλλες ανάγκες του. Είναι ευκολότερο να βρείτε τον Θεό στη ζούγκλα του πολιτισμού αν ζείτε με ισορροπία ανάμεσα στον διαλογισμό και την εποικοδομητική, ευσυνείδητη εργασία. Να είστε σαν τον δραστήριο-αδρανή Κύριο. Μέσα στη δημιουργία είναι χαρούμενα απασχολημένος· πέρα από τη δημιουργία είναι χαρούμενα αδρανής στη θεϊκή μακαριότητα. Επειδή έκανα την προσπάθεια να βρω τον Θεό στον διαλογισμό, απολαμβάνω τη μακαριότητά Του ακόμα και εν μέσω δραστηριοτήτων. Κι έτσι η δραστηριότητα δεν με επηρεάζει δυσμενώς καθόλου. Αν και μπορεί να λέω ότι δεν μου αρέσει το τάδε ή το δείνα στις δυαδικότητες γύρω μου, εντούτοις μέσα μου είμαι ήρεμος και σαν ατσάλι: «Ήρεμα δραστήριος και δραστήρια ήρεμος· ένας πρίγκιπας γαλήνης που κάθεται στον θρόνο της ισορροπίας, κυβερνώντας το βασίλειο της δραστηριότητας».

Καθ' όλα τα φαινόμενα, ο Θεός φαίνεται να δημιούργησε ατελή πλάσματα, παρά την τελειότητά Του. Στην πραγματικότητα όμως τα ατελή πλάσματα είναι τέλεια – ψυχές δημιουργημένες κατ' εικόνα Του. Το μόνο που θέλει ο Θεός να κάνετε είναι να διαχωρίσετε τις ονειρικές σας ατέλειες από τον τέλειο Εαυτό σας. Όταν σκέφτεστε τη θνητή ζωή σας και όλα τα προβλήματά σας και ταυτίζεστε μ' αυτά, αδικείτε την εικόνα του Θεού μέσα σας. Διαβεβαιώστε τον εαυτό σας και συνειδητοποιήστε: «Δεν είμαι θνητό πλάσμα· είμαι Πνεύμα».

Ο Θεός προσπαθεί αιώνια να φέρει τα παιδιά Του πίσω στην έμφυτη τελειότητά τους. Αυτός είναι ο λόγος για τον οποίο θα δείτε ότι ακόμα και οι φαύλοι άνθρωποι ψάχνουν τον Θεό, αν και μπορεί να μην το παραδέχονται. Μπορείτε να βρείτε ένα φαύλο άτομο που να θέλει να αντλήσει δυστυχία από τις πράξεις του; Όχι. Νομίζει ότι οι επιδιώξεις του θα του δώσουν χαρά. Αυτός που πίνει ή παίρνει ναρκωτικά νομίζει ότι θα αντλήσει ευχαρίστηση απ' αυτά. Παντού θα δείτε ανθρώπους, καλούς και κακούς, να ψάχνουν την ευτυχία με τον δικό τους τρόπο. Κανείς δεν θέλει να πληγώσει τον εαυτό του. Τότε γιατί οι άνθρωποι συμπεριφέρονται με φαύλο τρόπο που αναπόφευκτα θα τους προκαλέσει πόνο και θλίψη; Τέτοιες πράξεις είναι απόρροια της μεγαλύτερης αμαρτίας – της άγνοιας. «Αυτός που σφάλλει» είναι η σωστή λέξη αντί για «αμαρτωλός». Το σφάλμα είναι καταδικαστέο, αλλά όχι αυτός που το διαπράττει. Οι αμαρτίες είναι σφάλματα που διαπράχθηκαν κάτω από την επίδραση της άγνοιας ή αυταπάτης. Ίσως όμως κι εσείς να είστε στην ίδια θέση, απλώς σε διαφορετικό βαθμό γνώσης. Ο Ιησούς είπε: «Ο αναμάρτητος πρώτος ας ρίξει τον λίθο».[4]

Το θέμα είναι ότι σε οτιδήποτε κάνουμε ψάχνουμε την ευτυχία. Κανείς δεν μπορεί να πει με ειλικρίνεια ότι είναι υλιστής, γιατί όποιος

---

[4] Κατά Ιωάννη Η:7.

αναζητά την ευτυχία, αναζητά τον Θεό. Επομένως, και στο καλό και στο κακό, ο Θεός προσπαθεί να μας πείσει να γυρίσουμε πίσω σ' Αυτόν, μέσα από την αναζήτησή μας της ευτυχίας. Η θλίψη που προξενείται από το κακό θα στρέψει τελικά τους ανθρώπους στις χαρές της αρετής. Εφόσον η ζωή είναι εγγενώς ένα συνονθύλευμα από καλό και κακό, από όμορφα όνειρα και εφιάλτες, θα πρέπει να προσπαθούμε να δημιουργούμε τα όμορφα όνειρα και να μην παγιδευόμαστε από τους εφιάλτες που μας φοβίζουν.

Στην Ποικιλία της Δημιουργίας Υπάρχει Μια Εγγενής Ενότητα

Από τη μία συνειδητότητά Του, ο Θεός δημιούργησε τα πολλά. Και τώρα προσπαθεί να φέρει τα πολλά πάλι πίσω, στην Ενότητα. Όταν ξεσπά καταιγίδα πάνω στον ωκεανό, δημιουργεί αναρίθμητα κύματα. Όταν η καταιγίδα κοπάσει, τα κύματα βυθίζονται ξανά στον ωκεανό. Στην ποικιλία της δημιουργίας υπάρχει μια εγγενής ενότητα – όπως ο ωκεανός είναι η ουσία των κυμάτων. Η συνειδητότητα της οικογένειας συνδέει ομάδες ψυχών. Τα κράτη έχουν έναν ηγέτη για να τα ενώνει και να τα κυβερνά. Οι κοινωνικές ομάδες ενώνονται για έναν κοινό σκοπό. Όταν βρείτε τον Θεό, θα δείτε όλες τις δυνάμεις ενωμένες σ' Αυτόν. «Τότε η ζωή είναι γλυκιά και ο θάνατος όνειρο· η υγεία είναι γλυκιά και η αρρώστια όνειρο· ο έπαινος είναι γλυκός και ο ψόγος όνειρο – όταν το τραγούδι Σου ρέει μέσα μου».[5] Θα έχετε μια τελείως διαφορετική εικόνα της ζωής.

Αντιδρώντας στα γεγονότα της ζωής, οι περισσότεροι άνθρωποι λένε: «Επαινείτε τον Κύριο», ή μας προτρέπουν να Τον φοβόμαστε· και μερικοί Τον κατηγορούν ή Τον καταριούνται. Νομίζω ότι αυτό είναι πολύ ανόητο. Τι μπορείτε να πείτε στον Θεό που να συνιστά έπαινο; Δεν συγκινείται από έπαινο ή κολακεία γιατί έχει τα πάντα. Οι περισσότερες προσευχές λέγονται από ανθρώπους που έχουν πρόβλημα· μερικοί φωνάζουν: «Επαινείτε τον Κύριο», ελπίζοντας ότι έτσι θα λάβουν κάποια εύνοια. Μπορεί να καταριέστε ή να επαινείτε τον Κύριο· δεν θα έχει καμιά σημασία γι' Αυτόν. Θα έχει όμως σημασία για σας. Επαινείτε Τον –ή, ακόμα καλύτερα, *αγαπάτε Τον*– και θα νιώθετε καλύτερα. Αν Τον

---

[5] Από το "When Thy Song Flows Through Me" («Όταν το τραγούδι Σου ρέει μέσα μου») από τα *Cosmic Chants* («Συμπαντικοί ύμνοι») του Παραμαχάνσα Γιογκανάντα (που εκδίδονται από το Self-Realization Fellowship).

καταριέστε, αυτό θα επιδράσει πάνω σας και θα σας πληγώσει. Όταν πηγαίνετε ενάντια στον Θεό, πηγαίνετε ενάντια στην ίδια την αληθινή φύση σας, τη θεϊκή εικόνα κατά την οποία σας έπλασε ο Θεός. Όταν εναντιώνεστε σ' αυτή τη φύση, αυτόματα τιμωρείτε τον εαυτό σας.

Από την παιδική μου ηλικία επαναστατούσα με τη ζωή γιατί έβλεπα πολλές αδικίες. Τώρα όμως εξεγείρομαι μέσα μου μόνο για το ότι οι άνθρωποι δεν γνωρίζουν τον Θεό. Η μεγαλύτερη αμαρτία είναι η άγνοια – το να μη γνωρίζετε τι είναι η ζωή και ποιος είναι ο σκοπός της. Και η μεγαλύτερη αρετή είναι η σοφία – το να γνωρίζετε το νόημα και τον σκοπό της ζωής και τον Δημιουργό της. Η γνώση ότι δεν είμαστε μικρά ανθρώπινα πλάσματα, αλλά ότι είμαστε ένα μαζί Του, είναι σοφία.

Κάθε βράδυ στον ύπνο ο Θεός απομακρύνει όλα τα προβλήματά σας για να σας δείξει ότι δεν είστε θνητά όντα· είστε Πνεύμα. Ο Θεός θέλει να θυμάστε αυτή την αλήθεια και όταν είστε ξύπνιοι, ώστε να μην ενοχλείστε πλέον από τις ανωμαλίες της ζωής. Αν μπορούμε πολύ εύκολα να υπάρχουμε το βράδυ στον βαθύ ύπνο χωρίς να σκεφτόμαστε αυτόν τον κόσμο και τα προβλήματά του, μπορούμε πολύ εύκολα να υπάρχουμε και μέσα στον κόσμο της δραστηριότητας του Θεού χωρίς να παγιδευόμαστε σ' αυτό το όνειρο. Αν και μέσα στη συνειδητότητα του Θεού πλέουν ολόκληρα ονειρικά σύμπαντα, είναι πάντα ξύπνιος και γνωρίζει ότι ονειρεύεται. Μας λέει: «Μην πανικοβάλλεστε κατά τη διάρκεια αυτού του ονείρου· δείτε Εμένα ως την Πραγματικότητα πίσω από το όνειρο». Όταν έχετε υγεία και χαρά, να χαμογελάτε μέσα στο όνειρο. Όταν έχετε εφιάλτες αρρώστιας ή θλίψης, να λέτε: «Είμαι αφυπνισμένος στον Θεό, παρακολουθώντας απλώς το παιχνίδι της ζωής μου». Τότε θα ξέρετε ότι ο Θεός δημιούργησε αυτό το σύμπαν ως μια ψυχαγωγία για τον Εαυτό Του. Κι εσείς, φτιαγμένοι κατ' εικόνα Του, όχι μόνο έχετε το πλήρες δικαίωμα, αλλά και την ικανότητα να απολαύσετε αυτό το παιχνίδι με τα ποικίλα όνειρά του όπως Εκείνος.

Η επιθυμία είναι αυτό που σας κρατά στη δουλεία της θνητότητας. Αν θέλετε ένα μεγάλο σπίτι σ' έναν λόφο με θέα, ένα καλό εισόδημα, έναν καλό γάμο και οικογένεια, μπορεί να φθείρετε τον εαυτό σας πασχίζοντας να τα αποκτήσετε όλα αυτά· μετά, ίσως ο σύζυγος ή η σύζυγός σας σας αφήσει, ή ίσως αρρωστήσετε, ή ίσως η επιχείρησή σας αποτύχει – αυτή είναι η φύση της ανθρώπινης ευτυχίας. Γι' αυτό λέω στον Θεό: «Κύριε, μπορείς να κρατήσεις όλα τα γήινα παιχνίδια Σου. Ας γίνει μόνο το θέλημά Σου μέσα από μένα. Είμαι πρόθυμος να κάνω το θέλημά Σου, όποιο κι αν είναι. Ωστόσο, Κύριε, δεν θα Σε ευχαριστήσω που με δημιούργησες· διότι θα είχα γλιτώσει από πολλά προβλήματα αν δεν το είχες κάνει. Εφόσον όμως μ' έφερες στη ζωή, ξέρω ότι δεν μπορεί να είμαι τίποτα άλλο παρά το παιδί Σου». Αυτή είναι η απαίτηση που πρέπει να έχετε από τον Θεό. Τέλος η επαιτεία· διότι δεν είστε ζητιάνοι. Είστε τα θεϊκά παιδιά Του και έμφυτα έχετε ό,τι έχει κι Εκείνος. Πίσω από το σκοτάδι των κλειστών ματιών έχετε ολόκληρο το σύμπαν να κυλά στη συνειδητότητά σας. Γιατί να παρουσιάζεστε σαν ζητιάνοι μπροστά στον Θεό;

Αποβάλετε αυτό το φάντασμα της ασθένειας και της υγείας, της θλίψης και της χαράς. Υπερβείτε το. Γίνετε ο Εαυτός. Να παρακολουθείτε το θέατρο του σύμπαντος αλλά να μην απορροφάστε απ' αυτό. Πολλές φορές έχω δει το σώμα μου να φεύγει απ' αυτόν τον κόσμο. Γέλασα κατάμουτρα στον θάνατο. Είμαι έτοιμος ανά πάσα στιγμή. Δεν είναι τίποτα. Η αιώνια ζωή είναι δική μου. Είμαι ο ωκεανός της συνειδητότητας. Μερικές φορές γίνομαι το μικρό κύμα του σώματος, αλλά ποτέ δεν είμαι μόνο το κύμα χωρίς τον Ωκεανό του Θεού.

Ο θάνατος και το σκοτάδι δεν μπορούν να μας τρομάξουν γιατί είμαστε η ίδια η Συνειδητότητα από την Οποία δημιουργήθηκε αυτό το σύμπαν από τον Θεό. Στην Μπάγκαβαντ Γκίτα ο Κύριος λέει:

> Όποιος συνειδητοποιεί ότι είμαι ο Αγέννητος και Χωρίς Αρχή, καθώς και ο Ηγεμονικός Κύριος της Δημιουργίας – αυτός ο άνθρωπος έχει υπερνικήσει την αυταπάτη και έχει πετύχει την αναμάρτητη κατάσταση ακόμα και ενόσω φορά θνητό σώμα.
>
> Είμαι η Πηγή των πάντων: από Εμένα αναδύεται όλη η δημιουργία. Μ' αυτή τη συνειδητοποίηση οι σοφοί, γεμάτοι δέος, Με λατρεύουν. Με τις σκέψεις τους ολοκληρωτικά σ' Εμένα, την ύπαρξή τους παραδομένη σ' Εμένα, φωτίζοντας ο ένας τον άλλον, διακηρύσσοντας Με πάντα, οι πιστοί Μου είναι ικανοποιημένοι και χαρούμενοι.
>
> Από καθαρή συμπόνια, Εγώ, ο Θεϊκός Ένοικος, ανάβω μέσα τους την ακτινοβόλα λάμπα της σοφίας που εξαφανίζει το σκοτάδι που γεννιέται από την άγνοια.
>
> – Μπάγκαβαντ Γκίτα Χ:3, 8-9, 11.

Γιατί ο Θεός Δημιούργησε τον Κόσμο

Στον Ναό του Self-Realization Fellowship στο San Diego, Καλιφόρνια, 16 Δεκεμβρίου 1945

Όσες φορές κι αν μ' ακούσετε να εξηγώ γιατί ο Θεός δημιούργησε αυτόν τον κόσμο, πάντα θα ανακαλύπτετε κάτι καινούργιο· με άπειρη αυτοσυγκέντρωση, λαμβάνει κάποιος όλο και μεγαλύτερη διαφώτιση σ' αυτό το αίνιγμα.

Με κάποιον τρόπο, ο Θεός έχει όλη τη δύναμη του σύμπαντος κάτω από το πρόσταγμά Του· γιατί όμως έχει αυτή τη δύναμη; Γιατί ο Θεός είναι Θεός; Γιατί δεν είστε εσείς ο Θεός; Θα καταρρακώσετε τον εγκέφαλό σας αν προσπαθήσετε να σκεφτείτε μ' αυτόν τον τρόπο. Το ότι υπάρχει Θεός, μια απόλυτη Νοημοσύνη και Δύναμη, δεν μπορούμε λογικά να το αρνηθούμε. Η μαρτυρία του Ιησού, του Κρίσνα, του Βούδα και των αγίων δεν μπορεί να αμφισβητηθεί. Από τα ιδεώδη που απέδειξαν με το παράδειγμά τους και τα θαύματα που έκαναν, ξέρουμε ότι έλεγαν την αλήθεια. Έδωσαν την αδιάσειστη μαρτυρία ότι υπάρχει Θεός· και ότι είναι τέλειος και παντοδύναμος. Μας είπαν ότι ο Θεός είναι Χαρά και ότι ο Θεός είναι Αγάπη. Αν όμως είναι έτσι, γιατί δημιούργησε έναν ατελή κόσμο και ένα ατελές σώμα για τον άνθρωπο; Σκεφτόμαστε ότι αν είχαμε τη δύναμη που έχει ο Θεός, θα μπορούσαμε να δημιουργήσουμε ένα πολύ καλύτερο σώμα απ' αυτό κι έναν πολύ καλύτερο κόσμο – τουλάχιστον στη φαντασία μας νομίζουμε ότι θα μπορούσαμε!

Ο Ιησούς είπε: «Αυτός που πιστεύει σ' εμένα, τα έργα που εγώ κάνω και εκείνος θα κάνει, και μεγαλύτερα απ' αυτά θα κάνει».[1] Πώς ήξερε, είκοσι αιώνες πριν, τα «θαύματα» της σύγχρονης επιστήμης που είναι κοινός τόπος σήμερα – βλέπουμε πώς μ' ένα ραντάρ ο άνθρωπος μπορεί να προσδιορίσει την παρουσία και τη θέση αντικειμένων που βρίσκονται χιλιάδες χιλιόμετρα μακριά. Ένας στρατιώτης μού είπε ότι η πρώτη φορά που πίστεψε στον Θεό ήταν όταν είδε ένα ραντάρ σε λειτουργία.

---

[1] Κατά Ιωάννη ΙΔ:12.

Είναι στα θαύματα του ραδιοφώνου, του ραντάρ, της τηλεόρασης και άλλων επιστημονικών ανακαλύψεων που πρόκειται να γίνουν, στα οποία αναφερόταν ο Χριστός όταν προέβλεψε ότι θα κάναμε ακόμα και μεγαλύτερα έργα απ' αυτά που έδειξε. Φυσικά, αν κάθε άνθρωπος είχε μάτια και αυτιά σαν ραντάρ, κανείς δεν θα είχε ησυχία! Οι σκέψεις και οι πράξεις των άλλων, χιλιάδες χιλιόμετρα μακριά από μας, θα έρχονταν στον νου μας και δεν θα υπήρχε ελευθερία ή το απόρρητο της ιδιωτικής ζωής για κανέναν. Αφού αναμφίβολα υπάρχουν κάποια «άπλυτα» σε κάθε σπίτι, δεν έχουμε το δικαίωμα να εισβάλλουμε ο ένας στη ζωή του άλλου και να κουτσομπολεύουμε γι' αυτά που βρήκαμε. Επομένως υπάρχει ένας λόγος για τον οποίο ο Θεός έριξε στον άνθρωπο το πέπλο της *μάγια*, της περιοριστικής δύναμης της αυταπάτης.

Η Δύναμη του Ανθρώπου Δεν Είναι Τίποτα σε Σύγκριση με Αυτήν του Θεού

Φαίνεται ότι μόλις ο άνθρωπος αποκτά δύναμη, τη χρησιμοποιεί λανθασμένα. Ήδη μιλούν για «πόλεμο με το πάτημα ενός κουμπιού», κατά τον οποίο απλώς χρειάζεται κάποιος να πατήσει ένα κουμπί και οι ατομικές βόμβες θα καταστρέψουν ολόκληρα έθνη. Φανταστείτε, η Νέα Υόρκη, με τόσα εκατομμύρια κατοίκους, μπορεί να αφανιστεί με μία μόνο βόμβα! Ο Θεός έδωσε μεγάλη δύναμη στον άνθρωπο για να τη χρησιμοποιεί σωστά. Ακόμα κι έτσι, η δύναμη του ανθρώπου δεν είναι τίποτα μπροστά σ' αυτήν του Θεού, γιατί ολόκληρος αυτός ο κόσμος είναι μια ατομική βόμβα που ο Θεός κρατά στα χέρια Του. Αν οποιοδήποτε άτομο ή ηγέτης οποιουδήποτε έθνους νομίζει ότι μπορεί να ξεφύγει από τις συνέπειες στην περίπτωση που χρησιμοποιήσει βόμβες είναι πάρα πολύ γελασμένος, γιατί τα λόγια του Χριστού είναι ακόμα αληθινά: «Διότι όλοι όσοι πιάσουν μαχαίρι από μαχαίρι θα πεθάνουν».[2] Αν οι χώρες που εφαρμόζουν επεκτατική πολιτική μάχονται η μία την άλλη, θα εξαφανιστούν από τον χάρτη και τα πράα έθνη θα κληρονομήσουν τη γη.[3] Πρέπει να χρησιμοποιούμε πνευματική δύναμη, όχι ατομικές βόμβες, αλλιώς θα χαθούμε.

Είναι φανερό ότι στην αποθήκη της φύσης βρίσκονται κρυμμένα πολλά μυστικά. Αν και η ατομική βόμβα είναι τρομερή, δείχνει ότι

---

[2] Κατά Ματθαίο ΚΣΤ:52.

[3] Κατά Ματθαίο Ε:5: «Μακάριοι οι πράοι, διότι αυτοί θα κληρονομήσουν τη γη».

υπάρχουν ασύλληπτες δυνάμεις κλειδωμένες στην καρδιά της φύσης – δυνάμεις τις οποίες ο άνθρωπος δεν έχει ακόμα ανακαλύψει. Και πίσω απ' όλα αυτά υπάρχει ένας Θεός. Υπάρχει μια Άπειρη Νοημοσύνη που κυβερνά όλη τη δημιουργία. Αυτή η Νοημοσύνη λειτουργεί μέσω θεϊκού νόμου που συνεργάζεται με το καλό και τιμωρεί τη φαυλότητα. Πώς αλλιώς εξηγείται το γεγονός ότι ο Χίτλερ, ο οποίος πρώτος απ' όλους είχε στα χέρια του το μυστικό της κατασκευής της ατομικής βόμβας, το έχασε, κι αυτό περιήλθε αντίθετα στην Αμερική; Αν και η Αμερική έκανε χρήση της ατομικής βόμβας, δεν νομίζω ότι θα το ξανακάνει – προσεύχομαι να μην το ξανακάνει.

Οι πολιτικοί, μέσα στην τύφλωσή τους, παρασύρουν ολόκληρο τον κόσμο σε πολέμους. Εφόσον όμως ο άνθρωπος δεν δημιούργησε αυτόν τον κόσμο, δεν έχει κανένα δικαίωμα να τον καταστρέψει. Γιατί τότε ο Θεός, με την παντοδυναμία Του, δημιούργησε έναν τόσο ατελή κόσμο και έδωσε στον άνθρωπο τη δύναμη να καταστρέφει; Αν ήσαστε ο Θεός θα ξέρατε ακριβώς τι γίνεται και γιατί το σύμπαν δημιουργήθηκε όπως είναι.

Όταν διαβάζετε ένα πολύ ενδιαφέρον μυθιστόρημα, βλέπετε το καλό και το κακό να συγκρούονται μεταξύ τους και δυσανασχετείτε πολύ όταν νικά το κακό. Για παράδειγμα, σ' ένα κεφάλαιο ο ήρωας κοντεύει να σκοτωθεί· στο επόμενο όμως όλα διορθώνονται και σώζεται. Πρέπει να καταλάβετε ότι κάθε ζωή είναι ένα τεράστιο μυθιστόρημα που γράφτηκε από τον Θεό. Δεν είναι δική σας αρμοδιότητα να προσπαθήσετε να το εξιχνιάσετε· θα ηττηθείτε από τους περιορισμούς της νοημοσύνης σας που είναι παραπλανημένη από τη *μάγια*. Πρώτα υπερβείτε την αυταπάτη και γίνετε ένα με τον Θεό· τότε θα συνειδητοποιήσετε γιατί δημιούργησε αυτόν τον κόσμο.

Έχουμε όμως το δικαίωμα να Τον ρωτήσουμε γιατί. Και υπάρχουν πολλοί, πολλοί λόγοι. Πρώτα απ' όλα, δεν θα μπορούσε αυτή η γη να Του είναι απαραίτητη, γιατί σ' αυτήν την περίπτωση αυτό θα σήμαινε ότι ο Θεός δεν θα ήταν τέλειος· θα χρειαζόταν να πετύχει κάτι απ' αυτό. Έχουμε όμως τη μαρτυρία των αγίων για την τελειότητά Του· κι εγώ καταθέτω την ίδια μαρτυρία από τη δική μου εμπειρία, γιατί έχω έρθει σε κοινωνία μαζί Του. Αν και είχα οράματα και άλλες πνευματικές εμπειρίες πριν γνωρίσω τον γκουρού μου, τον Σουάμι Σρι Γιουκτέσβαρτζι, του είπα ότι δεν θα μιλούσα για τον Θεό σε άλλους αν δεν Τον γνώριζα. Όταν είδα τα οράματα που είχα βιώσει να πραγματοποιούνται, ήξερα ότι μια Οντότητα με καθοδηγούσε και άρχισα να Τη βλέπω παντού γύρω μου.

Αυτός ο Κόσμος Είναι το Χόμπι του Θεού

Εφόσον ο Θεός είναι τέλειος κι αυτή η γη δεν είναι απαραίτητη για την εξέλιξή Του, είναι επομένως ένα είδος χόμπι για τον Θεό. Για παράδειγμα, υπάρχουν δύο είδη καλλιτεχνών: κάποιοι είναι εμπορικοί καλλιτέχνες και φτιάχνουν έργα τέχνης για να πληρωθούν· και άλλοι δημιουργούν αραχνοΰφαντα φτερά τέχνης που δεν έχουν εμπορική αξία, απλά για την προσωπική τους ευχαρίστηση. Δεν μπορούμε να φανταστούμε τον Θεό σαν εμπορικό καλλιτέχνη, γιατί δεν έχει τίποτα να κερδίσει από την τέχνη της δημιουργίας Του. Παρόμοια, κάποιοι πλούσιοι άνθρωποι μερικές φορές έχουν ιδιαίτερα χόμπι που είναι ακριβά, γιατί έχουν τα χρήματα για να πληρώνουν γι' αυτά. Συνάντησα έναν τέτοιο άνθρωπο στο Σινσινάτι· είχε μια μεγάλη φάρμα από χόμπι. Όταν τον επισκέφτηκα ως προσκεκλημένος, είπα: «Η φάρμα αυτή δεν βγάζει τα έξοδά της, έτσι δεν είναι;». Απάντησε: «Σωστά. Αυτό το αυγό που τρώω μου κοστίζει δεκάδες φορές περισσότερο απ' όσο αν το αγόραζα από κάποιο μαγαζί».

Έτσι, αυτός ο κόσμος είναι το χόμπι του Θεού. Δεν είναι όμως καθόλου διασκεδαστικό γι' αυτούς που υποφέρουν μέσα σ' αυτόν. Συχνά λέω στον Κύριο: «Αν ήθελες ένα χόμπι, γιατί δημιούργησες πόνο και καρκίνο και τρομερά συναισθήματα ως τμήμα του;». Φυσικά, δεν είμαι σε θέση να υποδεικνύω στον Κύριο τι να κάνει. Το ξέρω. Ταπεινά όμως μάχομαι μαζί Του.

Γελά μαζί μου και λέει: «Στο τελευταίο κεφάλαιο όλοι θα μάθουν την απάντηση σ' αυτές τις ερωτήσεις».

Ξέρω την απάντηση, αλλά διαφωνώ εκ μέρους όσων δεν τη γνωρίζουν: «Μπορεί να είναι ένα παιχνίδι για Σένα, Κύριε, αλλά είναι δυστυχία και θάνατος γι' αυτούς που δεν ξέρουν ότι είναι απλά ένα παιχνίδι. Δύο άνθρωποι παντρεύονται και νομίζουν ότι βρήκαν την τέλεια αγάπη και μετά ο ένας πεθαίνει – τι τραγωδία! Ή, κάποιος που έβγαλε πολλά λεφτά νομίζει ότι είναι ευτυχισμένος και τότε βλέπει το χρηματιστήριο να καταρρέει και στην απελπισία του πηδά από το παράθυρο – φρικτό! Και στις αισθησιακές παγίδες του σεξ, του ποτού και των χρημάτων υπάρχει πειρασμός όχι μόνο από εξωτερικά ερεθίσματα, αλλά και εσωτερικά. Πώς να τα δικαιολογήσει όλα αυτά ο άνθρωπος; Και γιατί υπάρχουν εγκληματίες, τρελοί και όλων των ειδών τα φρικτά συμβάντα, Κύριε; Γιατί υπάρχουν μικρόβια που σκοτώνουν τόσους ανθρώπους κάθε χρόνο; Αν τα κόκκαλα όσων πέθαναν από αρρώστια στοιβάζονταν το ένα πάνω στο άλλο, ο σωρός θα ήταν τόσο ψηλός όσο τα Ιμαλάια· και παρ' όλα αυτά είναι χόμπι για Σένα, Θεέ. Και τι γίνεται μ' αυτούς που είναι θύματα του χόμπι Σου;».

Και ο Κύριος λέει: «Έπλασα όλους τους ανθρώπους κατ' εικόνα Μου. Αν ξέρεις ότι είσαι ένα τμήμα Μου, μπορείς να ζεις σ' αυτόν τον κόσμο και να τον απολαμβάνεις όπως Εγώ».

Αυτή είναι η έσχατη απάντηση. Δεν βλέπουμε αυτόν τον κόσμο όπως τον βλέπει ο Θεός.

Βλέποντας με τα Ανοιχτά Μάτια της Σοφίας και της Ηρεμίας

Θα σας δώσω ένα παράδειγμα για το πώς πήγαν στραβά τα πράγματα στη δημιουργία. Αν τώρα, σ' αυτό το δωμάτιο, κλείσω ξαφνικά τα μάτια μου κι αρχίσω να χορεύω σαν αγρίμι, ξεχνώντας τα πάντα γύρω μου και τους περιορισμούς από το γεγονός ότι δεν βλέπω, θα μου φωνάξετε: «Προσέξτε! Θα πέσετε ή θα χτυπήσετε πάνω σε κάτι!». Επιμένω όμως: «Όχι, είμαι καλά». Μετά πράγματι σκοντάφτω και πέφτω και σπάω το πόδι μου· και κλαίω και ρωτάω: «Γιατί έτυχε αυτό σ' εμένα;». Θα μου απαντήσετε: «Γιατί κλείσατε τα μάτια σας και προσπαθήσατε να χορέψετε στο σκοτάδι;». Μετά απαντώ: «Πω, πω! Γιατί χόρεψα με τα μάτια κλειστά;».

Επειδή τα μάτια σας είναι κλειστά, δεν μπορείτε παρά να σκέφτεστε ότι αυτός ο κόσμος είναι φρικτός. Αν όμως κρατήσετε ανοιχτά τα μάτια σας της σοφίας και της ηρεμίας, θα διαπιστώσετε ότι υπάρχει πολλή διασκέδαση σ' αυτόν τον κόσμο – ακριβώς σαν να βλέπατε μια κινηματογραφική ταινία.

Όταν πηγαίνετε στον κινηματογράφο θέλετε να δείτε μια ευχάριστη ταινία, ή κάτι που θα σας κάνει να νιώσετε καλά, γιατί η ίδια η ζωή έχει πολλά προβλήματα. Σύμφωνα όμως με τη θεωρία της συμπαντικής κινηματογραφικής ταινίας, όσον αφορά την ταινία της γης, οι ιστορικές επαναστάσεις, οι πόλεμοι και τα προβλήματα του ανθρώπου δικαιολογούνται, γιατί αν πηγαίνατε στον κινηματογράφο κάθε μέρα και βλέπατε μόνο σκηνές αγάπης, θα τις βαριόσασταν. Θα θέλατε να δείτε λίγη δράση, κάποια αντίθεση και συγκίνηση. Επομένως ο Θεός δικαιολογημένα δημιούργησε τις δυαδικότητες σ' αυτή τη γη. Δεν ήθελε να είναι αυτό το έργο βαρετό. Αν υπήρχαν μόνο άγγελοι θα ήταν πολύ κουραστικό· όπου υπάρχει ένας κακός κι ένας ήρωας, είναι πιο διασκεδαστικό.

Οι αντιθέσεις δημιουργήθηκαν για να μας βοηθήσουν να συνειδητοποιήσουμε ότι αυτή η ζωή είναι μόνο μια συμπαντική ταινία και ότι μετατρέποντας τη συνειδητότητά μας σε συνειδητότητα του Θεού, μπορούμε να δούμε αυτή τη γη όπως τη βλέπει Εκείνος. Δεν θα ήθελα όμως να είμαι ο κακός, γιατί το έγκλημα ποτέ δεν πληρώνει – ιδίως ενώπιον του αδυσώπητου συμπαντικού νόμου. Αντί γι' αυτό θα προτιμούσα να κάθομαι κάτω από ένα δέντρο, απορροφημένος από διαλογισμό στον Θεό, ή να υπηρετώ άλλους για να τους κάνω να νιώσουν όμορφα με αληθινή γαλήνη και ευτυχία. Διότι, αν και η ζωή κυβερνάται από ένα συμπαντικό σχέδιο, έχουμε την ελευθερία να αλλάξουμε τον ρόλο μας στο έργο.

Το θέμα είναι ότι αν μάθετε να βλέπετε αυτόν τον κόσμο σαν μια παράσταση εικόνων, δεν θα βρείτε τίποτα κακό σ' αυτόν. Το μόνο πράγμα για το οποίο παραπονιέμαι είναι ότι ο πόνος κάνει την εικόνα να φαίνεται απόλυτα πραγματική. Αν κοβόταν το χέρι σας και δεν νιώθατε καθόλου πόνο και μπορούσατε να το ξαναβάλετε στη θέση του, δεν θα σας πείραζε. Κάποιοι άγιοι απέδειξαν ότι αυτό μπορεί να γίνει. Για παράδειγμα ο Ιησούς πραγματοποίησε την προφητεία του: «Καταστρέψτε τον ναό αυτόν [το σώμα] και σε τρεις ημέρες θα τον εγείρω».[4] Κι όταν ο Πέτρος έκοψε το αυτί του εκατόνταρχου, ο Χριστός το έβαλε ξανά στη θέση του. Γνωρίζοντας τον Κύριο, ο Ιησούς είχε τη δύναμη να ξαναφτιάχνει το σώμα.

Η επιστήμη επικεντρώνεται στη δημιουργία περισσότερων υλικών ανέσεων για τον άνθρωπο· όταν όμως έρχεται η αρρώστια κι ο γιατρός λέει: «Όλα τελείωσαν», δεν μπορείτε να κάνετε τίποτα γι' αυτό. Και τότε πώς νιώθετε; Αβοήθητοι. Οι Δάσκαλοι όμως λένε πως δεν είναι ανάγκη να νιώθετε έτσι. Αυτός ο κόσμος θα φαίνεται μια άδικη δημιουργία αν κρατάτε τα μάτια σας της σοφίας κλειστά. Πρέπει να συνειδητοποιήσετε ότι είστε παιδιά του Θεού και αν συντονιστείτε μαζί Του θα βλέπετε αυτή τη γη σαν εικόνα – σαν το χόμπι Του. Τότε θα μπορείτε να ζείτε σ' αυτόν τον κόσμο χωρίς να επηρεάζεστε καθόλου απ' αυτόν. Αυτοί που τον παίρνουν πολύ στα σοβαρά είναι αυτοί που υποφέρουν. Και επειδή υποφέρουν δεν καταλαβαίνουν γιατί ο Θεός δημιούργησε αυτή τη γη. Όταν μια μητέρα ακούει για τον θάνατο του παιδιού ενός άλλου νιώθει συμπόνια. Όταν όμως πρόκειται για το δικό της παιδί, υποφέρει αβάστακτα. Όταν μετατρέψετε τη συνειδητότητά σας σε θεϊκή συνειδητότητα ώστε να νοιάζεστε για το καλό των άλλων

---

[4] Κατά Ιωάννη Β:19.

όπως νοιάζεστε για τον εαυτό σας, όταν όλος ο κόσμος γίνει ο μεγαλύτερος εαυτός σας, θα αποσυνδεθείτε πλήρως από τα βάσανα του μικρού σώματός σας. Θα βλέπετε τη δημιουργία σαν ένα είδος δραματικής εμπειρίας, μέσα στην οποία τίποτα δεν μπορεί να σας βλάψει.

Η Ελεύθερη Επιλογή - το Μεγαλύτερο Δώρο του Θεού

Μπορούμε να πούμε ότι ο Θεός έφτιαξε αυτή τη γη όχι μόνο σαν χόμπι, αλλά και επειδή ήθελε να φτιάξει τέλειες ψυχές που θα εξελίσσονταν και θα γύριζαν πίσω σ' Αυτόν. Τις έστειλε έξω κάτω από το πέπλο της αυταπάτης ή *μάγια,* αλλά τις προίκισε με ελευθερία. Αυτό είναι το μεγαλύτερο δώρο του Θεού. Δεν αρνήθηκε στην ανθρωπότητα την ελεύθερη επιλογή που και ο Ίδιος έχει. Έδωσε στον άνθρωπο την ελευθερία να είναι καλός ή κακός, να κάνει ακριβώς αυτό που τον ευχαριστεί - ακόμα και να αρνηθεί τον Θεό. Και το καλό και το κακό υπάρχουν, αλλά κανείς δεν σας αναγκάζει να είστε κακοί, εκτός κι αν εσείς το επιλέξετε. Και κανείς δεν μπορεί να σας αναγκάσει να είστε καλοί, εκτός κι αν εσείς θέλετε να είστε καλοί. Ο Θεός μάς δημιούργησε με την ικανότητα να χρησιμοποιούμε τα δώρα Του της νοημοσύνης και της ελεύθερης επιλογής, με τα οποία μπορούμε να επιλέξουμε να πάμε πίσω σ' Αυτόν. Ο Θεός οπωσδήποτε σκοπεύει να μας πάρει πίσω όταν θα είμαστε έτοιμοι. Είμαστε σαν τον βιβλικό άσωτο γιο και ο Θεός συνεχώς μας καλεί να γυρίσουμε στο Σπίτι.

Το ιδεώδες κάθε ανθρώπινης ζωής θα πρέπει να είναι να είστε καλοί, να είστε ευτυχισμένοι και να βρείτε τον Θεό. Δεν θα είστε ποτέ ευτυχισμένοι αν δεν βρείτε τον Θεό. Αυτός είναι ο λόγος για τον οποίο ο Ιησούς είπε: «Αναζητάτε πρώτα την βασιλεία του Θεού».[5] Αυτός είναι ο σκοπός της ύπαρξής μας: να αγωνιζόμαστε να γίνουμε καλοί, να γίνουμε τέλειοι και να χρησιμοποιούμε την ελεύθερη βούλησή μας για να επιλέγουμε το καλό αντί για το φαύλο. Ο Θεός μάς έδωσε όλη τη δύναμη που χρειαζόμαστε για να το κάνουμε. Ο νους είναι σαν μια ελαστική ταινία. Όσο πιο πολύ τραβάτε, τόσο πιο πολύ επεκτείνεται και ποτέ δεν σπάει. Κάθε φορά που νιώθετε περιορισμούς, να κλείνετε τα μάτια σας και να λέτε στον εαυτό σας: «Είμαι το Άπειρο», και θα δείτε τι δύναμη έχετε.

Καμία χαρά των αισθήσεων, καμία χαρά από υλικά αποκτήματα δεν μπορεί να φτάσει τη χαρά του Θεού. Αν και είχε τα πάντα από

---

5 Κατά Ματθαίο ΣΤ:33.

αιωνιότητα σε αιωνιότητα, άρχισε να σκέφτεται: «Είμαι παντοδύναμος και η Ίδια η Χαρά, αλλά δεν υπάρχει κανείς άλλος να Με απολαύσει». Και καθώς άρχισε να δημιουργεί, σκέφτηκε: «Θα πλάσω ψυχές κατ' εικόνα Μου και θα δώσω σ' αυτές ως ανθρώπινα πλάσματα ελεύθερη βούληση, για να δω αν θα αναζητήσουν τα υλικά δώρα Μου και τους πειρασμούς των χρημάτων, του ποτού και του σεξ· ή αν θα αναζητήσουν την εκατομμύρια εκατομμυρίων φορές πιο μεθυστική χαρά της συνειδητότητάς Μου». Αυτό που μου δίνει τη μεγαλύτερη ικανοποίηση είναι ότι ο Θεός είναι πολύ δίκαιος και σωστός. Έδωσε στον άνθρωπο την ελευθερία να δεχτεί την αγάπη Του και να ζήσει με τη χαρά Του, ή να την αγνοήσει και να ζήσει στην αυταπάτη, στην άγνοια για Εκείνον.

Αν και όλα τα δημιουργήματα ανήκουν στον Θεό, υπάρχει ένα πράγμα που ο Θεός δεν έχει: την αγάπη μας. Όταν μας δημιούργησε, πράγματι είχε κάτι να περιμένει, και αυτό είναι η αγάπη μας. Μπορούμε να Του αρνηθούμε την αγάπη μας ή να Του την προσφέρουμε. Κι Εκείνος θα περιμένει αιώνια μέχρι να είμαστε έτοιμοι να Του προσφέρουμε την αγάπη μας. Όταν το κάνουμε, όταν ο άσωτος γιος επιστρέφει στο Σπίτι, ο μόσχος ο σιτευτός της σοφίας σφάζεται και υπάρχει μεγάλη αγαλλίαση. Όταν μια ψυχή επιστρέφει στον Θεό, πραγματικά χαίρονται πάρα πολύ όλοι οι άγιοι του παραδείσου. Αυτό είναι το νόημα της παραβολής του άσωτου γιου όπως την είπε ο Ιησούς.

Να Παρακολουθείτε τον Εαυτό Σας από τον Εξώστη της Ενδοσκόπησης

Υπάρχουν τόσα περισσότερα στη ζωή απ' όσα νομίζετε! Αφού κάθε τι γήινο φαίνεται τόσο πραγματικό, πόσο πιο πραγματική θα πρέπει να είναι η Πραγματικότητα που δημιουργεί τη μη πραγματική πραγματικότητα! Η μη πραγματική πραγματικότητα όμως σας κάνει να ξεχνάτε το Πραγματικό. Ο Θεός θέλει να θυμάστε ότι δεν θα σας πείραζε αυτή η γη αν ήταν σαν μια κινηματογραφική ταινία. Ακόμα κι αν τα εύθραυστα κόκκαλα του σώματος έσπαγαν, θα λέγατε: «Α, για κοίτα αυτά τα σπασμένα κόκκαλα» και δεν θα νιώθατε καμία ενόχληση, ούτε θα υποφέρατε. Αυτό μπορείτε να το πείτε όταν εισέλθετε στη Θεϊκή Συνειδητότητα. Θα διασκεδάζετε με τις συνήθειές σας και θα γελάτε πολύ με τα ιδιαίτερα χαρακτηριστικά σας καθώς από τον εξώστη της ενδοσκόπησης θα παρατηρείτε τον εαυτό σας να παίζει τον ρόλο του στην ταινία της ζωής. Το κάνω αυτό όλη την ώρα. Όταν ξέρετε ότι αυτός ο κόσμος είναι το *λίλα* του Θεού –το παιχνίδι Του– τότε δεν ταράζεστε από τις αντιθέσεις του καλού και της φαυλότητας σ' αυτό το έργο.

Σ' ένα όνειρο μπορείτε να δείτε πλούσιους, φτωχούς, κάποιον δυνατό, κάποιον να στενάζει από την αρρώστια, κάποιον να πεθαίνει και κάποιον να γεννιέται. Όταν όμως ξυπνάτε, συνειδητοποιείτε ότι ήταν μόνο ένα όνειρο. Αυτό το σύμπαν είναι το όνειρο το Θεού. Κι όταν Τον ρωτώ: «Γιατί δεν ονειρεύεσαι μόνο όμορφα όνειρα; Γιατί το παιχνίδι Σου πρέπει να είναι γεμάτο εφιάλτες;», απαντά: «Πρέπει να μπορείτε να απολαμβάνετε το συμπαντικό κινηματογραφικό έργο, να βλέπετε και τους εφιάλτες και τις όμορφες εμπειρίες ως αυτό που είναι – όνειρα, μόνο όνειρα. Αν όμως ονειρεύεστε μόνο όμορφα όνειρα, θα πνιγείτε σ' αυτήν την ομορφιά και δεν θα θελήσετε ποτέ να ξυπνήσετε». Αυτή είναι η απάντηση. Επομένως δεν πρέπει να φοβάστε όταν έρχονται οι εφιάλτες, αλλά να λέτε: «Κύριε, είναι ένα περαστικό όνειρο. Δεν έχει κανένα στοιχείο πραγματικότητας». Κι όταν χαμογελάτε από υγεία και ευτυχία, να λέτε: «Κύριε, είναι ένα όμορφο όνειρο, αλλά κάνε ό,τι θέλεις με τα όνειρα της ζωής μου». Όταν δεν ταράζεστε από τους εφιάλτες της αρρώστιας και των δεινών και όλων όσων προκαλούν στενοχώρια, ούτε δένεστε με τα όμορφα όνειρα, τότε ο Θεός λέει: «Ξύπνα τώρα! Έλα πίσω στο Σπίτι».

Να βλέπετε λοιπόν αυτό το σύμπαν σαν ένα παιχνίδι εικόνων, όπως κάνουν οι Δάσκαλοι που έχουν αφυπνιστεί στον Θεό. Ενδιαφέρονται πάρα πολύ για τις ψυχές που προσπαθούν να δραπετεύσουν απ' αυτό το όνειρο. Ο Θεός θέλει όλοι να βγουν απ' αυτόν τον εφιάλτη και να παρακολουθούν αυτή τη συμπαντική ταινία σαν ψυχαγωγία. Θέλει να ξέρετε ότι είστε ένα μ' Αυτόν. Αυτός είναι ο λόγος για τον οποίο από καιρό σε καιρό στέλνει στη γη ψυχές που Τον έχουν συνειδητοποιήσει για να βοηθήσουν την ανθρωπότητα. Όταν οι άνθρωποι εξαντλούνται πολύ από τους εφιάλτες, αυτές οι ψυχές έρχονται για να μας ξυπνήσουν, για να μας ταρακουνήσουν και να πουν: «Τι έχεις; Ονειρεύεσαι». Κι εσείς φωνάζετε: «Όχι, όχι, το πόδι μου έσπασε», ή «Υποφέρω από αρρώστιες», ή «Είμαι πνιγμένος στη φτώχεια». Ωστόσο, όταν με τις ευλογίες των Μεγάλων ανοίγετε τα μάτια σας, βλέπετε ότι είναι όνειρο.

Διαχωρίστε το Μη Πραγματικό από το Πραγματικό

Όταν ήμουν μικρός, πολλές φορές ονειρευόμουν ότι με κυνηγούσε μια τίγρη· φώναζα ότι η τίγρη είχε δαγκώσει το πόδι μου. Η Μητέρα ερχόταν και με ταρακουνούσε, με ξυπνούσε από το όνειρό μου κι έλεγε:

«Βλέπεις; Όλα είναι καλά. Δεν υπάρχει τίγρη. Το πόδι σου είναι καλά». Σαν αποτέλεσμα αυτού του παιδικού ονείρου είχα την πρώτη θαυμαστή εμπειρία που μου έδωσε ο Θεός: την τελευταία φορά που είδα αυτό το όνειρο, είπα: «Αυτό είναι παλιό κόλπο. Δεν υπάρχει τίγρη που να δαγκώνει το πόδι μου». Και γρήγορα βγήκα από το όνειρο. Έφυγε και δεν ξαναγύρισε ποτέ. Από τότε πρόσεχα, ακόμα και στα όνειρα, να διαχωρίζω το μη πραγματικό από το Πραγματικό.

Άγιοι είναι αυτοί που εν μέρει είναι ξύπνιοι και εν μέρει ονειρεύονται: από τη μια μεριά είναι αφυπνισμένοι στον Θεό και από την άλλη ονειρεύονται το όνειρο της ενσάρκωσης. Μπορούν όμως να βγουν γρήγορα απ' αυτό το όνειρο. Όταν το σώμα μου τραυματίζεται ή πονά, εστιάζω τα μάτια και τον νου μου στο κέντρο *Κουτάστα*, το κέντρο της κατά Χριστόν Συνειδητότητας, ανάμεσα στα φρύδια, και τότε δεν νιώθω καθόλου πόνο· και σε λίγο ούτε καν βλέπω ούτε νιώθω το σώμα.

Γι' αυτό να θυμάστε, ο Θεός ονειρεύεται αυτόν τον κόσμο. Κι αν είμαστε συντονισμένοι μαζί Του, θα ζούμε μια θεϊκά μεθυστική ζωή και τίποτα δεν θα μας ενοχλεί. Θα βλέπουμε αυτή τη συμπαντική ταινία όπως βλέπουμε τα κινηματογραφικά έργα, χωρίς να πληγωνόμαστε. Ο Θεός μάς δημιούργησε για να ονειρευόμαστε όπως Αυτός, απολαμβάνοντας αυτό το όνειρο και όλες τις αντικρουόμενες εμπειρίες του ως ψυχαγωγία, χωρίς να επηρεαζόμαστε απ' αυτό, απορροφημένοι από την αιώνια χαρά Του.

Πώς ο Θεός Μας Έλκει Πίσω σ' Αυτόν

Ενοποίηση δύο ομιλιών πάνω στο ίδιο θέμα, που δόθηκαν αντίστοιχα στους Ναούς του Self-Realization Fellowship του Χόλυγουντ και του San Diego, Καλιφόρνια, στις 4 και 11 Αυγούστου 1946

Όλοι οι δρόμοι οδηγούν στον Θεό γιατί τελικά δεν υπάρχει άλλο μέρος για να πάει η ψυχή. Τα πάντα εκπορεύτηκαν από τον Θεό και πρέπει να ξαναγυρίσουν σ' Αυτόν. Ακόμα και στη φαυλότητα, ο άνθρωπος αναζητά την ευτυχία. Η εγκόσμια ευτυχία αναπόφευκτα οδηγεί σε απογοήτευση· αυτοί όμως που συνεχίζουν να ψάχνουν, απορρίπτοντας ένα προς ένα τα γυαλιστερά πετραδάκια των απολαύσεων του κόσμου, θα βρουν επιτέλους το διαμάντι της αληθινής ευτυχίας στον Θεό. Η ικανοποίηση δεν θα έρθει ποτέ από τίποτα λιγότερο από τον Θεό. Εφόσον οι διάφοροι δρόμοι της ζωής σάς οδηγούν τελικά στον Θεό, σύμφωνα με την καθορισμένη πορεία της εξέλιξης, αν έχετε αυτοέλεγχο και ζείτε μια φυσιολογική, λογική ζωή και προσπαθείτε να βρείτε αληθινή ευτυχία, δεν πειράζει να συνεχίσετε έτσι, μ' αυτόν τον συνηθισμένο τρόπο. Μπορεί όμως να χρειαστείτε πολλές, πολλές ενσαρκώσεις. Είναι καλύτερα να κάνετε μια ευσυνείδητη προσπάθεια να επισπεύσετε τη συνειδητοποίηση του Θεού. Οι άγιοι και οι ασκητές δεν θα έκαναν αυτή τη σκληρή εργασία αν δεν έβρισκαν έμπνευση σ' αυτήν – την έμπνευση της χαράς. «Χωρίς να προσελκύεται από τον κόσμο των αισθήσεων, ο γιόγκι βιώνει την πάντα ανανεούμενη χαρά που είναι εγγενής στον Εαυτό. Ευρισκόμενος σε θεϊκή ένωση της ψυχής με το Πνεύμα, επιτυγχάνει ακατάλυτη μακαριότητα».[1]

Οι περισσότεροι άνθρωποι δεν έχουν συνειδητοποιήσει το γεγονός ότι αυτό που πραγματικά αποζητούν είναι ο Θεός ο Ίδιος – ότι είναι η πρώτη και η τελευταία επιθυμία τους. «Όλα αυτά τα ζητούν οι εθνικοί· αλλά αναζητάτε πρώτα τη βασιλεία του Θεού». Τα «όλα» σημαίνει τις απολαύσεις και τις επιθυμίες για γήινα πράγματα για τα

---

[1] Μπάγκαβαντ Γκίτα V:21.

οποία προσεύχονται οι άνθρωποι· εσείς όμως που είστε συνετοί, αναζητήστε πρώτα τον Θεό, και όλα τα άλλα θα έρθουν.

Θα εκπλαγείτε με τον τρόπο με τον οποίο μέσω συνεχούς προσευχής θα αλλάξει η ζωή σας – όχι με την προσευχή του ζητιάνου, αλλά με τη γεμάτη αγάπη απαίτηση ενός παιδιού από τον Ουράνιο Πατέρα του. Ο Θεός, όντας Πατέρας σας, δεν δεσμεύεται από τη συνειδητότητα του οίκτου η οποία κινητοποιεί κάποιον να προσφέρει ελεημοσύνη σ' έναν ζητιάνο. Έχετε το θεϊκό δικαίωμα, που κληρονομήσατε από τον Θεό, να έχετε απαιτήσεις απ' Αυτόν· κι Εκείνος θα ανταποκριθεί γιατί είστε δικοί Του. Αν Τον καλείτε συνεχώς δεν μπορεί να ξεφύγει από το δίχτυ της αφοσίωσής σας. Αν προσεύχεστε μέχρι να αναταράξετε τον αιθέρα με το φως της προσευχής σας, τότε θα βρείτε τον Θεό. Αν όμως όσο προσεύχεστε στον Θεό να έρθει σκέφτεστε κάτι άλλο –δηλαδή αν θέλετε τον Θεό γιατί θέλετε κάτι απ' Αυτόν– δεν θα Τον βρείτε. Ο σκοπός σας να βρείτε τον Θεό πρέπει να είναι ειλικρινής και οι προσπάθειές σας πρέπει να γίνονται ολοένα και εντονότερες από την αίσθηση της ανάγκης για τον Θεό, την οποία θα αφυπνίσετε μέσα σας.

Η Θρησκευτική Δεισιδαιμονία Έκανε τους Ανθρώπους να Φοβούνται τον Θεό

Εμπιστεύεστε τον εαυτό σας περισσότερο απ' όσο εμπιστεύεστε τον Θεό, εντούτοις γνωρίζετε ότι σε τελευταία ανάλυση δεν μπορείτε να αναπνεύσετε, να περπατήσετε, ή να κινηθείτε χωρίς την άμεση ωστική δύναμη της παρουσίας Του στον εγκέφαλο, στην καρδιά, στα κύτταρα του σώματός σας. Επειδή έχετε συνηθίσει να εξαρτάστε από το φαγητό, τον αέρα και το φως του ήλιου, νομίζετε ότι αυτά τα εξωτερικά στοιχεία συντηρούν τη ζωή σας. Είναι αυταπάτη να σκέφτεστε έτσι. Εξαρτάστε άμεσα από Μία Δύναμη, η Οποία είναι ο Θεός.

Επειδή είναι ο Υπέρτατος, η θρησκευτική δεισιδαιμονία έκανε τον άνθρωπο να φοβάται τον Θεό. Δεν είναι αυτή η σχέση που θέλετε με τον Ουράνιο Πατέρα σας. Δεν κάνω κηρύγματα για φωτιές της κόλασης. Θέλω να σας διδάξω ότι ο Θεός είναι οικείος: ο πιο αγαπημένος των αγαπημένων, ο πιο κοντινός των κοντινών, ότι μας αγαπά περισσότερο απ' όλα όσα αγαπάμε εμείς. Μακάρι να Του φερόσασταν μ' αυτόν τον τρόπο! Αν μονάχα σηκώνατε ένα χέρι σας, θα έτεινε δύο χέρια για να σας σηκώσει. Αν προσπαθείτε αδιάλειπτα να γαντζωθείτε από το χέρι του Πνεύματος, Αυτό θα έρθει χωρίς αμφιβολία.

Ο Θεός με έβαλε στις μεγαλύτερες δοκιμασίες· όποτε όμως ένιωθα ότι είχε φύγει, ερχόταν να με τραντάξει βίαια για να με ελευθερώσει από τη δυσαρέσκεια απέναντί Του. Δυσανασχετούμε συχνά, αλλά δεν πρέπει ποτέ να αμφιβάλλουμε. Και όταν δυσανασχετούμε, θα πρέπει να το κάνουμε τόσο έντονα, που η Μητέρα να αναγκαστεί να έρθει να μας φροντίσει.[2] Φυσικά δεν δυσανασχετώ πια για δικές μου ανάγκες, αλλά γι' αυτές της οργάνωσης. Ο Θεός δεν μου λέει τίποτα μέχρι την τελευταία στιγμή που έρχεται να με βοηθήσει· πάντα όμως έρχεται. Είναι πάντα μαζί μου. Ποτέ δεν με απογοήτευσε. Αν Του δείξετε αυτήν την εμπιστοσύνη και Τον αγαπήσετε περισσότερο, θα νιώσετε ότι πάντα σας αγαπούσε και ότι εσείς ήσαστε που δεν Τον αναζητούσατε. Γι' αυτό νομίζατε ότι ήταν μακριά. Ποτέ δεν αδιαφορεί για μας· εμείς αδιαφορούμε γι' Αυτόν.

Ο Θεός, με συμπόνια, έχει πλήρη επίγνωση ότι μας έστειλε εδώ σ' αυτόν τον γεμάτο προβλήματα κόσμο· κι αν ενδιαφέρεται για δύο σπουργίτια που πωλούνται,[3] σκεφτείτε πόσο περισσότερο ενδιαφέρεται για μας. Μόνο που θέλει να είναι σίγουρος για την αγάπη μας, κι έτσι παίζει κρυφτό μαζί μας. Ο Θεός έχει ένα σύμπλεγμα κατωτερότητας: δεν είναι σίγουρος αν ο πιστός θέλει Εκείνον ή κάτι άλλο. Του λέω συχνά: «Κύριε, αν ήξεραν πόσο υπέροχος είσαι, θα Σε έψαχναν. Κρύβεσαι όμως στα λουλούδια, στα σύννεφα, στον αιθέρα». Εντούτοις, όταν βλέπετε την ομορφιά και τα θαύματα της φύσης, πώς είναι δυνατόν να αμφιβάλλετε για τον Θεό; Εργάζεται μέσα από τα πάντα και τα εργαλεία Του είναι η ζωή και η νοημοσύνη. Ακριβώς όπως τα πλοία στη θάλασσα μπορούν να ελεγχθούν ασύρματα, έτσι κι εμείς ελεγχόμαστε από την «ασύρματη» δύναμη και νοημοσύνη του Θεού. Χωρίς την ακτίνα της ζωής Του είμαστε νεκροί. Γιατί να μην αναζητήσετε αυτή τη Δύναμη η οποία είναι η Πηγή της ύπαρξής μας; Γιατί να μην αναζητήσετε τον Δότη αντί για τα δώρα; Εκεί έγκειται η πραγματική ελευθερία. Εργάζεται ακριβώς μέσα στα εγκεφαλικά σας κύτταρα και στις σκέψεις σας. Αν μονάχα επικοινωνούσατε μαζί Του εσωτερικά, θα βρίσκατε έναν Φίλο που δεν σας απογοητεύει ποτέ, έναν Αγαπημένο που ποτέ δεν λέει ψέματα. Μόνο ο Θεός είναι που προσπαθεί να σας κατακτήσει με την αγάπη Του και που σας αναζητά μέσα σας. Αν Τον αναζητούσατε με προθυμία, αν επιδιώκατε να Τον βρείτε μέσα σας, θα

---

[2] Βλ. *Θεϊκή Μητέρα* στο γλωσσάριο.
[3] Κατά Ματθαίο I:29.

Τον ανακαλύπτατε. Μόνο η κακή χρήση της ελεύθερης βούλησής σας και η αντίσταση του κάρμα σας, των αποτελεσμάτων των παλιών λανθασμένων πράξεων, είναι που εμποδίζουν την επίσπευση των βημάτων σας προς τον Θεϊκό Στόχο.

Ο Νόμος της Έλξης, Εγγενής στη Δημιουργία

Βάζοντας κατά μέρος τις παλιές δεισιδαιμονικές πεποιθήσεις, θα πρέπει να καταλάβουμε γιατί πρέπει να αναζητήσουμε τον Θεό. Όταν κοιτάξουμε τη λειτουργία της φύσης θα δούμε γιατί. Σήμερα θα μιλήσω γι' αυτό το θέμα από μια εντελώς διαφορετική οπτική γωνία – από την οπτική γωνία της επιστήμης και της μεταφυσικής. Θα δείτε τι υπέροχη αναλογία υπάρχει μεταξύ της κατάβασης του σύμπαντος από τον Θεό και της ανάβασης του σύμπαντος πίσω στον Θεό.

Στη δημιουργία είναι εγγενής ο νόμος της έλξης. Τα ουράνια σώματα ασκούν τη βαρυτική έλξη τους το ένα στο άλλο· οι άνθρωποι υπόκεινται στην έλξη του καλού και του φαύλου. Πολλοί άνθρωποι το ρίχνουν στο ποτό ή σε άλλες παρεκτροπές· οι άγιοι μεθούν με τον Θεό. Αυτός που στρέφεται από την εκκλησία στο μπαρ που βρίσκεται στο χάνι του χωριού πίνει δυστυχία, καταστροφή της υγείας και απώλεια της οξύτητας του νου· αυτός όμως που πηγαίνει στην εκκλησία που βρίσκεται μέσα του και πίνει την έμπνευση της μακαριότητας που ρέει από το κρασί της σιωπής είναι πάντα ευτυχισμένος. Έτσι γίνεται και με την έρευνα για το Άπειρο. Όταν καταλάβετε τον νόμο της βαρύτητας, θα μπορέσετε να καταλάβετε τον καλύτερο τρόπο να συντονιστείτε με την έλξη του Θεού και επομένως τον καλύτερο τρόπο να Τον βρείτε.

Το αποτέλεσμα της βαρύτητας φαίνεται όταν δύο σώματα είναι ελεύθερα να κινούνται και έλκονται το ένα προς το άλλο. Η βαρύτητα, σύμφωνα με την επιστήμη της φυσικής, είναι η έλξη που υπάρχει ανάμεσα σε μάζες από ύλη – λόγω της οποίας κάθε τέτοια μάζα τείνει προς κάθε άλλη μάζα με μια δύναμη που είναι ανάλογη των μαζών και αντιστρόφως ανάλογη προς το τετράγωνο της απόστασης μεταξύ τους. Δηλαδή αν η απόσταση μεταξύ δύο μαζών είναι δύο μέτρα, η έλξη θα είναι σχετικά ισχυρή· και αν η απόσταση αυξηθεί σε τέσσερα μέτρα, η δύναμη της έλξης θα μειωθεί στο ένα τέταρτο.

Ο νόμος της βαρύτητας είναι οικουμενικός, είναι ο ίδιος στη γη όπως και στον ήλιο – και σε όλα τα αντικείμενα στο διάστημα. Ο ήλιος έλκει βαρυτικά τη γη και τους άλλους ηλιακούς πλανήτες και τους κρατά σε τροχιά γύρω του. Η γη ασκεί βαρυτική έλξη στη σελήνη. Η έλξη που ασκεί η γη πάνω στα σώματα που βρίσκονται στην επιφάνειά της είναι η ίδια με την έλξη που ασκεί στη σελήνη. Η μόνη διαφορά είναι ότι το βαρυτικό αποτέλεσμα της έλξης της γης πάνω στη σελήνη είναι μειωμένο κατά το τετράγωνο της απόστασης μεταξύ της σελήνης και του πυρήνα της γης.

Η μάζα και των δύο αντικειμένων και η απόσταση μεταξύ τους καθορίζει τη δύναμη με την οποία έλκονται βαρυτικά. Η βαρύτητα δεν είναι μια μονόπλευρη έλξη, αλλά η έλξη μεταξύ δύο σωμάτων. Παρακολουθήστε αυτήν την αναλογία. Θα καταλήξει σε μια όμορφη πνευματική κατανόηση.

Φανταστείτε για παράδειγμα ότι εδώ υπάρχουν δύο σώματα. Έλκετε το ένα κι έρχεται προς εσάς, αλλά αν αυτό το σώμα τραβιέται μακριά σας με μια δύναμη ίση με τη δύναμη της δικής σας έλξης, τότε υπάρχει ισορροπία. Η σελήνη, με τη φυγόκεντρη δύναμη, τραβιέται μακριά από τη γη· η βαρυτική έλξη της γης προς τη σελήνη όμως κρατά ισορροπία. Είναι προφανές ότι η ίδια δύναμη της βαρύτητας έχει ισορροπήσει ολόκληρο το σύμπαν, ώστε η έλξη που ασκείται από κάθε αντικείμενο σε κάθε άλλο να διατηρείται σε ισορροπία· αλλιώς όλα τα αντικείμενα θα διασκορπίζονταν στο άπειρο διάστημα. Από την άλλη μεριά, αν η βαρύτητα ήταν η μοναδική δύναμη που λειτουργούσε στο σύμπαν, τα πάντα θα είχαν συγχωνευθεί σε μία υλική μάζα.

Οι Δυνάμεις του Θεού της Έλξης και της Απώθησης σε Λειτουργία στη Συμπαντική Δημιουργία

Με ένα γιγαντιαίο τηλεσκόπιο, 6.000 αστέρια έγιναν ορατά σ' ένα μικρό τμήμα του διαστήματος· και παρ' όλο που φαίνονταν σαν μικρά στίγματα στον ουρανό, τα περισσότερα απ' αυτά είναι 100 φορές μεγαλύτερα από τον ήλιο! Σκεφτείτε πόσο τεράστιος είναι ο Θεός, που ολόκληρο το σύμπαν περιέχεται σ' ένα μικρό μονάχα κομματάκι της ύπαρξής Του! Ο Κύριος φαίνεται ότι διασκεδάζει πολύ παίζοντας μ' αυτά τα μάρμαρα του ουρανού.

Η δημιουργία πλάστηκε με τη δύναμη της απώθησης, με την οποία ο Θεός έβγαλε από τον Εαυτό Του τις δημιουργικές δυνάμεις Του. Μ' αυτή τη ρέουσα προς τα έξω δημιουργική δύναμη, ο Θεός απωθεί εμάς και τον κόσμο της ύλης μακριά απ' Αυτόν, όμως συγχρόνως έχει ενσταλάξει στη δημιουργία Του τη δύναμη της έλξης Του για να μας τραβήξει πίσω, μέσα στον Εαυτό Του – η οποία είναι πολύ μεγαλύτερη. Αν ο Θεός δεν μας τραβούσε προς Αυτόν, θα ήμαστε εντελώς παραπεταμένοι μέσα στην ύλη για ατελείωτες ενσαρκώσεις.

Από τη μελέτη της θεογονίας μαθαίνουμε ότι πολλοί αρχαίοι πολιτισμοί απέδωσαν την αρχή της δημιουργίας στην κατάβαση θεών ή ουράνιων δημιουργικών δυνάμεων. Οι αρχαίοι Ζωροάστρες για παράδειγμα πίστευαν στους θεούς Ορμούζντ (Ormuzd) (ή Ahura Mazda) και Αριμάν (Ahriman), οι οποίοι εξελίχθηκαν από την αρχέγονη ύλη και ήταν οι δύο θεότητες που δημιούργησαν αντίστοιχα το καλό και το κακό. Η προέλευση του υλικού κόσμου απεικονίζεται στην αιγυπτιακή αντίληψη από ένα συμπαντικό αυγό, που φτιάχτηκε από τον Θεό Πταχ (Ptah), από το οποίο πηγάζει η δημιουργία.

Σύμφωνα με την ινδουιστική πίστη, ο Μπραχμά[4] είναι η αιώνια αυθύπαρκτη Οντότητα –το Πνεύμα, το Αμετάβλητο Απόλυτο– το Οποίο εκτυλίσσεται σε δημιουργία, συμπυκνώνοντας ένα πεπερασμένο μέρος της συνειδητότητάς Του σε αιτιατά, αστρικά και υλικά αντικείμενα μέσω των διαβαθμίσεων των λεπτοφυών δονητικών στοιχείων του αιθέρα, του αέρα, της φωτιάς, του νερού και της γης. Η συνειδητότητα του Πνεύματος ως ενυπάρχοντος στη δημιουργία ως ο Δημιουργός είναι η παγκόσμια Ψυχή από την οποία προήλθαν όλες οι ψυχές. Απ' αυτόν τον Μπραχμά, την υπερβατική, πάντα υπάρχουσα Νοημοσύνη, εκπορεύεται μια ιεραρχία από ατομικές δημιουργικές νοημοσύνες. Στο δόγμα της Σανκυά σχετικά με την εξέλιξη της ύλης, παρακολουθούμε την αλυσίδα των αιτίων πίσω, στην πρωταρχική δημιουργική νοημοσύνη, την απεριόριστη, αιώνια, Αρχέγονη Φύση ή Μαχά Πρακρίτι. Απ' αυτήν την πρωταρχική νοημοσύνη ή αλλιώς Αρχική Φύση προήλθαν όλες οι υπάρξεις και σ' αυτήν θα επιστρέψουν.[5] Αυτή η αρχέγονη

---

[4] Η Σανσκριτική απόδοση της λέξης *Μπραχμά (Brahma)* μ' ένα βραχύ *a* στο τέλος, όπως σ' αυτό το κείμενο, υποδηλώνει τη Δημιουργική Συνειδητότητα του Θεού που περιλαμβάνει τα πάντα, και όχι την περιοριστική σύλληψη του προσωπικού «Μπραχμά του Δημιουργού» της τριάδας Μπραχμά-Βισνού-Σίβα (όπου αποδίδεται με ένα μακρό *ā* στο τέλος, *Brahmā*). Βλ. *Μπραχμά-Βισνού-Σίβα* και *Μπράχμαν* στο γλωσσάριο.

[5] «Είμαι η Πηγή των πάντων: από Μένα αναδύεται όλη η δημιουργία. Μ' αυτή τη συνειδητοποίηση οι σοφοί, γεμάτοι δέος, Με λατρεύουν» (Μπάγκαβαντ Γκίτα X:8). «Στο τέλος ενός κύκλου *(κάλπα)*, ω Αρτζούνα, όλα τα όντα επιστρέφουν στην ανεκδήλωτη κατάσταση της Συμπαντικής Μου Φύσης (της Πρακρίτι). Στην αρχή του επόμενου κύκλου, πάλι τα εμφανίζω. Αναζωογονώντας την Πρακρίτι, τη δική Μου εκπόρευση, πάλι και πάλι παράγω αυτό το πλήθος των πλασμάτων, όλα εκ των οποίων υπόκεινται στους πεπερασμένους νόμους της Φύσης». (Μπάγκαβαντ Γκίτα IX: 7-8.)

δημιουργική Φύση είναι προικισμένη με τη δική της βούληση για να φέρει σε πέρας την ανάπτυξη της δημιουργίας. Η πρώτη εκπόρευση απ' αυτήν, ως Φύση που Πλάθει, περιείχε την πρωταρχική Ψυχή ή θεότητα, τον Πρατζαπάτι, από τον οποίο προήλθαν όλες οι ατομικές ψυχές – τα πρώτα υλικά πλάσματα ονομάζονταν Σουαγιαμπούβα Μάνου («άνθρωπος γεννημένος από τον Δημιουργό») και Σαταρούπα («που έχει εκατό όψεις ή μορφές»), όπως ο Αδάμ και η Εύα είναι συμβολικά οι πρώτοι άνθρωποι στην ιουδαϊκή και τη χριστιανική παράδοση.

Αν και η ινδουιστική σύλληψη αναφέρεται στις δημιουργικές νοημοσύνες ως θεότητες, αυτές δεν είναι κατανοητές ως τίποτα άλλο από εξατομικευμένες όψεις του ενός Πνεύματος. Ο Θεός μετατρέπει τον Εαυτό Του σ' αυτές τις νοημοσύνες και μετά σε ύλη και ανθρώπινα πλάσματα, όπως και η δική μας νοημοσύνη μπορεί να μετατρέψει τον εαυτό της σε μια ονειρική χώρα μέσα στην οποία μπορούμε να βλέπουμε και να βιώνουμε τα πάντα σαν να ήταν πραγματικά – ανθρώπους, τοπία της γης, φυτά, ζώα και ούτω κάθε εξής. Όταν όμως ξυπνάμε, βλέπουμε ότι όλα είχαν δημιουργηθεί από μία μόνο συνειδητότητα που ονειρευόταν.

Η μαγική δύναμη με την οποία ο Θεός διαφοροποιεί την άπειρη συνειδητότητά Του σε πεπερασμένες ονειρικές εικόνες και τους δίνει μια ονειρική πραγματικότητα λέγεται *μάγια*, συμπαντική αυταπάτη. Υπάρχει μια βαρυτική έλξη μεταξύ του Θεού και της *μάγια* και του ανθρώπου. Ο Θεός έλκει τον άνθρωπο, αλλά τον άνθρωπο τον έλκει και η *μάγια*, και ο άνθρωπος είναι ελεύθερος να κινηθεί προς οποιοδήποτε μέρος. Ο Θεός και ο άνθρωπος, ο Θεός και η συμπαντική αυταπάτη, όλοι έλκουν ο ένας τον άλλον. Ο Θεός έλκει τη δημιουργία, συμπεριλαμβανομένου και του ανθρώπου, προς Αυτόν· και ο υλιστικός άνθρωπος και η φύση απωθούνται μακριά από τον Θεό. Οτιδήποτε ασκεί μια βαρυτική έλξη προς τον Θεό είναι «καλό». Οτιδήποτε απωθεί τα πλάσματα από τον Θεό είναι «φαύλο». Όταν δεν κυριαρχεί ούτε το καλό ούτε το φαύλο, υπάρχει ένα είδος ισορροπίας. Μερικές φορές όμως η ισορροπία χάνεται, όπως γίνεται όταν ο άνθρωπος στρέφεται προς το φαύλο και απωθείται μακριά από τον Θεό, με συνέπεια να νιώθει όλο και λιγότερη έλξη προς Αυτόν. Ωστόσο κανείς δεν μπορεί να αποκοπεί εντελώς από τον Θεό. Η ισχυρότερη βαρύτητα του Θεού σταδιακά θα

Η θεωρία του «Μπιγκ Μπανγκ» της σύγχρονης επιστήμης έχει έναν ενδιαφέροντα παραλληλισμό με την ινδουιστική κοσμολογία.

τραβήξει την ψυχή πάλι πίσω σ' Αυτόν, αν και μπορεί να χρειαστούν αναρίθμητες μετενσαρκώσεις για να γίνει αυτό.

Όταν ρίχνετε ένα βέλος, φεύγει με τη δική του δύναμη, μέχρι που αυτή η δύναμη δαπανάται και η βαρύτητα το κάνει να πέσει κάτω, στο έδαφος. Με τον ίδιο τρόπο, ο Θεός μάς έλκει προς Αυτόν· και οι επιθυμίες μας είναι η δύναμη που μας κάνει να απομακρυνόμαστε απ' Αυτόν, πορευόμενοι από τη μία ενσάρκωση στην άλλη. Η βαρύτητα του Θεού φαίνεται να μας έχει απογοητεύσει, αλλά συνεχώς μας έλκει προς μια αναπόφευκτη επιστροφή σ' Εκείνον. Όταν οι επιθυμίες μας θα έχουν εξαντληθεί, τότε θα τραβηχτούμε πάλι προς τον Θεό με τη δύναμη της βαρύτητάς Του.

Πώς οι Σκέψεις του Θεού Εξελίσσονται σε Ύλη

Η σκέψη είναι η πιο ευέλικτη απ' όλες τις δυνάμεις επειδή είναι η πιο λεπτοφυής δόνηση συνειδητότητας. Μπορείτε να διαιρέσετε τις σκέψεις σε ολοένα και μικρότερες μονάδες, αλλά δεν θα μπορέσετε ποτέ να φτάσετε σ' ένα τέλος. Αντίστροφα, μπορείτε να αυξήσετε σε μέγεθος τη νοητική σύλληψη της γης, για παράδειγμα, επεκτείνοντάς την ως την αιωνιότητα, και πάλι δεν θα μπορέσετε να εξαντλήσετε το άπειρο. Έτσι, η πρώτη έκφραση δημιουργίας από τον Θεό είναι δονητική συνειδητότητα – σκεπτρόνια ή μικρές μονάδες σκέψης. Αυτές οι πρώτες σκέψεις έγιναν θετικές και αρνητικές, γιατί δεν μπορεί να υπάρξει δημιουργία χωρίς δυαδικότητα. Χωρίς καλό και κακό, φως και σκιές, θα παρέμενε μόνο η αδιαφοροποίητη συνειδητότητα του Θεού.

Ο Θεός λοιπόν προέβαλε από τον Εαυτό Του μονάδες θετικών και αρνητικών σκέψεων από τις οποίες δημιουργήθηκαν τα πάντα, όπως ένα όνειρο δημιουργείται από μονάδες σκέψης. Πρώτα δημιουργήθηκε ένας κόσμος ιδεών: το αιτιατό σύμπαν. Μετά αυτές οι μονάδες σκέψης έγιναν ζωητρόνια, η ουσία ενός αστρικού κόσμου από δυνάμεις πιο λεπτοφυείς από τις πυρηνικές.[6] Ύστερα τα ζωητρόνια συμπυκνώθηκαν σε υλική δημιουργία, η οποία αποτελείται από θετικά και αρνητικά πρωτόνια και ηλεκτρόνια, άτομα, μόρια, κύτταρα κλπ. Η πυρηνική φυσική απέδειξε ότι όλα τα πράγματα στο υλικό σύμπαν είναι φτιαγμένα από άτομα που ποικίλουν σε βάρος, πυκνότητα, δύναμη, μέγεθος και δομή και περιέχουν μέσα τους τις απαραίτητες ιδιότητες ώστε να διαμορφωθεί

---

[6] Βλ. *αστρικός κόσμος* και *αιτιατός κόσμος* στο γλωσσάριο.

η άπειρη ποικιλία της ύλης και της ζωής. Ωστόσο η επιστήμη πρέπει να προχωρήσει κι άλλο και να αναγνωρίσει τη ζωητρονική δύναμη και σκεπτρονική νοημοσύνη πίσω από τα πυρηνικά δομικά υλικά, οι οποίες –σύμφωνα με τους συμπαντικούς νόμους του Θεού τους οποίους χειρίζεται η Μαχά Πρακρίτι, η Αρχέγονη Φύση– τα συνδυάζουν για να παράγουν μορφές ορυκτών, βλάστησης, ζώων και ανθρώπων.

Η Εξέλιξη και το Αντίθετο: Η Ενέλιξη [7]

Όταν ο Θεός είδε ότι είχε πλάσει αυτά τα στοιχεία της δημιουργίας από τον Εαυτό Του –από τις πιο λεπτοφυείς ως τις πιο χονδροειδείς μορφές– άρχισε η διαδικασία της ενέλιξης. Από τη σκοπιά του θέματός μας σήμερα, σκεφτείτε την εξέλιξη ως την απομάκρυνση από τον Θεό και την ενέλιξη ως την επιστροφή στον Θεό. Για κάθε διαδικασία εξέλιξης υπάρχει μια διαδικασία ενέλιξης. Όταν οι δημιουργικές σκέψεις του Θεού προσέλαβαν την πιο χονδροειδή μορφή τους στην ύλη, άρχισε η ενέλιξή τους. Η διαδικασία της ενέλιξης προχωρά συνεχώς. Η ονειρευόμενη συνειδητότητα του Θεού εκδηλώνεται πρώτα στις πέτρες ή αδρανή ορυκτά. Μετά αρχίζει να αναδεύεται στην ευαισθησία των φυτών, αλλά δεν έχει επίγνωσή της. Ακολουθούν όλες οι μορφές αισθαντικής ζωής στο ζωικό βασίλειο. Η έμφυτη ζωτικότητα και συνειδητότητα βρίσκει τότε έκφραση στον άνθρωπο, με την ανώτερη νοήμονα δύναμή του να διαθέτει λογική και να διακρίνει. Και τελικά το υπερσυνείδητο του Θεού αντανακλάται πλήρως στον υπεράνθρωπο. Μ' αυτόν τον τρόπο απομακρύνεται η δημιουργία από τον Θεό και μετά ξαναγυρίζει σ' Αυτόν. Ο Θεός θα απελευθερώσει τελικά όχι μόνο τον άνθρωπο, αλλά και τους πλανήτες, τη γη, τα αστέρια – όλα όσα εργάστηκαν πολύ για δισεκατομμύρια χρόνια για να παράσχουν ένα σκηνικό για το συμπαντικό ονειρικό θεατρικό έργο.

Η επιστροφή στον Θεό μέσω της ενελικτικής πορείας της Φύσης είναι μια πολύ αργή διαδικασία. Ο άνθρωπος όμως που έχει την ικανότητα της διάκρισης ρωτά τελικά: «Γιατί να περιμένω εκατομμύρια χρόνια μέχρι να επιστρέψω στον Θεό;». Σκέφτεται ότι ούτως ή άλλως δεν ζήτησε να γεννηθεί – ότι ο Θεός τον δημιούργησε χωρίς την άδειά του και επομένως πρέπει να τον απελευθερώσει. Αρνείται να περιμένει άλλο. Όταν έρθει αυτή η επιθυμία, ο άνθρωπος έχει κάνει την πρώτη

---

[7] Από το αρχαίο ρήμα «ενελίσσω» ή «ενειλίσσω». (Σημ. του μεταφραστή)

καθοριστική στροφή προς τον Θεό.

Όταν θέλετε αληθινά να απελευθερωθείτε απ' αυτό το γήινο όνειρο, δεν υπάρχει καμία δύναμη που να μπορεί να σας σταματήσει από την επίτευξη της λύτρωσης. Ποτέ μην αμφιβάλλετε γι' αυτό! Η σωτηρία σας δεν χρειάζεται να αποκτηθεί – είναι ήδη δική σας, γιατί είστε φτιαγμένοι κατ' εικόνα του Θεού· αλλά πρέπει να το ξέρετε αυτό. Το έχετε ξεχάσει. Το ελάφι μόσχος ο μοσχοφόρος ψάχνει ξέφρενα το άρωμά του παντού, και στη μανιώδη έρευνά του γλιστρά στον γκρεμό και σκοτώνεται. Αν το ανόητο ελάφι είχε στρέψει τη μύτη του στον μάρσιππο μέσα του, θα έβρισκε αυτό που ζητούσε. Παρόμοια, κι εμείς, το μόνο που χρειάζεται να κάνουμε είναι να στραφούμε μέσα στον εαυτό μας για να βρούμε την τελική απελευθέρωση, συνειδητοποιώντας ότι ο πραγματικός Εαυτός μας, η ψυχή, είναι φτιαγμένος κατ' εικόνα του Θεού.

Εκδηλώνοντας τις Θεϊκές Ιδιότητες Που Είναι Εγγενείς στα Πέντε Στάδια της Επιστροφής της Ψυχής στον Θεό

Ο άνθρωπος εξελίσσεται εδώ και αιώνες. Για να επισπεύσει την εξέλιξή του –την ενέλιξή του πίσω στον Θεό– πρέπει να προσπαθήσει να επιταχύνει τη διαδικασία της φυσικής εξέλιξης. Αυτό το κάνει εξωτερικά για να βελτιώσει την υλική του υπόσταση. Για παράδειγμα, ο άνθρωπος δημιουργήθηκε από τη φύση έτσι ώστε να χρησιμοποιεί τα πόδια του για να μετακινείται. Η διαδικασία ήταν πολύ αργή και πολύ περιορισμένη για μεγάλες αποστάσεις, κι έτσι χρησιμοποίησε ζώα για να μεταφέρεται μ' αυτά. Μετά εφηύρε το αυτοκίνητο, το αεροπλάνο και ούτω καθ' εξής. Γιατί λοιπόν να μην επιταχύνουμε παρόμοια και την εξέλιξη της ψυχής μας; Η ψυχή του ανθρώπου πρέπει ανεβαίνοντας να περάσει μέσα από τις πέντε καταστάσεις ή πέντε στάδια που περιγράφηκαν προηγουμένως πριν φτάσει στον Θεό: του ορυκτού, του φυτού, του ζώου, του ανθρώπου και του υπερανθρώπου. Πρέπει να συσσωρεύσει μέσα του τις θεϊκές ιδιότητες που είναι εγγενείς σε κάθε στάδιο.

1. Πρέπει να είναι διάφανος σαν τους πολύτιμους λίθους, χωρίς κηλίδες ελαττωματικής αντίληψης. Πρέπει να αναπτύξει κρυστάλλινο χαρακτήρα σαν αυτούς, απομακρύνοντας τις νοητικές ατέλειες της αλλιώς απαστράπτουσας νοοτροπίας του. Η σκέψη του και η αντίληψή του θα πρέπει να έχουν την καθαρότητα των πολύτιμων λίθων ώστε να αντανακλούν χωρίς

διαστρέβλωση τον Θεϊκό Νου. Αυτό σημαίνει ότι οι αισθητήριες αντιλήψεις του πρέπει να είναι αγνές. Η κατάχρηση ή η υπερβολική ικανοποίηση οποιασδήποτε αίσθησης δημιουργεί αδυναμίες. Αν όμως ο πολύτιμος λίθος της αισθαντικής νοητικής ικανότητας κάποιου είναι άψογη, τότε αυτός αναπτύσσει πνευματική ευαισθησία.

2. Ο άνθρωπος που προοδεύει πνευματικά είναι συνειδητά ευαίσθητος ως προς τη ζωή και το περιβάλλον του, όπως η ευαίσθητη αντίδραση των φυτών στο περιβάλλον τους. Όπως όμως η ευαισθησία των φυτών απεχθάνεται τη σκληρότητα, το πνευματικά ευαίσθητο ον αποφεύγει την τραχύτητα των υλικών αντικειμένων και έλκεται βαρυτικά προς τον Θεό, όπως τα φυτά στρέφονται προς τον ήλιο.

3. Μετά έρχεται η ζωτικότητα των ζώων. Αν και μπορεί να έχουν πολύ μεγάλη ισχύ και δύναμη θέλησης, δεν ξέρουν πώς να χρησιμοποιήσουν έξυπνα αυτές τις ενέργειες. Ο άνθρωπος που προοδεύει πρέπει να είναι γεμάτος σφρίγος σαν τα ζώα, να μη χρησιμοποιεί όμως τη δυνατή θέληση των ζώων για ακόρεστους σκοπούς αλλά για να κυβερνά τις δραστηριότητές του με αυτοέλεγχο και να κυριαρχεί πάνω στη ζωική δύναμη. Όταν η ζωτική δύναμη χρησιμοποιείται πάντα για κάτι καλό ή άξιο και δεν διασκορπίζεται με κακές συνήθειες ή με κατάχρηση του σεξ, τότε ο άνθρωπος βαδίζει προς τον Θεό. Μόλις όμως ενδώσει σε ζωώδη ένστικτα, χωρίς να χρησιμοποιεί τη διάκρισή του, βαδίζει προς την ύλη. Αυτό είναι που βλέπουμε να συμβαίνει παντού. Ο γιόγκι, από την άλλη μεριά, μαθαίνει να χρησιμοποιεί τη ζωτικότητα και τη θέληση με σοφία. Δεν είναι αδύναμος. Αποκτά πλήρη αυτοέλεγχο. Γνωρίζει πώς να χαλαρώνει και να στρέφει τους προβολείς της ζωτικότητας μέσα του για να αποκαλύψει την παρουσία του Πνεύματος. Η αντιστροφή της ζωικής δύναμης από την ύλη στο Πνεύμα λέγεται *πραναγιάμα*. Με την απόσυρση του ζωικού ρεύματος από τον εξωτερικό κόσμο μέσω της *Κρίγια Γιόγκα*, η συνειδητότητα αρχίζει να αφυπνίζεται εσωτερικά στην ανώτερη φύση της, στον Θεό.

4. Μ' αυτούς τους τρόπους ο λογικός άνθρωπος γίνεται ένα ον που στοχάζεται και διακρίνει, αναπτύσσοντας συνεχώς τη δύναμή του να σκέφτεται και να επιχειρηματολογεί με

καθαρότητα. Αναπτύσσει ανόθευτη λογική ή διάκριση, η οποία λογικά δεν είναι πια αναμεμειγμένη με αμφιβολία ή παρανόηση. Μαθαίνει να συζητά με σοφούς ανθρώπους και να καταλαβαίνει τις αλήθειες που διατυπώνουν και με τις οποίες παραδειγματίζουν τους άλλους.

Αν συζητάτε με ανθρώπους που βρίσκονται πάντα σε αμφιβολία και σύγχυση –και ιδίως αν η δική σας συνειδητότητα δεν είναι ακόμα σταθερή μέσω αληθινής κατανόησης– ο εγκέφαλός σας θα μολυνθεί κι αυτός από την αμφιβολία και τη σύγχυση. Υπάρχουν πάρα πολλοί άνθρωποι που προσπαθούν να πείσουν τους άλλους μέσω αντιπαράθεσης, αλλά τους αφήνω αμέσως να έχουν την αίσθηση ότι νίκησαν. Είναι ανώφελο να μιλώ μαζί τους. «Οι ανόητοι διαπληκτίζονται, οι σοφοί συζητούν». Όταν συζητούσαμε με τον Δάσκαλο [τον Σουάμι Σρι Γιουκτέσβαρ], ήταν μια επικοινωνία στηριγμένη στην ανόθευτη λογική και ευλογημένη από τη σοφία του. Οι Δάσκαλοι εμμένουν στην αλήθεια, όχι στις θεωρίες. Οι περισσότεροι άνθρωποι όμως είναι υποδουλωμένοι στα συναισθήματά τους και περιορισμένοι στις δικές τους απόψεις. Αν δύο άνθρωποι θέλουν πραγματικά να βρουν την αλήθεια, μπορούν να συμφωνήσουν πολύ γρήγορα.

Μπορείτε να φτάσετε στον Θεό και στην αλήθεια μόνον αναπτύσσοντας και ανόθευτη λογική και ανόθευτο συναίσθημα. Στον συνηθισμένο άντρα κυριαρχεί η λογική και το συναίσθημα είναι κρυμμένο· στη μέση γυναίκα κυριαρχεί το συναίσθημα και η λογική είναι κρυμμένη. Αν διακατέχεστε από υπερβολικό συναίσθημα, αυτό γίνεται συναισθηματισμός και θα σας οδηγήσει στα δίχτυα της ύλης· και η υπερβολική λογική γίνεται εκλογίκευση, η οποία επίσης σας οδηγεί στην απατηλή ύλη. Όταν εξισορροπήσετε τη λογική και το συναίσθημα με τον διαλογισμό, θα οδηγηθείτε στον Θεό και σε αντιλήψεις αλήθειας. Με μια αλληλεπίδραση αυτών των ιδιοτήτων, ο άντρας και η γυναίκα μπορούν να βοηθήσουν ο ένας τον άλλον στην εξισορρόπηση της ανόθευτης λογικής και του ανόθευτου συναισθήματος, βοηθώντας έτσι ο ένας τον άλλον στην πορεία προς την ένωση με τον Θεό. Ο γάμος όμως δεν είναι ο μόνος τρόπος. Με επιτυχημένο διαλογισμό ο άνθρωπος βρίσκει την ισορροπία μέσα στον εαυτό του, γιατί αυτή υπάρχει ήδη εκεί, κρυμμένη μέσα στην ψυχή.

5. Αφού αναπτύξετε την ισορροπημένη λογική και το ισορροπημένο συναίσθημα του σταδίου της διάκρισης, πρέπει να επιτευχθεί το τελευταίο στάδιο της ενέλιξης: η ανόθευτη διαίσθηση και η πανταχού παρουσία του υπερανθρώπου. Προοδεύει διαισθητικά νιώθοντας την ψυχή του και το Πνεύμα. Τότε πρέπει να υψώσει πλήρως τη συνειδητότητά του πάνω από το σώμα και την ύλη, στην αρχική του κατάσταση της πανταχού παρουσίας. Η απελευθερωμένη ψυχή είναι για άλλη μια φορά πίσω μαζί με τον Θεό.

Μπορείτε να αναπτύξετε μέσα σας όλες αυτές τις πιο λεπτοφυείς ιδιότητες με τις οποίες ο Θεός πραγματοποιεί τη διαδικασία της μετατροπής της ύλης στην αρχική της κατάσταση, σε Πνεύμα. Μπορείτε να επισπεύσετε αυτή τη διαδικασία στο σώμα σας, διαποτίζοντάς το με πνευματικότητα μέσω του διαλογισμού και της *Κρίγια Γιόγκα*. Θα δείτε το σώμα σας να αλλάζει και να γίνεται μια μάζα φωτός, άτομα από συμπυκνωμένη ηλεκτρομαγνητική ενέργεια. Όταν έλκεστε βαρυτικά προς τον Θεό, συνειδητοποιείτε ότι αυτά τα λαμπερά άτομα δεν είναι τίποτα άλλο από δονητικές σκέψεις του Θεού – η συμπυκνωμένη συνειδητότητα του Πνεύματος.

Τα Μονοπάτια της Γνώσης, της Αφοσίωσης και της Δράσης

Από τα διαφορετικά καθορισμένα μονοπάτια που οδηγούν στον Θεό, θα σας δείξω πώς εφαρμόζεται ο νόμος της πνευματικής βαρύτητας σ' αυτά της γνώσης, της αφοσίωσης και της δράσης. Ανάλογα με τον τρόπο με τον οποίο εφαρμόζετε τις αρχές αυτών των μονοπατιών, έλκεστε είτε προς το Πνεύμα είτε προς την ύλη.

Το μονοπάτι της γνώσης ή λογικής. Αν κινείστε με γνώμονα τη θεωρητική γνώση, θα γίνετε ένα γραμμόφωνο που περπατά, ικανό να επαναλαμβάνει ευγενείς φράσεις και να θεωρείται μορφωμένο ον, αλλά η γνώση σας δεν θα υποστηρίζεται από τη δική σας συνειδητοποίηση ή τα δικά σας πνευματικά επιτεύγματα. Αυτή η νοοτροπία του «διανοούμενου» κρατά το εγώ δεμένο με τις υλικές ικανότητες του νου και στον δεσμό του με την ύλη. Η θεωρητική γνώση δεν μπορεί να σας δώσει συνειδητοποίηση του Θεού. Γι' αυτό μη χάνετε τον χρόνο σας με υπερβολική θεωρία. Αυτοί που το κάνουν χάνονται στη ζούγκλα της λογικής και ποτέ δεν φτάνουν πέρα από τις σκέτες θεωρίες. Με τη διαδικασία της υπερβολικής λογικής, ποτέ δεν αντιλαμβάνονται την αλήθεια, γιατί η αλήθεια είναι πέρα από τη λογική. Οι περισσότεροι διανοούμενοι περιορίζονται έτσι από τα δικά τους συμπεράσματα.

Αν χρησιμοποιείτε τη δύναμη της λογικής σας μόνο για να βγάλετε χρήματα και για υλικά κέρδη, πάλι θα προσελκυστείτε βαρυτικά προς την ύλη.

Γι' αυτό οι Δάσκαλοι λένε: Μη χρησιμοποιείτε τη λογική που σας έδωσε ο Θεός για να μπερδεύεστε ολοένα και περισσότερο στον λαβύρινθο της ύλης και στους εγωιστικούς περιορισμούς της διανόησης· με τη δύναμη της διάκρισης, να μελετάτε και να εφαρμόζετε την αλήθεια μέχρι να γίνει δική σας διαισθητική συνειδητοποίηση. Όταν αναπτύξετε τη διαίσθησή σας θα νιώσετε την παρουσία του Θεού και την παντογνωσία Του μέσα σας. Αυτό λέγεται εσωτεριστική λογική ή *Γκιάνα Γιόγκα*.

Το μονοπάτι της αφοσίωσης. Αν έχετε ανόθευτη αφοσίωση, θα νιώσετε την έλξη του Θεού και θα Τον βρείτε. Και σ' αυτό όμως το μονοπάτι υπάρχουν δύο πόλοι, δύο δυνάμεις που σας έλκουν – η αφοσίωση στον Θεό και η αφοσίωση στην ύλη. Ακόμα και ο θάνατος προσπαθεί να μας θυμίσει ότι είναι ανόητο να μπαίνουμε σε πειρασμό από την ύλη. Ο τσιγκούνης είναι αφοσιωμένος σε υλικά αντικείμενα και παραμένει προσκολλημένος σ' αυτά μέχρι το τέλος, αν και τελικά θα πρέπει να τα αφήσει όλα πίσω του. Κι όμως, μέχρι την τελευταία του ανάσα, είναι τόσο αφοσιωμένος στα υλικά αντικείμενα, όσο αφοσιωμένος είναι ο γιόγκι στον Θεό. Ο γιόγκι όμως σκέφτεται: «Η ύλη είναι εξωτερική και η κατοχή αντικειμένων δεν διαρκεί πολύ. Γιατί να επικεντρωθώ σε μικρά προσωρινά αντικείμενα και να αποκλείσω την αιωνιότητα; Μονάχα με την αφοσίωση στον Θεό και μόνο σ' Αυτόν θα βρω παντοτινή πληρότητα».

Η συνειδητότητα του εγκόσμιου ανθρώπου είναι περιορισμένη· είναι αφοσιωμένος στο σώμα του, στο περιβάλλον του και στην οικογένειά του. Η προσκόλλησή του λέει: «Εμείς οι τρεις κι άλλος κανείς». Θα έπρεπε αντίθετα να χρησιμοποιεί αυτή την οικογενειακή στοργή σαν μάθημα για να διευρύνει την αγάπη του. Μόλις πάψετε να αγαπάτε μόνο την οικογένειά σας, αλλά προσφέρετε αυτήν την αγάπη σε όλους, βαδίζετε προς τον Θεό. Γι' αυτό είπε ο Ιησούς: «Να αγαπήσεις τον πλησίον σου όπως τον εαυτό σου». Το να νιώθετε για όλους τη στοργή που νιώθετε για την οικογένειά σας, το να αγαπάτε τον κόσμο με την ίδια αγάπη που τρέφετε για τον εαυτό σας και την οικογένειά σας, είναι βαρυτική έλξη προς τον Θεό. Μειώστε τη συνειδητότητα της οικογένειας, της ιδιοκτησίας και όλων των υλικών προσκολλήσεων και αρχίστε να εκφράζετε πάλι την πανταχού παρουσία που χάσατε.

Αγαπώντας τον Θεό, μη χάσετε την αφοσίωσή σας μέσα σε συναισθηματισμό. Αυτό συμβαίνει μερικές φορές στο μονοπάτι της αφοσίωσης. Εξεπλάγην όταν βρήκα «ιερούς ακροβάτες» σ' αυτή τη χώρα. Αυτό άρχισε με κάποια δόγματα στην Ινδία. Όταν όμως η αφοσίωση εκφράζεται με σωματικές παθιασμένες κινήσεις, η ανόθευτη ιδιότητα της αγάπης χάνεται στην εξωτερική κατανάλωση της ζωικής ενέργειας στους μυς. Όταν το σώμα και ο νους έλκονται βαρυτικά προς τον Θεό, ηρεμούν και ησυχάζουν. Η συνειδητότητα και η ζωική δύναμη εσωτερικεύονται όταν κάποιος μέσα του είναι με τον Θεό. Η αληθινή αφοσίωση είναι σαν ένα βαρίδι που βουλιάζει στον πάτο της θάλασσας της αντίληψης του Θεού. Αυτή είναι η *Μπάκτι Γιόγκα*.

Το μονοπάτι της δράσης. Κάποιοι άνθρωποι έχουν μια φυσική τάση να είναι δραστήριοι· τους αρέσει πολύ η κινητικότητα της εργασίας και της προσφοράς. Αν εργάζεστε για τον εαυτό σας, έλκεστε προς την ύλη. Αν όμως εργάζεστε με τη σκέψη ότι κάνετε τα πάντα για τον Θεό, έλκεστε προς τον Θεό. Όταν η δραστηριότητά σας επικεντρώνεται μόνο σε υλικές απολαβές για τον εαυτό σας και τους αγαπημένους σας ή σε οποιαδήποτε δραστηριότητα με ιδιοτελή σκοπό, βαδίζετε μακριά από τον Θεό. Οι περισσότεροι άνθρωποι αναλώνουν τις ενέργειές τους στις προσκολλήσεις τους και στις επιθυμίες τους για ολοένα και περισσότερα υλικά αποκτήματα. Όταν όμως η δραστήρια ενέργειά σας χρησιμοποιείται για να βρείτε τον Θεό, κινείστε προς Αυτόν. Βλέπετε πάλι αυτή τη συνεχή έλξη από τον Θεό και από την ύλη. Η μια πλευρά λέει να βγάλετε χρήματα για υλική ικανοποίηση και η άλλη πλευρά λέει να βρείτε ικανοποίηση αναζητώντας τον Θεό, υπηρετώντας τον Θεό και αποκτώντας χρήματα για να υποστηρίξετε το έργο του Θεού της εξύψωσης των άλλων πνευματικά, νοητικά και υλικά.

Όταν ενεργείτε με στόχο το υλικό κέρδος, ενδίδετε στη βαρυτική έλξη της ύλης. Όταν ενεργείτε για τον Θεό, είστε ενωμένοι με τη βαρυτική έλξη του Θεού. Αν η επιθυμία σας για υλικά πράγματα και η επιθυμία σας για τον Θεό είναι ισοδύναμες, θα είστε λίγο-πολύ σε ακινησία. Αν η επιθυμία σας για τον Θεό αυξηθεί, τότε η επιθυμία σας για υλικά πράγματα θα μειωθεί.

Η πνευματική δραστηριότητα που συνίσταται και σε διαλογισμό και σε εργασία με τη σκέψη ότι όλα όσα κάνετε είναι για τον Θεό

– αυτό είναι *Κάρμα Γιόγκα*. Όταν στον διαλογισμό νιώσετε την αιώνια μακαριότητα του Θεού, δεν θα νιώθετε πια δεμένοι με το σώμα και θα είστε γεμάτοι ενθουσιασμό να εργάζεστε για Εκείνον. Δεν γίνεται να αγαπάτε τον Θεό και να είστε τεμπέληδες. Αυτός που διαλογίζεται και αγαπά τον Θεό είναι πάντα δραστήριος γι' Αυτόν και τους άλλους.

Να Εργάζεστε για τον Θεό, να Αγαπάτε τον Θεό, να Γίνετε Σοφοί με τον Θεό και να Τον Συνειδητοποιήσετε Μέσω της *Κρίγια Γιόγκα*

Η αναζήτηση της ένωσης με τον Θεό μονάχα μέσω της σοφίας, μονάχα μέσω της αφοσίωσης, ή μονάχα μέσω της δράσης, είναι μονόπλευρη. Ο πολύ ανώτερος τρόπος είναι να πάρετε τον νου σας και τις ζωτικές δυνάμεις σας και όλες τις επιθυμίες σας και την αφοσίωση και τη σοφία και την προσφορά σας και να τις διαλύσετε όλες στον Θεό. Όταν με την *Κρίγια Γιόγκα* μπορείτε να αποσύρετε τη ζωική ενέργειά σας και τη συνειδητότητά σας από τις πέντε αισθήσεις, όταν μπορείτε να αποσύρετε τη ζωτικότητά σας από το σώμα και τον νου και να στρέψετε τον προβολέα της προσοχής σας στον Θεό, αυτός είναι ο πιο υπέροχος τρόπος για να φτάσετε στον Θεό. Με την *Κρίγια Γιόγκα* απομονώνετε τις αισθήσεις με τη θέλησή σας και παίρνετε τον νου σας και τη ζωή και τη ζωτικότητα και τις ευαισθησίες σας και βυθίζεστε στο Άπειρο. Ο άνθρωπος μέσα στον οποίο χορεύει το Βόρειο Σέλας του Πνεύματος –είτε υλικά διαθέτει πολλά είτε τίποτα– είναι η πραγματική ψυχή.

Επομένως η ευκολότερη και καλύτερη οδός προς τον Θεό δεν είναι ο περιορισμός μόνο στη *Γκιάνα Γιόγκα*, στη *Μπάκτι Γιόγκα*, ή στην *Κάρμα Γιόγκα*, αλλά ο συνδυασμός τους. Να εργάζεστε για τον Θεό, να αγαπάτε μόνο τον Θεό και να γίνετε σοφοί με τον Θεό. Χρησιμοποιήστε τη λογική σας, όχι για να γίνετε ένας φαντασμένος διανοούμενος, αλλά για να βρείτε τον Θεό – με το να έλκεστε βαρυτικά προς τη διαισθητική σοφία που αποκτάται με τον διαλογισμό και αποφεύγοντας τη θεωρητική γνώση και την υλιστική εκλογίκευση. Χρησιμοποιήστε την αφοσίωσή σας, όχι για εγκόσμιες προσκολλήσεις σε αντικείμενα ή ανθρώπους, αλλά για να βρείτε τον Θεό – απορροφημένοι από αφοσίωση και έκσταση με τον Θεό. Και σε καμία περίπτωση μην εργάζεστε για τον εαυτό σας, αλλά για τον Θεό και για να βοηθάτε τους άλλους. Το αποκορύφωμα όλων αυτών έγκειται στην πιστή τήρηση της άμεσης οδού προς τον Θεό μέσω της εξάσκησης στην *Κρίγια Γιόγκα* – ακούγοντας τον συμπαντικό ήχο *Ομ*,[8] τη φωνή του Θεού, ησυχάζοντας την καρδιά και την αναπνοή που σας έλκουν προς τη συνειδητότητα του σώματος, και βλέποντας το μεγαλειώδες φως Του της πανταχού παρουσίας.

Το προσκύνημα στην εκκλησία ή στον ναό είναι καλή συνήθεια εφόσον μάθετε, εμπνεόμενοι απ' αυτό, να εισέρχεστε στον δικό σας ναό του διαλογισμού και της έκστασης μέσα σας. Στις πιο βαθιές ώρες της νύχτας και στην ησυχία της αυγής, να μπαίνετε στον εσωτερικό σας καθεδρικό ναό και να μιλάτε στα ακροατήρια των σκέψεών σας, διεγείροντάς τες όλες να αφοσιωθούν στο Άπειρο. Και στο μεγαλοπρεπές όργανο του ναού σας της γαλήνης θα ακουστεί το μεγαλειώδες *Ομ*.

Ξεκινήστε από απόψε να διαλογίζεστε ένθερμα. Μην περιπλανιέστε άσκοπα. Πηγαίνετε κατ' ευθείαν στον Θεό. Έχετε κλείσει τις πύλες του Παραδείσου ελκόμενοι βαρυτικά προς την ύλη και το σώμα. Προσελκυστείτε βαρυτικά απ' Αυτόν, ο Οποίος σας έλκει συνεχώς. Πηγαίνετε πίσω στον Θεό. Να θυμάστε, το βασίλειο του Θεού είναι μέσα σας. Αν διαλογίζεστε και Τον αναζητάτε με σοφία, αφοσίωση και καλές πράξεις, σίγουρα θα Τον βρείτε.

---

[8] *Ομ*, Αμήν, είναι ο ήχος που διαποτίζει τα πάντα και αναδίδεται από το Άγιο Πνεύμα (την Αόρατη Συμπαντική Δόνηση· τον Θεό στην όψη Του του Δημιουργού)· η φωνή της δημιουργίας που μαρτυρά τη Θεϊκή Παρουσία μέσα σε κάθε άτομο και μόριο. Η εξάσκηση σε τεχνικές *πραναγιάμα*, όπως η *Κρίγια Γιόγκα*, προκαλεί μια κατάσταση βαθιάς ηρεμίας στην καρδιά, την αναπνοή και σε άλλες σωματικές λειτουργίες. Απελευθερωμένος από τους περισπασμούς της σωματικής συνειδητότητας, ο νους μπορεί εσωτερικά να αντιληφθεί και να κοινωνήσει με την παρουσία του Θεού ως *Ομ*. (Βλ. *Ομ* στο γλωσσάριο.)

Αποκτώντας Συντονισμό με την Πηγή της Επιτυχίας

Στον Ναό[1] του Self-Realization Fellowship στο Λος Άντζελες, Καλιφόρνια, 13 Ιανουαρίου 1935

Πολύ λίγοι συνειδητοποιούν ότι ο θεϊκός νόμος κυβερνά όλες τις πράξεις τους και καθορίζει τα αποτελέσματά τους. Έτσι, το πεπρωμένο κάθε ανθρώπου δεν είναι τυχαίο, αλλά είναι ανάλογο των αιτίων τα οποία ο ίδιος θέτει σε κίνηση. Με πνευματική συνειδητοποίηση μπορεί επιστημονικά, με αναδρομή στο παρελθόν, να εξακριβωθεί η συγκεκριμένη αιτία ή οι επαναλαμβανόμενες αιτίες που προκάλεσαν κάθε περίσταση της ζωής κάποιου. Επειδή όμως ο συνηθισμένος άνθρωπος δεν αντιλαμβάνεται τον τρόπο με τον οποίο ο νόμος της δράσης και της αντίδρασης κυβερνά τη ζωή του, πιστεύει ότι όσα του συμβαίνουν είναι κατά το μεγαλύτερο μέρος θέμα τύχης και μοίρας. Συχνά λέει: «Είμαι τυχερός», ή «Είμαι άτυχος». Δεν υπάρχει τύχη που να μην την έχει δημιουργήσει κάποιος, σ' αυτήν την ενσάρκωση ή σε προηγούμενες· και δεν υπάρχει καμιά κακή μοίρα, εκτός απ' αυτήν που «προκαθορίστηκε» από τις ίδιες τις πράξεις του εδώ, στο παρόν, ή παλιά στο παρελθόν – μερικές φορές πολλές ζωές πριν περάσει τις πύλες αυτής της ζωής. Αυτοί είναι οι δημιουργημένοι από τους ίδιους τους ανθρώπους λόγοι για τους οποίους κάποιοι γεννιούνται φτωχοί και κάποιοι πλούσιοι· κάποιοι υγιείς και κάποιοι φιλάσθενοι και ούτω κάθε εξής. Αλλιώς πού είναι η δικαιοσύνη του Θεού, αν έφτιαξε όλα τα παιδιά Του ίσα και μετά άφησε κάποια να ζουν σε ευνοϊκές συνθήκες και άλλα σε δυσμενείς;

Ο νόμος της αιτίας και του αποτελέσματος που κυβερνά τη ζωή μας είναι αυτό που ονομάζουμε *κάρμα*. *Κάρμα* σημαίνει πράξη· και

---

[1] Σ' αυτόν τον Ναό, στην Έβδομη Οδό, αρ. 711, στο Λος Άντζελες, διεξάγονταν λειτουργίες του Self-Realization Fellowship από τον Δεκέμβριο του 1934 ως τον Σεπτέμβριο του 1939. Αργότερα το κτήμα του ναού απαλλοτριώθηκε από την πόλη για να κατασκευαστεί μια λεωφόρος· λίγα χρόνια αργότερα αντικαταστάθηκε μ' έναν νέο ναό στο Χόλυγουντ.

σημαίνει επίσης τους καρπούς ή τα αποτελέσματα των πράξεών μας. Αυτά τα καλά ή άσχημα αποτελέσματα είναι που καθιστούν τόσο δύσκολο το να αλλάξουν οι άνθρωποι τον εαυτό τους ή τις περιστάσεις της ζωής τους. Δεν υπάρχει άλλη εξήγηση για τις ανισότητες μεταξύ των ανθρώπων η οποία να μη διαψεύδει τη δικαιοσύνη του Θεού. Και χωρίς δικαιοσύνη, θα έλεγα ότι η ζωή είναι μάταιη.

Αν λοιπόν οι επιτυχίες ή οι αποτυχίες σας έχουν καθοριστεί από σας στο παρελθόν, δεν υπάρχει κάποιος τρόπος να αλλάξετε τις παρούσες συνθήκες της ζωής σας; Ναι, υπάρχει. Σας δόθηκε λογική και θέληση. Δεν υπάρχει δυσκολία που να μην μπορεί να ξεπεραστεί, αρκεί να πιστεύετε ότι έχετε μεγαλύτερη δύναμη απ' όση έχουν τα προβλήματά σας και να χρησιμοποιήσετε αυτή τη δύναμη για να συντρίψετε τα εμπόδιά σας. Πρέπει να κάνετε την επιστημονική προσπάθεια που είναι αναγκαία για να πετύχετε.

Επιτυχία Σημαίνει να Δημιουργείτε Κατά Βούληση Αυτό Που Χρειάζεστε

Ο τυπικός ορισμός της επιτυχίας είναι η κατοχή πολλών χρημάτων. Πραγματική επιτυχία όμως σημαίνει να έχετε τη δύναμη να δημιουργείτε κατά βούληση ό,τι χρειάζεστε – τη δύναμη να αποκτήσετε τα πράγματα που είναι αληθινά αναγκαία για την απόλυτη ύπαρξη και ευτυχία σας. Είναι απαραίτητο λοιπόν να καταλάβετε ποιες είναι οι πραγματικές ανάγκες σας – να διακρίνετε τη διαφορά μεταξύ των αναγκών και των επιθυμιών. Αν μειώσουμε την αντίληψη των «αναγκών» στα ουσιώδη, τότε τα αναγκαία για μια ευτυχισμένη ζωή μπορούν να αποκτηθούν εύκολα.

Το ιδεώδες της ισορροπημένης ζωής είναι ένα ενδιάμεσο μονοπάτι μεταξύ των ιδεών της Ανατολής και της Δύσης. Οι άνθρωποι της Ανατολής λένε: «Να διαλογίζεστε στον Θεό· μη νοιάζεστε για όσα δεν έχετε». Νομίζω ότι αυτό είναι πολύ ακραίο. Εξίσου ακραίο είναι κι αυτό που λένε οι άνθρωποι της Δύσης: «Πρέπει να έχετε ένα όμορφο αυτοκίνητο κι ένα όμορφο σπίτι, καινούργια ρούχα και όλα όσα θα σας εξασφαλίσουν άνεση και διασκέδαση· δεν έχει σημασία αν έχετε τα χρήματα για να τα αποκτήσετε ή όχι». Ο στόχος της Δύσης είναι η πολυτέλεια· είναι μια συνήθεια, και ο νόμος της συνήθειας περιορίζει κάποιον σ' αυτά στα οποία είναι μαθημένος.

Η απλότητα στη ζωή δεν σημαίνει φτώχεια ή συνειδητότητα φτώχειας. Υπάρχουν πάμφτωχοι άνθρωποι που είναι δυστυχισμένοι· δεν είναι αυτό το ιδεώδες της απλής ζωής. Απλότητα σημαίνει να είναι κάποιος ελεύθερος από επιθυμίες και προσκολλήσεις και υπέρτατα ευτυχισμένος μέσα του. Απαιτείται ένας κυριαρχικός νους και πολύ ισχυρή θέληση για να ζει κάποιος απλά. Δεν συνεπάγεται ούτε κακουχίες ούτε στέρηση, αλλά προϋποθέτει τη σοφία να εργάζεστε γι' αυτά που αληθινά χρειάζεστε και να είστε ευχαριστημένοι μ' αυτά. Η σπατάλη χρημάτων για την απόκτηση ανόητων αντικειμένων, ακόμα κι αν έχετε τα περιθώρια, είναι αδυναμία. Εξασκηθείτε στον αυτοέλεγχο και μειώστε τις επιθυμίες σας στις πραγματικά αναγκαίες. Και μη ζείτε πέρα από τις οικονομικές δυνατότητές σας· αυτό είναι το πρώτο που πρέπει να μάθετε αν θέλετε ευημερία. Να ξοδεύετε λιγότερα από το εισόδημά σας· αλλιώς ποτέ δεν θα είστε ικανοποιημένοι και ευτυχισμένοι. Πάνω απ' όλα να ζείτε με την εξής σκέψη: «Η ευτυχία μου δεν εξαρτάται από τίποτα· μπορώ να ζήσω και χωρίς τίποτα. Εφόσον όμως ο Θεός μού έδωσε ένα σώμα για να το προσέχω, θα κάνω το καλύτερο για να του παρέχω όσα χρειάζεται για τη ζωή».

Με πόση μεγαλοπρέπεια και απλότητα ζουν οι άγιοι της Ινδίας! Αν και διαθέτουν λίγα, είναι πιο πλούσιοι απ' όλους τους βασιλιάδες. Όλη η φύση αρχίζει να συγχρονίζεται μαζί τους. Η απόλυτη εσωτερική τους ικανοποίηση είναι αυτό που πρέπει να δημιουργήσετε κι εσείς μέσα σας – να μάθετε να είστε ευτυχισμένοι με όσα έχετε. Φυσικά η σύγχρονη ζωή έχει πιο πολλές ανάγκες απ' ό,τι η ζωή στην καλύβα ενός ερημίτη. Αντί όμως να κουβαλάτε μέσα σας σ' όλη σας τη ζωή την προσκόλληση στα πολλά αποκτήματα, θα πρέπει να καλλιεργήσετε τη δύναμη να αποκτάτε αυτό που χρειάζεστε όταν το χρειάζεστε. Αν δεν έχετε αυτή τη δύναμη, είστε φτωχοί, ανεξάρτητα από το πόσο πολλά έχετε. Ακόμα και ένας Χένρυ Φορντ ή ένας Ροκφέλερ μπορούν να θεωρηθούν φτωχοί μ' αυτήν την έννοια, γιατί οι ανάγκες δεν συνίστανται μόνο σε υλικά πράγματα. Κανένα ποσό χρημάτων δεν μπορεί να διασφαλίσει υγεία ή ευτυχία. Ευημερία σημαίνει ενιαία πληρότητα του σώματος, του νου και της ψυχής.

Φανταστείτε, ο Τζορτζ Ίστμαν (George Eastman), που εφηύρε την Κόντακ, είχε κάθε υλικό αγαθό που θα μπορούσε να επιθυμήσει κάποιος. Σκεφτείτε το! Είχε πολυτέλεια· κάτι δυσάρεστο όμως του συνέβαινε που έκανε τη ζωή του μαρτύριο. Έτσι, έδωσε τέλος στη ζωή του με μια σφαίρα στο κεφάλι. Η ευτυχία ποτέ δεν μπορεί να έρθει μόνο με πλούτο και αποκτήματα. Ο Ιησούς Χριστός δεν είχε καθόλου χρήματα. Είχε όμως την έσχατη ευημερία του Θεού υπό τις προσταγές του. Το απέδειξε αυτό πολλές φορές, όπως όταν με πέντε ψωμιά τάισε πέντε χιλιάδες ανθρώπους. Κι ακόμα κι όταν ήρθε ο θάνατος, η βαναυσότητά του δεν μπορούσε να του πάρει αυτό που είχε μέσα του. Μέχρι το τέλος σκεφτόταν πρώτα τους άλλους: «Πατέρα, συγχώρησέ τους γιατί δεν ξέρουν τι κάνουν».

Για να έχετε πλήρη ευημερία πρέπει να ακολουθήσετε το παράδειγμα του Ιησού και όχι αυτό ενός αδίστακτου επιχειρηματία. Αν μάθετε να εφαρμόζετε τον θεϊκό νόμο της ευημερίας, αυτός θα σας υπηρετεί σε κάθε πρόσταγμά σας. Αυτός είναι ο σίγουρος τρόπος· είναι η μόνη κατάσταση στην οποία μπορείτε να είστε ασφαλείς σ' αυτόν τον κόσμο. Αυτόν τον πλούτο δεν μπορεί να τον κλέψει κανένας κλέφτης· είναι η ασφάλεια που κάθε άνθρωπος χρειάζεται.

Καλλιεργήστε Ευημερία για να Βοηθήσετε τους Άλλους

Ο νόμος της ευημερίας δεν μπορεί να γίνει αντικείμενο εκμετάλλευσης από τον άνθρωπο για τα δικά του ιδιοτελή οφέλη. Η λειτουργία αυτού του νόμου ελέγχεται από τον Θεό και δεν επιτρέπει να παραβιάζονται οι νόμοι Του αυθαίρετα. Αν ο άνθρωπος ενεργεί σε αρμονία με τον θεϊκό νόμο της επιτυχίας, λαμβάνει αφθονία· αν διαταράσσει τη γενναιόδωρη ροή της στη ζωή του με λανθασμένες πράξεις, τιμωρεί τον εαυτό του.

Πώς θα εργαστείτε σε αρμονία με τις αρχές αυτού του θεϊκού νόμου; Πρώτα απ' όλα, όπως είπα, εξαλείψτε την επιθυμία για πολυτέλειες και την προσκόλληση σ' αυτές· αναπτύξτε τη δύναμη του νου σας ώστε να ικανοποιείται με απλά πράγματα. Μετά απ' αυτό, να λέτε: «Οι ανάγκες μου είναι ένα μόνο μέρος των ευθυνών μου. Υπάρχουν κι άλλοι που εξαρτώνται από μένα και πρέπει να εκπληρώσω τις υποχρεώσεις μου και προς αυτούς». Να φροντίζετε την οικογένειά σας, αλλά ποτέ μην κακομαθαίνετε τα παιδιά με πολλά χρήματα.

Αν δεν συμπεριλαμβάνετε στην ευημερία σας και το καλό των άλλων, δεν θα έχετε ποτέ ιδεώδη ευημερία. Δεν εννοώ μια αδιάφορη προσφορά χρημάτων σε ανθρώπους που έχουν ανάγκη, αλλά μια ειλικρινή προσφορά βοήθειας στους άλλους για να βοηθήσουν τον εαυτό τους. Τότε θα δείτε να λειτουργεί στη ζωή σας ο εντυπωσιακός νόμος της παροχής. Ανεξάρτητα με το πώς έχουν τα πράγματα, αυτός ο νόμος του θερισμού του καλού που σπέρνετε θα είναι πάντα μαζί σας και θα σας βοηθά.

Οι περισσότεροι άνθρωποι σκέφτονται πρώτιστα τον εαυτό τους και την απόκτηση χρημάτων για να ικανοποιήσουν τις επιθυμίες τους. Αν το κάνετε αυτό, αργά ή γρήγορα θα εξαπατηθείτε. Αντίθετα, θα πρέπει να ξεκινήσετε με την εξής σκέψη: «Το καθήκον της ζωής μου είναι να κάνω τους άλλους ευτυχισμένους». Να ενεργείτε με κίνητρο το κατά πόσον οι πράξεις και τα σχέδιά σας μπορούν να ωφελήσουν άλλους. Μετά επινοήστε τον τρόπο για να επιτύχετε τους στόχους σας. Για να προσφέρετε στους άλλους θα πρέπει να έχετε τα αναγκαία αποθέματα. Αν αρμέγετε την αγελάδα, πρέπει και να την ταΐζετε. Η φιλοδοξία να ζείτε καλά και με ευημερία γίνεται πνευματική αν ο σκοπός είναι να υπηρετείτε καλύτερα τους άλλους με το να έχετε τη δυνατότητα να τους συμπεριλάβετε στην ευημερία σας. Προσφέροντας σωστή υπηρεσία, είναι βέβαιο ότι το καλό θα σας επιστραφεί· και όταν σας επιστραφεί, θα μπορείτε να βελτιώσετε το επίπεδο ζωής σας και να κάνετε ακόμα περισσότερα για τους άλλους. Έτσι λειτουργεί ο θεϊκός νόμος.

Να Έχετε Πίστη στη Δύναμη του Θεού

Ζείτε απευθείας με τη δύναμη του Θεού και όχι με ανθρώπινη ευημερία. Μπορεί να πείτε ότι αν δεν βρείτε δουλειά δεν θα έχετε να φάτε. Εντάξει· ακόμα όμως κι αν τοποθετήσω άφθονο φαγητό και άφθονα χρήματα μπροστά σας και ξαφνικά η καρδιά σας σταματήσει, τι καλό θα σας κάνουν αυτά τα υλικά αντικείμενα; Κανένα. Είναι ο Θεός και μόνον Αυτός που σας έδωσε ζωή και τη δύναμη να εργάζεστε και να αναπτύσσεστε και να πετυχαίνετε. Η ίδια η ύπαρξή σας είναι μια εκδήλωση της θέλησής Του, επομένως γιατί να μην εξαρτάστε άμεσα απ' Αυτόν; Πρέπει οπωσδήποτε να το θυμάστε αυτό.

Όταν εγείρεται μια ανάγκη, λέω: «Πρέπει να δουλέψω γι' αυτό». Ποτέ όμως δεν εύχομαι τίποτα και δεν αναλαμβάνω να κάνω οτιδήποτε χωρίς να ζητήσω πρώτα την καθοδήγηση του Θεού: «Πατέρα, θα χρησιμοποιήσω τη λογική μου, θα χρησιμοποιήσω τη θέλησή μου, θα δράσω, αλλά καθοδήγησε Εσύ τη λογική μου, τη θέλησή μου και τη δραστηριότητά μου προς τη σωστή κατεύθυνση». Τότε όλες οι δυνάμεις που τείνουν στην ικανοποίηση της ανάγκης μου εργάζονται μαζί μου. Έχω δει αυτή τη Θεϊκή Δύναμη να λειτουργεί και σε μεγάλα και σε μικρά πράγματα.

Εργάζομαι μόνο για τον Θεό· έχω εγκαταλείψει τα πάντα για το έργο Του. Είμαι παιδί Του. Αν ζείτε με τη συνειδητότητα ότι είστε παιδί

Του και ότι Εκείνος είναι ο Πατέρας σας και αποφασίσετε να κάνετε ό,τι καλύτερο μπορείτε με ακλόνητη αποφασιστικότητα, τότε, παρά τα εμπόδια, και ακόμα κι αν κάνετε λάθη, η δύναμή Του θα είναι μαζί σας και θα σας βοηθά να τα βγάζετε πέρα. Ζω μ' αυτόν τον νόμο. Μ' αυτόν τον τρόπο μπόρεσα να αποκτήσω τα κεντρικά κτίριά μας του Self-Realization Fellowship, παρά το γεγονός ότι δεν είχα τα υλικά μέσα για να το κάνω. Και δείτε, ακόμα και σ' αυτήν την εποχή της οικονομικής ύφεσης, αγόρασα αυτόν τον ναό. Είχα σύμμαχο τον θεϊκό νόμο, κι αυτός ο ναός είναι το αποτέλεσμα. Αν δεν ζείτε κι εσείς μ' αυτόν τον νόμο, δεν μπορείτε να γνωρίζετε τη Δύναμη για την οποία μιλώ.

Αν μπορείτε να περνάτε τις δοκιμασίες σας με χαμόγελο, με πίστη στον Θεό και χωρίς να έχετε αμφιβολίες, θα δείτε πώς λειτουργεί ο νόμος του Θεού. Στο Σαν Φρανσίσκο είχα μόνο 200 δολάρια στην τράπεζα και επρόκειτο να αρχίσω μια περιοδεία ομιλιών. Δεν είχα αρκετά χρήματα ούτε καν για να ξεκινήσω· κι έπρεπε επίσης να πληρωθούν πολλοί και μεγάλοι λογαριασμοί. Είπα: «Ο Θεός είναι μαζί μου. Μ' έβαλε σ' αυτό το πρόβλημα και θα με φροντίσει. Εργάζομαι για Εκείνον· ξέρω ότι θα με βοηθήσει». Ακόμα κι αν όλος ο κόσμος σάς εγκαταλείψει αλλά εσείς *ξέρετε* ότι Εκείνος είναι μαζί σας, ο νόμος Του θα κάνει τα θαύματά του για σας.

Όταν ήρθε ο γραμματέας μου και του είπα πόσα χρήματα είχαμε στην τράπεζα, κυριολεκτικά κατέρρευσε, πέφτοντας στο πάτωμα. Του είπα: «Σήκω πάνω». Έτρεμε: «Θα πάμε στη φυλακή για τα απλήρωτα χρέη μας!». Είπα: «Δεν πρόκειται να πάμε φυλακή. Σε επτά μέρες θα έχουμε όλα τα χρήματα που χρειαζόμαστε για την περιοδεία μας». Ήταν άπιστος Θωμάς, αλλά εγώ είχα πίστη. Δεν χρειαζόμουν χρήματα για δικό μου όφελος, αλλά για να διαδώσω το έργο του Θεού. Δεν φοβόμουν, ακόμα και εν μέσω των τεράστιων προβλημάτων μου. Ο φόβος είναι που φοβάται εμένα. Τι υπάρχει για να φοβηθώ; Τίποτα δεν πρέπει να σας φοβίζει. Να αντιμετωπίζετε όλα τα προβλήματα με πίστη στον Θεό και θα νικήσετε. Η Μπάγκαβαντ Γκίτα λέει: «Με την καρδιά απορροφημένη από Εμένα και με τη χάρη Μου θα υπερβείς όλα τα εμπόδια».[2] Και σκεφτείτε! Περπατούσα μπροστά από το ξενοδοχείο Palace όταν μια ηλικιωμένη γυναίκα ήρθε και μου είπε: «Μπορώ να σας μιλήσω;». Ανταλλάξαμε μερικές κουβέντες και μετά, εντελώς ξαφνικά,

---

[2] XVIII:58.

είπε: «Έχω χρήματα για ξόδεμα. Μπορώ να σας βοηθήσω;». Απάντησα: «Δεν χρειάζομαι τα χρήματά σας. Γιατί να μου προσφέρετε χρήματα τη στιγμή που ούτε καν με γνωρίζετε;». Εκείνη απάντησε: «Μα σας γνωρίζω· έχω ακούσει τόσα πολλά για σας». Κι εκεί ακριβώς υπέγραψε μια επιταγή 27.000 δολαρίων. Σ' αυτήν την κίνηση είδα το χέρι του Θεού.

Έχοντας τον Θεό, Έχουμε τα Πάντα

Η μεγαλύτερη όμως νίκη μου ήταν στο Φοίνιξ. Αν μπορούσαν όλοι να νιώσουν τη χάρη του Θεού όπως την ένιωσα εγώ, θα ήξεραν, όπως εγώ, ότι έχοντας Αυτόν έχουν ήδη τα πάντα. Αυτή ήταν η εμπειρία μου στο Φοίνιξ. Προσευχόμουν και διαλογιζόμουν πολύ, πολύ βαθιά, γιατί έπρεπε να πληρώσω ένα μεγάλο χρέος το επόμενο πρωί και κάποιος δεν μου είχε δώσει κάποια χρήματα στα οποία υπολόγιζα. Δεν προσευχόμουν για χρήματα, αλλά για ελευθερία. Είπα στη Θεϊκή Μητέρα: «Γιατί μπήκα σε τέτοια προβλήματα; Γιατί πρέπει να αντιμετωπίσω μια τέτοια κρίση;». Δεν σταμάτησα όμως εκεί. Συνέχισα να διαλογίζομαι· και τότε προσευχήθηκα στη Μητέρα: «Μίλα μου. Αν μου το πεις Εσύ, θα αφήσω τα πάντα πίσω μου και θα φύγω από την οργάνωση, τραγουδώντας το όνομά Σου. Δεν χρειάζομαι τίποτα άλλο εκτός από Σένα. Δεν ζητώ τίποτα για τον εαυτό μου. Δοκίμασέ με. Αν το θέλεις, αυτή τη στιγμή θα αφήσω τα πάντα. Με το Φως Σου, θα φύγω».

Όταν η Θεϊκή Μητέρα είδε ότι εννοούσα αυτό που είπα, μου απάντησε ως εξής: «Σε ελευθέρωσα εδώ και πολύ καιρό· δεν είσαι ελεύθερος επειδή νομίζεις πως δεν είσαι ελεύθερος. Ο χορός της ζωής και ο χορός του θανάτου, να γνωρίζεις ότι αυτά έρχονται από Μένα και βλέποντάς τα ως τέτοια να χαίρεσαι. Τι περισσότερο θέλεις αφού έχεις Εμένα;». Από εκείνη την ημέρα βρήκα ελευθερία.

Αν έχετε στη συνειδητότητά σας την επιθυμία να ευχαριστήσετε τον Θεό πάνω απ' όλα τα άλλα, θα σας φροντίσει. «[...] Τι περισσότερο θέλεις αφού έχεις Εμένα;». Θα το θυμάστε αυτό; Κάθε ένας από σας; Δεν είναι δύσκολο να το θυμάστε. Αν διαλογίζεστε και προσεύχεστε ειλικρινά στον Θεό, θα Τον βρείτε· και θα σας φέρει όλη την ευημερία που χρειάζεστε.

Χρησιμοποιήστε τον νόμο του διαλογισμού. Είναι ο νόμος όλων των νόμων, γιατί φέρνει απόκριση από τη Δύναμη που βρίσκεται πίσω απ' όλες τις δυνάμεις. Όταν η Θεϊκή Μητέρα μού είπε αυτά τα λόγια, ήξερα ότι όλα θα πήγαιναν καλά. Πράγματι, το θέμα τακτοποιήθηκε και σώθηκα από την καταστροφή.

Αποκτώντας Συντονισμό με την Πηγή της Επιτυχίας

Αυτή η Δύναμη θα λειτουργήσει για σας όπως λειτούργησε και για μένα σ' όλες τις περιστάσεις της ζωής μου. Σας λέω αυτές τις αλήθειες από τις δικές μου εμπειρίες. Δεν θα μου ήταν δυνατόν να μιλώ γι' αυτές τις αλήθειες αν δεν είχαν αποδειχθεί στη δική μου ζωή. Ζω με την πίστη στον Θεό. Η δύναμή μου είναι ο Θεός. Δεν πιστεύω σε καμία άλλη δύναμη. Όταν αυτοσυγκεντρώνομαι σ' αυτή τη Δύναμη, αυτή λειτουργεί μέσα από μένα.

Έχουν αναφέρει ότι είμαι ένας από τους πιο επιτυχημένους ομιλητές σ' αυτή τη χώρα. Έχω διδάξει χιλιάδες. Όχι ότι είμαι περήφανος για τον εαυτό μου σχετικά μ' αυτό. Η επιτυχία μου οφείλεται μόνο στο γεγονός ότι πιστεύω μονάχα στη δύναμη του Θεού. Στο τέλος εγκατέλειψα όλες τις δημόσιες ομιλίες – τώρα εγκαταλείπω τα πάντα για τον Θεό. Είδα ότι έφερα εις πέρας αυτό το τμήμα του σκοπού της ζωής μου που έπρεπε να εκπληρωθεί. Αυτό το τμήμα ήταν να επιλέξω ψυχές από τα πλήθη και να τις βοηθήσω να γνωρίσουν τον Θεό. Βρήκα τέτοιες ψυχές σ' ολόκληρη τη χώρα· και τις εκπαίδευσα.[3]

Κινούμαι από το Πνεύμα· δεν υπήρξε καμία σκέψη για χρήματα, αλλά μόνο για προσφορά στην ανθρωπότητα· και εξαιτίας αυτού ο Κύριος άνοιξε όλους τους διαύλους για να συντηρήσει εμένα και την ύπαρξη του έργου του Self-Realization Fellowship. Επιθυμώ να σας υπηρετήσω· αυτό είναι όλο. Αυτός είναι ο λόγος για τον οποίο βρίσκομαι εδώ.

Αμέσως μόλις χρειαστώ βοήθεια, την έχω – από τον Θεό. Χρειάζονταν κάποια χρήματα για τα Χριστούγεννα. Και τι έγινε; Ένας σπουδαστής μού έγραψε: «Έχετε μετρητά στην τράπεζα στο Ντιτρόιτ.

---

[3] Όταν ο Παραμαχάνσατζι έδωσε αυτή την ομιλία, το 1935, είχε ήδη επιλέξει πολλούς από τους άμεσους μαθητές οι οποίοι ήταν προδιαγεγραμμένο να παίξουν σημαντικούς ρόλους στην παγκόσμια αποστολή του, συμπεριλαμβανομένων δύο, τους οποίους είχε ορίσει ως πνευματικούς διαδόχους στην ηγεσία της εργασίας του ως προέδρους του Self-Realization Fellowship: τον Ράτζαρσι Τζανακανάντα (βλ. γλωσσάριο), ο οποίος συνάντησε τον Γκουρού στο Κάνσας το 1932· και τη Σρι Ντάγια Μάτα, η οποία παρακολούθησε τις τάξεις του στο Salt Lake City τον προηγούμενο χρόνο. Ανάμεσα σε άλλους που ένιωσαν βαθιά έλξη, από τα πλήθη των ακροατηρίων των διαλέξεων, αυτοί που προχώρησαν και αφιέρωσαν τη ζωή τους στο έργο του Παραμαχάνσατζι και που έλαβαν την προσωπική του πνευματική εκπαίδευση ήταν ο Δρ και η κ. Μ. Λιούις, που τον συνάντησαν στη Βοστόνη το 1920· η Γκιαναμάτα (στο Seattle, το 1924)· η Τάρα Μάτα (στο Σαν Φρανσίσκο, το 1924)· η Ντούργκα Μάτα (στο Ντιτρόιτ, το 1929)· η Ανάντα Μάτα (στο Salt Lake City, το 1931)· η Σράντα Μάτα (στην Takoma, το 1933)· και η Σαϊλασούτα Μάτα (στη Σάντα Μπάρμπαρα, το 1933). Αφού αποσύρθηκε από τις ομιλίες ανά τη χώρα, στα μέσα του 1930, ο Παραμαχάνσατζι επικέντρωσε τις προσπάθειές του σε τάξεις σε σοβαρούς σπουδαστές και μιλούσε κυρίως στους δικούς του ναούς του Self-Realization Fellowship και στο διεθνές κεντρικό κτίριό του.

Τι θέλετε να τα κάνουμε;». Είπα: «Στείλ' τα αμέσως». Η ανάγκη μου εκπληρώθηκε την κατάλληλη στιγμή.

Αυτή η δύναμη του Θεού λειτουργεί και για σας. Θα δείτε ότι είναι έτσι αν έχετε πίστη και γνωρίζετε ότι η ευημερία δεν προέρχεται από υλικές πηγές αλλά από τον Θεό.

Αναζητήστε την Επαφή με τον Θεό και Θα Σας Καθοδηγήσει

Ο Κύριος δεν σας λέει ότι δεν χρειάζεται να σκέφτεστε, ούτε ότι δεν χρειάζεται να παίρνετε πρωτοβουλίες. Πρέπει να κάνετε αυτό που σας αναλογεί. Το θέμα είναι ότι αν αποκοπείτε από την Πηγή με λανθασμένες πράξεις και επιθυμίες και με έλλειψη πίστης και θείας κοινωνίας, τότε δεν μπορείτε να λάβετε την παντοδύναμη βοήθειά Του. Αν όμως καθοδηγείστε από τον Θεό μέσω συντονισμού μαζί Του, θα σας βοηθήσει να κάνετε το σωστό και να αποφεύγετε τα λάθη.

Ο τρόπος να αρχίσετε είναι ο βαθύς και καθημερινός διαλογισμός, πρωί και βράδυ. Όσο πιο πολύ διαλογίζεστε, τόσο πιο πολύ θα συνειδητοποιείτε ότι υπάρχει Κάτι πίσω από τη συνηθισμένη συνειδητότητα, όπου βασιλεύει μια μεγάλη γαλήνη και ευτυχία. Εξασκηθείτε στη διατήρηση αυτής της γαλήνης και της ευτυχίας μέσα σας, γιατί είναι η πρώτη απόδειξη της επαφής με τον Θεό. Είναι η συνειδητή κατανόηση της Αλήθειας μέσα σας. Αυτό είναι που χρειάζεστε. Αυτός είναι ο τρόπος να προσκυνάτε την Αλήθεια· διότι μπορούμε να προσκυνάμε μόνον ό,τι γνωρίζουμε.[4] Οι περισσότεροι άνθρωποι προσκυνούν τον Θεό σαν Κάτι ακαθόριστο· όταν όμως αρχίσετε να Τον προσκυνάτε ως πραγματικό, μέσω της εσωτερικής σας αντίληψης, θα νιώθετε την παρουσία της δύναμής Του στη ζωή σας να αυξάνεται ολοένα και περισσότερο. Άσχετα με το τι άλλο μπορεί να κάνετε, τίποτα δεν θα οδηγήσει σ' αυτήν την επαφή με τον Θεό που έρχεται με τον βαθύ διαλογισμό. Η ένθερμη προσπάθεια να αυξήσετε την εσωτερική γαλήνη και ευτυχία που γεννιούνται με τον διαλογισμό είναι ο μόνος τρόπος να συνειδητοποιήσετε τον Θεό.

Η κατάλληλη ώρα να προσευχηθείτε στον Θεό για καθοδήγηση είναι αφού διαλογιστείτε και νιώσετε αυτή την εσωτερική γαλήνη και

---

[4] «Πνεύμα είναι ο Θεός, και αυτοί που τον προσκυνούν στο πνεύμα και στην αλήθεια πρέπει να προσκυνούν». (Κατά Ιωάννη Δ:24.)

χαρά· τότε είναι που έχετε επιτύχει θεϊκή επαφή. Αν έχετε μια ανάγκη, μπορείτε να την παρουσιάσετε στον Θεό και να ρωτήσετε αν είναι σωστό να ζητάτε αυτό για το οποίο προσεύχεστε. Αν μέσα σας νιώθετε ότι είναι δίκαιο, τότε προσευχηθείτε: «Κύριε, ξέρεις ότι αυτό το έχω ανάγκη. Θα χρησιμοποιήσω τη λογική μου, θα είμαι δημιουργικός, θα κάνω ό,τι είναι απαραίτητο. Το μόνο που Σου ζητώ είναι να καθοδηγήσεις τη θέλησή μου και τις δημιουργικές μου ικανότητες προς τα σωστά πράγματα που πρέπει να κάνω».

Να είστε δίκαιοι με τον Θεό. Ίσως έχει κάτι καλύτερο για σας απ' αυτό για το οποίο προσεύχεστε. Είναι γεγονός ότι μερικές φορές οι πιο ένθερμες προσευχές και επιθυμίες σας είναι οι μεγαλύτεροι εχθροί σας. Να μιλάτε ειλικρινά και δίκαια με τον Θεό και αφήστε Τον να αποφασίζει Εκείνος τι είναι καλό για σας. Αν είστε δεκτικοί θα σας καθοδηγήσει, θα εργαστεί μαζί σας. Ακόμα κι αν κάνετε λάθη, μη φοβάστε. Να έχετε πίστη. Να ξέρετε ότι ο Θεός είναι μαζί σας. Να καθοδηγείστε στα πάντα απ' αυτή τη Δύναμη. Ποτέ δεν αποτυγχάνει. Αυτή η αλήθεια μπορεί να εφαρμοστεί στη ζωή του καθενός σας.

Με την εξάσκηση στον ολοένα και βαθύτερο διαλογισμό, μπορείτε τελικά να εισέλθετε στην υπερσυνείδητη κατάσταση της εσωτερικής συνειδητοποίησης και να παραμένετε σ' αυτήν και κατά το διάστημα που στο συνειδητό επίπεδο εκτελείτε όλες τις δραστηριότητές σας. Όταν μάθετε να εργάζεστε μέσα από το υπερσυνείδητο και με θεϊκή εσωτερική ευτυχία ανεξάρτητα από το τι κάνετε, θα νιώθετε πάντα την παρουσία και τη δύναμη του Θεού μαζί σας.

«Όπως Αντιλαμβάνομαι Εγώ, Είθε να Αντιλαμβάνεστε κι Εσείς»

Σας έφερα το μήνυμά Του και βλέπω το μεγαλειώδες φως Του σε όλους σας. Μέσα σ' αυτό το Φως σάς ευλογώ. Η αιθέρια δύναμη του Θεού ρέει από μέσα μου: μέσα από τα λόγια μου, τον εγκέφαλό μου, τα κύτταρά μου, κάθε ίχνος της συνειδητότητάς μου – κάθε σκέψη είναι ένας δίαυλος μέσα από τον οποίο περνά το θεϊκό φως Του. Ανοίξτε την καρδιά σας και συνειδητοποιήστε ότι το Θεϊκό Φως περνά και μέσα από σας. Όπως αντιλαμβάνομαι εγώ, είθε να αντιλαμβάνεστε κι εσείς· όπως βλέπω εγώ, είθε να βλέπετε κι εσείς.

Επάγγελμα, Ισορροπία και Εσωτερική Γαλήνη

Αποκαθιστώντας την Ισορροπία στην Εργάσιμη Εβδομάδα

Κατά τη δεκαετία του 1920, ο Αμερικανός βιομήχανος Χένρυ Φορντ εισηγήθηκε την ιδέα της πενθήμερης εργασίας. Η πρόταση, που επιδοκιμάστηκε εγκάρδια από τον Παραμαχάνσατζι, απαντήθηκε μ' αυτό το άρθρο.

Η ημέρα ανάπαυσης θα πρέπει να είναι αφιερωμένη από τον άνθρωπο σε σκέψεις ενδοσκόπησης και στην καλλιέργεια των ιερών ιδιοτήτων της ψυχής. Μια από τις δέκα εντολές είναι: «Να θυμάσαι την ημέρα του σαββάτου και να την αγιάζεις» – μια μέρα ανάπαυσης και πνευματικής αναζωογόνησης. Οι Χριστιανοί τηρούν το σάββατο την Κυριακή, «την ημέρα του Κυρίου». Οι Ινδουιστές αφιερώνουν αρκετές μέρες του έτους σε πνευματικούς σκοπούς. Το Πάσχα και τα Χριστούγεννα αντιστοιχούν σε κάποιες από τις ιερές μέρες των Ινδουιστών. Το πανηγύρι της Ντούργκα Πουτζά τηρείται στην Ινδία το ίδιο ευρέως όπως τα Χριστούγεννα στη Δύση.

Ο άνθρωπος είναι και πνευματικό και υλικό ον. Θα πρέπει να αναπτυχθεί πνευματικά με εσωτερική πειθαρχία και να γίνει αποτελεσματικός στο υλικό επίπεδο αναπτύσσοντας τις επαγγελματικές του ικανότητες. Ο πρωτόγονος άνθρωπος αξιοποιούσε όλες τις νοητικές του δυνάμεις για την ικανοποίηση των υλικών αναγκών της ζωής του. Περνούσε τον καιρό του με το κυνήγι, το φαγητό και τον ύπνο. Ο σύγχρονος άνθρωπος προσπαθεί επιστημονικά να ανταπεξέλθει στις τωρινές υλικές συνθήκες της ζωής. Αυτό που ο πρωτόγονος άνθρωπος έκανε αμεθόδευτα, ο σύγχρονος άνθρωπος το κάνει μεθοδικά. Αυτή η μέθοδος στις προσπάθειες του σύγχρονου ανθρώπου για υλική επιτυχία βελτίωσε έμμεσα τις εσωτερικές του ικανότητες.

Οι Δάσκαλοι της Ινδίας συστήνουν την άμεση ανάπτυξη των εσωτερικών ικανοτήτων, όπως της δύναμης της θέλησης για την αντίσταση στους πειρασμούς, του αισθήματος της προσφοράς προς τους άλλους και της διαίσθησης για την άμεση συνειδητοποίηση της αλήθειας.

Το Έγκλημα και η Βία Είναι οι Πικροί Καρποί Ενός Μη Ισορροπημένου Πολιτισμού

Αν η απόκτηση χρημάτων για την εξασφάλιση υλικών ανέσεων είναι αναγκαία για τον άνθρωπο, τότε η απόκτηση ευτυχίας είναι υπέρτατα αναγκαία. Η κατοχή υλικού πλούτου χωρίς εσωτερική γαλήνη είναι σαν να πεθαίνει κάποιος από δίψα ενώ κολυμπά σε μια λίμνη.

Οι άνθρωποι λαχταρούν διάφορα πράγματα –χρήματα ή φήμη ή πνευματικότητα– σαν αποτέλεσμα παλιών συνηθειών και συγκεκριμένων επιρροών του περιβάλλοντος. Αυτός είναι ο λόγος για τον οποίο οι άνθρωποι και της Ανατολής και της Δύσης ζουν μονόπλευρα. Οι άνθρωποι της Ανατολής ρέπουν γενικά πιο πολύ στην πνευματικότητα και αυτοί της Δύσης πιο πολύ στον υλισμό. Δεν μπορούμε όμως να ζούμε ευτυχισμένα μόνο με πνευματικά δόγματα ή μόνο με πλούτη. Για να επέλθει μια ισορροπία στη ζωή των ανθρώπων της Ανατολής και της Δύσης, και οι δύο πλευρές θα πρέπει να υιοθετήσουν μια μέθοδο ανάπτυξης ισορροπημένης ζωής.

Οι άνθρωποι γενικά αφιερώνουν έξι μέρες της εβδομάδας για να αποκτήσουν χρήματα και, ακόμα και την έβδομη μέρα, πάλι αυτά σκέφτονται· δεν αφιερώνουν όμως σχεδόν καθόλου χρόνο για τη βελτίωση του εαυτού τους. Ένας λόγος για τον οποίο στη Δύση υπάρχει τόση εγκληματικότητα, τόσες δολοφονίες και κλοπές, παρά τον ανεπτυγμένο πολιτισμό της, είναι το γεγονός ότι οι άνθρωποι είναι υπερβολικά απασχολημένοι με τη διασφάλιση των αγαθών των υλικών ανέσεων και δεν έχουν καθόλου χρόνο να σκεφτούν την πρακτική αξία της τήρησης ηθικών και πνευματικών αρχών.

Αν πρέπει να αποφεύγουμε την υλική φτώχεια, την πνευματική φτώχεια θα πρέπει να την αποστρεφόμαστε· διότι η τελευταία είναι η αιτία όλων των δεινών της ανθρωπότητας. Ένας πρακτικός πνευματικός άνθρωπος είναι ευτυχισμένος, και μόνον ένας ευτυχισμένος άνθρωπος είναι επιτυχημένος. Ακόμα κι αν υπήρχε ανάμεσα στους κατοίκους μιας πόλης εκατό τοις εκατό υλική ευημερία, αυτή δεν θα εμπόδιζε τις δολοφονίες και τα εγκλήματα. Η τήρηση των οικουμενικών αρχών της αμοιβαίας προσφοράς, της αυθόρμητης συνεργασίας, της αγάπης για την πνευματική ζωή και η πειθαρχία των ανθρώπινων πόθων των αισθήσεων είναι απολύτως απαραίτητες για την αρμονική, ευτυχισμένη, υγιή, προκομμένη ζωή οποιασδήποτε κοινότητας.

Οι επίσημες καταγραφές δείχνουν ότι νέες γυναίκες και άντρες σε ηλικία που κυμαίνεται μεταξύ δεκαπέντε έως τριάντα ετών κλέβουν σχεδόν ένα δισεκατομμύριο δολάρια ετησίως. Οι εφημερίδες της Νέας Υόρκης αναφέρουν ότι φέτος σερβιρίστηκαν 400.000 περισσότερα γεύματα στις φυλακές απ' ό,τι πέρσι. Γιατί γίνονται όλα αυτά; Επειδή η προσοχή του σύγχρονου ανθρώπου δεν είναι ακόμα εστιασμένη στα ζωτικά προβλήματα της τέχνης της ζωής. Γιατί να μη χρησιμοποιηθούν κάποια από τα χρήματα που δαπανώνται για την ανέγερση φυλακών για την ίδρυση σχολείων που να διδάσκουν την τέχνη «Πώς να ζεις», τα οποία θα εμποδίσουν τα παιδιά από το να γίνουν εγκληματίες; Οι εγκληματίες, που έγιναν χειρότεροι μέσα στη φυλακή, αφήνονται ελεύθεροι σε μια υγιή κοινωνία για να μεταδώσουν περαιτέρω το μικρόβιο της εγκληματικότητας.

Οι περισσότεροι θα πουν: «Α, είμαι πολύ απασχολημένος με τη δουλειά μου για να σκεφτώ την τέχνη της ζωής. Όλοι ξέρουμε γι' αυτήν την τέχνη. Κάποια μέρα θα φτάσουμε και σ' αυτήν, αλλά τώρα μας ενδιαφέρουν τα χρήματα». Μα ποιος ο σκοπός να αποκτήσει κάποιος εκατομμύρια με τίμημα την πλήρη νευρική κατάρρευση και την απώλεια της ισορροπίας και της ευτυχίας;

Προσδίδοντας Πνευματικότητα στη Φιλοδοξία με το Ιδεώδες της Προσφοράς Προς τους Άλλους

Εφόσον ο Θεός μάς έδωσε το αίσθημα της πείνας και εφόσον έχουμε ένα υλικό σώμα που πρέπει να φροντίσουμε, πρέπει να έχουμε χρήματα και θα πρέπει να τα κερδίζουμε τίμια και επιστημονικά, με το να προσφέρουμε στους συνανθρώπους μας αυτά που χρειάζονται για τις πραγματικές τους ανάγκες. Η επαγγελματική ζωή δεν είναι απαραίτητο να είναι υλιστική ζωή. Η επαγγελματική φιλοδοξία μπορεί να γίνει πνευματική. Η δουλειά δεν είναι τίποτα άλλο από την υλική εξυπηρέτηση άλλων με τον καλύτερο δυνατό τρόπο. Τα καταστήματα που ξεκινούν με τη μοναδική προσδοκία να βγάλουν χρήματα, αμέσως χαρακτηρίζονται ως εμπορικές επιχειρήσεις που εκμεταλλεύονται τον κόσμο με σκοπό το κέρδος. Τα καταστήματα όμως που επικεντρώνονται στην εξυπηρέτηση των πελατών με τα καλύτερα πράγματα στην καλύτερη τιμή θα επιτύχουν και επίσης θα προωθήσουν την ηθική ανάπτυξη του κόσμου.

Δεν ξέχασα ποτέ την παρατήρηση ενός πωλητή σ' ένα μεγάλο μαγαζί, όπου προσπαθούσα να διαλέξω ένα παλτό για μένα. «Κύριε», είπε, «δεν προσπαθώ απλώς να σας πουλήσω κάτι· προσπαθώ να βρω ακριβώς αυτό που χρειάζεστε». Δεν προσπάθησε να μου πουλήσει το πιο ακριβό παλτό· μου έδειξε ένα φθηνότερο, που μου ταίριαζε από κάθε άποψη. Χάρηκα που πήρα αυτό που χρειαζόμουν σε λογική τιμή. Έτσι, με έκανε μόνιμο πελάτη της εταιρείας του.

Οι άνθρωποι θα πρέπει να προσδίδουν πνευματικότητα στις επαγγελματικές τους φιλοδοξίες, αρχίζοντας με την ιδέα της εξυπηρέτησης των αναγκών των συνανθρώπων τους. Ο άνθρωπος δεν θα έπρεπε μόνο να βγάζει χρήματα εξυπηρετώντας τους άλλους, κερδίζοντας έτσι κάτι και για τον εαυτό του σε αντάλλαγμα, αλλά επίσης να εργάζεται για να αποκτήσει χρήματα ώστε να εγείρει ιδρύματα που θα εξυπηρετούν τις ανάγκες του κόσμου. Όταν κάποιος έβγαλε πολλά χρήματα και συγχρόνως βοήθησε και τους υπαλλήλους του και τους συνεργάτες του να αποκτήσουν ευημερία, και μετά χρησιμοποίησε τον πλούτο του για να βοηθήσει άλλους να βοηθήσουν τον εαυτό τους, αυτό σημαίνει ότι προσέδωσε πνευματικότητα στη φιλοδοξία του. Οι πλούσιοι γονείς που αφήνουν πάρα πολλά χρήματα στα παιδιά τους καταπνίγουν την εξελικτική ανάπτυξη μιας επιτυχίας και ευτυχίας των απογόνων τους που να είναι αυτοδημιούργητη και κερδισμένη απ' αυτούς τους ίδιους. Ακόμα και ο «έξυπνος» άνθρωπος πρέπει να έχει κάποια φιλοδοξία, αλλιώς αδικεί τον εαυτό του αφήνοντας τις δυνατότητές του να ατονήσουν. Κάνοντας κακό στον εαυτό του, δίνει ένα κακό παράδειγμα κι έτσι εμποδίζει την πρόοδο της ανθρωπότητας.

Αυτός είναι ο λόγος για τον οποίο συμφωνώ με τον κ. Χένρυ Φορντ στο να βοηθήσει τους ανθρώπους να βοηθήσουν τον εαυτό τους και όχι προσφέροντάς τους ταπεινωτική ελεημοσύνη, σαν το τάισμα των σκλάβων. Μόνον έχοντας φιλοδοξία και διαποτίζοντας τη φιλοδοξία αυτή με το ιδεώδες της προσφοράς προς τους ανθρώπους, οι υλικά φιλόδοξοι άνθρωποι θα βρουν έναν πνευματικό λόγο για να βγάζουν χρήματα.

Χρειάζεται Μια Ισορροπία Μεταξύ των Χαρακτηριστικών Γνωρισμάτων της Ανατολής και της Δύσης

Οι άνθρωποι της Ανατολής ρέπουν κατά κανόνα προς την πνευματικότητα, φιλοσοφώντας τη ζωή και καλλιεργώντας μια φυσική τάση προς την περισυλλογή. Φυσικά πολλοί απ' αυτούς δεν χρησιμοποίησαν τον χρόνο της ανάπαυσης για να εργαστούν πάνω στην πνευματική συνειδητοποίηση, αλλά αντίθετα έγιναν οκνηροί· στο σύνολό τους όμως έχουν μια αφυπνισμένη πνευματική αντίληψη.

Οι αδελφοί μας της Δύσης αφιέρωσαν τον χρόνο τους κυρίως στην ανάπτυξη της υλικής και της διανοητικής πλευράς της ζωής. Ωστόσο συχνά είναι τόσο απασχολημένοι που δεν προλαβαίνουν να χαρούν τους καρπούς του μόχθου τους ή να γνωρίσουν τη γεύση της γαλήνης, της χαλάρωσης και της μακαριότητας του διαλογισμού. Υποδουλώνονται σε λιγότερο σημαντικές υποχρεώσεις και ξεχνούν την ανώτατη υποχρέωσή τους να ζήσουν την ιδεώδη μακάρια ζωή της επαφής με τον Θεό.

Λόγω της ευρέως διαδεδομένης χρήσης των μηχανών, οι άνθρωποι της Δύσης έχουν το εξής πλεονέκτημα έναντι των αδελφών τους στην Ανατολή: μπορούν να χρησιμοποιήσουν τον χρόνο που τους μένει με τον τρόπο αυτό για να προχωρήσουν περισσότερο στη βαθύτερη μελέτη της ζωής. Οι επαγγελματικές δραστηριότητες και τα χρήματα έχουν σκοπό την άνεση και την καλυτέρευση της ζωής του ανθρώπου, ο οποίος δεν θα πρέπει να επιτρέψει στην τυφλή απληστία γι' αυτά να του κλέψει την ευτυχία του και να τον εμποδίσει να επιτύχει ανώτερους στόχους.

Δεν αποτελεί ισορροπημένο τρόπο ζωής η επί έξι μέρες και νύχτες μηχανιστική απασχόληση με την εργασία και η αφιέρωση μερικών ωρών μόνο μιας μέρας (της Κυριακής) στην καλλιέργεια του εσωτερικού εαυτού. Η εβδομάδα θα έπρεπε να καταμερίζεται σε εργασία, διασκέδαση και πνευματική καλλιέργεια: πέντε μέρες για απόκτηση χρημάτων, μία μέρα για ανάπαυση και ψυχαγωγία και τουλάχιστον μία μέρα για ενδοσκόπηση και εσωτερική συνειδητοποίηση.[1] Στον δυτικό κόσμο η ζωή κινείται στο σύνολό της σε υπερβολικά γρήγορους ρυθμούς· η Ανατολή κλίνει προς το άλλο άκρο. Πρέπει να υπάρξει μια ισορροπία. Κάθε άνθρωπος πρέπει να έχει κάποιον ελεύθερο χρόνο για να βρει τον εαυτό του. Μια μέρα την εβδομάδα –η Κυριακή– δεν είναι αρκετή, γιατί είναι η μοναδική αργία του και τη θέλει για να ξεκουραστεί και είναι πολύ κουρασμένος για να διαλογιστεί.

---

[1] Ο Παραμαχάνσατζι παρακινούσε τους ανθρώπους που ήταν ειλικρινείς και πρόθυμοι να προοδεύσουν πνευματικά να καθιερώσουν ένα πρόγραμμα πρωινού και βραδινού διαλογισμού κάθε μέρα (πριν και μετά τα καθήκοντά τους) και να αφιερώνουν μία μέρα την εβδομάδα στη σιωπή, την ενδοσκόπηση, την πνευματική μελέτη και μια περίοδο διαλογισμού τουλάχιστον τεσσάρων ή περισσότερων ωρών.

Επάγγελμα, Ισορροπία και Εσωτερική Γαλήνη

Με μια εβδομάδα πενθήμερης εργασίας, όπως προτείνεται από τον Χένρυ Φορντ, οι άνθρωποι θα μπορούσαν να χρησιμοποιήσουν το βράδυ της Παρασκευής, το Σάββατο και την Κυριακή για να φύγουν από το θορυβώδες περιβάλλον της πόλης κι έτσι να αυξήσουν τη διάρκεια ζωής τους. Ο Αρχηγός της Αστυνομίας του Σικάγο ανέφερε μια μελέτη που δείχνει ότι η μακροζωία του ανθρώπου θα μπορούσε να αυξηθεί κατά έντεκα χρόνια αν οι θόρυβοι της πόλης σταματούσαν και το νευρικό σύστημα του ανθρώπου ηρεμούσε μ' αυτόν τον τρόπο. Σχεδόν κάθε οικογένεια στην Αμερική μπορεί να αγοράσει ένα αυτοκίνητο κάποιου είδους και μ' αυτό να φεύγει από τις πόλεις τα Σαββατοκύριακα και να ανανεώνεται στα γαλήνια ησυχαστήρια της φύσης, ζώντας τη διπλή ζωή ενός ερημίτη στα βουνά και ενός πολεμιστή στο πεδίο της εγκόσμιας δραστηριότητας.

Μάθετε την Τέχνη να Ζείτε Σωστά

Εφόσον η έσχατη σοφία –η γνώση όλων όσων μπορούν να μαθευτούν με τη μέγιστη χρήση της ανθρώπινης λογικής– είναι ο στόχος του ανθρώπου, τότε γιατί να μη μάθετε την τέχνη να ζείτε σωστά;

Οι άνθρωποι χάνουν την ισορροπία τους και υποφέρουν από τρέλα για χρήματα και μανία για επιχειρήσεις μόνο επειδή ποτέ δεν είχαν την ευκαιρία να καλλιεργήσουν συνήθειες μιας ισορροπημένης ζωής. Δεν είναι οι περαστικές σκέψεις ή οι ιδιοφυείς ιδέες μας που ελέγχουν τη ζωή μας, αλλά οι καθημερινές συνήθειές μας. Υπάρχουν κάποιοι ευσυνείδητοι επιχειρηματίες που βγάζουν εκατομμύρια χωρίς να είναι ανώμαλοι ή νευρικοί, αλλά υπάρχουν και άλλοι που είναι τόσο απορροφημένοι από την απόκτηση χρημάτων, που δεν μπορούν να σκεφτούν τίποτα άλλο και δεν ξυπνούν από την ψύχωσή τους μέχρι να τους συμβεί κάτι φοβερό, όπως μια αρρώστια ή η απώλεια όλης της ευτυχίας τους.

Πρέπει να ξεκινήσουμε και με τα παιδιά και με τους ενήλικες. Ο εύπλαστος νους του παιδιού μπορεί να πάρει οποιοδήποτε σχήμα με τη συνεργασία πειθαρχημένων, αναμορφωμένων ενηλίκων. Μπορούν εύκολα να δημιουργηθούν οι επιθυμητές συνήθειες στα παιδιά, γιατί η θέληση να ενεργούν είναι κατά το μεγαλύτερο μέρος της ελεύθερη, εκτός από μερικές έμφυτες κλίσεις. Οι ενήλικοι πρέπει να παλέψουν με τις παλιές τους συνήθειες και να τις εκτοπίσουν από μέσα τους για να δημιουργήσουν καλές. Όλες οι συνήθειες όμως, είτε των παιδιών είτε των ενηλίκων, πρέπει να καλλιεργηθούν μέσω αυθόρμητης προθυμίας.

Εκπαιδεύοντας τα παιδιά να έχουν μια ισορροπημένη ζωή ή να έχουν τη συνήθεια να ενδιαφέρονται τόσο για την απόκτηση χρημάτων όσο και για την απόκτηση πνευματικής ευτυχίας, ο χρόνος και η μέθοδος της εκπαίδευσης πρέπει να λαμβάνονται υπόψη.

Πολλοί ψυχολόγοι λένε πως οι μεταγενέστερες περίοδοι της ζωής δεν είναι παρά επαναλήψεις της εκπαίδευσης που έλαβε κάποιος μεταξύ της ηλικίας των δύο έως των δέκα ή δεκαπέντε ετών.

Τα πνευματικά κηρύγματα εμπνέουν τον νου των παιδιών να κάνουν καλύτερες πράξεις, αλλά αυτό είναι όλο. Η πραγματική, πρακτική πειθαρχία είναι αναγκαία για να καούν οι σπόροι των συνηθειών που φυτεύτηκαν στον υποσυνείδητο και υπερσυνείδητο νου τους από προηγούμενες ζωές. Αυτό μπορεί να γίνει μόνο κατευθύνοντας εσωτερικά τη δύναμη του ηλεκτρισμού της αυτοσυγκέντρωσης που καυτηριάζει.

Τα παιδιά θα πρέπει να ανατρέφονται με την πνευματική φιλοδοξία να βγάλουν χρήματα μόνο για χάρη της προσφοράς. Τα σύγχρονα παιδιά μεγαλώνουν συνήθως σε μια λανθασμένη ατμόσφαιρα, στην οποία η απόκτηση χρημάτων είναι ο μοναδικός στόχος, οπότε προσπαθούν να γίνουν γρήγορα πλούσιοι, ακόμα και με ληστείες. Το επιχείρημά τους είναι ότι αφού ο στόχος είναι η απόκτηση χρημάτων με κάθε τρόπο, γιατί να μην κυριαρχήσει η μέθοδος της ληστείας;

Στους σημερινούς ενήλικες εναπόκειται να εξυψώσουν τους αυριανούς πολίτες, μαθαίνοντας στα παιδιά να ζουν μια ισορροπημένη ζωή. Όσο οι ενήλικες παραμένουν μεθυσμένοι με τη μονόπλευρη υλιστική ζωή, τόσο τα παιδιά θα ακολουθούν αυτό το παράδειγμα και οι ελπίδες τους θα παραμένουν ανεκπλήρωτες. Για να σώσει το μέλλον του κόσμου σώζοντας τα παιδιά, ο σύγχρονος ενήλικας πρέπει να ξυπνήσει και να καλλιεργήσει μια ισορροπημένη ζωή με πνευματικές καθώς και υλικές συνήθειες.

Διάγοντας Μια Ισορροπημένη Ζωή

Πολλοί διευθυντές επιχειρήσεων καταφέρνουν να εργάζονται μόνο πέντε μέρες την εβδομάδα, από τις εννέα το πρωί μέχρι τις τρεις το μεσημέρι και γενικά έχουν ελεύθερα τα Σαββατοκύριακα. Έχουν κάποια ισορροπία, μια πιο οικογενειακή ζωή, αλλά περνούν τον περισσότερο ελεύθερο χρόνο τους παίζοντας γκολφ και πηγαίνοντας σε χορούς και στον κινηματογράφο αντί να αφιερώνουν κάποιο χρόνο στην πνευματική καλλιέργεια.

Επάγγελμα, Ισορροπία και Εσωτερική Γαλήνη

Για να ζουν ισορροπημένα, οι ενήλικες πρέπει να συνειδητοποιήσουν ότι οι επιχειρηματικές φιλοδοξίες έχουν λόγο ύπαρξης μόνο για να κάνουν ευτυχισμένους εμάς και τους άλλους. Χωρίς αυτό το ιδανικό, η υπερβολικά επίπονη επιχειρηματική δραστηριότητα δημιουργεί νευρικότητα, έλλειψη αρμονικών κοινωνικών ιδιοτήτων, φιλαργυρία, απληστία και έλλειψη σεβασμού για όλες τις καλές αρχές. Συνειδητοποιώντας τον αληθινό σκοπό της επαγγελματικής δραστηριότητας –της προσφοράς προς όφελος και του εαυτού μας και των άλλων– η ζωή μπορεί να γίνει πραγματικά ευτυχισμένη.

Νομίζω ότι ο κ. Χένρυ Φορντ έχει εγκαινιάσει μια νέα εποχή, προσδίδοντας πνευματικότητα στην επιχειρηματική ζωή με την εισήγησή του της πενθήμερης εργασίας. «Το σάββατο έγινε για τον άνθρωπο, όχι ο άνθρωπος για το σάββατο· ώστε ο Γιος του ανθρώπου να είναι Κύριος και του σαββάτου».[2] Ο Ιησούς ήθελε να έχουν οι άνθρωποι την Κυριακή ως ημέρα του Γιου ή μέρα της σοφίας για να καλλιεργείται η γνώση της ψυχής· όταν όμως οι άνθρωποι είναι τόσο πολυάσχολοι όλη την εβδομάδα, θέλουν τις Κυριακές να ξεκουραστούν και να διασκεδάσουν αντί να τις αφιερώσουν στον Θεό και στην ενδοσκόπηση. Οι κληρικοί και οι ιερείς που είναι αντίθετοι στο να διασκεδάζουν οι άνθρωποι τις Κυριακές και να πηγαίνουν στον κινηματογράφο, θα έπρεπε να συμμερίζονται και να συνεργάζονται με το σχέδιο του Χένρυ Φορντ. Ο άνθρωπος που δουλεύει σκληρά θα μπορούσε να χρησιμοποιήσει το Σάββατο για χαλάρωση, κηπουρική, ωφέλιμη διασκέδαση· τότε θα ένιωθε ελεύθερος και πρόθυμος να αφιερώσει με όλη του την καρδιά την Κυριακή μόνο στην παρακολούθηση θρησκευτικών τελετών και για πνευματική αυτοπειθαρχία μέσω εξάσκησης σε τεχνικές αυτοσυγκέντρωσης και διαλογισμού για την επίτευξη εσωτερικής γαλήνης και κοινωνίας με τον Θεό.[3]

Γνωρίζω πολλούς εξέχοντες, έξυπνους επιχειρηματίες, οι οποίοι στα μύχια της καρδιάς τους είναι ανικανοποίητοι και λαχταρούν τον Θεό και τη σοφία, αλλά παρασύρονται από τις επαγγελματικές τους συνήθειες και από τις πάρα πολλές κοινωνικές υποχρεώσεις τους. Η υπέρτατη υποχρέωσή τους για τον Θεό, την Αλήθεια, την ανώτερη μελέτη και πιο οικογενειακή ζωή, θυσιάζεται για την απόκτηση χρημάτων

---

[2] Κατά Μάρκο Β:27-28.

[3] Αυτοί των οποίων η πνευματική παράδοση είναι να τηρούν το Σάββατο ως ιερή τους μέρα, μπορούν να αφιερώνουν την Κυριακή σε ξεκούραση και χαλάρωση.

Ταξίδι Προς τη Συνειδητοποίηση του Εαυτού

ή για άχρηστες κοινωνικές συναναστροφές.

Γι' αυτό είναι απόλυτα απαραίτητο να συνεργαστούν σε παγκόσμιο επίπεδο οι πραγματικοί πατριώτες που αγαπούν την αλήθεια, για να γίνει το Σάββατο μια μέρα για διασκέδαση και χαλάρωση και η Κυριακή μια μέρα αποκλειστικά για την καλλιέργεια συνηθειών διαλογισμού, καλών αρχών, συναναστροφής με καλούς ανθρώπους, και για το υπέρτατο καλό – τη Μακαριότητα του Θεού εσωτερικά.

Όπως απαιτείται ορισμένη εκπαίδευση για να μάθει κάποιος την τέχνη του πολέμου, έτσι απαιτείται εκπαίδευση και για τη μάχη της δραστήριας ζωής. Οι ανεκπαίδευτοι στρατιώτες σύντομα σκοτώνονται στο πεδίο της μάχης· έτσι και αυτοί που είναι ανεκπαίδευτοι στην τέχνη της διατήρησης της εσωτερικής τους γαλήνης, γρήγορα γίνονται κόσκινο από τις σφαίρες της στενοχώριας και της νευρικότητας στη δραστήρια ζωή.[4]

Η μεγάλη ανάγκη του ανθρώπου είναι να βρει περισσότερο χρόνο

---

[4] Εξήντα πέντε χρόνια μετά τη δημοσίευση αυτού του άρθρου του Παραμαχάνσα Γιογκανάντα, μια μελέτη της οικονομολόγου του Χάρβαρντ Juliet B. Schor, το 1991, έδειξε ότι οι αρχές που υποστήριξε ο Παραμαχάνσατζι είναι τώρα το ίδιο επίκαιρες όπως και τη δεκαετία του 1920. Η καθηγήτρια Schor ανακάλυψε ότι ο μέσος Αμερικανός σήμερα εργάζεται ένα μήνα το χρόνο περισσότερο απ' όσο ένας το 1970 στο ίδιο επάγγελμα. Ανακάλυψε ότι οι σύγχρονοι Αμερικανοί εργάζονται περισσότερες ώρες απ' όσο οι άνθρωποι σε οποιαδήποτε στιγμή της ιστορίας, εκτός από τη βιομηχανική επανάσταση – περνώντας περισσότερο χρόνο στην εργασία τους απ' ό,τι οι μεσαιωνικοί υποτακτικοί!
Η Schor δηλώνει ότι η αύξηση της αποδοτικότητας της παραγωγής μπορεί να έχει ως αποτέλεσμα είτε περισσότερα κέρδη είτε περισσότερο ελεύθερο χρόνο. Από τότε που ο Χένρυ Φορντ και άλλοι βιομήχανοι πραγματοποίησαν επανάσταση στις συνήθειες του εργατικού δυναμικού, στις πρώτες δύο δεκαετίες αυτού του αιώνα, η Αμερική σαν σύνολο τάχθηκε υπέρ των χρημάτων. Ως αποτέλεσμα, το εισόδημα αυξήθηκε και το επίπεδο ζωής έγινε εξαιρετικά υψηλό. Εντούτοις, παρά τη δυνατότητα των Αμερικανών να αγοράζουν εντυπωσιακά αυτοκίνητα και σπίτια που ξεχειλίζουν από πολυπόθητες ανέσεις, η καθηγήτρια Schor ανακάλυψε ότι δεν είναι πιο ευτυχισμένοι. Όπως γράφει στο *The Overworked American: The Unexpected Decline of Leisure* («Ο Αμερικανός που εργάζεται υπερβολικά: Η απρόσμενη παρακμή του ελεύθερου χρόνου», New York: Basic Books, 1991): «Αν οι επιθυμίες μας συμβαδίζουν με το εισόδημά μας [...] το να γίνουμε πλουσιότεροι δεν μας κάνει πιο ικανοποιημένους. [...] Σύμφωνα με μια πρόσφατη μελέτη για τις υφιστάμενες συνθήκες, οι Αμερικανοί κυριολεκτικά δουλεύουν μέχρι θανάτου – αφού η εργασία τους δίνει πρόσφορο έδαφος σε καρδιακές ασθένειες, υπέρταση, γαστρεντερικά προβλήματα, κατάθλιψη, υπερκόπωση [...] Οι μελέτες αποδεικνύουν "έλλειμμα ύπνου" των Αμερικανών, οι οποίοι στην πλειοψηφία τους κοιμούνται κατά 60-90 λεπτά λιγότερο απ' όσο χρειάζονται κάθε βράδυ για τη βέλτιστη υγεία και αποδοτικότητα. [...] Οι γονείς δίνουν λιγότερη προσοχή στα παιδιά τους. Το άγχος κυριαρχεί, οφειλόμενο εν μέρει στην "τέχνη της ισορροπίας" του συγκερασμού των απαιτήσεων της εργασίας και της οικογενειακής ζωής».
«Για να έχουμε μια ευκαιρία ανάπαυσης», αναφέρει συμπερασματικά η Schor, «χρειάζεται να επαναφέρουμε τον δημόσιο διάλογο που τελείωσε τη δεκαετία του 1920».

να απολαύσει τη φύση, να απλοποιήσει τη ζωή του και τις ανάγκες που φαντάζεται ότι έχει, να απολαύσει τις πραγματικές ανάγκες της ύπαρξής του, να μάθει να γνωρίζει καλύτερα τα παιδιά του και τους φίλους του και πάνω απ' όλα να γνωρίσει *τον εαυτό του* και τον Θεό που τον έπλασε.

Διερευνώντας τον Πυρήνα της Νευρικότητας

Στον Ναό του Self-Realization Fellowship στο San Diego, Καλιφόρνια, 15 Ιουνίου 1947

Όλοι οι άνθρωποι κάποιες φορές νιώθουν νευρικότητα, λιγότερη ή περισσότερη, χωρίς να ξέρουν το γιατί. Μπορώ να τινάξω αυτό το κομμάτι ύφασμα και να πω ότι είναι νευρικό, αλλά τι είναι αυτό που κάνει το ύφασμα να κινείται; Όταν σταματώ να κινώ το χέρι μου, το ύφασμα μένει ακίνητο. Πάντα θεωρείτε ότι άλλα πράγματα φταίνε που σας κάνουν νευρικούς, αλλά ποτέ δεν κατηγορείτε τον εαυτό σας. Εντούτοις εσείς οι ίδιοι κάνετε τον εαυτό σας νευρικό· ενενήντα εννέα τοις εκατό το φταίξιμο είναι δικό σας. Η ανησυχία, η συναισθηματική έξαψη, συγκεντρώνει υπερβολική ενέργεια στα νεύρα, τόσο που αρχίζουν να φθείρονται. Μετά από πολλά χρόνια, τα αντίξοα αποτελέσματα αυτής της νευρικότητας αρχίζουν να φαίνονται. Τα νεύρα είναι πολύ γερά –ο Θεός τα έκανε έτσι γιατί πρέπει να διαρκέσουν για μια ζωή– αλλά είναι απαραίτητο να τα φροντίζουμε σωστά. Όταν σταματάτε να υπερφορτώνετε το νευρικό σύστημα, όπως όταν κοιμάστε βαθιά ή στην κατάσταση της ηρεμίας στον διαλογισμό, δεν είστε καθόλου νευρικοί. Στην έκσταση του διαλογισμού τα νεύρα ξεκουράζονται και αναζωογονούνται εξαιρετικά.

Τα Υγιή Νεύρα Είναι Απαραίτητα για Ένα Υγιές Σώμα

Τα νεύρα είναι σαν καλώδια που ενώνουν όλα τα μέρη ενός εργοστασίου. Αν τα καλώδια φθαρούν ή καούν, τότε όλο το εργοστάσιο ή ορισμένες περιοχές που υπέστησαν ζημιά δεν μπορούν να λειτουργήσουν. Παρόμοια, το νευρικό σύστημα δίνει ζωή σε όλα τα μέρη του σώματος, συμπεριλαμβανομένων των λειτουργιών της αντίληψης, της γνώσης και της ανταπόκρισης των πέντε αισθήσεων. Αν τα νεύρα καταστραφούν, τότε και η αλληλεπίδραση μεταξύ του ανθρώπου και του κόσμου επίσης καταστρέφεται.

Υπάρχουν δύο συστήματα νεύρων: το κεντρικό νευρικό σύστημα στον εγκέφαλο, τον προμήκη μυελό και τη σπονδυλική στήλη· και το περιφερικό σύστημα, που συνδέει τα νευρικά κέντρα με τα διάφορα όργανα του σώματος και μεταφέρει σ' αυτά ενέργεια. Το νευρικό σύστημα στέλνει αισθητήρια μηνύματα στον εγκέφαλο, τον καθιστά ικανό να τα επεξεργάζεται και μετά αντιδρά ανάλογα με την ερμηνεία των ερεθισμάτων αυτών από τον εγκέφαλο.

Κατά την αρχική ανάπτυξη του εγκεφάλου του εμβρύου, στο πρώτο στάδιο διαμόρφωσης τα νεύρα είναι σαν υγρό, το οποίο μετά σταδιακά μετατρέπεται σε ίνες που τελικά αναπτύσσονται σε νεύρα – γερές λεωφόρους για τη μεταφορά ενέργειας από τον εγκέφαλο σε όλα τα μέρη του σώματος. Ο εγκέφαλος είναι το μέγαρο της κυβέρνησης· τα είκοσι επτά χιλιάδες δισεκατομμύρια κύτταρα είναι οι υπήκοοι. Το νευρικό σύστημα, που τα συνδέει όλα, πρέπει να διατηρείται σε καλή λειτουργική κατάσταση. Ίσως θυμάστε πώς παρέλυσαν τα πάντα όταν δεν λειτουργούσαν τα τηλέφωνα λόγω της πρόσφατης απεργίας. Αυτό είναι που μπορεί να συμβεί στο σώμα σας. Όταν τα «τηλέφωνα» των νεύρων παραλύσουν, δεν μπορούν να μεταβιβάσουν τα ζωτικά τους μηνύματα. Για παράδειγμα, όταν το οπτικό νευρικό κέντρο στον εγκέφαλο φθαρεί εξαιτίας λανθασμένης διατροφής, ασθένειας ή καταπόνησης, τα νεύρα των ματιών πλήττονται και τα μάτια αρχίζουν να εξασθενούν.

Εξετάστε τον Εαυτό Σας για να Δείτε Τι Σας Κάνει Νευρικούς

Οι περισσότερες νευρικές ασθένειες οφείλονται σε υπερδιέγερση του νου. Αυτές εγείρονται από πολλές αιτίες. Εξετάστε τον εαυτό σας για να δείτε αν είστε νευρικοί και μετά προσδιορίστε τι είναι αυτό που σας κάνει νευρικούς. Όταν εξοργίζεστε, για παράδειγμα, στέλνετε τρομακτική ποσότητα ενέργειας στον εγκέφαλο και στην καρδιά. Συναισθήματα όπως ο θυμός ή ο φόβος μπορούν να υπερφορτώσουν τόσο πολύ τα νεύρα, που προκαλούν δυσλειτουργίες στο σώμα· μπορεί ακόμα και να σταματήσει η καρδιά και να επέλθει ο θάνατος. Αν διοχετεύσετε ένα εκατομμύριο βολτ σ' ένα καλώδιο που αντέχει μόνο λίγα βολτ, το καλώδιο θα καεί. Όταν βρίσκεστε σε έξαψη, διοχετεύετε πάρα πολλή ενέργεια σε μια ορισμένη περιοχή και στερείτε άλλα νεύρα απ' αυτή τη ζωική δύναμη. Ο ήρεμος άνθρωπος, αντίθετα, τροφοδοτεί τα νεύρα του με ισορροπημένη ροή ενέργειας, ώστε κανένα μέρος του σώματος να μην είναι επιζήμια υπερφορτωμένο ή στερημένο απ' αυτήν. Η νευρικότητα είναι η ασθένεια του πολιτισμού. Θυμάμαι που κάποιοι από μας πηγαίναμε με το αυτοκίνητο στο Pikes Peak στο Κολοράντο. Τα άλλα αυτοκίνητα μας προσπερνούσαν στην απότομη, γεμάτη στροφές ανηφόρα. Νόμισα ότι βιάζονταν να ανέβουν στην κορυφή του βουνού για να προλάβουν την ανατολή. Έκπληκτος, όταν φτάσαμε εκεί διαπίστωσα ότι ήμαστε οι μόνοι έξω που απολαμβάναμε τη θέα. Όλοι οι άλλοι ήταν στο ρεστοράν, πίνοντας καφέ και τρώγοντας ντόνατς. Φανταστείτε! Έτρεξαν με βιασύνη στην κορυφή και μετά έτρεξαν πίσω μόνο και μόνο για να μπορούν όταν φτάσουν στο σπίτι να πουν ότι πήγαν και ήπιαν καφέ και έφαγαν στο Pikes Peak. Αυτά κάνει η νευρικότητα. Θα πρέπει να αφιερώνουμε χρόνο για να απολαμβάνουμε τα πράγματα -τις ομορφιές της δημιουργίας του Θεού, τις πολλές ευλογίες της ζωής- αλλά να αποφεύγουμε την υπερβολική διέγερση, τη νευρικότητα και τα αιφνίδια συναισθήματα που καταστρέφουν το νευρικό σύστημα.

Η φλυαρία, συμπεριλαμβανομένης της συνήθειας της πολύωρης συνομιλίας στο τηλέφωνο, δημιουργεί νευρικότητα. Οι κατά συνήθεια μυϊκές συσπάσεις -όπως το παίξιμο των δακτύλων ή οι νευρικές κινήσεις των ποδιών- καταναλώνουν ενέργεια από τα νεύρα. Μια άλλη αιτία νευρικότητας, αν και μπορεί να μην το ξέρετε, είναι ο θόρυβος του ραδιοφώνου ή της τηλεόρασης όταν παίζουν για ώρες συνεχόμενα. Όλοι οι ήχοι κάνουν τα νεύρα να αντιδρούν.[1] Μια μελέτη που διεξήγαγε το αστυνομικό τμήμα του Σικάγο έδειξε ότι αν δεν υπήρχε ο βομβαρδισμός των ήχων της σύγχρονης ζωής, οι οποίοι είναι ιδιαίτερα έντονοι στις πόλεις, οι άνθρωποι θα μπορούσαν να ζήσουν αρκετά περισσότερα χρόνια. Μάθετε να απολαμβάνετε τη σιωπή· μην ακούτε ραδιόφωνο και μη βλέπετε τηλεόραση για ώρες, αδιάκοπα, ούτε να έχετε ανοιχτές αυτές τις συσκευές να βγάζουν διαπεραστικούς ήχους όλη την ώρα ενώ εσείς κάνετε άλλες δουλειές. Υπάρχει αρκετή «τηλεόραση» αγίων και μουσική στις σφαίρες που διαπερνούν όλο το σύμπαν, που δεν χρειάζεται να ακούτε

---

[1] Πολλοί ερευνητές περιέγραψαν τα επιβλαβή αποτελέσματα του θορύβου στην ανθρώπινη υγεία, συμπεριλαμβανομένου του Dr. Samuel Rosen, κλινικού καθηγητή ωτορινολαρυγγολογίας του Πανεπιστημίου του Columbia, ο οποίος έγραψε: «Είναι γνωστό ότι οι δυνατοί ήχοι προκαλούν επιπτώσεις τις οποίες ο αποδέκτης δεν μπορεί να ελέγξει. Τα αιμοφόρα αγγεία συσπώνται, το δέρμα χλομιάζει, όλοι οι μύες σφίγγονται και ξαφνικά χύνεται αδρεναλίνη στο αίμα, η οποία δημιουργεί νευρομυϊκή ένταση, νευρικότητα, ευερεθιστότητα και άγχος».

«κονσερβοποιημένη» μουσική ή να βλέπετε «κονσερβοποιημένες» ταινίες. Μέσω της ηρεμίας της εσωτερικής σιωπής, μάθετε να συντονίζεστε με τα θαυμαστά συμπαντικά προγράμματα του Θεού.

Μάθετε να Ελέγχετε τα Συναισθήματά Σας

Μια άλλη σοβαρή αιτία της νευρικότητας είναι τα αγενή λόγια. Ποτέ μην κουτσομπολεύετε, ούτε να μιλάτε άσχημα για άλλους. Να ασχολείστε με την αναμόρφωση του εαυτού σας. Εξασκηθείτε στα καλά λόγια. Μην είστε εριστικοί. Αν η σύζυγος ή ο σύζυγός σας θυμώσει και σας κάνει να οργιστείτε, κάντε έναν μικρό περίπατο και ηρεμήστε πριν απαντήσετε. Αν σας μιλήσει απότομα, μην απαντήσετε με τον ίδιο τρόπο. Είναι καλύτερα να παραμείνετε σιωπηλοί μέχρι να ηρεμήσουν τα πράγματα. Προσπαθήστε να μην είστε ξεροκέφαλοι ή ψεύτικα συγκαταβατικοί· ταυτόχρονα όμως μην εμπλακείτε σε καυγά. Περιμένετε μέχρι και οι δύο να ανακτήσετε την ήρεμη λογική σας. Ποτέ μην επιτρέψετε σε κανέναν να σας κλέψει την εσωτερική σας γαλήνη· και μην κλέβετε κι εσείς τη γαλήνη των άλλων με φραστικές απρέπειες. Η κακή χρήση της ομιλίας είναι το όπλο που πληγώνει πιο πολύ απ' όλα. Μέσα στον θυμό σας ή την έντονη έξαψη μπορεί να πείτε κάτι που δεν εννοείτε πραγματικά και μετά να μετανιώσετε· όμως, για είκοσι χρόνια ή και παραπάνω το άλλο πρόσωπο θα το θυμάται. (Απ' αυτήν την άποψη, η μνήμη είναι κακό πράγμα. Η δύναμη να θυμόμαστε είναι ευλογία όταν χρησιμοποιείται με τον σωστό τρόπο, αλλά είναι επιβλαβής αν χρησιμοποιείται για να θυμόμαστε κάθε κακό που μας έκαναν οι άλλοι.) Αν η σύζυγός σας στριγκλίζει κι εσείς απαντήσετε με τον ίδιο τρόπο, θα υποφέρετε διπλά – μια φορά για τα σκληρά της λόγια κι άλλη μια φορά για τα δικά σας. Πρωτίστως βλάπτετε τον εαυτό σας. Όταν θα έχει περάσει ο καυγάς, θα νιώθετε ότι δεν έχει μείνει τίποτα μέσα σας. Αυτός είναι ο λόγος για τον οποίο υπάρχουν τόσο πολλά διαζύγια.

Ειλικρινά, οι άνθρωποι δεν θα έπρεπε να παντρεύονται μέχρι να μάθουν να ελέγχουν κάπως τα συναισθήματά τους. Τα σχολεία θα πρέπει να εκπαιδεύουν τους νεαρούς μαθητές σ' αυτήν την τέχνη και στον τρόπο να αναπτύσσουν ηρεμία και αυτοσυγκέντρωση. Το αμερικανικό σπίτι διαλύεται επειδή αυτά τα πράγματα δεν διδάσκονται – ούτε στο σπίτι, ούτε στα σχολεία. Πώς είναι δυνατόν δύο άνθρωποι που είναι συνηθισμένοι στη νευρική δραστηριότητα να ζήσουν μαζί χωρίς να καταστρέψουν σχεδόν ο ένας τον άλλον με τη νευρικότητά τους; Στην αρχή του γάμου η νύφη και ο γαμπρός παρασύρονται από τα συναισθήματα της έξαψης και του πάθους. Μετά από λίγο όμως, όταν αυτά αναπόφευκτα αρχίσουν να ξεθυμαίνουν, η αληθινή φύση των δύο αυτών ανθρώπων αρχίζει να εμφανίζεται και έρχονται οι καυγάδες και η απογοήτευση.

Η καρδιά χρειάζεται αληθινή αγάπη, φιλία και πάνω απ' όλα γαλήνη. Αποτελεί ιεροσυλία του ναού του σώματος η καταστροφή της γαλήνης εξαιτίας έντονων συναισθημάτων. Το υγιές νευρικό σύστημα είναι αυτό που θα διατηρήσει σε σωστή λειτουργία όλα τα σωματικά όργανα και τα αισθήματα. Και για να παραμένει το νευρικό σύστημα υγιές, είναι σημαντικό να μένουμε ελεύθεροι από καταστροφικά συναισθήματα όπως ο φόβος, ο θυμός, η απληστία, η ζήλεια.

Αποβάλετε τον φόβο. Τι υπάρχει για να φοβηθείτε; Ακόμα κι ένας ελάχιστος φόβος, όπως ο ανόητος φόβος για το σκοτάδι ή η στενοχώρια για πράγματα που «θα μπορούσαν» να συμβούν, πλήττει τα νεύρα περισσότερο απ' όσο μπορείτε να φανταστείτε. Γιατί να τρομοκρατείστε ακόμα και από τον θάνατο; Ο Θεός αφήνει να συμβεί σε όλους, επομένως δεν μπορεί να είναι κάτι κακό. Αυτή είναι μια πολύ παρηγορητική σκέψη. Ο θάνατος είναι απλώς σαν ένας αναζωογονητικός ύπνος· και δεν φοβάστε τον ύπνο, έτσι δεν είναι; Ο θάνατος είναι απόλυτη ανάπαυση. Ο Θεός σάς δίνει τον θάνατο για να σας απαλλάξει απ' όλα σας τα προβλήματα εδώ και μετά να σας δώσει την ευκαιρία να κάνετε μια νέα αρχή σε μια νέα ενσάρκωση.

Το να Παγιδευόμαστε σε Συναισθήματα Σημαίνει Ότι Ξεχνάμε τον Θεό

Το να παγιδευόμαστε στον φόβο, στον θυμό, στην απληστία ή σε οποιοδήποτε βίαιο ή παρορμητικό συναίσθημα σημαίνει ότι ξεχνάμε τον Θεό. Αν οι αισθήσεις σας, οι οποίες κυβερνούν τα συναισθήματά σας, βρίσκονται υπό τον έλεγχό σας, είστε άγιοι. Κανείς δεν ξέρει καλύτερα από σας τους ίδιους αν είστε κυρίαρχοι των αισθήσεών σας ή σκλάβοι τους. Να θυμάστε, οτιδήποτε ανατρέπει τον αυτοέλεγχό σας οδηγεί το νευρικό σας σύστημα στην καταστροφή. Και ο λαίμαργος και ο άνθρωπος με αυτοέλεγχο τρώνε. Ο ένας τρώει για το καλό του σώματός του και ο άλλος τρώει περισσότερο απ' όσο πρέπει για να ικανοποιήσει τις αισθήσεις του. Αν η αγάπη κάποιου είναι μεγαλύτερη για τον Θεό και μικρότερη για τις αισθήσεις, τότε αυτός θα μπορεί να ξεπεράσει κάθε κατάχρηση των αισθήσεων. Όταν μπαίνετε σε πειρασμό, να προσεύχεστε στον Κύριο: «Κάνε τον Εαυτό Σου πιο δελεαστικό από τον πειρασμό. Όπως κι αν με δοκιμάσεις, Κύριε, θα κρατιέμαι γερά από Σένα». Όταν το νευρικό σας σύστημα είναι γεμάτο με γαλήνιες, γεμάτες αγάπη σκέψεις για τον Θεό, τα νεύρα σας αναζωογονούνται από τη δύναμή Του. Ο Κρίσνα είπε: «Όταν το συναίσθημα (το *τσιτά*) είναι πλήρως υποταγμένο και είναι ήρεμα εδραιωμένο στον Εαυτό (την ψυχή), ο γιόγκι, απαλλαγμένος έτσι από την προσκόλληση σε οποιαδήποτε επιθυμία, λέγεται ότι είναι ενωμένος με τον Θεό».[2]

Οι αστέρες του κινηματογράφου και άλλοι επαγγελματίες διασκεδαστές θεωρούνται οι όμορφοι άνθρωποι της Αμερικής. Γιατί όμως η προσωπική τους ζωή είναι τόσο συχνά ένα χάλι δυστυχίας και πολλαπλών διαζυγίων; Οι περισσότεροι απ' αυτούς ζουν με τη νευρική ενέργεια πολύ συγκεντρωμένη στις αισθήσεις. Το υπερβολικό φαγητό, το έκλυτο σεξ, η μέθη με ποτά και ναρκωτικά – όλα δημιουργούν μια πλαστή ευτυχία. Μόνο στον Θεό βρίσκει κάποιος την εκπλήρωση όλων των επιθυμιών. Μόνο στον Θεό βρίσκει κάποιος πάντα ανανεούμενη χαρά, που δεν μπορεί να δώσει καμία από τις αισθήσεις. Αν είστε υπό το κράτος κατάχρησης οποιασδήποτε αίσθησης –κι αυτό σημαίνει οποιασδήποτε απ' αυτές– να διαβεβαιώνετε συνεχώς τον εαυτό σας ότι είστε ελεύθεροι: «Δεν είμαι υποδουλωμένος απ' αυτή τη συνήθεια· η αγάπη μου για τον Θεό είναι υπέρτατη, μεγαλύτερη απ' ό,τι για οτιδήποτε άλλο».

Η Επιθυμία και η Προσκόλληση Εντείνουν τη Νευρικότητα

Η επιθυμία και η προσκόλληση εντείνουν την ασθένεια της νευρικότητας. Όταν πια θα έχετε αποκτήσει αυτά που λαχταρούσατε, θα έχετε εξουθενωθεί. Η ελευθερία από κάθε προσκόλληση, η έλλειψη επιθυμιών, είναι ελευθερία από την τυραννία της υποδούλωσης στα αποκτήματα. Όλοι λένε πόσο όμορφο είναι το Ενσινίτας (Encinitas).[3] Μου αρέσει γιατί στο ιερό του ορίζοντα του ωκεανού και του γαλάζιου ουρανού βλέπω τον Θεό. Όταν μου δόθηκε το Ερημητήριο, το απόλαυσα για επτά μέρες. Μετά το έδωσα στον Θεό, ελευθερώνοντας εσωτερικά τον εαυτό μου από κάθε αίσθηση ιδιοκτησίας. Τώρα το απολαμβάνω μέσω της χαράς των άλλων.

---

[2] Μπάγκαβαντ Γκίτα VI:18.
[3] Το Κέντρο Άσραμ του SRF στο Ενσινίτας, Καλιφόρνια (Βλ. *Ενσινίτας* στο γλωσσάριο).

Όλα τα πράγματα που δυστυχώς έλειπαν από την Ινδία και τα οποία θα ευχόμουν να υπάρχουν εκεί, βλέπω ότι τα έχετε εδώ στην Αμερική· παρ' όλα αυτά δεν είστε ευτυχισμένοι. Τώρα προσεύχομαι να μην αποκτήσει η Ινδία πολύ δυτικό χαρακτήρα. Και η Ινδία και η Αμερική εκφράζουν τα άκρα. Χρειάζεται ισορροπία – ο αμερικανικός πολιτισμός τροποποιημένος με την πνευματικότητα της Ινδίας. Κάθε έθνος επιθυμεί τα υλικά πλεονεκτήματα που έχει η Αμερική. Και η πνευματική συνειδητότητα που χρειάζεται κάθε έθνος βρίσκεται στην Ινδία. Νομίζω ότι η ζωή στην Αμερική αρχίζει να γίνεται πιο απλή, κάτι που είναι καλό. Χρειάζεται πάρα πολύς χρόνος και πολλή ενέργεια για να κρατήσεις πάρα πολλά αποκτήματα σε καλή κατάσταση. Η ουσία είναι ότι όσο πιο πολλές περιττές «αναγκαιότητες» έχετε, τόσο λιγότερη γαλήνη έχετε· και όσο λιγότερο υποδουλώνεστε στα αποκτήματά σας, τόσο περισσότερη ευτυχία έχετε. Ο τρόπος να αναπτυχθείτε πνευματικά είναι να ζείτε απλά, να ζείτε ήσυχα, να μελετάτε καλά βιβλία (ποτέ φθηνά μυθιστορήματα), να εξασκείστε στην ηρεμία μέσω ελέγχου των αισθήσεων και των συναισθημάτων και να διαλογίζεστε για πολύ χρόνο. Η Καλιφόρνια, με το ήπιο κλίμα της και το φυσικό της κάλλος είναι ένα ιδανικό μέρος για να ζει κάποιος μια απλή ζωή· και εδώ θα υπάρξει μια μεγάλη πνευματική ανάκαμψη.

Η Σωστή Στάση Απέναντι στον Πλούτο

Οι άνθρωποι φοβούνται την ιδέα της απάρνησης και απομακρύνονται απ' αυτήν, εντούτοις απαρνούνται πάρα πολλά που έχουν αληθινή αξία –εκ των οποίων κάποια είναι σοβαρά όπως η γαλήνη του νου και ακόμα και η ίδια η ζωή τους μερικές φορές– για χάρη των χρημάτων, τα οποία μπορεί να χαθούν. Μπορεί κάποιος να σας πάρει τον πλούτο, ή μπορεί ο θάνατος να σας πάρει απ' αυτόν· δεν μπορείτε να τον πάρετε μαζί σας. Η μόνη αξία των χρημάτων είναι να συνεισφέρουν στην ευημερία και την αληθινή ευτυχία σας και αυτή των άλλων. Αυτοί που σκέφτονται μόνο τη δική τους ασφάλεια και τις δικές τους ανέσεις, λησμονώντας άλλους που βρίσκονται σε ανάγκη, πάνε γυρεύοντας να γίνουν φτωχοί· η φτώχεια θα τους επιβληθεί κάποτε. Αυτοί που γαντζώνονται με ιδιοτέλεια στον πλούτο τους αντί να τον χρησιμοποιούν για να κάνουν το καλό, δεν προσελκύουν ευημερία στην επόμενη ζωή τους. Γεννιούνται φτωχοί, αλλά με όλες τις επιθυμίες των πλούσιων. Αυτοί όμως που μοιράζονται την καλή τους τύχη, προσελκύουν πλούτο και αφθονία όπου κι αν πηγαίνουν. Ο Ιησούς μίλησε γι' αυτόν τον κανόνα όταν είπε: «Όλα όσα έχεις πώλησε και δώσε τα σε φτωχούς, και θα έχεις θησαυρό στον ουρανό».[4]

Αν μάθετε να μοιράζεστε με τους άλλους, θα δείτε ότι ο Θεός θα είναι πάντα μαζί σας· δεν θα σας εγκαταλείψει ποτέ και ποτέ δεν θα στερηθείτε τίποτα. Να εξαρτάστε απ' Αυτόν, κι Αυτός θα σας φροντίζει. Μην ξεχνάτε ότι η ίδια η ζωή σας συντηρείται άμεσα από τη δύναμη του Θεού. Όταν θυμάστε ότι η λογική σας, η θέλησή σας και η δραστηριότητά σας εξαρτώνται από Εκείνον, θα καθοδηγείστε από τον Θεό και θα συνειδητοποιήσετε ότι η ζωή σας είναι ένα με τη δική Του Άπειρη Ζωή.

Αυτός που παρακινείται από ιδιοτελή κίνητρα παραμελεί τον ρόλο που του ανατέθηκε να βοηθά το θεατρικό έργο της δημιουργίας του Θεού. Αυτός που ζει μόνο για τον εαυτό του, φτιάχνοντας ιστούς από επιθυμίες, μπλέκεται σ' αυτούς τους ιστούς. Αυτός όμως που πράττει και εργάζεται για τον Θεό είναι ελεύθερος. Δεν ξέρετε γιατί είστε εδώ στη γη, ή γιατί είστε άντρας ή γυναίκα, ή γιατί είστε όπως είστε. Δεν είστε εδώ απλώς για να κάνετε το κέφι σας. Είστε εδώ για να κάνετε το θέλημα του Θεού. Με το να εργάζεστε για τον εαυτό σας, δένεστε με τη ζωή. Με το να εργάζεστε για τον Θεό, είστε ελεύθεροι.

Μάθετε να είστε πολύ δραστήριοι σ' αυτόν τον κόσμο, εργαζόμενοι εποικοδομητικά· όταν όμως τελειώσετε τα καθήκοντά σας, σβήστε τον κινητήρα του νευρικού σας συστήματος. Αποσυρθείτε στο κέντρο της ύπαρξής σας, που είναι η ηρεμία. Νοητικά διαβεβαιώνετε τον εαυτό σας: «Είμαι ήρεμος. Δεν είμαι απλά ένας μηχανισμός από νεύρα· είμαι Πνεύμα. Αν και ζω σ' αυτό το σώμα, δεν επηρεάζομαι απ' αυτό». Αν έχετε ήρεμο νευρικό σύστημα, θα επιτυγχάνετε σε οτιδήποτε αναλαμβάνετε· και πάνω απ' όλα θα επιτύχετε πνευματικά.

Το Νευρικό Σύστημα Σας Συνδέει με τον Κόσμο και τον Θεό

Το νευρικό σύστημα έχει δύο καθήκοντα. Τα νεύρα σάς επιτρέπουν να αλληλεπιδράτε με τον κόσμο· και, όπως ανακάλυψαν οι αρχαίοι γιόγκι, τα νεύρα επίσης χρησιμεύουν για να σας συνδέσουν με τον Θεό. Η ζωική δύναμη στο σώμα του ανθρώπου συνήθως ρέει προς τα έξω, από τον εγκέφαλο και τη σπονδυλική στήλη, μέσω των νεύρων, στις αισθήσεις και τις εξωτερικές τους εμπειρίες. Όταν με διαλογισμό γιόγκα αυτή η ενέργεια αντιστρέφεται και ρέει προς τα μέσα, έλκει τη

---
[4] Κατά Λουκά ΙΗ:22.

συνειδητότητα στα λεπτοφυή πνευματικά εγκεφαλονωτιαία κέντρα της θεϊκής αντίληψης και της συνειδητοποίησης του Θεού.[5]

Η νευρικότητα, η υπερδιέγερση των νεύρων, δένει τη συνειδητότητα στο σώμα· η ηρεμία συντείνει στην κοινωνία με τον Θεό. Όταν αποκόπτετε την εξωτερική νευρική ενέργεια και ηρεμείτε στον διαλογισμό και η ζωική δύναμη αποσύρεται από τις αισθήσεις στα εγκεφαλονωτιαία κέντρα της πνευματικής αντίληψης, τότε το νευρικό σας σύστημα συνδέεται με το υπερσυνείδητο και έχετε τον Θεό. Βρίσκεστε στη χώρα του φωτός, που είναι πέρα από το υποσυνείδητο βασίλειο του ύπνου. Ο ύπνος είναι ένας μη συνειδητός τρόπος για να αποκόπτετε τη ζωική ενέργεια από τα νεύρα. Επομένως ξεκουράζεστε λίγο κατά τη διάρκεια του ύπνου, αλλά δεν έχετε τη συνειδητή εμπειρία της μακαριότητας που παράγει η υπερσυνείδητη κατάσταση. Όταν ξυπνάτε, είστε ακριβώς οι ίδιοι που ήσαστε και πριν τον ύπνο. Αν όμως μπορείτε να διασχίσετε το υποσυνείδητο βασίλειο και να βρεθείτε στην υπερσυνείδητη χώρα του φωτός, θα έχετε τις πιο θαυμαστές εμπειρίες, κι αυτές δημιουργούν μόνιμες πνευματικές αλλαγές στη συνειδητότητα. Όσο πιο πολύ μπορείτε να μένετε σ' αυτήν την εσωτερικευμένη κατάσταση της μακαριότητας στον διαλογισμό, τόσο περισσότερο θα νιώθετε αυτή τη χαρά μέσα σας κάθε ώρα, ακόμα και εν μέσω δραστηριοτήτων.

Η Πνευματική Φυσιολογία Που Καθιστά τον Άνθρωπο Μοναδικό

Υπάρχει μια πνευματική φυσιολογία πίσω από το νευρικό σύστημα που καθιστά τον άνθρωπο ένα μοναδικό όχημα για τα ανώτατα στάδια της εξέλιξης της συνειδητότητας. Ο εγκέφαλος του ανθρώπου, όντας μεγαλύτερος απ' αυτόν των περισσότερων ζώων, με εξαίρεση αυτόν του

---

[5] Η γιόγκα διδάσκει ότι μέσα στον εγκέφαλο και στη σπονδυλική στήλη του ανθρώπου υπάρχουν επτά λεπτοφυή κέντρα ζωής και συνειδητότητας. Οι πραγματείες πάνω στη γιόγκα αναφέρουν αυτά τα κέντρα ως το *μουλαντάρα* (το κέντρο του κόκκυγα), το *σβαντιστάνα* (το κέντρο του ιερού οστού), το *μανιπούρα* (το οσφυϊκό), το *αναχάτα* (το ραχιαίο), το *βισούντα* (το αυχενικό), το *άτζνα* (ο προμήκης μυελός και το κατά Χριστόν κέντρο μεταξύ των φρυδιών) και το *σαχασράρα* (ο χιλιοπέταλος λωτός στον εγκέφαλο). Χωρίς τις εξειδικευμένες αυτές δυνάμεις που βρίσκονται μέσα σ' αυτά τα κέντρα και ρέουν προς τα έξω, στα υλικά όργανα και στις αισθήσεις, το σώμα θα ήταν μια αδρανής μάζα από πηλό. Αντίστροφα, όταν η ενέργεια και η συνειδητότητα εστιάζονται εσωτερικά, η θαυμαστή πηγή και δύναμη που υποστηρίζει τη ζωή αποκαλύπτεται, εκπορευόμενη από την υπέρτατη συνειδητότητα της ψυχής και του Πνεύματος. (Βλ. *τσάκρα* στο γλωσσάριο.)

ελέφαντα και της φάλαινας, και όντας πιο περίπλοκος, διαθέτει τη μεγαλύτερη ικανότητα σκέψης. Αυτό κάνει τον ανθρώπινο εγκέφαλο ένα κατάλληλο εργαλείο για τον άνθρωπο, του οποίου η συνειδητότητα είναι η πιο υψηλά εξελιγμένη απ' όλων των πλασμάτων. Μόνον ο άνθρωπος είναι ικανός να φτάσει σε ανεπτυγμένα στάδια διάκρισης· και τέλος στη συνειδητοποίηση του Θεού. Όσο μεγαλύτερη είναι η ποσότητα σκέψης (για παράδειγμα στον άνθρωπο, σε αντίθεση με τα ζώα), τόσο μεγαλύτερη είναι και η πολυπλοκότητα των ελίκων του εγκεφάλου. Το βάθος αυτών των ελίκων είναι περίπου δυόμισι εκατοστά στον ενήλικο εγκέφαλο. Η φαιά ουσία της ελικοειδούς επιφάνειας του εγκεφάλου είναι το μέρος όπου λαμβάνουν χώρα οι κιναισθητικές διαδικασίες σκέψης. Κατά τα αρχικά στάδια της ανάπτυξης του εμβρύου, ο εγκέφαλος είναι πιο πολύ σαν μαρμάρινος θόλος. Η επίγνωση και οι αντιδράσεις του εμβρύου αυξάνονται με την αναπτυσσόμενη περιπλοκότητα των ελίκων. Ο νους, η πηγή της σκέψης και της διάκρισης, είναι μια διαδικασία συνειδητότητας, όχι φυσιολογίας· αποτελεί το έναυσμα της φυσιολογίας.[6]

Τώρα θα δείτε πόσο ενδιαφέρων είναι ο τρόπος με τον οποίο ο Θεός έπλασε αυτό το υλικό σώμα. Είναι ένα βαθύ και αχανές θέμα· γι' αυτό θα θίξω μόνο μερικά σημεία. Η φαιά ουσία στην επιφάνεια του εγκεφάλου είναι ο υποδοχέας των νευρικών ώσεων. Εκεί βρίσκονται όλα τα νευρικά κύτταρα και οι ηλεκτρικές δονήσεις. Όταν αποφασίζετε να κινήσετε οποιοδήποτε μέρος του σώματός σας –τα χέρια σας, τα δάχτυλά σας, τα μάτια σας για παράδειγμα– αυτό δημιουργεί ηλεκτρικές ώσεις στα κύτταρα της φαιάς ουσίας, οι οποίες μεταβιβάζονται μέσω των κινητικών νεύρων στο τμήμα του σώματος που θέλετε να κινήσετε. Καθώς αυτό το τμήμα κινείται, ένα άλλο ηλεκτρικό ρεύμα στέλνεται στον εγκέφαλο μέσω των αισθητήριων νεύρων. Αυτές οι ηλεκτρικές ώσεις διεγείρουν τα νευρικά κύτταρα της φαιάς ουσίας και από τη μεμβράνη που περιβάλλει τον εγκέφαλο έλκεται μέσω των αιμοφόρων

---

[6] Στην επιστήμη της γιόγκα, ο νους συλλαμβάνεται νοητικά ως ένα σύμπλεγμα από στοιχεία που αλληλεπιδρούν: το *τσιτά* (συνειδητότητα· διαισθητικό αίσθημα), το *μάνας* (ο νους των αισθήσεων), το *μπούντι* (η διακριτική νοημοσύνη) και το *αχάμκαρα* (ο εγωισμός). Η γιόγκα διδάσκει ότι το υλικό σώμα, συμπεριλαμβανομένου του εγκεφάλου, είναι ένα προϊόν συνειδητότητας – όχι το αντίστροφο, όπως ισχυρίζονται κάποιοι θεωρητικοί της Δύσης. Η γιόγκα τονίζει ωστόσο ότι στη συνηθισμένη κατάσταση της συνειδητότητας του ανθρώπου ο νους είναι τόσο ταυτισμένος με το υλικό σώμα, που οι βιοχημικές αλλαγές έχουν μια τεράστια επίδραση στον νου, ο οποίος με τη σειρά του επενεργεί στο σώμα μέσω των ενδοκρινών αδένων και του νευρικού συστήματος. Αυτή η πολύπλοκη αμοιβαία αλληλεπίδραση μεταξύ σώματος και νου είναι ο κύριος παράγοντας της σωματικής και της νοητικής υγείας του ανθρώπου.

αγγείων περισσότερο οξυγόνο που δίνει ενέργεια. Μια άσκηση που είναι πολύ καλή για τη διέγερση της ενέργειας στον εγκέφαλο είναι να χτυπάτε το κεφάλι απαλά αλλά σταθερά με τις αρθρώσεις των δαχτύλων σας. Αυτό είναι ιδιαίτερα ευεργετικό αν το κάνετε όταν ξυπνάτε το πρωί, καθώς αρχίζετε τη μέρα σας – αλλά και οποιαδήποτε ώρα νιώθετε τον εγκέφαλό σας να έχει εξασθενίσει.

Το Πνευματικό Μάτι: Η Επιτομή της Δημιουργίας

Κάτω από τη φαιά ουσία στον εγκέφαλο υπάρχει η λευκή ουσία, η οποία λέγεται ότι είναι παθητική. Η κατασκευή του εγκεφάλου έχει μια αντιστοιχία με το πνευματικό μάτι[7] στον άνθρωπο. Στην πραγματικότητα αυτό το μάτι από αστρικό φως, που μπορούμε να δούμε στον διαλογισμό, είναι μια επιτομή της δημιουργικής ενέργειας και συνειδητότητας από τις οποίες έχει διαμορφωθεί το ανθρώπινο σώμα και από τις οποίες αυτό παίρνει ζωή. Ο Ιησούς είπε: «Το λυχνάρι του σώματος είναι το μάτι· αν λοιπόν το μάτι σου είναι μονό, όλο το σώμα σου θα είναι φωτεινό».[8] Το πνευματικό μάτι γίνεται αντιληπτό σαν μια χρυσή ακτινοβολία που περιβάλλει μια μπλε σφαίρα, στο κέντρο της οποίας βρίσκεται ένα πεντάκτινο αστέρι λευκού φωτός.

Όταν κοιτάζετε στον καθρέφτη τα δύο μάτια σας, βλέπετε ότι είναι φτιαγμένα σύμφωνα με το πνευματικό μάτι: η εξωτερική «ακτινοβολία» ή ο άσπρος βολβός του ματιού· ο εσωτερικός κύκλος της ίριδας· και το κεντρικό «αστέρι», η κόρη. Το σημείο προέλευσης του πνευματικού ματιού βρίσκεται σ' ένα λεπτοφυές πνευματικό κέντρο στον προμήκη μυελό (στη βάση του εγκεφάλου, όπου ενώνεται με τη σπονδυλική στήλη).[9] Η ενέργεια αυτού του πνευματικού ματιού διαιρείται στον προμήκη μυελό και περνώντας μέσα από τον εγκέφαλο ρέει στα δύο υλικά μάτια μέσω των οποίων αντιλαμβανόμαστε τον κόσμο της δυαδικότητας. Το πνευματικό μάτι με τα τρία φώτα του ή τρεις διαφορετικές ακτίνες –η μία μέσα στην άλλη, σαν ένα επεκτεινόμενο τηλεσκόπιο– διαθέτει σφαιρική όραση η οποία βλέπει τα πάντα. Μέσω της χρυσής ακτίνας, ο βαθιά διαλογιζόμενος γιόγκι βλέπει όλη την ύλη και τη μάζα της ακτινοβολίας (τη δονητική συμπαντική ενέργεια) να διαποτίζει το σύμπαν. Διεισδύοντας στο μπλε

---

[7] Βλ. γλωσσάριο.
[8] Κατά Ματθαίο ΣΤ:22.
[9] Βλ. *προμήκης μυελός* στο γλωσσάριο.

φως, ο γιόγκι συνειδητοποιεί την κατά Χριστόν ή κατά Κρίσνα Συνειδητότητα –την *Κουτάστα* ή άπειρη νοημοσύνη του Θεού, τον «μονογενή Υιό» ή αντανάκλαση του Θεού– που είναι παρούσα σε όλη τη δημιουργία. Διαπερνώντας το μικροσκοπικό πεντάκτινο λευκό αστέρι, ο γιόγκι βιώνει τη Συμπαντική Συνειδητότητα – την υπερβατική συνειδητότητα του Θεού που βρίσκεται μέσα σε όλη τη δημιουργία και επίσης είναι πέρα από τα βασίλεια της εκδήλωσης, στο Άπειρο. Ο γιόγκι στη Συμπαντική Συνειδητότητα αντιλαμβάνεται ότι όλη η δημιουργία, συμπεριλαμβανομένου του μικρόκοσμου του σώματός του, είναι μια προβολή των πέντε ακτίνων της Συμπαντικής Συνειδητότητας του Θεού.[10]

Η Συμπαντική Συνειδητότητα του Θεϊκού Δημιουργού, η αγνή αντανάκλασή Του στη δημιουργία ως κατά Χριστόν ή κατά Κρίσνα Συνειδητότητα και η δραστήρια δημιουργική Του δύναμη ως Συμπαντική Δόνηση είναι, έτσι, η απόλυτη Ουσία όλων των εκδηλώσεων.[11] Το χρυσό, το μπλε και το λευκό –τα χρώματα της ακτινοβολίας αυτής της Αγίας Τριάδας του Θεού στη δημιουργία– είναι κατά συνέπεια τα πιο πνευματικά απ' όλα τα χρώματα: το λευκό που αντανακλά την υπερβατική Συνειδητότητα του Θεού, το μπλε που αντανακλά την κατά Χριστόν ή κατά Κρίσνα Συνειδητότητα, και το χρυσό (ή το κόκκινο, μια παραλλαγή του χρυσού) που αντανακλά την ακτινοβολία της ενέργειας που υπάρχει στο σύμπαν. Σε όλη την ιστορία του, ο άνθρωπος έχει συσχετίσει ενστικτωδώς το λευκό με την αγνότητα και την πνευματικότητα· το μπλε με την ήρεμη πανταχού παρουσία, όπως ο μπλε ουρανός· και το χρυσό ή το κόκκινο με την ενέργεια.

Πώς το Περίπλοκο Ανθρώπινο Σώμα Δημιουργείται από το Πνεύμα

Οι τρίχρωμες ακτίνες του πνευματικού ματιού, μέσω ενός πολύπλοκου μετασχηματισμού που γνωρίζουν οι γιόγκι, διαμορφώνουν το υλικό σώμα του ανθρώπου, τον μικρόκοσμο. Οι χρυσές ακτίνες της

---

[10] Η γιόγκα ορίζει τις πέντε στοιχειώδεις δονήσεις της ύλης ως γη, νερό, φωτιά, αέρα και αιθέρα – σκέψεις του Θεού που εκδηλώνονται ως το σύμπαν και τα πλάσματά του μέσω των περίπλοκων θεϊκών νόμων της φύσης. Αυτές οι στοιχειώδεις δονήσεις δημιουργούνται από πέντε αρχικές μαγνητικές δυνάμεις του Πνεύματος. Μια πραγματεία πάνω σ' αυτό υπάρχει στο *The Holy Science* («Η Ιερή Επιστήμη») που έγραψε ο Σουάμι Σρι Γιουκτέσβαρ και εκδίδεται από το Self-Realization Fellowship. (Βλ. *στοιχεία* στο γλωσσάριο.)

[11] Βλ. *Τριάδα* στο γλωσσάριο.

συμπαντικής ενέργειας, για παράδειγμα, είναι ισχυρά εγγενείς στο ζωτικό κόκκινο αίμα και εκδηλώνονται στο ηλεκτρικό ρεύμα που ρέει μέσω των νεύρων. Οι μπλε ακτίνες είναι ο κυρίαρχος παράγοντας στη φαιά ουσία του εγκεφάλου, η οποία προσφέρει ένα μέσον για την έκφραση των σκέψεων μέσω της κιναισθητικής δραστηριότητας – ακριβώς όπως, στη συμπαντική κλίμακα, η κατά Χριστόν Συνειδητότητα προσφέρει το μέσον που υποστηρίζει όλες τις δραστηριότητες της φύσης. Και οι λευκές ακτίνες είναι ο κυρίαρχος παράγοντας της λευκής ουσίας του εγκεφάλου, μέσα στην οποία είναι μονωμένη η υπερβατική Συμπαντική Συνειδητότητα του Θεού.

Οι νευρικοί ιστοί είναι κυλινδρικοί σε μορφή. Αν δείτε ένα διάγραμμα του νευρικού συστήματος, θα διαπιστώσετε ότι είναι σαν ένας ιστός από προβαλλόμενες ακτίνες, μονοπάτια ηλεκτρικής ενέργειας, χωρίς την οποία δεν υπάρχει ζωή στο σώμα. Η πνευματική φυσιολογία σχετίζεται με τις προβαλλόμενες σκέψεις του Θεού. Η πρώτη εκδήλωση του Θεού ως Δημιουργού είναι η σκέψη, η ίδια η Νοημοσύνη. Όταν ο Θεός άρχισε να «σκέφτεται» το σώμα του ανθρώπου, παρήγαγε σκέψεις – μία σκέψη είναι μια γραμμική προβολή. Αυτές οι σκέψεις έγιναν ακτίνες· οι ακτίνες έγιναν ιστοί· και οι ιστοί έγιναν νεύρα, μέσω των οποίων διοχετεύεται ενέργεια δια μέσου ολόκληρου του νευρικού συστήματος στα είκοσι επτά χιλιάδες δισεκατομμύρια σωματικά κύτταρα.

Έμαθα αυτά τα πράγματα όταν διάβασα λίγη φυσιολογία· ο Θεός μού έδειχνε συγχρόνως τη βαθύτερη επιστήμη Του. Είναι εξαιρετικά ενδιαφέρον να βλέπει κάποιος την υπέροχη ανάπτυξη της περίπλοκης ύλης από τη μία, μοναδική συνειδητότητα του Πνεύματος. Πόσο πολύπλοκο είναι και ωστόσο τόσο απλό όταν βλέπεις ότι όλα είναι Θεός. Όλα στηρίζονται στη δύναμη της σκέψης Του. «Σ' ένα κομμάτι σκέψης μικρό στηρίζεται το σύμπαν το θαυμαστό».

Το Χρώμα Είναι Σημαντικό στη Ζωή Σας

Κατά τη δημιουργία του σώματος του ανθρώπου, οι ακτίνες του πνευματικού ματιού σχημάτισαν πρώτα το αστρικό σώμα, το ενεργειακό σώμα με τις αποχρώσεις του ουράνιου τόξου που αποτελεί το λεπτομερές προσχέδιο του υλικού σώματος και τη δύναμη που του δίνει ζωή. Επειδή το υλικό σώμα είναι μια συμπύκνωση των πολύχρωμων ακτίνων φωτός του αστρικού σώματος που δίνει τη ζωή, το χρώμα είναι σημαντικό στη ζωή σας. Επηρεάζεστε από τα χρώματα γιατί αυτά είναι εκδηλώσεις συγκεκριμένων δονήσεων. Θα πρέπει πάντα να φοράτε και να περιβάλλεστε από χρώματα που είναι αρμονικά με τη φύση σας. Και για τους λόγους που ανέφερα, το χρυσό, το μπλε και το λευκό κάνουν καλό στο νευρικό σύστημα. Φυσικά θα πρέπει να χρησιμοποιείτε κι άλλα χρώματα, για αλλαγή. Γενικά όμως είναι καλό να έχετε κάποια απ' αυτά τα ιδιαίτερα ευεργετικά χρώματα γύρω σας. Θα δείτε ότι το νευρικό σας σύστημα θα είναι πολύ πιο ήρεμο. Αν και είναι αρκετά καλό, πού και πού, για ποικιλία, να αλλάζετε τα χρώματα που χρησιμοποιείτε και με τα οποία νιώθετε αρμονία, οι ριζικές αλλαγές μπορεί να σας επηρεάσουν. Για παράδειγμα δεν θα θέλατε να βάψετε τους τοίχους του σπιτιού σας μαύρους![12]

Η Καλύτερη Διατροφή για τα Νεύρα

Ακόμα και τα φαγητά, τα οποία επίσης είναι υλικές συμπυκνώσεις αστρικών ακτίνων ζωής, επιφέρουν επιδράσεις που σχετίζονται με το χρώμα τους. Τα διάφορα είδη φυσικών λευκών φαγητών είναι καλά για το νευρικό σύστημα· κάνουν καλό στη λευκή ουσία του εγκεφάλου. Τα μούρα κάνουν καλό στη φαιά ουσία του εγκεφάλου – δηλαδή τα βατόμουρα (που είναι πραγματικά μωβ). Τα περισσότερα φρούτα έχουν χρυσό χρώμα (ή παραλλαγές του χρυσού, όπως κόκκινα και πορτοκαλί). Καθώς το χρυσό είναι η δημιουργική δονητική ενέργεια στην ύλη, τέτοια φρούτα βοηθούν τους μυς, το αίμα και τους ιστούς. Το κατσικίσιο γάλα, τα μη ξεφλουδισμένα αμύγδαλα και οι σταφίδες κάνουν πολύ καλό στο νευρικό σύστημα. Όλες όμως οι μορφές κρέατος ανώτερων ζώων, ιδίως το αγελαδινό και το χοιρινό, είναι επιζήμιες για το νευρικό σύστημα· προκαλούν υπερδιέγερση και επιθετικότητα.

Αποφεύγετε τα πολλά λιπαρά, ιδίως φαγητά που φτιάχτηκαν με ραφιναρισμένο αλεύρι. Να τρώτε σιτηρά ολικής αλέσεως, τυρί κότατζ (cottage) και πολλά φρούτα, χυμούς φρούτων και φρέσκα λαχανικά – αυτά είναι σημαντικά. Δεν χρειάζεται να πω ότι τα αλκοολούχα ποτά και τα ναρκωτικά καταστρέφουν το νευρικό σύστημα· μείνετε μακριά απ' αυτά.

---

[12] Η σύγχρονη επιστήμη έχει βρει ενδιαφέρουσα επαλήθευση αυτής της αρχαίας γιογκικής ανακάλυψης. Έρευνες στο Πανεπιστήμιο Delaware, από τον Roger Ulrich, Ph.D., έδειξαν ότι τα χρώματα που κυριαρχούν στο περιβάλλον κάποιου έχουν μια αξιοσημείωτη επίδραση στη συχνότητα και τη δύναμη των κυμάτων του εγκεφάλου. «Οι μελέτες αποδεικνύουν ότι το μπλε και το πράσινο χρώμα έχουν μια ηρεμιστική επίδραση», είπε ο Dr. Roger Ulrich. «Το πορτοκαλί και το κόκκινο ενεργοποιούν ή αυξάνουν τη διέγερση».

Ένα γιογκικό ποτό που είναι πολύ καλό φτιάχνεται ανακατεύοντας φρέσκο χυμό λάιμ με θρυμματισμένη καραμέλα σ' ένα ποτήρι με νερό. Πρέπει να είναι πολύ καλά ανακατεμένο και με ισορροπημένη γεύση ώστε να είναι και γλυκό και ξινό. Το συνέστησα σε πολλούς ανθρώπους και είχε έξοχα αποτελέσματα.

Μια ακόμα ευεργετική πρακτική είναι να κάνετε ένα κρύο μπάνιο όταν είστε νευρικοί. Μια φορά το είπα αυτό σ' έναν εφημεριδοπώλη. Μου είπε: «Αν το έκανα αυτό κάθε φορά που νευρίαζα, θα έπρεπε να κουβαλάω μια μπανιέρα μαζί μου όλη την ώρα!». Είπα: «Όχι απαραίτητα. Να παίρνετε ένα μεγάλο κομμάτι πάγου και να το τρίβετε σ' όλο το σώμα, ιδίως στα ανοίγματα του σώματος. Μ' αυτή την τεχνική της γιόγκα, θα δείτε ότι τα νεύρα σας θα είναι πολύ πιο ήρεμα».

Ο Συντονισμός με τον Θεό: το Μεγαλύτερο Γιατρικό για τη Νευρικότητα

Να θυμάστε ότι η μεγαλύτερη θεραπεία για τη νευρικότητα λαμβάνει χώρα όταν συντονίζουμε τη ζωή μας με τον Θεό. Οι σημαντικότερες εντολές που δόθηκαν στον άνθρωπο είναι να αγαπάτε τον Θεό με όλη σας την καρδιά, με όλη σας την ψυχή, με όλο σας τον νου και με όλη σας τη δύναμη· και δεύτερον, να αγαπάτε τον πλησίον σας όπως τον εαυτό σας.[13] Αν ακολουθήσετε αυτές τις εντολές, όλα θα έρθουν από μόνα τους και όλα θα είναι καλά. Δεν αρκεί να είστε απλά ένας αυστηρός ηθικολόγος – οι πέτρες και οι κατσίκες δεν παραβιάζουν τους ηθικούς νόμους· εντούτοις δεν γνωρίζουν τον Θεό. Όταν όμως αγαπάτε τον Θεό αρκετά βαθιά, ακόμα κι αν είστε ο μεγαλύτερος των αμαρτωλών, θα αλλάξετε και θα λυτρωθείτε. Η μεγάλη αγία Μίραμπαϊ[14] είπε: «Για να βρεις τον Θεϊκό Έναν, το μόνο απαραίτητο είναι η αγάπη». Αυτή η αλήθεια με συγκίνησε βαθιά.

Όλοι οι προφήτες τηρούν αυτές τις δύο κύριες εντολές. Το να αγαπάτε τον Θεό με όλη σας την καρδιά σημαίνει να Τον αγαπάτε με την αγάπη που τρέφετε για το πιο αγαπημένο σας πρόσωπο – με την αγάπη της μητέρας ή του πατέρα για το παιδί, ή την αγάπη κάποιου για

---

[13] Κατά Μάρκο ΙΒ:28-31.

[14] Μια μεσαιωνική πριγκίπισσα του Ρατζπούτανι (Rajputani), που απαρνήθηκε το βασιλικό της αξίωμα και έγινε μια διάσημη πιστή του Θεού. Συνέθεσε πολλά λατρευτικά τραγούδια, τα οποία αποτελούν ένα ιδιαίτερα αγαπημένο τμήμα του πνευματικού θησαυρού της Ινδίας.

την αγαπημένη του. Προσφέρετε αυτό το είδος της άνευ όρων αγάπης στον Θεό. Το να αγαπάτε τον Θεό με όλη την ψυχή σας σημαίνει ότι μπορείτε αληθινά να Τον αγαπήσετε όταν μέσω βαθέος διαλογισμού γνωρίσετε τον εαυτό σας ως ψυχή, παιδί του Θεού, φτιαγμένο κατ' εικόνα Του. Το να αγαπάτε τον Θεό με όλο σας τον νου σημαίνει ότι όταν προσεύχεστε, όλη η προσοχή σας είναι σ' Αυτόν, ότι δεν αποσπάται από ανήσυχες σκέψεις. Στον διαλογισμό να σκέφτεστε μόνο τον Θεό· μην αφήνετε τον νου να περιπλανιέται οπουδήποτε αλλού εκτός από τον Θεό. Αυτός είναι ο λόγος για τον οποίο η γιόγκα είναι σημαντική· σας καθιστά ικανούς να αυτοσυγκεντρώνεστε. Όταν με τη γιόγκα αποσύρετε την αεικίνητη ζωική δύναμη από τα αισθητήρια νεύρα και εσωτερικεύεστε με τη σκέψη του Θεού, τότε Τον αγαπάτε με όλη σας τη δύναμη – όλο το είναι σας είναι συγκεντρωμένο σ' Αυτόν.

Να Ζείτε Σαν Θεοί, και Θα Προσελκύετε Άγιους Φίλους

Τέλος, μάθετε να αγαπάτε τον πλησίον σας σαν τον εαυτό σας. Να θυμάστε, είστε εδώ στη γη σ' αυτή τη ζωή μόνο για λίγο. Έχετε έρθει εδώ και πιο πριν, σε πολυάριθμες ενσαρκώσεις, αλληλεπιδρώντας με πολλές διαφορετικές ψυχές. Ποιοι είναι οι αληθινοί σας συγγενείς; Για τον σοφό άνθρωπο, όλοι είναι συγγενείς του· όλοι είναι οι «πλησίον του». Φυσικά ο σοφός άνθρωπος χρησιμοποιεί τη διάκρισή του, γνωρίζοντας ότι αν και ο ήλιος λάμπει το ίδιο πάνω σ' ένα διαμάντι και σ' ένα κάρβουνο, το διαμάντι είναι που αντανακλά όμορφα το φως του. Θα πρέπει κάποιος να αναζητά τις ευγενέστερες προσωπικότητες, που είναι σαν διαμάντια, και να συναναστρέφεται μαζί τους. Αφιερώστε χρόνο για να βρείτε αληθινούς φίλους. Οι καλές ψυχές προσελκύουν καλές ψυχές. Να ζείτε σαν θεοί και θα προσελκύετε άγιους φίλους. Αν ζείτε σαν ζώα στο αισθησιακό επίπεδο, θα προσελκύετε ζωώδεις συντρόφους. Μη συγχρωτίζεστε στενά μ' αυτούς που υποβαθμίζουν τα ιδανικά σας και δημιουργούν υλιστική νευρικότητα μέσα σας· συγχρόνως όμως μην αποκλείετε κανέναν από την αγάπη σας.

Επιπρόσθετα, μην είστε μόνο δότες αγάπης, αλλά και ειρηνοποιοί, ώστε όπου κι αν πηγαίνετε να δημιουργείτε αρμονία, ηρεμία και πνευματική εξύψωση. Κανείς δεν θέλει να βρίσκεται μαζί μ' ένα κουνάβι· όλοι το αποφεύγουν. Ο νευρικός άνθρωπος –αυτός που είναι πάντα ανήσυχος, εριστικός, συναισθηματικός– κατά παρόμοιο τρόπο απωθεί τους άλλους. Δεν θέλουμε να είμαστε ανθρώπινα κουνάβια. Θέλουμε να είμαστε σαν το τριαντάφυλλο, το οποίο, ακόμα κι αν συνθλιβεί, αναδίδει το γλυκό του άρωμα. Να είστε ανθρώπινα τριαντάφυλλα, εξαπλώνοντας το αιθέριο έλαιο της γαλήνης όπου κι αν πηγαίνετε.

Η *Κρίγια Γιόγκα* Δίνει την Αληθινή Εμπειρία της Θρησκείας

Η ζωή σας θα αντανακλά πνευματική συνειδητότητα αν διαλογίζεστε. Από τότε που δημοσιεύθηκε το βιβλίο μου [η *Αυτοβιογραφία Ενός Γιόγκι*] όλοι ρωτούν για την *Κρίγια Γιόγκα*. Αυτός είναι ο σκοπός μου. Δεν ήρθα να διαδώσω θεολογικές αφηρημένες έννοιες, αλλά μια τεχνική με την οποία αυτοί που είναι ειλικρινείς μπορούν αληθινά να γνωρίσουν τον Θεό, όχι απλά να θεωρητικολογούν γι' Αυτόν. Θέλω όλοι να αναπτυχθείτε πνευματικά σ' αυτό το μονοπάτι του Self-Realization· και να προσελκύσετε και άλλους σ' αυτή τη λεωφόρο της *Κρίγια Γιόγκα*. Η εξάσκηση στην *Κρίγια* δίνει την αληθινή εμπειρία της θρησκείας, την οποία δεν μπορείτε να έχετε μιλώντας απλώς για τον Θεό. Ο Ιησούς είπε: «Τι με καλείτε, Κύριε, Κύριε, και δεν κάνετε αυτά που λέω;».[15]

Όταν με την *Κρίγια Γιόγκα* ανοίγω το πνευματικό μου μάτι, ολόκληρος ο κόσμος εξαφανίζεται από τη συνειδητότητά μου και μαζί μου είναι ο Θεός. Και γιατί όχι; Είμαι παιδί Του. Ο Άγιος Ιγνάτιος είπε: «Ο Θεός ψάχνει πρόθυμες καρδιές για τους δώσει τα πλούσια δώρα Του [...]».[16] Αυτό είναι το πιο όμορφο και αυτό πιστεύω. Ο Θεός ψάχνει πρόθυμες ψυχές για να δώσει τα δώρα Του. Εκείνος είναι πρόθυμος να μας δώσει τα πάντα, αλλά εμείς δεν είμαστε πρόθυμοι να κάνουμε την προσπάθεια να είμαστε δεκτικοί. Βλέπει μέσα στην καρδιά μας, κι αν αυτή είναι γεμάτη από κάτι άλλο, δεν έρχεται. Όταν μπορείτε όμως να Του πείτε με ειλικρίνεια: «Κύριε, δεν υπάρχει τίποτα άλλο στην καρδιά μου παρά μόνον Εσύ», θα έρθει. Για κάποιο διάστημα θα παίζει κρυφτό μαζί σας· αν είστε όμως επίμονοι, θα αρχίσετε να βλέπετε υπέροχα πράγματα να συμβαίνουν, μυστηριωδώς, που θα ξέρετε ότι προέρχονται από τον Θεό. Με τον καιρό θα λάβετε την καθαρή απόκρισή Του με τη μορφή άμεσων απαντήσεων στις προσευχές σας ή με οράματα των αγίων. Μετά, τελικά, θα έρθει σ' εσάς ανοιχτά. Θα μπορείτε να Του

---

[15] Κατά Λουκά ΣΤ:46.

[16] Παράφραση από την προς Κολοσσαείς Γ:23-24.

μιλάτε· θα μπορείτε να επικοινωνείτε μαζί Του. Όταν θα είστε μόνιμα αγκυροβολημένοι στη συνειδητοποίηση της Παρουσίας του Θεού, η νευρικότητα δεν θα μπορεί ποτέ ξανά να σας αγγίξει.

Τι Είναι Αλήθεια;

Στον πρώτο Ναό του Self-Realization Fellowship στο Encinitas, Καλιφόρνια, 13 Φεβρουαρίου 1938

Η αλήθεια είναι μια πολύ διφορούμενη λέξη· είναι μια έννοια που δύσκολα εξηγείται. Όλοι έχουν πεποιθήσεις που ορκίζονται ότι αντιστοιχούν στην αλήθεια. Ανάμεσα όμως σε αναρίθμητες διαφορετικές ιδέες, ποια είναι πραγματικά αληθινή;

Η αλήθεια είναι σχετική, αλλά είναι και απόλυτη. Διέρχεται μέσα από πολλές μετεξελίξεις στα στάδια της σχετικότητας πριν φτάσει να είναι απόλυτη. Για παράδειγμα, δύο άνθρωποι κουβεντιάζουν για ένα επιχειρηματικό εγχείρημα. Ο ένας προτείνει κάτι που είναι σίγουρος ότι θα φέρει επιτυχία και ο άλλος αντιπροτείνει μια άλλη ιδέα που εκπληρώνει μεν τον επιδιωκόμενο σκοπό, αλλά έχει και πρόσθετα πλεονεκτήματα. Και τότε εμφανίζεται ένα τρίτο πρόσωπο, προτείνοντας μια ακόμα καλύτερη ιδέα. Κάθε μέθοδος ήταν «αληθινή» από τη πλευρά της, αλλά με μια σχετική έννοια.

Αλήθεια Είναι Αυτό Που Προσφέρει Μόνιμη Ευτυχία

Με την απόλυτη έννοια του όρου, οτιδήποτε ματαιώνει την αληθινή ευτυχία είναι αναλήθεια· και αυτό που προσφέρει μόνιμη ευτυχία είναι αλήθεια. Η μόνιμη ευτυχία δεν αφορά την προσωρινή συγκίνηση που απορρέει από την υλική επιτυχία και απόλαυση, αλλά τη χαρά που βρίσκεται στον συντονισμό της ψυχής με τον Θεό. Μ' αυτό το κριτήριο μπορείτε να αξιολογείτε κάθε πράξη σας σε σχέση με το τελικό αποτέλεσμά της – αν δηλαδή αυτή η πράξη προάγει ή όχι παντοτινή ευτυχία.

Η έσχατη Αλήθεια είναι ο Θεός· και ο Θεός είναι η έσχατη Αλήθεια. Το σύμπαν υποβαστάζεται απ' αυτήν την Αλήθεια μέσα από τη λειτουργία των συμπαντικών νόμων του Κυρίου. Αυτοί οι νόμοι είναι βασικές αλήθειες που είναι αιώνιες και δεν υπόκεινται σε ανθρώπινη χειραγώγηση. Για παράδειγμα, απόλυτη αλήθεια είναι ότι εφόσον ο Θεός κατοικεί μέσα σε κάθε πλάσμα, είναι σφάλμα να σκοτώνει κάποιος ή να βλάπτει κάποιο άλλο πλάσμα. Εντούτοις, με τη σχετική έννοια, το μικρότερο από δύο κακά μπορεί να είναι η χρήση βίας για να προστατευθεί ένας αθώος από ένα φαύλο άτομο, ή να σκοτωθεί μια κατώτερη μορφή ζωής προκειμένου να σωθεί μια ανώτερη μορφή ζωής. Το να καταστρέφει όμως κάποιος οτιδήποτε μόνο για χάρη του φόνου είναι λάθος. Ο οικουμενικός νόμος είναι ενότητα μέσα από αγάπη, καθιστώντας αναγκαία την ανοχή και την ομόνοια. Αν θέλετε να βρείτε την αλήθεια, οι σκέψεις και οι πράξεις σας θα πρέπει να είναι αληθινές – να βρίσκονται σε συμφωνία με τις αιώνιες θεϊκές αρχές υλικά, ηθικά και πνευματικά.

Η αλήθεια είναι η έσχατη Ουσία. Ας ξεκινήσω εξηγώντας πού μπορούμε να βρούμε την παρουσία αυτής της Ουσίας. Τα πάντα συνδέονται με τη Συμπαντική Νοημοσύνη – το δέντρο, ο ουρανός, ένα πουλί, ο άνθρωπος. Αυτή η σύνδεση καλείται Ουσία, η ουσιώδης φύση όλων των φαινομένων. Είναι ο συνδετικός κρίκος που κάνει όλες τις εκδηλώσεις μία Υπόσταση. Αυτή η Ουσία ή Αλήθεια είναι κρυμμένη· αυτό που βλέπετε είναι μόνο φαινομενικές εικόνες που εκπορεύονται από την Ουσία μέσω της δύναμης της συμπαντικής ψευδαίσθησης ή *μάγια*.

Οι Τρεις Τρόποι να Φτάσουμε στην Αλήθεια

Υπάρχουν τρεις τρόποι για να φτάσουμε στην Αλήθεια: μέσω των αντιλήψεων των αισθήσεων, μέσω της εξαγωγής συμπερασμάτων και μέσω της διαίσθησης.

Αν οι αντιλήψεις των αισθήσεών σας είναι λανθασμένες, τότε και το συμπέρασμά σας είναι λανθασμένο. Κοιτάζοντας τον ορίζοντα μπορεί να νομίσετε ότι υπάρχει φωτιά εκεί επειδή βλέπετε καπνό· καθώς όμως πλησιάζετε σ' εκείνο το μέρος, βλέπετε ότι επρόκειτο απλά για ένα σύννεφο σκόνης. Για να κατανοήσετε την αλήθεια οποιουδήποτε πράγματος, στηρίζεστε στην όρασή σας, στην ακοή σας, την όσφρηση, τη γεύση, ή την αφή σας, συν τη δύναμη του νου. Αυτά ωστόσο δεν θα μπορούσαν να αποτελέσουν την έσχατη απόδειξη της αλήθειας· διότι αν οι αισθήσεις σφάλουν, τότε και ο νους θα σφάλει. Ο νους σας βγάζει τα συμπεράσματά του με βάση αυτά που αντιλαμβάνονται οι αισθήσεις, και οι αισθήσεις είναι εξαιρετικά περιορισμένες. Γι' αυτό ο Ιησούς μετέδωσε την αλήθεια στις μάζες μέσα από παραβολές «διότι βλέποντας δεν βλέπουν και ακούγοντας δεν ακούν ούτε καταλαβαίνουν».[1]

Τα αυτιά είναι συντονισμένα μόνο με ορισμένες συχνότητες δονήσεων. Τα αυτιά σας δεν μπορούν να συλλάβουν τους ήχους υψηλότερης και χαμηλότερης συχνότητας. Αν η ικανότητα της ακοής σας ήταν επαρκώς ανεπτυγμένη, θα ακούγατε τον μεγαλειώδη ήχο του σύμπαντος καθώς αυτό κυλά μέσα στον χώρο. Τα πάντα βρίσκονται σε κίνηση κι αυτή η κίνηση συνοδεύεται από ήχο. Τίποτε δεν είναι ακίνητο, με εξαίρεση την υπερβατική σφαίρα του Πνεύματος μέσα στην οποία δεν υπάρχει δόνηση. Ακριβώς μέσα στο σώμα σας μπορείτε να ακούσετε αυτούς τους δονητικούς ήχους της δημιουργίας, τις εκδηλώσεις του πανταχού παρόντος *Ομ* ή *Αμήν*. Επειδή όμως έχουν υψηλότερης συχνότητας δόνηση, οι λεπτοφυείς αυτοί ήχοι μπορούν να ακουστούν μόνο από το αστρικό σας αυτί – τη λεπτοφυή δύναμη που παρέχει τη χονδροειδή αίσθηση της ακοής στο υλικό σώμα σας.

Παρόμοια, αν η ικανότητα όρασης των ματιών σας ήταν μεγαλύτερη, θα βλέπατε όλων των ειδών τα διαφορετικά φώτα. Τα υλικά μάτια σας σας επιτρέπουν να βλέπετε μόνο ένα πολύ περιορισμένο εύρος φωτός, αλλά το πνευματικό (αστρικό) μάτι σας βλέπει την αληθινή φύση όλων των πραγμάτων ως μορφές που έχουν συντεθεί από το δημιουργικό φως του Θεού. Ολόκληρο το σώμα σας, το οποίο αντιλαμβάνεστε ως στερεά σάρκα, δεν είναι τίποτε άλλο από ηλεκτρομαγνητικά κύματα. Ο Dr. Crile έχει αποδείξει ότι ο εγκέφαλος ενός νεκρού μοσχαριού, όπως επίσης κι ενός νεκρού ανθρώπου, εκπέμπει μια μεγάλη ποσότητα ηλεκτρικών ακτίνων.[2] Συνήθως όταν κλείνετε τα μάτια σας βλέπετε μόνο σκοτάδι· με πνευματική ανάπτυξη όμως, θα βλέπετε θαυμαστά φώτα. Η Βίβλος λέει: «Και το φως στο σκοτάδι φέγγει, και το σκοτάδι δεν το κατάλαβε».[3] Αυτές είναι θεμελιώδεις αλήθειες που δεν αντιλαμβάνεστε επειδή όλες οι αισθήσεις σας είναι συντονισμένες μ' ένα περιορισμένο φάσμα ορισμένων χονδροειδών δονήσεων.

---

[1] Κατά Ματθαίο ΙΓ:13.

[2] Ο Dr. George Washington Crile (1864-1943) ήταν ένας στρατιωτικός χειρουργός ο οποίος αφιέρωσε τη καριέρα του στην ανακάλυψη μιας καλύτερης κατανόησης των φαινομένων της ζωής. Ανικανοποίητος από τις τότε συμβατικές εξηγήσεις της φυσιολογίας και της βιοχημείας, ίδρυσε το Cleveland Clinic Foundation, όπου για είκοσι δύο χρόνια διενήργησε έρευνες βιοφυσικής, οι οποίες τον οδήγησαν να διατυπώσει, το 1936, τη «ραδιο-ηλεκτρική» του θεωρία πάνω στις διαδικασίες της ζωής.

[3] Κατά Ιωάννη Α:5.

Η Διαίσθηση: Η Δύναμη της Ψυχής Που Γνωρίζει τα Πάντα

Πώς λοιπόν θα μπορέσετε να βρείτε την αλήθεια, την πραγματικότητα που βρίσκεται πίσω απ' αυτά που αντιλαμβάνονται οι αισθήσεις; Δεν μπορείτε να το κάνετε με τον ορθολογιστικό σας νου επειδή ο νους σας πέφτει θύμα των αισθήσεων· συμπεραίνει μόνο με βάση αυτά που του λένε οι αισθήσεις. Ως εκ τούτου ο νους δεν αντιλαμβάνεται τις άπειρες δυνάμεις που χορεύουν ολόγυρα. Μόνο με την ανάπτυξη της διαίσθησης μπορείτε να ξέρετε ποια είναι η αλήθεια. Η διαίσθηση είναι άμεση αντίληψη. Είναι η ανόθευτη κατανόηση της ψυχής που γνωρίζει τα πάντα.

Έχετε μια αμυδρή ιδέα της φύσης της διαίσθησης μέσα από εκείνα τα ανεξήγητα αισθήματα που ονομάζονται προαισθήματα. Ένα προαίσθημα είναι μια μη ανεπτυγμένη διαίσθηση, κάτι που γνωρίζετε χωρίς τα μέσα των αισθήσεων ή των συμπερασμάτων, κάποια αλήθεια που εμφανίζεται από μόνη της. Μπορεί να κάθεστε ήρεμα και χωρίς λόγο να σκεφτείτε κάποιον που δεν τον έχετε δει ή συναντήσει για πολύ καιρό· και τότε ξαφνικά αυτός εμφανίζεται, ή επικοινωνεί μαζί σας. Πώς ξέρατε; Μέσω μιας στιγμιαίας αναλαμπής της διαίσθησης. Όλοι σας είχατε κάποια στιγμή μια τέτοιου είδους αυθόρμητη διαίσθηση.

Τα λάθη στην κρίση σας είναι αποτέλεσμα της μη ανεπτυγμένης διαίσθησης. Οι περισσότεροι από σας κάποια στιγμή είχατε την αίσθηση ότι θα μπορούσατε να είστε σπουδαίοι και να κάνετε μεγάλα πράγματα· λόγω όμως έλλειψης της διαισθητικής δύναμης μέσα σας, αυτή η δυνατότητα στο μεγαλύτερο μέρος της παρέμεινε λανθάνουσα. Για να προοδεύσετε και να αποφύγετε τη δυστυχία που προκαλούν τα λάθη, θα πρέπει να βρείτε ποια είναι η αλήθεια σε όλα. Αυτό είναι εφικτό μόνον αν αναπτύξετε τη διαίσθησή σας. Αυτή είναι η ουσιαστική αλήθεια. Αυτός είναι ο λόγος για τον οποίο σας ζητώ να καλλιεργήσετε και να χρησιμοποιείτε τη διαισθητική δύναμη στα πάντα. Στις σχέσεις σας με τους άλλους, στην επιχείρησή σας, στον έγγαμο βίο σας, σε κάθε τμήμα της ζωής σας, η διαίσθηση είναι απαραίτητη.

Με το να μην αναπτύσσετε την ικανότητα της διαίσθησης, παίρνετε λανθασμένες αποφάσεις, επιλέγετε λάθος συνεργάτες στις επιχειρηματικές δραστηριότητές σας και μπλέκεστε σε λανθασμένες προσωπικές σχέσεις. Εφόσον η κρίση του νου σας εξαρτάται από τις πληροφορίες που του δίνουν οι αισθήσεις, αν οι αισθήσεις σας απατηθούν, μπορεί να νομίσετε ότι κάποιος είναι υπέροχος χωρίς να γνωρίζετε τι κρύβει μέσα του. Μπορεί να νομίσετε ότι έχετε βρει τον σύντροφο της ζωής σας και να παντρευτείτε· και στη συνέχεια να καταλήξετε στο δικαστήριο για διαζύγιο. Η διαίσθηση όμως δεν θα κάνει ποτέ τέτοιο λάθος. Δεν θα κοιτάξει τη μαγνητική έλξη των ματιών ή το ελκυστικό πρόσωπο ή την προσωπικότητα ενός ανθρώπου, αλλά θα νιώσει και θα αντιληφθεί επακριβώς, μέσα στην καρδιά, ποιο είναι το ποιόν αυτού του ατόμου.

Με τη δύναμη της διαίσθησης, την οποία έμαθα να αναπτύσσω από τον γκουρού μου, τον Σρι Γιουκτέσβαρτζι, ποτέ δεν έκανα λάθος σχετικά με την ανθρώπινη φύση. Η διαίσθηση με βοήθησε πάρα πολύ σ' αυτό. Δεν προσπαθώ όμως να βλέπω τη λανθασμένη πλευρά των ανθρώπων· για να βοηθήσω τους άλλους, τους προσφέρω αγάπη άνευ όρων, ακόμα κι όταν γνωρίζω ότι μπορεί να εκμεταλλευτούν την εμπιστοσύνη μου.

Πολλοί άνθρωποι που δεν έχουν διαίσθηση κάνουν μεγάλες χρηματικές επενδύσεις σε αμφίβολα οικονομικά προγράμματα που δεν αποδίδουν τίποτε και στη συνέχεια χάνουν τα πάντα. Κάθε απόφαση που πήρα μέσω της διαισθητικής δύναμης ήταν επιτυχημένη. Η διαίσθηση ποτέ δεν αποτυγχάνει.

Καθώς αναπτύσσεστε, η διαίσθηση εκδηλώνεται σαν ένα συγκεκριμένο αίσθημα ή σαν μια σιωπηλή φωνή. Επειδή οι γυναίκες είναι πιο δεκτικές στο συναίσθημα απ' ό,τι οι άντρες, συνήθως διαθέτουν περισσότερη διαίσθηση – εκτός κι αν κυριαρχηθούν από πολύ έντονα συναισθήματα. Οι άντρες γενικά κυβερνώνται περισσότερο από τη λογική και λιγότερο από το συναίσθημα· ωστόσο, αν έχουν ορθή λογική εξισορροπημένη με το συναίσθημα, αυτό οδηγεί στη διαίσθηση.

Μέσω της Διαίσθησης Γνωρίστε τον Σκοπό της Ύπαρξής Σας

Αν χρησιμοποιήσετε τη διαίσθησή σας, θα μάθετε τον ίδιο τον σκοπό της ύπαρξής σας σ' αυτόν τον κόσμο· κι όταν τον βρείτε, θα βρείτε την ευτυχία. Αυτή η γη είναι ένα σκηνικό και ο Θεός είναι ο Σκηνοθέτης. Αν όλοι επέμεναν να είναι βασιλιάδες και βασίλισσες, το εκτυλισσόμενο θεατρικό έργο θα ήταν αδύνατο. Για να είναι το έργο επιτυχημένο, και ο υπηρέτης και ο ήρωας και ο βασιλιάς πρέπει να παίξουν τους ρόλους τους καλά. Οι κακοί είναι αυτοί που διαταράσσουν το δίκαιο θεατρικό έργο του Κυρίου. Αυτοί που επιλέγουν τέτοιον ρόλο

Τι Είναι Αλήθεια;

θα πρέπει να πληρώσουν πάρα πολύ ακριβά το σφάλμα τους να αγνοήσουν τη θεϊκή εντολή. Όποια θέση κι αν έχει κάποιος στον υλικό κόσμο και όσα πλούτη κι αν έχει μαζέψει, δεν μπορεί να θεωρηθεί επιτυχημένος αν τα έχει κερδίσει με φαύλους τρόπους. Η αληθινή ευτυχία είναι δυνατή μόνον όταν κάποιος παίζει τον ρόλο του *σωστά*· με κανέναν άλλον τρόπο. Και αυτός που παίζει τον ρόλο του εκατομμυριούχου και αυτός που παίζει τον ρόλο ενός μικρού επιχειρηματία είναι ίδιοι για τον Θεό. Την τελευταία μέρα ο Θεός αποκόβει κάθε άνθρωπο απ' όλα τα αποκτήματα κι όλους τους τίτλους. Αυτό που αποκτήσατε μέσα στην ψυχή σας είναι το μόνο που θα πάρετε μαζί σας.

Οι Μεγάλοι σαν τον Ιησού γνωρίζουν την αλήθεια χάρη στη διαισθητική τους δύναμη. Δεν αντιλαμβάνονται μόνο μέσω των ματιών και του νου, αλλά μέσω της διαίσθησης, η οποία είναι τόσο ανεπτυγμένη μέσα τους, που γνωρίζουν τα πάντα. Ο Ιησούς, που έζησε μια τόσο αγνή ζωή, ήξερε ότι εντούτοις θα τον πρόδιδαν και θα τον σταύρωναν. Ήξερε όμως επίσης ότι τελικά θα κατέληγε στην αγκαλιά του αθάνατου Θεού. Έτσι, όλοι είμαστε παιδιά του Θεού, που σταλθήκαμε εδώ για να παίξουμε τον ρόλο μας· αυτό που ενδιαφέρει τον Θεό δεν είναι ο ρόλος μας, αλλά πώς τον υποδυόμαστε. Ποτέ μην αποθαρρύνεστε αν ο ρόλος σας είναι δύσκολος. Όταν τελειώσει η παράστασή σας, θα σας δεχθεί ο Θεός ως παιδί Του. Μέχρι τότε δεν θα είστε απόλυτα ελεύθεροι.

Η Διαίσθηση Αναπτύσσεται Μέσω του Διαλογισμού

Ο μόνος τρόπος να γνωρίσετε την αλήθεια και να ζείτε μ' αυτήν είναι η ανάπτυξη της δύναμης της διαίσθησης. Τότε θα δείτε ότι η ζωή έχει νόημα και ότι άσχετα με το τι κάνετε η εσωτερική φωνή σάς καθοδηγεί. Αυτή η φωνή έχει από πολύ καιρό πνιγεί στο τέλμα των αναληθών σκέψεων. Ο πιο σίγουρος τρόπος να ελευθερώσετε την έκφραση της διαίσθησης είναι ο διαλογισμός, νωρίς το πρωί και πριν πάτε για ύπνο το βράδυ. Όπως τηρείτε τις δεσμεύσεις σας στη δουλειά σας, καθώς και σε οτιδήποτε άλλο θεωρείτε σημαντικό, έτσι θα πρέπει να μην ξεχνάτε και τη δέσμευσή σας με τον Θεό. Μπορεί να σκέφτεστε ότι είστε πολύ απασχολημένοι και δεν προλαβαίνετε, αλλά για φανταστείτε να ήταν και ο Θεός πολύ απασχολημένος και να μην προλάβαινε να σας δώσει ζωή! Θα σωριαζόσασταν νεκροί επί τόπου! Για να είστε συνεπείς στο καθημερινό ραντεβού σας με τον Θεό πρέπει να κρατάτε χρόνο γι' Αυτόν. Να διαλογίζεστε και να προσεύχεστε βαθιά· και να περιμένετε την ανταπόκρισή Του. Αν Τον καλείτε συνεχώς, με ολοένα και βαθύτερη αυτοσυγκέντρωση, η προσευχή σας θα εισακουσθεί. Θα ξεχυθεί στην καρδιά σας χαρά και γαλήνη. Όταν αυτή η χαρά και η γαλήνη έρθουν, τότε ξέρετε ότι κοινωνείτε με τον Θεό. Αν κάνετε την προσπάθεια, θα έρθετε σε επαφή μ' αυτή τη Δύναμη. Δώστε στον εαυτό σας αυτήν την ευκαιρία. Δεν γίνεται να πετύχετε αν δεν προσπαθήσετε.

Αν περνάτε τη ζωή σας σε συνεχή έξαψη, ποτέ δεν θα νιώσετε αληθινή ευτυχία. Να ζείτε απλά και να μην παίρνετε τη ζωή τόσο σοβαρά. Η ευτυχία θα βρεθεί όταν δώσετε χρόνο στον εαυτό σας για περισυλλογή και ενδοσκόπηση. Να μένετε μόνοι πού και πού και να παραμένετε περισσότερο χρόνο στη σιωπή. Το συνεχώς ανοιχτό ραδιόφωνο ή ο βομβαρδισμός των αισθήσεών σας διαρκώς από άλλα ερεθίσματα επηρεάζουν πραγματικά τα νεύρα και δημιουργούν νευρικότητα.

Και μη σκέφτεστε τόσο πολύ πώς να αναμορφώσετε τους άλλους· πρώτα αναμορφώστε τον εαυτό σας. Το πιο σπουδαίο πεδίο νίκης είναι το σπίτι σας. Αν μπορείτε να είστε άγγελος στο σπίτι, μπορείτε να είστε άγγελος παντού. Η γλυκύτητα της φωνής σας, η γαλήνια συμπεριφορά σας, χρειάζονται στο σπίτι σας περισσότερο απ' οπουδήποτε αλλού.

Αποκτήστε τη Δύναμη Που Δεν Αποτυγχάνει Ποτέ

Όταν έρθετε σε επαφή με τον Θεό, η διαισθητική αντίληψη της αλήθειας θα σας καθοδηγεί σε οτιδήποτε κάνετε. Πριν από επτά χρόνια ήρθα στο μέρος αυτό που έχει θέα στον ωκεανό [το Encinitas] και είπα: «Νιώθω ότι μια μέρα αυτό θα γίνει ένα σπουδαίο μέρος». Και σήμερα έχουμε εδώ τον ναό μας και το ερημητήριό μας – τον πυρήνα ενός ιδεώδους κέντρου για τον Θεό.

Ο σκοπός αυτού του κέντρου είναι να αποτελέσει ένα μέρος όπου μπορείτε να έρχεστε για να έχετε επαφή με τον Θεό, να βιώσετε τον Θεό. Γιατί να μην αποκτήσετε συνειδητά αυτή τη Δύναμη που ποτέ δεν αποτυγχάνει; Συνειδητοποιήστε αυτή τη Δύναμη μέσα σας. Κάντε το συνήθεια να έρχεστε εδώ τακτικά. Δεν θέλω να έρχονται άνθρωποι από περιέργεια. Τηρώ τη δέσμευσή μου με τον Θεό και θέλω μόνο αληθινούς πιστούς του Θεού που θα έρχονται εδώ σ' αυτό το όμορφο περιβάλλον για να αναζωογονηθούν με τη δύναμή Του.

Θα δείτε ότι αυτή η Δύναμη ενεργεί στα πάντα και κάνει τη ζωή σας πλήρη, την υγεία σας να σφύζει από ζωντάνια με συμπαντική ενέργεια και τον νου σας οξυδερκή με την εστιασμένη διαύγεια της

Τι Είναι Αλήθεια;

αυτοσυγκέντρωσης. Θα συνειδητοποιήσετε ότι η ψυχή σας είναι ένα δοχείο της αλήθειας και της σοφίας του Θεού που ποτέ δεν αποτυγχάνει και που πάντα σας καθοδηγεί.

Ο Θεός είναι η Πηγή της υγείας, της ευημερίας, της σοφίας και της αιώνιας χαράς. Μέσω της επαφής με τον Θεό κάνουμε τη ζωή μας ολοκληρωμένη. Χωρίς Αυτόν η ζωή δεν είναι ολοκληρωμένη. Δώστε προσοχή στην Πανίσχυρη Δύναμη που σας δίνει ζωή και δύναμη και σοφία. Να προσεύχεστε να ξεχύνεται στον νου σας αδιάκοπη σοφία, στο σώμα σας αδιάκοπη δύναμη και στην ψυχή σας αδιάκοπη χαρά. Ακριβώς πίσω από το σκοτάδι των κλειστών ματιών βρίσκονται οι θαυμαστές δυνάμεις του σύμπαντος και όλοι οι μεγάλοι άγιοι· και η απεραντοσύνη του Απείρου. Να διαλογίζεστε και θα συνειδητοποιήσετε την πανταχού παρούσα Απόλυτη Αλήθεια και θα δείτε τα μυστηριώδη έργα Της στη ζωή σας και σε όλο το μεγαλείο της δημιουργίας. «Ω Αρτζούνα, κατάλαβε ότι η γνώση είναι σατβική (αγνή αλήθεια) όταν το ένα ακατάλυτο Πνεύμα γίνεται αντιληπτό σε όλα τα όντα, αδιαχώριστο στα χωρισμένα».[4]

---

[4] Μπάγκαβαντ Γκίτα XVIII:20.

Η Πανταχού Παρούσα Συνειδητότητα του Χριστού και του Κρίσνα

Στον πρώτο Ναό του Self-Realization Fellowship στο Encinitas, Καλιφόρνια, 18 Δεκεμβρίου 1939

Με τον ερχομό των Χριστουγέννων και του καινούργιου χρόνου, πάρτε την ακλόνητη απόφαση να ακολουθήσετε έναν νέο τρόπο ζωής. Να αναζητάτε κοινωνία με τον Κύριο κάθε μέρα. Ο καλύτερος τρόπος να βρείτε τον Θεό είναι μέσω τεχνικής. Υπάρχει μια μέθοδος για οτιδήποτε μελετάμε, και η θρησκεία είναι τόσο επιστημονικός τομέας μελέτης όσο είναι και η ιατρική και τα μαθηματικά. Έτσι και η γιόγκα («ένωση» με τον Θεό) είναι μια επιστήμη πνευματικών τεχνικών. Οι θεϊκές διδασκαλίες της Ινδίας στάλθηκαν εδώ από Δασκάλους που συνειδητοποίησαν τον Θεό και οι οποίοι συγχρόνως βρίσκονται σε κοινωνία με τους μεγάλους αγίους και τον Χριστό. Στο οικουμενικό μονοπάτι του Self-Realization δεν υπάρχει κανένας λόγος και κανένας χώρος για προκαταλήψεις και διαιρέσεις, γιατί μέσω της συνειδητοποίησης του Εαυτού μας ξέρουμε ότι δεν υπάρχει παρά μόνον ένας Θεός και ότι όλοι είμαστε παιδιά Του.

Ο πόλεμος που έρχεται θα αποτελέσει αδιάσειστη μαρτυρία της τρέλας του ανθρώπου. Ας προσευχηθούμε να σταματήσουν όλα τα έθνη τον άχρηστο και βάναυσο πόλεμο και αντί γι' αυτό να εργαστούν για να προετοιμάσουν το έδαφος για έναν Ενωμένο Κόσμο. Μπορείτε να σώσετε την Αμερική μόνο με το να γίνετε πνευματικοί και πάνω απ' όλα να σώσετε τον εαυτό σας με τον διαλογισμό. Πού και πού πρέπει να απομακρύνεστε από τον κόσμο και να διαλογίζεστε. Χρησιμοποιήστε τον χρόνο σας για να βρείτε τον Θεό. Σας μιλώ σήμερα για την πανταχού παρούσα κατά Χριστόν ή κατά Κρίσνα Συνειδητότητα μέσω της οποίας μπορείτε να Τον βρείτε.

Ένας συνηθισμένος άνθρωπος έχει συνειδητή επίγνωση κυρίως των αισθητήριων εντυπώσεων. Βλέπει μέσω των ματιών του και ακούει μέσω των αυτιών του και σταδιακά διευρύνει τον νου του αναλύοντας με τη λογική τις αναφορές των αισθήσεων. Ο άνθρωπος έχει σπουδαίες νοητικές δυνάμεις, αρκεί να τις αναπτύξει. Αν και είναι δεμένος με το σώμα, μπορεί με τη νοημοσύνη του να επεκτείνει τη φαντασία του στους ουρανούς. Μπορεί να ανακαλύψει ότι το φως ενός αστεριού που έχει πεθάνει εδώ και εκατομμύρια χρόνια ταξιδεύει ακόμα για να φτάσει στη γη.

Όσο όμως κι αν αναπτυχθεί νοητικά, ο άνθρωπος υπόκειται στους περιορισμούς του υλικού του σώματος. Αν τον χτυπήσει μια πέτρα, μπορεί να σκοτωθεί. Ο Ιησούς απέδειξε με πνευματική ανάπτυξη μια σπουδαία επιστημονική αλήθεια: το σώμα είναι ενέργεια που δεν μπορεί να καταστραφεί. Δεν είναι στερεό όπως φαίνεται.[1]

Σύμφωνα με τον σύγχρονο ορισμό, το υλικό όχημα του ανθρώπου είναι ουσιαστικά ένα ηλεκτρομαγνητικό κύμα. Αν κάποιος έβαζε το σώμα ενός ανθρώπου με βάρος 80 κιλά μέσα σε ορισμένα οξέα, αυτό θα διαλυόταν εντελώς. Πού θα είχε πάει; Φαινομενικά εξατμισμένο, αυτό το σώμα θα είχε μετατραπεί σε μια μάζα αερίων. Το συνολικό ατομικό του βάρος θα εξακολουθούσε να είναι 80 κιλά. Η μόνη διαφορά, όταν το σώμα θα είχε διαλυθεί στα άτομα από το οποίο ήταν συντεθειμένο, θα ήταν ότι δεν θα μπορούσατε πια να το δείτε με τα υλικά μάτια· μόνο τα επιστημονικά μηχανήματα θα μπορούσαν να ανιχνεύσουν την παρουσία του ως ατμό. Η εξαφάνιση του σώματος δεν σημαίνει ότι δεν υπάρχει πια· απλώς άλλαξε μορφή, παραμένοντας κρυμμένο κάπου στον αιθέρα.

Μεταφυσικά, το σώμα μπορεί να θεωρηθεί ως μια σκέψη στον νου του Θεού. Υπάρχει στη συνειδητότητά Του με τον ίδιο σχεδόν τρόπο που υπάρχει στη συνειδητότητά μας όταν το βλέπουμε στα όνειρά μας κατά τη διάρκεια του ύπνου. Η συνειδητότητά μας, όταν ονειρεύεται, δημιουργεί μια σωματική μορφή μέσω συγκεντρωμένης σκέψης και ενέργειας. Η μορφή αυτή εξαφανίζεται όταν η συνειδητότητά μας εισέρχεται ξανά στην ταραχώδη κατάσταση του ξυπνήματος από τον ύπνο.

Ο Ιησούς είχε φτάσει στη συνειδητότητα κατά την οποία γνώριζε με άμεση συνειδητοποίηση ότι το σώμα είναι μόνο μια μάζα ενέργειας. Επειδή το είχε συνειδητοποιήσει πραγματικά αυτό, και δεν το φανταζόταν απλώς, μπόρεσε να αναστήσει το σώμα του μετά τη σταύρωση. Νωρίτερα, όταν ένας από τους οπαδούς του είχε κόψει το αυτί ενός

---

[1] Μια αλήθεια που αποδείχθηκε επίσης σε όλους τους αιώνες από σπουδαίους γιόγκι της Ινδίας.

υπηρέτη του ανώτερου ιερέα, ο Ιησούς έβαλε το χέρι του στην πληγή και το θεράπευσε.² Η σύγχρονη επιστήμη δεν έχει ακόμα ανακαλύψει πώς γίνεται αυτό. Ο τελικός σκοπός είναι η συνειδητοποίηση ότι το σώμα, καθώς και οτιδήποτε άλλο σ' αυτό το σύμπαν, είναι στην ουσία Πνεύμα. Ο συνηθισμένος άνθρωπος δεν το γνωρίζει αυτό. Ο Ιησούς Χριστός το γνώριζε.

Ο Χριστός πρέπει να κατανοηθεί υπό το πρίσμα του ότι βίωσε πνευματικά τη Συμπαντική Συνειδητότητα του Ουράνιου Πατέρα που είναι παρούσα σε όλη τη δημιουργία. Το όνομά του ήταν Ιησούς· ο τίτλος του ήταν «Χριστός» – ένας αρχαίος όρος που αντιστοιχεί στο σανσκριτικό *Κουτάστα* («η συνειδητότητα που υπάρχει σε κάθε άτομο και μόριο»). Ήταν ο Ιησούς ο Χριστός.

Πάνω από τρεις χιλιάδες χρόνια πριν, νωρίτερα από την εποχή του Ιησού, γεννήθηκε στην Ινδία ένας σπουδαίος αβατάρ, του οποίου το οικογενειακό όνομα ήταν Τζάνταβα. Η λέξη «Κρίσνα» (ή «Κρίστ-να») ήταν ο πνευματικός τίτλος του και σημαίνει το ίδιο με τη λέξη «Χριστός»: τη θεϊκή συνειδητότητα που είναι πανταχού παρούσα στη δημιουργία. Ήταν ο Τζάνταβα ο Κρίσνα.³

Οι Γραφές αναφέρουν τις θαυμαστές δυνάμεις του Χριστού και του Κρίσνα, αποδεικνύοντας ότι η συνειδητότητά τους δεν ήταν δεμένη με το σώμα όπως αυτή του συνηθισμένου ανθρώπου. Ο Ιησούς και ο Τζάνταβα είχαν διευρύνει τη συνειδητότητά τους πέρα από τα όρια της ανθρώπινης σάρκινης μορφής και συμπεριέλαβε το σύμπαν – το συμπαντικό τους σώμα. Ήταν συντονισμένοι με τη θεϊκή συνειδητότητα που είναι ταυτόχρονα παρούσα σε κάθε άτομο και μόριο. Δεν ήταν φαντασία· στη συνειδητότητά τους είχαν γίνει ένα με τον Ουράνιο Πατέρα που είναι πανταχού παρών και πάνσοφος. Ο Ιησούς και ο Τζάνταβα έπρεπε να μάθουν πώς να κατορθώσουν αυτή τη διεύρυνση της συνειδητότητάς τους. Παρόμοια, όλοι οι άνθρωποι μπορούν να διευρύνουν τη συνειδητότητά τους στο άπειρο μέσω αφοσίωσης και επιστημονικού διαλογισμού στον Κύριο. «Ο Θεός είναι Πνεύμα, και αυτοί που Τον προσκυνούν, στο πνεύμα και στην αλήθεια πρέπει να προσκυνούν».⁴

---

² «Και αποκριθείς ο Ιησούς, είπε· Αφήστε· και αφού έπιασε το αυτί του τον γιάτρεψε». (Κατά Λουκά ΚΒ:51.)

³ Με ευλάβεια αναφέρεται ως Μπάγκαβαν («Κύριος») Κρίσνα.

⁴ Κατά Ιωάννη Δ:24.

Επομένως «Ιησούς Χριστός» σημαίνει «ο Ιησούς του οποίου η συνειδητότητα γεμίζει ολόκληρο το σύμπαν». Όταν ο φίλος του ο Λάζαρος πέθανε στη Βηθανία, και ο Ιησούς, που βρισκόταν σε άλλο μέρος, είπε στους μαθητές του: «Ο Λάζαρος ο φίλος μας κοιμήθηκε»,[5] δεν το γνώριζε αυτό μέσω κάποιου ανθρώπινου πληροφοριοδότη. Ήταν η εκδηλωμένη μέσα του οικουμενική κατά Χριστόν Συνειδητότητα που τον κατέστησε ικανό να νιώθει τον εαυτό του όχι μόνο μέσα στο δικό του σώμα, αλλά και μέσα σ' αυτό του Λαζάρου. Σ' αυτήν την πανταχού παρούσα Νοημοσύνη αναφερόταν όταν είπε: «Δύο σπουργίτια δεν πωλούνται για ένα ασσάριο; Και ένα απ' αυτά δεν πέφτει στη γη χωρίς [τη γνώση] του Πατέρα σας».[6]

Αν κλείσετε τα μάτια σας και ζητήσετε από δέκα ανθρώπους να σας αγγίξουν, θα ξέρετε σε ποιο σημείο θα έχει γίνει το κάθε άγγιγμα. Ο Θεός παρόμοια νιώθει και βλέπει παντού στο τεράστιο σύμπαν Του. Ο Ιησούς Χριστός και ο Τζάνταβα Κρίσνα είχαν κατακτήσει αυτήν την πανταχού παρούσα συνειδητότητα. Επομένως ο Ιησούς συνειδητοποίησε ότι το σώμα του ήταν μια δημιουργία του νου του Θεού και, ευρισκόμενος σε συντονισμό μ' αυτή τη Συμπαντική Συνειδητότητα, μπόρεσε να ξαναδημιουργήσει το σώμα του τρεις μέρες αφότου αυτό σταυρώθηκε και εναποτέθηκε σε τάφο. Ο Κρίσνα είχε την ίδια δύναμη και εκτέλεσε πολλά παρόμοια πνευματικά κατορθώματα. Σε μια περίσταση σήκωσε ένα βουνό σ' ένα χωριό που βρισκόταν. Πολλά τέτοια θαύματα θεωρούνται απλά θρύλοι, αλλά τα περισσότερα είναι αληθινά. Ο Κρίσνα ήταν ένας από τους μεγαλύτερους γιόγκι της Ινδίας. Η γιόγκα διδάσκει τον σωματικό έλεγχο με τον οποίο μπορεί κάποιος να καταλάβει ότι η σάρκα είναι απλώς συμπυκνωμένη ενέργεια. Και τι άλλο είναι η ενέργεια, παρά ένα προϊόν της σκέψης του Θεού; Ο Θεός συγκεντρώθηκε, ή σκέφτηκε, και δημιουργήθηκε η ενέργεια.

Το Σύμπαν Αποτελείται από Υλοποιημένες Σκέψεις

Ας υποθέσουμε πως ονειρεύομαι ότι δημιούργησα τον άνθρωπο και το νερό και τη γη και όταν ξυπνώ ανακαλύπτω ότι δεν δημιούργησα τίποτα άλλο από ιδέες. Παρόμοια, η διαφορά μεταξύ στερεών, υγρών και αερίων είναι μόνο μια διαφορά στη σκέψη του Θεού. Ο

---
[5] Κατά Ιωάννη ΙΑ:11.
[6] Κατά Ματθαίο Ι:29.

Ιησούς το κατάλαβε αυτό και επειδή ήταν συντονισμένος με τη θεϊκή συνειδητότητα, μπορούσε να περπατήσει πάνω στο νερό και να μετατρέψει το νερό σε κρασί. Έβλεπε το σώμα και το νερό σαν προβεβλημένες σκέψεις του Θεού και συνειδητοποίησε ότι ήταν απλό το να στηρίζεται η μία σκέψη (το σώμα του) σε μια άλλη σκέψη (το νερό).

Όταν κοιμάστε και ονειρεύεστε, μπορεί να δείτε τον εαυτό σας να περπατά πάνω στο νερό όπως ο Ιησούς. Γιατί στο όνειρο το σώμα δεν πνίγεται στον ωκεανό-όνειρο; Επειδή και τα δύο είναι απλώς σκέψεις. Έτσι, μόλις συνειδητοποιήσετε, όπως ο Ιησούς, ότι στο σύμπαν ουσιαστικά δεν υπάρχει τίποτα άλλο παρά μόνο νους ή συνειδητότητα, θα μπορείτε να κάνετε τα πάντα. Το σώμα είναι μια υλοποιημένη σκέψη, ο ωκεανός επίσης είναι μια υλοποιημένη σκέψη και μπορείτε να βάλετε τη μία σκέψη πάνω στην άλλη.

Ο Ιησούς και ο Κρίσνα μπορούν να εμφανιστούν σ' εσάς ανταποκρινόμενοι στο κάλεσμα της αφοσιωμένης καρδιάς σας. Το αόρατο θα γίνει ορατό, όπως ο υδρατμός μπορεί με μια διαδικασία συμπύκνωσης να παγώσει και να γίνει στέρεο κομμάτι πάγου. Ο άυλος Θεός μπορεί παρόμοια να «παγώσει» με την αφοσίωσή σας και να γίνει ο Ιησούς ή ο Κρίσνα ή οποιοσδήποτε άγιος λαχταράτε να δείτε.

Δεν είναι αναγκαίο να δείτε τον Χριστό σε μορφή όταν διαλογίζεστε σ' αυτόν, αν και αυτό μπορεί να συμβεί. Το θέμα μου σήμερα είναι ο πνευματικός Χριστός. Για να γνωρίσετε αυτόν τον Ιησού, πρέπει να γνωρίσετε το πνεύμα του. Το σώμα του ήταν σαν αυτό οποιουδήποτε άλλου ανθρώπου, αλλά το πνεύμα του ήταν σε ολόκληρο το σύμπαν. Αν δεν μπορείτε να το φανταστείτε αυτό, κλείστε τα μάτια σας για μια στιγμή. Δεν βλέπετε το σώμα σας πια. Ωστόσο μέσα στον νου σας μπορείτε να ταξιδέψετε εκατομμύρια χιλιόμετρα, προς κάθε κατεύθυνση, χωρίς να χρησιμοποιήσετε το σώμα σας. Ο νους είναι ο δημιουργός των πάντων. Όταν γνωρίζετε τη φύση του νου ελέγχετε τα πάντα, γιατί όλα είναι νους. Αυτά τα όμορφα κτίρια και οι χώροι γύρω τους πήγασαν από τη σκέψη. Τίποτα άλλο δεν υπάρχει εκτός απ' αυτό που προήλθε από τον Συμπαντικό Νου. Γι' αυτό να θυμάστε τον Χριστό ως τη συμπαντική συνειδητότητα που μας κοιτάζει από τα αστέρια, που έχει επίγνωση ακόμα και του μικρότερου κόκκου άμμου στην ακτή. Ακούω το τραγούδι Του στα πουλιά και στη φωνή του ανέμου· βλέπω την υπέροχη μορφή Του στον ουρανό και στα βουνά και στον ωκεανό. Κάθε σκέψη που κάνω προέρχεται από τη συνειδητότητα του Χριστού.

Κατά τη διάρκεια κάθε συμπαντικού κύκλου της δημιουργίας, το

Πνεύμα διαιρεί τον Εαυτό Του και γίνεται η Τριάδα. Στον ρόλο του Πατέρα, το Πνεύμα είναι ο Δημιουργός του Σύμπαντος. Με τη σκέψη Του δημιουργήθηκαν τα ηλεκτρόνια και τα άτομα και άρχισαν να συμπυκνώνονται σε ατμό, ο ατμός σε νερό και το νερό σε στερεά. Έτσι, το Πνεύμα προέβαλε από τον Εαυτό Του τη συμπαντική δημιουργία. Αυτή είναι η μορφή Του, το σώμα Του.

Η Νοημοσύνη που διαποτίζει ολόκληρο το σύμπαν ονομάζεται κατά Χριστόν Νοημοσύνη ή *Κουτάστα Τσαϊτάνια*. Είναι «ο μονογενής Υιός»[7] ή η αντανάκλαση της Νοημοσύνης του Πατέρα που είναι παρούσα σε όλη τη δημιουργία. Ο Ιησούς και ο Κρίσνα ήταν συντονισμένοι μ' αυτή τη Συνειδητότητα.

Η Αντιστοιχία της Τριάδας στις Ινδουιστικές και τις Χριστιανικές Γραφές

Η Αγία Τριάδα των χριστιανικών Γραφών, ο Πατέρας, ο Υιός και το Άγιο Πνεύμα, αντιστοιχεί στην Τριάδα των ινδουιστικών Γραφών: *Ομ, Τατ, Σατ*. Ο Θεός ο Πατέρας είναι *Σατ*, Πνεύμα πέρα απ' όλη τη δημιουργία. Ο Υιός είναι *Τατ*, η *Κουτάστα Τσαϊτάνια* ή κατά Χριστόν Νοημοσύνη, παρούσα σε όλη τη δημιουργία. Το Άγιο Πνεύμα είναι το *Ομ* ή *Αμήν*, ο Λόγος ή η Συμπαντική Δόνηση που δομεί τη δημιουργία.

Όταν στο τέλος ενός δημιουργικού κύκλου ο Θεός διαλύει τα πάντα μέσα στον Εαυτό Του, υπάρχει μόνο μία θεμελιώδης αρχή, το Πνεύμα: πάντα υπάρχουσα, πάντα συνειδητή, πάντα ανανεούμενη Μακαριότητα. Σε κάθε νέο δημιουργικό κύκλο όμως, το Πνεύμα πάλι προβάλλει τον Εαυτό Του ως Τριάδα – τον Πατέρα, τον Υιό και το Άγιο Πνεύμα.[8]

Ο άνθρωπος είναι μια επιτομή όλης της δημιουργίας. Το υλικό σύμπαν είναι το αχανές σώμα του Θεού, η συμπαντική ηλεκτρική ενέργεια είναι η αστρική μορφή του Θεού και η ψυχή ή ζωή στα πάντα είναι η ουσία του Θεού. Τα πάντα έχουν ζωή· ακόμα και μια πέτρα μπορεί να νιώσει πόνο. Η συνειδητότητα σ' ένα κομμάτι κασσίτερου μπορεί να ναρκωθεί με χλωροφόρμιο. Αυτά τα φαινομενικά άψυχα αντικείμενα νιώθουν ικανοποίηση και πόνο και η ζωή μέσα τους μπορεί να θανατωθεί.[9]

---

[7] Κατά Ιωάννη Α:18.

[8] Βλ. *Τριάδα* στο γλωσσάριο.

[9] Αυτές οι αλήθειες αποδείχθηκαν πειστικά από τον σπουδαίο Ινδό επιστήμονα, τον

Διευρύνετε τη Συνειδητότητά Σας και Γνωρίστε τον Πραγματικό Χριστό

Για να βρείτε τον πραγματικό Χριστό πρέπει να διευρύνετε τη συνειδητότητά σας όπως έκανε ο Ιησούς. Όταν μαθαίνετε να νοιάζεστε για τους άλλους όπως για τον εαυτό σας, αναπτύσσεστε πνευματικά. Όταν νιώθετε για όλες τις οικογένειες το ίδιο συγγενικό πνεύμα το οποίο νιώθετε για την οικογένεια μέσα στην οποία γεννηθήκατε, αναπτύσσεστε. Όταν είστε περήφανοι για όλα τα έθνη όπως είστε για την πατρίδα σας, αναπτύσσεστε. Κι όταν είστε έτοιμοι να θυσιάσετε την αγάπη για τον εαυτό σας για χάρη της μεγαλύτερης αγάπης για όλη την ανθρωπότητα, τότε έχετε αναπτυχθεί. Αυτό είναι που ο Θεός θέλει να κάνετε. Κάθε έθνος που παραβιάζει τη θεμελιώδη αρχή της αγάπης για την ανθρωπότητα θα υποφέρει αβάστακτα. Ο Πατέρας προσπαθεί να εδραιώσει ενότητα στο σύμπαν κι αυτό μπορεί να επιτευχθεί μόνο μέσω της αγάπης για όλους. Πρέπει να αναπτυχθούμε πνευματικά. Πρέπει να αγαπάμε όλα τα έθνη όπως το δικό μας.

Σας νιώθω όλους δικούς μου. Θα έκανα για όλους σας όσα θα έκανα για την Ινδία. Κι αν ήταν αναγκαίο να πάω να πολεμήσω για σας σ' έναν δίκαιο πόλεμο, θα το έκανα. Πρέπει να εξαλείψετε κάθε προκατάληψη από τον νου σας. Να θυμάστε, ο Θεός πήρε τη μορφή κάθε φυλής και εθνικότητας. Είναι ο Νέγρος και ο Ινδός και ο Εβραίος και όλοι οι άλλοι. Αληθινή Χριστιανοσύνη σημαίνει να γίνετε σαν τον Χριστό, αγαπώντας τους πάντες αμερόληπτα.

Κάντε αυτά τα Χριστούγεννα να είναι τα σπουδαιότερα για σας. Κάντε τα θρησκευτικά Χριστούγεννα. Αυτό κάνουμε. Τα μέλη του Self-Realization Fellowship σε όλο τον κόσμο τηρούν την 24η Δεκεμβρίου[10] ως ημέρα διαλογισμού, ημέρα κοινωνίας με τον Χριστό. Μείνετε μακριά απ' όλους τους άλλους και προσευχηθείτε με όλη σας την ψυχή. Δείτε τι αλλάζει μέσα σας όταν εισέρχεστε σε βαθύ, πολύωρο διαλογισμό. Αυτός είναι ο τρόπος να προσκυνάτε τον Ιησού στο πνεύμα.

Ο εξωτερικός τρόπος να κάνετε αυτά που δίδαξε ο Χριστός είναι να συμπεριφέρεστε σε όλους σαν παιδιά του Πατέρα σας και ο πνευματικός

Τζαγκντίς Τσάντρα Μπος (Jagadis Chandra Bose), όπως περιγράφεται στην *Αυτοβιογραφία Ενός Γιόγκι*, κεφάλαιο 8.

[10] Ή οποιαδήποτε άλλη από τις αρκετές ημέρες που προηγούνται της ημέρας των Χριστουγέννων.

τρόπος είναι να διαλογίζεστε μέχρι να νιώσετε την απέραντη χαρά του Θεού μέσω της κατά Χριστόν Συνειδητότητας. Η οικουμενική αδελφοσύνη δεν θα έρθει μέχρις ότου, με βαθύτατη αυτοσυγκέντρωση και αφοσίωση, μείνετε μακριά απ' όλες τις ανήσυχες σκέψεις κι όλα τα ανήσυχα συναισθήματά σας και καθίσετε στον ναό της ψυχής σας, μέσα στον οποίο η απέραντη χαρά του Θεού διευρύνεται και αγκαλιάζει αυτόν τον κόσμο και συνειδητοποιείτε ότι δεν υπάρχει τίποτα άλλο εκτός από Εκείνον. Τότε θα πείτε: «Είμαι ένα με το αιώνιο φως του Θεού, την αιώνια χαρά του Χριστού. Όλα τα κύματα της δημιουργίας χύνονται μέσα σ' εμένα. Έχω διαλύσει το κύμα-σώμα μου στον ωκεανό του Πνεύματος. Είμαι ο ωκεανός του Πνεύματος. Δεν είμαι πια το σώμα. Το πνεύμα μου κοιμάται στις πέτρες. Ονειρεύομαι στα λουλούδια και τραγουδώ στα πουλιά. Σκέφτομαι μέσα στον άνθρωπο· και μέσα στον υπεράνθρωπο γνωρίζω ότι *είμαι*». Σ' αυτήν την κατάσταση συνειδητοποιείτε ότι η φωτιά δεν μπορεί να σας σκοτώσει· ότι η γη και το γρασίδι και ο ουρανός είναι όλα συγγενείς σας εξ αίματος. Τότε περπατάτε στη γη σαν πνεύμα, χωρίς πια να φοβάστε τα θυελλώδη κύματα της δημιουργίας.

Αυτό είναι το μήνυμά μου για σας: Να διαλογίζεστε κάθε βράδυ μέχρι να εξαλείψετε όλες τις γήινες σκέψεις και επιθυμίες σας. «Δεν ξέρετε ότι είστε ναός του Θεού και το Πνεύμα του Θεού κατοικεί μέσα σας;».[11] Ο Θεός σάς έπλασε όλους ευλογημένους, δημιουργημένους κατ' εικόνα Του. Το ξεχάσατε αυτό και ταυτιστήκατε με το σώμα σας. Ο Ιησούς όμως ήρθε για να πει στην ανθρωπότητα: «Μη σας φοβίζει το ότι το σώμα σας είναι εύθραυστο. Υπερβείτε το με διαλογισμό και γίνετε ένα με το Πνεύμα».

Η μεγαλύτερη ευχή μου για σας είναι η εξής: είθε η αγάπη και η αντίληψη του Χριστού να έρθει μέσα στη συνειδητότητά σας. Περιμένει να λάβει μόνο ένα χριστουγεννιάτικο δώρο – το δώρο της αγάπης σας. Δέστε το με τις χρυσές κορδέλες της αφοσίωσής σας και την ημέρα των Χριστουγέννων θα ανακαλύψετε ότι ο ίδιος ο Χριστός θα έχει έρθει να το παραλάβει από σας. Μόλις δεχθεί την αγάπη σας, θα σας δώσει τον εαυτό του. Αυτό το δώρο θα είναι αιώνιο. Κι αν τον λάβετε ως κατά Χριστόν Συνειδητότητα, ακόμα κι όταν όλα τα δώρα αυτής της γης εξαφανιστούν, θα είστε αθάνατοι, ασφαλείς στην αγκαλιά του Χριστού και του Κρίσνα.

---

[11] Προς Κορινθίους Α' Γ:16.

Ταξίδι Προς τη Συνειδητοποίηση του Εαυτού

[Μετά από έναν σύντομο διαλογισμό, ο Παραμαχάνσατζι οδήγησε το ακροατήριο στην ακόλουθη προσευχή:]

«Θα διακοσμήσω το δέντρο της ζωής με τα αστέρια των καλών μου σκέψεων και θα εναποθέσω στα πόδια του Χριστού το καλύτερο δώρο μου, την αγάπη μου, τυλιγμένη με τις χρυσές κορδέλες της αφοσίωσης. Είθε ο Χριστός να τη δεχτεί και είθε να λάβω την αγάπη Του αυτά τα Χριστούγεννα. Θα προσπαθήσω με όλες μου τις δυνάμεις να ετοιμάσω τον εαυτό μου ώστε ο Χριστός να γεννηθεί μέσα στη συνειδητότητά μου. Κατά τη διάρκεια αυτών των Χριστουγέννων και τον καινούργιο χρόνο παίρνω μια ιερή ακλόνητη απόφαση να αλλάξω τη ζωή μου ώστε να μοιάσει περισσότερο με αυτή του Χριστού. Θα προσπαθήσω να υπερβώ όλες τις προκαταλήψεις και να αγαπώ τους ανθρώπους όλων των εθνών όπως τους αγάπησαν ο Χριστός και ο Κρίσνα, ως παιδιά του Θεού.

»Ουράνιε Πατέρα, ευλόγησε τη ζωή μου. Ευλόγησε όλα τα έθνη. Είθε να απέχουν από τον πόλεμο και να ζουν σε ομόνοια σ' έναν Ενωμένο Κόσμο, με την Αλήθεια να μας καθοδηγεί.

»Ουράνιε Πατέρα, Ιησού Χριστέ, Τζάνταβα Κρίσνα, Μαχαβατάρ Μπάμπατζι, Λαχίρι Μαχασάγια, Σουάμι Σρι Γιουκτέσβαρτζι, Γκουρού-Δάσκαλε, παραδίδουμε το σώμα μας, τον νου μας και τις ψυχές μας σ' Εσάς. Κάντε μας σαν τον Χριστό. *Ομ*. Ειρήνη. Αμήν».

Η Πνευματική Ιδιοτέλεια σε Αντίθεση με τη Φαύλη Ιδιοτέλεια

Στο Ερημητήριο του Self-Realization Fellowship στο Encinitas, Καλιφόρνια, 15 Ιουνίου 1937

Η ψυχή είναι ο αληθινός Εαυτός, η αγνή εκδήλωση του Πνεύματος μέσα σας. Το εγώ είναι ο ψευδο-εαυτός, η ψυχή που ανταποκρίνεται στον κόσμο της δυαδικότητας ενώ βρίσκεται σε μια κατάσταση ταύτισης με τα περιορισμένα όργανα του υλικού σώματος και του νου. Χάριν της συζήτησης, ας πούμε πως ό,τι κάνετε προς όφελος του εαυτού σας, είτε ως ψυχή είτε ως εγώ, καλείται ιδιοτέλεια. Μ' αυτήν την έννοια, φαύλη ιδιοτέλεια είναι εκείνο που κάνετε πιστεύοντας ότι ωφελείτε τον εαυτό σας, αλλά στην πραγματικότητα στρέφεται ενάντια στο συμφέρον του αληθινού σας Εαυτού. Η καλή ιδιοτέλεια, η πνευματική ιδιοτέλεια, συνίσταται σ' εκείνες τις πράξεις με τις οποίες ο αγνός Εαυτός μέσα σας μπορεί να συνειδητοποιηθεί· σας βοηθά συνεχώς να εκδηλώνετε την τελειότητα αυτής της έμφυτης εικόνας του Πνεύματος.

Η ιδιοτέλεια χαρακτηρίζεται από πολλές διαβαθμίσεις. Ένα παιδί πράττει λίγο-πολύ χωρίς να σκέφτεται. Όταν βλέπει κάποιο άλλο να παίζει με διαφορετικά παιχνίδια, θέλει να τα πάρει. Θέλει να φάει κάτι ή να κάνει κάτι άλλο γιατί βλέπει κάποιον άλλον να το απολαμβάνει. Αυτή είναι ιδιοτέλεια χωρίς συναίσθηση. Παρατήρησα αυτήν την αντίδραση κατά τη δική μου παιδική ηλικία. Όταν ήμουν πολύ μικρός κι έβλεπα άλλους να παίζουν με κάτι, η πρώτη μου σκέψη ήταν να το πάρω. Σύντομα όμως ανακάλυψα πως όποτε ήθελα κάτι, πάντα κάποιος άλλος προσπαθούσε να το πάρει ή να το κρατήσει. Έτσι άρχισα να ασκώ τη δυνατή θέλησή μου για να αποκτώ αυτό που ήθελα. Όταν όμως αυτό έφερε τσακωμούς με τους άλλους, αναρωτήθηκα αν η συμπεριφορά μου ήταν σωστή.

Η μητέρα μου, όταν μου έδινε ένα ιδιαίτερο έδεσμα, συνήθιζε να μου λέει: «Μοιράσου το με κάποιον άλλον». Η αρχική μου σκέψη ήταν ότι ήθελε να φάω λιγότερο απ' όσο μου έδινε. Αμέσως όμως άρχισα να καταλαβαίνω ότι αφού μου άρεσε τόσο πολύ αυτό το φαγητό, ίσως να άρεσε και σε κάποιον άλλον. Έτσι αποφάσισα ότι θα έπρεπε να το μοιράζομαι. Μετά σκέφτηκα: «Αν το μοιραστώ με όλους, δεν θα μείνει τίποτα για μένα». Αυτό άρχισε να με μπερδεύει. Ωστόσο ανακάλυψα πως όταν μοιραζόμουν κάτι με άλλους, τότε το απολάμβανα περισσότερο – η χαρά που ένιωθα όταν μοιραζόμουν ήταν μεγαλύτερη από τη χαρά που έπαιρνα από το αντικείμενο που είχα μοιραστεί. Αυτός είναι ο λόγος για τον οποίο πάντα αποχωριζόμουν ό,τι αγαπούσα. Όποτε κάποιο από τα υπάρχοντά μου το ήθελε ή το χρειαζόταν κάποιος άλλος, ο νους μου έλεγε: «Είναι "άρρωστος" μ' αυτήν την επιθυμία· εσύ θεραπεύτηκες απ' αυτήν, οπότε τώρα άσε τον να το αποκτήσει». Ένα προς ένα, χάρισα οτιδήποτε είχα – και η χαρά μου πολλαπλασιαζόταν. Όταν ήθελα κάτι και το αποκτούσα, το απολάμβανα· κι όταν το έδινα σε κάποιον άλλον, το απολάμβανα ξανά. Δεν επέτρεψα σε καμία επιθυμία να εξουσιάζει την ψυχή μου· αυτό θα ήταν αντίθετο με το ιδεώδες της πνευματικής ιδιοτέλειας για το καλό του αληθινού Εαυτού μου. Ποτέ μην αγαπάτε τίποτα τόσο πολύ ώστε να σας εξουσιάζει.

Η Ιδέα της Ιδιοκτησίας Είναι Μια Απατηλή Έννοια

Ό,τι δίνετε προς τα έξω, το ίδιο θα προσελκύσετε. Αυτό που είστε θα είναι εμφανές στο παρουσιαστικό σας και στις πράξεις σας και οι άλλοι θα νιώσουν τις υποκείμενες δονήσεις και θα ανταποκριθούν ανάλογα. Αν προβάλετε ένα παράδειγμα φαύλης ιδιοτέλειας, οι άλλοι θα θέλουν να σας τα πάρουν όλα. Αν όμως είστε το αντίθετο, θα ανακαλύψετε ότι όλοι θα τείνουν να είναι γενναιόδωροι μαζί σας. Ας υποθέσουμε ότι μου δίνετε το αγαπημένο σας μπαστούνι βαδίσματος και σε αντάλλαγμα θέλω κι εγώ να σας δώσω κάτι. Ο νους μου όμως λέει: «Δεν μπορείς να αποχωριστείς την ομπρέλα σου αν και γνωρίζεις ότι του αρέσει πολύ». Τότε σκέφτομαι: «Το μπαστούνι του το αγαπούσε, εντούτοις μου το έδωσε· έτσι θέλω κι εγώ να του δώσω κάτι που να έχει αξία για μένα». Αυτό είναι το πνεύμα που κυριαρχεί όταν ένας άνθρωπος δείχνει ανιδιοτέλεια.

Δεν μπορείτε να έχετε ιδιοκτησία σε τίποτα. Σας έχει παραχωρηθεί μόνο η προσωρινή χρήση αντικειμένων σ' αυτή τη γη. Κάποια στιγμή θα πρέπει να τα αποχωριστείτε – είτε τυχαία, είτε γιατί μπορεί να σας τα κλέψουν, είτε γιατί θα αχρηστευτούν, είτε με τον θάνατο. Έτσι, όταν προσπαθείτε να κρατηθείτε από οτιδήποτε ή να το διαφυλάξετε μόνο για χάρη της ιδιοκτησίας, κοροϊδεύετε τον εαυτό σας.

Ακόμα κι αυτό το σωματικό σπίτι μέσα στο οποίο ζήσατε τόσα χρόνια πρέπει κάποια μέρα να το εγκαταλείψετε. Γι' αυτό είναι λάθος να επιβάλλετε στην ψυχή την πεποίθηση ότι είστε ιδιοκτήτες κάποιου πράγματος που ποτέ δεν μπορεί να είναι δικό σας. Όταν σας δίνεται κάτι, να ξέρετε ότι είναι δικό σας μόνο για λίγο και να είστε πρόθυμοι να το μοιραστείτε με άλλους.

Όταν λιμπίζεστε περισσότερα απ' όσα χρειάζεστε θα έχετε πολλά προβλήματα. Η Γκίτα λέει: «Το πρόσωπο που συνειδητοποιεί τη γαλήνη είναι αυτό που, εγκαταλείποντας όλες τις επιθυμίες, ζει χωρίς να λαχταρά τίποτα και δεν ταυτίζεται με το θνητό εγώ και την αίσθησή του του "δικό μου"».[1] Ασφαλώς έχετε αναμφισβήτητες ανάγκες, όπως για φαγητό, ένδυση και κάποια υλική σιγουριά· προσδοκώντας τα όμως αυτά, παραλείψτε τις περιττές «αναγκαιότητες» – τις επίμονα βασανιστικές επιθυμίες για όλο και περισσότερα.

Η Παγκόσμια Οικογένεια Είναι ο Μεγαλύτερος Εαυτός Σας

Ενώ μοχθείτε για τις δικές σας ανάγκες, να έχετε πάντα στον νου σας το ιδεώδες να βοηθάτε και τους άλλους να αποκτήσουν αυτό που χρειάζονται και να μοιράζεστε αυτά που λαμβάνετε μ' αυτούς που είναι λιγότερο τυχεροί. Να θυμάστε ότι είστε μέλος της παγκόσμιας οικογένειας και δεν μπορείτε να υπάρξετε χωρίς αυτήν. Πώς θα ήταν η ζωή αν δεν υπήρχε ο ξυλουργός ή ο εφευρέτης ή ο αγρότης; Μέσω της αλληλεπίδρασης, ο Θεός θέλει να σκεφτόμαστε τους άλλους. Είναι σοβαρότατο λάθος να ζει κάποιος μόνο για τον εαυτό του.

Όποτε σκέφτεστε τη δική σας ευτυχία, να φροντίζετε να κάνετε και τους άλλους ευτυχισμένους. Δεν σας ζητά κανείς να εγκαταλείψετε τα πάντα για το καλό της παγκόσμιας οικογενειάς σας. Αυτό είναι αδύνατον. Θα πρέπει όμως να σκέφτεστε τους άλλους όπως σκέφτεστε τον εαυτό σας.

Ο Θεός προσδοκούσε να γίνει ο άνθρωπος μ' αυτόν τον τρόπο αληθινά πνευματικά ιδιοτελής, υπηρετώντας τον μεγαλύτερο Εαυτό του στους άλλους. Η πρώτη όμως και συχνά η τελευταία σκέψη ενός

---

[1] Μπάγκαβαντ Γκίτα ΙΙ:71.

συνηθισμένου ανθρώπου αφορά τον εαυτό του. Το ένστικτο της αυτοσυντήρησης είναι πολύ ισχυρό. Ο κόσμος δημιουργεί μέσα μας αυτήν την αυταπάτη της αυτοσυντήρησης, με την οποία περιορίζουμε τον εαυτό μας στο σώμα μας και στα αντικείμενα που θεωρούμε δικά μας. Ωστόσο όλοι είναι δικοί μας· διότι ο Θεός είναι ο Πατέρας μας κι εμείς είμαστε όλοι παιδιά Του.

Ο Θεός έδωσε στον άνθρωπο νοημοσύνη και φαντασία ώστε να θυμάται πως όταν κρυώνει ή πεινά, υπάρχουν και άλλοι γύρω του που επίσης γνωρίζουν τι σημαίνει κρύο και πείνα. Έτσι, φροντίζοντας για την άνεσή σας, απλώστε το χέρι σας και στους άλλους για να προσφέρετε άνεση και σ' αυτούς. Εφόσον σ' εσάς τους ίδιους δεν αρέσει η δυστυχία, θα πρέπει να βοηθάτε αυτούς που είναι γύρω σας να μετριάσουν τη δυστυχία τους. Υποφέρουν ακριβώς όπως κι εσείς – και μερικοί ακόμα περισσότερο. Αν λέτε για την οικογένειά σας και τους στενούς σας φίλους: «Αυτοί οι άνθρωποι είναι δικοί μου και η ευτυχία μου περιλαμβάνει μόνο αυτούς και κανέναν άλλον», τότε περιορίζετε τον εαυτό σας και αρχίζει να αυξάνεται η δυστυχία σας.

Να είστε έτοιμοι να βοηθάτε τους άλλους και να βρίσκετε ευτυχία προσφέροντας ευτυχία σε οποιονδήποτε συναντάτε. Μην το σκέφτεστε σαν υποχρέωση να είστε ανιδιοτελείς. Αυτό το κάνει να φαίνεται σαν κάτι δύσκολο. Αντίθετα, να νιώθετε ότι αυτό που κάνετε είναι για την ευχαρίστησή σας – για τη χαρά που βρίσκετε απομακρύνοντας τη δυστυχία των άλλων υλικά, νοητικά, ή πνευματικά.

Χωρίς Φαύλη Ιδιοτέλεια ο Κόσμος Θα Ήταν Παράδεισος

Ολόκληρος ο κόσμος θα ήταν παράδεισος σήμερα αν οι άνθρωποι είχαν αποκηρύξει τη φαύλη ιδιοτέλεια και ήταν πνευματικά ιδιοτελείς. Στο σφάλμα της φαύλης ιδιοτέλειας είναι ριζωμένη η αιτία όλων των πολέμων. Στην αρχή οι άνθρωποι πολεμούσαν με πέτρες και μετά με τόξα και βέλη για να προστατεύσουν την ιδιοτέλειά τους έναντι της ιδιοτέλειας των άλλων. Μετά εφευρέθηκαν τα όπλα, μετά τα πολυβόλα και τώρα οι βόμβες και τα δηλητηριώδη αέρια – όλα για να προστατευτεί η ιδιοτέλεια μιας ομάδας ανθρώπων ενάντια στην ιδιοτέλεια μιας άλλης ομάδας. Η δυνητικά καταστροφική δύναμη του ανθρώπου έχει αναπτυχθεί πολύ περισσότερο απ' όσο η δημιουργική του δύναμη. Η φαύλη ιδιοτέλεια πρέπει τελικά να αναχαιτιστεί. Στα πεδία των μαχών όμως θα χρειαστεί να πέσουν ακόμα περισσότερα κορμιά πριν

Η Πνευματική Ιδιοτέλεια σε Αντίθεση με τη Φαύλη Ιδιοτέλεια

ο άνθρωπος αντιληφθεί ότι η εθνική ιδιοτέλεια είναι το ίδιο φαύλη όσο και η προσωπική ιδιοτέλεια. Ένα έθνος συγκροτείται από μικρές κοινότητες κι αυτές συγκροτούνται από ανθρώπους. Τα σωστά ιδεώδη πρέπει να ξεκινούν από τους ανθρώπους· κι εσείς πρέπει να ξεκινήσετε από τον εαυτό σας.

Δείτε τι συνέβη εξαιτίας της φαύλης ιδιοτέλειας: πόλεμοι στην Ισπανία και στην Κίνα και η μεγάλη οικονομική ύφεση. Αυτή η χώρα [η Αμερική] πρώτη είχε εθνική ιδιοτέλεια μέσω της οποίας για χρόνια απολάμβανε ευημερία. Παρόμοια και η Ινδία στη χρυσή της περίοδο απολάμβανε εξαιρετική ευημερία. Οι καρμικές συνέπειες όμως της ιδιοτέλειας και της υπερηφάνειας, που κατέληξαν στη λανθασμένη εφαρμογή του συστήματος της κάστας, κόστισαν στην Ινδία την ελευθερία της.[2] Η Αμερική δεν πρέπει να κάνει κατάχρηση της ελευθερίας της, ούτε να ξεχάσει τα πνευματικά της ιδεώδη της ισότητας, διαφορετικά ενδέχεται να υποστεί μια παρόμοια καρμική μοίρα. Η προκατάληψη που βασίζεται στη φυλή και το χρώμα του δέρματος αποτελεί μια από τις χειρότερες μορφές ιδιοτέλειας. Οι κλιματολογικές συνθήκες θα αλλάξουν, και στο μακρινό μέλλον το μεγαλύτερο μέρος του δυτικού κόσμου πολύ πιθανόν να αποκτήσει σκουρόχρωμο δέρμα, ενώ ο κόσμος της Ανατολής να γίνει η «λευκή φυλή».

Τα σύνορα κι οι κυβερνήσεις του κόσμου υπόκεινται διαρκώς σε αλλαγές. Αυτή η χώρα για παράδειγμα ανήκε στους αυτόχθονες Ινδιάνους πριν τη διεκδικήσετε· και στους αιώνες που θα ακολουθήσουν θα περάσει στα χέρια πολλών ακόμα. Η Μεγάλη Βρετανία κάποτε κυβερνιόταν από τη Ρώμη. Ο Τζένγκις Χαν κατέκτησε το μεγαλύτερο μέρος της Ασίας· πού είναι όμως αυτός τώρα; Αυτό είναι το παράδοξο του γήινου θεατρικού έργου. Είναι η δημιουργία του Θεού και τίποτα μέσα σ' αυτήν δεν μας ανήκει! Τι σοβαρό σφάλμα είναι το να πολλαπλασιάζεις τη δυστυχία μέσω της φαύλης ιδιοτέλειας με μια λανθασμένη αίσθηση κτητικότητας!

Η ιδιοτέλεια που αναζητά την ευτυχία χωρίς να λαμβάνει υπ' όψη την ευτυχία των άλλων, ή που καταπατά και καταστρέφει τα δίκαια συμφέροντα των άλλων προς όφελος του δικού της σκοπού, πολλαπλασιάζει τη δυστυχία. Αυτό συμβαίνει σήμερα στην Αμερική. Όλοι είχαν καλές θέσεις εργασίας και αυτές ήταν άφθονες. Τώρα όμως οι μεγάλες

---

[2] Αναφορά στη μακρά περίοδο της ξένης κατοχής που έληξε δέκα χρόνια μετά την ομιλία αυτή, όταν η Ινδία ανέκτησε την ανεξαρτησία της το 1947.

βιομηχανίες κερδίζουν σε βάρος των μικρών, που με τη σειρά τους προσπαθούν να υπονομεύσουν τις μεγάλες. Η αισχροκέρδεια είναι μεγάλο λάθος. Ο κομμουνισμός, ο οποίος επιφανειακά εκθειάζει το καλό των μαζών, δεν θα αποδώσει, επειδή βασίζεται στην καταπίεση και στη βία. Αυτό όμως που ο Ιησούς κι όλοι οι αληθινά μεγάλοι διδάσκουν είναι η ανιδιοτέλεια που βασίζεται στην πνευματική προθυμία να μοιράζεται κάποιος τα αγαθά του με τους άλλους. Μ' αυτή τη μέθοδο αποφεύγεται η φαύλη προσωπική ιδιοτέλεια στις επιχειρηματικές δραστηριότητες και στην κοινωνία. Όταν οι πλησίον σας και το έθνος σας γίνουν ο εαυτός σας, τότε θα έχετε αποκτήσει πνευματική ιδιοτέλεια.

Αν νοιάζεστε μόνο για το καλό των χεριών και των ποδιών σας και δεν φροντίζετε το κεφάλι σας, ο εγκέφαλός σας δεν θα λειτουργεί σωστά ώστε να καθοδηγεί τις κινητικές σας δεξιότητες. Πρέπει να εναρμονίσετε τη λειτουργία ολόκληρου του σώματος. Παρόμοια, οι εγκέφαλοι (οι ηγέτες) των εθνών πρέπει να εργάζονται αρμονικά με τα χέρια και τα πόδια (το εργατικό δυναμικό). Όταν τα συμφέροντά τους δεν είναι κοινά και διχάζονται, είναι δεδομένο ότι θα υπάρξουν αταξία και βάσανα.

Δεν θέλετε να πάρει τον έλεγχο η εργατική τάξη, γιατί τότε θα έχετε κομμουνισμό· και δεν θέλετε να είναι οι καπιταλιστές οι μοναδικοί κυρίαρχοι, γιατί τότε θα έχετε δικτατορία. Πρέπει να υπάρξει μια ισορροπία, και αυτή δεν θα είναι ποτέ τέλεια χωρίς προσωπική ανιδιοτέλεια.

Η Χαρά να Είναι Κάποιος Ανιδιοτελής

Ο Ιησούς Χριστός θυσίασε το σώμα του για όλους, αλλά απολαμβάνει αιώνια ζωή. Μέσα στην ανιδιοτέλειά του, φρόντιζε την πνευματική του ιδιοτέλεια. Κι εσείς επίσης θα πρέπει να είστε ικανοί να εγκαταλείψετε τη φαύλη σας ιδιοτέλεια για μια υψηλότερη ιδιοτέλεια. Χρησιμοποιήστε τη φαντασία σας! Ούτε υλικά θα χάσετε τίποτα, ούτε πνευματικά θα χάσετε τίποτα· με τη φαύλη ιδιοτέλεια όμως θα χάσετε τα πάντα.

Σ' αυτόν τον κόσμο υπάρχουν δύο δάσκαλοι. Αν έχετε τον Θεό ως σύμβουλό σας, θα είσαστε ευτυχισμένοι· αν όμως επιλέξετε τον διάβολο ως οδηγό σας, θα γαζώνεστε από σφαίρες δυστυχίας. Η λέξη-κλειδί για τους περισσότερους ανθρώπους καθώς πορεύονται στη ζωή είναι «ο εαυτός μου». Ο πνευματικός άνθρωπος από την άλλη μεριά σκέφτεται εξίσου και τους άλλους. Αυτοί που σκέφτονται μόνο τον εαυτό τους προσελκύουν εχθρότητα από τους συνανθρώπους τους. Αυτοί όμως που φροντίζουν τους άλλους ανακαλύπτουν ότι και οι άλλοι θέλουν να τους φροντίζουν. Αν υπάρχουν εκατό άνθρωποι σ' ένα χωριό και κάθε ένας προσπαθεί να πάρει κάτι από τον άλλον, τότε κάθε ένας έχει ενενήντα εννέα εχθρούς. Αν όμως κάθε ένας προσπαθεί να βοηθήσει τον άλλον, τότε κάθε ένας έχει ενενήντα εννέα φίλους.

Έχω ζήσει μ' αυτόν τον τρόπο. Δεν έχασα τίποτα εγκαταλείποντας τα πάντα. Κέρδισα. Τα λόγια του Ιησού είναι υπέροχα: «Όποιος άφησε τα πάντα ένεκεν του ονόματός μου θα λάβει εκατονταπλάσια και θα κληρονομήσει αιώνια ζωή».[3] Άσχετα με το πόσα εγκατέλειψα, μου δόθηκαν πολύ περισσότερα. Τώρα δεν θέλω τίποτα, γιατί αυτό που έχω είναι πολύ πιο σπουδαίο απ' οτιδήποτε μπορεί να μου δώσει ο κόσμος. Ό,τι θέλει ο άνθρωπος, το θέλει για να γίνει ευτυχισμένος· όταν λοιπόν έχετε την αληθινή ευτυχία μέσα σας συνεχώς, δεν θέλετε ούτε χρειάζεστε τις προϋποθέσεις της ευτυχίας.

Όσον αφορά τα υλικά αντικείμενα, δεν έχω δικό μου λογαριασμό σε τράπεζα. Η ασφάλειά μου σ' αυτόν τον κόσμο έγκειται στην καλή θέληση των ανθρώπων. Δεν πιστεύω σε καμία άλλη γήινη ασφάλεια. Αν κάποιος κερδίσει την καρδιά των συνανθρώπων του, αυτή είναι η μεγαλύτερη βασιλεία.

Αν είστε ανιδιοτελείς, ολοκληρωτικά μη προσκολλημένοι, θα είστε αληθινά ευτυχισμένοι. Αν δώσετε αυτό το παράδειγμα, θα σας ακολουθήσουν κι άλλοι στην οικογένεια ή στη γειτονιά ή στη δουλειά σας. Ξεκινήστε μ' αυτήν την πνευματική ιδιοτέλεια στη ζωή σας· αποκηρύξτε τη φαύλη ιδιοτέλεια που είναι η ρίζα όλων των δεινών, είτε προσωπικών, είτε εθνικών.

Η Ανιδιοτέλεια Διευρύνει τη Συνειδητότητα

Μόλις σκεφτείτε κάποιον άλλον με καλοσύνη, η συνειδητότητά σας έχει διευρυνθεί. Όταν ενδιαφερθείτε για τον πλησίον σας, ένα κομμάτι της ύπαρξής σας εξαπλώνεται μ' αυτήν τη σκέψη. Και είναι αναγκαίο όχι μόνο να ενδιαφέρεστε αλλά και να είστε έτοιμοι να δράσετε για να βοηθήσετε. Ακόμα κι αν έχετε έναν εχθρό, είναι πλησίον σας. Μην αποκλείετε την ευτυχία κανενός από τη σκέψη σας.

---

[3] Παράφραση από το κατά Ματθαίο Ευαγγέλιο ΙΘ:29.

Στον γάμο υπάρχει ένα μάθημα ανιδιοτέλειας. Δύο άτομα μαθαίνουν να μοιράζονται ο ένας με τον άλλον. Μετά έρχονται τα παιδιά και οι γονείς μοιράζονται μαζί τους. Ωστόσο πάλι γίνεται ιδιοτέλεια το να σκέφτονται μόνο τη μικρή τους οικογένεια: «Εμείς οι τρεις κι άλλος κανείς». Με τον καιρό θα αναγκαστούμε να αποχωριστούμε τους αγαπημένους μας· είναι μια υπενθύμιση ότι ο σκοπός των ανθρώπινων σχέσεων είναι η διεύρυνση της συνειδητότητας με το να θυσιαζόμαστε για τους άλλους και να μοιραζόμαστε με τους άλλους.

Υπάρχει τόσο μεγάλη ευτυχία όταν είμαστε ανιδιοτελείς! Είναι η μεγαλύτερη ευτυχία, γιατί με την ανιδιοτέλεια διαφυλάσσετε τη δική σας ευτυχία. Ο στόχος μου είναι η ευτυχία των άλλων ώστε να είμαι ευτυχισμένος εγώ ο ίδιος. Δεν θα μπορέσετε ποτέ να γνωρίσετε την ευτυχία αυτού του επιτεύγματος εκτός κι αν ανιδιοτελώς συμπεριλαμβάνετε και άλλους όταν σκέφτεστε την ευτυχία σας – όχι μόνο τους συγγενείς ή τους φίλους σας, αλλά όλους.

Δείτε τον Γκάντι. Είχε χρήματα, αξιώματα· τα εγκατέλειψε όλα όμως. Και η σύζυγός του τον ακολούθησε, χωρίς να ζητήσει ούτε καν ένα μικρό χρηματικό ποσόν σαν ασφάλεια για εκείνη ή τους γιους της. Απαρνήθηκαν τα πάντα και έζησαν για τους άλλους· χωρίς να έχουν τίποτα, έχουν τα πάντα. Ο Γκάντι έδωσε ένα ύψιστο παράδειγμα ταπεινότητας και ανιδιοτέλειας σ' αυτόν τον αιώνα.

Ο Ιησούς είπε: «Όποιος υψώσει τον εαυτό του θα ταπεινωθεί».[4] Ο εγωισμός και η ιδιοτέλεια πρέπει να καταστραφούν ολοσχερώς. Αυτές οι ομοειδείς φαύλες ιδιότητες έδιωξαν το βασίλειο του Θεού από τη γη. Ο κόσμος απομακρύνθηκε από την πνευματική ιδιοτέλεια, η οποία φροντίζει σωστά ολόκληρη την ύπαρξη του ανθρώπου, και έπεσε θύμα της φαύλης ιδιοτέλειας. Μπορείτε όμως να εδραιώσετε ξανά το θεϊκό βασίλειο, αρκεί να κάνετε την προσπάθεια. Κάθε ένας από σας ας κάνει μια νέα αρχή, εφαρμόζοντας τον νόμο της ανιδιοτέλειας. Ζήστε την. Μη φοβάστε για τον εαυτό σας. Ας υποφέρετε λίγο αν είναι αναγκαίο· μην εγκαταλείψετε όμως το ιδανικό της ανιδιοτέλειας. Ζήστε για τους άλλους· μη σκέφτεστε πρώτα τον εαυτό σας. Δώστε το παράδειγμα με το να γίνετε δοτικοί. Αυτό δεν σημαίνει ότι πρέπει να γίνετε φτωχοί· σημαίνει να φροντίζετε τους άλλους και να μοιράζεστε αυτά που έχετε μαζί τους.

---

[4] Κατά Ματθαίο ΚΓ:12.

Υπηρετήστε τους Άλλους με το Ιδανικό της Αλήθειας με το Παράδειγμά Σας

Βιώστε τις αρχές της αλήθειας στη ζωή σας· και με το παράδειγμά σας και τις πράξεις σας μοιραστείτε με άλλους αυτά τα ιδεώδη. Δεν μπορείτε να διδάξετε στους άλλους την ανιδιοτέλεια αν εσείς οι ίδιοι δεν είστε ανιδιοτελείς. Κάντε εσείς την αρχή και οι άλλοι θα σας μιμηθούν.

Έδωσα τη ζωή μου υπηρετώντας τους άλλους με το ιδανικό της αλήθειας. Ταξίδευα και έδινα ομιλίες μπροστά σε τεράστια ακροατήρια. Ξέρω όμως ότι μπορώ να τους υπηρετήσω όλους καλύτερα μέσω των συγγραμμάτων μου. Μπορεί να προσελκυστούν πλήθη ανθρώπων, όμως δεν έρχονται αναγκαία για να βρουν τον Θεό· περισσότερο έρχονται για μια περίοδο πνευματικής χαλάρωσης και έμπνευσης. Αναζητώ ψυχές που πραγματικά επιθυμούν τον Θεό. Αυτός είναι ο λόγος για τον οποίο πάντα έδινα έμφαση στην αναγκαιότητα της κοινωνίας με τον Θεό. Αυτή είναι ύψιστης σημασίας. Σ' αυτό το μονοπάτι του Self-Realization, όλοι αυτοί που θα αναζητήσουν τον Θεό ένθερμα, με έντονη προσοχή και αδιάλειπτη αφοσίωση και με σταθερότητα στον διαλογισμό, θα Τον βρουν. Να διαλογίζεστε. Να διαλογίζεστε και να διαλογίζεστε! Αυτό είναι το σύνθημά σας. Να πνίξει ο Θεός το Self-Realization αν ποτέ μετατραπεί σ' έναν οργανισμό που θα έχει μόνο τον ενθουσιασμό να γεμίζει αίθουσες διαλέξεων και να προσελκύει πλήθη ανθρώπων χωρίς να έχει πάνω απ' όλα την επιθυμία να τους δώσει συνειδητοποίηση του Εαυτού τους. Προχώρησα σε όλη αυτή την οργανωτική εργασία γιατί ήταν η επιθυμία των Δασκάλων.[5] Προσωπικά δεν ζητώ τίποτα από κανέναν. Όταν φύγω απ' αυτή τη γη κι απ' αυτό το σώμα, τίποτα δεν θα μου ανήκει. Γι' αυτό, νοητικά και υλικά έχω απαρνηθεί τώρα τα πάντα για τον Θεό. Το μόνο που θέλω από σας είναι να ζείτε τη ζωή του Θεού.

Μάθετε να αγαπάτε τον Θεό με όλη σας την καρδιά, με όλο σας τον νου, με όλη σας την ψυχή και με όλη σας τη δύναμη· και να

---

[5] Στην *Αυτοβιογραφία Ενός Γιόγκι* ο Παραμαχάνσα Γιογκανάντα έγραψε: «Η ίδρυση στη Δύση μιας Οργάνωσης Self-Realization Fellowship, μιας "κηρύθρας για το πνευματικό μέλι", ήταν ένα καθήκον που μου ανατέθηκε από τον Σρι Γιουκτέσβαρ και τον Μαχαβατάρ Μπάμπατζι». Στα κεφάλαια 27 και 36 του βιβλίου αυτού αφηγείται τα γεγονότα που οδήγησαν στην ίδρυση του Self-Realization Fellowship / Yogoda Satsanga Society of India. (Βλ. επίσης *Γκουρού* στο γλωσσάριο.)

αγαπάτε τον πλησίον σας όπως τον εαυτό σας. Δεν χρειάζεστε άλλες εντολές αν ακολουθείτε αυτές τις δύο. Τι σημαίνει να αγαπάτε τον Θεό με όλη σας την καρδιά, τον νου, την ψυχή και τη δύναμη; Καρδιά σημαίνει αυτό που νιώθετε· νους σημαίνει αυτοσυγκέντρωση· ψυχή σημαίνει θεϊκή κοινωνία κατά τον διαλογισμό· και δύναμη σημαίνει να βάζετε όλη σας την ενέργεια στον Θεό. Επομένως, να αγαπάτε τον Θεό με όλο σας το συναίσθημα και με όλη σας την αυτοσυγκέντρωση στον διαλογισμό, αντιστρέφοντας τους προβολείς της ενέργειάς σας και της προσοχής σας από το σώμα και τον κόσμο πίσω στον Θεό. Δεν μπορείτε να αγαπάτε πραγματικά τον Θεό χωρίς διαλογισμό, γιατί μόνο με τον διαλογισμό μπορείτε να γνωρίσετε ότι ο εαυτός σας είναι ψυχή, στην οποία βρίσκεται η αληθινή, αιώνια σχέση σας με τον Θεό.

Δημιουργήστε στην καρδιά σας έναν θρόνο υπέρτατης αγάπης για τον Θεό. Δεν ζω για τίποτα άλλο, δεν έχω καμία άλλη φιλοδοξία, παρά μόνο να Τον αγαπώ, να μιλώ μαζί Του και να διδάσκω στους άλλους τον τρόπο να Τον γνωρίσουν. Δεν θέλω τίποτα· δεν ζητώ τίποτα άλλο από σας. Όποτε ο Θεός με φέρνει εδώ, σ' αυτές τις συγκεντρώσεις, είναι τιμή μου να βρίσκομαι μαζί σας, να μιλώ για Εκείνον και να Τον αγαπώ μαζί σας.

Είναι τόσο υπέροχο να αγαπά κάποιος τον Θεό και να αγαπά όλους τους ανθρώπους ως τμήμα Του. Για να Τον βρείτε πρέπει να αισθάνεστε την αγάπη Του για όλους. Δεν υπάρχει μεγαλύτερη δύναμη από την αγάπη. Αν οποιαδήποτε στιγμή συγκρουσθείτε με άλλους, προσφέρετέ τους αγάπη νοητικά. Αγαπώ τους εχθρούς μου γιατί τους νιώθω φίλους μου. Νιώθοντας τον Θεό, δεν μπορείς να μισήσεις κανέναν. Τι θα μας συνέβαινε αν ο Θεός οργιζόταν με τις κακές πράξεις μας; Αν παραμένετε ήρεμοι όταν οι άλλοι προσπαθούν να σας πληγώσουν, τότε είστε θεοί.

Ο μεγαλειώδης Θεός που προσκυνώ στο ιερό του ουρανού και του ωκεανού και στο ιερό της συνειδητότητάς μου εκδηλώνεται παντού και σε όλους. Αυτόν αγκαλιάζω σε όλες τις άπειρες μορφές Του.

Μήπως Έχουμε Ξανασυναντηθεί;

Στον Ναό του Self-Realization Fellowship στο Χόλυγουντ, Καλιφόρνια, 10 Ιανουαρίου 1943

Μήπως έχουμε ξανασυναντηθεί; Σίγουρα. Πολύ παλιά, στην αγκαλιά του αιθέρα όπου δημιουργηθήκαμε ως ψυχές, κοιμόμασταν όλοι κάτω από το προστατευτικό πέπλο της σοφίας του Θεού. Όταν μας ξύπνησε, αρχίσαμε να περιπλανιόμαστε μακριά απ' Αυτόν, σαν τον άσωτο γιο στην ιστορία της Βίβλου, και ξεχάσαμε τη θεϊκή συγγένεια μεταξύ μας. Γίναμε ξένοι. Έχοντας φύγει από το σπίτι μας στον Θεό, είμαστε μοναχικοί ταξιδιώτες του πεπρωμένου σ' αυτή τη γη. Συνειδητοποιείτε πόσο μακριά περιπλανηθήκατε, κι ότι περιφέρεστε για πολλές ενσαρκώσεις; Είναι δύσκολο να πει κάποιος πόσο πολλές. Εντούτοις, πού και πού, κάποιες εμπειρίες, μέρη και πρόσωπα αφυπνίζουν μέσα σας μια εσωτερική αίσθηση οικειότητας που ψιθυρίζει για μια παλιά γνώση.

Κάθε ψυχή είναι πάνσοφη· η εξωτερική της φύση όμως, το ταυτισμένο με το σώμα εγώ, περιορίζεται στο τωρινό της όνομα, την τωρινή της οικογένεια και το τωρινό της περιβάλλον. Την ημέρα που η ψυχή σας θα θυμηθεί τη θεϊκή της προέλευση, η συνειδητότητά σας θα ζει πάλι στο μεγαλειώδες μέγαρο του Πνεύματος και θα γνωρίζετε όλα όσα υπάρχουν στο Πνεύμα, όπως ξέρετε τώρα το μικρό σας γήινο σπίτι και τη μικρή σας γήινη οικογένεια.

Είναι μια υπέροχη εμπειρία να συναντάτε και να αναγνωρίζετε κάποιον που ξέρατε από παλιά – κάποιον με τον οποίο έχετε ταξιδέψει στο ίδιο μονοπάτι της ζωής σε παλιότερες ενσαρκώσεις. Όλους στην οικογένειά μου τους ήξερα από προηγούμενες ζωές. Και κάθε τόσο συναντώ κάποιους που γνώριζα σε προηγούμενες ενσαρκώσεις, όπως φίλους της παιδικής μου ηλικίας. Αν και δεν έχουν τίποτα κοινό με την τωρινή ζωή μου, είναι ψυχές που είχα γνωρίσει παλιά.

Ακόμα και πριν φύγω από την Ινδία για να έρθω σ' αυτή τη χώρα, και αργότερα, όταν πρωτοήρθα στη Βοστόνη, ήξερα ότι υπήρχαν πολλοί αληθινοί φίλοι από προηγούμενες ζωές που θα συναντούσα πάλι

Ταξίδι Προς τη Συνειδητοποίηση του Εαυτού

εδώ. Αναγνωρίζω ξεκάθαρα αυτούς που γνώριζα από παλιά όταν τους συναντώ σ' αυτή τη ζωή. Σε κάποιους απ' αυτούς είπα: «Επιτέλους σε ξαναβρήκα, γιατί ήμαστε μαζί παλιά. Γιατί περίμενες τόσο πολύ;». Ψάχνω γι' αυτούς που είναι προορισμένοι να έρθουν εδώ για να είναι μαζί μου στο έργο του Θεού. Κάθε μέρα τους φωνάζω: «Πού είστε εσείς που προχωρούσατε παλιά μαζί μου;». Ξαφνικά βλέπω ένα πρόσωπο ανάμεσα στο πλήθος και λέω στον εαυτό μου: «Να ένας που άκουσε το κάλεσμά μου».

Ακόμα και τώρα, καθώς κοιτάζω τα πρόσωπά σας, δεν μπορώ παρά να σκεφτώ ότι κάποτε, κάπου, στο πολύ μακρινό παρελθόν, έχετε ακούσει τη φωνή μου. Και το κάλεσμα αυτής της φωνής σάς έφερε εδώ. Αν δεν σας είχε επιλέξει ο Θεός, με ποιον άλλο τρόπο, απ' όλα τα εκατομμύρια των ανθρώπων, παρακινηθήκατε εσείς συγκεκριμένα να έρθετε;[1] Μερικές ψυχές –αυτές που είναι ελαφρά αφυπνισμένες από τον λήθαργο της άγνοιας που καλύπτει τις αναμνήσεις προηγούμενων ζωών– θα σταματήσουν και θα σκεφτούν: «Ναι, ξέρω τι λέει. Κάπου έχω ακούσει τη φωνή του. Δεν μου είναι άγνωστη».

Ποτέ δεν είδα τον συνήθως συγκρατημένο γκουρού μου, τον Σουάμι Σρι Γιουκτέσβαρ, τόσο ενθουσιασμένο όσο ήταν όταν συναντηθήκαμε για πρώτη φορά. Ήξερε ότι αμέσως κατάλαβα ποιος ήταν· και ήξερε πιο πολλά από μένα. Όπως ο Κρίσνα είπε στον αγαπημένο του μαθητή: «Ω Αρτζούνα, πολλές γεννήσεις βιώσαμε κι Εγώ κι εσύ. Εγώ τις γνωρίζω όλες, ενώ εσύ δεν τις θυμάσαι».[2] Ποτέ δεν θα ξεχάσω τη χαρά που ένιωσα όταν αναγνώρισα τον Δάσκαλο σ' εκείνη την πρώτη συνάντηση. Ποτέ στη ζωή μου δεν συνάντησα κανέναν άλλον τόσο σπουδαίο όσο ήταν αυτός. Ζούσε διαποτισμένος με το πνεύμα του Θεού.

Ο Σρι Γιουκτέσβαρτζι ήταν πολύ ταπεινός και επίσης πολύ αυστηρός. Αν τον συναναστρεφόσασταν σαν φίλο, δεν θα είχατε ποτέ λόγο να είστε συνεσταλμένοι μαζί του. Αν όμως πηγαίνατε ως μαθητές, αλίμονό σας αν δεν αντέχατε δηκτικό τρόπο επιβολής πειθαρχίας! Ποτέ δεν ασχολιόταν με τα λόγια σου· δούλευε με τη σκέψη σου. Πολλοί

---

[1] Ένας υπαινιγμός στον θεϊκό νόμο ότι ο Θεός ορίζει τον γκουρού και το μονοπάτι που ο πιστός θα ακολουθήσει στον δρόμο της επιστροφής σ' Αυτόν. Μόλις δημιουργηθεί η σχέση γκουρού-μαθητή, μέσω της ευλογίας του Θεού, αυτή συνεχίζεται για όσες ενσαρκώσεις χρειαστούν, μέχρι ο πιστός να φτάσει στον Θεό. (Βλ. *γκουρού* στο γλωσσάριο.)

[2] Μπάγκαβαντ Γκίτα IV:5.

ήταν αυτοί που δεν άντεξαν την αυστηρότητά του. Εγώ όμως χαιρόμουν να τον βλέπω να ξεριζώνει όλες τις λανθασμένες σκέψεις μου και να γεμίζει τον νου μου με θεϊκή σοφία. Τόσο υπέροχη πηγή σοφίας ήταν· διότι όταν αγαπάς αληθινά τον Θεό, γνωρίζεις όλα όσα γνωρίζει κι Αυτός. Ο Δάσκαλος αγαπούσε αληθινά τον Θεό.

Χρειάζονται Πολλές Ζωές για να Χτιστεί το Μέγαρο της Φιλίας

Έτσι, κατά μία έννοια, είστε ξένοι που ταξιδεύετε μόνοι σ' αυτόν τον κόσμο. Ούτε ένας απ' όσους θεωρείτε δικούς σας δεν είναι δικός σας. Δεν είναι αλήθεια; Κανείς δεν ανήκει σε κανέναν. Κάθε καρμικό πεπρωμένο μας έχει τη δική του πορεία και κανείς δεν μπορεί να είναι ιδιοκτήτης κάποιου ή να τον εξουσιάζει.

Κατά μια άλλη έννοια όμως, δεν είστε μόνοι σ' αυτόν τον κόσμο. Υπάρχουν κάποιες στενές σχέσεις που αντέχουν από τις οποίες αντλούμε υποστήριξη και χαρά. Ποιες είναι αυτές οι ψυχές που είναι κοντινές σας; Δεν είναι πάντα αυτοί που γεννήθηκαν στην οικογένειά σας, αλλά αυτοί με τους οποίους νιώθετε έναν εσωτερικό δεσμό βαθιάς φιλίας. Για παράδειγμα, υπάρχουν αυτοί εδώ γύρω μου στα άσραμ. Τους ανέθρεψα με τα ιδεώδη μου. Αντανακλούν τις σκέψεις μου και τις αντιλήψεις μου. Με νοιάζονται και τους νοιάζομαι. Φύτεψα τη ζωή μου μέσα τους και η θεϊκή φιλία μεταξύ μας είναι ένας αιώνιος δεσμός εν Θεώ.

Η φιλία δεν εδραιώνεται σε μια ζωή· χρειάζονται πολλές ζωές για να χτιστεί το μέγαρο της φιλίας. Χτίζεται με ψυχές που γνωρίζατε από πριν, καθώς η μία ζωή διαδεχόταν την άλλη. Αυτός είναι ο λόγος για τον οποίο, ανάμεσα από τα πλήθη, ο Ιησούς κάλεσε κοντά του τους μαθητές του έναν προς έναν – αυτούς που ήξερε από πριν. Συναντήθηκαν ξανά, σε αιώνια φιλία.

Αναγνωρίζοντας Αυτούς Που Γνωρίζατε από Πριν

Πώς μπορείτε να αναγνωρίσετε αυτούς που ξέρατε από πριν; Μέσα σ' ένα πλήθος από αγνώστους, μερικές φορές υπάρχει κάποιος τον οποίον, μόλις τον συναντάτε, νιώθετε ότι τον γνωρίζετε από πολύ παλιά. Με άλλους ποτέ δεν νιώθετε οικειότητα, άσχετα με το πόσο συναναστρέφεστε μαζί τους. Αν δεν παρεμποδίζεστε από προκαταλήψεις και δεν παραπλανάστε από σεξουαλική έλξη και βρίσκετε ψυχές των οποίων τα πρόσωπα και οι προσωπικότητες σας έλκουν πολύ περισσότερο απ' όσο άλλες, είναι πιθανόν να τις ξέρατε από πριν.

Μια μικρή δοκιμή επίσης μπορεί να σας βοηθήσει να προσδιορίσετε ποιοι είναι αληθινοί φίλοι του παρελθόντος. Μπορεί να έχετε πολλούς αποκαλούμενους φίλους· σας λένε ότι είστε υπέροχοι και συμφωνούν με όσα λέτε. Τέτοιοι άνθρωποι σας θέλουν για κάποιο δικό τους όφελος. Οι αληθινοί φίλοι δεν θέλουν τίποτα από σας εκτός από τη χαρά της παρουσίας σας. Μερικές φορές η δοκιμή των φίλων έγκειται στον τρόπο που συμπεριφέρονται όταν κάνετε κάτι που τυχαίνει να τους εξάπτει ή να τους αντικρούει. Οι δικοί σας άνθρωποι δεν πρόκειται ποτέ να σας εκδικηθούν ή να σας εγκαταλείψουν, παρ' όλο που μπορεί να υπάρξουν διαφωνίες. Αυτοί που ήταν αληθινοί φίλοι σας σε άλλες ζωές θα τρέφουν για σας αγάπη άνευ όρων. Ό,τι κι αν κάνετε, θα είναι πάντα φίλοι σας. Οποιοσδήποτε σας αγαπά άνευ όρων είναι κάποιος που γνωρίζατε από πριν. Τέτοιοι φίλοι πρέπει να είστε κι εσείς.

Μπορείτε επίσης να βρείτε ποιοι είναι οι φίλοι σας από προηγούμενες ζωές από τον συντονισμό που υπάρχει μεταξύ σας. Καθώς σταδιακά συγκεντρώνεστε στην ανάπτυξη αληθινής φιλίας με κάποιον, ανακαλύπτετε ότι αρχίζετε να γνωρίζετε εκ των προτέρων πώς θα νιώσει ή θα αντιδράσει. Αν αυτό σας συμβεί μετά από βραχύχρονη γνωριμία, σίγουρα τον γνωρίζατε από πριν. Αυτές είναι μερικές ενδείξεις που μας βοηθούν να βρούμε ποιοι είναι οι φίλοι μας από προηγούμενες ζωές.

Να είστε φίλοι με όλους, αλλά μην περιμένετε να είναι όλοι φίλοι μ' εσάς, εκτός κι αν έχουν περάσει αυτά τα τεστ. Αν απέτυχαν σ' αυτά, προσφέρετέ τους την αγάπη και τη φροντίδα σας, αλλά να θυμάστε ότι δεν είναι ακόμα έτοιμοι για τη φιλία σας. Δεν πρέπει να επιτρέψετε στον εαυτό σας να πληγωθεί απ' αυτούς. Το μέγαρο της φιλίας πρέπει να έχει γερά θεμέλια. Αν έχετε διαφορετική γνώμη από τους φίλους σας και τους χάσετε εξαιτίας αυτού, τότε θα ξέρετε ότι ποτέ δεν ήταν πραγματικοί φίλοι σας. Δεν θα πρέπει να προσπαθείτε να χτίσετε το μέγαρο της φιλίας πάνω στην άμμο αυτών των σχέσεων.

Οι περισσότεροι άνθρωποι είναι εγωκεντρικοί. Θέλουν να ευχαριστούν τους άλλους για να πάρουν κάτι απ' αυτούς. Τέτοιοι άνθρωποι συνήθως λένε συνέχεια «ναι» για λόγους σκοπιμότητας. Ποτέ μην απαρνείστε την ελευθερία της βούλησής σας, ούτε να συμβιβάζεστε ως προς τη συνείδησή σας και τα ιδανικά σας για προσωπικό όφελος. Να παραμένετε ακλόνητοι σε σωστές αρχές.

Ειλικρίνεια Μαζί με Φροντίδα

Να είστε αυθεντικοί, ειλικρινείς, και η φιλία θα αναπτύσσεται σταθερά. Θυμάμαι μια συζήτηση με τον Δάσκαλο σχετικά με την ειλικρίνεια. Είχα πει: «Η ειλικρίνεια είναι το παν».

«Όχι», απάντησε, «η ειλικρίνεια μαζί με φροντίδα είναι το παν». Συνέχισε: «Ας υποθέσουμε ότι κάθεσαι στο σαλόνι, στο σπίτι σου, και υπάρχει ένα όμορφο καινούργιο χαλί στο πάτωμα. Έξω βρέχει. Ένας φίλος που είχες χρόνια να δεις ανοίγει απότομα την πόρτα και τρέχει να σε χαιρετήσει».

«Αυτό δεν είναι κακό», είπα. Ο Δάσκαλος όμως δεν είχε ακόμα εξηγήσει.

«Είστε ειλικρινά χαρούμενοι που είδατε ο ένας τον άλλον», είπε, «αλλά δεν θα προτιμούσες να είχε προνοήσει να βγάλει τις λασπωμένες μπότες του πριν έρθει μέσα και σου καταστρέψει το χαλί;».

Συμφώνησα ότι είχε δίκιο.

Άσχετα με το πόσο καλή ιδέα έχετε για κάποιον ή πόσο στενή σχέση έχετε μ' αυτόν, είναι σημαντικό να κάνετε πιο γλυκιά τη σχέση αυτή με καλούς τρόπους και φροντίδα. Τότε η φιλία γίνεται πράγματι υπέροχη και δυνατή. Η μεγάλη οικειότητα που σας κάνει να γίνεστε απερίσκεπτοι είναι πολύ επιζήμια για τη φιλία.

Η ειλικρίνεια είναι ένα από τα πράγματα που εκτιμώ περισσότερο. Μην μπλέκεστε με ανθρώπους που σας κολακεύουν, γιατί κάποια μέρα τέτοιου είδους σχέσεις θα διαλυθούν· θα δείτε ότι χάσατε τον χρόνο σας μ' αυτές. Πάντα να φυλάγεστε από την κολακεία. Είναι καλό να ενθαρρύνετε τους άλλους με εγκάρδια επιβράβευση και εκτίμηση, αλλά η ανειλικρίνεια της κολακείας είναι ένα δηλητήριο που καταστρέφει την ψυχή και του ανθρώπου που την προσφέρει και αυτού που τη δέχεται. Αν κάποιος προτιμά την κολακεία από την αγάπη, δεν αξίζει φιλία. Αυτοί που αγαπούν δεν κολακεύουν. Κι αυτοί που κολακεύουν, δεν αγαπούν.

Αν συναναστρέφεστε με τους ανθρώπους με πραγματική ειλικρίνεια, φροντίδα και αγάπη, τότε θα προσελκύσετε αυτούς που γνωρίζατε από πριν. Αλλιώς ποτέ δεν θα βρείτε τους πραγματικούς φίλους σας. Πρέπει να απαλλαγείτε από την ανειλικρίνεια και την υποκρισία. Και ποτέ μην πληγώνετε κάποιον εκούσια. Ποτέ μην ανταγωνίζεστε τους φίλους σας και μην τους δίνετε αφορμές να θυμώνουν. Ποτέ μην κάνετε κατάχρηση της φιλίας τους και ποτέ μην την εκμεταλλεύεστε.

Ποτέ μη δίνετε συμβουλές, εκτός κι αν σας ζητηθεί· κι όταν τις δίνετε, να το κάνετε με ειλικρίνεια και καλοσύνη, χωρίς να φοβάστε τις συνέπειες. Οι φίλοι βοηθούν ο ένας τον άλλον με εποικοδομητική κριτική.

Το να μπορείτε να αντέχετε την κριτική είναι μια από τις μεγαλύτερες αρετές. Αυτό το έμαθα από τον γκουρού μου. Πάντα εκτιμούσα την εποικοδομητική κριτική. Και ποτέ δεν θέλησα να εκδικηθώ αυτούς που με κατέκριναν άδικα· ούτε ποτέ ένιωσα αντιπάθεια γι' αυτούς, γιατί συνειδητοποιώ ότι ακόμα και μέσω των εχθρών μας ο Θεός μάς δοκιμάζει. Έτσι δεν είναι; Όταν ο Ιησούς είπε: «Πατέρα, συγχώρησέ τους γιατί δεν ξέρουν τι κάνουν», επεδείκνυε θεϊκή συμπόνια και κατανόηση. Μέσω μιας τέτοιας ζωής και ενός τέτοιου παραδείγματος μαθαίνουμε πόσο καλός και στοργικός είναι ο Ουράνιος Πατέρας. Οι Μεγάλοι αντανακλούν τη φύση του Θεού.

Κερδίστε τη Φιλία του Θεού

Ο σπουδαίος άνθρωπος δεν θεωρεί ότι είναι σπουδαίος. Αυτοί που λένε ότι είναι σπουδαίοι, δεν είναι. Κι αυτοί που είναι σπουδαίοι, είναι τόσο απασχολημένοι με σπουδαία θέματα, που δεν προλαβαίνουν να σκεφτούν τη σπουδαιότητά τους. Εξάλλου, όσο υπέροχοι κι αν νομίζετε πως είστε, μόλις το διακηρύξετε, όλοι θέλουν να σας αποδείξουν το αντίθετο. Το θέμα είναι: να είστε ειλικρινείς. Ζήστε την ειλικρίνεια στη ζωή σας. Ποτέ μην προσπαθείτε να εξαπατήσετε τους άλλους. Ένα ψεύτικο τριαντάφυλλο ποτέ δεν μπορεί γίνει αληθινό τριαντάφυλλο. Κι ένα αληθινό τριαντάφυλλο θα αναδίδει την ευωδιά του όσο έντονα κι αν συνθλιβεί. Γι' αυτό ποτέ μην προσποιείστε ότι είστε κάποιοι που δεν είστε. Αν επιδεικνύετε εγωιστικά τον εαυτό σας στους άλλους, ο κόσμος στο τέλος θα σας κάνει πέρα. Και μην προσπαθήσετε σε καμία περίπτωση να εξαπατήσετε τον Θεό, γιατί με την απατηλή εντύπωση ότι μπορείτε να Τον κοροϊδέψετε, κοροϊδεύετε τον εαυτό σας. Βρίσκεται ακριβώς πίσω από τις σκέψεις σας. Αν δεν είστε ειλικρινείς μαζί Του, θα φύγει μακριά. Έρχεται μόνο στους ταπεινούς και αληθινούς πιστούς. Όταν Τον αγαπήσετε, θα Τον γνωρίσετε· και θα καταλάβετε ότι είναι ολοκληρωτικά παρών σε κάθε ψυχή. Δεν έχει σημασία αν αυτή η ψυχή είναι καλυμμένη με μια προσωπικότητα σαν το κάρβουνο ή το διαμάντι· ο Θεός είναι εξίσου παρών και στις δύο. Η αδαμάντινη νοοτροπία όμως του αγίου αντανακλά πιο πλήρως τον Θεό.

Δεν υπάρχει χαρά που να μπορεί να συγκριθεί μ' αυτήν που έρχεται όταν έχετε κερδίσει τη φιλία του Θεού. Και είναι υπέροχο να μοιράζεστε αυτή τη χαρά με τους άλλους. Όταν ένα ποτήρι είναι γεμάτο με γάλα και ρίξετε περισσότερο μέσα, θα ξεχειλίσει. Δεν μπορείτε να το αποφύγετε.

Όταν η Φιλία Γίνει Θεϊκή, Θα Αγαπάτε τους Πάντες

Όταν αγαπάτε τον Θεό, μπορείτε να αγαπάτε αληθινά τους άλλους. Η αντίληψή σας σχετικά με τις ψυχές είναι αγνή – σαν ένας πεντακάθαρος καθρέφτης. Όποιος έρχεται μπροστά σας, θα αντανακλάται εκεί όπως πράγματι είναι.

Πολλά χρόνια πριν γνώρισα τον Τζορτζ Ίστμαν (George Eastman), τον εφευρέτη της Κόντακ. Εξωτερικά φαινόταν παγερός σαν ατσάλι. Ήταν πολύ γνωστός για τις φιλανθρωπίες του και, όπως και άλλοι πολύ πλούσιοι άνθρωποι, αναμφίβολα είχε λόγο να αναρωτιέται για τα κίνητρα όσων συναντούσε· δεν ήξερε τι ήθελα απ' αυτόν. Χωρίς προκαταρκτικά, με ρώτησε: «Δέχεστε την πρόσκλησή μου να έρθετε στο σπίτι μου;». Του απάντησα: «Ευχαρίστως, αν δεχθείτε και τη δική μου πρόσκληση». Συμφώνησε.

Αργότερα, όταν ήρθε στο διαμέρισμά μου και με είδε να μαγειρεύω το γεύμα, είπε: «Ξέρετε, μου αρέσει κι εμένα να μαγειρεύω». Έγινε λίγο πιο φιλικός. Μετά έκανα μια τυχαία παρατήρηση: «Κ. Eastman, δεν είναι αλήθεια ότι οι περισσότεροι πλούσιοι δεν έχουν πραγματικούς φίλους; Θέλω να σας γνωρίσω σαν φίλο, όχι σαν πλούσιο». Χαμογέλασε.

Από εκείνη τη στιγμή και κατά τη διάρκεια των δύο ωρών που περάσαμε μαζί, είδα ένα διαφορετικό Eastman, τον πραγματικό Eastman,[3] γιατί τον κατάλαβα και τον αντιμετώπισα στο επίπεδο της ειλικρινούς φιλίας. Την επόμενη μέρα μου έστειλε μια φωτογραφική μηχανή, την οποία έχω μέχρι σήμερα.

Όταν αγαπάτε τους φίλους σας άνευ όρων, θα δείτε αυτή τη θεϊκή φιλία μέσα τους. Στον γήινο πατέρα μου, καθώς και σε πολλές ψυχές σ' αυτό το μονοπάτι, βρήκα αυτού του είδους τη φιλία. Όταν αναπτύξουμε φιλία με αληθινές ψυχές, μια μέρα ο Φίλος όλων θα έρθει και θα κατοικήσει σ' αυτό το μέγαρο της φιλίας. Και καθώς αναπτύσσετε

---

[3] «Πίσω από ένα αυστηρό παρουσιαστικό υπάρχει μια συναισθηματική και επιμελώς καλυμμένη πνευματική φύση, που υπακούει πειθήνια στη δύναμη της θέλησής του». – Carl W. Ackerman στο *George Eastman* – [Boston: Houghton Mifflin, 1930].

αληθινή θεϊκή φιλία, μια μέρα θα τους αγαπάτε όλους, όπως ο Χριστός ήταν φίλος όλων.

Παρακαλώ, προσευχηθείτε μαζί μου: «Ω Κύριε, στον ευγενή χαρακτήρα των αληθινών φίλων βρίσκεται η σοφία Σου. Στο γέλιο τους βρίσκεται το χαμόγελό Σου. Με τα ακτινοβόλα μάτια τους, Εσύ με κοιτάς. Με τη φωνή τους, Εσύ μου μιλάς. Και με την αγάπη τους, Εσύ μ' αγαπάς. *Ομ*. Ειρήνη. Αμήν».

Η Τέχνη να Τα Πηγαίνουμε Καλά σ' Αυτόν τον Κόσμο

Στον πρώτο Ναό του Self-Realization Fellowship στο Encinitas, Καλιφόρνια, 3 Νοεμβρίου 1940

Με κάθε εμπειρία, καθώς πορευόμαστε στο μονοπάτι της ζωής, αν θέλουμε να τα πηγαίνουμε καλύτερα σ' αυτόν τον κόσμο πρέπει να μάθουμε να ζούμε πιο συνειδητά, με περισσότερη κατανόηση.

Καθώς μελετάμε τον παγκόσμιο πολιτισμό και εξερευνάμε τις βαθιές πτυχές παλαιότερων πολιτισμών, μπροστά μας ξεδιπλώνεται ένα πολύ μεγάλο πανόραμα. Ανακαλύπτουμε ότι ο άνθρωπος είναι και πρόσωπο αλλά και ζώο με αγελαία χαρακτηριστικά. Κάθε ανθρώπινο ον είναι προικισμένο με την επιθυμία για μια ιδιωτική ζωή καθώς και για μια κοινωνική ζωή· διαθέτει την τάση να έχει την προσωπική του ζωή, αλλά και την τάση να συγκροτείται σε φυλές – ακόμα και στους πρωτόγονους εντοπίζεται η ιδέα της συνάθροισής του με τους άλλους για τον σχηματισμό μιας ομάδας. Στην καθημερινή ζωή ούτε η υπερβολική συναναστροφή δίνει πολλή ευτυχία, ούτε η υπερβολική μοναχικότητα. Ο Θεός θέλει να διατηρούμε ισορροπία μεταξύ της ιδιωτικής και της κοινωνικής μας ζωής.

Οι αρχές της ατομικότητας και της ομαδικότητας στον άνθρωπο προέρχονται από τον Θεό. Ο Θεός είναι πολύ ατομικιστικός: ξέχωρα από τα αστέρια και τα σύμπαντα και τις σκέψεις των ανθρώπων, πέρα απ' όλες τις αισθητήριες εντυπώσεις και τα όνειρα, υπερβαίνοντας όλες τις αντιλήψεις της ύλης, ο Κύριος υπάρχει μόνος, χωρίς άλλη συντροφιά· πλήρης μέσα στον Εαυτό Του· ικανοποιημένος μέσα στον Εαυτό Του. «Εκεί όπου ούτε ήλιος ούτε φεγγάρι ούτε φωτιά λάμπει, εκεί είναι η Υπέρτατη Κατοικία Μου».[1] Λέγεται ότι ο παντοδύναμος Θεός αγαπά τόσο πολύ την αιώνια σιωπή Του που δεν επιθυμεί ούτε μια μικρή ακτίνα φωτός ή ίχνος δόνησης να Τον ενοχλήσει εκεί. Σ' αυτήν

---

[1] Μπάγκαβαντ Γκίτα XV:6.

την περιοχή του σκότους χωρίς σκοτάδι και του ήχου χωρίς ήχο, το αδημιούργητο τίποτα, η Απόλυτη Ουσία των πάντων, υπάρχει με τον Εαυτό Του - με απόλυτη επάρκεια μέσα Του. Αναμφίβολα είναι εύκολο γι' Αυτόν να τα πάει καλά με τον Εαυτό Του· δεν έχει κανέναν άλλον με τον οποίον να διαφωνήσει.

Συγχρόνως όμως ένα μέρος του Θεού δεν είναι καθόλου απομονωμένο: είναι συλλογικά δραστήριος στα λουλούδια και στα πουλιά και στα ψάρια και σ' όλες τις μορφές ζωής αυτού του πλανήτη –στα εκατομμύρια ανθρώπινα όντα και σε κάθε πλάσμα– και είναι πολύ απασχολημένος με τους ηλεκτρομαγνητικούς νόμους του σύμπαντος και τους άφθονους νόμους που θέσπισε για τη διακυβέρνηση της σφαίρας της εκδηλωμένης δημιουργίας. Έτσι, μ' αυτήν την έννοια δεν είναι ατομικιστικός· και πρέπει να τα πάει καλά με την ποικιλία της δημιουργίας Του - μ' αυτήν την τεράστια ποικιλία με την οποία ο Ίδιος αντιπαρατίθεται στον Εαυτό Του. Είναι το Αδημιούργητο και το Δημιουργημένο, ο Μπραχμά για τον οποίο τραγουδούν οι Ινδουιστές.

Σε τελευταία ανάλυση, δεν υπάρχει καμία διαφορά ανάμεσα στις ποικίλες δημιουργίες του Θεού· αν και φαίνεται να υπάρχει αντιφατική ανομοιότητα, όπως μεταξύ του ανθρώπου και του ζώου και της τίγρης και της λείας της, εντούτοις ο Θεός μπορεί να τα πηγαίνει καλά με όλες τις εμπειρίες στο υλικό, απατηλό πανόραμα αυτού του κόσμου. Είναι αρμονία στην εκλεκτική δραστηριότητα, καθώς και αρμονία μέσα στον Εαυτό Του ως άτομο. Θέλει παρόμοια να μάθουμε κι εμείς να τα πηγαίνουμε καλά με τον εαυτό μας και με τους άλλους.

Η Σπουδαιότητα να Τα Πηγαίνετε Καλά με τον Εαυτό Σας

Το να μπορείτε να τα πηγαίνετε καλά με τον εαυτό σας είναι υπέροχο. Οι περισσότεροι άνθρωποι γνωρίζουν πόσο δύσκολο είναι να τα πηγαίνουν καλά με τους άλλους. Σκεφτήκατε όμως ποτέ να τα πηγαίνετε καλά με τον εαυτό σας; Αυτό είναι ιδιαίτερα δύσκολο. Διαχωρίστε τις ψυχολογικές αντιλήψεις σας από τον εαυτό σας και θα δείτε ότι συνεχώς βρίσκεστε σε μάχη με τον εαυτό σας. Αν δεν σας αρέσει ο εαυτός σας, δεν σας αρέσει κανείς και τίποτα. Αν κάποιος δεν τα πάει καλά με τον εαυτό του, πώς μπορεί να περιμένει να τα πηγαίνει καλά με τους άλλους; Για να τα πάμε καλά σ' αυτόν τον κόσμο προϋπόθεση είναι να τα πάμε καλά πρώτα με τον εαυτό μας. Γι' αυτό, πρώτα και πάνω απ' όλα, πρέπει να μάθετε να εκτιμάτε και να αγαπάτε αληθινά τον εαυτό σας. Όταν όμως μιλώ για αγάπη για τον εαυτό σας δεν εννοώ αγάπη για τον εγωισμό, την ιδιοτέλεια και το προσωπικό συμφέρον. (Φυσικά είναι ένστικτο το να σώσει ο άνθρωπος τον εαυτό του όταν κινδυνεύει· το ένστικτο της αυτοσυντήρησης είναι νόμος της ζωής.) Να αγαπάτε τον εαυτό σας γιατί είστε παιδιά του Θεού με θεϊκές δυνατότητες· η αγάπη και η μέριμνα γι' αυτόν τον δυνητικό εαυτό είναι που εμπνέει και εμψυχώνει για την εξύψωση της αληθινής σας φύσης, της ψυχής.

Δεν μπορείτε να ξεφύγετε από τον εαυτό σας ακόμα κι αν φύγετε από τον πολιτισμό και φτάσετε στην πιο απομακρυσμένη γωνιά της γης. Αυτός είναι ο λόγος για τον οποίο ο Θεός θέλει να διορθώσετε τον εαυτό σας εκεί όπου βρίσκεστε. Μερικοί άνθρωποι ζουν κάτω από τις χειρότερες συνθήκες, κι όμως έχουν την υπέροχη δυνατότητα να τα πηγαίνουν καλά με τον εαυτό τους. Άλλοι έχουν όλες τις ευκαιρίες του κόσμου αλλά δεν τα βρίσκουν με τον εαυτό τους· μέσα τους βρίσκονται διαρκώς σε πόλεμο.

Δεν πρέπει να περιμένετε να αλλάξουν οι συνθήκες γύρω σας. Αν περιμένετε να γίνει αυτό, ποτέ δεν θα σημειώσετε καμία πρόοδο. Να λέτε στον εαυτό σας: «Είμαι καλά, παρά το περιβάλλον μου. Αν θέλω να διαλογιστώ, θα βρω έναν τρόπο να διαλογιστώ παρ' όλο που το μέρος εδώ δεν είναι ευνοϊκό. Αν θέλω να διαβάσω για να βελτιώσω τον νου μου, θα το κάνω άσχετα με τις εξωτερικές συνθήκες». Γνώριζα έναν αξιοθαύμαστο άνθρωπο στην Ινδία που ήξερε δεκαοκτώ γλώσσες· ωστόσο ήταν τόσο φτωχός που δεν μπορούσε ούτε να αγοράσει μια λάμπα για να διαβάζει. Έτσι, πήγαινε στη γωνία του δρόμου και να διαβάζει κάτω από τη δημόσια λάμπα. «Όταν υπάρχει θέληση, υπάρχει τρόπος». Δεν υπάρχει δικαιολογία για να μη διορθώνετε τον εαυτό σας, άσχετα με τις οποιεσδήποτε εξωτερικές συνθήκες.

Μόνον εσείς γνωρίζετε αν μπορείτε να τα πάτε καλά με τον εαυτό σας, γιατί κρύβεστε πολύ έξυπνα από τους άλλους. Αυτός είναι ο λόγος για τον οποίο σ' εσάς εναπόκειται να προσπαθείτε κάθε μέρα να ανακαλύπτετε αν αισθάνεστε καλά με τον εαυτό σας.

Ο Δάσκαλος [ο Σουάμι Σρι Γιουκτέσβαρ] συνήθιζε να λέει: «Μάθε να φέρεσαι». Σ' αυτό έγκειται μεγάλη εσωτερική γαλήνη και ευτυχία. Όταν μάθετε να τα πηγαίνετε καλά με τον εαυτό σας, θα ξέρετε πώς να τα πηγαίνετε καλά με όλους. Αυτό έμαθα. Αυτό είναι που ο Ιησούς απέδειξε: Μπορούσε να πει: «Πατέρα, συγχώρησέ τους», επειδή είχε βρει αυτή τη γαλήνη μέσα του.

Η Συνείδησή Σας Θα Σας Βοηθήσει να Τα Πάτε Καλά με τον Εαυτό Σας

Υπάρχουν αρκετές προϋποθέσεις που είναι αναγκαίες για να ξέρετε πώς να τα πηγαίνετε καλά με τον εαυτό σας. Πρώτον: Οποιοσδήποτε είναι ακραία συναισθηματικός ή είναι ανήσυχος εξαιτίας κακών συνηθειών ποτέ δεν μπορεί να τα πάει καλά με τον εαυτό του. Αν η συνείδησή σας σας λέει όλη την ώρα ότι κάνετε λάθος, πώς στο καλό περιμένετε να τα βρείτε με τον εαυτό σας; Κι όταν συναντάτε άλλους, θα ανακαλύπτετε ότι δεν σας εμπιστεύονται και δεν είναι καλοπροαίρετοι απέναντί σας, γιατί ένας άνθρωπος που πάει ενάντια στη συνείδησή του δεν εμπιστεύεται τον εαυτό του, κι αυτό αντανακλάται στον χαρακτήρα του. Η συνείδηση του ανθρώπου τού μιλά όλη την ώρα και τον παρακινεί διαρκώς να αλλάξει και να συμπεριφέρεται σωστά. Είναι αλήθεια φυσικά ότι μπορείτε να αμβλύνετε τη συνείδησή σας. Δεν θα παραμείνει έτσι όμως για πάντα. Αν μη τι άλλο, οι νόμοι του κράτους κάποιου θα ενοχλήσουν τον εφησυχασμό όσων η συνείδηση έχει αμβλυνθεί εντελώς μέσω κατάχρησης της ελεύθερης βούλησης. Οι εγκληματίες ανακαλύπτουν ότι οι ασυνείδητες πράξεις τους δεν τους απέφεραν καλά αποτελέσματα.

Γι' αυτό πάντα να ακούτε τη συνείδησή σας, τη φωνή του εσωτερικού σας εαυτού· είναι εκεί για να σας βοηθήσει να τα πηγαίνετε καλά με τον εαυτό σας.

Η Αταραξία: Το Σωστό Θεμέλιο της Ύπαρξης του Ανθρώπου

Δεύτερον, πρέπει να εξασκείστε στην αταραξία του νου. Όποιες εμπειρίες κι αν αντιμετωπίζετε στη ζωή, να μένετε ατάραχοι. Η αταραξία του νου, ή αταραξία της ιδιοσυγκρασίας, φέρνει μεγάλη ευτυχία, όχι μόνο σ' εσάς αλλά και στους άλλους. Αυτό δεν σημαίνει ότι πρέπει να είστε μαλθακοί ή χωρίς ενθουσιασμό· σημαίνει ότι πρέπει να εξασκείστε στην ηρεμία. Δεν είναι κακό να απολαμβάνετε τα καλά πράγματα σ' αυτόν τον κόσμο, αλλά μη διεγείρεστε υπερβολικά απ' αυτά. Κι όταν έρχονται οι λύπες, να τις δέχεστε με λεβεντιά· και να σκέφτεστε πώς να τις ξεπεράσετε αντί να επιτρέπετε στον εαυτό σας να απελπίζεται και να συγχίζεται χάνοντας την εσωτερική του ηρεμία. Μερικοί άνθρωποι είναι πάντα ανήσυχοι· μόνο λίγοι υπάρχουν που είναι τον περισσότερο καιρό ήρεμοι και ατάραχοι άσχετα με τις περιστάσεις. Η αταραξία όμως πρέπει να είναι διαρκής για να αποτελέσει θεμέλιο της ύπαρξής σας. Αυτό είναι που δίδαξε ο Σουάμι Σάνκαρα:[2] «Να είστε πάντα ατάραχοι αν θέλετε ο ατάραχος Κύριος να κοσμήσει το ιερό της ψυχής σας». Χωρίς αυτήν την αταραξία κανείς δεν μπορεί ποτέ να βρει τον Θεό.

Σκεφτείτε πόσο καλά τα πήγαινε με τον εαυτό του ο Ιησούς Χριστός. Αυτός ήταν ο τρόπος με τον οποίο τα πήγαινε τόσο καλά με τα ετερόκλιτα πλήθη. Συμπεριφέρθηκε σε όλους και κάτω απ' όλες τις περιστάσεις με την ίδια νοητική αταραξία, ακόμα και κατά τη διάρκεια της μεγαλύτερης δοκιμασίας, της σταύρωσης. «Οι σχετικότητες της ύπαρξης (η γέννηση και ο θάνατος, η απόλαυση και ο πόνος) έχουν υπερνικηθεί ακόμα κι εδώ, σ' αυτόν τον κόσμο, από εκείνους που είναι ακλόνητα ατάραχοι. Έτσι, είναι ενθρονισμένοι στο Πνεύμα – αλήθεια, το άσπιλο, το τέλεια ισορροπημένο Πνεύμα».[3] Θα πρέπει να μελετάμε τις ζωές των πραγματικά μεγάλων Δασκάλων. Όταν τους καταλάβουμε, θα ξέρουμε πώς να διαμορφώσουμε παρόμοια τη ζωή μας.

Η Βαθιά Περισυλλογή: Ένας Διάδρομος για τον Θεό και τη Διαισθητική Αντίληψη

Ο επόμενος τρόπος να τα πάτε καλά με τον εαυτό σας είναι να ελέγχετε τις σκέψεις σας. Μάθετε να εξασκείστε στη βαθιά περισυλλογή. Μάθετε την τέχνη της αυτοσυγκέντρωσης, ώστε όταν σκέφτεστε κάτι συγκεκριμένο, να μην αποσπάται η προσοχή σας τριγυρίζοντας από τη μια ιδέα στην άλλη. Οι περισσότεροι άνθρωποι ζουν στην επιφάνεια της ζωής. Τα μαργαριτάρια της γνώσης όμως τα κερδίζετε μόνο με βαθιές καταδύσεις στον ωκεανό της σκέψης. Αυτοί που συλλογίζονται βαθιά είναι ευτυχισμένοι γιατί μπορούν να ξεφεύγουν νοητικά από τις ενοχλήσεις του περιβάλλοντός τους. Ο μέσος άνθρωπος δεν βρίσκει διαφυγή. Ζει συνεχώς στην επιφάνεια, σαν το ψάρι που πιάνεται εύκολα από τον ψαρά.

Καλλιεργήστε με εξάσκηση τη συνήθεια της περισυλλογής. Μελετήστε ένα δύσκολο πρόβλημα. Σκεφθείτε το θέμα αυτό όσο πιο βαθιά μπορείτε. Αν πάτε αρκετά βαθιά, θα βρείτε μια λύση. Και σ' αυτό

---

[2] Θεωρείται ο σπουδαιότερος φιλόσοφος της Ινδίας· αναδιοργάνωσε το αρχαίο Τάγμα των Σουάμι. (Βλ. *Σάνκαρα* και *σουάμι* στο γλωσσάριο.)

[3] Μπάγκαβαντ Γκίτα V:19.

το εσωτερικό βάθος θα έρθει μια αίσθηση γαλήνης μέσα στην ψυχή σας. Γιατί; Επειδή σε κάθε κατάσταση βαθιάς περισυλλογής υπάρχει ένας διάδρομος για το βασίλειο του Θεού. Χωρίς βαθιά περισυλλογή, αυτοσυγκέντρωση, ποτέ δεν θα βρει κανείς τον δρόμο για τον Θεό. Ακόμα και οι στοχαστές που δεν γνωρίζουν τον Θεό είναι παρ' όλα αυτά ευτυχισμένοι μέσα τους, γιατί χωρίς να το καταλαβαίνουν έχουν πετύχει μια βαθιά διείσδυση στη διαισθητική αντίληψη και τον Θεό. Αυτοί που έχουν την ικανότητα να σκέφτονται πολύ βαθιά για διάφορα θέματα αλλά δεν έρχονται συνειδητά σε επαφή με τον Θεό, μπορεί να μην έχουν θεϊκές αντιλήψεις γιατί μπορεί από την πολλή σκέψη να έχουν γίνει στενόμυαλοι. Κανείς δεν μπορεί να βρει τον Θεό αν δεν Τον αναζητά συνειδητά. Τουλάχιστον όμως οι στοχαστές βρίσκονται πιο κοντά στον Θεό απ' όσο αυτοί που ζουν επιφανειακά, στην άγνοια. Δεν υπάρχει μεγαλύτερη αμαρτία από την άγνοια. Γι' αυτό σας λέω να μη σπαταλάτε τον χρόνο σας στην τεμπελιά. Κάντε κάτι χρήσιμο στη ζωή, κάτι που να αξίζει, κάτι εποικοδομητικό, που θα βαθύνει και θα διευρύνει τη συνειδητότητά σας· και θα είστε πιο κοντά στον Θεό.

Αυτοί που συλλογίζονται βαθιά τα πηγαίνουν καλύτερα με τον εαυτό τους και με τους άλλους· εξαιτίας της ικανότητάς τους να εξερευνούν τα βάθη της σκέψης, ξέρουν πώς να ενεργούν όταν αντιμετωπίζουν μια δύσκολη κατάσταση. Η περισυλλογή είναι μια νοητική ετοιμότητα με την οποία μπορείτε να υπερβαίνετε τις περιστάσεις με θεϊκό τρόπο.

Η Περισυλλογή Γίνεται Δράση από την Κοινή Λογική

Μαζί με την περισυλλογή, πρέπει να αναπτύξετε και κοινή λογική – δηλαδή λογική που είναι κοινή σε όλους, διαισθητική λογική. «Λοιπόν, ο άντρας μου ήταν πολύ άρρωστος κι έτσι άρχισα να σκέφτομαι πολύ βαθιά γι' αυτό. Και την ώρα που είχα ολοκληρώσει την περισυλλογή μου και είχα αποφασίσει να καλέσω γιατρό, ο άντρας μου πέθανε». Τέτοια περισυλλογή δεν βοηθά κανέναν! Πρέπει να χρησιμοποιείτε την κοινή λογική. Είναι ουσιώδες να ξέρετε πώς να κάνετε δράση την περισυλλογή σας. Και κανείς δεν μπορεί να σας διδάξει κοινή λογική. Είναι μια διαισθητική αντίληψη που σας λέει άμεσα τι να κάνετε. Η κοινή λογική υπάρχει σε κάθε ψυχή, αλλά πολύ λίγοι άνθρωποι ξέρουν πώς να έχουν πρόσβαση σ' αυτή την πηγή της διάκρισης. Είναι αναγκαίο να καλλιεργήσετε αυτή τη δύναμη με την οποία μπορείτε να βρίσκετε τη σωστή μέθοδο δράσης σε κάθε περίσταση.

Ελέγξτε τις Επιθυμίες και τη Συνήθεια να Σπαταλάτε τον Χρόνο Σας

Τέλος, για να τα πηγαίνετε καλά με τον εαυτό σας, πρέπει να ελέγχετε τις επιθυμίες. Το αποκαλούμενο «γλέντι» σημαίνει εξουθένωση. Δεν υπάρχει λόγος να επιπλήττουμε τέτοιους ανθρώπους· οι ίδιοι τιμωρούν τον εαυτό τους με τις πολλές καταχρήσεις τους, που δημιουργούν νευρικότητα, θυμό και μεταπτώσεις διάθεσης. Δεν βρίσκουν χαρά σε τίποτα γιατί καθοδηγούνται από τις ακόρεστες αισθήσεις τους. Αληθινός κυρίαρχος του εαυτού του είναι αυτός που ελέγχει τις αισθήσεις του. Όταν λέει *όχι* στους πειρασμούς, εννοεί *όχι*. Και όταν λέει *ναι* στις σωστές πράξεις, εννοεί *ναι*.

Ποτέ μη σκοτώνετε την ώρα σας. Είναι εξαιρετικά πολύτιμη για να την ξοδεύετε σε άχρηστα πράγματα. Ποτέ δεν έμαθα να παίζω χαρτιά ή σκάκι ή οτιδήποτε συναφές γιατί είδα ότι είναι απλώς τρόποι να περνά η ώρα. Η ζωή έχει πολύ μεγάλη αξία· μην τη χαραμίζετε. Πρέπει να καλλιεργήσετε τη συνειδητότητα του Θεού. Να είστε πάντα απασχολημένοι με τον Θεό, και τότε τίποτα και κανείς δεν θα μπορεί να αποσπάσει την προσοχή σας. Τι υπέροχο είναι να ζει κανείς απλά – μια ζωή γεμάτη εσωτερική ικανοποίηση είναι ένας παράδεισος που δεν ξέρετε. Ακόμα κι αν πηγαίνω στον κινηματογράφο πού και πού για να ξεφύγω από τα οργανωτικά καθήκοντα, δεν με συναρπάζουν οι σκηνές στην οθόνη, αλλά η συνειδητότητα του Θεού. Δεν βλέπω τις ταινίες, αλλά τις συμπαντικές ταινίες μέσα μου.

Ο υπέρτατος σκοπός της ζωής είναι να βρείτε τον Θεό. Γι' αυτό μην ξοδεύετε τον χρόνο σας με άχρηστα πράγματα.

Η Καλή Σχέση με τους Άλλους Ξεκινά από το Σπίτι

Καθώς μαθαίνετε να τα πηγαίνετε καλά με τον εαυτό σας, θα πρέπει επίσης να εξασκείστε στην τέχνη να τα πηγαίνετε καλά με τους άλλους – μια σπουδαία αλλά δύσκολη τέχνη.

Ξεκινήστε από το σπίτι σας, με τα πρόσωπα με τα οποία ζείτε. Μερικοί άνθρωποι είναι «άγγελοι» έξω από το σπίτι αλλά ανυπόφοροι μέσα στο σπίτι. Αν μάθετε να τα πηγαίνετε καλά μ' αυτούς που είναι μέσα στο σπίτι σας, θα είστε καλύτερα προετοιμασμένοι να τα πηγαίνετε καλά και με τον υπόλοιπο κόσμο. Είναι αναγκαίο να διορθώσετε τη δική σας συμπεριφορά και νοοτροπία. Αν αντίθετα προσπαθείτε να αποφεύγετε αυτούς που σας εκνευρίζουν, θα συνεχίσετε να έχετε νεύρα και πάθη· όπου κι αν πηγαίνετε, θα συνεχίσετε να έχετε δυσκολίες. Γιατί να μη γιατρέψετε τις δυσκολίες σας εδώ και τώρα;

Πρώτα απ' όλα, όποτε έχετε προβλήματα με τους άλλους κοιτάξτε τον εαυτό σας· αν φταίτε εσείς, κατηγορήστε τον εαυτό σας. Συλλογιστείτε βαθιά και δείτε αν η συμπεριφορά σας είναι σωστή· δείτε αν αξίζετε την επίκριση των άλλων. Και να θυμάστε, το παράδειγμα είναι καλύτερο από τα λόγια. Αν θέλετε να αλλάξετε κάποιον, αλλάξτε πρώτα τον εαυτό σας. Αν θέλετε να διδάξετε σε κάποιον πώς να τα πηγαίνει καλά με τους άλλους, δώστε το παράδειγμα. Το να τα πηγαίνετε καλά με τα ανθρώπινα πλάσματα σημαίνει να τα πηγαίνετε καλά με τον Θεό, με την προϋπόθεση ότι δεν σας αδικούν. Ο Ιησούς διώχθηκε άδικα. Αν όμως οι άνθρωποι σας επιπλήττουν *δίκαια*, αυτό σημαίνει ότι πρέπει να κάνετε μεγαλύτερη προσπάθεια να διορθωθείτε.

Μη Θυσιάζετε τα Ιδανικά Σας για να Ευχαριστείτε τους Άλλους

Το να τα πηγαίνετε καλά με τους άλλους δεν σημαίνει να συμφωνείτε με όλους· και δεν σημαίνει ότι πρέπει να θυσιάζετε τα ιδανικά σας για χάρη τους. Όταν λέω «να τα πηγαίνετε καλά με τους άλλους» δεν εννοώ αυτό. Μπορείτε όμως να διατηρείτε τα ιδανικά σας χωρίς να γίνεστε προσβλητικοί. Μάλιστα, απ' αυτήν την άποψη, ο Ιησούς Χριστός δεν τα πήγαινε καλά με πολλούς της εποχής του. Διατηρούσε όμως τα ιδανικά του χωρίς να γίνεται αντιπαθητικός. Σίγουρα τα πήγαινε καλά με τον εαυτό του, γιατί ήξερε ότι έκανε το σωστό. Και είπε: «Εγώ γι' αυτό γεννήθηκα και γι' αυτό ήρθα στον κόσμο, για να μαρτυρήσω στην αλήθεια».[4]

Πάνω απ' όλα λοιπόν να ικανοποιείτε τον Θεό και να ζείτε σύμφωνα με τα ιδανικά σας· ποτέ μη συμβιβάζεστε ως προς αυτά και ποτέ μην έχετε στον νου σας απώτερα κίνητρα. Αν μπορείτε να ζείτε αγαπώντας τον Θεό και χωρίς πρόθεση να βλάψετε άλλους και εντούτοις ο κόσμος θέλει να σας βλάψει, δεν πειράζει. Είναι καλύτερο να σας καταραστεί όλος ο κόσμος και να είστε ένα αγαπημένο παιδί του Θεού παρά να σας αγαπούν όλοι και να σας εγκαταλείψει ο Θεός. Το να τα πηγαίνετε καλά με τους άλλους σημαίνει να τα πηγαίνετε καλά πρώτα με τη συνείδησή σας και με τον Θεό, και μετά με τους ανθρώπους.

---

[4] Κατά Ιωάννη ΙΗ:37.

Αυτή η συνειδητοποίηση είναι μια από τις μεγαλύτερες ευλογίες που έλαβα από τον Δάσκαλό μου. Δεν υπάρχει τίποτα στον κόσμο που να φτάνει τη χαρά που ένιωθα από την παρουσία του. Όταν έχετε την ασφάλεια της αληθινής χαράς, έχετε τα πάντα. Δεν χρειάζεστε τον κόσμο.

Στα πρώτα χρόνια της παραμονής μου σ' αυτή τη χώρα, μια φορά ήμουν επίτιμος προσκεκλημένος σε μια μεγάλη δεξίωση. Δεν ήξερα τι σήμαινε «κοκτέιλ πάρτυ της υψηλής κοινωνίας», κι έτσι δεν ήξερα πού θα έμπλεκα. Ποτέ όμως, ούτε πριν ούτε μετά πήγα σε παρόμοια συνάθροιση. Όλοι έπιναν υπερβολικά. Αργότερα, το βράδυ, μου ζήτησαν να δώσω μια ομιλία· δεν νομίζω πως την ξέχασαν ποτέ. Δεν μίλησα με θυμό, αλλά είπα την αλήθεια: «Αυτός είναι ο φυσικός τρόπος ζωής σας; Είστε πραγματικά ευτυχισμένοι ταριχεύοντας τον εαυτό σας με το ποτό; Αυτό δεν είναι διασκέδαση, να γίνεστε στουπί στο μεθύσι και να λέτε βρόμικα λόγια. Τι είναι αυτά;». Ξέρω ότι πολλοί που ήταν παρόντες υποσχέθηκαν στον εαυτό τους να μην ξαναπάνε σε τέτοια πάρτυ. Δεν είχα θυμώσει γιατί είχα κρατηθεί σε απόσταση. Μ' αυτόν τον τρόπο μπορώ να τα πηγαίνω καλά με τους άλλους. Δεν είμαι υποχρεωμένος να ακολουθήσω τον δικό τους τρόπο ζωής· αντίθετα, προσπαθώ με ευγενικό τρόπο να τους κάνω να ακολουθήσουν τον δικό μου τρόπο ζωής. Με τον Θεό μέσα στο στήθος σας, χαρά μέσα στην καρδιά σας, σοφία μέσα στον νου σας και όλη τη δύναμη του παραδείσου στην ψυχή σας, βρίσκεστε μέσα στη χαρά του Αιώνιου Πατέρα. Αυτή είναι η δύναμη που βλέπω και αισθάνομαι όλη την ώρα.

Να φέρεστε με ειλικρίνεια που δεν πληγώνει τους άλλους. Αν δεν μπορείτε να τα πάτε καλά με τους άλλους εξαιτίας των ιδανικών σας, τότε είναι καλύτερα να απομακρυνθείτε απ' αυτούς. Αν η καλοσύνη σας γίνει βασανιστήριο για τους άλλους, μείνετε μακριά τους. Δεν πρέπει να νιώθετε ότι πρέπει να δείρετε τους άλλους με ρόπαλα για να τους κάνετε να σας ακολουθήσουν. Αν δεν θέλουν να σας ακολουθήσουν, αφήστε τους στον τρόπο ζωής τους. Να είστε όμως πάντα πρόθυμοι να μοιραστείτε τις αντιλήψεις σας μ' αυτούς που αναζητούν και διψούν για το νέκταρ της ψυχής. Κάντε τους ευτυχισμένους.

Να Χαμογελάτε Μέσα από την Ψυχή Σας

Καλλιεργήστε τη συνήθεια να είστε ευχάριστοι. Δεν εννοώ ότι πρέπει να χαμογελάτε όλη την ώρα σαν κλόουν. Τέτοιο χαμόγελο δεν σημαίνει τίποτα· είναι ρηχό. Ένα χαμόγελο όμως βγαλμένο βαθιά μέσα από την ψυχή και που εκφράζεται στο πρόσωπο είναι θεσπέσιο. Πηγάζει από την ειλικρίνεια. Μερικές φορές, αυτοί που εκτίθενται πολύ χρόνο στο κοινό χαμογελούν μ' έναν άψυχο, επιτηδευμένο τρόπο, ενώ μέσα τους σκέφτονται κάτι άλλο. Δεν υπάρχει τίποτα μέσα τους που να κάνει το χαμόγελό τους αυθεντικό. Το χαμόγελο όμως που αντανακλάται από την ψυχή είναι πολύ ελκυστικό· λίγοι άνθρωποι μπορούν να αντισταθούν σε κάποιον που χαμογελά με τόση ειλικρίνεια.

Υπάρχουν μερικοί άνθρωποι που είναι χρόνια στριμμένοι. Και πολλοί είναι σκληροί, άκαμπτοι στις αντιδράσεις τους προς τους άλλους. Πώς να τα πάτε καλά με τέτοιους ανθρώπους; Πρώτα βεβαιωθείτε ότι κανείς δεν θα σας κάνει να θυμώσετε, με όποιον τρόπο κι αν σας προκαλέσει. Αυτό είναι ένα από τα πρώτα βήματα για να μάθετε πώς να έχετε καλές σχέσεις με τους άλλους. Ό,τι κι αν γίνει, μην επιτρέψετε σε κανέναν να σας εκνευρίσει. Είναι δύσκολο για όσους δεν διαθέτουν αυτοέλεγχο, αλλά είναι το πιο εύκολο πράγμα αν το αποφασίσετε. Μην καυχιέστε ότι ποτέ δεν θυμώνετε, απλά εξασκηθείτε σ' αυτό κάνοντας το καλύτερο που μπορείτε. Αν το διαλαλείτε, οι άνθρωποι έχουν την τάση να σας εκμεταλλεύονται. Και μην είστε εξωτερικά πειθήνιοι ενώ μέσα σας βράζετε επικίνδυνα. Ποτέ και κάτω από οποιαδήποτε περίσταση μην αφήσετε κανέναν να σας εξοργίσει τόσο ώστε να κάνετε κάτι για το οποίο θα μετανιώσετε αργότερα. Οι περισσότεροι άνθρωποι που χάνουν την ψυχραιμία τους αργότερα μετανιώνουν για ό,τι έκαναν. Διαβεβαιώστε τον εαυτό σας με πεποίθηση: «Έχω απόλυτο έλεγχο των συναισθημάτων μου». Οι άνθρωποι που δεν έχουν τα συναισθήματά τους κάτω από τον έλεγχό τους είναι οι χειρότεροι εχθροί του εαυτού τους. Κάθε ανεκπλήρωτη επιθυμία προκαλεί την οργή τους. Όταν κάποιος μπορεί να σας εκνευρίσει, όποιος κι αν είναι αυτός, είναι γιατί υπήρξε μια ματαίωση κάποιας επιθυμίας μέσα σας. Αλλιώς κανείς δεν θα μπορούσε να σας κάνει να θυμώσετε.

Κάποια Στιγμή Πρέπει να Παραμένετε Σιωπηλοί Αλλά Ακλόνητοι

Στις προσπάθειές σας να τα πηγαίνετε καλά με τους άλλους, μη γίνετε χαλί να σας πατήσουν, αλλιώς όλοι θα θέλουν να σας υπαγορεύουν πώς να ζείτε. Αν δεν μπορούν να σας εξουσιάζουν, θα θυμώνουν· κι αν τους ακούτε και υπακούτε στις εντολές τους, θα γίνετε άβουλα πλάσματα. Πώς λοιπόν να συμπεριφέρεστε; Όταν βλέπετε ότι οι άλλοι δεν αποδέχονται τα ιδανικά σας, το καλύτερο είναι να παραμένετε σιωπηλοί αλλά ακλόνητοι. Μη λέτε τίποτα. Μη θυμώνετε. Μην τους επιτρέψετε να σας προκαλέσουν, όσο άσχημα κι αν σας μιλήσουν. Αρνηθείτε να τσακωθείτε μαζί τους. Στο τέλος θα καταλάβουν ότι δεν έχετε σκοπό να τους νευριάσετε, αλλά ταυτόχρονα ότι έχετε τους δικούς σας σοβαρούς λόγους που δεν κάνετε αυτό που σας ζητούν.

Όταν οι άνθρωποι χάνουν την ψυχραιμία τους, να μένετε μακριά τους μέχρι να ηρεμήσουν. Αν μπορείτε να καθίσετε και να τα βρείτε, είναι υπέροχο. Η επικοινωνία είναι ζωτικής σημασίας. Αν όμως κάποιος θέλει μόνο να τσακωθεί, πείτε απλά: «Θα κάνω μια μικρή βόλτα». Μετά επιστρέψτε και ετοιμαστείτε να συζητήσετε. Αν όμως αυτός εξακολουθεί να θέλει να τσακωθεί, ξαναβγείτε και κάντε μια μεγαλύτερη βόλτα. Αρνηθείτε να τσακωθείτε. Κανείς δεν μπορεί να καβγαδίσει μαζί σας αν δεν συνεργαστείτε. Ποτέ μη ρίχνετε λάδι στη φωτιά. Αυτός που είναι θυμωμένος ικανοποιείται μόνο αν μπορέσει να σας κάνει κι εσάς να θυμώσετε.

Μπορώ να δουλέψω με οποιονδήποτε, αν και δεν μου αρέσει να είμαι με ανθρώπους που δεν ξέρουν πώς να ζουν με αρμονία. Όταν κάποιος είναι ανυποχώρητος στις απόψεις του, αφήστε τον να νομίζει ότι έχει δίκιο – θα είναι μια κενή νίκη. Μη αντιπαρατίθεστε. Οι σπουδαίοι άνθρωποι σπάνια αντιπαρατίθενται· χαμογελούν και λένε: «Δεν νομίζω ότι είναι έτσι», αλλά δεν τσακώνονται.

Να Φέρεστε με Λεπτότητα· οι Άνθρωποι Δεν Είναι Αναίσθητες Πέτρες

Μάθετε να φέρεστε με λεπτότητα στους ανθρώπους. Αυτό δεν σημαίνει ότι πρέπει να είστε υποκριτές· σημαίνει να νοιάζεστε για τους άλλους. Δεν είστε πέτρες· είστε σκεπτόμενα, συνειδητά όντα και δεν θέλετε να μεταχειρίζεστε τους συνανθρώπους σας σαν να ήταν αναίσθητες πέτρες. Μην εναντιώνεστε απροκάλυπτα στις επιθυμίες των άλλων. Αυτός που πάντα ασχολείται με τις υποθέσεις των άλλων δημιουργεί δυσκολίες και προβλήματα. Αν οι άλλοι μπορούν να δεχθούν αυτά που θα πείτε κι αν πρόκειται να βγει κάτι καλό απ' αυτό, μιλήστε. Μερικές φορές όμως τα λόγια σας μπορεί να μην αρέσουν σε κάποιον, ο οποίος περιφρονώντας σας θα κάνει ακριβώς αυτό που δεν θέλετε να κάνει.

Όταν μπορείτε να τα πηγαίνετε καλά με τους άλλους, είστε σαν ένα ευωδιαστό λουλούδι. Καθώς περνάτε από έναν κήπο, μερικές φορές μυρίζετε το άρωμα του τριαντάφυλλου και του γιασεμιού και σκέφτεστε: «Αχ, τι γλυκό άρωμα!». Έτσι είναι οι μεγάλες ψυχές. Όταν είστε μαζί τους, σας αγγίζει το άρωμα της ζωής τους· είναι μια ευωδιά που εξυψώνει την ψυχή σας. Δεν σας αρέσει όμως να βρίσκεστε σε δύσοσμα μέρη. Όταν κάποιος έχει τη δυσοσμία της εριστικότητας και της επιθετικότητας, δεν σας αρέσει να βρίσκεστε κοντά του. Έτσι είναι αυτοί που από μέσα τους λείπει η αρμονία. Είναι σαν ανθρώπινα κουνάβια που αναδίδουν δυσωδία.

Σε μια θρησκευτική οργάνωση, πάντα είναι καθαρά ευδιάκριτες δύο κατηγορίες ανθρώπων: αυτοί που προσπαθούν να αλλάξουν τον εαυτό τους προς το καλύτερο και αυτοί που είναι εριστικοί και δημιουργούν προβλήματα προσπαθώντας να αλλάξουν όλους τους άλλους εκτός από τον εαυτό τους. Αυτοί της δεύτερης κατηγορίας φαίνεται να διασκεδάζουν προσπαθώντας να κάνουν τους άλλους να νιώσουν άβολα.

Θυμάμαι, κατά τις πρώτες μέρες στη Βοστόνη, σχεδιάζαμε ένα δείπνο. Δύο μεσήλικες γυναίκες ήταν πραγματικές πρωταθλήτριες στο κουτσομπολιό. Χωρίς να το έχω υποψιαστεί, τους είχα αναθέσει την εποπτεία της προετοιμασίας. Κάποιος όμως μου είπε: «Προσέχετέ τες αυτές τις δύο. Δημιούργησαν πολλά προβλήματα σε άλλους δασκάλους». Αυτό μ' έκανε να προσέχω τη συμπεριφορά τους. Καθώς προχωρούσαν οι ετοιμασίες, ο γραμματέας μου τοποθέτησε κάρτες με τα ονόματα των συγκεκριμένων ατόμων που θα κάθονταν στο τραπέζι των επισήμων. Αυτές οι δύο κυρίες άρχισαν τις αψιμαχίες: «Γιατί θα πρέπει να καθίσουν αυτοί στο τραπέζι των επισήμων και όχι εμείς;». Για να αποκατασταθεί η γαλήνη, αυτοί οι καλεσμένοι κάθισαν σε άλλα τραπέζια.

Μια μέρα αυτές οι δύο κυρίες άρχισαν να αποδιοργανώνουν τα σχέδια του κέντρου. Η πρόθεσή τους ήταν να έχουν την αρχηγία των εργασιών στη Βοστόνη. Έτσι, τους μίλησα ιδιαιτέρως και τους είπα: «Με δέχεστε ως πνευματικό σας δάσκαλο;». Είπαν: «Ναι». Ρώτησα: «Θα με ακούτε;», κι εκείνες απάντησαν: «Απολύτως». Νόμισαν ότι θα τις τοποθετήσω σε σημαντικές θέσεις. Μετά από λίγο είδα ξεχωριστά τη μία από την άλλη και είπα σε κάθε μία κάτι που περιέγραψα ως «μυστικό» και τους ζήτησα να υποσχεθούν ότι δεν θα το αποκαλύψουν σε κανέναν. Συμφώνησαν. Μετά από λίγες μέρες, η κάθε μία είχε «μυστικά» κοινολογήσει σε πολλούς άλλους αυτό που της είχα πει. Όταν συνειδητοποίησαν τι συνέβαινε, ξέσπασε έχθρα ανάμεσά τους. Μετά κράτησα αποστάσεις απ' αυτές. Ήρθαν όμως να με βρουν. Έμενα στο ξενοδοχείο Plaza της Βοστόνης. Με πήραν τηλέφωνο και ζήτησαν να

Η Τέχνη να Τα Πηγαίνουμε Καλά σ' Αυτόν τον Κόσμο

με δουν και να μιλήσουν μαζί μου. Είπα: «Θα σας δω με την προϋπόθεση ότι θα μιλήσετε πολύ ήρεμα· τη στιγμή που θα υψώσετε τον τόνο της φωνής σας, θα φύγω».

Όταν κατέβηκα στο σαλόνι του ξενοδοχείου, με μεγάλη δυσκολία κρατούσαν την ψυχραιμία τους. Ρώτησαν: «Ποιος ήταν ο λόγος που είπατε ένα δήθεν "μυστικό" στην κάθε μια μας;». Απάντησα: «Για να σας αποδείξω ότι δεν είστε άνθρωποι εμπιστοσύνης· ότι προδίδετε τους άλλους και ότι σας αρέσει να τσακώνεστε και να κουτσομπολεύετε. Μ' αυτόν τον τρόπο σας έπεισα ότι δεν φέρεστε σωστά. Σας είπα κάτι ασήμαντο, μόνο και μόνο για να δω αν είστε ικανές να τηρήσετε εχεμύθεια ή αν θα ενδίδατε στη συνήθειά σας να δημιουργείτε προβλήματα κουτσομπολεύοντας. Το λάθος δεν βρίσκεται στους δασκάλους που έχουν έρθει σ' αυτήν την πόλη, τους οποίους έχετε επικρίνει με τόση άνεση. Το λάθος βρίσκεται στην ίδια σας τη φύση. Ένα πράγμα σας ζήτησα, αλλά δεν μπορέσατε να κρατήσετε τον λόγο σας. Έχετε συνειδητοποιήσει πόσο αντιπαθητικές έχετε γίνει σ' αυτήν την πόλη με τη φήμη που έχετε; Τώρα τα προβλήματα που δημιουργήσατε στους άλλους γύρισαν εναντίον σας και πληγώνουν μόνον εσάς. Αν δεν μπορείτε να κρατήσετε μια υπόσχεση για απλή εχεμύθεια που δώσατε στον πνευματικό σας δάσκαλο, πώς περιμένετε να σας έχουν οι άλλοι εμπιστοσύνη; Αν δεν είστε πιστές σ' εμένα, δεν θα είστε πιστές σε κανέναν άλλον. Αλήθεια, νιώθετε όμορφα και γαλήνια μέσα στην ψυχή σας;».

Ήμουν ειλικρινής μαζί τους, αλλά συγχρόνως εκείνη την ημέρα έκανα μια πολύ έντιμη και σοβαρή αξιολόγηση της συμπεριφοράς τους. Μετά απ' αυτό, συνέχισα: «Λοιπόν, δεν θα σας αποκλείσω από τις τάξεις μου. Πρέπει όμως να μου υποσχεθείτε ότι δεν θα κατηγορείτε κανέναν κατά τη διάρκεια των μαθημάτων. Μη νομίζετε ότι είστε δασκάλες. Όσο υπάρχει υπεροπτική επιθυμία να διδάσκετε, δεν έχετε τα προσόντα να διδάξετε. Πρώτα πρέπει εσείς οι ίδιες να ζήσετε τις διδασκαλίες. Αν το κάνετε, οι άλλοι θα ακολουθήσουν το παράδειγμά σας». Και ξέρετε κάτι; Ώρα με την ώρα, μέρα με τη μέρα, παρακολουθούσαν τα μαθήματα χωρίς να ενοχλούν κανέναν. Ήταν οι πιο πειθήνιες από τους μαθητές. Βλέπετε, τα πήγα καλά μαζί τους γιατί δεν θύμωσα. Χρησιμοποίησα λεπτότητα για να τις κάνω να συνειδητοποιήσουν ξαφνικά τις νοητικές τους αδυναμίες.

Η καλή σχέση με τους άλλους όμως δεν επιτυγχάνεται μόνο με τη λεπτότητα. Απαιτείται και προσωπικό παράδειγμα, ηρεμία, αταραξία, ειλικρίνεια, χαρά, έντιμη συμπεριφορά σε όλα· χωρίς υπερηφάνεια και εγωισμό· και χωρίς να πράττετε ανάλογα με το τι κάνουν όλοι οι άλλοι, αλλά σύμφωνα μ' αυτό που θα ευχαριστήσει τον Θεό. Βρείτε τη γαλήνη σας με τακτικό και βαθύ διαλογισμό, και θα εκπλαγείτε βλέποντας πώς θα καλυτερέψουν οι σχέσεις σας με τους άλλους.

Επίσης αναπτύξτε τη δύναμή σας να είστε χρήσιμοι. Αυτό είναι αγάπη. Σκεφτείτε το. Μάθετε να εξυπηρετείτε τους άλλους – να είστε χρήσιμοι με θετικές σκέψεις· χρήσιμοι με τα λόγια σας· χρήσιμοι με εποικοδομητικές εισηγήσεις. Μη δίνετε όμως συμβουλές όταν οι άλλοι δεν τις θέλουν· αν οι προτάσεις σας δεν είναι ευπρόσδεκτες, να έχετε τον αυτοέλεγχο να παραμένετε σιωπηλοί. Κι όταν κάποιες φορές κάνετε καλό στους άλλους και μετά δεν μπορείτε να βοηθήσετε περισσότερο με υλικό τρόπο κι εκείνοι σας αντιμετωπίσουν με εχθρότητα γιατί συνεχίζουν να περιμένουν κι άλλα από σας, μη νοιάζεστε· συνεχίστε να κάνετε το σωστό. Κάντε το καλύτερο που μπορείτε και μετά ξεχάστε το.

Να Είστε Ειλικρινείς· Ποτέ Μην Καταφεύγετε στην Κολακεία

Να είστε ειλικρινείς με όλους. Μπορείτε να τα πηγαίνετε καλά με τους περισσότερους ανθρώπους αν τους κολακεύετε. Αυτό όμως καταστρέφει τον χαρακτήρα και αυτού που προσφέρει κολακείες και αυτού που τις δέχεται. Ο έπαινος δεν είναι επιζήμιος αν είναι ειλικρινής. Σε όλους αρέσει η ενθάρρυνση και ο έπαινος για τα προτερήματά τους και τις καλές πράξεις τους, αν αυτή η αναγνώριση είναι ειλικρινής. Όταν όμως κάποιος κολακεύει κάποιον άλλον για να πάρει κάτι σε αντάλλαγμα, αυτό είναι λάθος. Αν η αγάπη μου δεν αρκεί, δεν θα δωροδοκήσω κανέναν με κολακεία.

Ήταν κάποτε ένας πλούσιος σπουδαστής από το Milwaukee, ο οποίος ήρθε να μείνει στο Μάουντ Ουάσινγκτον (Mount Washington). Αυτό έγινε τον πρώτο καιρό, που περνούσαμε μια δύσκολη περίοδο γιατί είχαμε πολύ λίγα χρήματα για να υποστηρίξουμε το έργο. Ήρθε για να μάθει, αλλά σύντομα ανέπτυξε τη συνήθεια να προσπαθεί να διδάξει όλους τους άλλους. Τον κάλεσα στο γραφείο μου και του είπα: «Σου απαγορεύω να δώσεις άλλα χρήματα στην οργάνωση. Σου έδωσα την αγάπη μου, αλλά εσύ θέλεις κολακεία από μένα. Ήρθες εδώ για να μάθεις, αλλά τώρα θέλεις να μας διδάξεις». Θύμωσε. Είπα: «Μη νομίζεις ότι με ξεγέλασες επειδή δεν μιλούσα. Το μόνο που χρειάζεσαι είναι μια γερή δόση κολακείας και μετά θα νομίζεις ότι είσαι εντάξει. Δεν θα σε κολακέψω όμως».

Δάκρυσε και είπε: «Μα, τα πάντα εδώ θα καταρρεύσουν. Το περιοδικό[5] θα σταματήσει να εκδίδεται και το Mount Washington δεν θα αντέξει για πολύ αν δεν πάρετε χρήματα από μένα». Απάντησα: «Και λοιπόν;». Ήταν θυμωμένος για πολύ καιρό, προβλέποντας ότι όλα θα καταστρέφονταν χωρίς αυτόν. Εγώ όμως είπα: «Ίσως όχι». Μετά τον προειδοποίησα: «Πρόσεχε, κάνεις φρικτές προβλέψεις· εγώ όμως σου λέω ότι αν συνεχίσεις έτσι, κάποιος θα σου πάρει όλα σου τα χρήματα». Έφυγε από το Mount Washington και αργότερα έγινε μέλος μιας άλλης κοινότητας· τον κολάκεψαν και του έδωσαν σημαντική θέση και μετά του πήραν όλα τα χρήματά του. Αναγκάστηκε να ξεκινήσει απ' την αρχή. Τι θα ήμαστε εμείς αν είχαμε δεχθεί χρήματα απ' αυτόν τον άνθρωπο; Θα έπρεπε να κλείνω τα μάτια μου στη φαυλότητά του – κι αυτό δεν θα μπορούσα ποτέ να το κάνω.

Ακριβώς μετά απ' αυτήν την εμπειρία, ήρθε στην οργάνωση ένας από τους σπουδαιότερους φίλους και πιστούς. Αυτός ήταν ο Άγιος Λυν.[6]

Έχω δει σπουδαία πράγματα στη ζωή μου. Ό,τι εγκαταλείπετε για χάρη του Θεού, Αυτός το γνωρίζει. Και τι έγινε αν με την κολακεία αποκτήσετε πολλούς φίλους και οπαδούς αν απουσιάζει ο Θεός; Ο κόσμος θα σας έχει εγκαταλείψει για την ανεντιμότητά σας και θα σας έχει εγκαταλείψει επίσης και ο Θεός, κι όταν πεθάνετε θα πάτε στα βάθη του αστρικού κόσμου χωρίς καμία ασφάλεια ούτε από τη συνείδησή σας ούτε από τον Θεό ούτε από κανέναν άνθρωπο.

Οι σχέσεις που βασίζονται στην ειλικρίνεια και τον αλληλοσεβασμό είναι υπέροχες. Μη σπιλώνετε τη φιλία με υπερβολική οικειότητα· η πολλή οικειότητα προκαλεί έλλειψη σεβασμού. Κανείς δεν μπόρεσε να είναι υπερβολικά οικείος μαζί μου. Το να μη σέβεστε τον άλλον ή το να τον θεωρείτε δεδομένο βάζει σε μεγάλο κίνδυνο μια σχέση. Όποτε συναναστρέφεστε με τους ανθρώπους, να το κάνετε με σεβασμό, αγάπη και ειλικρίνεια.

---

[5] Το περιοδικό *Self-Realization* (βλ. γλωσσάριο).

[6] Ο Τζέιμς Λυν, αργότερα γνωστός ως Ράτζαρσι Τζανακανάντα (βλ. γλωσσάριο). Ένας ιδιαίτερα επιτυχημένος επιχειρηματίας όταν γνώρισε τον Παραμαχάνσατζι, το 1932, έφτασε σε μια σπουδαία κατάσταση πνευματικής φώτισης μέσω της εξάσκησης των διδασκαλιών του Self-Realization Fellowship. Άσκησε μια υποδειγματική πνευματική επιρροή και αποτέλεσε επίσης σπουδαίο ευεργέτη της στήριξης και της διάδοσης του έργου του Παραμαχάνσατζι.

Όταν θέλετε να μείνετε μόνοι, να απομακρύνεστε από τους ανθρώπους· να μένετε με τον εαυτό σας. Μην κάνετε παρέα με τους ανθρώπους, εκτός κι αν είστε προετοιμασμένοι να τους αφιερώσετε την πλήρη προσοχή σας. Από την άποψη αυτή, όταν είμαι με άλλους, συναναστρέφομαι μαζί τους με αυτοσυγκέντρωση, με προσοχή, με αγάπη. Όταν όμως είμαι μόνος, είμαι μόνος με τον Θεό μου. Μην το κάνετε συνήθεια να κάνετε παρέα με άλλους άσκοπα. Όταν αξίζει, εντάξει. Μου αρέσει να είμαι με ανθρώπους όταν πρόκειται για αξιόλογες δραστηριότητες και ανταλλαγή αγνής φιλίας, αλλά όχι σε περίπτωση που υπάρχει δυσαρμονία. Να κρατάτε απόσταση από οτιδήποτε και οποιονδήποτε δημιουργεί δυσαρμονία.

Ελάτε για την Αλήθεια Που Ρέει από την Ψυχή Μου

Μακάρι αυτές οι αλήθειες να διδάσκονταν από την παιδική ηλικία. Θα έπρεπε τα παιδιά να τις ακούν συνεχώς. Όσα μαθαίνονται σε μικρή ηλικία αφήνουν εντυπώσεις που διαρκούν. Στα παιδικά μου χρόνια, μια μέρα αποφάσισα να μη θυμώσω ποτέ ξανά· και ποτέ δεν παραβίασα αυτόν τον όρκο. Μερικές φορές έχει τύχει να μιλήσω αυστηρά, αλλά εσωτερικά ποτέ δεν θυμώνω με κανέναν. Δεν μου αρέσει να μιλώ με δριμύτητα, αλλά κάποιες φορές το κάνω γιατί ένα άτομο μπορεί να θυμάται καλύτερα τι του λένε όταν αυτό λέγεται σθεναρά. Έχω τεράστια γαλήνη μέσα μου. Αν είστε άνθρωπος της γαλήνης, κανείς δεν μπορεί να κλέψει την ηρεμία σας, εκτός κι αν εσείς την αφήσετε απρόσεκτα να φύγει. Απ' αυτό το εσωτερικό κέντρο της γαλήνης διδάσκω με τις αρχές της αγάπης και της καλοσύνης· είναι ο καλύτερος τρόπος. Αν αυτό παρεξηγηθεί από οποιονδήποτε, αφήνω αυτόν τον άνθρωπο ήσυχο· παραμένω σιωπηλός.

Έρχεστε εδώ για την αγνή αλήθεια που ρέει μέσα από την ψυχή μου. Κι αν έστω κι ένας άνθρωπος λάβει αυτήν την αλήθεια και αλλάξει, θα έχω κάνει περισσότερο καλό παρά αν έρχονταν χιλιάδες παρασυρμένοι από το συναίσθημα.

Δεν ζητώ τίποτα από σας παρά τη χαρά σας στον Θεό. Κι εσείς δεν ζητάτε τίποτα από μένα παρά τη σοφία και τη χαρά του Θεού. Ένας πνευματικός άνθρωπος μπορεί να τα πηγαίνει καλά με όλους –ακόμα κι αν αυτοί δεν τα πηγαίνουν πάντα καλά μαζί του– γιατί τους καταλαβαίνει και τους συμπονά και προσπαθεί να τους φέρει στον Θεό.

Ο Ιησούς είπε: «Ο ουρανός και η γη θα παρέλθουν, αλλά τα λόγια μου δεν θα παρέλθουν».⁷ Προετοιμαστείτε τώρα να γίνετε όργανα της αλήθειας. Συνήθιζα να λέω στους μαθητές μου στην Ινδία ότι όχι μόνο πρέπει να λένε την αλήθεια και να περιμένουν συγχώρεση, αλλά ότι πρέπει να λένε την αλήθεια και να δέχονται πρόθυμα οποιεσδήποτε δυσάρεστες συνέπειες. Κάντε την προσπάθεια να τα πηγαίνετε καλά με τους άλλους μέσω της καλοσύνης, της αγάπης, της συμπόνιας· όποτε όμως συναντάτε αναλήθεια, να αντιστέκεστε με σθένος. Ποτέ μη συνεργάζεστε με την αναλήθεια.

Ρωτήστε τον Εαυτό Σας Αν Τα Πηγαίνετε Καλά με τον Θεό

Ο Δάσκαλός μου ήταν μια σπουδαία ψυχή – θα διαβάσετε για τέτοιες ψυχές όταν θα ολοκληρώσω το βιβλίο μου.⁸ Ποτέ δεν υποβίβαζε τα ιδανικά του στο επίπεδο των μαθητών του. Ήταν ακλόνητος και ασυμβίβαστος. Μου έλεγε όμως ότι η συμπεριφορά μου ήταν πιο μαλακή απ' ό,τι εκείνου. Τον καταλάβαινα. Κι αυτά που έκανε για μένα, δεν υπάρχουν λέξεις σ' αυτόν τον κόσμο που να μπορούν να τα περιγράψουν. Καλύτερα να με ποδοπατούσε με τις επιπλήξεις του παρά να μ' έβαζε σ' ένα κάστρο χωρίς τον Θεό. Πάντα του έλεγα ότι η πρωταρχική μου λαχτάρα ήταν να τα πηγαίνω καλά με τον Θεό.

Κάθε μέρα πρέπει να ρωτάτε τον εαυτό σας: «Τα πήγα καλά με τον Θεό;». Το ξέρετε ότι υπάρχουν ενδείξεις ότι δεν τα πήγατε καλά με τον Θεό; Είναι η νευρικότητα, η δυστυχία και η έλλειψη ήσυχης συνείδησης. Όταν όμως τα πηγαίνετε καλά με τον Θεό, η συνείδησή σας είναι ήσυχη· και νιώθετε συνεχώς εσωτερική ευτυχία και ικανοποίηση. Δεν έχω άλλη επιθυμία από το να ζω σ' αυτήν την ευτυχία και να μεταδίδω αυτή τη χαρά σε οποιονδήποτε έρχεται σ' εμένα.

Όσο πιο καλά τα πηγαίνετε με τον Θεό, τόσο πιο πολύ θα μπορείτε να τα πηγαίνετε καλά και με τον κόσμο. Ο κόσμος μπορεί να σας εγκαταλείψει για λίγο καιρό, αλλά θα γυρίσει σ' εσάς. Κι όταν θα έχετε φύγει απ' αυτή τη γη, αυτοί που είχαν φύγει μακριά σας θα πουν: «Άφησε τα χνάρια του, τα οποία, αν τα ακολουθήσουμε, θα φτάσουμε κι εμείς στο σπίτι μας της αιώνιας αγαλλίασης».

---

⁷ Κατά Λουκά ΚΑ:33.

⁸ Την *Αυτοβιογραφία Ενός Γιόγκι* (*Autobiography of a Yogi*, που δημοσιεύεται από το Self-Realization Fellowship).

Γι' αυτό πάντα να πασχίζετε να κρατάτε τις σκέψεις σας συντονισμένες με το Απόλυτο. Σε καμία άλλη επιδίωξη δεν υπάρχει τέτοια ευτυχία σαν αυτήν που νιώθετε όταν αναζητάτε τον Θεό. Να περιβάλλετε τον εαυτό σας με καλές σκέψεις ώστε οι σκέψεις αυτές να σας βοηθούν να είστε πιο κοντά στον Θεό.

Αυτή η αλήθεια θα αντέξει εδώ για πάντα γιατί μεταφυτεύθηκε σε μερικές σπουδαίες ψυχές. Αυτό που χτίζουμε μέσα στις ψυχές των ανθρώπων είναι αιώνιο. Είναι προς όφελός σας να ακολουθήσετε αυτήν την αλήθεια, γιατί μ' αυτήν θα βρείτε ελευθερία που δεν περιγράφεται με ανθρώπινα λόγια. Τα πνευματικά θέματα δεν είναι απτά στην αρχή, αλλά γίνονται πιο απτά απ' όλα τα άλλα πράγματα όσο προχωράτε στο μονοπάτι.

Με ενδιαφέρει η ψυχή σας· κι αν προσπαθήσετε να αναπτυχθείτε, θα βρείτε εδώ έναν άπειρο θησαυρό σοφίας. Αν μελετήσετε αυτές τις διδασκαλίες θα ξέρετε ότι δεν είναι αποκύημα φαντασίας· είναι η άμεση αντίληψη της αλήθειας που ήρθε μέσω εμού και των σπουδαίων Γκουρού μου. Και να θυμάστε να διαδίδετε αυτό το μήνυμα όπου κι αν πηγαίνετε. Ο καλύτερος τρόπος να το διαδώσετε είναι μέσω του παραδείγματός σας. Και μετά να βοηθάτε τους άλλους με ευγενείς σκέψεις αλήθειας. Αυτοί που θα επιμείνουν μέχρι το τέλος, θα βρουν ελευθερία στον Θεό.

Το να συναντήσετε τον Θεό στο τέλος της διαδρομής είναι μια μεγάλη παρηγοριά. Δεν έχει σημασία αν υφιστάμεθα δοκιμασίες και απογοητεύσεις στη ζωή αν στο τέλος όλοι Τον συναντήσουμε. Ανήκουμε σ' Αυτόν, και σ' Αυτόν θα βρούμε την εκπλήρωση όλων των ονείρων μας. Γι' αυτό δεν πρέπει ποτέ να αποθαρρυνόμαστε, όσο δύσκολη κι αν είναι η ζωή μας. Επαναλάβετε μαζί μου: «Κύριε, μόνο η χαρά Σου είναι δική μου· μόνο αυτή είναι δική μου».

Τώρα ας προσευχηθούμε μαζί: «Ουράνιε Πατέρα, δίδαξέ με πώς να τα πηγαίνω καλά μαζί Σου. Και με τη δική Σου κατανόηση, είθε να τα πηγαίνω καλά με όλους. Ευλόγησέ με να αποτελώ παράδειγμα του μηνύματός Σου όπου κι αν είμαι. Δίδαξέ με να κάνω κάθε μέρα –με ειλικρίνεια και αυστηρή τήρηση των νόμων Σου– αυτά που Σε ευχαριστούν και που βοηθούν τους άλλους με τη γαλήνη Σου, την αρμονία και την κατανόησή Σου. Ομ. Ειρήνη. Αμήν».

Η Ψυχολογία της Ευθιξίας

*Στην έδρα του Self-Realization Fellowship στο Λος Άντζελες,
4 Αυγούστου 1934*

Η τέλεια γνώση της τέχνης να μην είστε εύθικτοι, να αποφεύγετε την υπερευαισθησία, είναι σημαντική για την ανάπτυξη πνευματικής συνειδητότητας. Μια ανάλυση της ψυχολογίας της ευθιξίας δείχνει ότι είναι αποτέλεσμα παρανόησης, συμπλέγματος κατωτερότητας και ενός εγώ που δεν έχει τεθεί υπό έλεγχο. Η υπερευαισθησία εκφράζεται με την έλλειψη ελέγχου πάνω στο νευρικό σύστημα. Μια σκέψη ότι κάποιος σας πρόσβαλε εισβάλει στον νου και το νευρικό σύστημα επαναστατεί. Ως αντίδραση, κάποιοι βράζουν μέσα τους, θυμωμένοι ή πληγωμένοι, και δεν δείχνουν εκνευρισμό εξωτερικά. Άλλοι εκδηλώνουν τα συναισθήματά τους με μια εμφανή και στιγμιαία αντίδραση που φαίνεται στους μυς των ματιών και του προσώπου τους – και συχνά και στα κοφτερά λόγια τους. Και στις δυο περιπτώσεις, η ευθιξία κάνει τον άνθρωπο δυστυχισμένο και δημιουργεί μια αρνητική δόνηση η οποία επηρεάζει αρνητικά και τους άλλους. Η ικανότητα να αναδίδει κάποιος πάντα μια αύρα καλοσύνης και γαλήνης θα πρέπει να είναι το κίνητρο της ζωής. Ακόμα κι αν υπάρχει σοβαρός λόγος υπερδιέγερσης εξαιτίας κακής συμπεριφοράς των άλλων, αυτός που παρ' όλα αυτά ελέγχει τον εαυτό του σε μια τέτοια κατάσταση είναι κύριος του εαυτού του.

Η ευθιξία είναι συνηθές χαρακτηριστικό των ανθρώπων. Κι όταν γεννιέται αυτό το παράλογο συναίσθημα, τυφλώνει τα μάτια της σοφίας. Ακόμα κι όταν το εύθικτο άτομο έχει άδικο, νομίζει ότι σκέφτεται σωστά, ότι δρα σωστά, ότι νιώθει το σωστό. Μόνο όταν η άγνοια φύγει σταδιακά από την εσωτερική όραση μπορεί κάποιος να αξιολογήσει με ακρίβεια τα θετικά και τα αρνητικά σημεία στον εαυτό του και στους άλλους χωρίς την προκατάληψη και την αδιαλλαξία του συναισθηματικού εγώ. Τότε προσκυνά μόνο ό,τι είναι καλό και παραμένει υπερβατικά αδιάφορος σε ό,τι είναι ψυχολογικά ανθυγιεινό.

Πολλοί άνθρωποι νομίζουν ότι πρέπει να λυπούνται τον εαυτό τους όταν οι άλλοι τους κατακρίνουν κι ότι η ευαισθησία φέρνει μια μικρή ανακούφιση. Τέτοιοι άνθρωποι όμως είναι σαν έναν ναρκομανή· όποτε παίρνει το ναρκωτικό εθίζεται ακόμα περισσότερο. Να είστε σκληροί σαν ατσάλι απέναντι στην υπερευαισθησία. Ποτέ μην είστε εύθικτοι, ούτε να οικτίρετε τον εαυτό σας.

Ένας υπερευαίσθητος άνθρωπος συχνά υποφέρει μάταια: γενικά οι άλλοι ούτε καν έχουν ιδέα ότι αυτός έχει κάποιο παράπονο, πόσο μάλλον ποιο είναι αυτό. Έτσι, νιώθει ακόμα πιο πληγωμένος στην απομόνωση που ο ίδιος δημιούργησε. Τίποτα δεν πετυχαίνετε με το να σκέφτεστε συνέχεια σιωπηλά κάτι που έχετε εκλάβει ως προσβολή. Είναι καλύτερα να απομακρύνετε με αυτοκυριαρχία την αιτία που προκαλεί τέτοια ευαισθησία.

Όταν ήμουν νέος ήμουν πολύ ευαίσθητος· και επομένως αυτός που υπέφερε περισσότερο ήμουν εγώ – ήταν μια διαδικασία βασανισμού του εαυτού μου. Επειδή ήμουν τόσο ευαίσθητος, οι άλλοι διασκέδαζαν να με «τσιγκλάνε». Όταν σας «τσιγκλάνε» κι εσείς ενδίδετε, χάνετε τη γαλήνη σας· μην αφήνετε κανέναν να σας την κλέψει. Η αμηχανία μου δεν οφειλόταν μόνο στον χλευασμό των άλλων· ήταν επίσης αποτέλεσμα της δικής μου ευαισθησίας απέναντι στα σχόλιά τους. Ανακάλυψα ότι όσο πιο πολύ διαπληκτιζόμουν με ανθρώπους που με κατέκριναν, τόσο περισσότερο αυτοί ευχαριστιόντουσαν. Στο τέλος πήρα την ακλόνητη απόφαση ότι δεν θα επέτρεπα σε κανέναν να καταστρέψει τη γαλήνη μου. Αποφάσισα: «Άσε τους να κατακρίνουν όσο θέλουν». Έμενα αδιάφορος στα άδικα βέλη τους εναντίον μου, τόσο ανέγγιχτος σαν να ήμουν νεκρός. Σύντομα έχασαν τον ενθουσιασμό τους να με κατακρίνουν· και πολλοί έγιναν φίλοι μου και με ακολούθησαν. Είναι μάταιο να απαιτείτε καλοσύνη και σεβασμό από τους άλλους· πρέπει αντίθετα να μάθετε να τα αξίζετε. Αν πάντα φέρεστε στους άλλους με ειλικρινή καλοσύνη και σεβασμό και ανταποδίδετε κάθε ευγένεια που σας δείχνουν, πάντα θα σας φέρονται με σεβασμό. Και μην εξουδετερώνετε την καλή πρόθεση των άλλων όταν ασκούν εποικοδομητική κριτική σ' εσάς. Να συνεργάζεστε κάθε φορά που κάποιος προσπαθεί να σας βοηθήσει.

Ο Δάσκαλός μου, ο Σρι Γιουκτέσβαρτζι, ήταν πολύ αυστηρός μαζί μου. Παρατηρούσε κάθε λεπτή απόχρωση των σκέψεών μου και με διόρθωνε συνεχώς. Μερικές φορές ήταν σκληρός, αλλά πάντα ήταν για το καλό μου. Πολλοί δεν άντεξαν τη δριμύτατη πειθαρχία που επέβαλλε· εγώ όμως άντεξα, και τα λόγια είναι πολύ φτωχά για να εκφράσουν την ευγνωμοσύνη μου που ανέλαβε το καθήκον να αναμορφώσει τη ζωή μου με τη σοφία του. Οι άνθρωποι που έχουν αναπτυχθεί πολύ πνευματικά μπορούν να δουν καθαρά τα λάθη των άλλων. Όταν κάποιος που βλέπει καθαρά προσπαθεί με ειλικρίνεια και καλή πρόθεση να σας βοηθήσει, δεν πρέπει να τον βλέπετε σαν κάποιον που θέλει να σας εξουσιάζει, αλλά αντίθετα σαν κάποιον που προσπαθεί να σας μεταδώσει ορθή αντίληψη και δύναμη για να δείτε και να υπερβείτε τις αδυναμίες σας. Πρέπει να συνεργάζεστε. Να είστε ευγενικοί και καλοί· κι αν αρχίσετε να βουλιάζετε στην ευθιξία, αμέσως να ελέγχετε τον εαυτό σας. Οι έξυπνοι άνθρωποι, αυτοί που διαθέτουν αληθινή κατανόηση, πάντα εγκαταλείπουν αυτούς που παρεξηγούνται εύκολα. Δεν θέλουν να ξοδεύουν χρόνο και κόπο με όσους δεν μπορούν ή δεν είναι πρόθυμοι να ακούσουν.

Μέσα μου δεν επιτρέπω ποτέ στον εαυτό μου να γίνει εύθικτος. Τα έχω καλά με τον εαυτό μου. Όταν δεν τα πάτε καλά με τον εαυτό σας, τότε είναι που γίνεστε εύθικτοι. Αυτό σημαίνει ότι είστε ασήμαντοι. Το να είστε σημαντικοί σημαίνει να έχετε μεγάλη καρδιά, άσχετα με το πόσο σας πληγώνουν οι άλλοι. Αυτός είναι ο τρόπος να ζείτε. Μην περιμένετε μέχρι αύριο· ξεκινήστε από σήμερα.

Θα πρέπει να μπορεί κάποιος να ελέγχει αμέσως τις ψυχολογικές του διαθέσεις. Αφήνοντας να μπαίνει στην καρδιά του η φωτιά της υπερευαισθησίας και κρατώντας την εκεί να σιγοκαίει, εξουδετερώνει την εσωτερική γαλήνη. Ο σοφός ελέγχει την ευαισθησία του, γνωρίζοντας ότι δεν είναι παρά ένας πράκτορας του μεταφυσικού Σατανά[1] που προσπαθεί να καταστρέψει τη γαλήνη της ψυχής.

Όποτε σας αναστατώνει οτιδήποτε, άσχετα με το πώς αιτιολογείτε τη στενοχώρια σας, να γνωρίζετε ότι υποκύπτετε σε υπερβολική ευαισθησία και δεν πρέπει να ενδίδετε σ' αυτήν. Η υπερευαισθησία είναι μια μη πνευματική συνήθεια, μια νευρική συνήθεια, μια καταστροφική για τη γαλήνη συνήθεια, η οποία σας αφαιρεί την αυτοκυριαρχία και σας κλέβει την ευτυχία σας. Κάθε φορά που επισκέπτεται την καρδιά σας μια διάθεση υπερευαισθησίας, τα παράσιτα που δημιουργεί σας εμποδίζουν να ακούσετε το θεϊκό τραγούδι της θεραπευτικής γαλήνης που παίζεται εσωτερικά, μέσω του ραδιοφώνου της ψυχής σας. Όταν

---

[1] Βλ. γλωσσάριο.

εμφανίζεται η υπερευαισθησία, να προσπαθείτε αμέσως να υπερνικήσετε αυτό το συναίσθημα.

Υπάρχει διαφορά μεταξύ συναισθηματικής ευαισθησίας και πνευματικής ευαισθησίας. Αυτοί που είναι πνευματικά ευαίσθητοι παρατηρούν τα συναισθήματά τους με διάκριση και αντιλαμβάνονται με οξυδέρκεια τα συναισθήματα των άλλων, αλλά παραμένουν αμέτοχοι στις ενοχλήσεις των ψυχολογικών παρορμήσεων – όπως το βούτυρο μπορεί να επιπλέει στο νερό χωρίς να μεταβάλλεται, χωρίς να διαλύεται σ' αυτό. Η ευθιξία όμως είναι σαν ένα φάντασμα που σας στοιχειώνει. Βασανίζει το νευρικό σας σύστημα και σας κάνει να νιώθετε ότι ολόκληρος ο κόσμος είναι γεμάτος εχθρούς. Ο υπερευαίσθητος συχνά κατηγορεί ανόητα τους άλλους για την πικρία που νιώθει· θα έπρεπε να προσπαθήσει να καταλάβει ότι την πικρία την επέβαλε ο ίδιος στον εαυτό του. Είναι καλύτερο να κατηγορεί κάποιος τον εαυτό του για την υπερευαισθησία του παρά να θυμώνει με τους άλλους.

Κανείς δεν πρέπει να σας βρίσκει σε διάθεση ευθιξίας. Να διορθώνεστε σιωπηλά. Αν είναι αναγκαίο, κρυφτείτε σ' ένα δωμάτιο μακριά από τους άλλους μέχρι να περάσει ο πυρετός της υπερευαισθησίας. Το πρόσωπο είναι η αντανάκλαση του εσωτερικού εαυτού σας· η καρδιά, η πηγή των συναισθημάτων, είναι η βάση αυτής της αντανάκλασης. Το πρόσωπό σας θα πρέπει να είναι σαν κήρυγμα που εμπνέει. Το παρουσιαστικό σας θα πρέπει να είναι ένα φως που να ακολουθούν οι άλλοι, ένας φάρος με τον οποίο οι ναυαγισμένες ψυχές να μπορούν να βρίσκουν τον δρόμο προς την ασφάλεια στο λιμάνι της γαλήνης.

Το πρόσωπό σας θα πρέπει να είναι ένα ιερό όπου να βασιλεύει η γαλήνη, όπου να βασιλεύει ο Θεός – όπου όλοι οι λάτρεις της ψυχολογικής καλοσύνης να μαζεύονται για να καλούν τον παντοδύναμο Θεό της γαλήνης και της αγάπης: «Ουράνιε Πατέρα, ευλόγησέ μας να χτίσουμε τον ναό της αγνότητας μέσα μας –μέσα στην καρδιά, τις σκέψεις, τα συναισθήματά μας– ώστε το παρουσιαστικό μας να είναι ένα φωτισμένο ιερό της γαλήνης και της αγάπης Σου».

Γιατί η Αγάπη Επιτυγχάνει Εκεί Που η Ζήλεια Αποτυγχάνει

Στον πρώτο Ναό του Self-Realization Fellowship στο Encinitas, Καλιφόρνια, 10 Απριλίου 1938

Η ζήλεια, ο θυμός, ο φόβος, όλες οι αρνητικές σωματικές και νοητικές παρορμήσεις που αναγκάζουν τους ανθρώπους να πράττουν λανθασμένα – από πού προέρχονται; Πολλοί λένε ότι η προέλευσή τους είναι ψυχολογική. Εγώ όμως λέω ότι προέρχονται από τη Δύναμη της Φαυλότητας. Υπάρχουν δύο δυνάμεις σ' αυτόν τον κόσμο – η καλή και η φαύλη. Όπου υπάρχει καλό υπάρχει και φαυλότητα. Ο άνθρωπος, προικισμένος με ανεξαρτησία και ελεύθερη βούληση, υφίσταται τις συνέπειες των λανθασμένων πράξεών του, αλλά δεν είναι ο δημιουργός των παραγόντων που τον επηρέασαν να κάνει αυτά τα λάθη. Τα φυτά δεν διαπράττουν κανένα σφάλμα κι όμως υποκύπτουν σε αρρώστιες. Τα ζώα, που κυβερνώνται από το ένστικτο, χωρίς να έχουν συναίσθηση της φαυλότητας, υποφέρουν κι εκείνα. Μαζί με κάθε καλό υπάρχει κι ένα αντίστοιχο κακό. Ο Θεός δημιουργεί τη λιακάδα και η Δύναμη της Φαυλότητας δημιουργεί καταστροφικές καταιγίδες και ανομβρίες. Το όμορφο λουλούδι ανθίζει και καταστρέφεται από έντομα. Ο Θεός λέει να αγαπάτε· η Δύναμη της Φαυλότητας λέει να ζηλεύετε και ότι δικαιολογείστε να πληγώνετε και να αποδυναμώνετε έναν αντίπαλο. Μην ακούτε αυτή τη σκοτεινή δύναμη. Δεν είναι ο εαυτός σας. Η ζήλεια, ο θυμός, ο φόβος, είναι δημιουργήματα της Δύναμης της Φαυλότητας. Αναγνωρίζοντας ότι αυτή η δύναμη είναι συνειδητή, ο Ιησούς είπε: «Ύπαγε οπίσω μου Σατανά».[1]

Όποτε μιλά η φωνή της ζήλειας, του φόβου ή του θυμού, να θυμάστε ότι δεν είναι η δική σας φωνή και διατάξτε την να σταματήσει. Δεν θα μπορέσετε όμως να εκδιώξετε αυτή τη φαυλότητα, όσο κι αν

---

[1] Κατά Λουκά Δ:8.

προσπαθείτε, για όσο αφήνετε αυτό το αρνητικό συναίσθημα να βρίσκει πρόσφορο έδαφος στον νου σας. Ξεριζώστε τη ζήλεια, τον φόβο και τον θυμό από μέσα σας, εσωτερικά, έτσι ώστε όποτε μια ποταπή παρόρμηση σας λέει να μισήσετε ή να πληγώσετε, μια άλλη, δυνατότερη φωνή να σας λέει να αγαπήσετε και να συγχωρήσετε. *Αυτή* τη φωνή να ακούτε.

Φανταστείτε, αν μπορούσαμε να απομακρύνουμε από τον κόσμο την ιδιοτέλεια, τη ζήλεια και τον θυμό, δεν θα υπήρχαν πόλεμοι. Αυτοί όμως οι καταστροφικοί παράγοντες είναι ισχυροί και συνεχώς αντιμάχονται το καλό για να επικρατήσουν. Ο Θεός μιλά για ειρήνη και η Δύναμη της Φαυλότητας υποκινεί τη νευρικότητα και τη διχόνοια. Ο Θεός προσπαθεί να σας πείσει να ενεργείτε με αγάπη· η Δύναμη της Φαυλότητας προσπαθεί να σας δελεάσει να πολεμάτε. Είστε ελεύθεροι· μπορείτε να επιλέξετε ό,τι θέλετε. Όποτε ζηλεύετε, συνωμοτείτε με τη συμπαντική αυταπάτη του Σατανά. Όποτε θυμώνετε, σας καθοδηγεί ο Σατανάς. Η φωνή του φόβου είναι η φαύλη φωνή του. Όποτε όμως είστε γεμάτοι με αγάπη και συγχώρεση, ο Θεός είναι μαζί σας. Βοηθήστε Τον να εργαστεί μέσα από σας· δεν μπορεί να το κάνει αν δεν Τον βοηθήσετε.

Όλες οι Σχέσεις Πρέπει να Έχουν Θεμέλιο τη Φιλία

Αυτοί που ακολουθούν τον Σατανά δεν έχουν παρά μόνο μία ανταμοιβή: τη δυστυχία. Αυτοί που ακολουθούν τον Θεό είναι μακάρια γαλήνιοι. «Βρίσκει γαλήνη αυτός που Με γνωρίζει [...] ως τον Άπειρο Κύριο της Δημιουργίας και ως τον Καλό Φίλο όλων των πλασμάτων».[2] Να παρακολουθείτε προσεκτικά τη φωνή της Αγάπης μέσα σας. Να ζείτε την αγάπη· να τη νιώθετε μέσα σας και γύρω σας· όπου κι αν πηγαίνετε, να δείχνετε αγάπη και κατανόηση. Γίνετε σαν το λουλούδι, του οποίου το άρωμα εξουδετερώνει τους δύσοσμους ατμούς της ζήλειας, του φόβου και του θυμού. Σκορπίζετε γύρω σας το άρωμα της θεϊκής αγάπης και φιλίας σε όλους με τους οποίους έρχεστε σε επαφή.

Αυτοί που θα εκλεπτύνουν την πνευματική τους ευαισθησία θα νιώσουν την αφύπνιση της οικουμενικής κατά Χριστόν Συνειδητότητας στη διευρυνόμενη αγάπη τους. Καλλιεργήστε την αναπτύσσοντας πρώτα θεϊκές ιδιότητες όταν συναναστρέφεστε με άλλους γύρω σας. Πάντα να σκέφτεστε τους άλλους πριν από τον εαυτό σας. Να είστε

---
[2] Μπάγκαβαντ Γκίτα V:29.

ανιδιοτελείς φίλοι με όλους – με τον σύζυγο ή τη σύζυγό σας, τα παιδιά σας, τους στενούς συνεργάτες σας, με όλους όσους συναντάτε. Προαπαιτούμενο της φιλίας είναι η αποδοχή της ατομικότητας του καθενός – δύο ψυχές, διαφορετικές στον χαρακτήρα, που τραβούν μαζί την άμαξα της ζωής προς έναν κοινό σκοπό.[3] Η αλήθεια θα πρέπει να είναι το πρότυπο πάνω στο οποίο να βασίζεται μια σχέση. Και άσχετα με το τι λέει κάποιος, ακόμα κι αν χρειαστεί να επιβάλει πειθαρχία ή να διαφωνήσει, πρέπει να το λέει με αγάπη, ποτέ με σκληρότητα ή κακία. Το καθήκον των φίλων είναι να βοηθούν συνέχεια ο ένας τον άλλον να αναπτύσσονται. Όταν οι ψυχές επιζητούν να προοδεύσουν μαζί προς τον Θεό, τότε η θεϊκή φιλία ανθίζει. Αν οι ιδιότητες της καρδιάς γίνουν πνευματικές και τελειοποιηθούν με ειλικρινείς φίλους, κι αυτός ο κύκλος της αγάπης διευρυνθεί μέχρι να συμπεριλάβει τους πάντες, τότε πίσω απ' όλες τις σχέσεις βρίσκει κάποιος τον Φίλο όλων των φίλων, τον Θεϊκό Φίλο.

Η Ζήλεια Προδιαγράφει το Τέλος της Ευτυχίας

Ενώ η αγάπη του Θεού ενώνει, οι αρνητικές παρορμήσεις της Δύναμης της Φαυλότητας διχάζουν και καταστρέφουν. Μεγάλος όλεθρος δημιουργείται από τη ζήλεια και τους συντρόφους της, τον φόβο, τον θυμό και το μίσος. Ανθρώπινες σχέσεις ρημάζονται, σπίτια διαλύονται, ζωές καταστρέφονται. Η ζήλεια προδιαγράφει το τέλος της ευτυχίας, πρώτα αυτού που τη νιώθει και μετά των άλλων που είναι τα αντικείμενα της εκδίκησής του – ακόμα και αθώοι θεατές, όπως τα παιδιά των διαλυμένων οικογενειών.

Η ζήλεια υπάρχει παντού· είναι ένας πάντα παρών κίνδυνος για όλες τις ανθρώπινες σχέσεις. Έχω δει τα αποτελέσματά της πολλές φορές σ' αυτόν τον κόσμο. Όλοι θέλουν την «καλή θέση», αλλά λίγοι θέλουν να κάνουν την προσπάθεια να την αξίζουν ή να αναλάβουν την ευθύνη που αυτή συνεπάγεται. Η διχαστική φύση της ζήλειας μεταμορφώνει έναν παράδεισο αρμονίας σε μια κόλαση διχόνοιας. Ένα και μόνο πρόσωπο που ζηλεύει μπορεί να δημιουργήσει τεράστιο πρόβλημα. Όταν μπορείτε, προσπαθήστε να αποφύγετε να δίνετε αφορμή για ζήλεια. Καταβάλετε όση προσπάθεια χρειαστεί για να φτάσετε σε συνεννόηση.

---

[3] Βλ. "Friendship" («Φιλία») στα *Songs of the Soul* («Τραγούδια της Ψυχής») του Παραμαχάνσα Γιογκανάντα (βιβλίο που εκδίδεται από το Self-Realization Fellowship).

Η Ζήλεια Προέρχεται από Σύμπλεγμα Κατωτερότητας

Η ζήλεια προέρχεται από σύμπλεγμα κατωτερότητας και εκφράζεται μέσω καχυποψίας και φόβου. Υποδηλώνει ότι ένα άτομο φοβάται πως δεν μπορεί να κρατήσει κοντά του τους δικούς του ανθρώπους στις σχέσεις του, είτε είναι συζυγικές σχέσεις, είτε φιλικές, είτε κοινωνικές. Αν νιώθετε ότι έχετε λόγο να ζηλεύετε κάποιον –για παράδειγμα αν φοβάστε ότι αυτός ή αυτή που αγαπάτε προσέχει περισσότερο κάποιον ή κάποια άλλη– πρώτα προσπαθήστε να καταλάβετε αν κάτι λείπει μέσα σας. Βελτιωθείτε· αναπτυχθείτε. Ο μόνος τρόπος να διατηρήσετε τη στοργή ή τον σεβασμό ενός άλλου είναι να εφαρμόσετε τον νόμο της αγάπης και να αξίζετε αυτήν την αναγνώριση μέσω της βελτίωσής σας.

Η αγάπη και τα συναφή προς αυτήν συναισθήματα ποτέ δεν μπορούν να αποκτηθούν ή να διατηρηθούν με απαιτήσεις ή ικεσίες ή δωροδοκίες. Έχω παρατηρήσει πώς φέρονται μερικοί άνθρωποι σε πλούσιους ή ανθρώπους με επιρροή. Μια φορά ρώτησα έναν πρίγκιπα στην Ινδία: «Νομίζετε ότι αυτοί οι άνθρωποι που επιζητούν την εύνοιά σας σας αγαπούν πραγματικά;». Απάντησε: «Ναι». Τους είχα δει όμως κάτω από διαφορετικό πρίσμα και τον προειδοποίησα: «Σταματήστε να τους δίνετε χρήματα και δώρα και θα δείτε ότι δεν είναι ειλικρινείς. Σας κοροϊδεύουν με κολακείες».

Η αληθινή αγάπη δεν μπορεί να αγοραστεί. Για να πάρει κάποιος αγάπη πρέπει να την προσφέρει απλόχερα, άνευ όρων. Αντί όμως να ακολουθήσει αυτόν τον κανόνα, το ανασφαλές άτομο καταφεύγει στη ζήλεια. Αυτό κάνει τον αγαπημένο του να θυμώνει, κι έτσι έχει το αντίθετο αποτέλεσμα. Τότε η ζήλεια θεριεύει με τον θυμό και γεννιέται η επιθυμία για εκδίκηση. Όποτε όμως κάποιος θέλει να πληγώσει μ' αυτόν τον τρόπο κάποιον άλλον, στο τέλος πληγώνει ακόμα περισσότερο τον εαυτό του. Οι φαύλες πράξεις έχουν την πηγή τους στις φαύλες σκέψεις· αυτά τα καυστικά νοητικά παράσιτα κατατρώνε το ίδιο το είναι του ανθρώπου. Καίνε και καταστρέφουν την εσωτερική γαλήνη – τον μεγαλύτερο πλούτο του.

«Ό,τι Δεν Είναι Δικό Μου, Ας Φύγει»

Γιατί να ζηλεύετε; Αν αγαπάτε κάποιον κι αυτός δεν εκτιμά την αγάπη σας ή αν δεν σας θέλει ή δίνει σε κάποιον άλλον την αναγνώριση που πιστεύετε ότι αξίζετε, σίγουρα η ζήλεια δεν θα κρατήσει αυτό το πρόσωπο, ούτε θα θεραπεύσει την ένταση στη σχέση. Το να κρατά ο ένας τον άλλον φυλακισμένο με ζήλεια και απαιτήσεις, σίγουρα δεν θα φέρει ευτυχία. Επιτυχημένες σχέσεις μπορούν να αναπτυχθούν μόνο με εμπιστοσύνη και αγάπη. Η αγάπη επιζεί με το διαθέτουν οι άνθρωποι σεβασμό, να είναι χρήσιμοι και να μη νιώθουν κτητικότητα.

Ποιο είναι λοιπόν το γιατρικό; Κάθε φορά που η ζήλεια πάει να σας ζώσει, να διαβεβαιώνετε με αποφασιστικότητα τον εαυτό σας: «Είμαι ελεύθερος από τα δεσμά της ζήλειας και του φόβου. Ό,τι είναι δικό μου, θα είναι δικό μου· ό,τι δεν είναι δικό μου, ας φύγει!». Όταν θα είστε ελεύθεροι από κάθε ίχνος ζήλειας και φόβου, η ζωή σας θα είναι υπέροχη. *Μπορείτε να είστε ελεύθεροι.* Αυτό που είναι δικό σας θα είναι δικό σας κι αυτό που δεν ήταν προορισμένο για σας δεν θα σας έκανε ευτυχισμένους. Η πληρότητα έγκειται στο να βελτιώνεστε συνεχώς ώστε αντί να ψάχνετε εσείς τους άλλους, να ψάχνουν εκείνοι εσάς. Προσφέρετε αγάπη και φιλία χωρίς να περιμένετε ή να απαιτείτε τίποτα σε αντάλλαγμα. Αν προσδοκάτε κάτι θα δυστυχήσετε.

Ενόσω προσπαθείτε να βελτιωθείτε, μάθετε να στέκεστε στο ύψος σας μόνοι σας, έχοντας πεποίθηση στις αρετές και την προσωπική αξία σας. Αν θέλετε να πιστεύουν σ' εσάς οι άλλοι, να θυμάστε, δεν είναι μόνο τα λόγια σας που φέρνουν αποτελέσματα, αλλά αυτό που είστε κι αυτό που νιώθετε μέσα σας – αυτό που βρίσκεται μέσα στην ψυχή σας. Πάντα να αγωνίζεστε να είστε άγγελοι εσωτερικά, άσχετα με το πώς φέρονται οι άλλοι. Να είστε ειλικρινείς, καλοί, στοργικοί και να δείχνετε κατανόηση. Όποιος δεν ανταποκρίνεται στην καλοσύνη δεν αξίζει την προσοχή σας. Ακόμα κι αν πρέπει να χάσετε κάποιον, είναι καλύτερα να τον αφήσετε να φύγει πιστεύοντας ότι είστε ένας άγγελος παρά ένα κακάσχημο τέρας ζήλειας. Αφήστε τον με την όμορφη σκέψη της αγάπης σας, και αυτή η αγάπη θα μείνει για πάντα στην καρδιά του.

Οι Σκέψεις Μπορούν να Είναι Πιο Αποτελεσματικές από τα Λόγια

Ποτέ μη μιλάτε σκληρά υπό την επήρεια της φωτιάς της ζήλειας. Το στόμα μπορεί να είναι σαν κανόνι και τα λόγια να κάνουν μεγαλύτερη ζημιά από κάθε οβίδα. Να χρησιμοποιείτε τη διάκριση όταν μιλάτε. Στους ανθρώπους δεν αρέσει να τους λένε τα λάθη τους. Αν η καθοδήγηση ή η εποικοδομητική κριτική είναι ανεπιθύμητη, μην προβαίνετε σ' αυτήν. Αλλιώς, όσο περισσότερα πείτε, τόσο χειρότερη θα κάνετε την κατάσταση.

Οι σκέψεις μερικές φορές μπορούν να είναι πιο αποτελεσματικές από τα λόγια. Ο ανθρώπινος νους είναι το πιο δυνατό μηχάνημα εκπομπής που υπάρχει. Αν εκπέμπετε συνεχώς θετικές σκέψεις με αγάπη, αυτές οι σκέψεις θα έχουν επίδραση στους άλλους. (Παρόμοια, αν εκπέμπετε ζήλεια ή μίσος, οι άλλοι λαμβάνουν αυτές τις σκέψεις και αντιδρούν ανάλογα.) Ζητήστε από τον Θεό να βάλει τη δύναμή Του πίσω από τις προσπάθειές σας. Αν για παράδειγμα είναι ο σύζυγος που ξεστρατίζει, η σύζυγος θα πρέπει να προσευχηθεί στον Θεό: «Κύριε, βοήθησέ με να βοηθήσω τον άντρα μου. Κράτα κάθε κηλίδα ζήλειας και πικρίας έξω από την καρδιά μου. Προσεύχομαι μόνο να συνειδητοποιήσει το λάθος του και να αλλάξει. Κύριε, να είσαι μαζί του· και ευλόγησέ με να κάνω αυτό που μου αναλογεί». Αν η κοινωνία σας με τον Θεό είναι βαθιά, θα δείτε αυτόν τον άνθρωπο να αλλάζει. Όσο πιο πολύ σφάλλει ένα άτομο, τόσο μεγαλύτερη καλοσύνη πρέπει να δείχνετε. Αντί να υποκύπτετε στη ζήλεια και στον φόβο μήπως χάσετε κάποιον αγαπημένο σας, να προσπαθείτε να έχετε σωστή στάση και συμπεριφορά, να είστε σωματικά ελκυστικοί και νοητικά και πνευματικά δυνατοί.

Ο Θεός Είναι η Έσχατη Απάντηση

Ποτέ μην ξεχνάτε ότι ο Θεός είναι η απάντηση σε όλα τα ερωτήματα που η ζωή θέτει στην ψυχή σας. Ο Θεός είναι αγάπη, και η αγάπη είναι η πανάκεια για τα ανθρώπινα βάσανα. Δεν υπάρχει τίποτα σπουδαιότερο από την αγάπη – τη θεϊκή ιδιότητα της έλξης και της ενότητας που εκδηλώνεται στην ψυχή κάθε όντος. Αυτή η αγάπη, όταν εκφράζεται σε κάθε περίσταση –στην οικογενειακή, στην κοινωνική και στην εθνική ζωή– διευρύνεται και αγκαλιάζει όλο τον κόσμο. Τέτοια οικουμενική αγάπη είναι η αγνή αγάπη του Θεού. Όταν έχετε κατορθώσει να έχετε μέσα σας αυτήν την αγάπη, τότε και μόνο τότε είστε πολίτες του βασιλείου του Θεού. Να είστε πάντα περήφανοι που είστε παιδιά του Θεού· διότι μόνο για λίγο καιρό αποξενωθήκατε στον κόσμο της ύλης. Αναπτύξτε τη θεϊκή αγάπη που είναι έμφυτη μέσα σας και θα διεκδικήσετε και πάλι την υπηκοότητά σας στο βασίλειό Του της πανταχού παρουσίας.

Όταν μάθετε να πηγαίνετε μέσα σας, στον διαλογισμό, θα βρείτε το βασίλειό Του. Είναι μέσα σας· ο Θεός είναι μέσα σας. Η δική Του δύναμη είναι που βρίσκεται πίσω από την ικανότητά σας να μιλάτε, να κινείστε και να νιώθετε. Χωρίς Αυτόν δεν μπορείτε να κάνετε τίποτα.

Αν και είναι υπερβατικός, πέρα απ' όλα τα πράγματα, είναι επίσης ενυπάρχων σε όλα· μπορείτε να έρθετε σε κοινωνία μαζί Του ακριβώς μέσα σας. Αν απομακρύνετε τη σκόνη της νευρικότητας από τον καθρέφτη της εσωτερικής σιωπής, θα Τον δείτε να αντανακλάται εκεί.

Ποτέ μην παραλείπετε το καθημερινό σας ραντεβού με τον Θεό στον διαλογισμό. Αυτοί που είναι σοφοί το κάνουν σκοπό της ζωής τους να έρθουν σ' επαφή μαζί Του. Αν είστε ειλικρινείς θα γνωρίσετε τον Θεό σ' αυτή τη ζωή· και η γνωριμία μαζί Του σημαίνει ελευθερία.

Αυτοί με Αδαμάντινη Νοοτροπία Αντανακλούν το Φως του Θεού

Μέσα στην καρδιά σας ξέρετε ότι δεν είστε ευτυχισμένοι έτσι όπως είναι τώρα η ζωή σας. Υπάρχει μόνο μία άμεση οδός προς την ευτυχία, κι αυτή είναι η επαφή με τον Θεό. «Τίποτα δεν σου προσφέρει καταφύγιο, εσένα, που δεν βρίσκεις καταφύγιο σ' Εμένα».[4] Ο Θεός είναι ο μόνος που δεν πρόκειται ποτέ να σας εγκαταλείψει. Ο τρόπος να Τον βρείτε είναι να ακολουθήσετε κάποιον που Τον γνωρίζει. Συντονιστείτε με τους Μεγάλους που βρίσκονται σε κοινωνία μαζί Του· μόνο αυτοί μπορούν να σας δείξουν τον Θεό. Έψαξα για πολλά, πολλά χρόνια στην Ινδία, όπου ειδικεύονται στην επιστήμη της συνειδητοποίησης του Θεού, μέχρι που τελικά βρήκα τον Γκουρού μου [τον Σουάμι Σρι Γιουκτέσβαρ] που είχε επιτύχει να έρθει σε επαφή με τον Θεό.

Ο νόμος της αιτίας και του αποτελέσματος κυβερνά όλους τους ανθρώπους. Ακόμα και μόνο με το γεγονός ότι έρχεστε εδώ και παρακολουθείτε τα μαθήματα, δείτε πόσο έχετε αλλάξει. Να μελετάτε τα *Μαθήματα* [του *Self-Realization Fellowship*] και θα βρείτε τις απαντήσεις που ψάχνετε. Αυτή η νέα κατανόηση θα αλλάξει ολόκληρη τη ζωή σας. Εσείς που δεν είστε ακόμα στο μονοπάτι αυτό και θέλετε να μάθετε περισσότερα θα πρέπει να ζητήσετε αυτές τις οδηγίες και να μάθετε να διαλογίζεστε. Μετά να διαλογίζεστε τακτικά. Να έχετε την αποφασιστικότητα και την επιμονή να ακολουθήσετε το μονοπάτι του Self-Realization απόλυτα και ολοκληρωτικά. Θα βρείτε την απελευθέρωση· και με τη ζωή σας θα επηρεάσετε και άλλους να απελευθερωθούν. Κάθε μέρα να κάνετε κάτι για να βοηθήσετε κάποιον άλλον υλικά, νοητικά και πνευματικά· και να προσπαθείτε να αφυπνίσετε

---

[4] "The Hound of Heaven" («Το Λαγωνικό του Παραδείσου») του Francis Thompson.

κάποια ψυχή για να ακολουθήσει το μονοπάτι προς τον Θεό.

Κάθε ένας από σας που έρχεστε εδώ θα πρέπει να πάρει την αμετάκλητη απόφαση να μην παραλείπει ποτέ τον καθημερινό διαλογισμό. Μπορεί να φύγετε απ' αυτή τη γη οποιαδήποτε στιγμή. Χρησιμοποιήστε τον χρόνο που έχετε για να κάνετε την προσπάθεια να γνωρίσετε τον Θεό, τον μόνο που θα είναι μαζί σας για πάντα. «Σε όσους τον δέχτηκαν, σ' αυτούς έδωσε εξουσία να γίνουν τέκνα Θεού».[5] Ο ήλιος λάμπει το ίδιο πάνω σ' ένα κομμάτι κάρβουνο και σ' ένα διαμάντι που είναι τοποθετημένα δίπλα δίπλα στη λιακάδα, αλλά το διαμάντι αντανακλά το φως, ενώ το κάρβουνο όχι. Αυτοί που έγιναν πνευματικά διαμάντια αντανακλούν τη λιακάδα της συνειδητότητας του Θεού· γίνονται γιοι του Θεού. Οι μεγάλοι Δάσκαλοι[6] είναι πρότυπα αδαμάντινης νοοτροπίας, σύμφωνα με την οποία θα πρέπει να διαμορφώσουμε τη ζωή μας. Αν τους ακολουθήσετε, θα βρείτε γρήγορη και άμεση διέξοδο προς τη θεϊκή απελευθέρωση.

Η Αποτελεσματικότητα της Ολόψυχης Αφοσίωσης στον Θεό

Οι περισσότεροι εδώ σήμερα γεννηθήκατε Αμερικανοί. Δεν ξέρετε τι ήσαστε πριν απ' αυτήν την ενσάρκωση ή ποια μπορεί να είναι η εθνικότητά σας στην επόμενη ζωή· πάντα όμως ήσαστε και πάντα θα είστε παιδιά του Θεού. Ήρθε η ώρα να ξεχάσουμε τις διαφορές μας και να ενωθούμε εν Θεώ. Σπάστε τα οχυρά της σιωπής Του. Παραμένει κρυμμένος γιατί ξέρει ότι οι περισσότεροι άνθρωποι δεν Τον θέλουν. Αν όμως αποφασίσετε αμετάκλητα να έρθετε σε επαφή μαζί Του, θα ανταποκριθεί. Αν είστε αποφασισμένοι να Τον βρείτε, θα Τον γνωρίσετε. Κανείς δεν μπορεί να σας Τον δώσει, όπως κανείς δεν μπορεί να φάει το φαγητό σας για λογαριασμό σας. Πρέπει να κάνετε την προσπάθεια. Ο Ιησούς είπε: «Ο θερισμός είναι πολύς, αλλά οι εργάτες λίγοι».[7]

Νωρίς το πρωί, καθώς και πριν πάτε για ύπνο το βράδυ, να μιλάτε στον Θεό, ξανά και ξανά, στη γλώσσα της καρδιάς σας: «Αποκαλύψου, αποκαλύψου. Γιατί κρύβεσαι από μένα;». Συνεχίστε να προσεύχεστε σ' Αυτόν, με αποφασιστικότητα και αφοσίωση, μέχρι να χάσετε τον εαυτό

---

[5] Κατά Ιωάννη Α:12.

[6] Αναφορά στους Γκουρού του Self-Realization Fellowship (Βλ. γλωσσάριο.)

[7] Κατά Ματθαίο Θ:37.

σας στη σκέψη του Θεού. Αρνηθείτε να αποθαρρυνθείτε ή να γίνετε ανυπόμονοι. Μετά, κατά τη διάρκεια της δραστηριότητας της ημέρας, να Τον σκέφτεστε στα βάθη της συνειδητότητάς σας. Ξέρετε πώς μερικές φορές, ό,τι κι αν κάνετε, μια συγκεκριμένη σκέψη περιστρέφεται συνέχεια στον νου σας σαν γεννήτρια – η δύναμή της παράγει το επιθυμητό αποτέλεσμα. Με τον ίδιο τρόπο θα πρέπει να σκέφτεστε ασταμάτητα τον Θεό. Όπως λέει ο Κρίσνα στην Μπάγκαβαντ Γκίτα: «Μπορεί εύκολα να Με φτάσει ο γιόγκι του οποίου η καρδιά είναι αφοσιωμένη σ' Εμένα, ο οποίος Με θυμάται καθημερινά, συνεχώς, με τον νου του εντατικά εστιασμένο μόνο σ' Εμένα».[8]

Από πολύ νωρίς στη ζωή μου έμαθα την αποτελεσματικότητα μια τέτοιας ολόψυχης αφοσίωσης. Όταν ήμουν μικρό παιδί, έγραψα ένα γράμμα στον Θεό και το ταχυδρόμησα. Κάθε μέρα περίμενα με αγωνία, δακρυσμένος, την απάντησή Του. Δεν ήρθε καμία απάντηση με το ταχυδρομείο. Ποτέ όμως δεν παραιτήθηκα από την ιδέα ότι έπρεπε να απαντήσει στο γράμμα μου. Μετά, ένα βράδυ, μέσα σ' ένα μεγάλο φως, έλαβα την απάντησή Του, γραμμένη με χρυσά γράμματα, ότι πάντα θα με προστατεύει και θα είναι μαζί μου.

Όταν έχετε επαφή με τον Θεό, θα δείτε ότι ένας σιωπηλός Φίλος σάς βοηθά σε όλους τους τομείς της ζωής σας. Αγαπάμε κάθε έναν που είναι χρήσιμος σ' εμάς· επομένως θα πρέπει να αγαπάμε ύψιστα τον Θεό, γιατί είναι ο πιο χρήσιμος απ' όλους. Αγαπάμε τους γονείς και τους φίλους μας γι' αυτά που κάνουν για μας. Κανείς όμως δεν μπορεί να μας είναι τόσο χρήσιμος όσο ο Θεός, γιατί Αυτός μπορεί να αναστήσει την ψυχή μας και να μας ελευθερώσει απ' όλα τα ανθρώπινα δεσμά.

[Με τα ακόλουθα λόγια, ο Παραμαχάνσατζι οδήγησε τη συγκέντρωση σε μια περίοδο ύμνων και διαλογισμού:]

Καλέστε νοητικά τον Θεό με όλη τη θέρμη και την ειλικρίνεια της καρδιάς σας. Επικαλεσθείτε Τον νοητικά στον ναό της σιωπής· και στον βαθύτερο διαλογισμό, βρείτε Τον στον ναό της έκστασης και της μακαριότητας.[9] Ψάλετε με τη συνειδητότητα ότι ο Θεός είναι εδώ. Μέσω των σκέψεων και των συναισθημάτων σας, στείλτε Του την

---
[8] VIII:14.

[9] Αναφορά στον ύμνο "In the Temple of Silence" («Στον Ναό της Σιωπής») από τα *Cosmic Chants* του Παραμαχάνσα Γιογκανάντα (βιβλίο που εκδίδεται από το Self-Realization Fellowship).

αγάπη σας με όλη σας την καρδιά, τον νου, την ψυχή και τη δύναμή σας. Μέσω της διαίσθησης της ψυχής σας νιώστε την εκδήλωση του Θεού να ξεχύνεται μέσα από τα νέφη της νευρικότητάς σας σαν μια μεγάλη γαλήνη και χαρά. Η γαλήνη και η χαρά είναι οι φωνές του Θεού που έχουν σιγήσει από καιρό εξαιτίας της άγνοιάς σας, παραμελημένες και ξεχασμένες μέσα στον θόρυβο των ανθρώπινων παθών.

Η βασιλεία του Θεού βρίσκεται ακριβώς πίσω από το σκοτάδι των κλειστών ματιών, και η πρώτη πύλη που ανοίγει σ' αυτήν είναι η γαλήνη σας. Εκπνεύστε και χαλαρώστε και νιώστε αυτή τη γαλήνη να εξαπλώνεται παντού, μέσα σας και γύρω σας. Βυθιστείτε σ' αυτή τη γαλήνη.

Εισπνεύστε βαθιά. Εκπνεύστε. Τώρα ξεχάστε την αναπνοή σας. Επαναλάβετε μετά από μένα: «Πατέρα, έχουν σιγήσει οι ήχοι του κόσμου και των ουρανών. Βρίσκομαι μέσα στον ναό της ησυχίας. Το αιώνιο βασίλειό Σου της γαλήνης απλώνεται μπροστά στο βλέμμα μου. Είθε αυτό το απεριόριστο βασίλειο, που ήταν εδώ και πολύ καιρό κρυμμένο πίσω από το σκοτάδι, να μείνει εκδηλωμένο μέσα μου. Η γαλήνη κατακλύζει το σώμα μου· η γαλήνη κατακλύζει την καρδιά μου και κατοικεί μέσα στην αγάπη μου· γαλήνη μέσα μου, έξω, παντού. Ο Θεός είναι γαλήνη. Είμαι παιδί Του. Είμαι γαλήνη. Ο Θεός κι εγώ είμαστε ένα. Άπειρη γαλήνη περιβάλλει τη ζωή μου και διαποτίζει κάθε στιγμή της ύπαρξής μου. Γαλήνη μέσα μου· γαλήνη στην οικογένεια μου· γαλήνη στο έθνος μου· γαλήνη στον κόσμο μου· γαλήνη στο σύμπαν μου. Καλή θέληση προς όλα τα έθνη, καλή θέληση προς όλα τα πλάσματα· διότι όλα είναι αδέρφια μου και ο Θεός είναι ο κοινός Πατέρας μας. Ζούμε στις Ηνωμένες Πολιτείες του Κόσμου και ηγέτες μας είναι ο Θεός και η Αλήθεια. Ουράνιε Πατέρα, ας έρθει το βασίλειό Σου της γαλήνης πάνω στη γη, όπως υπάρχει στον παράδεισο, ώστε να ελευθερωθούμε όλοι από τις διχόνοιες και τις δυσαρμονίες και να γίνουμε τέλειοι πολίτες του κόσμου Σου στο σώμα, στον νου και στην ψυχή. Ομ. Αμήν».

Καλέστε την Κατά Χριστόν Συνειδητότητα Μέσα Σας

*Στην έδρα του Self-Realization Fellowship στο Λος Άντζελες,
23 Δεκεμβρίου 1934*

«Ουράνιε Πατέρα, ευλόγησέ μας αυτό το πρωινό με τη συνειδητότητα του Ιησού, ώστε να μπορέσουμε κι εμείς να βιώσουμε την οικουμενική παρουσία Σου ως την κατά Χριστόν Συνειδητότητα που είναι εγγενής σε κάθε πόρο και άτομο του χώρου. Πατέρα, Σ' ευχαριστούμε που μας έστειλες τον σπουδαίο γιο Σου στη μορφή του Ιησού, ένα ολόλαμπρο φως, έναν φάρο για να καθοδηγεί αυτόν τον κόσμο στο μονοπάτι της πνευματικότητας. Υποκλινόμαστε στον Ιησού Χριστό. Είθε να τον έχουμε για πάντα πάνω σ' έναν θρόνο στο ιερό της καρδιάς μας. Είθε το πνεύμα του να εκδηλωθεί μέσα μας.

»Επικαλούμαστε το πνεύμα του Ιησού, την πανταχού παρούσα κατά Χριστόν Συνειδητότητα, να κατέλθει στη συνειδητότητά μας και να μας χαρίσει τη συνειδητοποίηση του Απείρου. Είθε αυτός ο Άπειρος Χριστός, στο λίκνο του χώρου, των λουλουδιών, όλων των όντων, καθώς και στο λίκνο της καρδιάς μας –παντού– να εκδηλώνεται για πάντα σ' εμάς. Ομ, Ομ, Ομ».

Ανάψτε στην καρδιά σας τη φωτιά της αφοσίωσης, ώστε το φως του Χριστού να αστράφτει μέσα σας. Μέσα στην ψυχή σας ακτινοβολεί και χορεύει αγνότητα, γαλήνη, ευτυχία πέρα από κάθε όνειρο. Αφήστε αυτή τη γαλήνη μέσα σας να ενωθεί με την υπερβατική, άπειρη γαλήνη γύρω σας. Είστε βυθισμένοι σ' αυτό το αιώνιο φως. Όλη σας η ύπαρξη είναι γεμάτη μ' αυτήν την πανταχού παρούσα ευλογημένη λαμπρότητα του Χριστού. Πέρα από το σώμα και την αναπνοή, είστε αυτό το πάντα ζωντανό φως της κατά Χριστόν γαλήνης και χαράς.

Αυτό είναι ένα ευλογημένο πρωινό γιατί είναι πολύ κοντά στον πνευματικό και πανηγυρικό εορτασμό της γέννησης του Ιησού.[1] Τιμώντας τη θεία γέννησή του, μη σκέφτεστε τον Χριστό σαν ένα αβοήθητο μωρό περιορισμένο στο μικροσκοπικό του σώμα. Μέσα στο σωματικό όχημα του βρέφους Ιησού γεννήθηκε στη γη το κατά Χριστόν Πνεύμα· μέσα στη συνειδητότητά του βρισκόταν ο πανταχού παρών Θεός. Μέσα στον παιδικό εγκέφαλο του μικρού αγοριού υπήρχε η σοφία του Πνεύματος. Διαφορετικά πώς θα μπορούσε, όταν ήταν μικρό παιδί, να εκπλήξει τους σοφούς και τους μορφωμένους με τα σοφά λόγια του; Αν και το πνεύμα του Θεού ενσαρκώνεται σε σπουδαίες ψυχές κατά τη γέννησή τους, εντούτοις αυτές οι θεϊκές οντότητες παίζουν το θεατρικό έργο της παιδικής ηλικίας, της νεότητας, όλων των άλλων φάσεων της ζωής και του θανάτου. Πρέπει όμως να θυμόμαστε ότι πίσω από τη θνητή συνειδητότητά τους υπάρχει η αμετάβλητη κατά Χριστόν Συνειδητότητα, η πάντα αγνή αντανάκλαση του Πνεύματος – την οποία οι άγιοι στην Ινδία αποκαλούν *Κουτάστα Τσαϊτάνια* ή κατά Κρίσνα Συνειδητότητα. Πολύ λίγοι αντιλαμβάνονται τον Ιησού μ' αυτήν την έννοια. Αν γνωρίσετε τον Χριστό στην πραγματικότητα, θα ξέρετε πώς να φέρετε το οικουμενικό του πνεύμα και στη δική σας συνειδητότητα.

Ο Σωστός Τρόπος Εορτασμού των Χριστουγέννων

Ποια είναι η σημασία του εορτασμού της ιερής γέννησης του Χριστού μια συγκεκριμένη μέρα; Δεν είναι μόνο για να έχουμε την ευκαιρία να πανηγυρίζουμε και να δίνουμε δώρα. Ο ειδικός και σαφής σκοπός είναι να επαναφέρουμε στη σκέψη μας την έμπνευση που δίνουν οι τέλειες αρετές του. Αν κρατήσετε μπροστά σας μια προσωπογραφία, η εικόνα σάς θυμίζει τα βασικά χαρακτηριστικά αυτού του προσώπου· έτσι και τα Χριστούγεννα είναι ημέρα μνήμης όταν γιορτάζονται σωστά.

Είναι λυπηρό όταν οι άνθρωποι ξεχνούν τον σκοπό των Χριστουγέννων. Εκατομμύρια σκέφτονται μόνο την υλική πλευρά αυτής της ιερής περιόδου. Εμείς δεν θα είμαστε απ' αυτούς. Αύριο θα έχουμε την ημέρα διαλογισμού. Από τις δέκα το πρωί έως τις έξι το απόγευμα θα διαλογιζόμαστε στον Χριστό. Ο σκοπός μας είναι να νιώσουμε την

---

[1] Πολλά χρόνια πριν, ο Παραμαχάνσατζι εγκαινίασε το έθιμο του εορτασμού της γέννησης του Χριστού με ολοήμερο διαλογισμό μία ή δύο μέρες πριν τα Χριστούγεννα και στη συνέχεια ακολουθούσε ο παραδοσιακός πανηγυρικός εορτασμός της 25ης Δεκεμβρίου.

παρουσία του και τη συνειδητότητά του. Ο Χριστός παρέμεινε άγνωστος στους ανθρώπους. Κράτησαν τις πύλες της αφοσίωσής τους κλειστές, κλειδωμένες με υλικές επιθυμίες, κι έτσι ο Χριστός δεν μπορεί να μπει. Όταν αυτές οι θύρες ανοιχτούν με αγάπη για τον Χριστό, θα έρθει. Θέλω όλοι να πάρετε στα σοβαρά τον πνευματικό εορτασμό των Χριστουγέννων. Ο σκοπός μας δεν είναι τίποτα λιγότερο από το να φέρουμε τον Χριστό στη συνειδητότητά μας.

Η Δικαιοσύνη του Θεού

Ο Άγιος Ιωάννης είπε: «Σε όσους τον δέχτηκαν, σ' αυτούς έδωσε εξουσία να γίνουν τέκνα Θεού, σ' αυτούς που πιστεύουν στο όνομά του· οι οποίοι όχι εξ αίματος, ούτε από θέλημα σάρκας, ούτε από θέλημα άντρα, αλλά από τον Θεό γεννήθηκαν».[2] Αυτά τα ιερά λόγια αποκαλύπτουν τη δικαιοσύνη του Θεού. Ποια θα ήταν η θέση μας και ποιες οι ελπίδες μας αν ο Θεός έφτιαχνε μόνο έναν άνθρωπο –τον Χριστό– και έδινε μόνο σ' αυτόν την απαραίτητη ενόραση και δύναμη θελήσεως να νικήσει τον πειρασμό και να φτάσει στην ένωση μ' Αυτόν; Ο Ιησούς ήταν και άνθρωπος και θεός, όπως είμαστε όλοι μας. Αν δεν ήταν έτσι, τότε οι δοκιμασίες του και ο πόνος που υπέμεινε κατά τη σταύρωση ήταν μόνο μια φάρσα. Αντίθετα, ήταν το τέλειο και ιδανικό πρότυπο που όλοι όσοι αναζητούν τον Θεό πρέπει να ακολουθήσουν, κουβαλώντας τον δικό τους σταυρό. Πώς θα μπορούσαμε να περιμένουμε να υπερβούμε τους μυριάδες πειρασμούς της *μάγια*, αν δεν είμαστε κι εμείς πλασμένοι κατ' εικόνα του Θεού και το ίδιο διαλεχτοί και αγαπημένοι απ' Αυτόν, όπως ήταν ο Ιησούς; Η κυριότερη διαφορά μεταξύ του Ιησού και των περισσότερων άλλων όντων είναι ότι εκείνος είχε υπερβεί τις δοκιμασίες που αυτά δεν έχουν ακόμα περάσει. Κατάφερε να φτάσει στη θεϊκή φύση της κατά Χριστόν Συνειδητότητας με συνεχή προσπάθεια και δύναμη θελήσεως για να υπερβεί όλους τους θνητούς πειρασμούς και προσκολλήσεις. Το γεγονός ότι ο Ιησούς ήταν σαν εμάς μας δίνει κουράγιο και την επιθυμία να γίνουμε σαν αυτόν.

Τι ακραία δοκιμασία πέρασε ο Ιησούς παραδίδοντας τον εαυτό του για να σταυρωθεί! Ο Πατάντζαλι λέει ότι ακόμα και μεγάλοι άγιοι νιώθουν προσκόλληση στο σώμα την τελευταία μέρα και είναι απρόθυμοι να το αφήσουν. Ο Γκουρού μου [ο Σουάμι Σρι Γιουκτέσβαρ] εξήγησε ότι

---

[2] Κατά Ιωάννη Α:12-13.

η διστακτικότητα να αφήσουν το σώμα τους κατά τον θάνατο μπορεί να συγκριθεί μ' αυτό που βιώνει ένα πουλί, το οποίο για μεγάλο διάστημα ήταν κλεισμένο σ' ένα κλουβί και φοβάται να φύγει από τη φυλακή και να πετάξει στην απεραντοσύνη του ουρανού. Με τα λόγια του πάνω στον Σταυρό, ο Ιησούς αποκάλυψε ότι έπρεπε να παλέψει για να καταστρέψει το τελευταίο ίχνος προσκόλλησης στο σώμα.³ Πάλεψε με την ανθρώπινη φύση του και νίκησε· αυτός είναι ο λόγος για τον οποίο τον βλέπω ως ένα ιδεώδες παράδειγμα για όλη την ανθρωπότητα.

Εκατομμύρια άνθρωποι σ' αυτόν τον κόσμο έχουν τη νοοτροπία του κάρβουνου, ανίκανοι να αντικατοπτρίσουν τη θεϊκή συνειδητότητα που βρίσκεται στην ψυχή τους. Πρέπει να γίνετε σαν το διαμάντι που ακτινοβολεί από τη λιακάδα της κατά Χριστόν Συνειδητότητας. Αν έστω και μια ψυχή απ' αυτή τη συγκέντρωση καταφέρει να φωτιστεί, αυτό είναι πολύ καλύτερο από το να μιλούσα σε ακροατήρια χιλιάδων ανθρώπων που θα είχαν έρθει μόνο για να ακούσουν μια διάλεξη που εμπνέει. Ξέρω ότι μερικοί από σας εδώ έχετε πραγματική κοινωνία με τον Χριστό. Αυτό με ευχαριστεί πάρα πολύ.

Υπάρχει τεράστια διαφορά μεταξύ φαντασίας και συνειδητοποίησης του Εαυτού. Αν απλώς φαντάζεστε, μπορεί να έχετε υποσυνείδητα όνειρα και εσωτερικά «οράματα» του Χριστού κάθε μέρα. Αυτό όμως δεν σημαίνει ότι είστε αληθινά σε επαφή μαζί του. Η πραγματική επίσκεψη του Ιησού είναι η κοινωνία με την κατά Χριστόν Συνειδητότητα. Αν συντονιστείτε μ' αυτόν τον Χριστό, θα αλλάξει όλη η ζωή σας.

Η Οικουμενικότητα της Κατά Χριστόν Συνειδητότητας

Η αγάπη του Θεού μάς εξυψώνει και μας διευρύνει. Δεν μπορώ ποτέ πια να σκεφτώ τον εαυτό μου αποκλειστικά σ' αυτό το σώμα· νιώθω ότι υπάρχω σε όλα τα σώματα. Δεν έχω φυλετική ή άλλου είδους διχαστική συνείδηση. Όπως νιώθω τη συνειδητότητά μου σε κάθε τμήμα της υλικής μου μορφής, έτσι σας αντιλαμβάνομαι όλους ως τμήμα μου. Οτιδήποτε ζει, το νιώθω σ' αυτό το σώμα. Γνωρίζω τις αισθητήριες εντυπώσεις όλων. Δεν είναι φαντασία· είναι συνειδητοποίηση του Εαυτού. Αυτή η συνειδητότητα είναι πολύ πέρα από την τηλεπάθεια. Είναι επίγνωση των αντιλήψεων κάθε όντος. Αυτή είναι η

---

³ «Θεέ μου, Θεέ μου, γιατί με εγκατέλειψες;» (κατά Ματθαίο ΚΖ:46) [...] Πατέρα, στα χέρια σου παραδίδω το πνεύμα μου. Και αφού είπε αυτά εξέπνευσε» (κατά Λουκά ΚΓ:46).

έννοια της κατά Χριστόν Συνειδητότητας.

Όταν αυτός ο Χριστός έρθει μέσα σας, χάνετε το εγώ σας· το εγώ συντρίβεται. Στην ταπεινότητα βρίσκετε μια κοιλάδα ονείρων ευωδιαστών με τα λουλούδια της συνειδητοποίησης του Εαυτού σας που τρέφονται με το νερό του Άπειρου Χριστού που μαζεύεται και κατακλύζει όλα τα άνυδρα σύνορα μέσα σας. Νιώθετε όλα τα πράγματα να είναι διαποτισμένα από τη Μία Ζωή.

Άπειρη Ενότητα: αυτό είναι ο Θεός· αυτό είναι ο Χριστός. Αν θέλετε να γίνετε σαν τον Χριστό, πρέπει να ακολουθήσετε τον δρόμο του. Ο Θεός θα μπορούσε να είναι βάναυσος και να καταστρέψει τους φαύλους· μέσα σε μια στιγμή θα μπορούσε να καταστρέψει ολόκληρο τον κόσμο. Αντίθετα όμως χρησιμοποιεί την αγάπη για να φέρει πίσω σ' Αυτόν τη δημιουργία που σφάλλει. Γι' αυτό ο Χριστός δίδαξε: «Αγαπάτε τους εχθρούς σας» γιατί ο Θεός «ανατέλλει τον ήλιο Του πάνω σε φαύλους και αγαθούς και βρέχει πάνω σε δίκαιους και άδικους».[4] Ο Μπάγκαβαν Κρίσνα παρόμοια είπε: «Είναι ύψιστος γιόγκι αυτός που αντιμετωπίζει με τον ίδιο τρόπο [...] φίλους, εχθρούς [...] τους ενάρετους και τους φαύλους».[5]

Γιατί να μισείτε οποιονδήποτε; Το να μισείτε είναι ενάντια στο συμφέρον σας. Ακόμα κι όταν κάποιος σας μισεί, αν ανταποδώσετε αγάπη στο μίσος θα νιώσετε υπέροχα. Είμαι φίλος με όλους. Αν προσπαθήσω να αντιπαθήσω κάποιον, αυτό με καίει μέσα μου. Μην απεχθάνεστε τους εχθρούς σας· ο καλύτερος τρόπος να τους κατακτήσετε είναι να τους αγαπάτε. Αν δείτε ότι η μόλυνση του μίσους εξαπλώνεται γύρω σας, γιατί να ενδυναμώσετε αυτήν την επιδημία με το να κολλήσετε κι εσείς την αρρώστια; Γίνετε άτρωτοι με το αντίδοτο της αγάπης.

Να θυμάστε, και οι εχθροί σας είναι παιδιά του Θεού, και τα αγαπά τόσο όσο κι εσάς. Ο Κύριος είναι σαν μια μητέρα· όπως κι αν συμπεριφέρεται ένα παιδί, η μητέρα το αγαπά το ίδιο. Οι φαύλοι έχουν βγει από τον σωστό δρόμο κι ο Θεός θέλει πολύ να τους φέρει πίσω σ' Αυτόν.

Ένας άλλος λόγος να αγαπάτε τους εχθρούς σας είναι ότι τις περισσότερες φορές αγνοούν ότι σφάλλουν, νιώθοντας πως η συμπεριφορά τους είναι απόλυτα δικαιολογημένη. Κανένας σκεπτόμενος άνθρωπος δεν θέλει να κάνει λάθος· οι περισσότεροι άνθρωποι απλά

---

[4] Κατά Ματθαίο Ε:44, 45.
[5] Μπάγκαβαντ Γκίτα VI:9.

δεν συνειδητοποιούν τα σφάλματά τους. Φέρονται παρορμητικά, χωρίς να βλέπουν καθαρά ή να έχουν τη δύναμη να αναλογιστούν τι κάνουν. Αυτός είναι ο λόγος για τον οποίο «δεν ξέρουν τι κάνουν».[6] Τέτοιοι άνθρωποι στην πραγματικότητα κάνουν μεγάλο κακό στον εαυτό τους και επομένως θα πρέπει να νιώθουμε συμπόνια γι' αυτούς.

Γενικά χρειάζεται πολύ μεγαλύτερη δύναμη και αγνότητα του νου για να αγαπά κάποιος παρά να μισεί. Για έναν άγιο όμως είναι πιο εύκολο να αγαπά παρά να μισεί γιατί «βλέπει τον Εαυτό του (ενωμένο με το Πνεύμα) σε όλα τα πλάσματα και όλα τα πλάσματα στο Πνεύμα».[7] Βλέπει όλα τα όντα ως μέρος του μεγαλύτερου Εαυτού του, άρρηκτα συνδεδεμένα μεταξύ τους με την οικουμενική κατά Χριστόν Συνειδητότητα.

Για να φέρουμε στη συνειδητότητά μας θεϊκή επίγνωση πρέπει να υπερβούμε την περιορισμένη συμβατική αντίληψη για τον Χριστό. Για μένα τα Χριστούγεννα είναι μια σκέψη πνευματικού μεγαλείου – μια συνειδητοποίηση ότι ο νους μας είναι ένα ιερό του Χριστού, της Οικουμενικής Νοημοσύνης σε όλη τη δημιουργία.

Ποιος είναι ο πιστός που γνωρίζει πραγματικά τι είναι ο Χριστός; Στα ανθρώπινα μάτια είναι το μωρό που γεννήθηκε στη Βηθλεέμ και ο σωτήρας που θεράπευσε αρρώστους και ανέστησε νεκρούς. Στα θεϊκά μάτια είναι η κατά Χριστόν επίγνωση σε όλο το σύμπαν και σε κάθε άτομο και μόριο. Θα πρέπει να έχετε τη φιλοδοξία να γνωρίσετε αυτόν τον Χριστό μέσα σας. Εξαλείψτε κάθε προκατάληψη και αγαπάτε όλα τα όντα. Να βλέπετε τον Χριστό μέσα τους, γιατί είναι τμήματα του πραγματικού Εαυτού σας. Πώς μπορείτε να μισείτε τον ίδιο σας τον Εαυτό που κατοικεί σε κάθε μορφή; Αν το κάνετε, αυτό δείχνει ότι δεν γνωρίζετε τον Χριστό – την κατά Χριστόν Συνειδητότητα που βρίσκεται ακριβώς πίσω από τον ανθρώπινο νου σας και τα ανθρώπινα συναισθήματά σας. Όταν κάνετε μια λανθασμένη σκέψη για οποιονδήποτε, εξαφανίζετε τον Χριστό από την εσωτερική σας όραση.

Ο Χριστός γεννιέται στο λίκνο της τρυφερότητας. Η ισχύς της συμπονετικής αγάπης είναι πολύ μεγαλύτερη από την καταστροφική δύναμη του μίσους. Ό,τι κι αν λέτε ή κάνετε στους άλλους, να γίνεται με αγάπη. Μην κάνετε κακό σε κανέναν. Μην κρίνετε τους άλλους. Μη μισείτε κανέναν, να αγαπάτε τους πάντες· να βλέπετε τον Χριστό σε

---

[6] Κατά Λουκά ΚΓ:34.

[7] Μπάγκαβαντ Γκίτα VI:29.

όλους. Ό,τι ευλογίες έχετε, να επιθυμείτε να τις έχουν όλοι. Τα πράγματα που έχετε στην ιδιοκτησία σας δεν είναι πραγματικά δικά σας· σας δόθηκαν για να τα χρησιμοποιείτε προσωρινά. Όταν έρθει ο θάνατος θα σας αφαιρεθούν. Εξαλείψτε τη συνειδητότητα της ιδιοκτησίας. Να μοιράζεστε τα υπάρχοντά σας με όλους· τότε προσελκύετε με φυσικό τρόπο το καλό. Δώστε και θα λάβετε. Πολλές φορές βρέθηκα χωρίς δεκάρα, αλλά πάντα βασίζομαι στην Τράπεζα του Θεού· η ευημερία Του και η δύναμή Του είναι μαζί μου. Αυτή είναι η υπέρτατη ασφάλεια. Πρώτα πρέπει να προετοιμάσετε προσεκτικά τη συνειδητότητά σας για να φέρετε τον Χριστό στον ναό του σώματός σας. Μετά, όπου κι αν πηγαίνετε, ό,τι κι αν χρειάζεστε, ο οικουμενικός νόμος θα λειτουργεί για σας.

Να Αγαπάτε Όλες τις Χώρες και Όλες τις Φυλές

Να σκέφτεστε τα πάντα στα πλαίσια της οικουμενικότητας. Μην ενδιαφέρεστε μόνο για τη δική σας χώρα. Να αγαπάτε όλα τα έθνη. Η ανθρωπότητα δεν μπορεί να αντέξει τους πολέμους και τις διαμάχες μέσα της· θα πρέπει να υπάρξει μια κοινή προσπάθεια για την εδραίωση της συνειδητότητας της κατά Χριστόν αγάπης και ενότητας στην καρδιά όλων. Είναι ανόητο να δημιουργούνται διχόνοιες ανάμεσα σε εθνικότητες και φυλές και θρησκείες. Κάθε εκκλησία είναι μια εκκλησία του Θεού, κάθε μέρος προσκυνήματος είναι ένας ναός του Θεού και κάθε ανθρώπινο ον είναι ένα παιδί του Θεού. Αν πιστεύετε στον Χριστό και σε ό,τι αντιπροσώπευε, πώς μπορείτε να νιώθετε διαφορετικά;

Ο Χριστός πρέπει να προσκαλείται μέσω λατρευτικού διαλογισμού στον καθεδρικό ναό της εσωτερικής σιωπής. Η νεογέννητη κατά Χριστόν Συνειδητότητα πρέπει να αφυπνιστεί στο λίκνο κάθε καρδιάς. Γι' αυτό, αντί να θεωρήσετε αυτά τα Χριστούγεννα που έρχονται μόνο σαν μια ευκαιρία υλικής ευτυχίας, κάντε την καρδιά σας ένα λίκνο μέσα στο οποίο να μπορεί να γεννηθεί ο Χριστός.

Αν θέλετε πραγματικά να νιώσετε τον Χριστό και να τον γνωρίσετε, να διαλογίζεστε. Ο Χριστός είναι μέσα σας, και μπορείτε να συνειδητοποιήσετε αυτήν την αλήθεια χρησιμοποιώντας τις αρχαίες τεχνικές διαλογισμού της γιόγκα. Εκτός από τον βαθύ διαλογισμό δεν υπάρχει άλλο όργανο που να μπορεί να ανιχνεύσει την παρουσία αυτής της παντοδύναμης Χάρης μέσα σας. Ακινητοποιήστε το σώμα, αποσύρετε την ενέργεια από τους μυς στον εγκέφαλο, ηρεμήστε την καρδιά: ο Χριστός θα είναι εκεί· θα νιώσετε τη θεϊκή χαρά του Άπειρου Χριστού. Αν αυτή η χαρά λείπει, υπάρχει κάποιο πνευματικό πρόβλημα στον νου σας που πρέπει να ξεκαθαρίσετε. Κάντε την προσπάθεια.

Να έχετε μεγαλύτερο ζήλο! Ο Βούδας κάθισε οκτώ χρόνια κάτω από ένα δέντρο μπάνιαν μέχρι που έφτασε στην Οικουμενική Συνειδητότητα. Αυτή μπορεί να επιτευχθεί από οποιονδήποτε κάνει την προσπάθεια. Ο Βούδας, ο Χριστός, ο Κρίσνα, οι μεγάλοι προφήτες σε όλα τα μέρη και σε όλους τους αιώνες είχαν αυτή τη συνειδητότητα. Όλοι όσοι φιλοδοξούν να την επιτύχουν θα το καταφέρουν. Το Self-Realization Fellowship ήρθε για να δείξει τον τρόπο. Αυτή είναι η αληθινή Δευτέρα Παρουσία του Χριστού. Να απομονώνεστε το βράδυ και στη σιωπή να ακολουθείτε τις πνευματικές τεχνικές· να εξασκείστε στην *Κρίγια Γιόγκα*. Να διαλογίζεστε! Τι περιμένετε; Φέρτε τον Χριστό στο ιερό της συνειδητότητάς σας τώρα, ώστε να τον έχετε ακόμα κι όταν περάσετε απ' αυτόν τον κόσμο στον επόμενο. Μην καθυστερείτε άλλο, μαζί μ' αυτούς που ακόμα αναρωτιούνται: «Πού είναι τώρα ο Χριστός;».

Είθε να Έρθει η Δευτέρα Παρουσία Μέσα Σας

Είθε να έρθει η Δευτέρα Παρουσία μέσα στη συνειδητότητά σας! Αυτή είναι η ταπεινή προσευχή μου για σας σήμερα. Και δίνω αυτήν την ειδική ευλογία σε όλους σας, ώστε να νιώσετε την παρουσία του Χριστού αν διαλογιστείτε βαθιά κατά τη διάρκεια της περιόδου αυτών των Χριστουγέννων. Η αντίληψη του Χριστού στην καρδιά σας είναι το μεγαλύτερο δώρο που θα μπορούσα να σας δώσω. Πρέπει όμως να έχετε ανοιχτά χέρια για να το λάβετε – πρέπει να διαλογίζεστε.

Αυτές τις μέρες οι άγγελοι στον αιθέρα γιορτάζουν τα Χριστούγεννα. Εκείνη την πρώτη χριστουγεννιάτικη νύχτα ένα Άπειρο Φως φώτισε τη γη και κάθε χρόνο, αυτές τις ιερές μέρες, ο αιθέρας είναι γεμάτος απ' αυτό το Φως. Ο πραγματικός εορτασμός είναι να τιμάμε τον Χριστό με διαλογισμό. Είθε να σηματοδοτήσουμε την έναρξη μιας νέας εποχής στη γη γιορτάζοντας παντού τα πνευματικά Χριστούγεννα! Όπου κι αν πηγαίνετε, όσο ζείτε, να λέτε στους φίλους σας να περνούν μια μέρα σε διαλογισμό κατά τη διάρκεια της περιόδου των Χριστουγέννων. Τότε, μέσα στην καρδιά τους, η 25η Δεκεμβρίου θα είναι ημέρα πραγματικής γέννησης του Χριστού.

Ο Χριστός *είναι* η χαρά του διαλογισμού. Κατά τις ώρες της βαθύτατης σιωπής, είναι η δική του αντίληψη που νιώθετε. Και η ευχή μου για σας είναι να φέρνετε τον Χριστό στην καρδιά σας κάθε μέρα, κάθε ώρα. Να διαλογίζεστε όποτε μπορείτε. Να εξασκείστε στην *Κρίγια Γιόγκα*. Όποτε έχετε ελεύθερο χρόνο και μπορείτε να είστε ήρεμοι, να διαλογίζεστε. Ο Ιησούς είπε ότι θα έστελνε τον Παράκλητο – το Άγιο Πνεύμα. Όταν συντονίζεστε με τη δόνησή του –το *Ομ* ή Αμήν– νιώθετε μεγάλη χαρά, τη μακαριότητα του Θεού ως πανταχού παρούσα κατά Χριστόν Συνειδητότητα.

Η αιώνια συνειδητότητα πίσω απ' όλη τη δημιουργία είναι αυτή του Θεού του Πατέρα. Ο Υιός ή κατά Χριστόν Νοημοσύνη (η *Κουτάστα Τσαϊτάνια* ή κατά Κρίσνα Συνειδητότητα της Ινδίας) είναι κρυμμένος στη μήτρα της Μητέρας Φύσης, του Αγίου Πνεύματος, της αόρατης δημιουργικής δύναμης του *Ομ*. Κάθε φορά που η συνειδητότητά σας είναι συντονισμένη με τη θεϊκή συνειδητοποίηση, ο Χριστός θα ξαναγεννιέται στο λίκνο των αφυπνισμένων αντιλήψεων της ψυχής σας. Βγαίνοντας από τα μυστικά χρώματα της Φύσης, ο πανταχού παρών Χριστός σάς αποκαλύπτει τα θαύματα της άπειρης αγάπης και σοφίας.

Διαδώστε αυτό το μήνυμα της συνειδητοποίησης του Χριστού, της αληθινής Δευτέρας Παρουσίας. Όπου πηγαίνουμε θα ιδρύουμε ναούς του Θεού – όχι οικοδομήματα από πέτρες, αλλά ζωντανούς ναούς συνειδητοποίησης στις ψυχές των ανθρώπων.

Αυτή τη στιγμή αντιλαμβάνομαι το φως του Άπειρου Χριστού, το φως του Αιώνιου Πνεύματος. Σ' αυτό το φως σάς ευλογώ και σας βαφτίζω. Είθε η ζωή σας, αφυπνισμένη για πάντα στην κατά Χριστόν Συνειδητότητα, να είναι ένας αληθινός αγγελιαφόρος αυτού του Φωτός.

«Κύριε, προσευχόμαστε να εκδηλωθεί στον νου όλων η Οικουμενική Συνειδητότητα του Χριστού. Ουράνιε Πατέρα, κάνε μας ένα μ' Εσένα. Κάνε την καρδιά κάθε μέλους του Self-Realization Fellowship και κάθε μέλους του παγκόσμιου σπιτιού μας και κάθε ζωντανού πλάσματος σε όλους τους πλανήτες να είναι ένα τέλειο λίκνο για την κατά Χριστόν Συνειδητότητα. Είθε η ουράνια χαρά που έρχεται με την επίγνωση για Σένα να αφυπνιστεί στις καρδιές όλων των αδελφών μας. Ω Χριστέ, κάνε μας διαμάντια πνευματικότητας που να ακτινοβολούν στο κόσμημα της Ύπαρξής σου!».

Ποια Είναι η Αληθινή Ισότητα των Ανθρώπων;

Περίπου το 1938

Η αλήθεια δεν είναι ούτε ανατολική ούτε δυτική – είναι αναφαίρετο κτήμα κάθε ψυχής που αναπνέει. Παρόμοια, η αληθινή ισότητα του ανθρώπου δεν έγκειται στην κοινωνική ή την πολιτική ή την οικονομική ισότητα που οι άνθρωποι λανθασμένα φαντάζονται ότι θα έρθει μια μέρα, αλλά στην ισότητα κάθε ψυχής ενώπιον του Θεού και στο ίσο δικαίωμά τους να Τον ψάξουν και να Τον γνωρίσουν.

Χωρίς νοημοσύνη είναι αδύνατον να γίνει κάτι σωστά κατανοητό. Τα πάντα πρέπει να κρίνονται έξυπνα σύμφωνα με την αξία τους και όχι σύμφωνα με αβάσιμες διαβεβαιώσεις της γνώμης των άλλων. Αν κάποιος δεν κάνει την προσπάθεια να ανακαλύψει την αλήθεια κάτω από κάθε περίπλοκο πέπλο, τότε δεν θα μπορεί ποτέ να γνωρίσει ούτε καν την ίδια του την πραγματική φύση και θα παραμείνει παιχνίδι εξωτερικών δυνάμεων και σκλάβος των περιστάσεων. Η περιφρόνηση για οτιδήποτε, χωρίς έρευνα, είναι ένδειξη ανθρώπου που βρίσκεται σε πλάνη και θα περιέλθει σε δυστυχία.

Ένας όρος των ανατολικών διδασκαλιών που θα πρέπει να τονιστεί είναι ότι οι φωτισμένες οδηγίες μπορούν να κατανοηθούν πλήρως μόνο όταν κάποιος τις κάνει πράξη τακτικά στην καθημερινή του ζωή, αφού πρώτα τις λάβει από έναν αληθινό γκουρού, κάποιον που να έχει πραγματικά συνειδητοποιήσει τον Θεό. Το θαυμαστό φως της αλήθειας που οδηγεί από τον σκοτεινό κόσμο της ύλης στις ουράνιες δυνάμεις της θεότητας ούτε χαρίζεται τυχαία ούτε μπορεί κανείς να το κατακτήσει χωρίς κόπο· και καμιά προσπάθεια δεν θα πρέπει να θεωρείται πολύ δύσκολη όταν γίνεται για να βρει κάποιος αυτό το φως και να το ακολουθήσει.

Όλες οι μεγάλες θρησκείες του κόσμου βασίζονται πάνω σε κοινές οικουμενικές αλήθειες, οι οποίες ενισχύουν παρά αντιμάχονται η μια την άλλη. Πρακτικά όλες οι μορφές θρησκείας και τα βασικά συστήματα φιλοσοφίας, παντού, έχουν πάρει έμπνευση από αρχαίες Γραφές. Κάθε σύγχρονο πνευματικό μήνυμα με οποιασδήποτε δύναμη ή ικμάδα είναι μια εκ νέου δήλωση, σε νέα μορφή, των αληθειών που διακηρύχθηκαν αιώνες πριν από τους αγίους της Ινδίας που γνώριζαν τον Θεό. Αυτοί οι φωτισμένοι *ρίσι* αφιερώθηκαν αποκλειστικά στη διερεύνηση των πνευματικών νόμων και στις ουράνιες δυνατότητες του ανθρώπου, καθώς και στον καθορισμό τρόπων πειθαρχίας κατάλληλων για κάθε ανθρώπινο ψυχισμό που ο άνθρωπος θα ακολουθούσε για να ανασύρει τη θεϊκή φύση της ψυχής του και να αποκτήσει μια αμοιβαία αρμονία με τις οικουμενικές δυνάμεις του σύμπαντος.

Η ανθρωπότητα έχει μόνο έναν πραγματικό εχθρό – την άγνοια. Ας εργαστούμε όλοι μαζί για την εξάλειψή της, βοηθώντας και ενθαρρύνοντας ο ένας τον άλλον σ' αυτόν τον αγώνα. Απελευθερωμένες από την άγνοια, όλες οι ψυχές στέκονται με ίση μακαριότητα μπροστά στον Ένα Πατέρα-Μητέρα-Φίλο-Αγαπημένο Θεό μας.

Η Ανάγκη για Οικουμενικές Θρησκευτικές Αρχές

Απαντήσεις σε Ερωτήσεις Ενός Αναζητητή της Αλήθειας

Οι ερωτήσεις που ακολουθούν τέθηκαν στον Παραμαχάνσα Γιογκανάντα το 1951 από τον Καθηγητή Bhagwat S. Upadhyaya του Πανεπιστημίου Rajputana της Πολιτείας Ρατζαστάν (Rajasthan), διακεκριμένου συγγραφέα και ιστορικού του πολιτισμού της Ινδίας. Ο καθηγητής συναντήθηκε με τον Παραμαχάνσατζι στην έδρα του Self-Realization Fellowship στο Λος Άντζελες.

Παραμαχάνσατζι, ανήκετε σε κάποιο συγκεκριμένο πνευματικό τάγμα;

Ναι, στο αρχαίο Τάγμα των Σουάμι της Ινδίας, που αναδιοργανώθηκε πριν από αιώνες στη σημερινή του μορφή από τον Σουάμι Σάνκαρα (Swami Shankara), Άντι Σανκαρατσάρια (Adi Shankaracharya). Ανήκω στον κλάδο Γκιρί («βουνό»), μια από τις δέκα υποδιαιρέσεις του Τάγματος, όπως και ο γκουρού μου, ο Σουάμι Σρι Γιουκτέσβαρ, από τον οποίο και έλαβα τη μύηση.

Είστε ένας άνθρωπος της θρησκείας· δεν νομίζετε όμως ότι η θρησκεία υπήρξε αιτία διαίρεσης, αιματοχυσίας και κακού στον κόσμο;

Η ύπαρξη της απομίμησης του χρυσού δεν μειώνει την αξία του καθαρού χρυσού. Παρόμοια, η κίβδηλη θρησκεία δεν μειώνει την αξία της αληθινής θρησκείας. Εκείνοι που κάνουν κατάχρηση της δύναμης της θρησκείας ή που μονάχα προσποιούνται ότι ακολουθούν τους θρησκευτικούς κανόνες για δικό τους όφελος, γίνονται υποκριτές και μερικές φορές δρουν με φαυλότητα· είναι οι αχρείοι, δεν αντιπροσωπεύουν τη θρησκεία. Εκείνοι που είναι υποδείγματα της αληθινής θρησκείας ή του *ντάρμα*[1] είναι μια πηγή εξύψωσης για τον κόσμο· και

---

[1] Βλ. γλωσσάριο.

Η Ανάγκη για Οικουμενικές Θρησκευτικές Αρχές

οι ίδιοι ελευθερώνονται για πάντα από τη θλίψη. Η αληθινή θρησκεία συνίσταται σ' εκείνες τις αρχές βάσει των οποίων το σώμα, ο νους και η ψυχή μπορούν να ενωθούν με τον Θεό. Η θρησκεία είναι τελικά ο μόνος σωτήρας που μπορεί να σώσει τον άνθρωπο απ' όλα τα δεινά της γης.

Είναι η θρησκεία καθ' εαυτήν πραγματικά αναγκαία για την εξύψωση του ανθρώπου; Όταν κάποιος προσχωρεί σε κάποια συγκεκριμένη πίστη ή θρησκευτικό τάγμα, δεν περιορίζεται, δημιουργώντας έτσι φραγμούς μεταξύ του ίδιου και εκείνων που ακολουθούν άλλες θρησκείες;

Οι δογματικές θρησκείες είναι παρακαμπτήριες οδοί, μερικές φορές τυφλά σοκάκια που δεν οδηγούν πουθενά· ακόμα κι έτσι όμως, μια αρκετά καλή δογματική θρησκεία μπορεί να οδηγήσει τον ειλικρινή αναζητητή στη λεωφόρο της αληθινής θρησκείας, η οποία με τη σειρά της οδηγεί στον Θεό. Αυτή η λεωφόρος είναι η γιόγκα, η επιστημονική διαδικασία με την οποία κάθε ψυχή ενώνεται και πάλι με το Πνεύμα. Στην Μπάγκαβαντ Γκίτα η γιόγκα ανακηρύσσεται ως ανώτερη όλων των άλλων ατραπών – ανώτερη απ' αυτές της αφοσίωσης, της σοφίας και της σωστής δράσης. Η Γιόγκα είναι η επιστήμη που εξηγεί πώς ο άνθρωπος κατήλθε από το Πνεύμα στο επίπεδο της σάρκας και ταυτίστηκε με το σώμα, τις αισθήσεις και τα υλικά αποκτήματα· και πώς μπορεί να ανέλθει ξανά στον Θεό. Η εμπειρία ή συνειδητοποίηση της αλήθειας που έρχεται με την εξάσκηση στη γιόγκα αποδεικνύει την ενότητα όλων των θρησκειών, που διαπιστώνεται από την αντίληψη του κοινού τους παρονομαστή – του Θεού.

Θα πρέπει η θρησκεία να παίρνει τη μορφή μιας οργανωμένης οντότητας, όπως ο Βουδισμός ή ο Χριστιανισμός, ή θα ήταν καλύτερο να αποτελεί μια ατομική διαισθητική πίστη;

Η οργανωμένη θρησκεία είναι η κυψέλη· η συνειδητοποίηση είναι το μέλι. Και τα δύο είναι αναγκαία. Συχνά όμως συμβαίνει η οργανωμένη θρησκεία να επικεντρώνει το ενδιαφέρον της σε εξωτερικά δόγματα και σε τελετουργικά θέματα, και τότε μετατρέπεται σε μια δογματική άδεια κυψέλη. Στο άλλο άκρο, κάποιοι γιόγκι στα Ιμαλάια συγκεντρώνουν το μέλι της συνειδητοποίησης του Θεού στην καρδιά τους χωρίς να παρέχουν κυψέλες οργανωμένης θρησκείας μέσα από τις οποίες οι άλλοι να μπορούν να μοιραστούν αυτό το θείο νέκταρ. Αυτό είναι ιδιοτελές. Αν η οργανωμένη θρησκεία υποστηρίζεται από μεγάλους σοφούς, κάνει πολύ καλό στον κόσμο. Αν προωθείται μόνο από εγωιστικά και μισαλλόδοξα άτομα ή εμπορευματοποιείται, τότε το καλό που προσφέρει είναι λίγο και συχνά προκαλεί πολύ κακό στους ανθρώπους γενικά.

Αν η πίστη είναι διαισθητική, γιατί να χρειάζεται ένας γκουρού;

Ο Θεός δεν μιλά ανοιχτά στους αρχάριους πνευματικούς αναζητητές· η διαίσθησή τους δεν είναι ακόμα αναπτυγμένη κι έτσι η εσωτερική καθοδήγηση δεν είναι αλάνθαστη. Γι' αυτό ο Θεός καθοδηγεί μέσω των οδηγιών ενός γκουρού ο οποίος βρίσκεται σε κοινωνία μαζί Του. Ο Δάσκαλος πρέπει να είναι θεϊκά συντονισμένος, αλλιώς «ο τυφλός οδηγεί τον τυφλό».

Η θρησκεία δεν παίρνει τη μορφή δόγματος από τη στιγμή που θα οργανωθεί και θα περιβληθεί με σύμβολα και κανόνες συμπεριφοράς;

Όπως το καρύδι είναι κρυμμένο μέσα στο τσόφλι, έτσι και η αληθινή θρησκεία είναι κρυμμένη μέσα στις δογματικές τυπικότητες που διαστρεβλώνουν την αλήθεια. Όπως όμως ένα καρυδότσουφλο μπορεί να ανοιχτεί μ' έναν καρυοθραύστη και ο καρπός να βρεθεί στο εσωτερικό του, έτσι και οι αληθινοί πνευματικοί αναζητητές, με τον καρυοθραύστη του διαισθητικού διαλογισμού πάνω σε θρησκευτικά ιδεώδη, μπορούν να σπάσουν το δογματικό κέλυφος και να βρουν την εσωτερική κρυμμένη αλήθεια. Η κουρούνα μπορεί να ραμφίζει μάταια το σκληρό κέλυφος ενός καρυδιού και να μη κατορθώσει ποτέ να φτάσει στον καρπό· παρόμοια, οι ρηχοί πνευματικοί αναζητητές είναι σαν να δαγκώνουν ανεπιτυχώς το δογματικό κέλυφος της θρησκείας χωρίς ποτέ να φτάνουν στον πυρήνα της αλήθειας.

Πιστεύετε ότι υπάρχει μια θεμελιώδης ενότητα όλων των θρησκειών. Αν είναι έτσι, γιατί υπάρχει ζήλεια και αντιπαλότητα μεταξύ των πιστών ενός δόγματος κι εκείνων που έχουν άλλες πεποιθήσεις;

Διαβάζουμε για τέτοιες αντιπαλότητες ακόμα και στις αρχαίες Γραφές. Οι μαθητές του μεγάλου θεού Σίβα τον εξυμνούν ως τον υπέρτατο· οι Βαϊσναβίτες (Vaishnavites) θεωρούν ότι ο Βισνού και οι ενσαρκώσεις του ως Ράμα ή Κρίσνα είναι οι υψηλότερες.[2] Οι πιστοί που είναι

---

[2] Βλ. *Μπραχμά-Βισνού-Σίβα* στο γλωσσάριο.

Η Ανάγκη για Οικουμενικές Θρησκευτικές Αρχές

εγκλωβισμένοι μέσα στις διαιρέσεις της θρησκείας δεν έχουν πλήρη συνειδητοποίηση αυτών των οποίων οι ζωές έχουν εμπνεύσει αληθινά μονοπάτια. Έχω πει πολλές φορές ότι αν ο Χριστός, ο Κρίσνα, ο Βούδας και άλλοι αληθινοί απεσταλμένοι του Θεού συναντιόντουσαν, δεν θα μάλωναν μεταξύ τους, αλλά θα έπιναν από το ίδιο και μοναδικό κύπελλο της θεϊκής κοινωνίας.

Οι ποικίλες απόψεις των πιστών μοιάζουν με την ιστορία που λέγεται στην Ινδία σχετικά με έξι τυφλούς αδελφούς που έπλεναν έναν ελέφαντα. Ο πρώτος αδελφός δήλωσε ότι ο ελέφαντας μοιάζει μ' έναν τεράστιο τοίχο· αυτός είχε πλύνει τα πλευρά του παχύδερμου. Ακούγοντάς το αυτό, ο δεύτερος αδελφός διαφώνησε, διαβεβαιώνοντας ότι ο ελέφαντας μοιάζει μ' έναν εύκαμπτο πάσσαλο μπαμπού· αυτός είχε πλύνει τη προβοσκίδα. Ο τρίτος αδελφός, σκεπτόμενος ότι τα δύο εκείνα αδέλφια ήταν ανόητα, επέμεινε ότι ο ελέφαντας μοιάζει με δύο φύλλα μπανάνας· αυτός είχε πλύνει τα αυτιά. Ακούγοντας αυτές τις παράλογες δηλώσεις, ο τέταρτος αδελφός τούς διόρθωσε, λέγοντας ότι ο ελέφαντας μοιάζει με μια τεράστια σαρκώδη οροφή υποβασταζόμενη από τέσσερις κολόνες· αυτός είχε πλύνει τα πόδια. Ο πέμπτος αδελφός γέλασε κοροϊδευτικά, επειδή για εκείνον ο ελέφαντας ήταν μόνο δύο κομμάτια από κόκκαλα· αυτός είχε πλύνει τους χαυλιόδοντες. Τότε ο έκτος αδελφός, θεωρώντας ότι όλοι οι άλλοι ήταν τρελοί, δήλωσε κατηγορηματικά ότι ο ελέφαντας ήταν μόνο ένα κομμάτι σκοινί που κρεμόταν από τον ουρανό· αυτός είχε πλύνει την ουρά και, καθώς ήταν ο μικρότερος και κοντύτερος, δεν μπορούσε να φτάσει την άκρη της ουράς κι έτσι υπέθεσε ότι αυτή κατέβαινε από τις ουράνιες σφαίρες των θεών. Όταν άναψε ο καυγάς, ο πατέρας τους κατέφτασε και εξήγησε: «Όλοι έχετε δίκιο κι όλοι έχετε άδικο. Έχετε δίκιο γιατί περιγράψατε σωστά αυτό που βιώσατε, αλλά και άδικο επειδή ο καθένας από σας βίωσε μόνο ένα μέρος του όλου. Ο ελέφαντας είναι το άθροισμα όλων αυτών των μερών».

Η συνειδητότητα του ανθρώπου εξελίσσεται μέσα από ενσαρκώσεις και βαθμιαία βιώνει όλο και περισσότερο τον ωκεανό του νέκταρ της αλήθειας. Κάθε ένας μπορεί να απορροφήσει την αλήθεια μόνο στον βαθμό των ατομικών του εμπειριών. Αυτές οι διαφορές στην αντίληψη είναι οι αιτίες των διαφωνιών και των αμφισβητήσεων, με τον καθένα να βλέπει μόνο ένα τμήμα απ' όλη την αλήθεια. Μια ανταλλαγή διαφορετικών απόψεων είναι εποικοδομητική όταν γίνεται με ευθύτητα και σεβασμό· αλλά καταστροφική και καταλήγει σε φιλονικίες αν υπάρχει μισαλλοδοξία και φανατισμός.

Βρίσκετε ομοιότητες μεταξύ του Ινδουισμού και του Χριστιανισμού;

Θεωρώ ότι η Μπάγκαβαντ Γκίτα και η χριστιανική Βίβλος, ειδικά η Καινή Διαθήκη, είναι οι σπουδαιότερες απ' όλες τις Γραφές, γιατί και οι δύο υποδεικνύουν την ίδια λεωφόρο προς τον Θεό, τη γιόγκα. Η Μπάγκαβαντ Γκίτα διδάσκει: «Ο άνθρωπος της φώτισης είναι αυτός που βλέπει το Πνεύμα εξίσου μέσα σε όλους».[3] Και η Βίβλος λέει: «Δεν ξέρετε ότι είστε ναός του Θεού και το Πνεύμα του Θεού κατοικεί μέσα σας;».[4] Η Αποκάλυψη του Ιωάννη στη Βίβλο είναι μια αλληγορία των ίδιων αρχών της γιόγκα που παρατίθενται στην Γκίτα. Ο Γκουρού μου με έστειλε στη Δύση ειδικά για να δείξω ότι η λεωφόρος της γιόγκα προς τον Θεό βρίσκεται και στη Βίβλο και στην Μπάγκαβαντ Γκίτα.

Θεωρείτε ότι οι Αμερικανοί είναι θεοσεβείς; Μπορούν πραγματικά να έχουν πίστη στον Θεό, το άγνωστο Άπειρο, λαμβανομένης υπ' όψη της έμφασης που δίνουν στον υλικό τρόπο ζωής;

Βλέπω πως οι Αμερικανοί, οι οποίοι έχουν καταφέρει τα περισσότερα υλικά επιτεύγματα, τείνουν να αναζητούν περισσότερο τα πραγματικά πνευματικά ιδεώδη· ενώ σε μερικές ευρωπαϊκές και ασιατικές χώρες, εξαιτίας της πείνας, των ασθενειών και της έλλειψης των αναγκαίων υλικών αγαθών, οι άνθρωποι κλίνουν περισσότερο προς τον υλισμό.

Αντιλαμβάνονται πραγματικά οι άνθρωποι της Δύσης την ινδική φιλοσοφία που διδάσκετε; Τι ήταν αυτό που σας έκανε να επιλέξετε την Αμερική, απ' όλα τα άλλα μέρη, ως τη βάση των οργανωτικών δραστηριοτήτων σας;

Η γιόγκα είναι επιστημονική, και οι Αμερικανοί ανταποκρίνονται σε μια τέτοια προσέγγιση του Θεού. Έχουν ήδη άφθονο υλισμό και δογματισμό. Η Αμερική και άλλες χώρες της Δύσης είναι έτοιμες και γεμάτες επιθυμία για δοκιμασμένες μεθόδους που παρέχουν πρακτική εμπειρία του Θεού. Όταν συνάντησα τον Δάσκαλό μου στο Μπενάρες, μου είπε ότι το πεπρωμένο μου ήταν να δείξω στους ανθρώπους της Δύσης την ενότητα της θρησκείας τους μ' αυτήν της Ινδίας. Η

---

[3] «Βλέπει αληθινά αυτός που αντιλαμβάνεται τον Υπέρτατο Κύριο παρόντα εξίσου σε όλα τα όντα, τον Άφθαρτο ανάμεσα στα φθαρτά» (Μπάγκαβαντ Γκίτα XIII:27).

[4] Προς Κορινθίους Α' Γ:16.

Η Ανάγκη για Οικουμενικές Θρησκευτικές Αρχές

αποστολή μου στην Ινδία επίσης προοδεύει.

Προωθείτε το σύστημα της γιόγκα του Πατάντζαλι⁵ ή εκείνο της Μπάγκαβαντ Γκίτα;

Αν είχαμε χρόνο τώρα, θα μπορούσα να σας δείξω πως όλοι οι πολεμιστές που αναφέρονται στην Μπάγκαβαντ Γκίτα είναι αλληγορικές αναπαραστάσεις των ίδιων αρχών της γιόγκα που αναφέρονται στις *Γιόγκα Σούτρα* του Πατάντζαλι. Για παράδειγμα, οι δίδυμοι Πάνταβα, ο Νακούλα και ο Σαχαντέβα, αντιπροσωπεύουν τη *γιάμα* (τους καταφατικούς κανόνες, που επιτάσσουν) και τη *νιγιάμα* (τους αποφατικούς κανόνες, που απαγορεύουν). Ο Αρτζούνα αντιπροσωπεύει τον φλογερό αυτοέλεγχο. Ο Μπίμα αντιπροσωπεύει την *πραναγιάμα* (τον έλεγχο της ζωής και της αναπνοής) και ο Γιουντιστίρα («αυτός που είναι ήρεμος στη μάχη») αντιπροσωπεύει την ηρεμία ή διαισθητική διάκριση. Οι αντίπαλοι Κούρου, οι οποίοι έκλεψαν το βασίλειο από τους ενάρετους Πάνταβα, αντιπροσωπεύουν τις αρνητικές ιδιότητες και δυνάμεις που ο γιόγκι που προσδοκά τη λύτρωση πρέπει να υπερβεί. Οι αλήθειες της Γκίτα, έχοντας γραφτεί νωρίτερα, διασαφηνίστηκαν στις συνοπτικές *Σούτρα* του Πατάντζαλι. Το έργο του αποτελεί μια μεγαλειώδη μεστή περίληψη της επιστήμης της γιόγκα.⁶

Θεωρείτε ότι για την επίτευξη του Υπέρτατου Στόχου η Χάτα Γιόγκα παίζει σημαντικό ρόλο; Συνηγορείτε υπέρ των τεχνικών της Χάτα Γιόγκα;

Οι στάσεις της Χάτα Γιόγκα ή *άσανα* είναι πολύ ευεργετικές για νεαρούς ανθρώπους. Αν αρχίσουν σε νεαρή ηλικία, όταν μεγαλώσουν θα μπορούν να κάθονται σε μία στάση και να μπαίνουν σε βαθύ διαλογισμό για μεγάλο χρονικό διάστημα χωρίς να αισθάνονται σωματική δυσφορία ή ενόχληση. Ωστόσο οι ασκήσεις δεν μπορούν όλες να εκτελεστούν από τους περισσότερους ενήλικες, των οποίων τα σώματα έχουν χάσει πλέον την ευλυγισία τους. Οι άνθρωποι μεγαλύτερης ηλικίας που χωρίς περίσκεψη προσπαθούν να εφαρμόσουν τις *άσανα*

---

[5] Αρχαίος ερμηνευτής της Γιόγκα, του οποίου οι *Γιόγκα Σούτρα* περιγράφουν τις αρχές της ατραπού της γιόγκα. (Βλ. γλωσσάριο.)

[6] Τα προηγούμενα αναφερθέντα παραδείγματα αναπτύσσονται διεξοδικά από τον Παραμαχάνσατζι στον σχολιασμό του της Μπάγκαβαντ Γκίτα *God Talks With Arjuna* («Ο Θεός μιλά με τον Αρτζούνα»), στο κεφάλαιο 1.

μπορεί να βλάψουν τον εαυτό τους· κι αν προσπαθήσουν να διαλογιστούν σε μια δύσκολη και επώδυνη στάση, ο νους θα είναι στραμμένος περισσότερο στον πόνο παρά στον Θεό. Έτσι, όσον αφορά τις ίδιες τις *άσανα*, τις συνιστώ σε όσους είναι νέοι. Οι *άσανα* τους βοηθούν να παραμένουν εξαιρετικά νέοι και υγιείς, όπως φαίνεται στα αγόρια και τους νεαρούς μοναχούς και τις νεαρές μοναχές που μένουν στα άσραμ μας. Έχουν όμως διδαχθεί επιπλέον και την *Κρίγια Γιόγκα* για την επίτευξη κοινωνίας με τον Θεό. Η *Κρίγια Γιόγκα*, που παρουσιάστηκε στη σημερινή εποχή από τον Σρι Σιαματσαράν Λαχίρι Μαχασάγια (Sri Shyamacharan Lahiri Mahasaya), είναι η ανώτατη απ' όλες τις τεχνικές της *Ράτζα Γιόγκα*.[7] Μπορείτε να διαβάσετε για την *Κρίγια Γιόγκα*, την οποία έχω εξηγήσει με κάποιες λεπτομέρειες, στο βιβλίο μου *Αυτοβιογραφία Ενός Γιόγκι*.

Θεωρείτε ότι οι τεχνικές της Χάτα Γιόγκα αυτές καθ' εαυτές φέρνουν πνευματικές δυνάμεις και φώτιση;

Όχι· η *Χάτα Γιόγκα* μονάχα πειθαρχεί το σώμα και το διατηρεί υγιές και έτοιμο για πνευματική ανάπτυξη μέσω της *Ράτζα Γιόγκα*, του διαλογισμού για κοινωνία με τον Θεό.

Εγκρίνετε τα διάφορα τάγματα των σάκτα (saktas) και των ταντρίκα (tantrikas) (ή κάποια απ' αυτά);[8]

Αρχικά όλα είχαν κάτι καλό μέσα τους όταν γίνονταν σωστά κατανοητά στην αγνή μορφή των Γραφών· όπως όμως εφαρμόζονται σήμερα, κατά βάση είναι επιβλαβή, επειδή συστήνουν την εφαρμογή

---

[7] Η «βασιλική» ή η ανώτατη οδός για την ένωση με τον Θεό. (Βλ. γλωσσάριο.)

[8] Οι *Σάκτα* προσκυνούν τον Θεό στην όψη Του ως Σάκτι, της εκδηλωμένης ενέργειας ή δύναμης του Πνεύματος που είναι ενεργή στη δημιουργία. Οι *Τάντρικα* είναι εκείνοι που ακολουθούν τις διάφορες πρακτικές που περιγράφονται στις *Τάντρα*, μια από τις κύριες κατηγορίες των *σάστρα* ή Γραφών του Ινδουισμού.
Η *Τάντρα* έχει να κάνει κυρίως με τελετουργική λατρευτική διαδικασία, καθώς και με τη χρήση διάφορων μάντρα. Ο σκοπός είναι να επανενωθεί η ατομική ψυχή με το Πνεύμα, τον Δημιουργό, μέσω της απόκτησης γνώσης των δυνάμεων που βρίσκονται σε ενέργεια στη δημιουργία και της κυριαρχίας πάνω σ' αυτές. Οι Γραφές της παρουσιάζουν βαθυστόχαστες αλήθειες καλυμμένες με το πέπλο του λεπτομερούς εσωτεριστικού συμβολισμού· η *Τάντρα*, στην αγνή της μορφή, γίνεται κατανοητή μόνο από λίγους φωτισμένους. Υπήρξαν πολλά εκφυλισμένα παρακλάδια, συμπεριλαμβανομένων κι εκείνων των οποίων οι οπαδοί επιδιώκουν να αποκτήσουν εκπληκτικές δυνάμεις και εμπειρίες, καθώς και εκείνων που εσφαλμένα εφαρμόζουν διάφορες αισθησιακές πρακτικές.

αλλόκοτων μεθόδων που δεν είναι κατάλληλες για τον μέσο άνθρωπο. Μερικοί *ταντρίκα* που γνωρίζουν τις πνευματικές λέξεις-σπόρους, τα δονητικά μάντρα (mantras) βάσει των οποίων μπορούν να συντονίζουν τη συνειδητότητά τους έτσι ώστε να βλέπουν οράματα θεοτήτων (προσωποποιήσεις των θεϊκών δυνάμεων του Θεού) και με τον τρόπο αυτό τελικά επιτυγχάνουν την κοινωνία με τον Θεό, είναι πολύ καλοί· οι *ταντρίκα* όμως που επιδίδονται στο σεξ, το ποτό και σε άλλες διεφθαρμένες πρακτικές δεν είναι καλοί.[9]

Οι ταντρίκα λένε ότι αυτό που οδηγεί στη μακαριότητα δεν είναι η καταπίεση των αισθήσεων, αλλά η αποστροφή που επέρχεται λόγω του κορεσμού τους. Συμφωνείτε μ' αυτήν την άποψη;

Οι *ταντρίκα* δεν λένε αυτό. Ορισμένοι οπαδοί της *Τάντρα* προσπαθούν να αναπτύξουν αυτοκυριαρχία επιδιδόμενοι στο σεξ και στην κατανάλωση κρέατος και κρασιού, παραμένοντας εν τω μεταξύ εσωτερικά μη προσκολλημένοι στις πράξεις αυτές. Οι άνθρωποι που ενδίδουν ιδιαίτερα στις συνήθειές τους θα μπορούσαν να ωφεληθούν κάπως από τη βασική αρχή να εξασκούνται στη μετριοπάθεια και στον νοητικό έλεγχο. Οι γιόγκι όμως συνήθως καταδικάζουν αυτό το μονοπάτι γιατί οι περισσότεροι αναζητητές απλώς βρίσκουν σ' αυτό μια δικαιολογία για να ενδίδουν στα φαύλα ένστικτα και στους πόθους τους παρά για να αποκτήσουν αυτοέλεγχο.

Το μονοπάτι της εσωτερικής απάρνησης και του επιστημονικού διαλογισμού για επαφή με τον Θεό ως Μακαριότητα που συστήνεται από την Μπάγκαβαντ Γκίτα είναι το υπέρτατο μονοπάτι. Καθιστά ικανό ακόμα και τον αδύναμο αναζητητή της αλήθειας να αποσυρθεί από τις δελεαστικές σκηνές των αδυναμιών του και του δίνει μια γεύση της εσωτερικής θεϊκής Μακαριότητας, την οποία, συγκρίνοντάς την με τις υλικές απολαύσεις, θα τη βρει πολύ πιο ικανοποιητική απ' αυτές.

Υπάρχει πράγματι ένας Θεός, προσωπικός ή άπειρος, που δημιουργεί και καταστρέφει το σύμπαν; Μήπως ήταν ο άνθρωπος αυτός που δημιούργησε ένα τέτοιο Ον, κατά τη δική του εικόνα, εξαιτίας του φόβου

---

[9] Ο Παραμαχάνσατζι εδώ αναφέρεται στη *Βαματσάρα (Vamachara)*, τις «αριστερόχειρες» τελετουργίες που κηρύχθηκαν παράνομες στην Ινδία όταν κατέληξαν στη διαστροφή του ηδονισμού. (Η «Δεξιόχειρη» *Τάντρα* συστήνει την εξάσκηση πολλών μορφών συστηματικής γιόγκα και αυτοκυριαρχία.)

του και της απληστίας του, και όχι ο Θεϊκός Δημιουργός που έπλασε τον άνθρωπο κατ' εικόνα Του; Η παρουσία τόσου κακού και πόνου στον κόσμο φαίνεται να υποστηρίζει μια τέτοια άποψη.

Η θεώρηση του σύμπαντος από τον άνθρωπο είναι στρεβλά περιορισμένη από τα όρια του περιορισμένου νου του και των περιορισμένων αισθήσεών του. Έτσι, βλέπει τα αντικείμενα της δημιουργίας αλλά όχι την ουσία τους, ούτε τον Δημιουργό τους. Σε μια κινηματογραφική ταινία βλέπουμε τον κακούργο και τον ήρωα να προβάλλονται στην οθόνη από την ίδια ακτίνα φωτός. Ο κακούργος του κινηματογράφου δημιουργήθηκε για να αγαπήσουμε τον ήρωα και να εμπνευστούμε απ' αυτόν μέσω της αντίθεσης. Αναλύοντας την ταινία, το γεγονός ότι και ο κακούργος και ο ήρωας, καθώς και όλα τα γεγονότα που συμβαίνουν σ' αυτούς, δημιουργούνται από την ίδια θεμελιώδη αρχή, καταλαβαίνουμε ότι ποτέ δεν πληγώθηκε κανείς – τα πάντα ήταν μια απεικόνιση σκιάς και φωτός. Το ίδιο ισχύει και με την πάντα μεταβαλλόμενη κινηματογραφική ταινία της δημιουργίας του Θεού.

Οι σοφοί που συνειδητοποιούν την ενότητά τους με τον Θεό βλέπουν τη δημιουργία ως μια κινηματογραφική ταινία από δυνάμεις που εκπορεύονται απ' Αυτόν. Ο άνθρωπος, αν και δημιουργημένος κατ' εικόνα του Θεού (μια ψυχή που είναι ένα εξατομικευμένο τμήμα Του), έχει ταυτιστεί με τις σχετικότητες της σκιάς και του φωτός της συμπαντικής αυταπάτης ή *μάγια*. Όταν χρησιμοποιεί την ελεύθερη βούλησή του για να υιοθετήσει τη δραστηριότητα με την οποία θα ελευθερωθεί από την προσκόλληση στη *μάγια*, καταλαβαίνει την αληθινή φύση της δημιουργίας και του Δημιουργού της. Στην κατάσταση της αυταπάτης όμως, η συνειδητότητα του ανθρώπου σχετικά με τον Θεό είναι περιορισμένη ή διευρυμένη ανάλογα με τον βαθμό της αυταπάτης του. Ο πλήρως συνειδητοποιημένος άνθρωπος γνωρίζει τον Θεό ως πάντα υπάρχουσα, πάντα συνειδητή, πάντα ανανεούμενη Μακαριότητα· και ότι όλες οι αντίθετες ψευδαισθήσεις προέκυψαν απ' αυτήν τη μία Συμπαντική Συνειδητότητα που βρίσκεται πίσω από τα πάντα.

Ο Θεός δημιούργησε τα διάφορα είδη ικανοτήτων και δυνατοτήτων που λειτουργούν μέσα στον άνθρωπο και σε όλη τη δημιουργία, αλλά ο άνθρωπος, ως εξατομικευμένο τμήμα του Θεού, προικισμένος με ελεύθερη βούληση, απορροφάται από την αυταπάτη μέσω της κακής χρήσης αυτών των δυνατοτήτων. Μ' αυτόν τον τρόπο, αυτός ο ίδιος δημιουργεί τον καλό ή κακό ρόλο που παίζει στο συμπαντικό θεατρικό έργο κι έτσι

Η Ανάγκη για Οικουμενικές Θρησκευτικές Αρχές

επηρεάζει τη γενική κατεύθυνση των καλών ή κακών γεγονότων. Όταν ο άνθρωπος σταματά να ταυτίζει τον εαυτό του με το σώμα και την ύλη, μόνο τότε συνειδητοποιεί ότι είναι φτιαγμένος κατ' εικόνα του Θεού - όχι πιο πριν. Ο φωτισμένος άνθρωπος εργάζεται με τον Θεό για την ενδυνάμωση του καλού στον κόσμο και για τη θεϊκή εξύψωση των άλλων.

Είναι απαραίτητο να υπάρχει Θεός;

Δεν γίνεται να προέλθει κάτι από το τίποτα. Πρέπει να υπάρχει Κάτι που να είναι η αιτία και η πηγή της ύπαρξης. Αυτό το Κάτι είναι το Πνεύμα, η Αιώνια Συνειδητότητα, ο Θεός ο Πατέρας-Μητέρα της Δημιουργίας. Όπως τα κύματα του ωκεανού δεν μπορούν να υπάρξουν χωρίς τον ωκεανό, έτσι και οι ψυχές-κύματα, ή εξατομικευμένες εκφράσεις ύπαρξης, δεν θα μπορούσαν να υπάρχουν χωρίς τον ωκεανό της παρουσίας του Θεού. Όσο οι ψυχές-κύματα παίζουν με την καταιγίδα της αυταπάτης, υψώνονται από τη θάλασσα και συντρίβονται και διαλύονται. Αυτός είναι ο λόγος για τον οποίο είναι τόσο απαραίτητη η επιστροφή στα ήρεμα βάθη της ωκεάνιας αγκαλιάς του Θεού.

Τι είναι Μακαριότητα, η τελική απελευθέρωση; Ο άνθρωπος δεν γεννιέται μια φορά και η ατομικότητά του δεν χάνεται για πάντα με τον θάνατο;

Ο άνθρωπος ζει σ' ένα συγκεκριμένο σώμα και μ' ένα συγκεκριμένο όνομα μόνο μια φορά. Ποτέ δεν ενσαρκώνεται ξανά με την ίδια μορφή και την ίδια ταυτότητα. Ένα άτομο μπορεί να φορά ένα ρούχο για λίγο καιρό και μετά να το πετάξει και να μην το χρησιμοποιήσει ποτέ ξανά. Παρόμοια, η ψυχή φορά ένα διαφορετικό σώμα σε κάθε μια από τις πολλές ζωές, μέχρι, μέσω της μετενσάρκωσης και της πνευματικής εξέλιξης, να ανέλθει πίσω στο Πνεύμα. Έτσι, ζούμε μόνο μια φορά σαν κάποιο συγκεκριμένο πρόσωπο, αλλά η ψυχή, η αιώνια ύπαρξή μας, ζει σε πολλές μετενσαρκώσεις, κουβαλώντας μαζί της αθροιστικά τις προσωπικότητες και τις καρμικές ροπές των περασμένων ζωών της.

Ο νους ή συναίσθηση στον άνθρωπο υπόκειται στα εναλλασσόμενα κύματα που αναταράσσουν την ψυχή και την κρατούν χώρια από τον Θεό: το κύμα της θλίψης· το κύμα της ευχαρίστησης· και το κύμα της αδιαφορίας ή της ανίας. Όταν αυτά τα κύματα, που είναι δημιουργημένα από την καταιγίδα της αυταπάτης, διαλυθούν με τη γιόγκα, ο άνθρωπος βιώνει την αρνητική κατάσταση της γαλήνης, δηλαδή την απουσία αυτών των αναταράξεων. Με βαθύτερη εξάσκηση και διαλογισμό γιόγκα πηγαίνει πέρα από την κοιλάδα της γαλήνης και βιώνει τη θετική κατάσταση της πάντα ανανεούμενης Μακαριότητας. Η θλίψη, η ευχαρίστηση και η αδιαφορία είναι εφήμερες εμπειρίες της ενσαρκωμένης ψυχής· η κατάσταση της Μακαριότητας όμως είναι ένα ακέραιο τμήμα του Εαυτού και ως τέτοιο είναι αιώνια. Είναι πάντα ανανεούμενη· ποτέ δεν ξεθυμαίνει. Όταν έστω και μια φορά φτάσει σ' αυτή τη Μακαριότητα, ο άνθρωπος ποτέ ξανά δεν ψάχνει τίποτα άλλο. Όταν ταυτιστεί ξανά με την ψυχή του ως εξατομικευμένη πάντα υπάρχουσα, πάντα συνειδητή, πάντα ανανεούμενη Μακαριότητα, τότε συγχωνεύεται με την πάντα υπάρχουσα, πάντα συνειδητή, πάντα ανανεούμενη Μακαριότητα του Πνεύματος που διαποτίζει τα πάντα – ακριβώς όπως μια σταγόνα γυρίζει στη θάλασσα. Εντούτοις αυτή η ατομικότητα δεν χάνεται ποτέ· αυτό το τμήμα του Πνεύματος διατηρεί αιώνια τη «μνήμη» του σχετικά μ' αυτήν την εξατομικευμένη ύπαρξη.

Απ' ό,τι είδα από το έργο σας, καταλαβαίνω ότι έχετε μια καλή και αφοσιωμένη ομάδα που σας ακολουθεί. Καταβάλατε κάποια προσπάθεια για να τη δημιουργήσετε;

Ο μαγνήτης κάνει καμία προσπάθεια για να έλξει το σίδερο; Υπάρχει μια φυσική έλξη ανάλογη με τη συνάφεια που υπάρχει ανάμεσα στο σίδερο και τη δύναμη του μαγνήτη. Φυσικά το σίδερο πρέπει να είναι αρκετά κοντά στον μαγνήτη ώστε να έλκεται από αυτόν. Έτσι είναι και η σχέση μεταξύ γκουρού και μαθητή. Είναι θέμα δεκτικότητας του μαθητή και πνευματικής δύναμης του Δασκάλου να εμπνεύσει τον μαθητή και να τον τραβήξει προς τον Θεό.

Ο Ιησούς είπε: «Κανείς δεν μπορεί να έρθει προς εμένα, εάν δεν τον ελκύσει ο Πατέρας που με έστειλε».[10] Ο πάνσοφος Θεός φέρνει τους ρηχούς αναζητητές σε επαφή με κατώτερες διδασκαλίες και πνευματικά βιβλία· απ' αυτά αντλούν κάποιο όφελος, αντίστοιχο με τον βαθμό της πνευματικής τους επιθυμίας και κατανόησης. Οι πραγματικοί όμως αναζητητές έρχονται απ' Αυτόν σε επαφή με πλήρως φωτισμένους γκουρού που μπορούν να κοινωνούν με τον Θεό και να λειτουργούν σαν κανάλια διαβίβασης της θεϊκής καθοδήγησης. Είναι καθήκον τους να οδηγήσουν τον μαθητή στον Θεό. Έτσι, τελικά ο Θεός είναι που φέρνει κοντά τον

---

[10] Κατά Ιωάννη ΣΤ:44.

Η Ανάγκη για Οικουμενικές Θρησκευτικές Αρχές

γκουρού και τον μαθητή, αλλά υπάρχει επίσης και μια επιθυμία από την πλευρά τους να είναι μαζί. Μέσω ένθερμης πνευματικής λαχτάρας, ο μαθητής, ίσως χωρίς να το καταλαβαίνει στην αρχή, αναζητά τον γκουρού – κάποιον που να μπορεί να τον οδηγήσει στον Θεό. Και ο αληθινός γκουρού, όταν γνωρίζει διαισθητικά ότι ο μαθητής στάλθηκε από τον Θεό, προσπαθεί να τον τραβήξει κοντά του και τον βοηθά. Ο αληθινός μαθητής, όταν βρει έναν αληθινό γκουρού, έλκεται μαγνητικά προς αυτόν και τον αναγνωρίζει ως σταλμένο από τον Θεό. Αυτός είναι ο νόμος.

Ίσως θα συμφωνήσετε ότι ο κόσμος αντιμετωπίζει κρίση. Ποια είναι η αιτία της και ποια η λύση;

Όλα τα έθνη θα υποστούν την επίδραση των ανοδικών και των καθοδικών *γιούγκα*.[11] Η σημερινή παγκόσμια κρίση οφείλεται στην ανοδική πορεία της Ντουαπάρα Γιούγκα· για να γίνει ο κόσμος καλύτερος, το κακό πρέπει να εξαλειφθεί. Οι δυνάμεις της φαυλότητας θα προκαλέσουν την ίδια τους την καταστροφή, καθιστώντας έτσι σίγουρη την επιβίωση των δίκαιων εθνών. Η σύγκρουση του καλού με το φαύλο υπάρχει από την απαρχή της ιστορίας. Καθώς όμως ο κόσμος κινείται ανοδικά μέσω της Ντουαπάρα Γιούγκα, της ηλεκτρικής ή ατομικής εποχής, υπάρχει μεγαλύτερη δυνατότητα όχι μόνο για το καλό, αλλά και για καταστροφή, μέσω της κατάχρησης της τεχνολογίας απ' αυτούς που είναι άπληστοι και διψασμένοι για δύναμη. Υπό την επιρροή της Ντουαπάρα Γιούγκα η τεχνολογία οδηγεί ραγδαία τον γενικό πληθυσμό σε υψηλότερα επιτεύγματα. Αυτή η πρόοδος όμως δημιουργεί επίσης ένα μεγαλύτερο χάσμα μεταξύ αυτών που κατέχουν υλικά αγαθά και εκείνων που τα στερούνται. Αυτό υποδαυλίζει ζήλεια και κοινωνικά, οικονομικά και πολιτικά προβλήματα.

Θεωρείτε λοιπόν ότι ο Κομμουνισμός, με τη φιλοσοφία του της ισότητας και την πολιτική του της αναβάθμισης του κοινωνικού επιπέδου

---

[11] Οι ινδουιστικές Γραφές διδάσκουν ότι η γη περνά από επαναλαμβανόμενους κύκλους εξέλιξης και παρακμής. Αυτοί οι παγκόσμιοι κύκλοι αποτελούνται από 24.000 χρόνια ο καθένας και χωρίζονται σε τέσσερις *γιούγκα* ή εποχές – 12.000 χρόνια ανόδου μέσω αυτών των *γιούγκα* σε αυξανόμενη φώτιση και μετά 12.000 χρόνια καθόδου μέσω των *γιούγκα* σε αυξανόμενη άγνοια και υλισμό. Κάθε μισός κύκλος αποτελείται από την Κάλι Γιούγκα, τη σκοτεινή ή υλιστική εποχή· την Ντουαπάρα Γιούγκα, την ηλεκτρική ή ατομική εποχή· την Τρέτα Γιούγκα, τη νοητική εποχή· και τη Σάτυα Γιούγκα, την εποχή της αλήθειας ή φώτισης. (Βλ. *γιούγκα* στο γλωσσάριο.)

προς μια ομαλοποίηση, είναι ένα ανθρωπιστικό σύστημα και, ταυτόχρονα, αν θέλετε, καθησυχάζει και την έγνοια του Θεού όσον αφορά τις ανάγκες όλων των παιδιών Του;

Πιστεύω στην αδελφοσύνη των ανθρώπων που δημιουργείται με την αμοιβαία αγάπη και την κατανόηση και τη συνεργασία. Όλοι οι άξιοι στόχοι και τα ευγενή ιδανικά θα πρέπει να έρθουν στον κόσμο με πνευματικό παράδειγμα και καλές μεθόδους, όχι με ωμή βία και πόλεμο. Η πολιτική δύναμη χωρίς πνευματικές αρχές είναι επικίνδυνη. Λέγοντας «πνευματικές αρχές» δεν εννοώ τα δόγματα συγκεκριμένων θρησκειών –τα οποία μπορεί επίσης να διχάζουν– αλλά το *ντάρμα* ή οικουμενικές αρχές δικαιοσύνης που πρέπει να εφαρμοστούν για την ευημερία της ανθρωπότητας. Για την αναχαίτιση της εξάπλωσης του κακού, μερικές φορές ο δίκαιος πόλεμος είναι ακόμα και αναγκαίος. Δεν μπορείς να διδάξεις μη βία και συνεργασία σε μια άγρια τίγρη, γιατί θα σε σκοτώσει πριν καν προλάβεις να εκθέσεις τη φιλοσοφία σου. Μερικοί φαύλοι άνθρωποι παρόμοια δεν ανταποκρίνονται στη λογική. Οποιοιδήποτε στοιχηματίζουν σ' έναν επιθετικό πόλεμο, όπως ο Χίτλερ, θα χάσουν. Αυτοί που θα είναι αναγκασμένοι να πολεμήσουν σ' έναν δίκαιο πόλεμο εναντίον του κακού, θα κερδίσουν. Το αν ένας πόλεμος είναι δίκαιος ή όχι το κρίνει ο Θεός.

Πιστεύετε πως η Αμερική πρέπει να αλλάξει τον χαρακτήρα της;

Η Αμερική αντιπροσωπεύει την ανώτατη υλική ανάπτυξη, που είναι πολύ αναγκαία για τον κόσμο· η Ινδία αντιπροσωπεύει, μέσω των μεγάλων Δασκάλων και προφητών της, το ζενίθ της πνευματικής συνειδητοποίησης. Κατά την πορεία της εξέλιξης του πολιτισμού, ο Θεός προκάλεσε την ανάπτυξη αυτών των υποδειγμάτων για να δείξει ότι στη χρυσή τομή αυτών των δύο βρίσκεται ο ιδανικός πολιτισμός: μια ισορροπία ανάμεσα στον υλισμό και την πνευματικότητα. Όλος ο κόσμος χρειάζεται να υιοθετήσει κάποιες από τις πιο όμορφες όψεις της υλικής προόδου της Αμερικής, καθώς επίσης και τον πνευματικό ιδεαλισμό της Ινδίας. Η Αμερική ήδη ενστερνίζεται ένα μεγάλο μέρος του πνευματικού πολιτισμού της Ινδίας, όπως αυτό αποδεικνύεται από την εντυπωσιακή ανάπτυξη του Self-Realization Fellowship και από το ευρύτερο ενδιαφέρον για την ινδική σκέψη γενικότερα. Η Ινδία από την άλλη μεριά χρειάζεται σε μεγάλο βαθμό την επιστημονική κατασκευαστική γνώση της Αμερικής προκειμένου να πολεμήσει τις

Η Ανάγκη για Οικουμενικές Θρησκευτικές Αρχές

ασθένειες, τη φτώχεια και τον τοπικισμό, τα οποία αποτελούν μαύρες κηλίδες στην υπόληψη της υψηλής πνευματικής κληρονομιάς της. Η Ανατολή θα πρέπει να υιοθετήσει τις καλύτερες εποικοδομητικές μεθόδους της Δύσης και η Δύση θα πρέπει να ακολουθήσει την έμφαση που δίνει η Ανατολή στον Θεό ως τον υπέρτατο στόχο της ζωής.

Θα θέλατε να δώσετε ένα μήνυμα στον κόσμο;

Αδέλφια μου σε όλον τον κόσμο: Σας παρακαλώ να θυμάστε ότι ο Θεός είναι ο Πατέρας μας και ότι είναι Ένας. Είμαστε όλοι παιδιά Του και ως τέτοια θα πρέπει να υιοθετήσουμε εποικοδομητικά μέσα για να βοηθήσουμε ο ένας τον άλλον να γίνουμε ιδεώδεις πολίτες των Ηνωμένων Πολιτειών του Κόσμου στο υλικό, στο νοητικό, στο οικονομικό και στο πνευματικό επίπεδο. Αν σε μια κοινότητα χίλιων ανθρώπων κάθε άτομο προσπαθεί με αθέμιτη εκμετάλλευση, τσακωμούς και δικολαβίες να πλουτίσει σε βάρος των άλλων, τότε κάθε ένας θα έχει εννιακόσιους ενενήντα εννέα εχθρούς· ενώ αν ο κάθε ένας συνεργάζεται με τους άλλους –στο υλικό, το νοητικό, το οικονομικό και το πνευματικό επίπεδο– κάθε ένας θα έχει εννιακόσιους ενενήντα εννέα φίλους. Αν όλα τα έθνη βοηθούσαν το ένα το άλλο με αγάπη, ολόκληρη η γη θα βρισκόταν σε ειρήνη, με άφθονες ευκαιρίες για την προώθηση της ευημερίας όλων.

Ο άνθρωπος φαίνεται να ξεχνά την πνευματική του φύση και αντίθετα επιστρέφει στα πρωτόγονα ζωώδη ένστικτά του. Ο Θεός δημιούργησε τον άνθρωπο ως ένα δυνητικά πνευματικό ον· γι' αυτό, για όσο καιρό θα αφήνει να αναδύεται η ζωώδης φύση του, θα έχει προβλήματα, πολέμους, λιμούς, φτώχεια και ασθένειες. Όταν θα συνειδητοποιήσει την αναγκαιότητα της οικουμενικής αδελφοσύνης, θα δημιουργήσει έναν κόσμο με μεγάλη ευημερία και ευτυχία.

Είναι λυπηρό να βλέπει κάποιος αρχηγούς κρατών να καλλιεργούν ανείπωτη δυστυχία εξαιτίας της απληστίας και του μίσους αντί να συγκεντρώνονται όλοι μαζί με καλή πρόθεση και αρμονική διάθεση για την επίλυση των διαφορών τους. Εξαιτίας φιλόδοξων και φαύλων πολιτικών, η γη έχει υποστεί δύο παγκόσμιους πολέμους και αντιμετωπίζει την προοπτική μιας τρίτης παγκόσμιας σύρραξης. Αν τα χρήματα που ξοδεύτηκαν για την καταστροφή είχαν αντίθετα συγκεντρωθεί σ' ένα διεθνές ταμείο, θα μπορούσαν να εξαλείψουν τις φτωχογειτονιές του κόσμου, να εξαλείψουν την πείνα και να συνεισφέρουν σημαντικότατα στην πρόοδο της ιατρικής επιστήμης, προφέροντας στον κάθε άντρα, στην κάθε γυναίκα και στο κάθε παιδί μια καλύτερη ευκαιρία να ζήσουν μέσα στην ειρήνη μιας ζωής επικεντρωμένης στον Θεό.

Η ιστορία δείχνει ότι από την εμφάνιση του πολιτισμού, το μίσος και η ιδιοτέλεια του ανθρώπου έχουν δημιουργήσει αναρίθμητους πολέμους, με τη χιονοστιβάδα της δυστυχίας που αυτοί οι πόλεμοι επιφέρουν να διογκώνεται συνεχώς. Ένας τρίτος παγκόσμιος πόλεμος θα διόγκωνε αυτή τη χιονοστιβάδα μέχρι να παγώσει τελικά τη γη με δυστυχία, φτώχεια και θάνατο. Ο μόνος τρόπος να λειώσει η χιονοστιβάδα της δυστυχίας είναι μέσα από την αδελφοσύνη, την αγάπη και τον θεϊκό συντονισμό που έρχεται μέσα από τις μεθόδους διαλογισμού που οδηγούν στην ένωση με τον Θεό. Όταν η κάθε ψυχή ανυψωθεί πάνω από τις ευτελείς διχόνοιες σε αληθινή πνευματική κατανόηση, η παγκόσμια εξαθλίωση θα αναλωθεί από τη φωτιά της συνειδητοποίησης της οικουμενικότητας του Θεού και της αδελφοσύνης του ανθρώπου.

Διάφορα μέσα, όπως το ραδιόφωνο και η τηλεόραση και τα αεροπορικά ταξίδια, μας έχουν φέρει όλους τόσο κοντά όσο ποτέ άλλοτε. Θα πρέπει να μάθουμε ότι δεν μπορεί πλέον να είναι η Ασία για τους Ασιάτες, η Ευρώπη για τους Ευρωπαίους, η Αμερική για τους Αμερικανούς και ούτω καθ' εξής, αλλά να υπάρχουν οι Ηνωμένες Πολιτείες του Κόσμου υπό τον Θεό, στις οποίες η κάθε ανθρώπινη ύπαρξη να μπορεί να αποτελεί έναν ιδανικό πολίτη της υφηλίου, διαθέτοντας όλες τις ευκαιρίες για την τελειοποίηση του σώματος, του νου και της ψυχής.

Αυτό θα ήταν το μήνυμά μου, η έκκλησή μου, στον κόσμο.

Ο Μαχάτμα Γκάντι: Απόστολος της Ειρήνης

Το 1935 ο Παραμαχάνσατζι επισκέφθηκε τον Μαχάτμα Γκάντι στο ερημητήριό του στη Γουάρντα (Wardha), στην Ινδία. Τότε ο Μαχάτμα ζήτησε μύηση στην *Κρίγια Γιόγκα*. Δέκα χρόνια νωρίτερα ο Γκάντιτζι είχε επισκεφθεί το σχολείο του Παραμαχάνσατζι Yogoda Satsanga για αγόρια στο Ραντσί. Αφού εξέφρασε έντονο ενδιαφέρον για το ισορροπημένο σχολικό πρόγραμμα Yogoda, έγραψε ως φόρο τιμής ένα ευγενικό σχόλιο στο βιβλίο επισκεπτών.

Αυτή η ομιλία δόθηκε το 1948, σ' ένα δείπνο υπό την αιγίδα της Κινέζικης Πολιτιστικής Κοινότητας, στη μνήμη του Μαχάτμα Γκάντι και για την ελευθερία της Ινδίας και την ειρήνη. Σ' αυτήν την περίσταση, ομιλητές ήταν ο Παραμαχάνσατζι και ο Dr. Hugh E. MacBeth. Ακολουθούν τα κυριότερα σημεία της ομιλίας του Παραμαχάνσατζι ως έκφρασης εκτίμησης.

Δύο ειδών προφήτες έρχονται στον κόσμο. Υπάρχουν ποιοτικοί προφήτες που διαμορφώνουν τους πιστούς μαθητές τους σε μεγάλες ψυχές. Και υπάρχουν και ποσοτικοί προφήτες, που επηρεάζουν τις μάζες, έτσι ώστε μεγάλα πλήθη να εμπνέονται και να λαμβάνουν κάποιο βαθμό φώτισης από την παρουσία ενός τέτοιου Δασκάλου. Μερικοί Δάσκαλοι ανήκουν και στις δύο κατηγορίες· και με αυτά τα ποιοτικά και ποσοτικά κριτήρια μπορούμε να κρίνουμε όλους τους προφήτες του κόσμου.

Από την άποψη του ποιοτικού κριτηρίου, έχω συναντήσει πολλούς σπουδαίους Δασκάλους, όμοιους με τον Χριστό, με τους οποίους έχω ζήσει και για τους οποίους έχω γράψει στο βιβλίο μου, την *Αυτοβιογραφία Ενός Γιόγκι*. Από την άποψη όμως του ποσοτικού κριτηρίου, νομίζω ότι από την εποχή του Χριστού δεν υπήρξε ούτε ένας άνθρωπος του οποίου η ζωή και τα ιδανικά να έχουν επηρεάσει τις μάζες περισσότερο από του Μαχάτμα Γκάντι. Η διδασκαλία του Χριστού, ότι πρέπει να αγαπάμε τους εχθρούς μας, ποτέ δεν εκδηλώθηκε στην πράξη πιο περίτρανα στη σύγχρονη εποχή απ' όσο στη ζωή του Μαχάτμα Γκάντι.

Με τα συνηθισμένα πρότυπα θεωρούνταν πολύ απλός, αλλά όταν κοίταζες τα μάτια του μπορούσες να δεις την οικουμενικότητα της ψυχής του¹ - τότε ένα απέραντο πλήθος πνευματικών σκέψεων σε κατέκλυζε. Ήταν πανέξυπνος· ήταν χαρούμενος· είχε τεράστια πίστη στον Θεό. Αν και δεν διαμόρφωσε ποιοτικά ψυχές που να μοιάζουν στον Χριστό όπως έκαναν κάποιοι Δάσκαλοι στην Ινδία, ο Θεός τον έστειλε στον κόσμο ως προφήτη, ο οποίος για πρώτη φορά (αντίθετα με άλλους μεγάλους πνευματικούς ηγέτες του κόσμου) δεν επηρέασε μόνο την ομάδα που τον ακολουθούσε, αλλά επηρέασε τις μεγάλες μάζες του κόσμου σε πολιτικό επίπεδο - ακόμα και θερμόαιμους πολιτικούς που πάντα πίστευαν ότι η ωμή βία και η δύναμη μπορεί να νικήσει.

Η ωμή δύναμη καταστρέφει τον εαυτό της. Αρχικά, όταν οι άνθρωποι πολεμούσαν, ήταν γιατί η μία φατρία είχε περισσότερα από την άλλη, οπότε μάχονταν για να πάρουν την ιδιοκτησία της. Μ' αυτόν τον τρόπο, από τους προϊστορικούς χρόνους μέχρι την εποχή του Χριστιανισμού, το κάρμα χιλιάδων πολέμων συγκεντρώθηκε σαν χιονοστιβάδα και κατέληξε στον πρώτο Παγκόσμιο Πόλεμο. Και τι κατορθώθηκε μ' αυτόν; Μόνο περισσότερα προβλήματα, μεγαλύτερη καταστροφή. Ήρθε ο δεύτερος Παγκόσμιος Πόλεμος· και τώρα, αναλύοντας τα αποτελέσματα, δεν ευχόμαστε να ήταν ο κόσμος όπως ήταν πριν απ' αυτόν τον όλεθρο; Όπως είπαν ο Ιησούς Χριστός και ο Γκάντι: «Αν χρησιμοποιήσεις ξίφος, από ξίφος θα πεθάνεις».²

Η Χρησιμοποίηση της Πυρηνικής Ενέργειας από τον Άνθρωπο

Η χιονοστιβάδα του κακού κάρμα ολοένα και μεγαλώνει, και τώρα οι πολιτικοί μιλούν ξανά για πόλεμο! Γιατί; Θα έπρεπε να ξέρουν πολύ καλά ότι δεν θα είναι ασφαλείς -ούτε καν στον Λευκό Οίκο ή στο Κρεμλίνο- γιατί η ατομική βόμβα σκόρπισε παντού τον φόβο του αφανισμού, τόσο των στρατιωτών, όσο και του άμαχου πληθυσμού. Από την άλλη μεριά, βλέπουμε ότι ο Κύριος έδωσε στον άνθρωπο -μέσω των σπουδαίων επιστημόνων- τη χρήση της ατομικής ενέργειας· και γνωρίζουμε τώρα ότι η λανθάνουσα δύναμη που βρίσκεται μέσα σε λίγες σταγόνες νερού θα μπορούσε να εφοδιάσει το Σικάγο με τόση ενέργεια, ώστε η πόλη αυτή να έχει ηλεκτρικό ρεύμα για τρεις μέρες! Αν χρησιμοποιηθεί εποικοδομητικά, αυτή η πυρηνική ενέργεια θα

---

¹ «Σ' αυτούς που έχουν εξαλείψει την άγνοια μέσω της γνώσης του Εαυτού, η σοφία τους, σαν τον ήλιο που φωτίζει, κάνει τον Υπέρτατο Εαυτό να εκδηλώνεται» (Μπάγκαβαντ Γκίτα V:16).

² Παράφραση από το κατά Ματθαίο Ευαγγέλιο ΚΣΤ:52.

μπορούσε να φέρει τον παράδεισο στη γη. Θα μπορούσε να εξαλείψει όλες τις φτωχογειτονιές του κόσμου. Ο άνθρωπος δεν θα χρειαζόταν να εργάζεται πάνω από δύο ώρες την ημέρα. Θα πρέπει όμως πάντα να έχει υπ' όψη του ότι τίποτα δεν μπορεί να οδηγήσει σε εποικοδομητική χρήση της πυρηνικής δύναμης αν δεν συνειδητοποιήσει ότι δεν είναι κτήνος, ότι δεν έχει δικαίωμα να χρησιμοποιεί ωμή βία και ότι αντίθετα πρέπει να επικεντρωθεί στην αδελφοσύνη.

Μόνον η αδελφοσύνη, η ζεστασιά της, μπορεί να λιώσει την κολοσσιαία χιονοστιβάδα του κάρμα του πολέμου. Επομένως τώρα είναι η ώρα να κηρύξουμε την αδελφοσύνη. Όσο άσχημα κι αν νομίζετε ότι είναι τα πράγματα, μην αποθαρρύνεστε. Ξέρω ότι υπάρχει ένας Θεός που δίνει στα έθνη του κόσμου αυτό που είναι για το καλό τους. Θερίζουν τα καλά ή κακά αποτελέσματα ανάλογα με το κάρμα τους· και πολύ λίγοι συνειδητοποιούν ότι το καλό κάρμα της Αμερικής και το καλό κάρμα της Ινδίας βρίσκονται σε άνοδο. Να σας θυμίσω ότι καμία δύναμη στη γη δεν μπορεί να καταστρέψει τον ιδεαλισμό της Ινδίας και την πνευματική δημοκρατία της Αμερικής. Ξέρω ότι η ατομική βόμβα είναι πολύ κακό πράγμα· ξέρω όμως επίσης ότι είναι καλύτερα να βρίσκεται στα χέρια της Αμερικής παρά στα χέρια οποιουδήποτε άλλου. Εύχομαι και προσεύχομαι να μη χρησιμοποιήσει ποτέ ξανά η Αμερική την ατομική βόμβα και αντίθετα να εξαλείψει την ανάγκη για οποιαδήποτε βόμβα, σταματώντας έτσι τη διεύρυνση της χιονοστιβάδας του κακού κάρμα – του κάρμα του πολέμου– που καταστρέφει την αδελφική ζεστασιά του κόσμου. Αυτό μπορεί να γίνει μόνο με την αγάπη, με την πιστή τήρηση των αρχών που δίδαξαν ο Χριστός και ο Μαχάτμα Γκάντι.

Ο Θησαυρός του Γκάντι

Ο Μαχάτμα Γκάντι περιγελάστηκε από τους εχθρούς του, χλευάστηκε από αδαείς. Ζωγραφίστηκαν και πολλά σκίτσα για να τον γελοιοποιήσουν. Κι όμως, στη ζωή του έδειξε ότι το κακό ταξιδεύει μαζί με τον άνεμο, ενώ η Αλήθεια πηγαίνει κόντρα στον άνεμο. Αυτό το απέδειξε.

Κάποτε μιλούσα με μια ομάδα σπουδαστών που κατέκριναν τον Γκάντι γιατί δεν φρόντισε να εξασφαλίσει οικονομικά τη σύζυγο και τα παιδιά του με μετοχές ή ομόλογα· και ο γιος του ανακοίνωσε πρόσφατα: «Ο Πατέρας δεν μας άφησε τίποτα». Θα του γράψω το εξής: «Ο πατέρας σου άφησε σ' εσένα, σ' εμάς, σε όλα τα εκατομμύρια των ανθρώπων στην Ινδία και σε κάθε έθνος, τον πλούτο της πνευματικής αλήθειας που απέδειξε: ότι η πολιτική ελευθερία μπορεί να επιτευχθεί για τετρακόσια εκατομμύρια ανθρώπους, όχι με το σπαθί, ούτε καν με μία μοναδική σφαίρα, αλλά με τη δύναμη της αγάπης». Ο γιος του Μαχάτμα Γκάντι απέκτησε την ελευθερία του· όλη η Ινδία απέκτησε την ελευθερία της με πνευματικά μέσα μέσω του Γκάντι.

Ο Μαχάτμα Γκάντι άφησε σήμερα έναν πιο πλούσιο κόσμο, έναν κόσμο στον οποίο η πρακτική αξία αυτών των πνευματικών αρχών της αγάπης και της κατανόησης, που παλιότερα περιγελάστηκαν, αποδείχθηκε μεγαλύτερη και αποτελεσματικότερη από τα κανόνια.

Μια φορά, στη Βομβάη, οι ιθαγενείς στρατιώτες του ινδικού στρατού επαναστάτησαν και άρχισαν να πυροβολούν και να σκοτώνουν τους Άγγλους. Λέγεται ότι ο Τσώρτσιλ απείλησε ότι θα έστελνε στρατό για να βομβαρδίσει την Ινδία μέχρι να την αφανίσει. Τότε ο Μαχάτμα Γκάντι του έγραψε: «Δεν χρειάζεται να το κάνετε αυτό· εγώ θα τους σταματήσω». Και πήγε σ' αυτούς, μέσα στο πεδίο της μάχης, ανάμεσα στα πυρά. Σταμάτησαν να πυροβολούν και τους είπε: «Ειρήνη. Δεν πρόκειται να κερδίσετε την ελευθερία σας σκοτώνοντας μερικούς Άγγλους. Κατακτήστε τους με τη μεγαλύτερη δύναμη της αγάπης». Τήρησαν ειρήνη και τότε ο Μαχάτμα Γκάντι, με έκκλησή του, έκανε τους Βρετανούς να δηλώσουν ότι συγχωρούν τους ιθαγενείς αντάρτες.

Είχα προβλέψει ότι μετά τον πόλεμο η Ινδία θα ελευθερωνόταν· είχε γραφτεί στο περιοδικό μας, το *East-West*.[3] Με κορόιδεψαν γι' αυτό, καθώς και για το ότι δήλωσα ότι αυτός ο δεύτερος Παγκόσμιος Πόλεμος γινόταν για την ελευθερία της Ινδίας και όλων των καταδυναστευμένων εθνών. Εντούτοις αποδείχθηκε ότι ήταν αλήθεια. Η Ινδία ποτέ δεν θα απελευθερωνόταν χωρίς αυτόν τον πόλεμο. Αυτό τον πόλεμο δεν τον προκάλεσε ο Θεός· ο πόλεμος υπάρχει επειδή οι άνθρωποι πιστεύουν σ' αυτόν και δημιουργούν καρμικά αίτια. Ο Θεός δεν χρειάζεται ατομικές βόμβες και θαύματα για να καταστρέψει τον διάβολο. Οι διάβολοι αυτοκτονούν οι ίδιοι, χρησιμοποιώντας τη δύναμη με λάθος τρόπο. Βλέπουμε όμως ότι ο Μαχάτμα Γκάντι νίκησε εφαρμόζοντας κυριολεκτικά τις μεθόδους του Ιησού Χριστού.

Αντιμετωπίζοντας τον Θάνατο

Ποτέ, κανένας θρησκευτικός ή πολιτικός ηγέτης δεν τιμήθηκε τόσο πολύ κατά τον θάνατό του όσο ο Γκάντι. Σήμερα είναι ακόμα πιο

---

[3] Το 1948 ο Παραμαχάνσατζι μετονόμασε το περιοδικό σε *Self-Realization* (βλ. γλωσσάριο).

δυνατός απ' όσο ήταν πριν τον θάνατό του. Κράτησε τις δυνάμεις του και έδωσε το παράδειγμα της διδασκαλίας του μέχρι το τέλος. Μόλις μία εβδομάδα πριν από τον θάνατό του έγινε στόχος μιας βόμβας που παραλίγο να τον σκοτώσει, αλλά ζήτησε από τους οπαδούς του να μην αντιμετωπίσουν με σκληρότητα τους προδότες! Είπε ότι ο Θεός τον κρατούσε ζωντανό για να εργαστεί λίγο παραπάνω· και ότι όταν η εργασία του θα έφτανε στο τέλος της, ο Θεός θα τον έπαιρνε από τη ζωή. Τη νύχτα πριν τον θάνατό του είπε στην ανιψιά του: «Άμπα, Άμπα, φέρε τα σημαντικά γράμματα. Θα τα υπογράψω. Αύριο μπορεί να είναι πολύ αργά». Ήξερε ότι είχε έρθει η ώρα του.

Τέτοιος άνθρωπος είναι ο Γκάντι, που απελευθέρωσε την Ινδία, που αντιμετώπισε όλους τους στενόμυαλους πολιτικούς με τη μέθοδο της μη βίας και απέδειξε ότι είναι αποτελεσματική μέθοδος.

Ο Μαχάτμα Γκάντι ήταν σταλμένος από τον Θεό. Μπορεί να μην ήταν τόσο μεγάλος όσο ο Χριστός ή όσο οι Δάσκαλοι που γνώρισα, αλλά γνώριζε τον Θεό. Όταν τον πυροβόλησαν, ένα χαμόγελο πλανιόταν στα χείλη του και έκανε μια χειρονομία συγχώρεσης. Μ' αυτή τη χειρονομία, ο Γκάντι ζητούσε από τον Πατέρα να συγχωρήσει τον δολοφόνο του. Αυτό ήταν τόσο μεγαλειώδες όσο τα λόγια του Χριστού στον Σταυρό: «Πατέρα, συγχώρησέ τους γιατί δεν ξέρουν τι κάνουν».

Κι Όσον Αφορά το Μέλλον;

Ο Γκάντι ζει σήμερα μέσα στην καρδιά όλων των ανθρώπων και τους θυμίζει ότι η βία είναι ο νόμος των θηρίων. Διάφορα θηρία, σαν την οπλισμένη με τεράστια δόντια τίγρη, γέμισαν τη γη, αλλά δεν την *κυβέρνησαν*. Ο άνθρωπος, με ανώτερη διανοητική δύναμη, νίκησε τα μεγαλύτερα και πιο δυνατά απ' αυτόν πλάσματα, παρ' όλο που δεν ήταν εξοπλισμένος με πολυβόλα. Ο Πρόεδρος και ο Στάλιν θα πρέπει να θυμούνται ότι αν οι δυνατοί καταστρέψουν ο ένας τον άλλον, οι πράοι θα κληρονομήσουν τη γη. Οι πνευματικά πράοι ποτέ δεν θα καταστραφούν. Το όπλο τους είναι η μέθοδος του Χριστού: η αγάπη για τον εχθρό και η κατάκτηση του εχθρού με την αγάπη.

Αυτόν τον καιρό ο Θεός οδηγεί σε σύγκρουση τους ηγέτες του Κομμουνισμού, του Ιμπεριαλισμού, του Καπιταλισμού – όλων όσων λήγουν σε «-ισμός» που πιστεύουν στη δύναμη της βίας. Κάνω μια πρόβλεψη τώρα: *Ο κόσμος δεν οδεύει προς την καταστροφή*. Γι' αυτό μη φοβάστε. Να πιστεύετε στον Πατέρα σας. Θα σας προστατεύει αν θυμάστε τα ιδεώδη Του, αν έχετε πίστη σ' Αυτόν. Βρισκόμαστε σε ανοδική πορεία. Τα χίλια διακόσια χρόνια του υλιστικού κύκλου πέρασαν, καθώς επίσης και τριακόσια από τα δύο χιλιάδες τετρακόσια χρόνια της ατομικής εποχής. Μετά θα έρθει η νοητική και μετά η πνευματική εποχή.[4] Δεν οδεύουμε καθοδικά. Ό,τι κι αν γίνει, το Πνεύμα θα νικήσει. Αυτό το προβλέπω· όπως επίσης και ότι η δημοκρατία και η πρακτική υλική δύναμη της Αμερικής, συνδυασμένη με την πνευματική δύναμη της Ινδίας, θα επικρατήσει και θα κατακτήσει τον κόσμο. Όποιος χρησιμοποιήσει βόμβες παρακινούμενος από επιθετικότητα, θα σκοτωθεί από βόμβες· γνωρίζω όμως ότι στην καρδιά της Αμερικής και της Ινδίας δεν υπάρχει αγάπη για τη βία. Όπως ο Χίτλερ έπεσε παρ' όλη του τη δύναμη, έτσι και κάθε δικτάτορας, όπου κι αν βρίσκεται, θα νικηθεί. Αυτό το προβλέπω.

Σημείωση του Εκδότη

Τα ακόλουθα λόγια του Παραμαχάνσα Γιογκανάντα, που γράφτηκαν το 1951, περιγράφουν την άποψη του Δασκάλου σχετικά με τον πόλεμο:

Πόλεμοι επίθεσης και καταπίεσης είναι ειδεχθή εγκλήματα κατά της ανθρωπότητας, η οποία αποτελείται από παιδιά του Θεού που σύμφωνα με το κληρονομικό τους δικαίωμα γεννήθηκαν ελεύθερα. Ένας πόλεμος που γίνεται με τέτοια κίνητρα συνιστά άδικη πράξη από τον επιτιθέμενο και όταν υπερασπιζόμαστε τον εαυτό μας από τέτοιο κακό δεν πράττουμε άδικα. Η προστασία της πατρίδας και των αμάχων πολιτών της από τη φαυλότητα είναι δίκαιη πράξη. Η πνευματική δύναμη είναι η μεγαλύτερη ισχύς· θα πρέπει να είναι το προπύργιο κάθε μορφής αντίστασης και άμυνας. Πρώτα θα πρέπει να χρησιμοποιείται κάθε δυνατή πνευματική και ηθική δύναμη για την αντιμετώπιση της φαυλότητας· και να γίνεται σοβαρή προσπάθεια να αλλάξει η τάση του κόσμου προς τον πόλεμο και τη βία, απομακρύνοντας τις αιτίες που ενδυναμώνουν τη φαυλότητα – τη φτώχεια και την πείνα, την αρρώστια, την αδικία, την απληστία και τα ιδιοτελή συμφέροντα. Αν τελικά η φαύλη δύναμη πρέπει να αντιμετωπιστεί με τη δύναμη του καλού, η

---

[4] Βλ. *γιούγκα* στο γλωσσάριο.

Μπάγκαβαντ Γκίτα συμβουλεύει τον Κσάτριγια, τον στρατιώτη, να μη χάσει το σθένος του, αλλά να εκπληρώσει με γενναιότητα το καθήκον που του ανατέθηκε από τον Θεό.

Έθνη, Προσέξτε!

1937

Γιατί δημιουργείται πόνος και δυστυχία στον κόσμο; Όταν οι άνθρωποι σε όλη τη γη είναι ευτυχισμένοι και διαθέτουν ευημερία, είναι συντονισμένοι με τον Θεό και οι δονήσεις ολόκληρης της γης σε σχέση με τους πλανήτες είναι αρμονικές. Μόλις όμως το ένα έθνος αρχίζει να πολεμά με το άλλο ή ιδιοτελείς άπληστοι βιομήχανοι λυμαίνονται την ευημερία των άλλων για να τα έχουν όλα δικά τους, αρχίζει η ύφεση. Κι όταν αρχίσει η ύφεση σ' ένα μέρος, εξαπλώνεται παντού, εξαιτίας των δονήσεων που ταξιδεύουν μέσω του αιθέρα. Ο τελευταίος παγκόσμιος πόλεμος [ο πρώτος Παγκόσμιος Πόλεμος] δημιούργησε λανθασμένες δονήσεις, αρχικά στην Ευρώπη, οι οποίες μετά εξαπλώθηκαν σ' όλη τη γη· και όπου δεν υπήρξε πόλεμος, εμφανίστηκε γρίπη. Η φρικτή οδύνη των ανθρώπων που πέθαναν στον παγκόσμιο πόλεμο δημιούργησε τη λεπτοφυή αιτία της επιδημίας της ισπανικής γρίπης, που επακολούθησε αμέσως μετά τον πόλεμο και σκότωσε 20 εκατομμύρια ανθρώπους, ενώ από τον ίδιο τον πόλεμο σκοτώθηκαν μόνο 10 εκατομμύρια περίπου.

Με τον σημερινό εμφύλιο πόλεμο στην Ισπανία, πλέουν στον αιθέρα δονήσεις της μάχης μέχρι θανάτου χιλιάδων ανδρών, γυναικών και παιδιών – προκαλώντας πλημμύρες στην Αμερική, θύελλες στην Αγγλία και την Πορτογαλία και σεισμούς στην Ινδία. Γι' αυτό όλοι οι άνθρωποι του κόσμου, αντί να δημιουργούν περισσότερες συγκρούσεις και να εμπλέκονται σε πολέμους, θα πρέπει να κάνουν τα πάντα ώστε με ειρηνικά μέσα και με άρνηση εμπλοκής στη σύρραξη –για παράδειγμα με αποκλεισμό λιμένων ή συνόρων– να σταματούν τον πόλεμο.

Η δολοφονία χιλιάδων κατοίκων της Αιθιοπίας[1] (οι οποίοι δεν ήθελαν πόλεμο) και οι δονήσεις της αδικίας εναντίον τους έχουν διαταράξει την ισορροπία του κόσμου. Διότι κανείς, όταν διαταράσσει ένα μέρος του κόσμου, δεν μπορεί να αποφύγει τη διατάραξη μέσω των κυμάτων

---

[1] Αναφορά στην εισβολή της Ιταλίας στην Αιθιοπία το 1936.

του αιθέρα και άλλων μερών της γης. Αν υπάρχει ταραχή κάποιων ανθρώπων στο ένα τμήμα του σπιτιού, τότε ότι θα υπάρξει ταραχή σε ολόκληρο το σπιτικό. Μετά την κατάκτηση της Αιθιοπίας, η φρίκη του πολέμου που είχε μείνει σαν επακόλουθο του τελευταίου παγκόσμιου πολέμου εξαφανίστηκε. Πολλά έθνη ενθουσιάζονται πάλι με τους επιθετικούς πολέμους. Ο πόλεμος στην Αιθιοπία ήταν επιθετικός πόλεμος. Ο πόλεμος στην Ισπανία είναι επιθετικός πόλεμος. Σύμφωνα με την Κοινότητα των Εθνών ο επιθετικός πόλεμος δεν έχει βάσιμα ερείσματα. Αφού όμως ο κόσμος αψήφησε τη θεϊκή εντολή και τον θεϊκό νόμο να κηρύσσει παράνομους τους επιθετικούς πολέμους (κάτι που έπρεπε να είχαν μάθει από τον τελευταίο παγκόσμιο πόλεμο), οδηγείται πάλι προς τη δημιουργημένη από τον ίδιο και επηρεαζόμενη από τον Σατανά πιθανότητα ενός μεγαλύτερου πολέμου και μεγαλύτερης καταστροφής.

Η παγκόσμια οικονομική ύφεση προκλήθηκε από τις αμαρτίες του περασμένου πολέμου· και αν αρχίσει κι άλλος παγκόσμιος πόλεμος, θα υπάρξει μεγάλη πείνα στον κόσμο. Έτσι, τα έθνη της Ευρώπης είναι καλό να κάνουν ό,τι μπορούν για να αποτρέψουν κάθε πόλεμο.[2]

Ο Σωστός Πατριωτισμός

Ένα ακόμα θέμα: ο πατριωτισμός μπορεί να είναι φαύλος όταν υπεισέρχεται στις υποθέσεις άλλων κρατών. Όταν αντί να χρησιμοποιείται για να κρατήσει ακέραιη την ευημερία και την ευτυχία του έθνους του δημιουργεί διεθνείς περιπλοκές θέλοντας να διευρύνει την εδαφική του επιρροή, καταστρέφει το ίδιο του το εθνικό καλό – το ίδιο το ιδεώδες το οποίο προασπίζει. Εξάλλου, είναι ανόητοι οι πατριώτες που σκέφτονται ότι θα έχαναν εθνικά οφέλη ενστερνιζόμενοι τον διεθνή πατριωτισμό· διότι το διεθνές καλό περιλαμβάνει και το εθνικό καλό και γι' αυτόν τον λόγο το εθνικό καλό θα έπρεπε μερικώς να θυσιάζεται για το διεθνές καλό. Αν όμως το εθνικό καλό συνεπάγεται ζημία του διεθνούς καλού, εξουδετερώνει τον ίδιο τον σκοπό του. Η εθνική ιδιοτέλεια που αψηφά τη διεθνή ευημερία φέρνει και εθνική και διεθνή καταστροφή.

---

[2] Κατά τη δεκαετία του 1940 επαληθεύθηκαν τα προειδοποιητικά λόγια του Παραμαχάνσατζι. Κατά τη διάρκεια του δευτέρου Παγκοσμίου Πολέμου, καθώς και μετά απ' αυτόν, η τροφή ήταν λιγοστή για το μεγαλύτερο μέρος του πληθυσμού εξαιτίας των συνθηκών του πολέμου, της έλλειψης σοδειάς λόγω ασθενειών των φυτών, ανεπαρκούς άρδευσης, πλημμυρών και ακραίων καταιγίδων. Εκατομμύρια άνθρωποι, ειδικά στην Ευρώπη και την Ασία, λιμοκτονούσαν κατά τη διάρκεια αυτής της δεκαετίας.

Έθνη του κόσμου, προσέξτε! Χρησιμοποιήστε τον πατριωτισμό σας για να προστατεύσετε την πατρίδα σας και μείνετε μακριά από οποιοδήποτε άλλο έθνος υποστηρίζει την επιθετικότητα. Όλα τα έθνη θα πρέπει να ενωθούν και να μη συνεργάζονται με κανένα τρόπο με τα έθνη που θέλουν να κηρύξουν επιθετικούς πολέμους. Τα έθνη της γης πρέπει να συζητήσουν και να βρουν τρόπους να αμβλύνουν τις αιτίες των συμφορών που δημιουργεί η φύση και τα αποτελέσματά τους, όπως αρρώστιες, πλημμύρες, ανομβρίες, σεισμούς. Ο άνθρωπος δεν πρέπει να ενισχύει τις φυσικές καταστροφές με τις δημιουργημένες από τον ίδιο τραγωδίες της φτώχειας, των ελλείψεων, των βασάνων και του θανάτου από πολέμους που μπορούν να αποφευχθούν· διότι είναι φανερό ότι οι δημιουργημένες από τον ίδιο συμφορές και οι κακές δονήσεις που προκαλεί ο πόλεμος και η βιομηχανική ιδιοτέλεια φέρνουν και φυσικές συμφορές.[3] Η πολιτεία του Τέξας στην Αμερική θα μπορούσε να παράγει αρκετό σιτάρι και καλαμπόκι ώστε να προμηθεύσει ολόκληρο τον κόσμο· γιατί λοιπόν υπάρχουν στον κόσμο άνθρωποι που λιμοκτονούν σήμερα; Εξαιτίας της πολιτικής και βιομηχανικής ιδιοτέλειας του ανθρώπου, που είναι αντίθετη με τους θεϊκούς νόμους της συνεργασίας, της αμοιβαίας προσφοράς προς τον συνάνθρωπο και της σωστής μοιρασιάς της δοσμένης από τον Θεό ευημερίας ανάμεσα στα έθνη του κόσμου. Αν οι άνθρωποι ακολουθούσαν τους νόμους που διατύπωσε ο Χριστός: «Αγάπα τον πλησίον σου» και «Δώσε ό,τι έχεις», τότε δεν θα υπήρχε στη γη σήμερα το βάσανο της φτώχειας.

Οι πολιτικοί είναι τυφλωμένοι από τον πατριωτισμό τους, την ιδιοτέλεια και το πάθος τους για δόξα. Αγνοώντας τους θεϊκούς νόμους που όρισε ο Θεός και διακήρυξαν μεγάλοι άγιοι, φέρνουν μια χιονοστιβάδα δυστυχίας που θα σαρώσει τα έθνη της γης. Ακολουθήστε

---

[3] «Οι ξαφνικοί κατακλυσμοί που συμβαίνουν στη φύση δημιουργώντας όλεθρο και μαζικούς θανάτους δεν είναι "πράξεις του Θεού". Τέτοιες καταστροφές είναι αποτέλεσμα των σκέψεων και των πράξεων του ανθρώπου. Όποτε η δονητική ισορροπία του καλού και του κακού στον κόσμο διαταράσσεται από συσσώρευση επιβλαβών δονήσεων –το αποτέλεσμα των λανθασμένων σκέψεων και πράξεων του ανθρώπου– θα βλέπετε όλεθρο [...]

»Ο κόσμος θα συνεχίσει να υφίσταται πολέμους και φυσικές καταστροφές μέχρι όλοι οι άνθρωποι να διορθώσουν τις λανθασμένες πράξεις τους και τη λανθασμένη συμπεριφορά τους. [...] Όταν κυριαρχεί στη συνειδητότητα του ανθρώπου ο υλισμός, εκπέμπονται λεπτοφυείς αρνητικές ακτίνες· η αθροιστική τους δύναμη διαταράσσει την ηλεκτρική ισορροπία της φύσης και τότε είναι που έχουμε σεισμούς, πλημμύρες και άλλες καταστροφές. Ο Θεός δεν είναι υπεύθυνος γι' αυτές! Οι σκέψεις του ανθρώπου είναι αυτές που πρέπει πρώτα να ελεγχθούν πριν μπορέσει να τεθεί υπό έλεγχο η φύση». – Παραμαχάνσα Γιογκανάντα, στο *Η Αιώνια Αναζήτηση του Ανθρώπου* (Man's Eternal Quest)

Έθνη, Προσέξτε!

τις υποδείξεις των αγίων, που είναι αληθινά παιδιά του Θεού, κι όχι τις υποδείξεις του Σατανά. Ευχόμαστε κάθε αληθινό παιδί του Θεού, κάθε έθνους, να μη συνεργαστεί με τον Σατανά και τον πόλεμο και να εργαστεί με κάθε τρόπο για την εδραίωση εποικοδομητικής, διεθνούς ειρήνης και ευημερίας και πνευματικής ευτυχίας στο δικό του έθνος και σε όλα τα έθνη. Ας ξεριζώσουμε κάθε λανθασμένη αίσθηση απατηλού πατριωτισμού που φέρνει δυστυχία και ας εμφυσήσουμε σε κάθε πολίτη του κόσμου τον αληθινό διεθνή πατριωτισμό της αδελφοσύνης, της ειρήνης, της αμοιβαίας καλής θέλησης και της αμοιβαίας νοητικής, υγιεινολογικής, βιομηχανικής, κοινωνικής, επιστημονικής, φιλοσοφικής, ηθικής και πνευματικής προόδου και ευτυχίας.

Ένας Ενωμένος Κόσμος με Πρόεδρο τον Θεό

Περίληψη από μια ομιλία κατά τη διάρκεια των εγκαινίων της Αίθουσας της Ινδίας (India Hall), μιας από τις πολλές νέες κατασκευές που ολοκληρώθηκαν στον χώρο του Ναού του Self-Realization Fellowship στο Χόλυγουντ, 8 Απριλίου 1951

Είμαι πολύ ευτυχισμένος που είστε όλοι εδώ σήμερα. Εύχομαι το βάθρο να ήταν μεγαλύτερο, ώστε να μπορούσατε να βρίσκεστε εδώ πάνω μαζί μας όλοι όσοι βοηθήσατε στο να γίνει το Σπίτι της Ινδίας[1] πραγματικότητα. Είναι μια μέρα χαράς, που την οφείλουμε στα αγόρια μου [τους μοναχούς του Self-Realization Fellowship], που έχτισαν αυτό το μέρος. Εδώ οι άνθρωποι της Ανατολής και της Δύσης θα μπορούν να προβαίνουν σε πολιτισμικές συζητήσεις διανοητικών και φιλοσοφικών εμπειριών.

Σύμφωνα με την παράδοση της Ανατολής, θα διαλογιστούμε. Παρακαλώ καθίστε με ίσια τη σπονδυλική στήλη. Εκπνεύστε δύο φορές· μείνετε ήρεμοι. Μη συγκεντρώνεστε σε αναπνευστικές ή μυϊκές κινήσεις· χαλαρώστε εντελώς. Αποχαιρετήστε τον κόσμο των αισθήσεων –της όρασης, της ακοής, της όσφρησης, της γεύσης και της αφής– και πηγαίνετε μέσα σας, εκεί όπου εκφράζεται η ψυχή μας. Από το εργοστάσιο της ψυχής μας αναδύονται όλες οι εμπειρίες της εσωτερικής μας ζωής. Το σώμα δεν σημαίνει τίποτα όταν η ψυχή, η διάνοια και η ζωή φύγουν απ' αυτό. Γι' αυτό ας συγκεντρωθούμε σ' Εκείνο από το Οποίο αναδύεται η ύπαρξή μας: Γνωρίστε την ψυχή σας.

Διώξτε όλες τις αισθητήριες εντυπώσεις του σώματος· διώξτε όλες τις αεικίνητες σκέψεις. Αυτοσυγκεντρωθείτε στη σκέψη της γαλήνης και της χαράς. Πίσω από τα κλειστά μάτια βλέπετε μόνο σκοτάδι, μια

---

[1] Το όνομα μεταγενέστερα άλλαξε σε «Αίθουσα της Ινδίας» (India Hall), όταν ανακαλύφθηκε ότι το όνομα «Σπίτι της Ινδίας» το χρησιμοποιούσε ήδη από πριν μια εταιρεία στο Σαν Φρανσίσκο.

σφαίρα από σκοτάδι. Διευρύνετε αυτή τη σφαίρα από σκοτάδι μέχρι να περικλείσει αυτήν την αίθουσα. Συνεχίστε να τη διευρύνετε όλο και περισσότερο, μέχρι να εξαπλωθεί σε όλη την πόλη του Λος Άντζελες· στην αγαπημένη Αμερική και σε όλες τις πολιτείες της. Μέσα σ' αυτή τη σφαίρα δείτε όλο τον κόσμο να πλέει σαν φυσαλίδα. Τώρα οραματιστείτε ότι η διευρυνόμενη μπάλα τρεμοφέγγει μ' ένα αχνό φως και χαρά. Σ' αυτή τη φωτεινή χαρά, δείτε το πλανητικό σύστημα, τον γαλαξία, τα περιφερόμενα σύμπαντα και τους ωκεανούς των ηλεκτρονίων και πρωτονίων που τα περιβάλλουν – όλα πλέουν σ' αυτή τη μεγάλη σφαίρα φωτός και χαράς. Εσείς είστε αυτή η απεριόριστη μπάλα φωτός και χαράς. Διαβεβαιώστε στον εαυτό σας: «Μέσα μου οι κόσμοι είναι φυσαλίδες». Ας πούμε όλοι μαζί: «Μέσα μου οι κόσμοι είναι φυσαλίδες».

Διαλογιστείτε στη σκέψη ότι μέσα σ' αυτή τη μπάλα φωτός και χαράς βρίσκονται όλες οι εκκλησίες, οι ναοί, τα τεμένη· όλα τα έθνη της γης· όλοι οι κόσμοι του Θεού. Σ' αυτήν την οικουμενική συνειδητότητα, θέλουμε να μας καθοδηγήσει ο Θεός να ιδρύσουμε εδώ στη γη τις Ηνωμένες Πολιτείες του Κόσμου, μέσω αδελφοσύνης και ειρήνης, ώστε από εδώ και στο εξής να συνειδητοποιήσουμε ότι είμαστε ένα με τον Θεό, πλασμένοι κατ' εικόνα Του. Δεν είμαστε πια τα μικρά ανθρώπινα όντα που βλέπουμε με τα υλικά μάτια μας· το εσωτερικό μας μάτι της διαίσθησης είναι ανοιχτό.

«Ουράνιε Πατέρα, μ' αυτόν τον διαλογισμό ανακαλύπτουμε την πανταχού παρουσία Σου. Αν και μας έχει περιορίσει σ' αυτό το κλουβί του σώματος, εντούτοις, με κλειστά μάτια, βλέπουμε μέσα από το μάτι της διαίσθησης απεραντοσύνη πάνω, απεραντοσύνη κάτω, απεραντοσύνη αριστερά και δεξιά, παντού. Μέσα σ' αυτήν γνωρίζουμε ότι είμαστε πλασμένοι κατ' εικόνα Σου, όπως το συνειδητοποίησαν αυτό και ο Ιησούς Χριστός και οι μεγάλοι Δάσκαλοι».

Διευρύνετε την Αγάπη Σας σε Όλα τα Έθνη

Οι Μεγάλοι είναι τα πρότυπα. Αν και τα σώματά τους ήταν περασμένα, συνειδητοποίησαν μέσα τους ότι ήταν τμήματα του Άπειρου Ωκεανού· ότι όλες οι εξατομικευμένες μορφές είναι τα κύματα της Συμπαντικής Θάλασσας. Σ' αυτόν τον κόσμο οριοθετούμε τον εαυτό μας σε μια μικρή οικογένεια. Όταν αγαπάμε τον πλησίον μας, γινόμαστε μεγαλύτεροι. Όταν αγαπάμε την πατρίδα μας, γινόμαστε πιο μεγάλοι. Όταν αγαπάμε όλα τα έθνη, γινόμαστε ακόμα πιο μεγάλοι. Κι όταν είμαστε ένα με τον Θεό στο επέκεινα, ή με βαθύ διαλογισμό ενόσω είμαστε ακόμα εδώ μέσα στο σώμα, συνειδητοποιούμε αληθινά ότι ο Ωκεανός είναι το κύμα και το κύμα είναι ο Ωκεανός.

Αγαπώ την Ινδία γιατί εκεί ήταν που έμαθα να αγαπώ τον Θεό και όλα τα όμορφα πράγματα. Αυτήν την αγάπη όμως δεν την κρατώ μόνο για ένα έθνος, γιατί ολόκληρος αυτός ο κόσμος είναι η Ινδία μου τώρα. Αγαπώ την Αμερική όπως αγαπώ την Ινδία, γιατί είναι το δεύτερο σπίτι μου. Η Ινδία και η Αμερική αντιπροσωπεύουν το καλύτερο της Ανατολής και της Δύσης. Πιστεύω ότι μια πολιτισμική ανταλλαγή μεταξύ των ανθρώπων της Ινδίας και της Αμερικής θα φέρει μια λύση στα άλυτα προβλήματα του κόσμου· όλοι στην ανθρωπότητα θα γίνουν αληθινοί πολίτες της υφηλίου, με τις Ηνωμένες Πολιτείες του Κόσμου εδραιωμένες στην καρδιά τους και τον Θεό ως Πρόεδρο. Αυτή η δήλωση μπορεί να είναι ουτοπική, αλλά τι έχουν κάνει οι περισσότεροι πολιτικοί; Προκάλεσαν αλλεπάλληλους, συνεχείς πολέμους. Δεν έχω σύνορα. Ξέρω ότι ο Θεός είναι ο Πατέρας μας και ότι όλοι είμαστε παιδιά Του. Όλα τα έθνη ενώνονται με το αληθινό πνεύμα της Αμερικής και την αληθινή δημοκρατία, όπως στην Ινδία ενώνονται όλες οι θρησκείες.

Λίγο καιρό αφότου ήρθα στην Αμερική, ρώτησα έναν Ινδό σπουδαστή Κολλεγίου: «Ποια είναι η γνώμη σου για τους Αμερικανούς;». Προφανώς θεωρούσε τον εαυτό του πολύ ανώτερο απ' αυτούς, γιατί μου είπε: «Είναι σαν μικρά παιδιά». Του απάντησα: «Α, τότε θα τα πάω καλά μαζί τους, γιατί από τέτοια αποτελείται το βασίλειο του Θεού, όπως είπε ο Ιησούς».

Γίνετε «Εκατομμυριούχοι του Χαμόγελου»

Πιστεύω στην Αμερική γιατί ξέρω ότι δεν προκαλεί ούτε έναν πόλεμο από ιδιοτέλεια. Η Αμερική έχει δώσει πολλά σ' ολόκληρο τον κόσμο, με γενναιοδωρία. Το έχω παρακολουθήσει αυτό πολύ προσεκτικά. Όλα τα πράγματα που ήθελα να έχει η Ινδία, βλέπω πως τα έχουν οι Αμερικανοί. Πρόσεξα όμως και κάτι άλλο. Ακόμα και στα χωριά της Ινδίας όπου οι άνθρωποι ήταν πολύ φτωχοί, ίσως είχαν μόνο μια χούφτα ρύζι για να φάνε: αυτοί οι άνθρωποι χαμογελούσαν, ενώ πολλοί Αμερικανοί εκατομμυριούχοι δεν χαμογελούν. Καθώς κυκλοφορώ στους δρόμους της Αμερικής, βλέπω μέσα στις σκέψεις των ανθρώπων και το μόνο που βρίσκω είναι λογαριασμοί που στροβιλίζονται μέσα στο μυαλό τους: «Αν είχα λίγα περισσότερα δολάρια, θα ήμουν ευτυχισμένος». Τα χρήματα είναι απαραίτητα· δεν υπήρξε άγιος που να μην τα χρησιμοποίησε με κάποιον τρόπο για τις ανάγκες της ζωής ή για την ευημερία των άλλων. Τα χρήματα όμως από μόνα τους δεν είναι αρκετά. Συνάντησα πολλούς εκατομμυριούχους, αλλά είδα ότι δεν ήταν ευτυχισμένοι. Η ευτυχία έγκειται στο να γίνετε πρώτα «εκατομμυριούχοι του χαμόγελου». Παρά τις όποιες αντιξοότητες, πρέπει να προσπαθείτε να χαμογελάτε από μέσα σας. Αυτό θα σας κάνει καλό! Πρέπει να χαμογελάτε όχι μόνο όταν όλα πηγαίνουν καλά αλλά και όταν όλα πηγαίνουν άσχημα. Αυτό είναι που διδάσκει η Ανατολή. Κι αν δεν μπορείτε να χαμογελάσετε, να στέκεστε μπροστά στον καθρέφτη και να τραβάτε τις άκρες των χειλιών σας προς τα πάνω. Όταν ακούω: «Αχ, ήταν εκατομμυριούχος και πολύ επιτυχημένος επιχειρηματίας, αλλά πέθανε από καρδιακή προσβολή», θέλω να είμαι Ανατολίτης και να κάθομαι στην όχθη του Γάγγη να διαλογίζομαι. Όταν όμως βλέπω τη φτώχεια στην Ινδία, τότε θέλω να είμαι Αμερικανός και να εργάζομαι για την προώθηση της επιστήμης και των μηχανών για να ανακουφίσω τον ανθρώπινο πόνο. Έχοντας πλαστεί κατ' εικόνα του Θεού, έχουμε τη δύναμη να χρησιμοποιήσουμε την ατομικότητά μας και τη θέλησή μας για να πετύχουμε σπουδαία πράγματα – αυτή είναι μια υπέροχη ικανότητα που μας έδωσε ο Θεός.

Κάθε φορά που βλέπετε το σώμα σας της σάρκας και των οστών, νιώθετε μικροί και περιορισμένοι. Ακόμα κι αν συμβεί κάτι ελάχιστο στο σώμα σας –αν αρχίσετε να φτερνίζεστε ή αν χτυπήσετε δυνατά το χέρι σας και το σπάσετε– συνειδητοποιείτε πόσο μικροί είστε. Όταν όμως κλείνετε τα μάτια σας στον διαλογισμό, βλέπετε την απεραντοσύνη της συνειδητότητάς σας – βλέπετε ότι είστε στο κέντρο της αιωνιότητας. Αυτοσυγκεντρωθείτε εκεί· αφιερώστε λίγο χρόνο το πρωί και το βράδυ για να κλείνετε τα μάτια σας και να λέτε: «Είμαι το Άπειρο· είμαι παιδί Του. Το κύμα είναι μια διόγκωση του ωκεανού· η συνειδητότητά μου είναι μια διόγκωση της μεγάλης Συμπαντικής Συνειδητότητας. Δεν φοβάμαι τίποτα. Είμαι Πνεύμα». Αυτή είναι η διδασκαλία της Ανατολής. Τη χρειάζεστε αυτή τη συνειδητοποίηση.

Η Εύρεση του Θεού Δίνει Μεγάλη Ανακούφιση και Ευτυχία

Αν αφιερώνετε λίγο χρόνο στον Θεό, αυτό θα σας δώσει μεγάλη ανακούφιση και ευτυχία. Γι' αυτό είπε ο Ιησούς: «Αγάπα τον Κύριο τον Θεό σου με όλη την καρδιά σου».[2] Αν λέτε την Προσευχή του Θεού

---

[2] Κατά Ματθαίο ΚΒ:37.

αλλά σκέφτεστε ένα δείπνο από κοτόπουλο ή ψητό κατσαρόλας, ο Κύριος γνωρίζει ότι δεν Τον θέλετε, οπότε δεν έρχεται. Να συγκεντρώνεστε μόνο στον Θεό, χωρίς τη δύναμη του Οποίου δεν μπορείτε να κινηθείτε. Όπως τα πλοία στη θάλασσα μπορούν να κινούνται με δύναμη που ενεργοποιείται μέσω ραδιοκυμάτων, έτσι κι ο Θεός μάς κινεί με τη δύναμή Του η οποία ρέει μέσα στον προμήκη μυελό.[3] Όταν η θεϊκή δύναμη εγκαταλείπει το σώμα, πεθαίνετε. Γιατί δεν σκέφτεστε την Πηγή αυτής της δύναμης; Ο Θεός δεν σας αρνείται τις ανέσεις. Ο Ιησούς είπε: «Αλλά αναζητάτε πρώτα τη βασιλεία του Θεού [...]».[4] Γιατί; Επειδή η φωλιά όλης της ευτυχίας βρίσκεται εκεί. «[...] και όλα αυτά θα σας προστεθούν».[5] «Και μην είστε μετέωροι».[6]

Δεν έχω τίποτα στην ιδιοκτησία μου και εντούτοις έχω τα πάντα. Μερικές φορές έδωσα και το τελευταίο μου δολάριο. Ποτέ όμως δεν έμεινα χωρίς χρήματα. Ο Θεός πάντα προνοούσε γι' αυτό. Απ' αυτήν την άποψη είμαι πολύ πλούσιος, έστω κι αν εξωτερικά είμαι φτωχός – φτωχός όχι επειδή κάποιος με αναγκάζει, αλλά γιατί το θέλω. Αν έχω τον Πατέρα μου μαζί μου, τι άλλα πλούτη θα μπορούσα να επιθυμήσω; Αυτή είναι η διδασκαλία της Ανατολής. Αυτό είναι που πρέπει να θυμούνται όλοι οι Αμερικανοί. Πίσω από τα χρήματα, πίσω απ' όλες τις προσπάθειές σας, βρίσκεται αυτή η μεγάλη Δύναμη. Κι αν αυτή η Δύναμη θέλει να έχετε τη σωστή δουλειά ή οτιδήποτε άλλο σωστό, θα το έχετε αύριο κιόλας αν είστε συντονισμένοι με τον Θεό. Τα πάντα μου δόθηκαν μ' αυτόν τον τρόπο. Και τα έδωσα όλα για το έργο, ώστε να μην υποδουλωθώ σε οποιονδήποτε ή οτιδήποτε.

Ποτέ δεν αποκαλώ τον εαυτό μου Δάσκαλο ή γκουρού. Το μόνο που ξέρω είναι ότι έχω σκοτώσει τον «εαυτό» μου και δεν έχω τίποτα άλλο μέσα μου παρά μόνο τον Ουράνιο Πατέρα. Όταν θα σκοτώσετε το εγώ σας, θα βρείτε κι εσείς την ίδια Ύπαρξη μέσα σας. Όπως όλες οι λάμπες μιας πόλης παίρνουν ρεύμα από την ίδια γεννήτρια, έτσι κι όλοι εμείς φωτιζόμαστε από τον Θεό. «Δεν ξέρετε ότι είστε ναός του

---

[3] Το «στόμα του Θεού». «Με ψωμί μόνο δεν θα ζήσει ο άνθρωπος, αλλά με κάθε λόγο εξερχόμενο από το στόμα του Θεού» (κατά Ματθαίο Δ:4). (Βλ. *προμήκης μυελός* στο γλωσσάριο.)

[4] Κατά Ματθαίο ΣΤ:33.

[5] Κατά Ματθαίο ΣΤ:33.

[6] Κατά Λουκά ΙΒ:29.

Θεού και το πνεύμα του Θεού κατοικεί μέσα σας;».[7] Γιατί πιστεύετε ότι ο Ιησούς Χριστός αναγνωρίστηκε ως γιος του Θεού; Επειδή ήταν το παράδειγμά μας, όπως ήταν οι μεγάλοι Δάσκαλοι. Αν δεν γίνετε σαν τον Χριστό, δεν έχουν νόημα τα λόγια: «Και σε όσους τον δέχτηκαν, σ' αυτούς έδωσε εξουσία να γίνουν τέκνα Θεού».[8]

Το διαμάντι και το κάρβουνο είναι και τα δύο φτιαγμένα από άνθρακα. Το διαμάντι όμως λαμβάνει το φως και το αντανακλά· το κάρβουνο όχι. Οι άνθρωποι που έχουν νοοτροπία σαν κάρβουνο είναι αυτοί που πάντα παραπονιούνται: «Ο κόσμος είναι κακός, πονάει το κεφάλι μου, θέλω αυτό, δεν έχω εκείνο, δεν μπορώ να πετύχω» – πάντα έχουν αρνητικό πνεύμα. Οι άνθρωποι όμως με λαμπερή, αδαμάντινη νοοτροπία, λένε: «Άσχετα με τις συνθήκες και τα γεγονότα, θα τα καταφέρω, γιατί ο Θεός είναι μαζί μου». Ένας τέτοιος άνθρωπος λαμβάνει το φως· και τελικά, μέσω υλικής, νοητικής και πνευματικής εξέλιξης, γίνεται σαν τον Πατέρα.

Σε καμιά περίπτωση μην υποτιμάτε τη δύναμη του μικρού κύματος που το χτύπησαν τα μεγάλα κύματα. Κάποιος πρέπει να του πει: «Μικρό κύμα, τι σου συμβαίνει; Δεν βλέπεις ότι πίσω σου βρίσκεται ολόκληρος ο ωκεανός; Είσαι ένα τμήμα του ωκεανού». Μη βλέπετε το μικρό σας σώμα· δείτε μέσα σας. Ο διαλογισμός που σας δίδαξα είναι ύψιστης σημασίας. Θα δείτε πόσο απέραντοι είστε – στο Πνεύμα βρίσκεστε παντού.

Γι' αυτό, φίλοι μου, να θυμάστε το εξής: η Ανατολή θα πρέπει να είναι ο δάσκαλός σας σε πνευματικά θέματα, όχι οι δεισιδαιμονίες. Και ο άνθρωπος της Ανατολής θα πρέπει να συνειδητοποιήσει ότι ο Θεός δεν απάλλαξε την Ανατολή από τον πόνο μόνο και μόνο λόγω της πνευματικότητάς της. Οι άνθρωποι της Ανατολής θα πρέπει να θεωρούν τους υπέροχους Αμερικανούς, που πέτυχαν να εξαφανίσουν την ελονοσία και πολλές άλλες αρρώστιες, δασκάλους τους όσον αφορά τα υλικά πράγματα. Με την εποικοδομητική ανταλλαγή των καλύτερων χαρακτηριστικών της Ανατολής και της Δύσης, θα χτίσουμε τις Ηνωμένες Πολιτείες του Κόσμου, με Πρόεδρό μας τον Θεό.

---

[7] Προς Κορινθίους Α' Γ:16.
[8] Κατά Ιωάννη Α:12.

Είναι ο Θεός Δικτάτορας;

Στην έδρα του Self-Realization Fellowship στο Λος Άντζελες, Καλιφόρνια, 20 Απριλίου 1941

Το ερώτημα που είναι το σημερινό θέμα ίσως δεν αποτέλεσε ποτέ αντικείμενο πνευματικής διάλεξης. Κάνω στον Θεό όλων των ειδών τις ερωτήσεις· ποτέ δεν απογοητεύεται. Και άσχετα με την ερώτηση, η Θεϊκή Ύπαρξη πάντα μου δίνει την πιο υπέροχη απάντηση. Κι εσείς μπορείτε να μιλάτε ανοιχτά στον Θεό. Αν το θυμάστε αυτό, θα νιώθετε μεγάλη ικανοποίηση με την κατανόηση που θα λαμβάνετε από Εκείνον σχετικά με τις αντιφάσεις της ζωής που σας προκαλούν απορία.

Ο άνθρωπος ήρθε στη γη μοναδικά προικισμένος με ατομικότητα και ελεύθερη βούληση. Στάλθηκε εδώ για να αναπτύξει τη νοημοσύνη του και με τον τρόπο αυτό να ανακαλύψει εκ νέου και να εκφράσει την αληθινή του φύση, την ψυχή: μια αντανάκλαση του Πνεύματος. Έπρεπε να αναπτύξει σταδιακά την έμφυτη νοημοσύνη του, όχι μόνο μέσω βιβλίων και διαλέξεων και κηρυγμάτων, αλλά και μέσω της δικής του προσπάθειας να εξασκήσει τον νου του και να βελτιώσει την ποιότητα των σκέψεων και των πράξεών του.

Η Βίβλος μάς λέει ότι είμαστε πλασμένοι κατ' εικόνα του Θεού.[1] Αυτή όμως η εικόνα σίγουρα δεν είναι εμφανής σε όλους τους ανθρώπους. Αν και το φως του Θεού βρίσκεται εξίσου μέσα σε όλους, δεν μπορούμε να αρνηθούμε ότι σε μερικούς εκδηλώνεται περισσότερο απ' όσο σε άλλους. Αν το φως του Θεού εκδηλωνόταν πλήρως σε όλους τους ανθρώπους, τότε τα ανθρώπινα όντα θα παρέμεναν διαρκώς στην έμφυτή τους κατάσταση της τελειότητας. Βλέπουμε όμως ότι στους περισσότερους ανθρώπους υπάρχουν περιθώρια βελτίωσης· πρέπει να εξελιχθούν σε ανώτερο επίπεδο νοημοσύνης.

Η προσαρμοστικότητα της ανθρώπινης ζωής καταδεικνύει ότι υπάρχει μια θεϊκή δύναμη μέσα σε όλους. Το ότι κάποιοι προοδεύουν

---

[1] Γένεση Α:26-27.

Είναι ο Θεός Δικτάτορας;

περισσότερο από τους συνανθρώπους τους απλά δείχνει ότι έκαναν μεγαλύτερη προσπάθεια. Θα μου πείτε: «Μα, αν η θεϊκή νοημοσύνη βρίσκεται μέσα σε όλους, γιατί κάποιοι άνθρωποι γεννιούνται ανόητοι;». Για να το απαντήσουμε αυτό ολοκληρωμένα θα πρέπει να κοιτάξουμε τις προηγούμενες ενσαρκώσεις τους και να βρούμε τις απερίσκεπτες πράξεις τους που επέφεραν αυτό το θλιβερό αποτέλεσμα. Δεν υπάρχει όμως αμφιβολία ότι κάθε άνθρωπος είναι φτιαγμένος κατ' εικόνα του πάνσοφου Θεού. Κι αν η «απέλπιδα» κατάσταση του εγκεφάλου του ανόητου διορθωνόταν, η ψυχή του θα μπορούσε να εκδηλώσει περισσότερο την έμφυτη νοημοσύνη της.

Η Ιστορία της Ηγεσίας

Ανατρέχοντας στην ιστορία, βλέπουμε ότι καθώς κάποια άτομα ανέπτυξαν μεγαλύτερη νοημοσύνη από άλλα, ξεχώρισαν από το πλήθος και έγιναν ηγέτες. Την ηγεσία τους την κέρδισαν και την εξασφάλισαν μέσω επίδειξης σωματικής ανδρείας· ο δυνατότερος και εξυπνότερος της φυλής έγινε ο αρχηγός. Μ' αυτόν τον τρόπο αναπτύχθηκαν διάφορες φατρίες. Σταδιακά, με σκοπό την επίτευξη κοινών στόχων, αρκετές φατρίες ενώθηκαν κάτω από έναν κοινό αρχηγό. Αυτοί οι αρχηγοί έγιναν βασιλιάδες, εκλεγμένοι με γνώμονα τη σωματική δύναμη και τη νοημοσύνη τους. Μερικοί όμως απ' αυτούς καταχράστηκαν τη θέση τους κι έγιναν τύραννοι. Περαιτέρω, όρισαν ότι οι απόγονοί τους θα τους διαδέχονταν στη βασιλεία. Το δικαίωμα της διακυβέρνησης με βάση την κληρονομικότητα και όχι την ικανότητα αποδυνάμωσε αυτή τη μορφή ηγεσίας. Υπεισήλθε η φαυλότητα, γιατί ακόμα κι αν ο βασιλικός απόγονος δεν διέθετε τα σωματικά, τα νοητικά, ή άλλα προσόντα, ωστόσο κληρονομούσε τη βασιλεία και συνήθως επέμενε να ασκήσει το δικαίωμά του να κυβερνά. Σε μερικές περιπτώσεις κάποιοι ανίκανοι κληρονόμοι γίνονταν υποχείρια ραδιούργων συμβούλων.

Βλέπουμε λοιπόν ότι η το σύστημα που βασιζόταν στο κληρονομικό δικαίωμα ήταν ελαττωματικό. Μερικά έθνη στο τέλος κουράστηκαν απ' αυτό το είδος της τυραννίας και επαναστάτησαν κατά των ηγετών τους. Πολλοί βασιλιάδες δολοφονήθηκαν και άλλοι εκθρονίστηκαν.

Μετά προέκυψε η ιδέα της δημοκρατίας. Κράτη όπως η Γαλλία και η Αμερική επέλεξαν να έχουν προέδρους εκλεγμένους από τον λαό. Ο Τζωρτζ Ουάσινγκτον άξιζε αυτή τη θέση με όλα όσα έκανε για να βοηθήσει στην εδραίωση της ελευθερίας στη χώρα του. Αγαπούσε την πατρίδα του και πάσχιζε για το ύψιστο συμφέρον της· ήταν ένας πραγματικός πρόεδρος. Υπό την άξια ηγεσία του, αυτή η σπουδαία χώρα έκανε τα πρώτα της σημαντικά βήματα ως νέο έθνος. Ο Λίνκολν επίσης ήταν ένας έξοχος πρόεδρος.

Τι ήταν όμως αυτό που πήγε στραβά όσον αφορά το τέλειο ιδεώδες της «κυβέρνησης του λαού, από τον λαό και για τον λαό»; Αν και οι πρόεδροι εκλέγονται με την ψήφο των πολιτών, το σύστημα αμαυρώθηκε από τη διαφθορά και άλλες αδικίες. Συνήθως εκλέγεται ο καλύτερος ομιλητής. Όλοι ξέρουμε πώς οι άνθρωποι αρέσκονται να εκθειάζουν τις ικανότητές τους. Ένας τέτοιος άνθρωπος μπορεί να μιλά για ώρες εναντίον άλλων και να μη σκέφτεται καθόλου τον χρόνο· δεν μιλά όμως για τα δικά του ελαττώματα και δεν του αρέσει να του τα υπενθυμίζουν. Αυτοί που νιώθουν ότι είναι άξιοι να στηλιτεύουν δριμύτατα τους άλλους για τα λάθη τους θα έπρεπε να είναι πρόθυμοι να σταθούν στο βήμα και να μιλήσουν και για τα δικά τους λάθη. Οι πολιτικοί όμως ξέρουν ότι δεν θα εκλεγούν μ' αυτόν τον τρόπο. Έτσι, μερικές φορές παίρνουν ψήφους απλώς εξαιτίας του γεγονότος ότι είναι δαιμόνιοι στο να πείθουν τους άλλους να τους αποδεχθούν μέσω των ομιλιών τους. Μετά, όταν κατακτούν το αξίωμα, κάνουν ό,τι τους αρέσει, παρά τις υποσχέσεις τους στον λαό.

Οι ψηφοφόροι δεν γνωρίζουν πραγματικά τον υποψήφιο. Συνήθως δεν είναι σε θέση να κάνουν μια προσωπική εκτίμηση του χαρακτήρα του. Ξέρουν μόνο όσα διαβάζουν ή ακούν γι' αυτόν. Αν λέγεται ότι είναι ικανός και καλός άνθρωπος, έχουν τη διάθεση να τον ψηφίσουν. Πού στηρίζουν όμως την κρίση τους; Πού είναι το κριτήριο της αλήθειας με το οποίο θα πρέπει να κρίνεται ένας πολιτικός; Κανένα τέτοιο κριτήριο δεν έχει καθιερωθεί. Έτσι, οι μάζες συχνά παρασύρονται από την προπαγάνδα και το συναίσθημα, χωρίς στην πραγματικότητα να γνωρίζουν τι συμβαίνει. Ακόμα κι ένας ανάξιος υποψήφιος μπορεί να πάρει ψήφους αν έχει χρήματα για να διαφημιστεί καλά. Είναι όμως λάθος να διατυμπανίζει πόσο καλός είναι αν δεν έχει και τα απαιτούμενα προσόντα για να το υποστηρίξει. Το σύστημα της ψήφου των πολιτών αμαυρώνεται όταν τα χρήματα και όχι η αξία παίζουν καθοριστικό ρόλο για την εκλογή κάποιου στο αξίωμα του προέδρου· και οι πολιτικοί δυστυχώς έχουν τη φήμη ότι στηρίζονται στη βοήθεια των πλουσίων. Οι άξιοι υποψήφιοι που δεν έχουν τέτοιες επαφές μπορεί να παραμείνουν στην αφάνεια και να μην προσελκύσουν τους ψηφοφόρους. Φυσικά, το να είναι κάποιος πλούσιος δεν σημαίνει ότι εμπλέκεται στο να επηρεάζει

Είναι ο Θεός Δικτάτορας;

τις εκλογές! Πάντα θαύμαζα τον Χένρυ Φορντ γιατί πάντα υπηρέτησε με τα χρήματά του άξιους σκοπούς σ' αυτή τη χώρα, καθώς επίσης και σε όλο τον κόσμο. Η αποδεδειγμένη αξία μέσω καλών έργων θα πρέπει να είναι ένα από τα κριτήρια για την εκλογή των ηγετών.

Σε μεγάλο βαθμό οι ψηφοφόροι βασίζονται σ' αυτά που γράφουν οι εφημερίδες και επομένως κατευθύνονται απ' αυτά· αν και νομίζω ότι οι άνθρωποι αρχίζουν να μην επηρεάζονται από τέτοιες μεθόδους. Κάποτε, στην Ινδία, όταν κάποιος έλεγε: «Το διάβασα στην εφημερίδα», οι άνθρωποι αυτόματα θεωρούσαν δεδομένο ότι ήταν ψευδές. Οι εφημερίδες συχνά είναι προκατειλημμένες και αυτό κάνει τους ανθρώπους επιφυλακτικούς. Η αλήθεια και η συμπονετική δικαιοσύνη, όχι η σκοπιμότητα και η εκμετάλλευση, θα αποκαταστήσουν την ακεραιότητα των μέσων ενημέρωσης και την εμπιστοσύνη των ανθρώπων.

Έτσι, βλέπουμε πως παρά το γεγονός ότι η δημοκρατία είναι το καλύτερο ιδεώδες, το σημερινό εκλογικό σύστημα είναι εξαιρετικά αναποτελεσματικό γιατί η απόφαση λαμβάνεται με βάση όσα λέει ο υποψήφιος για τον εαυτό του και εναντίον των άλλων υποψηφίων. Πολύ λίγη προσοχή δίνεται στον πραγματικό χαρακτήρα των υποψηφίων. Αν ψήφιζαν μόνο οι άγιοι και άλλοι που είναι πραγματικά ικανοί να αναλύσουν τον χαρακτήρα των υποψηφίων, θα ήμαστε σίγουροι ότι στον Λευκό Οίκο θα υπήρχε ένας καλός πρόεδρος· πάντα θα είχαμε άξιους ηγέτες να μας καθοδηγούν. Ένας αληθινά σπουδαίος πρόεδρος είναι αυτός που φροντίζει πρώτα για το καλό του έθνους και συμπεριλαμβάνει σ' αυτό την ευημερία όλου του κόσμου.

Εξαιτίας λοιπόν των αδυναμιών του εκλογικού συστήματος, έχουμε κάποιους καλούς προέδρους και κάποιους κακούς. Εντούτοις, αυτό το δημοκρατικό σύστημα είναι σίγουρα πολύ καλύτερο από οποιαδήποτε άλλη εναλλακτική λύση υπάρχει σήμερα. Οι ανίκανοι βασιλιάδες και αυτοί που κυβερνούν με τη βία δεν μπορούν να απομακρυνθούν χωρίς βία, αλλά στη δημοκρατία οι άνθρωποι μπορούν νόμιμα να αντικαθιστούν προέδρους που αποδείχθηκαν ανάξιοι με άλλους.

Ερχόμαστε τώρα στη σημερινή μορφή δικτατορίας. Οι δικτάτορες είναι το κλασικό παράδειγμα πολιτικών που υπόσχονται πολλά και όταν μπουν στο γραφείο τους αθετούν τις υποσχέσεις τους. Οι δικτάτορες συνήθως ξεκινούν με την επιθυμία να βοηθήσουν τον λαό τους αλλά, αν και μπορεί να είναι πιστοί στην πατρίδα τους, τα προσωπικά τους συμφέροντα τους κάνουν πολύ δόλιους όσον αφορά τα άλλα έθνη. Εξαιτίας της ζήλειας τους και του υπερβολικού ζήλου τους, δημιουργούν προβλήματα σε όλο τον κόσμο μόλις ανέβουν στην εξουσία. Όταν αποκτήσουν την εξουσία, αρχίζουν να κυβερνούν με τη βία για να εμποδίσουν άλλους να πάρουν τη θέση τους. Είτε σωστός είτε λανθασμένος, ο λόγος τους είναι νόμος. Αυτό είναι το μειονέκτημα των δικτατοριών. Στην αρχή ο δικτάτορας κερδίζει δύναμη κάνοντας κάτι καλό για τον λαό του. Κάνει τους ανθρώπους να τον πιστεύουν γιατί κυβερνά με την αξία του. Όταν όμως φτάσει στην κορυφή, κυβερνά με τη βία.

Κατά Μία Έννοια, ο Θεός Είναι Δικτάτορας

Τώρα, γεννιέται το ερώτημα: Είναι ο Θεός δικτάτορας; Οπωσδήποτε όχι με την έννοια που μόλις συζητήσαμε· κατά μία έννοια όμως είναι, γιατί μας δημιούργησε χωρίς τη θέλησή μας. Δεν είναι αλήθεια αυτό; Δεν ζητήσαμε να δημιουργηθούμε. Ποιος Του είπε να μας δημιουργήσει; Αυτή είναι μια ερώτηση στην οποία ο Θεός δεν απαντά. Του λέω συχνά ότι δεν είχε καμία δουλειά να μας δημιουργήσει και να μας βάλει σ' ένα σώμα τόσο επιρρεπές σε ασθένειες και πόνο. Ακόμα κι ένα αυτοκίνητο έχει τμήματα που μπορούν να αντικατασταθούν από καιρό σε καιρό, όχι όμως αυτή η ανθρώπινη μηχανή. Έχετε το δικαίωμα να πείτε στον Θεό: «Κύριε, αφού Εσύ με έπλασες, λύτρωσέ με». Αυτός είναι ο τρόπος με τον οποίο θα πρέπει να προσεύχεστε σ' Αυτόν. Είστε δική Του ευθύνη.

Το Σχέδιο της Δημιουργίας Ορίστηκε από τον Θεό

Γιατί ο Θεός δημιούργησε γυναίκες, άντρες και ζώα και ταύτισε την ψυχή με τους συγκεκριμένους περιορισμούς της συνειδητότητας που προσιδιάζουν στη μορφή μέσα στην οποία είναι αυτή εγκλωβισμένη; Μ' αυτή την έννοια ο Θεός είναι δικτάτορας. Τα ζώα δεν έχουν τη δυνατότητα να βελτιώσουν τον εαυτό τους· παραμένουν όπως είναι, περιορισμένα από το ένστικτο. Και οι άνθρωποι εκμεταλλεύονται τα καημένα πλάσματα. Δεν φοράμε παπούτσια από ανθρώπινο δέρμα γιατί οι άνθρωποι θα αντιτάσσονταν σ' αυτήν την ιδέα. Νιώθουμε όμως πως έχουμε το δικαίωμα να παίρνουμε τη σάρκα και το δέρμα των ζώων γιατί μέσα στην παγκόσμια τάξη, έτσι όπως ο Θεός την όρισε, τα ζώα δεν μπορούν να υπερασπιστούν τον εαυτό τους από τον άνθρωπο. Εγώ λέω ότι μ' αυτούς τους τρόπους ο Θεός είναι δικτάτορας. Και πάλι όμως είναι υπεύθυνος για μας, γιατί μας έβαλε σ' αυτόν τον κόσμο χωρίς να μας ρωτήσει αν θέλουμε να έρθουμε και χωρίς να μας πει τον λόγο για τον οποίο βρισκόμαστε εδώ.

Είναι ο Θεός Δικτάτορας;

Εντούτοις μπορούμε να δούμε ότι ο σκοπός Του πρέπει να είναι καλός. Ολόκληρη αυτή η δημιουργία δείχνει ότι είναι το έργο μιας σπουδαίας Νοημοσύνης. Υπάρχουν οι αισθήσεις, μέσω των οποίων αντιλαμβανόμαστε αυτόν τον κόσμο και σχετιζόμαστε μ' αυτόν. Υπάρχει φαγητό για να ικανοποιήσουμε την πείνα μας και μας έχει δοθεί η ικανότητα να φροντίζουμε αυτό το σώμα και να ικανοποιούμε τις υπόλοιπες ανάγκες του. Κάθε μορφή ζωής ακολουθεί ένα λίγο ή πολύ καθορισμένο σχέδιο. Ο μέσος όρος ζωής του ανθρώπου είναι λιγότερος από εκατό χρόνια· η σεκόγια ζει έως τέσσερις χιλιάδες χρόνια. Μετά από ένα σχετικά μικρό χρονικό διάστημα, τα συνήθη φυτά του σπιτιού πεθαίνουν, άσχετα με το πόσο προσεκτικά τα φροντίζετε. Μερικά έντομα ζουν μόνο λίγες ώρες. Όλα αυτά δείχνουν ότι υπάρχει ένας Δικτάτορας που σχεδίασε τα πράγματα. Έθεσε τους νόμους που κυβερνούν όλα τα ζωντανά όντα.

Πνευματική Δικτατορία

Η διαφορά μεταξύ της ηγεσίας του Στάλιν και του Μαχάτμα Γκάντι είναι σημαντική. Και οι δύο κυβερνούν εκατομμύρια ανθρώπους, αλλά ο Γκάντι είναι πνευματικός δικτάτορας. Ηγείται μέσω της αγάπης, όχι μέσω της βίας· και οι άνθρωποι τον ακολουθούν από αγάπη, όχι από φόβο. Παρόμοια, νομίζω πως μπορούμε να πούμε ότι και ο Θεός είναι πνευματικός δικτάτορας. Αν ερχόταν στη γη με ανθρώπινη μορφή χωρίς να κρύβει τις θαυμαστές χάρες Του –κάτι που θα μπορούσε πολύ εύκολα να κάνει– όλοι θα Τον ακολουθούσαν, αναμφισβήτητα. Πράγματι έρχεται, αλλά μεταμφιεσμένος μέσα στους αβατάρ Του, στους οποίους κρατά τις δυνάμεις Του μερικώς κρυμμένες έτσι ώστε να παίξει έναν συγκεκριμένο ανθρώπινο ρόλο για το καλό του ανθρώπου.

Έτσι, ο Θεός γεννήθηκε ως Ιησούς, ο οποίος αφέθηκε να σταυρωθεί, παρ' όλο που μπορούσε να είχε καταστρέψει τον κόσμο με μια ματιά του. Αυτός που μπορούσε να αναστήσει νεκρούς μπορούσε σίγουρα να αφανίσει τους εχθρούς του με το πρόσταγμα του Πνεύματος μέσα του. Οι οπαδοί του Ιησού περίμεναν απ' αυτόν να γίνει αυτοκράτορας αυτού του κόσμου. Αντίθετα όμως, φόρεσε το ακάνθινο στεφάνι και, κάνοντάς το αυτό, έγινε πραγματικός αυτοκράτορας, κυβερνώντας τις καρδιές εκατομμυρίων ανθρώπων στους αιώνες. Πού είναι σήμερα ο Ναπολέων και ο Τζένγκις Χαν; Είναι απλά κεφάλαια σε βιβλία ιστορίας. Σε κάθε έθνος όμως υπάρχουν άνθρωποι που αγαπούν και ακολουθούν τον Ιησού.

Η ζωή του Ιησού δείχνει ότι ο Θεός δεν είναι σαν τους συνηθισμένους δικτάτορες. Είναι παντοδύναμος, εντούτοις δεν χρησιμοποιεί τη δύναμή Του για να καταστρέψει τους εχθρούς Του. Μπορείτε να καταραστείτε τον Θεό, να Τον αρνηθείτε και να Τον αποκαλέσετε με όσο άσχημα ονόματα θέλετε· ποτέ δεν θα σας τιμωρήσει γι' αυτές τις προσβολές. Επειδή όμως θα έχετε γεμίσει τον νου σας με φαύλες σκέψεις, δεν θα νιώθετε καλά μέσα σας.

Ο Θεός Αρνείται να Διατάζει τα Παιδιά Του

Ο Θεός όρισε να κυβερνάται αυτό το σύμπαν που δημιούργησε σύμφωνα με τον νόμο· αν παραβούμε κάποια από τα συμπαντικές αρχές, τιμωρούμε τον εαυτό μας. Αν πηδήξετε από έναν ψηλό όροφο ενός κτιρίου θα σπάσετε τα κόκκαλά σας. Δεν μπορείτε να αψηφήσετε τον νόμο της βαρύτητας χωρίς να υποστείτε τις συνέπειες. Έτσι, σ' αυτόν τον κόσμο ο άνθρωπος μπορεί να πράττει ελεύθερα μόνο μέσα σε περιορισμένα πλαίσια. Αν παραβιάσει τους θεϊκούς νόμους θα τιμωρήσει ή θα καταστρέψει τον εαυτό του. Από την άποψη ότι ο Θεός θέσπισε αμείλικτους νόμους, πράγματι φαίνεται να είναι δικτάτορας. Το γεγονός όμως ότι ο Ίδιος παραμένει σιωπηλός και μας καλεί μόνο με την αγάπη, αποδεικνύει ότι δεν Του αρέσει αυτός ο ρόλος. Αν ο Θεός μάς μιλούσε άμεσα, εκείνη την ίδια στιγμή θα χάναμε την ελεύθερη βούλησή μας, γιατί θα νιώθαμε αμέσως εξαναγκασμένοι να Τον υπακούσουμε· δεν θα μπορούσαμε να αντισταθούμε στη σοφή και γεμάτη αγάπη επιρροή Του.

Για τον ίδιο λόγο ο Θεός δεν επέτρεψε σε κανέναν άγιο να ασκήσει πνευματική βία για να αλλάξει τον κόσμο. Οι μεγάλοι άγιοι έχουν τρομακτική δύναμη. Ο Δάσκαλός μου μπορούσε να αναστήσει νεκρούς, αλλά ποτέ δεν χρησιμοποίησε τη δύναμή του για να πιέσει τον κόσμο να αλλάξει. Αν επιδεικνύονται θαύματα στους ανθρώπους, τότε αυτοί θα προσελκύονται απ' αυτά τα φαινόμενα αντί να έλκονται προς τον Θεό από την αυθόρμητη αγάπη της ψυχής γι' Αυτόν. Γι' αυτό ο Θεός δεν επιτρέπει σε κανέναν άγιο να έλξει τις ψυχές προς Εκείνον χρησιμοποιώντας την πνευματική δύναμη με τρόπο που να επιβάλλεται πάνω στην ελεύθερη βούληση των ψυχών αυτών.

Σε όλους τους αιώνες, οι προφήτες, με φλογερά κηρύγματα, προειδοποίησαν ότι ο Ίδιος ο Θεός θα κατέβει από τον ουρανό για να καταστρέψει τους φαύλους. Ο Θεός όμως ποτέ δεν το έκανε αυτό.

Είναι ο Θεός Δικτάτορας;

Όταν οι άνθρωποι είναι φαύλοι -όταν παραβιάζουν τους θεϊκούς νόμους Του- θέτουν σε κίνηση τις συμπαντικές δυνάμεις που παράγουν τις αναπόφευκτες συνέπειες των λανθασμένων πράξεών τους· έτσι, τιμωρούν τον εαυτό τους. Δεν νομίζω ότι ο Ίδιος ο Θεός κατέβηκε ποτέ για να μαλώσει κανέναν. Αν φερόταν έτσι, θα τιμωρούσε τους κακούς τώρα, αυτή τη στιγμή, γιατί ξέρει ποιος είναι δίκαιος και ποιος είναι άδικος σ' αυτόν τον πόλεμο² που μαίνεται τώρα.

Ο Θεός είναι ταπεινός και έκρυψε τον Εαυτό Του. Δεν θέλει να έρθει και να πει στην ανθρωπότητα: «Είμαι ο Θεός. Πρέπει να Με υπακούτε». Προσπαθεί όμως να μας προφυλάξει από το να βλάπτουμε τον εαυτό μας μιλώντας μας μέσω των νόμων Του και μέσω των μεγάλων ψυχών. Ο Χριστός είπε: «Ο μικρότερος μεταξύ όλων σας, αυτός θα είναι μέγας».³ Αυτός που είναι πραγματικά ταπεινός μπροστά στον Θεό είναι σαν τον Ίδιο τον Θεό.

Ο Άνθρωπος Θα Πρέπει να Διδαχθεί τον Οικουμενικό Πατριωτισμό

Χρησιμοποιώντας λανθασμένα την ελευθερία μας, κάναμε τη γη μας όπως είναι.⁴ Όταν το καταλάβουμε αυτό θα έχουμε και την εξήγηση όλων όσων συμβαίνουν εδώ. Πάντα υπάρχουν αρκετά χρήματα για πόλεμο, αλλά ποτέ δεν υπάρχουν αρκετά για να εξαφανιστούν οι φτωχογειτονιές. Βλέπετε τον παραλογισμό;

Αν όλοι οι ηγέτες του κόσμου μορφώνονταν με τέτοιο τρόπο ώστε να είναι σαν τον Γκάντι ή τον Λίνκολν ή τον Χριστό, δεν θα υπήρχαν άλλοι πόλεμοι. Γι' αυτόν τον λόγο υποστηρίζω ότι μια σημαντική πρόοδος προς την ειρήνη θα ήταν η δημιουργία πόλεων σε διάφορα μέρη του κόσμου όπου τα ορφανά όλων των εθνών θα μαζεύονταν και θα μεγάλωναν μαζί. Θα έπρεπε να τους παρέχεται μόρφωση όχι μόνο σε ακαδημαϊκό επίπεδο, αλλά και η ανώτατη μόρφωση της καλλιέργειας

---

² Τον δεύτερο Παγκόσμιο Πόλεμο.

³ Κατά Λουκά Θ:48.

⁴ Οι συσσωρευμένες πράξεις των ανθρώπων μέσα σε κοινότητες, έθνη, ή στον κόσμο ως σύνολο, συνιστούν το μαζικό κάρμα, το οποίο παράγει αποτελέσματα σε τοπικό ή ευρύτερο πεδίο, ανάλογα με τον βαθμό και την υπερίσχυση του καλού ή του κακού. Επομένως οι σκέψεις και οι πράξεις κάθε ανθρώπου συνεισφέρουν στις καλές ή τις δυσμενείς συνθήκες αυτού του κόσμου και της ζωής όλων των ανθρώπων μέσα σ' αυτόν. (Βλ. υποσημείωση στη σελ. 220.)

ψυχικών αρετών για να διαδώσουν με το παράδειγμά τους την αδελφοσύνη του ανθρώπου.

Ο εθνικός πατριωτισμός που βασίζεται στην ιδιοτέλεια αποτέλεσε την αιτία πολλών συμφορών και ανείπωτης δυστυχίας σ' ολόκληρη τη γη. Επομένως, μαζί με τον πατριωτισμό, πρέπει να διδάσκουμε και την αδελφοσύνη του ανθρώπου. Όταν οι σπόροι της αδελφικής αγάπης ριζώσουν στις καρδιές των ανθρώπων, οι πόλεμοι θα σταματήσουν.

Σκεφτείτε πόσες διακρίσεις υπάρχουν στον κόσμο· ένα παράδειγμα είναι οι νόμοι της Αμερικής σχετικά με την υπηκοότητα. Οι Ευρωπαίοι μπορούν να γίνουν Αμερικανοί υπήκοοι, παρ' όλο που μερικές φορές μπορεί να γίνουν εγκληματίες· ψυχές όμως σαν τον Μαχάτμα Γκάντι και άλλοι σπουδαίοι άνθρωποι δεν μπορούν να γίνουν υπήκοοι γιατί τυχαίνει να προέρχονται από ανεπιθύμητα έθνη.[5] Ποτέ δεν ενδιαφέρομαι για τέτοιους νόμους· όπου με τοποθετεί ο Θεός, εκεί είναι η πατρίδα μου. Και η αγάπη μου γι' αυτό το έθνος περιλαμβάνει όλο τον κόσμο. Αυτό είναι το ιδεώδες που θα έπρεπε να διδάσκεται σε όλους.

Κάποιες Αξιόλογες Ιδέες του Francis Bacon

Ο Φράνσις Μπέικον (Francis Bacon) έγραψε μια οξυδερκή πραγματεία[6] που μας αφήνει πολλά περιθώρια για σκέψη. Μιλά για μια ομάδα ταξιδιωτών που βγήκαν εκτός πορείας εξαιτίας δυνατών ανέμων και βρέθηκαν σε μια νέα και άγνωστη περιοχή, σ' ένα υπέροχο νησί όπου υπήρχε μια πανέμορφη πόλη. Ένας αξιωματούχος που φορούσε έναν γαλάζιο μεταξωτό μανδύα πήγε στο πλοίο και προσκάλεσε τους χαμένους ταξιδιώτες να μείνουν για κάποιο διάστημα με τους ανθρώπους εκεί. Η πόλη ήταν ένας τόπος επιστημονικής τελειότητας, η αποκαλούμενη «Ουτοπία». Είχαν γίνει θαυμαστές ανακαλύψεις και εφευρέσεις, που ήταν στη διάθεση των πολιτών, από ένα μέρος με την ονομασία «Σπίτι του Σολομώντα», του οποίου τα μέλη αποτελούνταν από εξαιρετικά μορφωμένους ανθρώπους – τα «αστέρια» των τεχνών και των επιστημών. Όλοι ήταν ευγενείς, με επιστημονικό νου, ενδιαφερόμενοι μόνο για την αλήθεια. Ο κύριος στόχος της έρευνάς τους ήταν να αποκαλύψουν, για το καλό του ανθρώπου, τα θαύματα της

---

[5] Μετά από προτροπή του Προέδρου Τρούμαν, θεσπίστηκε νόμος, το 1946, που επέτρεπε στους μετανάστες της Ινδίας να αποκτήσουν την αμερικανική υπηκοότητα.

[6] *New Atlantis* («Νέα Ατλαντίδα»).

δημιουργίας του Θεού. Έτσι, η πρόοδος και η ευημερία της Ουτοπίας αυτής εξαρτιόταν και καθοδηγούνταν από τους καλύτερους ανθρώπους της κοινότητας.

Η Ινδία, κατά τη Χρυσή της Εποχή, προχώρησε ακόμα περισσότερο, έχοντας ως ιδεώδες ότι οι ηγέτες δεν θα έπρεπε να είναι μόνο επιστήμονες αλλά και άγιοι· διότι οι επιστήμονες που δεν είναι πνευματικά συνειδητοποιημένοι μπορεί να μη βλέπουν το ύψιστο καλό των ανθρώπων. Σ' αυτά τα αρχαία χρόνια στην Ινδία, τους βασιλιάδες τους συμβούλευαν σοφοί άγιοι. Οι ηγέτες *είναι αναγκαίο* να καθοδηγούνται από μεγάλες ψυχές. Τότε τα προβλήματα της γης θα λύνονταν, γιατί οι άγιοι που αγαπούν τον Θεό φροντίζουν για το καλό όλων και δεν θα θέσπιζαν σε καμία χώρα άδικους νόμους που θα υποδαύλιζαν προβλήματα. Οι μεγάλοι άγιοι θεωρούν βασίλειό τους όλο τον κόσμο. Γι' αυτό οι άγιοι πάντα συμβούλευαν τους βασιλιάδες όχι μόνο να φροντίζουν να υπάρχει αρμονία μέσα στη δική τους χώρα, αλλά να βοηθούν την προώθησή της και σε άλλα κράτη. Για να γίνει αυτό απαιτείται η ευρύτητα του πνευματικού πατριωτισμού, ο οποίος ξεπερνά τα σύνορα της εθνικότητας και περιλαμβάνει όλους τους ανθρώπους. Ο Γκάντι είπε ότι η Ινδία του δεν αποτελείται μόνο από Ινδούς, αλλά από οποιονδήποτε αγαπά την Ινδία και ακολουθεί την Αλήθεια – άσχετα με την εθνικότητά του ή τη θρησκεία του.

Ο Λίνκολν ήταν άλλος ένας σοφός άνθρωπος, γεμάτος κατανόηση. Ίσως να υπάρξουν κι άλλοι σαν αυτόν σήμερα: «Πολλά λουλούδια γεννιούνται και ανθίζουν απαρατήρητα».[7] Η αξιοσύνη και η επιθυμία του ανθρώπου για αξιόπιστη ηγεσία πρέπει να υπάρχουν για να ενθαρρύνουν τέτοιες ευγενείς ψυχές· τότε σταδιακά αυτές θα αποκαλυφθούν.

Για να επανέλθουμε στην Ουτοπία της ιστορίας του Francis Bacon (είχε θαυμαστή φαντασία!), οι άνθρωποι της χώρας αυτής είχαν ένα υπέροχο σύστημα: Έστελναν επιστήμονες, ως αντιπροσώπους τους, ανά δώδεκα έτη, σε διαφορετικές χώρες ανά την υφήλιο. Η αποστολή τους ήταν να μάθουν τη γλώσσα και να μελετήσουν τους εποικοδομητικούς νόμους, τις πιο πρόσφατες ανακαλύψεις και τα καλύτερα έθιμα αυτών των εθνών. Όταν επέστρεφαν στο νησί τους, εισήγαγαν στον πολιτισμό τους τα καλύτερα απ' όσα είχαν μάθει. Όλοι ζούσαν σε ειρήνη και αρμονία, υπακούοντας πρόθυμα τους δίκαιους νόμους αυτής της χώρας.

---

[7] *Elegy in a Country Churchyard*, του Gray.

Κάπου Πρέπει να Κάνουμε Μια Αρχή

Οι άνθρωποι δεν έχουν εκπαιδευτεί σ' αυτό το είδος της ανιδιοτελούς σκέψης. Αυτός είναι ο λόγος για τον οποίο δεν είναι εφικτό ακόμα να έχουμε στη γη μια Ουτοπία. Η αληθινή ευτυχία όλων μπορεί να έρθει μόνο με την πνευματική διακυβέρνηση της ψυχής.

Κάπου πρέπει να κάνουμε μια αρχή. Στις κυβερνήσεις θα πρέπει να υπάρχουν πρότυπα και άνθρωποι ύψιστης σοφίας που να ανταλλάσσουν απόψεις. Αυτό ήδη αρχίζει. Στην κυβέρνηση της Ινδίας υπάρχουν ορισμένες έδρες για φιλοσόφους. Αυτό όμως δεν είναι αρκετό. Οι συνηθισμένες εμπορικές συναλλαγές μεταξύ κυβερνήσεων έχουν δημιουργήσει πολέμους. Οι σοφοί έμποροι θα έφερναν τέτοια κατανόηση μεταξύ των εθνών, που όλες οι χώρες που θα συμμετείχαν θα μάθαιναν πώς να ανταλλάσσουν και να μοιράζονται υλικά αγαθά χωρίς να μάχονται. Αυτό πρέπει να γίνει. Μη νομίζετε ότι ο κόσμος πηγαίνει προς τα πίσω. Σταδιακά θα φτάσουμε σ' αυτό το επίπεδο. Ο πόλεμος θα βοηθήσει να ξεκαθαρίσει το πολιτικό τοπίο. Θα φέρει στο φως πολλές από τις αιτίες του κακού στον κόσμο. Σκεφτείτε, όταν υπάρχει ειρήνη, οποιοσδήποτε ρίξει μια βόμβα σ' ένα σπίτι, μπαίνει στη φυλακή. Στον πόλεμο όμως, αυτός που καταστρέφει μαζικά τα σπίτια παίρνει μετάλλιο γι' αυτό. Τι υπέροχος τρόπος σκέψης!

Πρέπει να ξεκινήσουμε τώρα να εφαρμόζουμε νέες ιδέες, πνευματικές. Μην υποτιμάτε τις ικανότητές σας γιατί ο παντοδύναμος Πατέρας είναι μέσα σας. Τη στιγμή που θα αναγνωρίσετε αυτή τη Δύναμη μέσα σας, θα μπορείτε να κάνετε σπουδαία πράγματα. Ο ωκεανός αποτελείται από σταγόνες νερού. Αν οι σταγόνες εξαφανίζονταν, δεν θα υπήρχε ωκεανός. Και δεν θα υπήρχαν έργα του Θεού σ' αυτόν τον κόσμο χωρίς εμάς. Όταν σκέφτεστε τι υπηρεσία μπορείτε να προσφέρετε, να σκέφτεστε σε παγκόσμια πλαίσια. Είστε πλασμένοι κατ' εικόνα του Θεού και δεν πρέπει να θεωρείτε ότι είστε εύθραυστα ανθρώπινα όντα.

Αναπτύξτε την αγάπη σας ώστε να μπορείτε να την προσφέρετε στο έθνος σας και σε όλα τα έθνη του κόσμου. Ο Θεός θέλει να ξέρετε ότι σταλθήκατε εδώ για να αναπτύξετε αγάπη για την παγκόσμια οικογένειά σας. Ο θάνατός σας παίρνει μακριά, ενσάρκωση μετά την ενσάρκωση, για να μην προσκολληθείτε υπερβολικά σε μια φυλή και να μην ταυτιστείτε υπερβολικά μόνο με μία εθνικότητα και λίγους αγαπημένους σας. Ο Ιησούς μάς έδειξε τον δρόμο. Αγαπούσε πολύ τη μητέρα του, αλλά αγαπούσε και όλους τους άλλους ανθρώπους του κόσμου.

Ο Θεός Είναι Αυτός Που Δίνει Ζωή σε Όλα τα Όντα

Δύο αγόρια παρατηρούσαν μερικές πατάτες να βράζουν σε μια κατσαρόλα. Το ένα είπε: «Κοίτα, αδελφέ, οι πατάτες πηδούν πάνω κάτω». Το πιο σοφό αγόρι είπε: «Η φωτιά όμως είναι που τις κάνει πηδούν». Ο Θεός είναι η φωτιά που δίνει ζωή σε όλα τα όντα. Νομίζετε ότι εσείς είστε που τα κάνετε όλα· ξεχνάτε ότι είναι ο Θεός που εργάζεται μέσα από σας. Είναι ο Θεός που αγαπά μέσα από σας· είναι η δική Του μόνο αγάπη που εκφράζεται μέσω όλων των μορφών αγάπης στη γη. Η φιλία είναι η πιο αγνή αγάπη απ' όλες· σ' αυτήν την αγάπη βρίσκεται η δυνατότητα να αγαπήσει κάποιος ολόκληρο τον κόσμο, γιατί η αληθινή φιλία είναι άνευ όρων. Το να αγαπάτε την οικογένειά σας είναι μόνο το πρώτο βήμα για να μάθετε να αγαπάτε όλη την ανθρωπότητα.

Ο κόσμος έχει φτάσει σ' ένα σημείο όπου είναι απολύτως απαραίτητο να διδαχθούμε όχι μόνο τον πατριωτισμό, αλλά και τη θεϊκή αδελφοσύνη. Ο Ιησούς είπε: «Αγάπα τον πλησίον σου όπως τον εαυτό σου».[8] Κάθε έθνος πρέπει να αγαπά κάθε άλλο έθνος σαν τον πλησίον του.

Ένας Δικτάτορας Δεν Θα Μας Έδινε το Δικαίωμα να Τον Απορρίψουμε

Έτσι, μπορούμε να πούμε ότι με την έννοια ότι μας δημιούργησε χωρίς τη συναίνεσή μας, ο Θεός είναι δικτάτορας. Από την άλλη μεριά όμως δεν είναι δικτάτορας γιατί μας έδωσε απόλυτη ελευθερία να Τον απορρίψουμε και να μην Τον σκεφτόμαστε ποτέ. Αυτός είναι ο λόγος για τον οποίο κάποιοι καλοί άνθρωποι που ποτέ δεν σκέφτονται τον Θεό τα πάνε μια χαρά. Αν ο Θεός ήταν δικτάτορας, θα έλεγε: «Α, αυτόν να τον "κανονίσω" ώστε να αναγκαστεί να Με σκέφτεται». Ο Θεός όμως δεν το κάνει αυτό. Δεν θα υποφέρετε εφόσον ακολουθείτε τους νόμους Του, ακόμα κι αν Τον έχετε ξεχάσει εντελώς. Μόνον όταν παραβιάζετε τους νόμους Του τιμωρείτε τον εαυτό σας και υποφέρετε. Οι νόμοι του Θεού όμως είναι λεπτοφυείς: είναι δύσκολο να αποφύγετε την παραβίασή τους χωρίς να αναζητήσετε τη βοήθειά Του. Έτσι λοιπόν, παρ' όλο που ο Θεός διαθέτει όλη την υλική, τη νοητική και την πνευματική δύναμη, δεν τη χρησιμοποιεί όταν εναντιωνόμαστε σ'

---

[8] Κατά Ματθαίο ΚΒ:39.

Αυτόν. Μπορεί να καταριέστε τον Θεό κάθε μέρα, όλο τον χρόνο, και δεν θα σας τιμωρήσει γι' αυτό. Αγαπήστε Τον όμως, και θα έρθει σ' εσάς. Προσπαθεί να σας προσελκύσει πίσω σ' Αυτόν μέσω της αγάπης.

Αν και ο Θεός μάς έδωσε ελευθερία, συνειδητοποιεί επίσης ότι εντούτοις είμαστε εγκλωβισμένοι μέσα στους περιορισμούς που επιβάλαμε εμείς οι ίδιοι στον εαυτό μας. Γι' αυτό μας έδωσε νοημοσύνη, μέσω της οποίας μπορούμε να βγούμε απ' αυτό το αδιέξοδο. Αν δεν χρησιμοποιήσουμε σωστά αυτή τη νοημοσύνη, δεν μπορούμε να κατηγορήσουμε κανέναν άλλον παρά μόνο τον εαυτό μας. Ακόμα κι ο Θεός δεν μπορεί να μας βοηθήσει αν παραβιάζουμε τους νόμους Του και προκαλούμε στον εαυτό μας πόνο.

Μερικοί άνθρωποι ζουν τη ζωή τους με νωθρό μυαλό – τρώνε και κοιμούνται, ικανοποιούνται με μερικές απολαύσεις και πολύ σπάνια σκέφτονται βαθιά. Έτσι, οι περισσότεροι άνθρωποι δεν σκέφτονται στην πραγματικότητα. Πιστεύουν ότι η υλική ζωή είναι το παν. Αυτή η ζωή όμως είναι μόνο ένα περαστικό όνειρο. Γιατί λοιπόν να ζείτε προσπαθώντας να ευχαριστήσετε τον κόσμο; Καλύτερα να προσπαθείτε να ευχαριστήσετε πρώτα τον Θεό και μετά θα μπορείτε να ευχαριστήσετε και όλο τον κόσμο.

Ο Θεός στο τέλος θα δώσει ελευθερία σε όλους, αλλά δεν θα την έχετε αν πρώτα δεν χρησιμοποιήσετε σωστά την ελεύθερη βούλησή σας. Αλλιώς δεν θα είχε νόημα να μας δοθεί ελεύθερη βούληση. Τα ζώα δεν έχουν ελευθερία. Ο Θεός τα περιόρισε στο ένστικτο. Στον άνθρωπο όμως ενστάλαξε σοφία. Τα ανθρώπινα όντα έχουν την ελεύθερη επιλογή να οδεύσουν προς την εξέλιξη ή την παρακμή, να γίνουν καλύτερα ή χειρότερα. Και εφόσον μας έδωσε αυτήν την ελευθερία, παραμένει σιωπηλός· διότι ξέρει πως αν μας μιλούσε θα επηρεαζόμασταν πλήρως απ' Αυτόν. Θα μπορούσε στη στιγμή να μας πείσει να μην πράττουμε λανθασμένα. Κι αν το έκανε αυτό, τότε πράγματι θα ήταν δικτάτορας. Έτσι, αν και είναι παντοδύναμος, δεν μπορεί να κάνει τίποτα με το οποίο θα παρενέβαινε στην ελεύθερη βούλησή μας. Δεν το βλέπετε αυτό; Επομένως, αφού κρατιέται μακριά από τις αποφάσεις μας, παραμένοντας σιωπηλός, κρύβοντας τη δύναμή Του, δεν είναι δικτάτορας. Ξέρει ότι έχουμε πρόβλημα, αλλά δεν υπάρχει τρόπος να μας λυτρώσει αν δεν συνεργαστούμε μαζί Του μέσω της ατομικής μας προσπάθειας. Μέσω της ελεύθερης επιλογής μας, εμείς και μόνον εμείς αποφασίζουμε αν θα Τον δεχθούμε ή αν θα Τον απορρίψουμε.

Είστε Δυνητικά Ίσοι με τον Θεό

Και κάτι ακόμα: οι συνηθισμένοι δικτάτορες δεν θέλουν ποτέ να τους μοιάζει κανείς. Υπάρχει έχθρα μεταξύ τους γιατί θέλουν να είναι μοναδικοί και ανώτατοι. Ο Θεός όμως δεν είναι έτσι. Σας έπλασε κατ' εικόνα Του· είστε δυνητικά ίσοι με τον Θεό, αφού είστε τμήματά Του. Καθένας από μας έχει την ικανότητα να γίνει θεϊκός αν απομακρύνει το πέπλο της άγνοιας. Δεν χρειάζεται να αποκτήσετε τίποτα· τα έχετε ήδη όλα. Ο χρυσός της ψυχής είναι εκεί, ακριβώς μέσα σας, καλυμμένος από τη λάσπη της αυταπάτης. Το μόνο που έχετε να κάνετε είναι να βγάλετε αυτή τη λάσπη.

Βλέπετε λοιπόν, από τη μια πλευρά ο Θεός είναι δικτάτορας γιατί μας δημιούργησε παρά τη θέλησή μας. Σίγουρα όμως προσπαθεί να επανορθώσει με το να είναι πνευματικός δικτάτορας. Μιλά μόνο μέσω των νόμων Του και μας έλκει μόνο με την αγάπη Του. Επειδή όμως δεν φανερώνει τον Εαυτό Του στη γη και δεν απαιτεί να εκλεγεί ως ο παντοδύναμος κυβερνήτης, δεν είναι δικτάτορας. Ο Κύριος δεν ενδιαφέρεται για εκλογές, εκτός από την ατομική εκλογή της καρδιάς σας. Όταν η καρδιά σας θα αστράφτει με το φως της αγάπης της ψυχής σας για το Πνεύμα, όταν αυτή η αγάπη θα έχει καταστρέψει κάθε ψυχολογική φυλακή μέσα στην οποία κρατήσατε αιχμάλωτη την ελεύθερη βούλησή σας, τότε θα έρθει χωρίς να το ζητήσετε. Θα πει: «Η αγάπη σου είναι τόσο εκτυφλωτική, τόσο δελεαστική, που θα ήθελα να έρθω σ' εσένα, αν Μ' αφήνεις».

Έτσι, ο Θεός ως πνευματικός δικτάτορας ποτέ δεν θα χρησιμοποιήσει δύναμη, ούτε θα εμφανιστεί στον κόσμο να δηλώσει: «Είμαι ο Κύριος του Σύμπαντος». Μόνον όταν η ψυχή σας θα καλέσει τον Κύριο και η καρδιά σας θα λιώνει από αγάπη γι' Αυτόν, τότε θα Τον γνωρίσετε.

Λαμβάνοντας τις Απαντήσεις του Θεού στις Προσευχές Σας

Αυτό το άρθρο αποτελεί μια σύνθεση του εισαγωγικού κειμένου που γράφτηκε από τον Παραμαχάνσα Γιογκανάντα για τις αρχικές εκδόσεις του βιβλίου του *Whispers from Eternity* («Ψίθυροι από την Αιωνιότητα»). Στην αναθεωρημένη όγδοη έκδοση, ο Παραμαχάνσατζι έγραψε μια ουσιαστικά νέα Εισαγωγή.

Αν και οι οδηγίες σ' αυτό το άρθρο αναφέρονται ειδικά στις επικλήσεις του βιβλίου *Whispers from Eternity*, οι αρχές που διατυπώνονται διασαφηνίζουν μια επιστήμη προσευχής που μπορεί να εφαρμοστεί απ' όλους όσους αναζητούν θεϊκή βοήθεια για να αλλάξουν τη ζωή τους μέσω της δύναμης της προσευχής.

Ο Θεός έπλασε τον άνθρωπο κατ' εικόνα Του. Όλοι όσοι γνωρίζουν πώς να Τον δεχθούν, μπορούν να συνειδητοποιήσουν τη θεότητα που βρίσκεται μέσα τους σε λανθάνουσα κατάσταση μέσω της διεύρυνσης των δυνάμεων του νου. Καθώς είμαστε παιδιά του Θεού, έχουμε δυνητική εξουσία πάνω σε όλα τα πράγματα στο σύμπαν Του, όπως Αυτός.

Τίθεται το ερώτημα: γιατί πολλές από τις ευχές μας δεν εκπληρώνονται και γιατί πολλά από τα παιδιά του Θεού υποφέρουν τόσο πολύ; Ο Θεός, με τη θεϊκή αμεροληψία Του, δεν θα μπορούσε να έχει κάνει το ένα παιδί Του καλύτερο από το άλλο. Αρχικά έπλασε όλες τις ψυχές ίδιες και κατ' εικόνα Του. Αυτές οι ψυχές έλαβαν επίσης τα μεγαλύτερα δώρα του Θεού: ελευθερία της βούλησης και δυνατότητα να έχουν λογική και να πράττουν ανάλογα.

Κάπου, κάποτε στο παρελθόν, οι άνθρωποι παραβίασαν τους διάφορους νόμους του Θεού και προκάλεσαν τις αντίστοιχες κυρώσεις.

Σε όλους τους ανθρώπους δόθηκε η απόλυτη ελευθερία να χρησιμοποιούν την ανθρώπινη λογική λανθασμένα ή σωστά. Η κακή χρήση της δοθείσας από τον Θεό λογικής οδηγεί στην αμαρτία, η οποία είναι η αιτία των βασάνων· η σωστή χρήση της οδηγεί στην αρετή, τον προάγγελο της ευτυχίας. Ο Θεός, με την άπειρη ευγένειά Του, δεν θα μας τιμωρούσε· εμείς τιμωρούμε τον εαυτό μας μέσω των δικών μας παράλογων πράξεων και ανταμείβουμε τον εαυτό μας μέσω της καλής διαγωγής μας. Μόνο αυτό εξηγεί γιατί η ευθύνη του Θεού έληξε όταν χάρισε στον άνθρωπο λογική και ελεύθερη βούληση.

Ο άνθρωπος χρησιμοποίησε με λανθασμένο τρόπο την ανεξαρτησία που του δόθηκε από τον Θεό κι έτσι οδηγήθηκε στην άγνοια, στον σωματικό πόνο, στον πρόωρο θάνατο και άλλα δεινά. Θερίζει ό,τι σπέρνει. Ο νόμος της αιτίας και του αποτελέσματος εφαρμόζεται σε κάθε ζωή. Κάθε «σήμερα» της ζωής κάποιου καθορίζεται από τις πράξεις τού κάθε «χθες» και όλα τα «αύριο» της ζωής κάποιου εξαρτώνται από τον τρόπο με τον οποίο αντιμετωπίζει και ζει το κάθε «σήμερα».

Έτσι γίνεται και ο άνθρωπος, αν και πλασμένος κατ' εικόνα του Θεού και δυνητικά προικισμένος με τις δυνάμεις Του, μέσω των δικών του σφαλμάτων και των περιορισμών που δημιούργησε ο ίδιος στον εαυτό του, χάνει το κληρονομικό του δικαίωμα να αξιώσει την κυριαρχία πάνω στο σύμπαν του Πατέρα του. Η λανθασμένη χρήση της λογικής και η ταύτιση της ψυχής με το εφήμερο σώμα ή με περιβαλλοντικές ή κληρονομικές επιρροές είναι υπεύθυνες για την απόγνωση και τη δυστυχία του ανθρώπου.

Πώς Ένας Γιος του Θεού Που Ξέχασε τη Θεϊκή Του Καταγωγή Μπορεί να Αφυπνιστεί

Ωστόσο παραμένει γεγονός ότι κάθε ανθρώπινο όν, όσο κι αν εξωτερικά φέρεται με λανθασμένο τρόπο, είναι δυνητικά ένας γιος του Θεού. Ακόμα και ο μεγαλύτερος αμαρτωλός δεν είναι τίποτα άλλο από ένα παιδί του Θεού που δεν έχει αφυπνιστεί, ένας κοιμισμένος αθάνατος που ξέχασε τη θεϊκή του καταγωγή, που αρνείται να δεχθεί το φως Του εξαγνίζοντας τη συνειδητότητά του. Στο κατά Ιωάννη Ευαγγέλιο, Α:12, είναι γραμμένο: «Και σε όσους τον *δέχτηκαν*, σ' αυτούς έδωσε εξουσία να γίνουν τέκνα Θεού, σ' αυτούς που πιστεύουν στο όνομά του».

Ο ωκεανός δεν μπορεί να χωρέσει μέσα σ' ένα δοχείο, εκτός κι αν το δοχείο είναι τόσο μεγάλο όσο ο ωκεανός. Κατά τον ίδιο τρόπο, το δοχείο της ανθρώπινης αυτοσυγκέντρωσης και των ανθρώπινων ικανοτήτων πρέπει να διευρυνθεί ώστε να μπορέσει να γίνει κατανοητός ο Θεός. Η λέξη «*δέχτηκαν*» δηλώνει την ικανότητα που αποκτάται με την ανάπτυξη του εαυτού· είναι κάτι διαφορετικό από την απλή πεποίθηση.

Πώς η Πεποίθηση Ότι Είστε Γιοι του Θεού Μπορεί να Γίνει Συνειδητοποίηση

Το νόημα των λόγων του Απόστολου Ιωάννη είναι ότι οι γιοι του Θεού που είχαν ξεχάσει τη θεϊκή τους καταγωγή και αφυπνίζονται ακολουθώντας τον νόμο της πνευματικής πειθαρχίας, δέχονται ή νιώθουν τον Θεό μέσω της ανεπτυγμένης διαίσθησης και μ' αυτόν τον τρόπο κερδίζουν ξανά τις λανθάνουσες δυνάμεις που έχουν ως γιοι του Θεού. Η άγνοια είναι που κάνει τον άνθρωπο να φαντάζεται ότι είναι μικρός και περιορισμένος. *Η άγνοια είναι η μεγαλύτερη απ' όλες τις αμαρτίες.*

Αυτός που αναγνωρίζει το όνειρό του της ανθρώπινης αδυναμίας και δίνει έμφαση σ' αυτό είναι αυτός που κοιμάται μέσα στην άγνοια. Είναι λάθος για μια ψυχή (μέσα στο ένδυμα του εγώ) να πιστεύει ότι είναι περιορισμένη από το σώμα αντί να *γνωρίζει* ότι είναι τμήμα του απεριόριστου Πνεύματος. Είναι καλό και σωστό να πιστεύει κάποιος ότι είναι γιος του Θεού κι όχι μόνο γιος ενός θνητού γιατί μεταφυσικά είναι αλήθεια ότι ο άνθρωπος ουσιαστικά είναι φτιαγμένος κατ' εικόνα του Θεού. Επομένως είναι σφάλμα να φαντάζεται κάποιος ότι είναι ένα φθαρτό πλάσμα. Ακόμα και μόνο με την πεποίθηση, μπορεί κάποιος σταδιακά να καλλιεργήσει τη διαισθητική του γνώση και κάποια μέρα να συνειδητοποιήσει την αληθινή φύση της ψυχής του ως παιδί του Θεού. Επομένως ένα ξεστρατισμένο παιδί πρέπει να ξεκινήσει πιστεύοντας αυτήν την αλήθεια, καθώς η πεποίθηση είναι η αρχική προϋπόθεση για τη διερεύνηση και τη γνώση μιας αλήθειας.

Όταν κάποιος έχει ένα πρόβλημα, αυτόματα προσεύχεται σ' έναν άγνωστο Θεό και περιμένει ανακούφιση. Αν απαλλαγεί από το πρόβλημά του, ακόμα και τυχαία, πιστεύει πως ο Θεός άκουσε τις προσευχές του και ανταποκρίθηκε σ' αυτές. Αν όμως το αίτημά του δεν εισακουσθεί, μπερδεύεται κι αρχίζει να χάνει την πίστη του στον Θεό.

Η Απαίτηση σε Αντίθεση με την Προσευχή

Ο σκοπός της παρουσίασης εκ μέρους μου αυτών των ιερών απαιτήσεων [στα *Whispers from Eternity*],[1] που ήταν αποτέλεσμα της

---

[1] Παρόμοιες προσευχές-απαιτήσεις υπάρχουν στις *Επιστημονικές Θεραπευτικές Διαβεβαιώσεις* (*Scientific Healing Affirmations*) και στους *Μεταφυσικούς Διαλογισμούς* (*Metaphysical Meditations*), επίσης από τον Παραμαχάνσα Γιογκανάντα (όλα, στα Ελληνικά και στα Αγγλικά, δημοσιευμένα από το Self-Realization Fellowship και διαθέσιμα από εκεί).

Λαμβάνοντας τις Απαντήσεις του Θεού στις Προσευχές Σας

γόνιμης κοινωνίας μου με τον Πατέρα μας σε διάφορες περιπτώσεις, είναι να δώσω τη δυνατότητα στους συνανθρώπους μου να έρθουν σε επαφή μαζί Του αποτελεσματικά. Προτιμώ τη λέξη «απαίτηση» από τη λέξη «προσευχή», επειδή η πρώτη δεν περιέχει την πρωτόγονη και μεσαιωνική ιδέα ενός Θεού που είναι βασιλιάς-τύραννος τον οποίο εμείς σαν ζητιάνοι πρέπει να εκλιπαρούμε και να κολακεύουμε.

Υπάρχει μεγάλη ζητιανιά και άγνοια στη συνηθισμένη προσευχή. Οι άνθρωποι προσεύχονται χωρίς μέθοδο. Λίγοι είναι αυτοί που ξέρουν πώς να προσεύχονται και να συγκινούν τον Θεό με τις προσευχές τους· ούτε ξέρουν αν οι προσευχές τους εισακούσθηκαν ή αν η πορεία των γεγονότων δεν επηρεάστηκε από τις προσευχές. Ούτε κάνουν διάκριση μεταξύ των πραγμάτων που χρειάζονται και των πραγμάτων που θέλουν. Μερικές φορές είναι πολύ καλό που δεν μας δίνονται τα πράγματα που θέλουμε. Ένα παιδί μπορεί να θέλει να αγγίξει τη φωτιά, αλλά η μητέρα δεν το αφήνει για να μην τραυματιστεί.

Ο Θεός, αν και παντοδύναμος, δεν δρα αντίθετα στον νόμο ή αυθαίρετα απλά και μόνο επειδή κάποιος προσεύχεται. Έδωσε ανεξαρτησία στον άνθρωπο, ο οποίος τη χρησιμοποιεί όπως του αρέσει. Το να συγχωρούσε τα ανθρώπινα σφάλματα ώστε να συνεχίζει ο άνθρωπος την κακή συμπεριφορά του χωρίς να έχει συνέπειες, θα σήμαινε ότι ο Θεός είναι ανακόλουθος με τον Ίδιο τον Εαυτό Του – ότι θα αγνοούσε τον νόμο της αιτίας και του αποτελέσματος που εφαρμόζεται στη δημιουργία και δεν θα χειριζόταν τις ανθρώπινες ζωές σύμφωνα με τους νόμους που ο Ίδιος δημιούργησε, αλλά σύμφωνα με ιδιοτροπίες Του. Ούτε μπορεί να συγκινηθεί ο Θεός από κολακείες ή από επαίνους για να αλλάξει την πορεία των αμετάβλητων νόμων Του. Είμαστε λοιπόν υποχρεωμένοι να ζούμε χωρίς την παρέμβαση της θείας χάριτος και του ελέους του Θεού και να παραμένουμε αβοήθητα θύματα των ανθρώπινων αδυναμιών; Πρέπει να αντιμετωπίζουμε αναπόφευκτα τα αποτελέσματα των πράξεών μας, σαν μια προκαθορισμένη απόφαση ή την αποκαλούμενη μοίρα;

Όχι! Ο Κύριος είναι ταυτόχρονα *και νόμος και* αγάπη. Ο πιστός που με αγνή αφοσίωση και πίστη αναζητά την άνευ όρων αγάπη του Θεού και ο οποίος, *επίσης*, εναρμονίζει τις πράξεις του με τον θεϊκό νόμο, θα δεχθεί οπωσδήποτε το εξαγνιστικό άγγιγμα του Θεού που θα αμβλύνει τα αποτελέσματα των πράξεών του. Κάθε αμαρτία και η συνέπειά της μπορεί να συγχωρεθεί για τον πιστό που μετανοεί και που αγαπά τον Θεό αρκετά βαθιά κι έτσι θέτει τη ζωή του σε συντονισμό με τον ελεήμονα Κύριο.

Ο καλύτερος τρόπος δεν είναι ούτε να ζητιανεύουμε για διάφορες χάρες ή για αμνηστία από τις επιπτώσεις των πράξεών μας ούτε να παραιτούμαστε και να καθόμαστε αδρανείς, περιμένοντας τον νόμο της δράσης να συνεχίσει την πορεία του. Ό,τι κάναμε εμείς οι ίδιοι, μπορούμε και να το αναιρέσουμε εμείς οι ίδιοι. Πρέπει να χρησιμοποιήσουμε τα σωστά αντίδοτα για τις δηλητηριώδεις πράξεις μας. Για παράδειγμα η κακή υγεία μπορεί πολλές φορές να ξεπεραστεί αν σεβόμαστε τους νόμους που αφορούν την καλή υγεία. Όταν όμως οι χρόνιες ασθένειες και τα βάσανα είναι πέρα από τον έλεγχο της ανθρώπινης φροντίδας· όταν η δύναμη των ανθρώπινων μεθόδων αποτυγχάνει να θεραπεύσει σωματικές ή νοητικές ασθένειες, αποκαλύπτοντας τις περιορισμένες δυνατότητές της, τότε πρέπει να ζητάμε από τον Θεό να βοηθήσει – Αυτόν που έχει απεριόριστη δύναμη. Και πρέπει να απαιτούμε με αγάπη, ως παιδιά του Θεού, και όχι σαν ζητιάνοι.

Κάθε ικετευτική προσευχή, όσο ειλικρινής κι αν είναι, περιορίζει την ψυχή. Ως παιδιά του Θεού, πρέπει να πιστεύουμε ότι *έχουμε όλα όσα έχει και ο Πατέρας*. Αυτό είναι το κληρονομικό μας δικαίωμα. Ο Ιησούς συνειδητοποίησε την αλήθεια: «Εγώ και ο Πατέρας μου είμαστε ένα». Γι' αυτό και εξουσίαζε τα πάντα, όπως ο Πατέρας του. Οι περισσότεροι από μας εκλιπαρούμε και προσευχόμαστε χωρίς πρώτα να έχουμε αποδεχθεί μέσα στον νου μας το θεϊκό κληρονομικό μας δικαίωμα· γι' αυτό και περιοριζόμαστε από τον νόμο της επαιτείας. Δεν χρειάζεται να ικετεύουμε, αλλά να *αξιώνουμε δικαιωματικά* και να *απαιτούμε* από τον Πατέρα μας αυτό που εξαιτίας της ανθρώπινης φαντασίας μας νομίσαμε ότι χάθηκε.

Είναι αναγκαίο σ' αυτό το στάδιο να εξαλείψουμε τη λανθασμένη αντίληψη αιώνων – ότι είμαστε αδύναμα ανθρώπινα πλάσματα. Πρέπει να σκεφτόμαστε, να διαλογιζόμαστε, να διαβεβαιώνουμε τον εαυτό μας, να πιστεύουμε και να συνειδητοποιούμε καθημερινά ότι είμαστε γιοι του Θεού – και να συμπεριφερόμαστε ανάλογα! Αυτή η συνειδητοποίηση μπορεί να πάρει χρόνο, αλλά πρέπει να αρχίσουμε με τη σωστή μέθοδο κι όχι να παίζουμε με τις πιθανότητες, ακολουθώντας την αντιεπιστημονική επαιτεία των προσευχών και συνεπώς να διακατεχόμαστε από τη δυσπιστία, τις αμφιβολίες, ή τις αυταπάτες της δεισιδαιμονίας. Μόνον όταν το εγώ που κοιμάται αρχίσει να αντιλαμβάνεται τον εαυτό του όχι ως σώμα αλλά ως μια ελεύθερη ψυχή ή ως παιδί του Θεού που κατοικεί μέσα στο σώμα και λειτουργεί μέσα απ' αυτό, μπορεί δικαιωματικά και νόμιμα να απαιτήσει τα θεϊκά του δικαιώματα.

Η Έντονη Προσοχή και Αφοσίωση Είναι Απαραίτητες

Αυτές οι ιερές απαιτήσεις αποκαλύπτουν μερικούς από τους τρόπους προσευχής της ψυχής που βρήκαν ανταπόκριση από τον Θεό. Ωστόσο δεν είναι αρκετό να απαιτεί κάποιος απλώς με τα λόγια κάποιου άλλου. Όταν κάποιος συναντά την αγαπημένη του, δεν πρέπει να βασίζεται σ' ένα βιβλίο σχετικά με την αγάπη, αλλά θα πρέπει να χρησιμοποιεί την αυθόρμητη γλώσσα της καρδιάς του. Αν κάποιος χρησιμοποιεί τη γλώσσα της αγάπης κάποιου άλλου όταν απευθύνεται στον Θεό, πρέπει να κάνει τις λέξεις δικές του, κατανοώντας απόλυτα το νόημά τους και εντρυφώντας σ' αυτό με την ύψιστη συγκέντρωση και αγάπη· όπως ακριβώς δεν είναι λάθος να απευθύνεται κάποιος στην αγαπημένη του χρησιμοποιώντας τα λόγια ενός μεγάλου ποιητή, αν τα έχει περιβάλει με τη δική του αγάπη και το δικό του συναίσθημα.

Η τυφλή επανάληψη απαιτήσεων ή διαβεβαιώσεων, χωρίς τη συνακόλουθη αφοσίωση ή αυθόρμητη αγάπη, μετατρέπει κάποιον σ' ένα «προσευχόμενο γραμμόφωνο», το οποίο δεν γνωρίζει τι σημαίνει η προσευχή του. Το να προφέρουμε μονότονα τις προσευχές μας μηχανικά ενώ μέσα μας σκεφτόμαστε κάτι άλλο δεν φέρνει ανταπόκριση από τον Θεό. Η τυφλή επανάληψη, η μάταιη αναφορά του ονόματος του Θεού, δεν έχει κανένα αποτέλεσμα. Η επανάληψη μιας απαίτησης ή προσευχής ξανά και ξανά, νοητικά ή προφορικά και με ολοένα και βαθύτερη προσοχή και αφοσίωση, προσδίδει πνευματικότητα στην προσευχή και μετατρέπει τη συνειδητή επανάληψη, που γίνεται με πίστη, σε υπερσυνείδητη εμπειρία.

Το Θεϊκό Ον δεν μπορεί να εξαπατηθεί από μια παρωδία προσευχής γιατί είναι η πηγή όλων των σκέψεων. Δεν μπορεί να δωροδοκηθεί ποτέ, εντούτοις είναι εύκολο να Το συγκινήσουμε με ειλικρίνεια, επιμονή, αυτοσυγκέντρωση, αφοσίωση, αποφασιστικότητα και πίστη. Περαιτέρω, η μηχανική επανάληψη μιας μακράς, διανοητικής προσευχής αναπτύσσει υποκρισία· και το να προσεύχεστε ή να ζητάτε χωρίς να κατανοείτε αυτά που λέτε οδηγεί σε άγνοια, φανατισμό και δεισιδαιμονία. Η επανάληψη μιας απαίτησης με ολοένα και βαθύτερη αυτοσυγκέντρωση και πίστη δεν είναι μηχανική επανάληψη, αλλά μια διαφοροποιούμενη, προοδευτικά αυξανόμενη δύναμη και νοητική προετοιμασία η οποία, βήμα προς βήμα, επιστημονικά, φτάνει στον Θεό.

Αυτές οι ιερές απαιτήσεις είναι λογικά, λατρευτικά, βαθιά ξεσπάσματα της ψυχής. Αν κάποιος προετοιμάσει τον νου με αυτοσυγκέντρωση και μετά, βαθιά, με ολοένα και αυξανόμενη πίστη και αφοσίωση, νοητικά (ή μεγαλόφωνα, σε συγκεντρώσεις), διαβεβαιώνει αυτές τις επιστημονικές θεϊκές απαιτήσεις, σίγουρα θα έχει αποτελέσματα. Το να εδραιώσετε ξανά την ενότητά σας με τον Θεϊκό Πατέρα, ως παιδιά του Θεού, είναι η πιο σημαντική απαίτησή σας. Συνειδητοποιήστε αυτήν την αλήθεια και θα λάβετε τα πάντα.

Απαιτείτε Ασταμάτητα και Θα Λάβετε

Αφού φυτέψετε τον σπόρο-απαίτηση στο χώμα της πίστης, μην τον βγάζετε κάθε τόσο για να τον εξετάσετε, γιατί δεν θα βλαστήσει και δεν θα φέρει ποτέ καρπούς. Να φυτεύετε τον σπόρο-απαίτηση στην πίστη και να τον ποτίζετε με καθημερινές πνευματικές πρακτικές, απαιτώντας με τον σωστό τρόπο. Ποτέ μην αποθαρρύνεστε αν δεν είναι αμέσως ορατά τα αποτελέσματα. Να είστε σταθεροί στις απαιτήσεις σας και θα κερδίσετε ξανά τη χαμένη θεϊκή κληρονομιά σας· και τότε, και μόνον τότε, η Μεγάλη Ικανοποίηση θα επισκεφθεί την καρδιά σας. Να απαιτείτε μέχρι να εδραιώσετε τα θεϊκά δικαιώματά σας. Να απαιτείτε ακατάπαυστα αυτό που σας ανήκει και θα το λάβετε.

Για να απαιτείτε σωστά, δεν πρέπει να αφήνετε χώρο για δεισιδαιμονία, απογοήτευση, ή αμφιβολία. Μόλις μάθετε να χειρίζεστε την αλυσίδα των νόμων που συγκινούν αποτελεσματικά τον Θεό, θα ξέρετε ότι δεν ήταν Εκείνος που κρυβόταν από σας, αλλά ότι εσείς κρυβόσασταν από Εκείνον πίσω από τη σκιά του σκότους που οι ίδιοι δημιουργήσατε στον εαυτό σας. Μόλις νιώσετε, μέσω διαισθητικής *γνώσης*, ότι είστε γιοι του Θεού, τότε, με τη σταθερή προσπάθεια της νοητικής πειθαρχίας και του λατρευτικού διαλογισμού θα έχετε κυριαρχία σε όλα τα πράγματα.

Αν η απαίτησή σας δεν εκπληρωθεί, δεν απαντηθεί, να κατηγορείτε μόνο τον εαυτό σας και τις παλιές πράξεις σας. Μην αποκαρδιώνεστε. Μη λέτε ότι παραδοθήκατε στη μοίρα ή σε προκαθορισμένες προσταγές ενός ιδιότροπου Θεού, αλλά να αγωνίζεστε, με αυξανόμενη προσπάθεια μετά από κάθε αποτυχία, να πάρετε αυτό που δεν έχετε – αυτό που δεν λάβατε εξαιτίας των δικών σας λαθών, αλλά το οποίο είναι ήδη δικό σας στο Πνεύμα. Απαιτήστε με ιερή αφοσίωση την αναγνώριση του κληρονομικού σας δικαιώματος σαν παιδιά του Θεού.

Το να ξέρετε ακριβώς πώς και πότε να προσεύχεστε, ανάλογα με τη φύση των αναγκών σας, είναι αυτό που φέρνει τα επιθυμητά αποτελέσματα. Όταν εφαρμόζεται η σωστή μέθοδος, θέτει σε κίνηση τους κατάλληλους νόμους του Θεού· η λειτουργία αυτών των νόμων φέρνει αποτελέσματα με επιστημονική ακρίβεια.

Μερικές Πρακτικές Συμβουλές

Επιλέξτε μια απαίτηση από τις περιεχόμενες ανάλογα με την ανάγκη σας. Καθίστε ακίνητοι σε μια ίσια καρέκλα, με τη σπονδυλική στήλη ευθυτενή, και ηρεμήστε τον νου σας. Διότι όπως ένα βρεγμένο σπίρτο δεν μπορεί να ανάψει, έτσι και ο νους που είναι διαποτισμένος με αμφιβολία και νευρικότητα είναι ανίκανος να παραγάγει τη φωτιά της αυτοσυγκέντρωσης, ακόμα κι αν κάνετε τεράστιες προσπάθειες για να ανάψετε τη συμπαντική σπίθα.

Η φλόγα της έμπνευσης είναι κρυμμένη μέσα στις σειρές των προσευχών-απαιτήσεων σ' αυτό το βιβλίο· εφόσον όμως παρουσιάζονται μέσω του βουβού μελανιού πάνω σε τυπωμένο χαρτί και μέσω διανοητικών εννοιών, πρέπει κάποιος να χρησιμοποιήσει τη δική του διαίσθηση και αφοσίωση για να φέρει στην επιφάνεια την εσωτερική φλόγα τους. Με την κατά Χριστόν προσταγή της βαθιάς διαισθητικής σας αντίληψης, αναστήστε την εσώτατη, μύχια ουσία των λέξεων από τον τάφο των κενών, διανοητικών εννοιών.

Άνθρωποι με διαφορετικό νου που θα διαβάσουν την ίδια προσευχή μπορεί να την ερμηνεύσουν διαφορετικά. Ο αχανής ωκεανός της αλήθειας μπορεί να μετρηθεί και να γίνει αντιληπτός μόνο ανάλογα με τη δυνατότητα της προσωπικής νοημοσύνης και αντίληψης κάποιου. Παρόμοια, την έμπνευση πίσω απ' αυτές τις προσευχές-απαιτήσεις θα τη νιώσει κάποιος ανάλογα με τα βάθη της δικής του διαίσθησης και του δικού του συναισθήματος.

Για να επωφεληθείτε πλήρως από τη θεϊκή ζεστασιά που βρίσκεται μέσα σ' αυτές τις προσευχές-απαιτήσεις, θα πρέπει να παίρνετε μόνο μια παράγραφο κάθε φορά από κάθε απαίτηση, να σχηματίζετε μια νοερή εικόνα του νοήματός της, να οραματίζεστε το διάνθισμα της ομιλίας και να διαλογίζεστε βαθιά σ' αυτό, μέχρι που να αναδυθεί η διάπυρη ουσία, ελεύθερη από τους περιορισμούς των λέξεων.

Μπορεί κάποιος να θελήσει να διαβάσει ολόκληρη την προσευχή-απαίτηση για να έχει μια γρήγορη εικόνα ολόκληρου του νοήματός της. Αν όμως τη διαβάσει πάλι και πάλι, πολλές φορές, και μετά με κλειστά τα μάτια προσπαθήσει επανειλημμένα να *νιώσει* τη βαθιά

έμπνευση μέσα της, θα καταστήσει αυτήν την προσευχή πνευματική
– δηλαδή θα εγείρει την έμπνευση που είναι κρυμμένη πίσω από το
συμπαγές κάλυμμα των λέξεων.

Με τα μάτια κλειστά και ανασηκωμένα στο σημείο της πνευματικής αυτοσυγκέντρωσης ανάμεσα στα φρύδια, να διαλογίζεστε πάνω στο νόημα της απαίτησης που επιλέξατε μέχρι να γίνει τμήμα σας. Καθώς διαλογίζεστε πάνω στην απαίτηση, διαποτίστε την με αφοσίωση. Καθώς ο διαλογισμός σας βαθαίνει, αυξήστε την αφοσίωσή σας και προσφέρετε νοητικά την απαίτηση ως ένα ξέσπασμα της ψυχής σας. Πλημμυρήστε τον εαυτό σας με την πίστη ότι τη λαχτάρα της καρδιάς σας, όπως εκφράζεται μέσω αυτής της συγκεκριμένης απαίτησης, τη νιώθει ο Θεός.

Να νιώθετε ότι πίσω από την οθόνη της λατρευτικής σας απαίτησης ο Θεός ακούει τις σιωπηλές λέξεις της ψυχής σας. Να το νιώθετε αυτό! Γίνετε ένα με την απαίτηση της καρδιάς σας – και να είστε ολοκληρωτικά πεπεισμένοι ότι ο Θεός σάς άκουσε. Μετά να εκτελείτε τα καθήκοντά σας χωρίς να ψάχνετε να δείτε αν ο Θεός θα εισακούσει την απαίτησή σας. Να πιστεύετε απόλυτα ότι άκουσε την απαίτησή σας και ότι θα μάθετε πως ό,τι έχει ο Θεός είναι και δικό σας. Να διαλογίζεστε στον Θεό ασταμάτητα· και όταν Τον *νιώσετε*, θα αποκτήσετε τη νόμιμη κληρονομιά σας ως θεϊκά παιδιά Του.

Καθημερινά Άνθη από το Πάντα Ζωντανό Φυτό των Προσευχών-Απαιτήσεων

Αυτές οι απαιτήσεις μού δόθηκαν από τον Οικουμενικό Πατέρα· δεν είναι δικές μου. Απλώς τις ένιωσα και τις εξέφρασα με λέξεις για να μπορέσω να τις μοιραστώ μαζί σας. Εμπεριέχουν την ευλογία μου· και προσεύχομαι να φέρουν μια απάντηση που θα νιώσετε σαν μια νότα πάνω στις χορδές της καρδιάς σας, ώστε να τις νιώσετε όπως τις ένιωσα κι εγώ.

Οι προσευχές-απαιτήσεις είναι σαν τα αιώνια ζωντανά φυτά που ασταμάτητα βγάζουν νέα άνθη. Ένα φυτό προσευχής διατηρεί τα ίδια κλαδιά λέξεων, αλλά καθημερινά παράγει φρέσκα τριαντάφυλλα θεϊκής αντίληψης και έμπνευσης, αρκεί κάποιος να το ποτίζει τακτικά με διαλογισμό. Το φυτό-προσευχή πρέπει επίσης να προστατεύεται από την καταστροφή της αμφιβολίας, της απόσπασης του νου από την αυτοσυγκέντρωσή του, της νοητικής νωθρότητας, της αναβολής του διαλογισμού «για αύριο» (το «αύριο» που ποτέ δεν έρχεται), της αφηρημάδας και της περιπλάνησης σε διάφορες σκέψεις για άλλα θέματα κατά την ώρα που φαντάζεστε ότι ο νους είναι προσηλωμένος στην προσευχή με όλη τη δύναμη της ψυχής.

Τέτοια παράσιτα στα φυτά-προσευχές πρέπει να καταστρέφονται με την πίστη, την αφοσίωση στον Θεό, τον αυτοέλεγχο, την αποφασιστικότητα και την πίστη στη διδασκαλία. Τότε μπορούν να μαζεύονται καθημερινά τριαντάφυλλα αθάνατης έμπνευσης από τα φυτά αυτών των προσευχών-απαιτήσεων.

Ω αναζητητή της αφύπνισης της ψυχής! Μείνε ακίνητος κι άσε τον Θεό να σου απαντήσει μέσω της συντονισμένης με τη διαίσθηση ψυχής σου. Μάθε πώς να Τον γνωρίσεις, γνωρίζοντας τον αληθινό σου Εαυτό.

Ο Σοφός Τρόπος να Υπερβείτε το Κάρμα

Στον Ναό του Self-Realization Fellowship στο Χόλυγουντ, Καλιφόρνια, 6 Ιουνίου 1943

Πολλά έχουν γραφτεί για τον νόμο του κάρμα. Φοβάμαι όμως πως η θεωρία του κάρμα, όπως έχει εξηγηθεί σοφά από τους Δασκάλους της Ινδίας, έχει διαστρεβλωθεί τόσο πολύ από ανθρώπους που δεν την κατάλαβαν, που οι άνθρωποι της Δύσης έχουν αποκομίσει μια λανθασμένη ιδέα σχετικά μ' αυτή τη σπουδαία συμπαντική αρχή της αιτίας και του αποτελέσματος. Έχετε υποβαθμίσει τη λέξη *κάρμα* σ' ένα περιορισμένο νόημα, που αναφέρεται μόνο στο παρελθόν. Αυτό όμως είναι λάθος. *Κάρμα* γενικά σημαίνει δράση, όχι απλά τα αποτελέσματα παλιών πράξεων. Μπορεί να αναφέρεται σε πράξη που έγινε στο παρελθόν ή που γίνεται τώρα ή που μπορεί να γίνει στο μέλλον. Όταν λέτε «νερό», μπορεί να αναφέρεστε στο νερό γενικά ή στο αλμυρό νερό ή σε οποιοδήποτε άλλο είδος νερού. Έτσι και η αληθινή έννοια της λέξης *κάρμα* είναι οποιαδήποτε πράξη κάνετε· και είναι επίσης το άθροισμα όλων των πράξεών σας, καλών και κακών, παλιών και τωρινών. Οι πράξεις που εκτελείτε τώρα λέγονται *τωρινό* κάρμα. Οι πράξεις που έχουν ήδη γίνει λέγονται *παλιό* κάρμα. Κι όταν αναφέρεστε στα *αποτελέσματα* των παλιών πράξεων, θα πείτε: «Αυτό είναι το αποτέλεσμα του παλιού μου κάρμα». Ακόμα και τότε, δεν λέτε τι είδους κάρμα – ευεργετικό ή επιζήμιο.

Κατόπιν αναφύεται το ερώτημα: Ποια είναι τα ελατήρια των πράξεων; Τι είναι αυτό που σας επηρεάζει να πράττετε και να συμπεριφέρεστε μ' έναν ορισμένο τρόπο; Τώρα μπήκαμε στην καρδιά του θέματος.

Πράττετε μ' έναν συγκεκριμένο τρόπο σήμερα και λέτε: «Έτσι έκανα σ' όλη μου τη ζωή». Μπαίνουμε σε πιο βαθιά νερά αν σας ζητήσω να σκεφτείτε τι σας επηρέασε να πράττετε έτσι. Λειτουργείτε με δύο τρόπους: παρακινούμενοι από την ελεύθερη βούλησή σας και από επιρροές. Είναι τόσο πολλές οι λεπτοφυείς επιρροές που είναι συνυφασμένες με τις αποφάσεις σας, που είναι πολύ δύσκολο να κρίνετε ποιες πράξεις εκτελείτε σύμφωνα με τη δική σας ελεύθερη επιλογή και ποιες εκτελείτε κάτω από καρμικές παρορμήσεις του παρελθόντος ή οποιεσδήποτε άλλες επιρροές.

Είναι σπάνιο να βρει κάποιος έναν αληθινά «ελεύθερο» άνθρωπο. Οι περισσότεροι νομίζουν πως είναι ελεύθεροι, ενώ ο νους τους είναι απόλυτα δεμένος με ψυχολογικές αλυσίδες. Απ' αυτές είναι δυσκολότερο να απαλλαγεί κάποιος απ' ό,τι από τις συνηθισμένες αλυσίδες· διότι είναι τόσο λεπτοφυείς, που είναι δύσκολο ακόμα και να τις αναγνωρίσει, πόσο μάλλον να τις καταστρέψει! Απαιτείται μεγάλη γνώση για να εξαλειφθούν αυτοί οι ψυχολογικοί περιορισμοί.

Μπορεί να υπάρχουν εκατομμύρια χρόνια πράξεων παρελθόντων ζωών που να σας καταδιώκουν. Αυτός είναι ο λόγος για τον οποίο ένας συνηθισμένος άνθρωπος βλέπει ότι είναι τόσο αβοήθητος στο να καταστρέψει τα δεσμευτικά αποτελέσματα του κάρμα του. Νιώθει απελπιστικά δεμένος μ' αυτές τις αόρατες αλυσίδες – επιρροές που προκύπτουν απ' όλες τις πράξεις που επέλεξε να κάνει σε προηγούμενες ζωές με τη ελεύθερη βούλησή του ή εξαιτίας επιρροών που κυριαρχούσαν πάνω του.

Οι πράξεις που εκτελέσατε στο παρελθόν βρίσκονται μέσα στον εγκέφαλό σας με τη μορφή εντυπωμένων ροπών. Η διάγνωση αυτών των καρμικών επιρροών δεν είναι απλό θέμα. Σύμφωνα όμως με τα βασικά χαρακτηριστικά σας, τις τάσεις σας και τις ψυχολογικές διαθέσεις σας, μπορείτε να ανιχνεύσετε ποιες προδιαθέσεις σάς επηρεάζουν και πόσο δυνατή επιρροή ασκούν στην τωρινή σας ζωή και τις τωρινές σας πράξεις.

Οι Επιρροές Πάνω στην Ελευθερία της Δράσης του Ανθρώπου

Τώρα, επιπρόσθετα στο κάρμα σας του παρελθόντος, ποιες είναι οι επιρροές πάνω στην τωρινή σας ζωή; Μία απ' αυτές είναι ο παγκόσμιος πολιτισμός. Σε οποιαδήποτε εποχή γεννιέται ο άνθρωπος, επηρεάζεται από τον συγκεκριμένο πολιτισμό της. Αν κάποιος είναι γεννημένος τον δέκατο όγδοο αιώνα, επηρεάζεται απ' αυτόν τον αιώνα. Για παράδειγμα, όλοι ντύνεστε σύμφωνα με τον σημερινό πολιτισμό. Έχετε πιο πολλά ρούχα για να διαλέξετε απ' ό,τι σε προηγούμενους αιώνες. Σκέφτεστε πιο πολύ την άνεση και την κομψότητα παρά την εξασφάλιση ζεστασιάς και άλλων αναγκών. Παρόμοια, όλοι τρώτε τώρα ακολουθώντας τις σύγχρονες διατροφικές συνήθειες· για παράδειγμα, δεν μιλούσε κανένας για βιταμίνες τον έκτο αιώνα. Επομένως η τωρινή σας συνειδητότητα και οι τωρινές σας πράξεις ή συμπεριφορά επηρεάζονται από τη σημερινή κοινωνία.

Η επόμενη ισχυρή επιρροή πάνω στον άνθρωπο είναι η εθνικότητα. Η ψυχή ταυτίζεται με το σώμα και λέει: «Είμαι Αμερικανός» ή «Είμαι Ινδός» και ούτω κάθε εξής. Δεν είναι εύκολο να απαλλαγείτε απ' αυτήν την επιρροή, αυτήν την ταύτιση. Γιατί όμως θα πρέπει να σκέφτεστε ότι είστε Αμερικανοί ή Ινδοί ή Γάλλοι; Και γιατί εγώ σκεφτόμουν ότι ήμουν Ινδός; Βλέπετε, λέω «σκεφτόμουν»· διότι είμαι ένα με όλη την ανθρωπότητα. Εκπαίδευσα τον εαυτό μου μ' αυτόν τον τρόπο – να μην είμαι προκατειλημμένος από εθνικότητα, φυλή ή οτιδήποτε άλλο περιορίζει την οικουμενικότητα της ψυχής. Σας λέω με έμμεσο τρόπο πώς να υπερβείτε κι εσείς το κάρμα σας: Πάντα να έχετε οικουμενική νοοτροπία και συνήθειες ζωής. Τότε θα γίνετε ελεύθεροι.

Η ψυχή έχει φορέσει πολλά ενδύματα: σήμερα είστε Αμερικανοί και στην επόμενη ζωή πιθανόν Κινέζοι και ούτω κάθε εξής. Γι' αυτό είναι ασύνετο να μισούμε οποιαδήποτε εθνικότητα, γιατί το μίσος προσελκύει, όπως προσελκύει η αγάπη. Οτιδήποτε μισείτε, το προσελκύετε στον εαυτό σας ώστε να ξεπεράσετε αυτήν την προκατάληψη. Αυτός είναι ο νόμος. Για παράδειγμα, αυτοί που μισούν τη μαύρη φυλή θα γεννηθούν σ' αυτή τη φυλή – οπωσδήποτε. Όσο μεγαλύτερο είναι το μίσος, τόσο πιο ισχυρή θα είναι η καρμική έλξη προς το αντικείμενο του μίσους. Η προέλευση των ανοιχτόχρωμων και σκουρόχρωμων φυλών επηρεάστηκε από τις κλιματικές συνθήκες. Το κλίμα θα αλλάξει τόσο πολύ που θα είναι φυσικό να βλέπει κάποιος ανοιχτόχρωμες φυλές στην Ανατολή και σκουρόχρωμες στη Δύση. Αυτό θα συμβεί· αλλά σε πολλά χρόνια από τώρα.

Ύστερα, ο άνθρωπος επηρεάζεται από την κοινότητα μέσα στην οποία ζει. Επηρεάζεται από τους γείτονές του: Αν ζει σε μια αριστοκρατική συνοικία, τείνει να φέρεται αριστοκρατικά· αν ζει ανάμεσα σε επιχειρηματίες, συμπεριφέρεται όπως αυτοί. Διαφορετικοί τύποι ανθρώπων έχουν διαφορετικά είδη συνηθειών που σας επηρεάζουν. Αν συναναστρέφεστε με καλλιτέχνες, θα νομίζετε ότι αυτός είναι ο μόνος τρόπος ζωής. (Δεν καταδικάζω τους καλλιτέχνες, αλλά πρέπει να είναι πιο πρακτικοί. Δεν μπορείς να ζεις μόνο με την ομορφιά. «Κοιμήθηκα και ονειρεύτηκα ότι η ζωή ήταν Ομορφιά· ξύπνησα και είδα ότι η ζωή είναι Καθήκον».[1] Πρέπει να βλέπετε ομορφιά στο καθήκον.) Αν μείνετε στη συντροφιά πνευματικών ανθρώπων θα κάνετε πνευματικές σκέψεις. Το περιβάλλον είναι πιο δυνατό από τη δύναμη της θέλησης. Αν θέλετε να στραφείτε προς την πνευματικότητα, αναζητήστε καλή παρέα και μη συναναστρέφεστε με όσους μπορεί να σας επηρεάσουν με τις κακές τους συνήθειες.

Επηρεάζεστε επίσης πολύ από την οικογένειά σας. Νομίζετε ότι ανήκετε σε μια συγκεκριμένη ομάδα ατόμων, το σύνολο της οικογένειας. Έχουν βάλει πάνω σας μια ταμπέλα και σας φορτώνουν με τις συνήθειές τους.

Τέλος, όλοι είναι μεθυσμένοι με κάποιες συνήθειες. Μερικές φορές ο άνθρωπος είναι τρελός για χρήματα και μερικές φορές τρελαίνεται για αγάπη, για δόξα και ούτω κάθε εξής – όλη την ώρα χτυπιέται και βομβαρδίζεται από την επιρροή των πράξεων που συνήθισε να κάνει σ' αυτή τη ζωή και στις προηγούμενες ζωές. Αυτή είναι η ύπνωση του κάρμα.

Ανακτώντας τη Δοθείσα από τον Θεό Ελευθερία Σας

Πού είναι η ελευθερία σας; Πόσο λίγη σας έχει μείνει! Η ελευθερία που σας έδωσε ο Θεός σαν παιδιά Του, να αγγίζετε τον γαλαξία και να νιώθετε την παρουσία σας στα λουλούδια και στ' αστέρια! – αυτή η ελευθερία χάθηκε εντελώς εξαιτίας των πολλών επιρροών πάνω σας.

Οι περισσότεροι άνθρωποι είναι σαν ψυχολογικές αντίκες, εύθραυστοι με ριζωμένες ιδέες, με ριζωμένες επιρροές. Μόλις τους βάζεις στη θέση τους με επιχειρήματα, καταρρέουν. Γι' αυτό οι Ινδοί μας αστρολόγοι λένε πως είμαστε μαριονέτες. Δεν το πιστεύω αυτό. Πιστεύω ότι μπορείτε να καταστρέψετε οποιοδήποτε κάρμα θέλετε. Αν κλείσετε όλες τις πόρτες και τα παράθυρα ενός δωματίου, θα υπάρχει εκεί σκοτάδι. Αν όμως φέρετε μέσα το φως, αυτό το σκοτάδι θα εξαφανιστεί στη στιγμή. Ακόμα και το σκοτάδι που έμεινε σε μια σπηλιά για χιλιάδες χρόνια εξαφανίζεται αμέσως μόλις έρθει μέσα το φως. Τι θα πείτε; Ότι χρειάζονται εκατό χρόνια για να μπορέσει το φως να εξαφανίσει το σκοτάδι των αιώνων; Αυτό είναι ανοησία.

Έτσι, μπορεί να έχουμε κάρμα από προηγούμενες ζωές, σε οποιονδήποτε πολιτισμό, εθνικότητα, κοινότητα και οικογένεια έχουμε ζήσει· και από τον τωρινό πολιτισμό, εθνικότητα, κοινότητα και οικογένεια·

---

[1] Από το *"Beauty and Duty"* («Ομορφιά και Καθήκον»), της Ellen Sturgis Hooper (1816-1841).

αν όμως *συνειδητοποιήσουμε* ότι είμαστε θεοί, θα ελευθερωθούμε απ' αυτό το κάρμα τώρα. Κάθε ανθρώπινο ον είναι φτιαγμένο κατ' εικόνα του Θεού. Αν βρείτε αυτήν την εικόνα μέσα σας, πώς μπορείτε να έχετε κάρμα; Ο Θεός, ως ο Κυρίαρχος αυτού του σύμπαντος, δεν έχει κάρμα· αν γνωρίζετε ότι είστε ένα με τον Θεό, δεν μπορεί να υπάρχει κάρμα για σας.

Ένα δηλητηριώδες φίδι δεν επηρεάζεται από το δηλητήριο μέσα του. Είναι επίσης αλήθεια ότι ενώ η αυταπάτη ή *μάγια* βρίσκεται εκδηλωμένη στη δημιουργία του Θεού και μας επηρεάζει, δεν επηρεάζει Εκείνον. Αυτό δεν είναι δίκαιο, έτσι δεν είναι; Αυτός είναι ο λόγος για τον οποίο πρέπει να μας δώσει τη λύτρωση· αυτή δεν θα έρθει όμως αν δεν την απαιτήσουμε.

Αφού είμαστε πλασμένοι κατ' εικόνα του Θεού, μπορούμε να ελευθερωθούμε από το κάρμα, αρκεί να αξιώσουμε απ' Αυτόν τη θεϊκή κληρονομιά μας. Έχετε οδηγηθεί στο να πιστεύετε ακριβώς το αντίθετο. Με το να πιστεύετε στο κάρμα, του δίνετε δύναμη. Γιατί να πιστεύετε ότι είστε περιορισμένοι; Θα πρέπει να σκέφτεστε: «Δεν είμαι θνητό πλάσμα· είμαι ένα παιδί του Θεού». Τότε κόβετε το κάρμα από τη ρίζα: «Πέρα από τα πετάγματα της φαντασίας, δεν έχω μορφή, διεισδύω σε όλα τα μέλη της ζωής. Δεν λαχταρώ ελευθερία, δεν φοβάμαι τα δεσμά. Διότι είμαι ελεύθερος – πάντα συνειδητή, πάντα ανανεούμενη Μακαριότητα. Είμαι ελεύθερος. Είμαι Αυτός, είμαι Αυτός, Ευλογημένο Πνεύμα, είμαι Αυτός».[2] Μόλις όμως ενδίδετε στην αυταπάτη ότι είστε ανθρώπινα πλάσματα, επιτρέπετε σε όλο το κάρμα του παρελθόντος να σας ζώνει.

Αυτή η ζωή είναι ένα κρησφύγετο κλεφτών· οι επιρροές του σας κλέβουν τη θεϊκή κληρονομιά σας. Όταν πείτε: «Δεν ανήκω εδώ» και κάνετε την προσπάθεια να βγείτε έξω, θα πάψετε να είστε αιχμάλωτοι χωρίς τη θέλησή σας.

Περισώστε την Ελευθερία Σας με Σοφία και Διάκριση

Πρέπει να περισώσετε την ελευθερία σας. Όταν πήρατε ορισμένες αποφάσεις, μπορέσατε να τις τηρήσετε; Αν όχι, είστε περιορισμένοι από το κάρμα. Αν όμως καταφέρατε να κάνετε τα πράγματα που θέλατε, καθοδηγούμενοι από τη διάκρισή σας –και όχι εξαιτίας των επιρροών του παλιού ή του τωρινού κάρμα σας ή εξαιτίας της εθνικής ή κοινωνικής ή οικογενειακής ζωής– αυτό είναι ελευθερία. Να κρίνετε τα

---

[2] Παράφραση από έναν πολύ γνωστό σανσκριτικό ύμνο του Σουάμι Σάνκαρα.

Ο Σοφός Τρόπος να Υπερβείτε το Κάρμα

πάντα από τη σκοπιά της διάκρισης και της σοφίας. Μην αφήνετε τις πράξεις σας να κυβερνώνται από συνήθειες ή τυφλή υπακοή σε κοινωνικά έθιμα ανάλογα με το τι σκέφτονται οι άλλοι. Να είστε ελεύθεροι.

Κάπου κάπου βλέπετε κάποιον ελεύθερο άνθρωπο – έναν που δεν πράττει ανάλογα με τη γνώμη των άλλων, έναν που είναι ελεύθερος γιατί οι πράξεις του δεν επηρεάζονται από τίποτα άλλο παρά μόνο από τη σοφία. Εκεί φάνηκε το μεγαλείο του Μαχάτμα Γκάντι. Όταν πήγε στην Αγγλία και επισκέφτηκε τον βασιλιά και τη βασίλισσα, δεν φόρεσε κοστούμι όπως ήταν το έθιμο. Τον δέχθηκαν με το απλό του χωριάτικο περίζωμα και το σάλι του. Απολαμβάνει μεγάλη ελευθερία γιατί ζει τα ιδανικά του και δεν περιορίζεται από κοινωνικά έθιμα.

Όποτε κάνετε οτιδήποτε, να ρωτάτε τον εαυτό σας αν το κάνετε απλά εξαιτίας του τι θα σκεφτούν οι άλλοι για σας ή αν ακολουθείτε τη σοφή διάκριση. Αυτό είναι το κριτήριο σύμφωνα με το οποίο ενεργώ. Ακόμα και ως Αμερικανοί που γεννηθήκατε μέσα στην ελευθερία, δεν ξέρετε τι είναι πραγματική ελευθερία. Πολλοί πιστεύουν ότι μπορούν να κάνουν ό,τι τους έρχεται στον νου – και νομίζουν ότι αυτό είναι ελευθερία. Η αληθινή ελευθερία όμως έγκειται στο να κάνετε αυτό που πρέπει να κάνετε, όταν πρέπει να το κάνετε. Αλλιώς είστε δούλοι. Να ενεργείτε πάντα μόνο με γνώμονα με σοφία. Αν δεν μπορείτε να το κάνετε αυτό, θα παραμείνετε σκλάβοι για αιώνες μετενσαρκώσεων.

Το να ακολουθείτε τη σοφία δεν σημαίνει ότι πρέπει να επιβάλλετε με το ζόρι στους άλλους τις πεποιθήσεις σας. Να μοιράζεστε την αλήθεια όταν αυτή είναι ευπρόσδεκτη και οι άλλοι ζητούν να τη μάθουν. Αλλιώς, μάθετε να μένετε σιωπηλοί· να κρατάτε τις συμβουλές σας για τον εαυτό σας. Όταν όμως νιώθετε ότι πρέπει να μιλήσετε, μιλήστε. Εναντιωθείτε σ' όλο τον κόσμο αν είναι απαραίτητο. Ο Γαλιλαίος είπε ότι η γη γυρίζει γύρω από τον ήλιο· και τον σταύρωσαν γι' αυτό. Αργότερα ανακαλύφθηκε πως είχε δίκιο. Μην κάνετε όμως τίποτα με κίνητρο την υπερηφάνεια. Αυτό συνεπάγεται την πτώση σας.

Μάθετε να Πράττετε με Σοφία Συντονιζόμενοι με Έναν Αληθινό Γκουρού

Σε κάθε σας πράξη να καθοδηγείστε από σοφία· ποτέ από επιθυμία να βλάψετε κάποιον. Αν όμως κάποιος πληγώθηκε επειδή κάνατε το σωστό, μη φοβάστε· θα δώσετε λογαριασμό μόνο στον εαυτό σας, σε κανέναν άλλον. Ακόμα και ο Θεός δεν είναι ο κριτής σας· εσείς είστε οι κριτές του εαυτού σας. Αν πράττετε λανθασμένα, θα τιμωρήσετε τον εαυτό σας. Αν πράττετε σωστά, θα ελευθερώσετε τον εαυτό σας. Αυτή είναι η δικαιοσύνη του νόμου του κάρμα. Δεν προστάζεστε ούτε από τον Θεό, ούτε από τους αγγέλους Του, αλλά από τον νόμο της δράσης: Ό,τι σπέρνετε, θερίζετε. Όταν συναντάτε κακοτυχίες μην κατηγορείτε τον Θεό. Το φταίξιμο είναι όλο δικό σας – είναι οι συνέπειες των παλιών πράξεών σας.

Αν δεν έχετε τη σοφία να διακρίνετε τι είναι σωστό, τότε συντονιστείτε με τη σοφία ενός σοφού ανθρώπου. Συχνά αυτό που πιστεύετε ότι είναι σοφό δεν είναι καθόλου σοφό αλλά μόνο οι επιθυμίες σας και οι καρμικές ροπές σας. Γι' αυτό πρέπει να έχετε έναν γκουρού. Γκουρού είναι κάποιος που έστειλε ο Θεός για να σας ελευθερώσει. Όταν συντονίζεστε με τη σοφία του, βρίσκετε ελευθερία. Αλλιώς παραμένετε δούλοι των ιδιοτροπιών σας. Ο τρόπος να αποκτήσετε ελευθερία είναι να ακολουθήσετε αυτούς που οι ίδιοι είναι ελεύθεροι. Όταν συνάντησα τον γκουρού μου, τον Σρι Γιουκτέσβαρ, μου είπε να συντονίσω τη θέλησή μου με τη θέλησή του. Είπε ότι η θέλησή μου ήταν δυνατή, αλλά κυβερνιόταν από ένστικτα· όταν όμως συντόνισα τη θέλησή μου με τη δική του, είδα ότι πλέον κυβερνιόταν από σοφία.

Κανείς δεν μπορεί να με εξωθήσει να κάνω οτιδήποτε που ξέρω πως δεν πρέπει να κάνω. Ξέρω τι κάνω, καθοδηγούμενος τώρα από σοφία. Είμαι πλήρως υπεύθυνος για τις πράξεις μου και δεν κατηγορώ κανέναν για το αποτέλεσμα των πράξεών μου. Ποτέ δεν απεμπόλησα αυτήν την ελευθερία που μου έδωσε ο Δάσκαλος.

«Κατάλαβέ το αυτό! Με το να παραδίδεσαι (στον γκουρού), με το να ρωτάς (τον γκουρού και την εσωτερική σου αντίληψη) και με υπηρεσία (προς τον γκουρού), οι σοφοί που έχουν συνειδητοποιήσει την αλήθεια θα σου μεταδώσουν αυτή τη σοφία. Κατανοώντας αυτή τη σοφία από έναν γκουρού, δεν θα πέσεις ξανά στην αυταπάτη».[3] Είναι τόσο δύσκολο να προοδεύσετε μόνοι σας στο πνευματικό μονοπάτι, αλλά είναι το πιο εύκολο όταν έχετε έναν αληθινό γκουρού στον οποίο θα παραδοθείτε, έναν γκουρού του οποίου η μοναδική έγνοια είναι το πνευματικό σας καλό. Παρέδωσα ολοκληρωτικά τον εαυτό μου στον Δάσκαλό μου και είδα ότι μου έδωσε τα πάντα. Και μέσω αυτής της παράδοσης βρήκα ελευθερία. Κάθε ψυχή λαχταρά αυτήν την ελευθερία. Αυτός είναι ο τρόπος να υπερβείτε το κάρμα σας.

---

[3] Μπάγκαβαντ Γκίτα IV:34-35.

Το μόνο που ενδιαφέρει έναν γκουρού είναι να σας βοηθήσει να προοδεύσετε πνευματικά. Αν ο δάσκαλος θέλει κάτι από τον μαθητή του, δεν είναι αληθινός Δάσκαλος. Η μοναδική επιθυμία ενός Δασκάλου είναι να δώσει, όχι να πάρει. Αν όμως ο μαθητής επιθυμεί να βοηθήσει το έργο του Δασκάλου, αυτό είναι προς όφελός του – βοηθιέται συνεισφέροντας στον σκοπό του Θεού.

Οι Δάσκαλοι διαπλάθουν μερικούς μαθητές που θα συνεχίσουν το έργο τους. Οι Δάσκαλοι ενδιαφέρονται για ψυχές, όχι για πλήθη – ψυχές που θα ακολουθήσουν και είναι πραγματικά πρόθυμες να πειθαρχήσουν τον εαυτό τους. Ο αληθινός μαθητής είναι αυτός που αναζητά την απελευθέρωση δεχόμενος την πειθαρχία του γκουρού και που πειθαρχεί τον εαυτό του σύμφωνα με τις σοφές υποδείξεις του γκουρού. Οι περισσότεροι μαθητές όμως αντί γι' αυτό θέλουν να είναι οι ίδιοι γκουρού!

Εδώ στη Δύση τα μέλη της εκκλησίας περιμένουν από τον ιερέα να τους κανακεύει· γίνεται σκλάβος τους. Ποτέ δεν ζητώ τίποτα από κανέναν από σας για τον εαυτό μου. Πρότεινα μερικές φορές να βοηθήσετε το έργο, αλλά δεν υποδουλώθηκα σε ανθρώπους. Ακόμα κι όταν δοκιμάστηκα σκληρά από οικονομικά προβλήματα του έργου, δεν έσκυψα το κεφάλι σε κανέναν, ούτε συμβιβάστηκα ως προς τα ιδανικά μου. Κρατήθηκα ελεύθερος. Αν το Mount Washington[4] χαθεί, δεν θα με πειράξει· κι αν μείνει σ' εμένα, θα σηκώσω με χαρά το φορτίο της φροντίδας γι' αυτό μέχρι την τελευταία μέρα της ζωής μου. Τέτοιες είναι οι αρχές μου. Όπου με βάζει ο Θεός, θα συνεχίζω. Διότι το θέλημα του Πατέρα μου είναι και δικό μου θέλημα.

Πώς η Πειθαρχία του Γκουρού Ελευθερώνει Κάποιον από Ιδιοτροπίες και Συνήθειες Που Τον Υποδουλώνουν

Όλη σας τη ζωή ήσαστε δούλοι, ακολουθώντας τις ιδιοτροπίες σας. Θυμάμαι, όταν ήμουν νέος, δεν μπορούσα να φάω κάποια φαγητά· όταν όμως έθεσα τον εαυτό μου κάτω από την πειθαρχία του Δασκάλου, εξαφάνισε όλες αυτές τις ιδιορρυθμίες της σκέψης. Πρώτα βρήκε τι δεν μου άρεσε να τρώω. Είπε: «Ώστε έτσι, δεν σου αρέσει αυτό και δεν σου αρέσει εκείνο». Μετά από επτά μέρες με ρώτησε πώς μου

---

[4] Αναφορά στην Έδρα, το Μητρικό Κέντρο του Self-Realization Fellowship, στην κορυφή του Mount Washington, στο Λος Άντζελες.

φαινόταν το φαγητό που έτρωγα στο άσραμ. Είπα ότι ήταν υπέροχο. Τότε μου είπε ότι όλες εκείνες τις μέρες έτρωγα ακριβώς τα φαγητά εκείνα που νόμιζα ότι δεν μπορούσα να φάω, κατάλληλα προετοιμασμένα! Με τέτοια πειθαρχία με βοήθησε να υπερνικήσω τη σκέψη ότι το ένα μου αρέσει και το άλλο δεν μου αρέσει.

Οι περισσότεροι άνθρωποι της Δύσης σκέφτονται μόνο την άνεση. Ο Δάσκαλος ποτέ δεν ενδιαφερόταν για το πού κοιμόμουν· κι αν προσπαθούσα να βολευτώ πιο άνετα, σαν άνθρωπος, με επέκρινε. Με τέτοια εποικοδομητική κριτική και εκπαίδευση βρήκα απόλυτη ελευθερία από τη συνειδητότητα του φαγητού και της ένδυσης, από την κοινωνική συνειδητότητα και τη συνειδητότητα του σώματος. Ήμουν τόσο ευτυχισμένος, ελεύθερος από τη φυλακή που είχα δημιουργήσει ο ίδιος. Ο Δάσκαλός μου έδωσε αυτήν την ελευθερία με την καθοδήγησή του – ελευθερία από συνήθειες και ψυχολογικές μεταπτώσεις και περιοριστικές σκέψεις.

Μην αφήνετε λοιπόν τη θέλησή σας να είναι φυλακισμένη από τις συνήθειες και τις ιδιοτροπίες σας. Αυτό δεν σημαίνει ότι δεν πρέπει να χρησιμοποιείτε τη θέλησή σας. Μάθετε να τη χρησιμοποιείτε με διάκριση, γιατί τότε θα χρησιμοποιείτε τη θέληση του Πατέρα σας.

Μάθετε να συγκρίνετε την αναπτυσσόμενη διάκρισή σας με τη σοφή διάκριση του γκουρού· διότι μόνο τότε μπορείτε να είστε σίγουροι για το πότε είστε σωστοί. Αγαπάμε υπερβολικά τις σκέψεις μας. Όποια κι αν είναι η γνώμη μας, θέλουμε να επιστρατεύσουμε ολόκληρο το νόημα των Γραφών για την υποστηρίξουμε. Όταν όμως συγκρίνετε τη θέλησή σας με τη θέληση του Δασκάλου και καθοδηγείστε από τη θέλησή του, τότε γνωρίζετε αν ακολουθείτε τη σοφία ή τα ένστικτά σας από το παλιό σας κάρμα.

Οι Γραφές λένε ότι πρέπει να έχετε έναν ορατό Δάσκαλο – δηλαδή κάποιον που να έζησε στη γη. Το να ακολουθείτε τις συμβουλές ενός αληθινού γκουρού είναι ο μόνος τρόπος να είστε σίγουροι ότι οι πράξεις σας σας οδηγούν στην απελευθέρωση από το κάρμα. Ένας σοφός δεν έχει καμία προσωπική επιθυμία να τον υπακούτε· αν όμως προθυμοποιηθείτε να ακολουθείτε την καθοδήγησή του, σίγουρα θα σας πει την αλήθεια. Θα σας πει τι είναι το καλύτερο για σας· και άσχετα με το πόσες φορές βγαίνετε από τον σωστό δρόμο ή τον εγκαταλείπετε, πάντα θα σας λέει την αλήθεια, για το καλό σας. Δεν μπορεί να δωροδοκηθεί με κανέναν τρόπο· τέτοιος ήταν ο Δάσκαλός μου. Ήταν ένας από τους πολλούς που ποτέ δεν δίσταζε να μου λέει τα σφάλματά μου.

Συνήθιζε να λέει: «Εκεί είναι η πόρτα· όποτε θέλεις να φύγεις, είσαι ελεύθερος να το κάνεις». Πολλοί έφυγαν· εγώ όμως όχι. Ήξερα πως δεν ήθελε τίποτα από μένα, αλλά αντίθετα εγώ ήμουν που ήθελα αυτό το Κάτι που είχε. Ο Δάσκαλος μου είπε ότι η πειθαρχία του θα με πονούσε μερικές φορές· αν όμως υποσχόμουν να είμαι υπάκουος, έπρεπε να τηρήσω αυτήν την υπόσχεσή μου. Και το έκανα. Εδώ στην Αμερική τον δάσκαλο τον κάνουν να νιώθει ότι πρέπει να αντιμετωπίζει τα μέλη της εκκλησίας «με το γάντι». Ο τρόπος του Δασκάλου όμως ήταν τραχύς. Μου είπε: «Οι δικές σου μέθοδοι θα είναι πολύ πιο ήπιες από τις δικές μου· αλλά αυτός είναι ο τρόπος μου. Σ' όποιον αρέσει». Υπέμεινα όλες τις μεθόδους του με ευχαρίστηση! Με έκαναν ελεύθερο άνθρωπο.

Κανείς όμως δεν μπορεί να σας ελευθερώσει αν εσείς δεν κάνετε την προσπάθεια να ελευθερωθείτε. Ο Θεός θέλει να είστε ελεύθεροι. Σας έδωσε ελεύθερη επιλογή ώστε να ακολουθήσετε τον δρόμο της σοφίας ή τον δρόμο του κάρμα. Να προσπαθείτε να κάνετε τα πάντα με σοφία· και το βράδυ να εξετάζετε τον εαυτό σας για να δείτε αν τα καταφέρατε. Να πειθαρχείτε τον εαυτό σας. Αν μπορείτε να υπακούτε την καθοδήγηση του γκουρού και να θυμάστε να κάνετε αυτό που λέει και πάντα να παρακολουθείτε με προσοχή τον εαυτό σας, ξαφνικά θα δείτε ότι είστε ελεύθεροι. Τότε κάθε μέρα θα νιώθετε ελευθερία.

Η Σοφία Καταστρέφει τις Ρίζες Κάθε Δυστυχίας

Φανταστείτε πόση ελευθερία θα νιώθετε όταν θα είστε ελεύθεροι από τις επιρροές αυτού του κόσμου ή του παρελθόντος σας ή της οικογένειάς σας ή των γειτόνων σας ή των συνηθειών σας! Θα συνειδητοποιήσετε ότι είστε καθαρό Πνεύμα. Δεν θα ανήκετε σε καμία ομάδα, σε καμία εθνικότητα, σε καμία οικογένεια, δεν θα κυβερνιέστε από καμία συνήθεια. Το κάρμα ανήκει στο άντρο των ληστών όπου ζουν οι καρμικοί άνθρωποι. Πάντα να σκέφτεστε: «Εγώ και ο Πατέρας μου είμαστε ένα. Δεν έχω κάρμα· είμαι ελεύθερος».

«Ω Αρτζούνα, όπως η αναμμένη φλόγα μετατρέπει τα καυσόξυλα σε στάχτες, έτσι και η φωτιά της σοφίας κάνει στάχτη όλο το κάρμα. Αλήθεια, τίποτα άλλο σ' αυτόν τον κόσμο δεν καθαγιάζει τόσο όσο η σοφία. Σε εύθετο χρόνο, ο πιστός που είναι επιτυχημένος στη γιόγκα θα το συνειδητοποιήσει αυτό αυθόρμητα μέσα στον Εαυτό του».[5] Όταν

---
5 Μπάγκαβαντ Γκίτα IV:37-38.

καταστρέψετε τα αίτια του κάρμα, θα έχετε καταστρέψει τις ρίζες και τους μελλοντικούς σπόρους κάθε πόνου, κάθε δυστυχίας. Γίνεστε οι αληθινοί γιοι του Θεού· ανακτάτε την αληθινή σας φύση. Τότε δεν έχει σημασία τι συμβαίνει στο σώμα. Αυτοί που είναι βυθισμένοι στη σοφία γνωρίζουν ότι τίποτα δεν μπορεί να τους πειράξει. Ο Ιησούς ήξερε ότι θα σταυρωνόταν αλλά δεν πτοήθηκε. Ξαναχτίζοντας το σώμα-ναό του μετά τον θάνατο, απέδειξε ότι ήταν ελεύθερος από το κάρμα.

Το να δέχεστε το κάρμα σημαίνει ότι αποδέχεστε ότι είστε θνητά όντα. Μη δέχεστε ότι είστε αβοήθητοι θνητοί κυβερνώμενοι από το κάρμα. Να διαβεβαιώνετε τον εαυτό σας: «Είμαι παιδί του Θεού. Είμαι δικός Του». Αυτή είναι η αλήθεια. Γιατί να μη διαλαλείτε την αλήθεια; Μόλις συνειδητοποιήσετε αυτήν την αλήθεια, η κατάστασή σας θα αλλάξει. Όταν όμως αποδέχεστε ότι είστε θνητοί, περιορίζετε τον εαυτό σας με τις αλυσίδες της θνητής ύπαρξης. Είστε οι γιοι του Θεού· είστε θεοί. Πώς θα μπορούσε να σας επηρεάζει το κάρμα; Αρνηθείτε τη δέσμευση από το κάρμα· η πεποίθηση ότι δεν μπορείτε να αλλάξετε το πεπρωμένο σας είναι μια παλιά δεισιδαιμονία των αδαών.

Ποτέ μη λέτε ότι είστε αμαρτωλοί. Πώς μπορείτε να είστε αμαρτωλοί; Ο Θεός είναι ο Πατέρας σας. Αν δημιούργησε αυτόν τον κόσμο με τη δυνατότητα να υπάρχει τόση φαυλότητα, τότε θα έπρεπε να πείτε ότι κι Εκείνος επίσης πρέπει να είναι αμαρτωλός. Έτσι μιλώ στον Θεό. Ποτέ δεν Τον πληγώνει το να Του λέτε την αλήθεια. Αν ο Θεός μπορεί να μένει μακριά από τη φαυλότητα της δημιουργίας Του, μπορούμε κι εμείς. Όπως Αυτός είναι ελεύθερος, έτσι μπορούμε κι εμείς να είμαστε ελεύθεροι. Ποτέ ξανά μην ταυτίσετε τον εαυτό σας με τη φαυλότητα. Μπορεί να κάνατε ένα λάθος, αλλά δεν ανήκει σ' εσάς αν το αποκηρύξετε. Καταστρέψτε το κάρμα σας με τη σοφία. Ζήστε στη συνειδητότητα του Πνεύματος.

Σήμερα λέτε: «Είμαι Πνεύμα» και αύριο κάνετε κάτι λάθος και θέλετε να τα παρατήσετε. Μην αποδέχεστε τις αδυναμίες σας. Ο Ιησούς στον σταυρό δεν τα παράτησε! Ακόμα και μέσα στο μεγαλύτερο μαρτύριο ή πειρασμό, αν μπορείτε να κρατηθείτε από την αντίληψή σας της σοφίας, το επόμενο λεπτό θα είστε ελεύθεροι. Οι σοφοί διατηρούν μέσα τους αυτήν την ελευθερία ακόμα κι όταν αντιμετωπίζουν τον θάνατο· οι αδαείς όμως ξεπέφτουν πάλι στις παλιές, θνητές τους συνήθειες. Αν τα παρατήσετε και πιστέψετε ότι δεν έχετε ελπίδα, έχετε καταδικάσει οι ίδιοι τον εαυτό σας. Εσείς είστε που δημιουργήσατε το καλό και το κακό σας κάρμα· κι όταν λέτε ότι δεν υπάρχει ελπίδα, έχετε αποτύχει. Όταν όμως σκέφτεστε: «Είμαι ελεύθερος, είμαι δυνατός· ακόμα κι αν με χτυπήσει το κακό κάρμα, και πάλι δεν θα τα παρατήσω», τότε θα δείτε να εμφανίζεται το καλό σας κάρμα. Άσχετα με το πόσο κακό είναι το κάρμα σας, προσπαθήστε να αναλύσετε τη ζωή σας και πασχίζετε να κάνετε το καλό, το σωστό, σύμφωνα με τη σοφία σας. Το κάρμα σας θα αλλάξει· θα δείτε ότι το κακό σας κάρμα θα αλλάξει και θα γίνει καλό.

Κάθε βράδυ να τηρείτε ένα νοητικό ημερολόγιο. Να βλέπετε αν οι συνήθειές σας σας νίκησαν. Όποτε κάποιος κάνει λάθος και λέει ότι δεν μπορεί να το αποφύγει, είναι δούλος. Θα έπρεπε αντίθετα να παραδεχθεί ότι έκανε λάθος και μετά να προσπαθήσει να πράττει πιο σωστά. Μπορεί πάλι να αποτύχει· πρέπει όμως να πει: «Θα προσπαθήσω ακόμα περισσότερο!». Αυτός είναι ο τρόπος να νικάτε. Μην τα παρατάτε. Δεν είστε αμαρτωλοί· κι όποιος σας αποκαλεί αμαρτωλούς, είναι ο ίδιος αμαρτωλός.

Ο Αληθινός Σκοπός της Θρησκείας

Βλέπετε πόσο μεγάλη μεταρρύθμιση χρειάζεται το εκκλησιαστικό κίνημα; Περιμένουν να ακολουθήσουν οι άνθρωποι τη θρησκεία μέσω αντιπροσώπων. Η αλήθεια όμως πρέπει να βιωθεί· πρέπει να συνειδητοποιηθεί ως τμήμα της ύπαρξης του ανθρώπου. Το εκκλησιαστικό κίνημα έχει κάνει πολύ καλό, αλλά πρέπει πραγματικά να αναμορφώσει κάθε άνθρωπο. Ένα φεγγάρι δίνει στον κόσμο περισσότερο φως απ' όσο όλα τα αστέρια μαζί – έτσι είναι κάθε πραγματικά αναμορφωμένος άνθρωπος. Για να κρατώ τον νου σας στον Θεό, σπάνια σκέφτομαι για κοινωνικές εκδηλώσεις στις εκκλησίες μας. Συζητώ μαζί σας μόνο για σοφία. Δεν σας αποσπώ από τον αληθινό σκοπό της θρησκείας: να γνωρίσετε τον Θεό.

Αυτός είναι ο λόγος για τον οποίο το Self-Realization Fellowship δημιουργεί εκκλησίες όλων των θρησκειών,[6] ώστε όλοι οι άνθρωποι να

---

[6] Ο Παραμαχάνσατζι οραματίστηκε τους ναούς του Self-Realization Fellowship ως ιερές τοποθεσίες για τη διαιώνιση των ιδανικών της πραγματικής κοινωνίας με τον Θεό και της κοινής πνευματικής αδελφοσύνης. «Self-Realization Fellowship», εξήγησε ο Γκουρού, «σημαίνει αδελφότητα με τον Θεό μέσα από τη συνειδητοποίηση του Εαυτού και φιλία με όλες της ψυχές που αναζητούν την Αλήθεια». Συμπεριλάμβανε στις προσευχές-επικλήσεις του όχι μόνο τον Θεό και τους Γκουρού της ατραπού του Self-Realization Fellowship (SRF), αλλά επίσης και τους «αγίους όλων των θρησκειών». Με το ίδιο πνεύμα, όταν ίδρυε τους ναούς του Self-Realization Fellowship στο Χόλυγουντ και στο San Diego, στις αρχές της δεκαετίας του 1940, αναφερόταν στον καθέναν από αυτούς ως «Εκκλησία Όλων των Θρησκειών».

Με τη χρησιμοποίηση όρων όπως η «ενότητα όλων των θρησκειών» και «ενώνοντας όλες τις θρησκείες», εξήγησε ότι δεν εννοούσε τη συγχώνευση των διαφόρων δοξασιών μπορέσουν να νιώσουν να εξαφανίζονται τα πνευματικά φράγματα και να σμίξουν για να αναζητήσουν πραγματικά τον Θεό. Ο Ιησούς είπε: «Διότι όπου είναι δύο ή τρεις συγκεντρωμένοι στο όνομά μου, εκεί είμαι εγώ μεταξύ τους».[7] Ο πρωταρχικός σκοπός της εκκλησίας δεν θα έπρεπε να είναι να χτίζει περισσότερες εκκλησίες και να μαζεύει περισσότερους νεοφώτιστους, αλλά να δίνει συνειδητοποίηση του Θεού. Οι κυψέλες χωρίς το μέλι της κοινωνίας με τον Θεό είναι άχρηστες. Ο Ιησούς προειδοποίησε: «Ο τυφλός δεν μπορεί να οδηγήσει τυφλό». Αν δεν έχετε τον Θεό, δεν μπορείτε να δώσετε τον Θεό σε άλλους. Είπα στον Δάσκαλο ότι ποτέ δεν θα ανέβαινα στο βήμα και δεν θα μιλούσα για τον Θεό σε μια συγκέντρωση αν δεν μου έδινε την εμπειρία του Θεού. Αυτό είναι το σημαντικό, να έχετε αυτή τη θεϊκή εμπειρία του Κυρίου.

Ο Θεός μάς έδωσε τις μεθόδους να καταστρέψουμε το κάρμα: Οι πράξεις σας να καθοδηγούνται από σοφία, όχι από επιρροές· να πειθαρχείτε τον εαυτό σας και να ακολουθείτε τη σοφή καθοδήγηση ενός αληθινού γκουρού· να πιστεύετε στη θεϊκή σας κληρονομιά ως παιδιά του Θεού πλασμένα κατ' εικόνα Του· να συναναστρέφεστε με καλές παρέες, όπως για παράδειγμα να έρχεστε εδώ στην εκκλησία τακτικά· και να εξασκείστε στις τεχνικές που θα σας δώσουν πραγματική προσωπική εμπειρία του Θεού. «Άκου για τη σοφία της Γιόγκα, εξοπλισμένος με την οποία, ω Αρτζούνα, θα συντρίψεις τα δεσμά του κάρμα».[8]

Εδώ σας διδάσκουμε τι να κάνετε στη σιωπή του διαλογισμού, ειδικά την εξάσκηση στην *Κρίγια Γιόγκα*, ώστε να βιώσετε πραγματικά την κοινωνία με τον Θεό. Αυτός είναι ο λόγος για τον οποίο το Self-Realization Fellowship διαδίδεται σε όλο τον κόσμο. Αυτή η ατραπός

και τελετουργιών διαφορετικών θρησκειών σ' ένα ομοιογενές υβριδικό σχήμα, κάτι που θα ήταν άκρως παράλογο και περιττό με δεδομένη την τεράστια πολιτισμική και ψυχολογική ποικιλομορφία της ανθρώπινης φυλής. Πράγματι, η κάθε άποψη έχει τη θέση της, όπως και ο ίδιος χαρακτήρισε το έργο του του Self-Realization Fellowship ως ένα «ειδικό θέλημα του Θεού». Στο βιβλίο του *The Science of the Religion* («Η επιστήμη της θρησκείας», έκδοση του Self-Realization Fellowship), μιλά για την αληθινή βάση της θρησκευτικής ενότητας:

«Αν θρησκεία σημαίνει *πρωταρχικά* συνειδητότητα του Θεού ή συνειδητοποίηση του Θεού μέσα μας και γύρω μας, και *δευτερευόντως* ένα σύνολο πεποιθήσεων, αξιωμάτων και δογμάτων, τότε, υπό στενή έννοια, δεν υπάρχει παρά μόνο μία θρησκεία στον κόσμο, επειδή δεν υπάρχει παρά μόνο ένας Θεός. [...] Αν η θρησκεία οριστεί μ' αυτόν τον τρόπο, τότε, και μόνο τότε, μπορεί να διατηρηθεί η οικουμενικότητά της· διότι δεν θα ήταν δυνατόν να καταστήσουμε οικουμενικά τα διάφορα ιδιαίτερα έθιμα και τους ιδιαίτερους κανόνες συμπεριφοράς».

[7] Κατά Ματθαίο ΙΗ:20.

[8] Μπάγκαβαντ Γκίτα ΙΙ:39.

στάλθηκε από μερικούς από τους μεγαλύτερους Δασκάλους της Ινδίας για να εκχριστιανίσουμε τις εκκλησίες και να δείξουμε ότι το αληθινό νόημα της θρησκείας είναι η συνειδητοποίηση του Θεού. Καθένας από σας, με το παράδειγμα της ζωής σας, πρέπει να είναι αγγελιαφόρος αυτού του φωτός.

Συνειδητοποιήστε την Κατά Χριστόν Αθανασία Σας!

Στα μέσα της δεκαετίας του 1930

Στην οθόνη του χρόνου παίζεται ένα θεατρικό έργο ζωής στο μέγαρο του γήινου κινηματογράφου. Ο Σκηνοθέτης του Συμπαντικού Κινηματογράφου προβάλλει πάνω στην οθόνη τις πολλές και ποικίλες σκηνές των αρχαίων, μεσαιωνικών και σύγχρονων εποχών. Προβάλλει ταινίες πολέμου, πείνας, φτώχειας, τραγωδίας, κωμωδίας –καλού και κακού– για να διασκεδάζει τους θεατές σε όλη την αιωνιότητα. Καθώς η όρεξη των ψυχών που αγαπούν την ψυχαγωγία είναι τεράστια, ο Συμπαντικός Κινηματογραφικός Σκηνοθέτης προσπαθεί να δημιουργήσει και να παίξει ένα μεγάλο σύνολο ποικίλων ταινιών.

Αυτή η γη προορίστηκε να είναι ένα μέρος θυμηδίας, ένα προσωρινό σπίτι διασκέδασης για αθάνατους. Επειδή το ξεχνάμε αυτό και ταυτιζόμαστε με το γήινο θεατρικό έργο, υποφέρουμε. Πρέπει να θυμόμαστε ότι το πραγματικό μας σπίτι είναι στο μέγαρο της αμετάβλητης, πάντα ανανεούμενης, μακάριας, πανταχού παρούσας Αθανασίας.

Οι ασύνετες ψυχές που χάνουν τον χρόνο τους και μεθούν με γήινες επιθυμίες και αυταπάτες θέλουν να χασομερούν με τον γήινο κινηματογράφο, βιώνοντας την έξαψη της ευχαρίστησης και του πόνου, της υγείας και της αρρώστιας, της ζωής και του θανάτου.

Η δημιουργία έλαβε χώρα μέσω μιας επιθυμίας χωρίς επιθυμία του Πνεύματος. Ο Κύριος ήταν ένας και μόνος, χωρίς κανέναν άλλον να απολαμβάνει τη χαρά Του. Έτσι, θέλησε να εκφράσει τη μακαριότητά Του μέσω πολλών. Έστειλε στη γη αθάνατους, εξατομικευμένες εικόνες του Εαυτού Του, για να παρατηρούν τα συνεχώς μεταβαλλόμενα θεατρικά έργα της ζωής και του θανάτου. Αντί γι' αυτό όμως, καθώς οι αθάνατοι απολάμβαναν την ατομικότητά τους, έπεσαν στην παγίδα της δυαδικότητας. Μέσω της ταύτισης με τους χαρακτήρες αυτής της γήινης ταινίας, οι θεϊκές αθάνατες ψυχές υπέκυψαν στην ασθένεια της αυταπάτης: τη θνητή συνειδητότητα της αλλαγής.¹

Όπως ένας πλούσιος πρίγκιπας πίστευε ότι ήταν ένας φτωχός, δυστυχισμένος ζητιάνος ενόσω ήταν μεθυσμένος, τριγυρνώντας σε φτωχογειτονιές, έτσι και οι αθάνατοι φαντάζονται ότι είναι άρρωστοι ή υγιείς, ζωντανοί ή νεκροί, ευτυχισμένοι ή δυστυχισμένοι όταν είναι μεθυσμένοι με την αυταπάτη της μεταβλητότητας της θνητής παράστασης αυτής της γης. Θα προτιμούσα ακόμα και να νιώθω ανία με την αθανασία μου, παρά να υποστώ τον εφιάλτη του γήινου ονειρικού θανάτου από μια θανατηφόρα ασθένεια.

Οι ασύνετοι αθάνατοι, καθώς παίζουν τον ρόλο τους σε μια τραγωδία στη γη, ταυτίζονται μ' αυτόν τον προσωρινό ρόλο. Παίρνοντάς τον πολύ στα σοβαρά, αρχίζουν να θρηνούν όταν πρέπει να υποδυθούν ότι πεθαίνουν μέσα στη φτώχεια. Αν ένας αθάνατος λιποθυμήσει νομίζοντας ότι πεθαίνει από ένα τραύμα από πυροβολισμό, ένα τραύμα που ήταν μόνο όνειρο μέσα σ' ένα θεατρικό έργο-όνειρο, τότε είναι ανόητος. Οι αποχαυνωμένοι αθάνατοι προκαλούν στον εαυτό τους τόσα πολλά γελοία νοητικά βασανιστήρια!

Μερικοί πλούσιοι που πεθαίνουν ονειρευόμενοι ότι έχουν τσακισμένα νεύρα, λένε: «Μακάρι να μπορούσα να ζήσω σ' αυτή τη γη μ' ένα υγιές σώμα, θα ήμουν χαρούμενος, κι ας μην είχα δεκάρα». Έτσι, μετενσαρκώνονται ως υγιείς άνθρωποι, αλλά χωρίς χρήματα. Μετά αγωνίζονται και αγωνίζονται να βγάλουν χρήματα κι όταν πεθαίνουν από λιμοκτονία λένε: «Πόσο ευτυχισμένος θα ήμουν αν είχα υγεία και χρήματα». Μετενσαρκώνονται λοιπόν πάλι με χρήματα και υγεία, αλλά χωρίς ευτυχία. Την ώρα που πεθαίνουν, σκέφτονται: «Αν είχα ευτυχία θα

---

¹ Αναφορά στην ινδουιστική έννοια της *μάγια*, της συμπαντικής αυταπάτης· και της *αβίντια*, της άγνοιας. Στην *Αυτοβιογραφία Ενός Γιόγκι* ο Παραμαχάνσα Γιογκανάντα έγραψε: «Αυτοί που προσκολλώνται στη συμπαντική ψευδαίσθηση πρέπει να δεχθούν και τον ουσιώδη της νόμο της πολικότητας: παλίρροια και άμπωτη, ύψωση και πτώση, μέρα και νύχτα, απόλαυση και πόνο, καλό και κακό, γέννηση και θάνατο. [...] Η παγκόσμια ψευδαίσθηση, η *μάγια*, εκδηλώνεται στους ανθρώπους ως *αβίντια*, κατά κυριολεξία "μη-γνώση", άγνοια, αυταπάτη. Η *μάγια* ή *αβίντια* δεν μπορεί ποτέ να καταστραφεί μέσω διανοητικής πεποίθησης ή ανάλυσης, αλλά μόνο μέσω της επίτευξης [με διαλογισμό γιόγκα] της εσωτερικής κατάστασης του *νιρμπικάλπα σαμάντι*».

«Η ψυχή κατήλθε από την οικουμενικότητα του Πνεύματος», είπε σε μια άλλη περίσταση, «και ταυτίστηκε με τους περιορισμούς του σώματος και της συνειδητότητας των αισθήσεων του. [...] Η ψυχή παραμένει ουσιαστικά ανέγγιχτη και αμετάβλητη από τον περιορισμό της στο σώμα. Μέσω όμως της *μάγια* ή αυταπάτης, ταυτίζεται υποκειμενικά με τη μεταβολή και τη θνητότητα, μέχρι που η συνειδητότητα εξελίσσεται και, μέσω της συνειδητοποίησης του Εαυτού, αφυπνίζεται στην αθάνατη κατάστασή της». (Βλ. *μάγια* στο γλωσσάριο.)

μπορούσα να ζήσω και χωρίς υγεία και πλούτη». Την επόμενη φορά έρχονται πίσω στη γη πολύ ευτυχισμένοι αλλά χωρίς υγεία ή πλούτη, τα οποία γρήγορα συνειδητοποιούν ότι χρειάζονται - κι έτσι ο κύκλος συνεχίζεται.

Μ' αυτόν τον τρόπο οι αθάνατες ψυχές τιμωρούν επανειλημμένα τον εαυτό τους, γιατί ποτέ δεν μπορούν να βρουν απόλυτη ικανοποίηση σ' αυτή τη γη. Το να πεθάνει κάποιος με ραγισμένη καρδιά και να μπει στον τάφο με επιθυμίες που δεν εκπληρώθηκαν βλέποντας αυτόν τον γήινο κινηματογράφο ή παίζοντας σ' αυτόν είναι εξαιρετικά ανόητο, γιατί αυτό το γήινο έργο δεν θα μπορούσε ποτέ να προσφέρει την τέλεια ευτυχία του Πνεύματος.

Μερικοί άνθρωποι πεθαίνουν λαχταρώντας τέλεια ανθρώπινη αγάπη. Άλλοι πεθαίνουν ονειρευόμενοι την τέλεια ευτυχία μέσω απόκτησης πλούτου και φήμης· όλοι όμως απατώνται, γιατί ακόμα κι αν κάποιος εξουσιάζει όλη τη γη και λατρεύεται απ' όλους τους ανθρώπους, αυτό είναι πολύ λίγο σε σχέση μ' αυτό που έχασε παραμένοντας ένας άσωτος θνητός. Όταν έρχεσαι σε επαφή με την Πανταχού Παρουσία έχεις δικό σου ολόκληρο το σύμπαν και έχεις κάθε διασκέδαση και πάντα ανανεούμενη αθανασία. Συγκριτικά, το να είχατε δική σας αυτή τη γη δεν θα άξιζε τίποτα· θα ήταν γεμάτη λύπη και κατά την ώρα του θανάτου η αυταπάτη ότι την αποχωρίζεστε βίαια θα ήταν μαρτύριο για την ψυχή.

Τα υλικά αγαθά δεν μπορούν να αποτελέσουν ιδιοκτησία κανενός, γιατί κατά τον θάνατο πρέπει να αφεθούν πίσω και να δοθούν σε άλλους. Μας επιτρέπεται μόνο να χρησιμοποιούμε τα αντικείμενα αυτού του κόσμου. Έτσι είναι ανόητο να εξαρτιόμαστε από τα υλικά υπάρχοντά μας. Απλά να προσεύχεστε να σας δοθεί η χρήση αυτών που χρειάζεστε και η δύναμη να δημιουργείτε αυτά τα πράγματα κατά βούληση.

Εφόσον ο θάνατος μας εξαναγκάζει να αφήσουμε τα πάντα, ακόμα κι ένας εκατομμυριούχος πεθαίνει φτωχός. Καλύτερα να είστε σαν τον Ιησού: υλικά ήταν φτωχός, αλλά ήταν πλούσιος με τον Θεό· δεν είχε τίποτα υλικό στη ζωή, εντούτοις, έχοντας τον Θεό, είχε τα πάντα, ακόμα και μετά τον θάνατο. Οι πλούσιοι άνθρωποι που έχουν τον νου τους στα εγκόσμια έχουν τα πάντα σ' αυτή τη ζωή και τίποτα στο επέκεινα.

Να θυμάστε, άσχετα με το ποιοι είστε ή ποια είναι η κατάστασή σας, μη νομίζετε ότι το πρόβλημά σας είναι το μεγαλύτερο του κόσμου. Ακόμα κι αν παίζετε έναν ρόλο γεμάτο φτώχεια ή αρρώστια, υπάρχουν άλλοι που παίζουν ρόλους χειρότερους από τον δικό σας. Σ' αυτή τη γήινη ζωή το να είστε εκατομμυριούχος ή φτωχός είναι το ίδιο, *αρκεί να το καταλάβετε*. Αν δείτε τον εαυτό σας σαν έναν ηθοποιό σ' αυτόν τον γήινο κινηματογράφο, το μόνο που πρέπει να θυμάστε είναι να παίζετε τον ρόλο σας, μικρό ή μεγάλο, χαρούμενα και καλά. Αυτό είναι όλο.

Όσο παίζετε τον ρόλο σας, είτε αυτός είναι ευχάριστος είτε όχι, μην επιθυμείτε να παίξετε τον ρόλο κάποιου άλλου. Ολοκληρώστε αυτό που ανατέθηκε σ' εσάς, αλλιώς θα πρέπει να περάσετε ολόκληρους αιώνες παίζοντας ατελείς ανθρώπινους ρόλους, αλλάζοντας τον έναν μετά τον άλλο ανάλογα με τις αλλαγές των επιθυμιών σας. Ξεφύγετε απ' αυτήν την παγίδα. Ο μόνος τρόπος να αποτρέψετε τις απογοητεύσεις που πηγάζουν από τη χίμαιρα της ευημερίας, της φήμης και της γήινης ευτυχίας είναι να μη νιώθετε άσχημα όταν στερείστε αυτό που νομίζετε πως θέλετε. Φυσικά θα πείτε: «Οι επιθυμίες μας εξαρτώνται από τις ανάγκες μας. Θέλουμε φαγητό γιατί μας δόθηκε η πείνα». Το παραδέχομαι αυτό· μιλώ όμως για μια μεγαλύτερη ελευθερία στον νου και στην ψυχή. Όταν την επιτύχετε, ούτε καν τα κουρελιασμένα ρούχα ή ο θάνατος από λιμοκτονία δεν θα μπορούν να προκαλέσουν εσωτερικά ίχνος δυστυχίας.

Όταν διαθέτετε την περικλείουσα τα πάντα συνειδητότητα του Θεού, ακόμα κι αν δεν έχετε κανένα υλικό απόκτημα, τα έχετε όλα. Οι άνθρωποι που έχουν πραγματική επαφή με τον Θεό δεν μπορούν ποτέ να νιώσουν φτωχοί ή στερημένοι· ούτε μπορούν να θεωρήσουν τους πλούσιους πιο τυχερούς από τον εαυτό τους. Αντίθετα, ο άνθρωπος που μεθά με την ευτυχία του Θεού οικτίρει όλους τους άλλους.

Όταν ο Ιησούς είπε: «Οι αλεπούδες έχουν φωλιές και τα πτηνά του ουρανού κατοικίες, ο δε Γιος του ανθρώπου δεν έχει πού να γείρει το κεφάλι»,[2] δεν θρηνούσε για τη φτώχεια του. Αντίθετα, εννοούσε ότι ήταν ο ιδιοκτήτης του σύμπαντος· ένα με την Πανταχού Παρουσία· έτσι, δεν μπορούσε να παραμείνει εγκλωβισμένος σ' ένα μικρό μέρος όπως κάνουν τα γήινα πλάσματα.

Ο Ιησούς δεν είχε καταθέσεις σε τράπεζα· ούτε παρακινούσε τους ανθρώπους να επιδείξουν πρώτα ευημερία, όπως κάνουν κάποιες σύγχρονες θρησκευτικές οργανώσεις – διδάσκοντας στα μέλη τους να προσεύχονται στον Θεό ή να αποσύρονται στη σιωπή έχοντας και τα δύο μάτια τους εστιασμένα στην ικανοποίηση υλικών επιθυμιών. Ο Ιησούς προειδοποίησε: «Μη μεριμνήσετε λοιπόν λέγοντας, τι να φάμε και τι να πιούμε […] διότι όλα αυτά τα ζητούν οι εθνικοί (αυτοί που αγαπούν την ύλη, οι κοντόφθαλμοι άνθρωποι). […] Αλλά αναζητάτε πρώτα τη

---

[2] Κατά Λουκά Θ:58.

βασιλεία του Θεού και όλα αυτά (ευημερία, σοφία, ευτυχία, πλούτη) θα σας προστεθούν» - χωρίς να χρειάζεται να προσευχηθείτε γι' αυτά.

Ο άνθρωπος που βρίσκει τον Θεό είναι κύριος του σύμπαντος· και ως κύριος του σύμπαντος, τα πάντα μέσα σ' αυτό είναι δικά του. Ο Ιησούς είχε πλήρως συνειδητοποιήσει την ενότητά του με τον Πατέρα. Γι' αυτό μπορούσε να κάνει τόσα πράγματα που οι θνητοί που βρίσκονται σε αυταπάτη δεν μπορούσαν να κάνουν. Ανέστησε νεκρούς. Έχτισε ξανά το ακρωτηριασμένο σώμα του. Συγκρίνετε έναν εκατομμυριούχο στο νεκρικό του κρεβάτι, που αναγκάζεται δια της βίας να αφήσει το σπίτι του και την περιουσία του χωρίς να πάρει μία δεκάρα, με τον Ιησού Χριστό μετά τον θάνατο, στον οποίο ανήκε το Βασίλειο της Πανταχού Παρουσίας. Γι' αυτό μην επιθυμείτε να είστε εκατομμυριούχοι· είναι χάσιμο χρόνου να αυταπατάστε με υλικές επιθυμίες. Αντίθετα, να εύχεστε και να πασχίζετε να γίνετε ένας Χριστός. Επενδύστε τον χρόνο σας σε καθημερινό διαλογισμό, ολοένα και μεγαλύτερης διάρκειας και ολοένα και βαθύτερο· αυτός είναι ο πιο γρήγορος τρόπος να γίνετε Χριστός.

Και τι έγινε, ακόμα κι αν γίνετε εκατομμυριούχος; Πάλι θα θέλατε ακόμα περισσότερα· και ίσως να πεθαίνατε από ανακοπή δουλεύοντας για το επόμενο εκατομμύριο. Το να αγωνίζεστε για επαφή με τον Θεό στον διαλογισμό είναι καθαρή χαρά. Θα είστε ευτυχισμένοι όταν θα διαλογίζεστε· και θα είστε ακόμα πιο ευτυχισμένοι όταν φτάσετε στο τέρμα της ατραπού του διαλογισμού και συναντήσετε τον Θεό, τον Βασιλιά της πάντα ανανεούμενης χαράς.

Κατά τη διάρκεια της προσωρινής διαμονής σας στη γη, να θυμάστε ότι είστε μόνον ηθοποιοί. Μπορεί να κληθείτε να ερμηνεύσετε οποιονδήποτε ρόλο, τραγωδία ή κωμωδία· πρέπει να παίζετε σωστά και καθώς παρατηρείτε τους τραγικούς ρόλους σας, να λέτε: «Ήταν μια καλή, θλιβερή ιστορία κι έπαιξα καλά τον ρόλο μου». Παρόμοια, αν μπορείτε να πείτε: «Κύριε, υποδύθηκα καλά τους ρόλους της γέννησης και του θανάτου· υποδύθηκα καλά τους θλιβερούς και χαρούμενους ρόλους κι αυτό μου έδωσε μεγάλη ικανοποίηση και χαρά· και, Κύριε, διασκέδασα πολύ με τις υπέροχες γήινες ταινίες Σου, αλλά δεν δημιούργησα νέες επιθυμίες να παίξω νέους ρόλους», τότε ίσως να σας πει: «Εντάξει, δεν χρειάζεται να μείνεις άλλο στην κινηματογραφική κοινότητα της γης. Έλα πίσω στο Σπίτι Μου της Αιωνιότητας, το Σπίτι Μου της Πάντα Ανανεούμενης Χαράς».

Σε κάθε άσωτο αθάνατο, ο Θεός λέει: «Γιε Μου, να ξέρεις το εξής: είσαι αιώνια το παιδί Μου, καλό ή κακό, είτε στη γη είτε στον παράδεισο. Όταν όμως ξεχνάς ότι το Σπίτι σου είναι στο Βασίλειό Μου και μπλέκεσαι με τις γήινες παραστάσεις Μου, κάνεις τον εαυτό σου δυστυχισμένο. Όταν θα συνειδητοποιήσεις ότι είσαι αθάνατος, πλασμένος κατά τη μακάρια εικόνα Μου, θα μπορείς να παραμείνεις στη γη απολαμβάνοντας τα γήινα έργα με τη νοοτροπία του αθάνατου· ή μπορείς να έρθεις στο Σπίτι και να αγάλλεσαι στην πάντα διασκεδαστική, πάντα ανανεούμενη, χαρούμενη ψυχαγωγία της ατελείωτης Μακάριας Φύσης Μου».

Εξαλείψτε όλες τις επιθυμίες σας τώρα, ωστόσο εκτελέστε τα γήινα καθήκοντά σας με ολοένα και αυξανόμενη φιλοδοξία να ευχαριστήσετε τον Θεό και να κάνετε τους άλλους ευτυχισμένους· τότε, όταν η πόρτα του θανάτου ανοίξει, το πνεύμα σας θα γελάσει και θα χορέψει και θα φωνάξει: «Τώρα, μέσα απ' αυτήν την πόρτα, θα τρέξω στο Σπίτι μου της Αθάνατης Μακαριότητας». Μη δίνετε καμία σημασία στις κακοδαιμονίες των προσκολλήσεων που σας δένουν στη γη για να μη σας ξαναφέρουν εδώ στη γη· απελευθερωμένοι από κάθε εμπόδιο, τρέξτε κατευθείαν στο σπίτι σας στον Θεό.

Θα βαρεθείτε γρήγορα όλα τα αντικείμενα μόλις τα αποκτήσετε. Θα βαρεθείτε γρηγορότερα αν κερδίζετε κάθε υλικό αντικείμενο που επιθυμείτε· υπάρχει όμως ένα πράγμα που δεν θα το βαρεθείτε ποτέ, ούτε τώρα ούτε στους αιώνες των αιώνων, κι αυτό είναι η πάντα ανανεούμενη Χαρά που βιώνεται με την επαφή με τον Θεό. Η χαρά που είναι πάντα ίδια μπορεί να προκαλέσει ανία, αλλά η Χαρά του Θεού, που είναι πάντα ανανεούμενη και διαρκής, θα σας διασκεδάζει για πάντα. Τέτοια Χαρά μπορεί να βρεθεί μόνο στον βαθύ διαλογισμό.

Οι αθάνατοι που ζουν στην αυταπάτη ταξιδεύουν μέσω πολλών διαδρόμων από ενσαρκώσεις – σηκώνονται, πέφτουν, ελπίζουν, χαίρονται, κλαίνε. Η Φύση ψυχαγωγεί αυτούς που αγαπούν την έξαψη με ποικιλία, ένα μείγμα λύπης και απόλαυσης. Οι ψυχές που είναι σαν τον Χριστό ασχολούνται με την πάντα ανανεούμενη, διαρκή, αμετάβλητη Χαρά στα πάντα – στον Θεό.

Ο Χριστός, ένα με την πανταχού παρούσα συνειδητότητα του Θεού, φυσά με τον άνεμο, γελά στα ρυάκια, λάμπει στ' αστέρια, κοκκινίζει στο δειλινό και χαμογελά ευγενικά στα λουλούδια με την ευωδιαστή παρουσία του. Ο Χριστός χορεύει πάνω στη θάλασσα των ανθρώπινων συναισθημάτων και σκέψεων. Ο Χριστός είναι χαρά σε κάθε καρδιά και σε κάθε πράγμα. Αυτοί που έχουν τα μάτια της σοφίας τους κλειστά αντιλαμβάνονται τις σκοτεινές πλευρές των βασάνων, του θανάτου, της αρρώστιας, της θλίψης και της εφήμερης απόλαυσης. Με ανοιχτά μάτια, ο Χριστός δεν βλέπει τίποτα άλλο από φως, γέλιο και ομορφιά, που προσεύχεται να εκδηλωθεί στις γήινες ψυχές όταν με αφοσίωση θα έχουν ανοίξει κι αυτές τα μάτια της σοφίας που βλέπουν τα πάντα και θα έχουν αφυπνιστεί στη μακάρια αθανασία τους.

Αυξάνοντας τον Μαγνητισμό Σας

Στον πρώτο Ναό του Self-Realization Fellowship στο Encinitas, Καλιφόρνια, 28 Ιουλίου 1940

Η σκέψη είναι άπειρη. Όποιος κι αν είναι ο κλάδος μελέτης, μόλις βάλετε στον νου σας ένα συγκριμένο θέμα, η σκέψη σας μπορεί να δουλεύει επ' άπειρον προς αυτήν την κατεύθυνση. Δεν υπάρχει τέλος στη σοφία ή τις πληροφορίες που μπορείτε να συλλέξετε. Το ξέρετε ότι ο καθένας από σας ερμηνεύει αυτά που λέω μ' έναν ελαφρώς διαφορετικό τρόπο; Κάθε άνθρωπος βιώνει μια νοητική διαδικασία που είναι διαφορετική από οποιουδήποτε άλλου. Τι είναι αυτή η νοητική διαδικασία;

Ας υποθέσουμε ότι κάποιος σας τσιμπά. Πρώτα αισθάνεστε την αισθητήρια εντύπωση του τσιμπήματος. Από το ερέθισμα της αισθητήριας εντύπωσης προκύπτει η αντίληψη. Μετά, αφού έχει αντιληφθεί την αισθητήρια εντύπωση, ο νους σας διαμορφώνει τη σκέψη: «Με τσίμπησαν». Αυτή είναι μια σύλληψη. Η πορεία από την αισθητήρια εντύπωση στην αντίληψη και στη σύλληψη είναι μια εξατομικευμένη αντίδραση. Επειδή η εσωτερική ύπαρξη και λειτουργία κάθε ανθρώπου είναι μοναδική, το συνολικό άθροισμα των αντιδράσεών του σε κάθε δεδομένη εμπειρία θα είναι διαφορετικό από οποιουδήποτε άλλου προσώπου. Αυτό το σύνολο του εσωτερικού σας κόσμου –οι σκέψεις σας, τα συναισθήματά σας, οι αντιδράσεις σας, τα κίνητρά σας– καθορίζει την ποιότητα του μαγνητισμού σας, της δύναμής σας της έλξης.

Ο μαγνητισμός είναι η μεγαλύτερη δύναμη μέσω της οποίας μπορείτε να έλκετε προς εσάς φίλους και καλή θέληση. Σε όλους μας αρέσει να μας προσέχουν· κανείς δεν θέλει να νιώθει αγνοημένος ή ξεχασμένος. Ακόμα κι ένα παιδί κάνει κάτι επίτηδες για να προσελκύσει την προσοχή των άλλων. Επίσης μας αρέσει να έχουν οι άλλοι καλή ιδέα για μας· θέλουμε να αρέσουμε στους άλλους. Πόσοι όμως από μας δείχνουμε στους άλλους την κατανόηση και τη φροντίδα που πιστεύουμε ότι αξίζουμε από εκείνους; Εκφράζουμε τη μεγαλύτερη συμπόνια και συγχώρεση για τις δικές μας αδυναμίες, ενώ πάρα πολύ πρόθυμα επικρίνουμε και καταδικάζουμε τους άλλους για τα σφάλματά τους. Μπορούμε με την ίδια ευκολία να σταθούμε μπροστά σε άλλους και να πούμε όλα τα σφάλματά μας από τότε που ήμαστε παιδιά; Όχι. Μέχρι όμως να μάθουμε να φερόμαστε σωστά, δεν μπορούμε να δείξουμε στους άλλους πώς να φέρονται και δεν έχουμε κανένα δικαίωμα να μη δείχνουμε ανεκτικότητα στα λάθη τους. Ο κόσμος είναι γεμάτος απ' αυτούς που θέλουν να αναμορφώσουν τους άλλους, αλλά όχι τον εαυτό τους. Αν δεν κάνουμε μια εποικοδομητική κριτική εκτίμηση του εαυτού μας, θα παραμένουμε χρόνο με τον χρόνο ίδιοι, χωρίς να αλλάζουμε. Το σημαντικό είναι η αναμόρφωση του εαυτού μας: διότι αν εμείς οι ίδιοι έχουμε αναμορφωθεί, θα αναμορφώσουμε χιλιάδες άλλους με το παράδειγμά μας. Το παράδειγμα μιλά πιο δυνατά από τα λόγια.

Ξεκινήστε με το να Είστε Καλοί με Όλους

Πώς να γίνετε βασιλιάδες κάθε καρδιάς, αγαπητοί σε όλους; Αποκτήστε περισσότερη αγιοσύνη, έτσι ώστε σαν πραγματικοί βασιλιάδες να κάθεστε στον θρόνο της αγάπης της καρδιάς των άλλων. Ξεκινήστε με το να είστε καλοί με όλους. Η αγένεια είναι πνευματική ασθένεια. Αν ενδίδετε σε άσχημες πράξεις και συναισθήματα, κάνετε τον εαυτό σας δυστυχισμένο και καταστρέφετε το νευρικό σας σύστημα. Όταν βλέπετε άλλους να φέρονται άσχημα, αυτό θα πρέπει να σας δίνει μεγαλύτερη αποφασιστικότητα να είστε καλοί. Αυτό το κάνω συνέχεια. Άσχετα με το πόσο οδυνηρά φέρονται οι άλλοι, δεν μπορούν να με κάνουν να αντιδράσω με κακία. Όσο πιο άσχημα μου φέρονται οι άνθρωποι, τόσο περισσότερη κατανόηση δείχνω. Μερικές φορές, για να δώσω έμφαση σ' ένα σημαντικό θέμα, μιλώ πολύ αυστηρά σ' αυτούς που έχουν έρθει σ' εμένα για να τους εκπαιδεύσω. Ποτέ όμως δεν θυμώνω, ούτε είμαι αγενής. Αυτοί που υφίστανται τέτοια πειθαρχία έχουν δει ότι στο αποκορύφωμα της επίπληξης, όταν δείχνω πως είμαι πάρα πολύ δυσαρεστημένος, μπορώ να σταματήσω να μιλώ με πύρινα λόγια και να χρησιμοποιήσω τις πιο ευγενικές λέξεις. Αυτός ο αυτοέλεγχος έχει τρομακτική δύναμη. Ποτέ μην επιτρέψετε στη φωνή σας να γίνει σκληρή από θυμό ή εκδικητικότητα. Σαν ένα λουλούδι, να σκορπίζετε πέταλα καλοσύνης όταν οι άλλοι σας φέρονται άσχημα ή σας επιτίθεται το κακό μέσα τους. Με αυτοέλεγχο και σωστή συμπεριφορά, θα συνειδητοποιήσετε τελικά ότι είστε ένα τμήμα του

Αιώνιου Καλού· δεν ακολουθείτε πλέον τους λανθασμένους τρόπους συμπεριφοράς αυτού του κόσμου.

Πρέπει να Καλλιεργηθεί ο Εσωτερικός Εαυτός

Για να είστε αληθινά γοητευτικοί, πρέπει να είστε ελκυστικοί νοητικά και πνευματικά, καθώς και σωματικά. Η σημερινή γενιά έχει συνδέσει τη γοητεία με καταστήματα μόδας και σαλόνια ομορφιάς. Η ομορφιά όμως πρέπει να είναι κάτι περισσότερο από εξωτερική. Μπορεί να κοιτάτε τον πιο όμορφο άντρα ή την πιο όμορφη γυναίκα του κόσμου· εντούτοις, ακριβώς πίσω από το ευχάριστο παρουσιαστικό, υπάρχει περίπτωση να ανακαλύψετε πολλή κρυμμένη ασχήμια. Είναι σαν τις υπέροχες σαρκοφάγους των τάφων της Αιγύπτου: Πόσο όμορφες, πόσο τέλειες είναι οι λαξευμένες εικόνες! Όταν όμως σηκώσετε το καπάκι, δεν βρίσκετε τίποτα όμορφο στη νεκρή μορφή που βρίσκεται μέσα. Αν οι πνευματικές ιδιότητες της αληθινής φύσης της ψυχής μας είναι νεκρές, ένα ελκυστικό σώμα μοιάζει με φέρετρο που φέρει την εσωτερική μαραμένη συνειδητότητα.

Είναι φυσικά ευτυχές το γεγονός ότι κάποια σωματική ελκυστικότητα κρύβει την ασχήμια των κοκκάλων μας, των μυών και των εσωτερικών οργάνων μας. Γιατί όμως να ασχολείστε τόσο πολύ, χρόνο με τον χρόνο, με το να ομορφαίνετε μόνο την εξωτερική μορφή; Η Αμερική είναι ένα μέρος όπου οι άνθρωποι επικεντρώνονται στο να διατηρούν την εξωτερική τους εικόνα σε καλή κατάσταση για να κρύψουν την ηλικία τους. Έχω δει πολλούς ανθρώπους να μοιάζουν σαραντάρηδες ενώ είναι στην πραγματικότητα εξήντα ετών. Κι αυτό είναι καλό. Γιατί να μην κρατάτε το σώμα σας ελκυστικό και σε φόρμα; Μπορείτε να κάνετε το σώμα σας όπως θέλετε να είναι. Γιατί να είστε απρόσεκτοι και να το αφήσετε να «το πάρει ο κατήφορος», όπως λένε; Να προσέχετε το βάρος σας. Αν είναι υπερβολικό, πιθανότατα οφείλεται στην τεμπελιά ή στο ότι τρώτε πολύ. Κάποιοι άνθρωποι κάνουν δίαιτα ή νηστεύουν τελείως μια μέρα και την επόμενη τρώνε περισσότερο απ' όσο θα έτρωγαν και τις δύο μέρες μαζί. Κάντε πολλή γυμναστική και μάθετε να είστε πιο προσεκτικοί σχετικά με το τι τρώτε.

Οι άπειρες δυνατότητες της ζωής όμως είναι τέτοιες –υπάρχουν τόσα πολλά να μάθετε και να κάνετε– που αν κυρίως σκοπεύετε να αναβαθμίσετε την εξωτερική σας εμφάνιση, δεν θα έχετε χρόνο να κάνετε τίποτα για να βελτιωθείτε εσωτερικά. Το να γίνεται κάποιος όμορφος μπροστά στον καθρέφτη -να βάφεται, να βάφει τα μαλλιά του- μπορεί να βοηθήσει στο να τον προσέξουν στην εργασία του ή στις κοινωνικές συναναστροφές, και δεν υπάρχει τίποτα κακό σ' αυτό· δεν θα βελτιώσει όμως την εσωτερική προσωπικότητα, τον εσωτερικό εαυτό. Θέλω να πω ότι πρέπει να αφιερώνετε κάποιο χρόνο και στον εσωτερικό εαυτό.

Στην Ανατολή οι άνθρωποι επικεντρώνονται περισσότερο στην εσωτερική γοητεία· και στη Δύση δίνεται περισσότερη έμφαση στη σωματική γοητεία. Το αναγκαίο είναι ένας συνδυασμός των δύο. Θα προτιμούσα να είμαι νοητικά ελκυστικός παρά σωματικά ελκυστικός. Αν όμως μπορώ να είμαι και τα δύο, αυτό είναι ακόμα καλύτερο. Πρέπει να μάθουμε να απλοποιούμε τα εξωτερικά πράγματα και να αφιερώνουμε χρόνο στο να ομορφύνουμε τον εσωτερικό μας εαυτό. Αυτός είναι ο τρόπος να αναπτύξετε αληθινό μαγνητισμό.

Μπορεί να διαπιστώσετε αμέσως την απλότητα κάποιου από την πρώτη συνάντηση και μετά να συνειδητοποιήσετε ότι η εσωτερική του προσωπικότητα είναι πολύ ελκυστική και μαγνητίζει. Ο Σωκράτης ήταν έτσι. Έτσι ήταν και ο Λίνκολν. Διέθεταν έναν μαγνητισμό που προερχόταν από όμορφες εσωτερικές ιδιότητες, που προσέλκυε τους άλλους σ' αυτούς. Όταν έχετε αυτό το είδος της θεϊκής ελκυστικότητας, τα σωματικά χαρακτηριστικά είναι λιγότερο σημαντικά.

Η εξωτερική σας εμφάνιση, ειδικά τα μάτια, δείχνει λίγο-πολύ πώς ήσαστε σε προηγούμενες ζωές – τόσο βαθιά επιδρά η εσωτερική ύπαρξη στην εξωτερική μορφή. Τα μάτια είναι το πιο σημαντικό σωματικό χαρακτηριστικό του ανθρώπου. Πρέπει να μάθετε να κάνετε τα μάτια σας όμορφα. Πώς; Τα μάτια αντανακλούν καθαρά αυτό που είστε μέσα σας. Έτσι, υπάρχει μόνο μία μέθοδος με την οποία μπορείτε να ομορφύνετε τη ζωή και την έκφραση στα μάτια: η εσωτερική καλλιέργεια όμορφων σκέψεων και συναισθημάτων.

Μερικά μάτια είναι πολύ σκληρά· άλλα δείχνουν κακία, ιδιοτέλεια. Άσχετα με το πόσο γλυκά μιλά ή φέρεται αυτό το άτομο, μπορείτε να δείτε ποιος είναι πραγματικά μέσω της έκφρασης των ματιών του. Δεν μπορεί να κρυφτεί πίσω απ' αυτά τα ανοιχτά παράθυρα. Γι' αυτό να κάνετε υγιείς, εποικοδομητικές σκέψεις. Ως ένα ον με το προνόμιο να είναι πλασμένο κατ' εικόνα του Θεού, δεν έχετε κανένα δικαίωμα να ασχημίζετε την εσωτερική σας ζωή.

Κάντε τα μάτια σας να είναι γαλήνια, ήρεμα, δυνατά, να ακτινοβολούν θεϊκή αγάπη, καλλιεργώντας μέσα σας αυτές τις ιδιότητες.

Αυξάνοντας τον Μαγνητισμό Σας

Μόνο μ' αυτή τη μέθοδο μπορείτε να αναπτύξετε μια εσωτερική ελκυστικότητα η οποία να υπερβαίνει πλήρως τους περιορισμούς της εξωτερικής εμφάνισης.

Μετατρέψτε τις Δοκιμασίες Σας σε Θριάμβους

Ποτέ δεν είναι αργά για να βελτιωθεί κάποιος. Να παρατηρείτε τις σκέψεις σας, τα συναισθήματά σας και τις πράξεις σας και να τις καθοδηγείτε σωστά. Στο τέλος κάθε μέρας, να αναλύετε τον εαυτό σας: πώς ζήσατε αυτή τη μέρα; Το να ζείτε πραγματικά σημαίνει να προσπαθείτε διαρκώς να βελτιωθείτε· σωματικά, νοητικά, ηθικά, πνευματικά. Ένα άτομο που δεν μένει στάσιμο αλλά συνεχίζει να αλλάζει προς το καλύτερο –μέρα με τη μέρα, χρόνο με τον χρόνο– αναπτύσσει μαγνητισμό.

Να χρησιμοποιείτε κάθε δοκιμασία που αντιμετωπίζετε ως μια ευκαιρία για να βελτιωθείτε. Όταν έχετε δυσκολίες και προβλήματα στη ζωή, συνήθως επαναστατείτε: «Γιατί να μου συμβεί αυτό εμένα;». Αντίθετα, θα πρέπει να βλέπετε κάθε δοκιμασία σαν μια αξίνα με την οποία θα σκάψετε το έδαφος της συνειδητότητάς σας και θα απελευθερώσετε την πηγή της πνευματικής δύναμης που βρίσκεται μέσα σας. Κάθε δοκιμασία θα πρέπει να φέρνει στο φως την κρυμμένη δύναμη που υπάρχει μέσα σας, ως παιδιά του Θεού που είστε, πλασμένα κατ' εικόνα Του. Οι δοκιμασίες μας δεν προορίζονται να μας καταστρέψουν. Μόνον αυτοί που είναι δειλοί και που δεν αναγνωρίζουν την τέλεια εικόνα του Θεού μέσα τους επαναστατούν και παραδίδονται στις δοκιμασίες τους σαν αυτές να ήταν ακατανίκητες καταστροφικές δυνάμεις. Είναι αδικία απέναντι στις δυνατότητές σας σαν ανθρώπινα όντα να αντιμετωπίζετε έτσι τις δοκιμασίες σας. Η σωστή στάση είναι να χρησιμοποιείτε κάθε δοκιμασία σαν ερέθισμα για να ενδυναμώσετε τον εσωτερικό σας εαυτό. Αν ο παλαιστής δεν αγωνιστεί με ισχυρότερους αντιπάλους, δεν θα γίνει πιο δυνατός. Έτσι, όταν αντιμετωπίζετε όλες τις δυσκολίες σας γενναία, με πνευματική δύναμη, γίνεστε ακόμα πιο γεροί και δυνατοί. Υπερβαίνοντας νικηφόρα τις δοκιμασίες σας, θα ζωντανέψετε ξανά την ξεχασμένη εικόνα του Θεού μέσα σας και θα γίνετε πάλι συνειδητά ένα με τον Πατέρα. Γι' αυτό πρέπει να θυμόμαστε να χρησιμοποιούμε τη δοθείσα από τον Θεό δύναμή μας για να ξεπερνάμε τις δυσκολίες μας και μ' αυτόν τον τρόπο να ενδυναμώνουμε την εσωτερική μας ζωή. Αυτή η θεϊκή εσωτερική δύναμη είναι η πηγή του μαγνητισμού μας.

Η Δύναμη της Καλής Συντροφιάς και της Έντονης Προσοχής

Κάτι ακόμα που βοηθά στην ανάπτυξη του μαγνητισμού σας είναι η έντονη προσοχή: μ' αυτή τη δύναμη μπορείτε να αντλείτε μαγνητισμό από τους άλλους. Μάθετε να εστιάζετε πλήρως την προσοχή σας σε ό,τι κάνετε. Όποτε είστε με κάποιον, να είστε καλός ακροατής. Με έντονη προσοχή, συντονιστείτε με ανθρώπους που διαθέτουν τις ελκυστικές ιδιότητες που επιθυμείτε να αναπτύξετε. Αν θέλετε δύναμη, συναναστραφείτε μ' αυτούς που είναι δυνατοί. Αν θέλετε να αναπτύξετε την επιχειρηματικότητά σας, κάντε παρέα με επιχειρηματίες. Αν θέλετε να αναπτύξετε παντοδύναμο θεϊκό μαγνητισμό, συναναστραφείτε μ' αυτούς που αγαπούν τον Θεό. Μ' αυτόν τον τρόπο θα αναπτυχθείτε πολύ πιο γρήγορα απ' ό,τι αν απλώς διαβάζετε βιβλία γι' αυτά τα θέματα.

Οι άγιοι και άλλοι άνθρωποι που κατάφεραν πολλά σ' αυτόν τον κόσμο είχαν πολύ μεγάλο μαγνητισμό. Αν σκέφτεστε έντονα σπουδαίους ανθρώπους, μπορείτε να λάβετε τις δονήσεις τους. Συνήθως λαμβάνουμε τη γνώση μέσω των αισθήσεων της όρασης και της ακοής: διαβάζοντας βιβλία ή ακούγοντας διαλέξεις. Σπουδαιότερη όμως είναι η άμεση επαφή μ' έναν σοφό άνθρωπο. Μέσω μιας τέτοιας συναναστροφής κερδίζετε γνώση πολύ γρηγορότερα. Ακόμα κι αν αυτή η μεγάλη ψυχή μένει δέκα χιλιάδες χιλιόμετρα μακριά σας, αν τον σκέφτεστε και συγκεντρώνεστε σ' αυτόν με πολλή προσοχή, μπορείτε να λάβετε τις δονήσεις του. Θα αρχίσετε να παίρνετε κάτι που είναι πέρα από απλές λέξεις: μπορείτε να λάβετε τον μαγνητισμό ενός άλλου μέσω του νοητικού διαύλου της σκέψης.

Ο Κρίσνα, ο Βούδας, ο Ιησούς – αυτές οι μεγάλες ψυχές εκδήλωσαν τον ύψιστο μαγνητισμό. Κάθε φορά που βλέπω μια εικόνα των μεγάλων Δασκάλων ή τους σκέφτομαι, λαμβάνω τις δονήσεις τους. Όταν έρχομαι σ' επαφή με τον Ιησού νιώθω τη συνειδητότητα του Θεού ως Πατέρα. Όταν σκέφτομαι τον Ραμπρασάντ[1] νιώθω τη δόνηση του Θεού ως Μητέρα. Αυτός ο συντονισμός με τις θεϊκές ψυχές δεν έρχεται απλώς με το να τις σκέφτεστε για μερικά λεπτά. Μόνον όταν διαλογίζεστε καθημερινά πάνω σ' έναν άγιο αρχίζετε να λαμβάνετε τις πνευματικές δονήσεις του αγίου αυτού.

---

[1] Ένας άγιος από τη Βεγγάλη, ο Ραμπρασάντ (Ramprasad) (1718-1775) συνέθεσε πολλά τραγούδια εξυμνώντας την Κάλι, μία από τις όψεις της Θεϊκής Μητέρας.

Είναι επίσης σημαντικό να επισκέπτεστε μέρη όπου έζησαν άγιοι. Η Ασίζη, η κατοικία του Αγίου Φραγκίσκου· το Bodh Gaya, όπου ο Βούδας έλαβε τη φώτιση· η Ιερουσαλήμ, όπου δίδαξε ο Χριστός – τέτοια μέρη είναι για πάντα διαποτισμένα με τις δονήσεις που άφησαν εκεί οι θεϊκές ψυχές που περπάτησαν σ' αυτά τα εδάφη. Οι δονήσεις τους θα παραμείνουν μέχρι να διαλυθεί αυτή η γη. Εκεί όπου κάποιες ψυχές κοινώνησαν με τον Θεό, εκεί θα βρείτε μεγαλύτερη κοινωνία και ανταπόκριση από τον Θεό. Συχνά τέτοια προσκυνήματα αλλάζουν τελείως τη ζωή κάποιου προς το καλύτερο.

Η άμεση συναναστροφή μ' έναν σοφό άνθρωπο που συνειδητοποίησε τον Θεό μπορεί να γίνει μέσω προσωπικής επαφής ή μέσω βαθέος διαλογισμού. Το σημαντικό σημείο είναι να συντονίσετε τη συνειδητότητά σας με τη δική του. Όταν είστε συντονισμένοι με μια μεγάλη ψυχή που αγαπά τον Θεό, αυτός ο συντονισμός σταδιακά αλλάζει τη ζωή σας μ' έναν θαυμαστό τρόπο. Η θέλησή σας δεν υποδουλώνεται· διευρύνεται. Αυτή είναι η διαφορά μεταξύ του συντονισμού μ' ένα εγωκεντρικό πρόσωπο και του συντονισμού μ' έναν αληθινό γκουρού. Ο μαγνητισμός μιας ψυχής που έχει συνειδητοποιήσει τον Θεό θα σας θέσει σε συντονισμό με τον μαγνητισμό του Θεού.

Ο Θεός Είναι η Υπέρτατη Μαγνητική Δύναμη

Ο Ιησούς είπε: «Αναζητάτε πρώτα τη βασιλεία του Θεού […] και όλα αυτά θα σας προστεθούν». Ο Θεός είναι η Υπέρτατη Δύναμη πίσω από κάθε δύναμη· η Υπέρτατη Αγάπη πίσω από κάθε αγάπη· ο Υπέρτατος Καλλιτέχνης πίσω από κάθε τέχνη. Όταν έχετε τον νου σας στον Θεό, την Υπέρτατη Μαγνητική Δύναμη, παίρνετε θεϊκό μαγνητισμό· και μπορείτε να προσελκύετε σ' εσάς όλα τα πράγματα. Αν σκέφτεστε τον Θεό σε βαθύτατο διαλογισμό, αν Τον αγαπάτε με όλη σας την καρδιά και νιώθετε πλήρη γαλήνη με την παρουσία Του, χωρίς να επιθυμείτε τίποτα άλλο, ο θεϊκός μαγνητισμός του Κυρίου θα προσελκύσει σ' εσάς οτιδήποτε έχετε ονειρευτεί, κι ακόμα περισσότερα. Σε κάθε τομέα της ζωής μου απέδειξα αυτήν την αλήθεια: Αν αγαπάτε τον Θεό για τον ίδιο Του τον Εαυτό κι όχι γι' αυτά που μπορεί να σας δώσει· κι αν σας προσελκύει απόλυτα ο θεϊκός μαγνητισμός Του, αυτή η δύναμή Του βγαίνει από τη δική σας καρδιά και τον νου και ακόμα και με μια ελάχιστη ευχή σας θα προσελκύσετε σ' εσάς την εκπλήρωση αυτής της επιθυμίας. Αν αισθάνεστε άνευ όρων αγάπη για τον Θεό,

Εκείνος στέλνει σκέψεις στον νου άλλων ανθρώπων, οι οποίοι γίνονται το μέσον για την ικανοποίηση ακόμα και επιθυμιών που δεν έχετε καν προφέρει.

Έτσι λοιπόν, ο θεϊκός μαγνητισμός, με τον οποίο μπορείτε να προσελκύσετε τα πάντα σ' εσάς, είναι το είδος της ελκυστικότητας που θέλετε να αναπτύξετε. Πάντα να επιθυμείτε το καλό, το ευγενές, το αγνό. Τότε, σαν θεϊκός άνθρωπος, γεμάτος με τον μαγνητισμό του Θεού, δεν γίνεται να αποτύχετε να προσελκύσετε οτιδήποτε θέλετε.

Να διαλογίζεστε βαθιά και να στέλνετε το κάλεσμα της ψυχής σας στον Θεό: «Κύριε, πρέπει να έρθεις μέσα στον σωματικό μου ναό. Δεν έχει σημασία αν είναι ραγισμένος από ασθένεια, γηρατειά, ή άλλες ατέλειες. Σε όποια κατάσταση κι αν είναι ο ναός μου, ξέρω ότι θα μπεις μόλις καταλάβεις ότι πραγματικά Σ' αγαπώ και αναγνωρίσω ότι πράγματι μ' αγαπάς».

Όταν έρθει αυτή η συνειδητοποίηση, το σώμα που αγαπούσατε τόσο πολύ δεν θα σημαίνει πια και τόσο πολλά για σας – θα θέλετε να δώσετε περισσότερη σημασία στην εσωτερική σας ζωή παρά σε μάταιες υλικές επιδιώξεις. Ο θεϊκός άνθρωπος που αγαπά τον Θεό περισσότερο από τον εαυτό του ανακαλύπτει ότι η ελκυστικότητα μέσα του είναι ο Θεός· τότε χάνει την προσκόλλησή του στο χονδροειδές σώμα: «Ω Κύριε, είτε το σώμα μου περπατά στις ατραπούς της γης τραγουδώντας το όνομά Σου, είτε κοιμάται στον ωκεανό του θανάτου, είμαι πάντα μαζί Σου. Η ζωή και ο θάνατος μπορεί να τραγουδούν τα τραγούδια τους, αλλά εγώ είμαι ένα με το Τραγούδι της Αιωνιότητας. Δεν γίνεται να πεθάνω, γιατί είμαι η Ανάσα της Αιώνιας Ζωής».

Τώρα, παρακαλώ προσευχηθείτε μαζί μου: «Πατέρα, αποτίναξα όλες τις αρνητικές σκέψεις. Ήμουν δεμένος με τις σιδερένιες αλυσίδες του υλισμού, αλλά η μαγνητική Σου παρουσία με αλλάζει· συνειδητοποιώ ότι είμαι πλασμένος κατ' εικόνα Σου. Είμαι ένας θεϊκός μαγνήτης. Το μαγνητικό Σου ρεύμα ρέει μέσω των χεριών μου· ο μαγνητισμός της σοφίας Σου ρέει μέσω του εγκεφάλου μου, ο μαγνητισμός της αγάπης Σου μέσω της καρδιάς μου, ο μαγνητισμός της χαράς Σου μέσω της ψυχής μου. Ομ. Ειρήνη. Αμήν».

Προετοιμαζόμενοι για την Επόμενη Ενσάρκωσή Σας

Στον Ναό του Self-Realization Fellowship στο San Diego, Καλιφόρνια, 11 Ιουνίου 1944

Το θέμα μας σήμερα θα σας βοηθήσει να καταλάβετε γιατί βρίσκεστε εδώ στη γη, ώστε να μπορέσετε να ελευθερωθείτε από υποχρεωτικές μελλοντικές ενσαρκώσεις. Η μετενσάρκωση δεν είναι αναγκαστική, εκτός κι αν εσείς την κάνετε έτσι.

Η ζωή είναι ένα απέραντο σχολείο. Υπάρχει ένα μάθημα για κάθε τι, το οποίο πρέπει να μάθετε. Όπως όμως τα άτακτα παιδιά στο σχολείο ασχολούνται με σκανταλιές, προσπαθούν να αποσπάσουν την προσοχή των άλλων παιδιών, δεν προσέχουν τον δάσκαλο και μετά δεν προβιβάζονται και πρέπει να επαναλάβουν την ίδια τάξη, έτσι γίνεται και με τους περισσότερους ανθρώπους. Είναι «κακά παιδιά» στο σχολείο της ζωής, μπλέκοντας συνέχεια σε προβλήματα γιατί δεν ακούν τον δάσκαλο. Η ζωή σάς διδάσκει όλη την ώρα· είστε κακοί μαθητές αν δεν προσέχετε. Σκεφτείτε το αυτό· είναι η κεντρική ιδέα όσων θέλω να σας πω.

Τα «κακά παιδιά» που αποτυγχάνουν στις εξετάσεις πρέπει να επιστρέφουν ξανά και ξανά και ξανά, μέσα στην ντροπή, για να αντιμετωπίσουν τα ίδια μαθήματα. Οι καλοί μαθητές ωστόσο γίνονται σοφοί άνθρωποι. Ο Χριστός, ο Κρίσνα, ο Βούδας και όλοι οι άλλοι φωτισμένοι άνθρωποι ολοκλήρωσαν την εκπαίδευσή τους, αποφοιτώντας με επαίνους, και γύρισαν στον Θεό. Δεν χρειάζεται να ξανάρθουν πια σ' αυτό το σχολείο της ζωής εκτός κι αν, με τη δική τους ελεύθερη θέληση, γυρίσουν ξανά σαν Δάσκαλοι, «σωτήρες», για να βοηθήσουν τους άλλους.

Η μετενσάρκωση σημαίνει ότι δεν ολοκληρώσατε την εκπαίδευσή σας· έχετε ακόμα να περάσετε όλες τις βαθμίδες της υλικής, της νοητικής και της πνευματικής εξέλιξης, που θα σας αποφέρουν το δίπλωμα της τελειότητας και της ελευθερίας. Ποια είναι η αιτία της αποτυχίας;

Κατανοώντας Γιατί Είμαστε Εδώ

Πρωτίστως, δεν καταλαβαίνουμε γιατί είμαστε εδώ. Οι περισσότεροι άνθρωποι πιστεύουν ότι η ζωή είναι μόνο η απόκτηση αναγκαίων αγαθών και πραγμάτων που θέλουμε, η αναζήτηση της απόλαυσης και της ανθρώπινης αγάπης και τελικά η παράδοση στον τάφο. Τα ανθρώπινα όντα ξεκινούν τη ζωή τους προγραμματισμένα με καθορισμένες κλίσεις και ανεκπλήρωτες επιθυμίες από το παρελθόν. Μετά, με τη λίγη ελεύθερη βούληση που τους έχει απομείνει, μιμούνται τις επιθυμίες και τις πράξεις των άλλων. Αν συναναστρέφονται με επιχειρηματίες, θέλουν να γίνουν σαν αυτούς· αν είναι μεταξύ καλλιτεχνών, η τέχνη είναι τα πάντα γι' αυτούς. Ο Θεός θέλησε οι άνθρωποι να είναι πρακτικοί σ' αυτόν τον κόσμο –μας έδωσε πείνα που πρέπει να ικανοποιηθεί– αλλά με το να επιδιώκουμε μόνο φαγητό και στέγη, χρήματα και αποκτήματα, ξεχνάμε την αληθινή Πηγή της ευτυχίας. Ικανοποιήστε τις ανάγκες σας, επιδιώξτε τους άξιους στόχους σας στη ζωή, αλλά δώστε πρώτα τον εαυτό σας στον Θεό. Τότε η εκπαίδευσή σας θα τεθεί κάτω από τη σοφή και γεμάτη αγάπη διδασκαλία Του. Ξέρει όλο το συσσωρευμένο κάρμα σας και τι είναι το καλύτερο για σας. Μην Του αντιστέκεστε.

Οι ανεκπλήρωτες επιθυμίες είναι η αιτία της μετενσάρκωσης. Δεν χρειάζεται να είστε βασιλιάδες για να έχετε απόλυτη πληρότητα. Ούτε θα καταστρέψετε τις επιθυμίες σας με το να απαρνηθείτε τα πάντα και να γίνετε φτωχοί. Έχετε το δικό σας, δημιουργημένο από εσάς πεπρωμένο, με τα μαθήματά του που πρέπει να μάθετε, και πρέπει να παίξετε καλά τον ρόλο για τον οποίο σταλθήκατε εδώ. Αν όλοι στη σκηνή ήθελαν να είναι βασιλιάδες και βασίλισσες, δεν θα υπήρχε έργο. Ένας ηθοποιός, ακόμα και μ' έναν μικρό ρόλο, μπορεί να καταστρέψει ολόκληρη την παραγωγή αν δεν τον υποδυθεί καλά. Κάθε ρόλος είναι σημαντικός· όλοι θα πρέπει να συνεργάζονται αρμονικά για την επιτυχία του έργου. Ο Κύριος προσπαθεί να φτιάξει ένα καλό έργο με τη δημιουργία Του, αλλά φοβάμαι πως οι περισσότεροι ηθοποιοί τα έκαναν όλα άνω κάτω.

Το ιδεώδες είναι να κάνετε το καλύτερο που μπορείτε, αλλά να είστε αντικειμενικοί, μη προσκολλημένοι. Να προσέχετε τις σπουδές που σας παρέχει η ζωή. Περιέχουν τα μαθήματα που πρέπει να μάθετε. Μην παίζετε στην τύχη και δημιουργείτε νέες, ατελείωτες επιθυμίες. Οι ινδουιστικές Γραφές λένε πως χρειάζονται οκτώ εκατομμύρια ενσαρκώσεις (προχωρώντας ανοδικά στη σκάλα της εξέλιξης) πριν να γίνει κάποιος ανθρώπινο ον. Και τώρα που κερδίσατε την ανθρώπινη μορφή, πώς μπορείτε να χάνετε τον χρόνο σας με ανούσια πράγματα; Ο χρόνος είναι πολύ πολύτιμος. Επιτέλους, η ψυχή σας διαθέτει ένα όχημα που είναι κατάλληλο να εκφράσει πλήρως τη θεότητα, να εκδηλώσει «την εικόνα του Θεού» κατά την οποία έχετε πλαστεί.

Κάθε πρωί να ρωτάτε τον εαυτό σας: «Τι θέλω;». «Τίποτα, τίποτα άλλο εκτός από Σένα, Κύριε. Αν θέλεις να με πάρεις απ' αυτόν τον κόσμο τώρα, είμαι έτοιμος να φύγω». Αυτή είναι η σωστή νοοτροπία. Δεν είναι όμως εύκολο να την τηρήσετε, γιατί θα έρθουν χίλιοι πειρασμοί στον δρόμο σας για να δουν αν εξαλείψατε τις επιθυμίες σας.

Μια φορά που μιλούσα με την Αμελίτα Γκάλι Κούρσι (Amelita Galli-Curci), τη διάσημη πριμαντόνα της όπερας που είχε τόσο αγγελική φωνή, τη ρώτησα: «Έχεις εξαλείψει τις επιθυμίες σου;».

Απάντησε: «Φυσικά».

Συνέχισα μιλώντας για άλλα θέματα και μετά ξαφνικά τη ρώτησα: «Πώς νιώθεις για τη μουσική;».

«Τη λατρεύω», είπε, «θέλω να τραγουδάω στον παράδεισο!».

«Τότε θα πρέπει να έρθεις πάλι στη γη», απάντησα. «Αυτή η επιθυμία δεν έχει εξαλειφθεί». Τότε κατάλαβε.

Όταν πήρα τον δρόμο προς τον Θεό, η οικογένειά μου προσπάθησε να με κάνει να ενδιαφερθώ για άλλα πράγματα. Μου προσφέρθηκε μια σημαντική θέση εργασίας και προσευχήθηκα στον Θεό για καθοδήγηση. Είπε: «Τι τη θέλεις; Ψάξε πρώτα την υπέρτατη ευτυχία». Ο ξάδελφός μου [ο Πραμπάς Τσάντρα Γκος] πήρε τη δουλειά μου και επίσης την υποψήφια σύζυγό μου. Μέσω της χάρης του Θεού ήμουν ελεύθερος!

Αν Έχετε τον Νου Σας στον Θεό, Θα Ελευθερωθείτε

Όταν εμφανίζονται επιθυμίες, να καθοδηγείστε από σοφία, όχι από ιδιοτροπία ή ξεροκεφαλιά. Αν μπορείτε να ελέγχετε τις αισθήσεις σας και να έχετε τον νου σας στον Θεό, θα ελευθερωθείτε. Αν όμως την τελευταία μέρα, όταν έρθει η ώρα να πάτε στον Ουράνιο Πατέρα, σας ρωτήσουν οι άγγελοι: «Σου αρέσει το παξιμαδάκι φράουλας;» και απαντήσετε: «Αχ, πόσο νόστιμο είναι!», θα σας πουν: «Τότε πρέπει να πας πίσω στην Αμερική». Ή, μπορεί να ρωτήσουν: «Σου αρέσει το κάρρυ;». «Ναι, Κύριε!». «Τότε πήγαινε πίσω στην Ινδία. Δεν μπορείς να μείνεις με τον Πατέρα γιατί οι γήινες επιθυμίες σου δεν εξαλείφθηκαν».

Ο θεϊκός άνθρωπος απολαμβάνει τα πάντα, αλλά δεν δένεται με τίποτα. Εκτιμά τη χρήση των αντικειμένων στη δημιουργία του Θεού, αλλά όταν τελειώσει μ' αυτά, έχει τελειώσει οριστικά. Μην έχετε στον νου σας ίχνη από επιθυμίες. Ζήστε σ' αυτόν τον κόσμο εργαζόμενοι μόνο για να εκπληρώσετε το θέλημα του Θεού. Να Του λέτε: «Δεν ζήτησα αυτό το σώμα· μου το έδωσες όμως, επομένως θα το προσέχω και θα ικανοποιώ τις ανάγκες του και θα το χρησιμοποιώ ως μέσον για να κάνω το θέλημά Σου στη γη». Όταν είστε απρόσωποι ως προς το σώμα μ' αυτόν τον τρόπο, γίνεστε προσωπικοί με τον Θεό. Θέλω όλοι να φτάσετε σ' αυτήν την κατάσταση. Δεν θα το καταφέρετε όμως διαβάζοντας βιβλία, ούτε χαραμίζοντας τον χρόνο σας σε διασκεδάσεις. Να διαλογίζεστε. Να είστε βυθισμένοι στον διαλογισμό. Σήμερα το πρωί μετά δυσκολίας θυμόμουν αν κοιμήθηκα καθόλου χθες το βράδυ· κι όταν ανασήκωσα τα μάτια μου, ακινητοποιήθηκαν στην κατάσταση του *σαμάντι*. Ο κόσμος, σαν ωκεανός, κινούνταν μέσα μου. Ένιωσα όλο το σύμπαν να πάλλεται μέσα μου.

Μάθετε το μάθημα ότι δεν είστε ούτε άντρας ούτε γυναίκα, αλλά μια ψυχή πλασμένη κατ' εικόνα του Θεού. Αλλιώς, ο Θεός θα πρέπει να σας στέλνει εδώ πάλι και πάλι, μέχρι να ξεπεράσετε την άγνοιά σας και να συνειδητοποιήσετε τον αληθινό Εαυτό σας. Να έχετε τόσο πολύ μέσα στη συνειδητότητά σας τον Θεό, ώστε να ξέρετε ότι είναι η μοναδική Πραγματικότητα. Όσο πιο πολύ διαλογίζεστε, τόσο πιο πολύ η σκέψη αυτή θα γιγαντώνεται. Όσο κι αν προσπαθήσει, ο κόσμος δεν θα μπορέσει να πάρει από σας αυτή τη συνειδητότητα.

Όταν άρχισα την αναζήτηση του Θεού, απέφυγα οτιδήποτε αποσπούσε τον νου μου απ' Αυτόν, σαν να ήταν δηλητήριο. Απέφευγα ακόμα και τις πολλές επαφές με ανθρώπους που δεν είχαν τις ίδιες απόψεις, γιατί δεν ήθελα να επηρεαστώ απ' αυτούς. Το γάλα δεν επιπλέει στο νερό· ανακατεύεται μ' αυτό και γίνεται νερωμένο. Όταν όμως το γάλα μετατραπεί σε βούτυρο, το βούτυρο μπορεί να επιπλέει στο νερό. Παρόμοια, σαν σοβαροί αναζητητές, εστιάστε σταθερά τη συνειδητότητά σας στον Θεό. Πρώτα απελευθερώστε τον εαυτό σας. Τότε κανείς δεν θα μπορεί να ασκήσει καμία λανθασμένη επιρροή πάνω σας· εσείς θα αλλάξετε αυτόν. Διαφορετικά, αν η θέλησή σας είναι αδύναμη και κάποιος σας προτείνει κάποιον δελεαστικό πειρασμό, θα ενδώσετε. Όταν όμως είστε πεπεισμένοι ότι η αληθινή ευτυχία βρίσκεται μέσα στον εαυτό σας, στη σχέση σας με τον Θεό, τότε κανείς δεν μπορεί να σας παρασύρει· αντίθετα, οι άλλοι θα ακολουθήσουν το παράδειγμά σας.

Ο Θεός είναι για όλους όσους Τον αναζητούν. Αφιερώστε τις νύχτες σας σ' Αυτόν. Οι ημέρες ανήκουν στον Διάβολο, γιατί μας κρατά απασχολημένους και μπλεγμένους στις σχετικότητες και στην αυταπάτη αυτής της ύπαρξης. Αν όμως αφιερώνετε τις νύχτες σας στον Θεό και αγωνίζεστε κατά τη διάρκεια της ημέρας να Τον θυμάστε εν μέσω των δραστηριοτήτων σας, θα είστε συνεπαρμένοι απ' Αυτόν συνεχώς. Ο θεϊκός άνθρωπος είναι πάντα μεθυσμένος με τον Κύριο. Η δουλειά δεν αποσπά τη συνειδητότητά μου από Εκείνον· είναι η μεγαλύτερη απόλαυση. Αυτές τις μέρες κοιμήθηκα ελάχιστα. Νιώθω τη μεγαλύτερη χαρά, τη μεγαλύτερη ευλογία του Θεού που είχα ποτέ. Γι' αυτό ζω. Για να είμαι μαζί Του και να φέρνω εις πέρας τις επιθυμίες Του· η ζωή μου περιστρέφεται γύρω απ' αυτά τα δύο.

Εκπληρώνοντας τα Καθήκοντά Σας Απέναντι στον Θεό και στον Άνθρωπο

Ακόμα κι ένας υλιστής που εργάζεται εποικοδομητικά είναι καλύτερος από έναν τεμπέλη «πνευματικό» άνθρωπο. Το να είναι κάποιος τεμπέλης και να μην παρέχει καμία γήινη υπηρεσία σημαίνει ότι έχει εγκαταλειφθεί από τον Θεό και από τους ανθρώπους. Αυτοί όμως που εκπληρώνουν τα καθήκοντά τους απέναντι στους ανθρώπους αλλά όχι απέναντι στον Θεό είναι σαν το μουλάρι που κουβαλά ένα φορτίο χρυσού στην πλάτη του, γνωρίζοντας μόνο το βάρος του και όχι την αξία του. Οι πράξεις χωρίς τη σκέψη του Θεού είναι και φορτικές και δεσμευτικές για την ψυχή· οι πράξεις που εκτελούνται με τη συνειδητότητα του Θεού απελευθερώνουν. Η απάρνηση των υλικών καθηκόντων για να υπηρετεί κάποιος μόνο τον Θεό είναι σωστή, γιατί σ' Εκείνον πρώτα οφείλουμε πίστη· κανένα καθήκον δεν θα μπορούσε να εκτελεστεί χωρίς τη δύναμη που έχουμε δανειστεί απ' Αυτόν. Ο Κύριος συγχωρεί κάθε αμαρτία που προκαλείται από τη μη εκτέλεση υποδεέστερων καθηκόντων από ανθρώπους που εγκαταλείπουν τα πάντα για Εκείνον.[1] Απάρνηση σημαίνει να βάζει κάποιος πρώτο τον Θεό, είτε ακολουθεί τον εγκόσμιο δρόμο είτε τον μοναστικό βίο.

Ο αδελφός μου μου είπε: «Τα χρήματα πρώτα· ο Θεός αργότερα».

---

[1] «Εγκαταλείποντας όλα τα άλλα *ντάρμα* (καθήκοντα), να θυμάσαι Εμένα μόνο· θα σε απελευθερώσω απ' όλες τις αμαρτίες (που προέρχονται από τη μη εκτέλεση αυτών των υποδεέστερων καθηκόντων)» (Μπάγκαβαντ Γκίτα XVIII:66).

Πέθανε πριν προλάβει να βρει τον Θεό ή να χρησιμοποιήσει τα χρήματά του. Να θυμάστε τα λόγια του Χριστού: «Αναζητάτε πρώτα τη βασιλεία του Θεού και τη δικαιοσύνη Αυτού, και όλα αυτά θα σας προστεθούν».[2] Όταν βρείτε τον Θεό, όλα θα έρθουν σ' εσάς. Όταν Εκείνος σας κρατά, δεν γίνεται να αποτύχετε. Τα λάθη σας θα διορθωθούν· τα σφάλματά σας θα μεταμορφωθούν σε σοφία. Αυτό ανακάλυψα.

Η Σωστή Στάση Απέναντι στα Βάσανα

Υπάρχουν δύο είδη αναζητητών: αυτοί που είναι σαν το μαϊμουδάκι κι αυτοί που είναι σαν το γατάκι. Το μαϊμουδάκι γαντζώνεται στη μαμά του· όταν όμως αυτή πηδά, αυτό μπορεί να πέσει. Το μικρό γατάκι το μεταφέρει η μαμά γάτα και είναι ικανοποιημένο όπου το βάζει. Το γατάκι έχει απόλυτη εμπιστοσύνη στη μαμά του. Είμαι πιο πολύ σαν αυτό· δίνω όλη την ευθύνη στη Θεϊκή Μητέρα. Για να διατηρήσει όμως κάποιος αυτή τη στάση χρειάζεται μεγάλη δύναμη θέλησης. Σε όλες τις συνθήκες –υγεία ή αρρώστια, πλούτη ή φτώχεια, λιακάδα ή σκοτεινά σύννεφα– το συναίσθημά σας πρέπει να παραμένει ατάραχο. Ακόμα κι αν δοκιμάζεστε από σκληρά βάσανα, δεν αναρωτιέστε γιατί η Θεϊκή Μητέρα σας έβαλε σ' αυτή τη θέση. Έχετε πίστη ότι Εκείνη ξέρει καλύτερα. Μερικές φορές μια φαινομενική καταστροφή μετατρέπεται σε ευλογία για σας.

Όταν καταστράφηκε ο Ναός Χρυσός Λωτός,[3] αρχικά σκέφτηκα ότι ήταν μια τρομερή καταστροφή· εξελίχθηκε όμως θετικά, γιατί μ' έκανε να προχωρήσω στην ίδρυση άλλων ναών και κέντρων άσραμ.

Η μελαγχολία δεν είναι παρά η σκιά του χεριού της Θεϊκής Μητέρας που το απλώνει θωπευτικά. Μην το ξεχνάτε αυτό. Μερικές φορές, όταν η Θεϊκή Μητέρα πρόκειται να σας χαϊδέψει, πριν σας αγγίξει προβάλλεται μια σκιά από το χέρι Της. Γι' αυτό, όταν έρχονται προβλήματα, μη νομίζετε πως σας τιμωρεί· το χέρι Της, που ρίχνει πάνω σας τη σκιά του, έχει μια ευλογία για σας καθώς σας προσεγγίζει για να σας φέρει πιο κοντά σ' Εκείνη.

Ο πόνος είναι καλός δάσκαλος για όσους είναι έξυπνοι και πρόθυμοι να μάθουν απ' αυτόν. Γίνεται όμως βασανιστήριο γι' αυτούς

---

[2] Κατά Ματθαίο ΣΤ:33.

[3] Ο πρώτος Ναός του Self-Realization Fellowship, που εγκαινιάστηκε το 1938 στο κτήμα του Ερημητηρίου του SRF στο Encinitas, βρισκόταν πάνω σ' ένα απόκρημνο ακρωτήρι με θέα στον Ειρηνικό Ωκεανό. Αυτός ο ναός χάθηκε με τη σταδιακή αποσάθρωση του αιγιαλού· αργότερα αντικαταστάθηκε από έναν άλλο ναό SRF στο Encinitas.

που αντιστέκονται και δυσανασχετούν. Ο πόνος μπορεί να μας διδάξει σχεδόν τα πάντα. Τα μαθήματά του μας εξωθούν να αναπτύξουμε διάκριση, αυτοέλεγχο, μη προσκόλληση, ηθική, και υπερβατική πνευματική συνειδητότητα. Για παράδειγμα, ο πόνος στο στομάχι μάς λέει να μην τρώμε υπερβολικά και να προσέχουμε τι τρώμε. Ο πόνος από την απώλεια υλικών αποκτημάτων ή αγαπημένων προσώπων μάς θυμίζει την εφήμερη φύση των πάντων σ' αυτόν τον κόσμο της αυταπάτης. Οι συνέπειες των λανθασμένων πράξεων μας παρακινούν να αναπτύξουμε διάκριση. Γιατί να μη μάθετε μέσω της σοφίας; Τότε δεν θα υποβάλλετε τον εαυτό σας σε περιττή οδυνηρή πειθαρχία από το σκληρό αφεντικό του πόνου.

Βρίσκοντας τη Θεϊκή Αγάπη Πίσω από την Ανθρώπινη Αγάπη

Υπάρχει εγγενής πόνος ακόμα και στην ικανοποίηση που αντλείται από την ανθρώπινη αγάπη. Χωρίς την ιδιότητα της θεϊκής αγάπης, η ανθρώπινη στοργή είναι ένα αδιέξοδο που μας μπερδεύει και μας περιορίζει. Το συνειδητοποίησα αυτό όταν έχασα τη μητέρα μου που πέθανε. Πόσα εκατομμύρια απογοητευμένοι άνθρωποι υπήρξαν που πίστεψαν ότι η ανθρώπινη αγάπη είναι το μόνο πράγμα που αξίζει στη ζωή! Έκαναν λάθος και μ' αυτόν τον τρόπο αδίκησαν πολύ τον εαυτό τους. Πού είναι όλοι αυτοί τους οποίους αγάπησαν και έχασαν; Ποιο είναι το μάθημα που πρέπει να μάθουμε; Είναι το να αγαπάμε την Αγάπη πίσω από την ανθρώπινη αγάπη.

Ποιος άλλος είναι ο πατέρας σας και η μητέρα σας, από τον Θεϊκό Πατέρα-Μητέρα που πήρε ανθρώπινη μορφή για να σας αγαπά και να σας φροντίζει; Γιατί κανένας άλλος πατέρας δεν έχει τα ίδια αισθήματα για σας με τον δικό σας; Επειδή ο Θεός ενδιαφέρθηκε προσωπικά για σας και φύτεψε αυτό το πατρικό αίσθημα σ' ένα συγκεκριμένο ον στο οποίο έχετε προσελκυστεί καρμικά. Ο Θεός έγινε επίσης η μητέρα για να σας αγαπά άνευ όρων· η δική της αγάπη είναι τυφλή, εκτός αν είναι διαποτισμένη με θεϊκή συνειδητότητα. Η πατρική αγάπη μετριάζεται πιο πολύ από τη λογική και τον νόμο.

Η Βίβλος διδάσκει: «Τίμα τον πατέρα σου και τη μητέρα σου [...]».[4] Προστάζει όμως περαιτέρω: «Και θα αγαπάς τον Κύριο τον

---
[4] Έξοδος Κ:12.

Θεό σου με όλη την καρδιά σου και με όλη την ψυχή σου και με όλη τη δύναμή σου».[5] Όταν λέω «πατέρας» ή «μητέρα», αυτές οι λέξεις έχουν πια για μένα τελείως διαφορετική έννοια. Συνειδητοποίησα τον Πατέρα-Μητέρα πίσω από τους γονείς μου, τον Κάποιον Άλλο που μ' αγαπούσε μέσω της γονικής αγάπης τους.

Αν θυμόσασταν όλους τους πατέρες και τις μητέρες που είχατε μέχρι τώρα στις ενσαρκώσεις σας, δεν θα ξέρατε ποιους να αγαπάτε σαν δικούς σας. Νομίζετε ότι το τωρινό σπίτι σας είναι το μέρος όπου ανήκετε. Αν όμως πεθαίνατε και γεννιόσασταν στο διπλανό σπίτι των προηγούμενων γονιών σας, αυτοί δεν θα σας αγαπούσαν με τον ίδιο τρόπο όπως παλιά. Ποιος άλλος σας αγαπά εκτός από τον Θεό; Αυτόν είναι που πρέπει να αναζητήσετε. Μια φορά είχα ένα όραμα που μ' έκανε να συνειδητοποιήσω ότι ήταν η Θεϊκή Μητέρα που είχε πάρει τη μορφή των μητέρων μου σε πολλές ζωές για να μ' αγαπά και να με καθοδηγεί. Τώρα σε κάθε γυναίκα βλέπω τη μητρική ιδιότητα της Θεϊκής Μητέρας. Έτσι πρέπει να μάθουμε να βλέπουμε τη Μητέρα πίσω απ' όλες τις μητέρες, τον Πατέρα πίσω απ' όλους τους πατέρες και τον Φίλο πίσω απ' όλους τους φίλους.

Η Φιλία – Η Αγνότερη Μορφή Αγάπης

Η φιλία είναι η αγνότερη μορφή της αγάπης του Θεού γιατί γεννιέται από την ελεύθερη βούληση της καρδιάς και δεν μας επιβάλλεται από το οικογενειακό ένστικτο. Οι ιδανικοί φίλοι δεν χωρίζουν ποτέ· τίποτα δεν μπορεί να διακόψει την αδελφική τους σχέση. Ποτέ δεν έχασα κανέναν αληθινό φίλο. Ακόμα κι όταν δύο, στους οποίους πρόσφερα ειλικρινή αγάπη, έγιναν εχθρικοί, εγώ συνέχισα να είμαι φίλος τους. Για να είστε αληθινοί, άνευ όρων φίλοι, η αγάπη σας πρέπει να στηρίζεται στην αγάπη του Θεού. Η ζωή σας με τον Θεό είναι η έμπνευση πίσω από την αληθινή, θεϊκή φιλία με όλους. Οι αληθινοί φίλοι φέρνουν αμοιβαία πρόοδο ο ένας στον άλλον.

Η σχέση γκουρού-μαθητή είναι η ύψιστη έκφραση φιλίας γιατί βασίζεται σε άνευ όρων θεϊκή αγάπη και σοφία. Είναι η πιο ευγενής και η πιο ιερή απ' όλες τις σχέσεις. Ο Χριστός και οι μαθητές του ήταν ένα στο πνεύμα, όπως είμαστε ο Δάσκαλός μου [ο Σουάμι Σρι Γιουκτέσβαρ] κι εγώ και αυτοί που είναι συντονισμένοι μαζί μου λόγω

---

[5] Δευτερονόμιο ΣΤ:5.

του κοινού δεσμού της θεϊκής αγάπης του Κυρίου. Το να πίνουμε την αγάπη Του μαζί από το δισκοπότηρο των ειλικρινών καρδιών είναι το θρησκευτικό μυστήριο που ενώνει αυτή τη σχέση.

Στην ανθρώπινη φιλία η οικειότητα θα πρέπει να αποφεύγεται γιατί μετά από λίγο οι φίλοι μπορεί να εκμεταλλευτούν ο ένας τον άλλον. Στη θεϊκή φιλία όμως υπάρχει ένας πάντα αυξανόμενος σεβασμός· ο καθένας σκέφτεται μόνο το υπέρτατο καλό του άλλου. Αυτή είναι η φύση της θεϊκής φιλίας μεταξύ γκουρού και μαθητή. Ένας που μοιράζεται αυτή τη σχέση οδεύει προς τη σοφία και την ελευθερία.

Όποτε μιλώ σε άλλους, όπως σ' αυτές τις λειτουργίες, μια μορφή εμφανίζεται μπροστά μου: ο Γκουρού μου. Η επιρροή του είναι τεράστια στη ζωή μου. Ακόμα και τώρα, αν και δεν είναι πια σ' αυτόν τον γήινο κόσμο, είναι πάντα μαζί μου.

Πνευματικά Ιδανικά για Έναν Ευτυχισμένο Γάμο

Αν αναζητάτε τον Έναν Φίλο πίσω απ' όλους τους φίλους, μπορεί να εδραιωθεί αληθινή φιλία σε όλες τις σχέσεις σας – οικογενειακές, αδελφικές, συζυγικές και πνευματικές.

Η φιλία είναι ζωτικής σημασίας στη συζυγική σχέση. Το σεξ από μόνο του δεν θα φέρει πιο κοντά το ζευγάρι· στην πραγματικότητα, πολύ γρήγορα θα τους χωρίσει αν στη σχέση δεν κυριαρχεί το ανώτερο ένστικτο της αληθινής αγάπης και της φιλίας. Όταν το σεξ ανάγεται ως το σπουδαιότερο τμήμα ενός γάμου, το ζευγάρι χάνει το ενδιαφέρον του όταν η αρχική έξαψη της αισθησιακής ικανοποίησης ξεθωριάσει. Αυτοί που δεν διακρίνουν μεταξύ της αληθινής αγάπης και της σεξουαλικής έλξης απογοητεύονται συνεχώς.

Οι άνθρωποι που θέλουν να παντρευτούν θα πρέπει πρώτα να μάθουν να ελέγχουν τα συναισθήματά τους. Δύο άνθρωποι που τοποθετούνται μαζί στην αρένα του γάμου χωρίς αυτήν την εκπαίδευση, μάχονται χειρότερα από τους αντιπάλους σ' έναν Παγκόσμιο Πόλεμο! Οι πόλεμοι τουλάχιστον φτάνουν σ' ένα τέλος μετά από κάποιο χρονικό διάστημα· μερικοί σύζυγοι όμως βρίσκονται σε πόλεμο σ' όλη τους τη ζωή. Θα σκεφτόταν κάποιος ότι σε μια πολιτισμένη κοινωνία οι άνθρωποι θα έπρεπε να ξέρουν πώς να τα πηγαίνουν καλά ο ένας με τον άλλον, αλλά λίγοι έχουν μάθει αυτήν την τέχνη. Ένας γάμος θα πρέπει να τρέφεται με υψηλά ιδανικά και με το κρασί της έμπνευσης του Θεού· τότε θα είναι μια ευτυχισμένη και αμοιβαία ευεργετική ένωση.

Μια φορά, στη Βοστόνη, ήμουν προσκεκλημένος να μιλήσω σε μια δεξίωση που γινόταν για την ασημένια επέτειο ενός υποτιθέμενα ιδεωδώς ευτυχισμένου ζευγαριού. Μόλις μπήκα στο σπίτι τους κατάλαβα ότι κάτι δεν πήγαινε καλά. Ζήτησα από δύο έμπιστους σπουδαστές να παρατηρούν διακριτικά το ζευγάρι καθ' όλη τη διάρκεια της βραδιάς. Μου είπαν ότι όταν οι σύζυγοι ήταν μπροστά σε άλλους χαμογελούσαν και απευθύνονταν ο ένας στον άλλον με γλυκύτητα: «Ναι, αγαπημένε μου», «Φυσικά, αγαπητή μου»· όταν όμως πίστευαν ότι ήταν μόνοι στην κουζίνα ή στο κελάρι, καυγάδιζαν άγρια.

Έτσι, μίλησα μαζί τους: «Γιατί συμπεριφέρεστε έτσι; Νιώθω μεγάλη δυσαρμονία σ' αυτό το σπίτι. Υπάρχει πολύ σίδερο σ' αυτόν τον ασημένιο γάμο». Στην αρχή προσβλήθηκαν. Συνέχισα όμως. «Τι κερδίζετε με το να τσακώνεστε όλη την ώρα;». Τους κατέκρινα δριμύτατα. Με πλησίασαν αργότερα και ζήτησαν να τους συγχωρήσω. Τους είπα: «Μένετε μαζί μόνο εξαιτίας της φήμης σας ως ιδανικό ζευγάρι, αλλά θέλω να ζείτε πραγματικά μ' αυτόν τον τρόπο, για τη δική σας ευτυχία».

Τα ιδανικά του πρέπει να τα ζει κάποιος στη συμπεριφορά, στη σκέψη και στα λόγια. Αν σμίξουν δύο άνθρωποι και η ψυχική τους διάθεση είναι λανθασμένη, αρχίζουν να μην είναι ειλικρινείς ο ένας προς τον άλλον. Όταν υπεισέρχεται η εξαπάτηση, ο γάμος είναι υπό διάλυση. Προς τι αυτή η υποκρισία; Τέτοια λάθη θα πρέπει να προλαμβάνονται από την αρχή.

Εξισορροπώντας τις Γυναικείες και τις Ανδρικές Ιδιότητες

Φαίνεται ότι πάντα υπήρχε μια αντιπαλότητα μεταξύ άντρα και γυναίκας. Είναι όμως ίσοι· κανείς από τους δύο δεν είναι ανώτερος. Να είστε περήφανοι γι' αυτό που είστε σ' αυτή τη ζωή. Είστε μια ψυχή που έχει βρεθεί και σε αντρικά και σε γυναικεία σώματα σε διάφορες προηγούμενες ενσαρκώσεις. Αν τώρα είστε γυναίκα και ζηλεύετε τους άντρες, θα πρέπει να μετενσαρκωθείτε ως άντρας. Και προσέξτε: αν τώρα είστε άντρας και νιώθετε ανώτερος από τις γυναίκες, μπορεί να πρέπει να γεννηθείτε γυναίκα. Ο άντρας λέει ότι η γυναίκα είναι πολύ συναισθηματική και δεν μπορεί να σκέφτεται λογικά, με επιχειρήματα· και η γυναίκα παραπονιέται ότι ο άντρας δεν έχει αισθήματα. Και οι δύο κάνουν λάθος. Η γυναίκα μπορεί να σκεφτεί λογικά, αλλά το συναίσθημα κυριαρχεί στη φύση της· και ο άντρας έχει αισθήματα, αλλά σ' αυτόν κυριαρχεί η λογική. Το ιδεώδες είναι να εξισορροπηθεί η λογική και το συναίσθημα στη φύση του ανθρώπου. Ούτε αυτοί που διαθέτουν σε υπερβολή τις ιδιότητες της γυναίκας βρίσκουν ψυχική ελευθερία, ούτε αυτοί που διαθέτουν σε υπερβολή τις ιδιότητες του άντρα. Το κάθε φύλο θα πρέπει να μοχθεί προς μια εξισορρόπηση, μαθαίνοντας ο ένας από τον άλλον μέσω φιλίας και κατανόησης. Στους μεγάλους αγίους βρίσκουμε έναν συνδυασμό των ιδεωδών αντρικών και γυναικείων ιδιοτήτων. Ο Ιησούς ήταν έτσι· έτσι ήταν όλοι οι Δάσκαλοι. Όταν θα έχετε πετύχει αυτήν την τέλεια ισορροπία μεταξύ λογικής και συναισθήματος, θα έχετε μάθει ένα από τα σπουδαιότερα μαθήματα για τα οποία σταλθήκατε εδώ.

Ο προορισμός της ζωής είναι να συνειδητοποιηθεί ο Θεός. Μη ζείτε μ' έναν μονόπλευρο υλιστικό τρόπο. Να έχετε αυτοέλεγχο, κυριαρχία όλων των αισθήσεών σας, να πράττετε με σοφία, κατακτήστε τη ζωή και βρείτε την ελευθερία. Ο μέσος όρος ζωής είναι εβδομήντα σχολικά χρόνια. Όταν έρθει ο θάνατος, δεν θα έχετε ολοκληρώσει την εκπαίδευσή σας και θα πρέπει να γυρίσετε πάλι πίσω σ' αυτό το σχολείο, εκτός κι αν έχετε βρει τον Θεό και έχετε αποκτήσει όλη τη σοφία Του και έχετε εκφράσει όλες τις ευλογίες Του στη ζωή σας.

Ακολουθήστε με σοβαρότητα αυτήν την ατραπό της μόρφωσης. Από την αρχή διαποτίστε τον εαυτό σας με τον Θεό. Αγαπήστε Τον περισσότερο από τα δώρα Του. Έχει τα πάντα εκτός από την αγάπη σας. Μας δημιούργησε ώστε ίσως να χρησιμοποιήσουμε το δώρο Του της ελεύθερης βούλησης για να Τον αναζητήσουμε. Ο μόνος λόγος για τον οποίο βρισκόμαστε εδώ είναι για να βρούμε τον Θεό και να επιστρέψουμε σ' Αυτόν. Να αγαπάτε πρώτα τον Θεό και να κάνετε το σώμα σας έναν ναό του Θεού. Να κάνετε τα πάντα με τη σκέψη σας σ' Αυτόν. Να κυνηγάτε την Υπέρτατη Ευτυχία και να Τον μοιράζεστε με άλλους. Τελειοποιήστε την αγάπη σας στην αγάπη του Θεού και συμπεριλάβετε στην αγάπη σας όλη την ανθρωπότητα.

Αν έχετε παιδιά, εκπαιδεύστε τα με τα σωστά ιδανικά για να τα βοηθήσετε να έρθουν πίσω στον Θεό. Καθένας από σας έχει μια τρομακτική εργασία να κάνει: Να στρέψετε τους άλλους προς τον Θεό μέσω του πνευματικού παραδείγματός σας. Το να βοηθήσετε τους άλλους να βρουν τον Θεό είναι το μεγαλύτερο δώρο που θα μπορούσατε να προσφέρετε.

Να θυμάστε λοιπόν, πρώτα ο Θεός! Αρχίστε σήμερα, όχι αύριο.

«Και αν σε σκανδαλίζει το χέρι σου, κόψε το».[6] Χρειάζεστε δύναμη θελήσεως και σωστή καθοδήγηση για να πετύχετε. Εφαρμόστε τη θέλησή σας που καθοδηγείται από τη σοφία του γκουρού και θα ξεπεράσετε όλα τα εμπόδια στον δρόμο σας.

Ελευθερωθείτε από το Σχολείο των Προβλημάτων

Μην προσδοκάτε τελειότητα ή μόνιμη ευτυχία εδώ· δεν θα τη βρείτε. Αυτός ο κόσμος θα είναι πάντα γεμάτος προβλήματα. Γιατί να ενδιαφέρεστε γι' αυτό το σχολείο της πειθαρχίας; Τελειώστε οριστικά τα μαθήματά σας, ώστε να μη στέλνεστε εδώ ξανά και ξανά χωρίς τη θέλησή σας. Ελευθερωθείτε απ' αυτό το σχολείο. Κατακτήστε τα όλα. Να ζείτε για τον Θεό, να εργάζεστε γι' Αυτόν, να σκέφτεστε και να πράττετε γι' Αυτόν. Το σώμα, ο νους, η ψυχή, η θέληση, οι αισθήσεις – όλα πρέπει να είναι με τον Θεό. Τότε θα είστε ελεύθεροι και έτοιμοι για το ταξίδι στο Σπίτι. Και δεν θα χρειαστεί να ξανάρθετε πίσω στα προβλήματα και τις δυσκολίες και τους πολέμους αυτού του κόσμου.

Όταν η εκπαίδευσή σας τελειώσει και όταν έρθει το τέλος και οι άνθρωποι θα κλαίνε για τον θάνατό σας, εσείς θα μπορείτε να χαίρεστε και να λέτε: «Αγαπημένε μου, ο Δάσκαλος Θάνατος μου ανοίγει την πύλη για την ελευθερία. Η εκπαίδευσή μου είναι επαρκής τώρα. Θα γίνω ένας στυλοβάτης του ναού Σου και δεν θα ξαναβγώ έξω,[7] εκτός αν Εσύ θέλεις να το κάνω. Αν το επιθυμείς, θα έρθω πάλι και πάλι για να βοηθήσω τους άλλους να ελευθερωθούν».

Η ενσάρκωσή μου είναι εθελοντική. Έχω ολοκληρώσει την εκπαίδευσή μου, αλλά δεν θέλω να πάω πίσω στον Θεό μέχρι να ελευθερωθούν και άλλοι. Όσο υπάρχει έστω κι ένας αδελφός που να κλαίει στην άκρη του δρόμου, θα έρχομαι να σκουπίζω τα δάκρυά του και να τον οδηγώ στον Θεό.

Πολλοί άνθρωποι κάνουν κακό στον εαυτό τους και καταστρέφονται από την άγνοια και τις λανθασμένες επιθυμίες. Ήρθα να τους βοηθήσω, να τους διδάξω, και να τους πάρω μαζί μου στην Απέραντη Ακτή από την οποία δεν υπάρχει αναγκαστικός γυρισμός. Είναι υπέροχο να μαθαίνεις όλα τα μαθήματα της ζωής και μετά να διδάσκεις τους άλλους πώς να ολοκληρώσουν τα δικά τους. Τότε, όταν έρθει η

---

[6] Κατά Μάρκο Θ:43.

[7] Αποκάλυψη Ιωάννη Γ:12.

τελευταία μέρα, δεν υπάρχει φόβος ή μεταμέλεια. Όπως είπε ο θεϊκός νέος που πέθαινε: «Μην κλαίτε για μένα, εσείς που αφεθήκατε σ' αυτήν την έρημη όχθη για να θρηνείτε ακόμα και να λυπάστε· εγώ είμαι που σας οικτίρω. Ο Αγαπημένος μου έρχεται με το εκτυφλωτικό άρμα του θανάτου για να με πάρει μακριά, στο Βασίλειο της Αθανασίας, στο Παλάτι των Μακάριων Ονείρων. Ω αγαπημένοι μου, χαρείτε με τη χαρά μου».[8]

---

[8] Από το "The Dying Youth's Divine Reply" («Η Θεϊκή Απάντηση του Νέου που Πέθαινε») στα *Songs of the Soul* του Παραμαχάνσα Γιογκανάντα (βιβλίο που εκδίδεται από το Self-Realization Fellowship).

Οι Αληθινές Ενδείξεις της Προόδου στον Διαλογισμό

Γύρω στο 1930

Καθώς το ταξίδι της ύπαρξης του ανθρώπου συνεχίζεται, ανακαλύπτει μέσω βαθύτερης ενόρασης μέσα στην ψυχή ότι η αναζήτηση της ζωής είναι: «Ποιος είμαι; Γιατί βρίσκομαι εδώ;». Το ζώο δεν έχει τη δύναμη να αναλύσει την κατάστασή του και το περιβάλλον του· μόνον ο άνθρωπος έχει αυτή τη λογική ικανότητα. Ως λογικό ον, ο προορισμός του ανθρώπου είναι να χρησιμοποιήσει αυτή τη δύναμη για να βελτιωθεί και να πάρει ό,τι καλύτερο μπορεί από τη ζωή. Η ανώτερη νοημοσύνη δεν δόθηκε στα ανθρώπινα όντα για να χρησιμοποιηθεί μόνο για την κατανάλωση πρωινού, μεσημεριανού και βραδινού φαγητού· για τον γάμο και την τεκνοποίηση. Δόθηκε για να καταλάβει ο άνθρωπος το νόημα της ζωής και να βρει την ελευθερία της ψυχής.

Πέρα απ' όλα τα βιβλία που έχουν γραφτεί, το Βιβλίο του Θεού για τη Φύση παραμένει το πιο δύσκολο να κατανοηθεί. Το σύνολο όμως της δημιουργίας, συμπεριλαμβανομένου του κεφαλαίου της ανθρώπινης ύπαρξης, μπορεί να διαβαστεί όταν ο Θεός γίνεται ο Δάσκαλός σας. Η Ινδία έδειξε τον τρόπο της θεϊκής κοινωνίας μαζί Του μέσω των σωστών μεθόδων διαλογισμού. Η επαφή με τον Θεό καθίσταται εφικτή όταν μέσω διαλογισμού έχει αποκτήσει κάποιος πλήρη κυριαρχία πάνω στη νευρικότητα του νου. Δεν μπορεί κάποιος να διαλογιστεί με ανεξέλεγκτες σκέψεις να τρέχουν προς κάθε κατεύθυνση. Ένας νους που δεν σας ανήκει, ένας νους που είναι πλήρως κατειλημμένος από τις αισθήσεις, ούτε μπορεί να προσφερθεί στον Θεό ούτε να γίνει δεκτός απ' Αυτόν. Όπου είναι η καρδιά σας, εκεί θα είναι και ο νους σας. Αν μπορείτε να ελέγχετε τα συναισθήματα και τις αισθήσεις σας, τότε θα μπορείτε να έχετε τον νου σας στον Θεό.[1] Έχοντας τον Θεό, θα έχετε

---

[1] Το μονοπάτι της *Κρίγια Γιόγκα*, όπως διδάσκεται από τα *Μαθήματα* του Self-Realization

όλα τα υπόλοιπα. Γι' αυτό είπε ο Ιησούς: «Αναζητάτε πρώτα τη βασιλεία του Θεού και τη δικαιοσύνη Αυτού και όλα αυτά θα σας προστεθούν».[2] Καθώς κοινωνείτε με τον Θεό μέσω του διαλογισμού, θα ανακαλύψετε ότι αναστηθήκατε στην Ύπαρξή Του. Μόνο το πνεύμα Του μπορεί να αποκαταστήσει όλα τα δεινά στον κόσμο και μέσα σας. Ο άνθρωπος όμως πρέπει να κάνει την προσπάθεια να συνειδητοποιήσει αυτή τη Θεϊκή Συνειδητότητα και να εκδηλώσει την άπειρη καλοσύνη του Κυρίου μέσα του. Ο πιστός που προσπαθεί ένθερμα γνωρίζει ότι η αρετή είναι πιο γοητευτική από τη φαυλότητα· και ότι το να πράττει κάτω από την επιρροή καλών συνηθειών είναι πιο ευχάριστο από το να πράττει κάτω από τη φαινομενικά αγαθή επιρροή των κακών συνηθειών. Οι καλές συνήθειες φέρνουν χαρά· οι κακές συνήθειες φέρνουν θλίψη. Οι συνήθειες ενδοτικότητας σε πάθη καταλήγουν σε πόνο. Οι συνήθειες της ενδοτικότητας στη μηχανική ρουτίνα της εγκόσμιας ζωής φέρνουν μονοτονία, αδιαφορία, οργή, ανησυχία, φόβο, αηδία, απογοήτευση.

Οι συνήθειες της προσέλευσης στην εκκλησία και της ακρόασης ιερών ομιλιών καλλιεργούν άστατες εμπνεύσεις και στιγμιαία επιθυμία για τον Θεό. Οι συνήθειες όμως του λατρευτικού διαλογισμού και της αυτοσυγκέντρωσης οδηγούν στη συνειδητοποίηση.

Ο διαλογισμός μπορεί να φαίνεται ως μία από τις συνήθειες που είναι πιο δύσκολο να αποκτηθούν, γιατί ο αρχάριος υπόκειται σε πολλές απατηλές προσδοκίες να έχει γρήγορα αποτελέσματα. Τα αποτελέσματα του διαλογισμού έρχονται αργά αλλά σίγουρα. Πολλοί αρχάριοι επιθυμούν κάποια μορφή πνευματικής «ψυχαγωγίας». Άλλοι περιμένουν να ανταμειφθούν οι προσπάθειές τους αμέσως, με την εκδήλωση ουράνιων φώτων, αγίων και θεοτήτων· αυτή η προσδοκία όμως είναι πρόωρη. Τα πραγματικά οράματα έρχονται μετά από παρατεταμένη και σταθερή πνευματική πρόοδο. Οι πρόωρες εμπειρίες διαφόρων φαινομένων είναι γενικά παραισθήσεις. Για να αποφύγετε την εισβολή τέτοιων ψευδών εικόνων από τον υποσυνείδητο νου, θα ήταν καλό κατά τη διάρκεια του διαλογισμού να κρατάτε τα μάτια σας μισάνοιχτα και εστιασμένα σταθερά στο σημείο μεταξύ των φρυδιών – την έδρα

Fellowship του Παραμαχάνσα Γιογκανάντα, περιλαμβάνει επιστημονικές τεχνικές εσωτερίκευσης της συνειδητότητας και απελευθέρωσης του νου από τους περισπασμούς των αισθήσεων, έτσι ώστε να μπορεί κάποιος να απορροφηθεί ολοκληρωτικά από τη θεϊκή εσωτερική κοινωνία.

[2] Κατά Ματθαίο ΣΤ:33.

της αυτοσυγκέντρωσης και της υπερσυνείδητης αντίληψης. Πάνω απ' όλα, μην αγαπάτε ούτε να επιθυμείτε τα οράματα περισσότερο απ' όσο τον Θεό.

Οι αληθινές ενδείξεις της προόδου στον διαλογισμό είναι οι ακόλουθες:

- Μια αυξανόμενη γαλήνη κατά τη διάρκεια του διαλογισμού.

- Μια συνειδητή εσωτερική εμπειρία απόλυτης ηρεμίας στον διαλογισμό, που μεταμορφώνεται σε αυξανόμενη μακαριότητα.

- Μια εμβάθυνση της κατανόησης και η ανακάλυψη απαντήσεων στα ερωτήματα κάποιου μέσω της ήρεμης διαισθητικής κατάστασης της εσωτερικής αντίληψης.

- Μια αυξανόμενη νοητική και σωματική αποδοτικότητα στην καθημερινή ζωή.

- Η αγάπη για τον διαλογισμό και η επιθυμία της διατήρησης της γαλήνης και της χαράς της διαλογιστικής κατάστασης χωρίς οτιδήποτε άλλο στον κόσμο να είναι πιο ελκυστικό απ' αυτήν.

- Μια διευρυνόμενη συνειδητότητα αγάπης προς όλους με την ίδια άνευ όρων αγάπη που νιώθει κάποιος για τα πιο αγαπημένα του πρόσωπα.

- Η πραγματική επαφή με τον Θεό, και το προσκύνημα Αυτού ως πάντα ανανεούμενη Μακαριότητα που γίνεται αισθητή στον διαλογισμό και στις πανταχού παρούσες εκδηλώσεις Του μέσα και πέρα απ' όλη τη δημιουργία.

Εστιάζοντας τη Δύναμη της Προσοχής για Επιτυχία

Στην Έδρα του Self-Realization Fellowship στο Λος Άντζελες,
11 Ιουλίου 1940

Η επιτυχία έχει σχέση με την ικανοποίηση της ψυχής μέσα στα πλαίσια του περιβάλλοντος στο οποίο ο άνθρωπος ζει· είναι το αποτέλεσμα πράξεων που βασίζονται στα ιδανικά της αλήθειας και συμπεριλαμβάνει την ευτυχία και την ευημερία των άλλων ως μέρος της πληρότητάς του. Εφαρμόστε αυτόν τον νόμο στην υλική, τη νοητική, την ηθική και την πνευματική σας ζωή και θα δείτε ότι αποτελεί έναν πλήρη και περιεκτικό ορισμό της επιτυχίας.

Οι άνθρωποι σκέφτονται την επιτυχία με διαφορετικούς τρόπους, ανάλογα με τους στόχους τους στη ζωή. Φτάνουν στο σημείο να τη συσχετίζουν ακόμα και με την κλοπή: «Αυτός ήταν ένας επιτυχημένος κλέφτης»! Αυτό δείχνει ότι δεν είναι όλα τα είδη της επιτυχίας επιθυμητά. Η επιτυχία μας δεν πρέπει να βλάπτει τους άλλους. Ένα άλλο χαρακτηριστικό της επιτυχίας είναι ότι δεν επιφέρει αρμονικά και ωφέλιμα αποτελέσματα μόνο στον εαυτό μας, αλλά μοιραζόμαστε αυτά τα οφέλη και με τους άλλους. Ας υποθέσουμε ότι μια σύζυγος δεσμεύεται στην πνευματική εξάσκηση παρατεταμένων περιόδων σιωπής και κατά τη διάρκεια αυτών των περιόδων αρνείται να μιλήσει ακόμα και στον σύζυγο και τα παιδιά της. Αν και μπορεί να επιτύχει στην τήρηση της σιωπής και μ' αυτόν τον τρόπο να αποκτήσει κάποιο βαθμό προσωπικής εσωτερικής γαλήνης, η συμπεριφορά της είναι ιδιοτελής και επιζήμια για την ευτυχία της οικογένειας. Δεν είναι αληθινά επιτυχημένη, εκτός κι αν η επίτευξη της καλής πρόθεσής της ωφελεί επίσης κι εκείνους προς τους οποίους έχει υποχρεώσεις.

Παρόμοια, η επίτευξη υλικής επιτυχίας σημαίνει κάτι περισσότερο από το ατομικό δικαίωμά μας να απολαμβάνουμε την ευημερία μας· σημαίνει ότι είμαστε ηθικά υποχρεωμένοι να βοηθάμε τους άλλους να δημιουργήσουν κι αυτοί μια καλύτερη ζωή. Ο καθένας που διαθέτει μυαλό μπορεί να αποκτήσει χρήματα. Αν όμως έχει αγάπη στην καρδιά του, δεν θα μπορέσει ποτέ να χρησιμοποιήσει αυτά τα χρήματα με ιδιοτέλεια· θα τα μοιράζεται πάντα με τους άλλους. Τα χρήματα γίνονται κατάρα για τον τσιγκούνη, αλλά για εκείνους που διαθέτουν καρδιά είναι ευλογία.

Ο Χένρυ Φορντ για παράδειγμα κερδίζει πολλά χρήματα αλλά ταυτόχρονα δεν πιστεύει στην ελεημοσύνη η οποία απλώς ενθαρρύνει τους ανθρώπους να είναι τεμπέληδες. Αντιθέτως προσφέρει εργασία και βιοπορισμό για πολλούς. Αν ο Χένρυ Φορντ κερδίζει χρήματα προσφέροντας και στους άλλους ευημερία, είναι επιτυχημένος με τον σωστό τρόπο. Έχει προσφέρει τα μέγιστα στις μάζες· ο αμερικάνικος πολιτισμός τού οφείλει πολλά.

Ακόμα και οι μεγαλύτεροι άγιοι δεν είναι πλήρως λυτρωμένοι μέχρι να μοιραστούν την επιτυχία τους, τις έσχατες εμπειρίες τους της συνειδητοποίησης του Θεού, με το να βοηθούν τους άλλους προς τη θεϊκή συνειδητοποίηση. Αυτός είναι ο λόγος για τον οποίο εκείνοι που έχουν πετύχει τη φώτιση είναι αφιερωμένοι στην προσφορά κατανόησης σ' εκείνους που δεν καταλαβαίνουν.

Έτσι, αν βρίσκετε χαρά και ευχαρίστηση στην καλλιέργεια του νου σας με σκοπό να βρείτε την αληθινή επιτυχία, μη διασφαλίζετε μόνο τη δική σας ευτυχία, αλλά και την ευτυχία των άλλων.

Ένα Διαφορετικό Κριτήριο Επιτυχίας στην Ανατολή και τη Δύση

Είναι διαφορετικό το κριτήριο της επιτυχίας στην Ανατολή και στη Δύση. Η Ανατολή όμως μιμείται γρήγορα το χειρότερο απ' όσα βλέπει στις ταινίες της Δύσης. Το παραμυθένιο ιδεώδες της ευτυχίας που οι ταινίες αναπαριστάνουν φέρνει μια παρηγοριά στην καρδιά σας· όταν όμως κοιτάτε την πραγματική ζωή, βλέπετε ότι η επιτυχία δεν είναι τόσο απλό θέμα. Η ζωή μπορεί συχνά να είναι σκληρή. Χρειάζεται να παλέψετε ακόμα και για να ζήσετε. Αναλογιστείτε όλα όσα πρέπει να κάνετε μόνο για να θρέψετε το σώμα και να το διατηρήσετε δυνατό και υγιές. Ακόμα κι αν το πετύχετε, αυτή η επιτυχία είναι μόνο προσωρινή γιατί τελικά το σώμα θα πρέπει να μπει ξανά στη γη. Για να έχετε μια επιτυχημένη ύπαρξη, χρειάζεται να παλέψετε ενάντια σε τόσες πολλές δυνάμεις, εσωτερικές και εξωτερικές, που αυτή η προσπάθεια γίνεται η αιτία να μην μπορείτε να χαρείτε το όποιο αξιόλογο επίτευγμα έχετε καταφέρει.

Εστιάζοντας τη Δύναμη της Προσοχής για Επιτυχία

Η Δύση επικεντρώνεται στη μερική ή προσωρινή επιτυχία που ανήκει σ' αυτήν την τωρινή ζωή. Η Ανατολή επικεντρώνεται στην ολοκληρωμένη επιτυχία που ανήκει στην αιωνιότητα. Εκείνους που έχουν καταφέρει την αιώνια επιτυχία τους αποκαλούμε *σίντα*,[1] που δηλώνει εκείνους που έχουν κριθεί επιτυχημένοι από τον Κύριο του Σύμπαντος. Ένας τέτοιος άνθρωπος είναι απόλυτα ευτυχισμένος σωματικά, νοητικά και πνευματικά. Μπορεί να έχει λίγα ή καθόλου αποκτήματα, εντούτοις διαθέτει μεγάλο πλούτο – νοητική ικανοποίηση και πνευματική κατανόηση της συγγένειας της ψυχής με το Πνεύμα, καθώς και της ουσιώδους σχέσης του σώματος με τη Συμπαντική Ζωή. Αυτή είναι αληθινή επιτυχία. Στην Ανατολή οι άνθρωποι καλλιεργούν στον νου των παιδιών την επιθυμία γι' αυτό το είδος της επιτυχίας. Στη Δύση προσφέρετε στα παιδιά σας μια μικρή τράπεζα και τα διδάσκετε να προσβλέπουν στα χρήματα για να νιώθουν πληρότητα. Το να μοχθεί κάποιος για επαρκή υλικά αγαθά είναι καλό, αλλά τα παιδιά θα πρέπει να διδάσκονται επίσης την αξία της επιτυχίας που ποτέ δεν ξεθωριάζει. Ο πλούτος της ψυχής διαρκεί για πάντα στην τράπεζα της αιωνιότητας και μπορείτε να αντλείτε ευτυχία απ' αυτήν συνεχώς.

Ακόμα όμως και η πνευματική επιτυχία μπορεί να είναι μονόπλευρη αν έχετε υλικές υποχρεώσεις στις οποίες δεν μπορείτε να ανταποκριθείτε. Μόνο ένας μεγάλος γιόγκι που έχει απελευθερωθεί από τους νόμους της φύσης μπορεί να αγνοήσει πλήρως όλες τις υλικές έγνοιες. Στην Ανατολή οι άνθρωποι καλλιεργούσαν το δόγμα της πνευματικής ευτυχίας ενώ την κάλυψη των υλικών αναγκών λίγο πολύ την παραμελούσαν. Στη Δύση έχετε μερικές υλικές ανέσεις αλλά πολύ λίγη νοητική ευτυχία. Αυτό που χρειάζεται είναι μια ισορροπία ανάμεσα στα δύο. Αν επιδιώκετε μόνο ένα πράγμα στη ζωή, άσχετα ποιο είναι, θα γίνετε μονόπλευροι. Για παράδειγμα, ένας καλλιτέχνης μπορεί να επικεντρωθεί στην τέχνη του αποκόβοντας τον εαυτό του από τις άλλες σημαντικές πλευρές της ζωής. Το αποτέλεσμα αυτής της ανισορροπίας είναι να καταλήγει νευρικός και δυστυχισμένος. Η τέχνη και ο Θεός μαζί όμως αποτελούν έναν υπέροχο συνδυασμό! Επιχείρηση και Θεός, επιστήμη και Θεός, προσφορά και Θεός – τέτοιοι συνδυασμοί συντελούν στην ολόπλευρη επιτυχία και ευτυχία.

Ο πλούτος από τη μια μεριά και η ασθένεια και τα προβλήματα

---

[1] Σανσκριτικά «ένας που είναι επιτυχημένος»· δηλαδή ένας που έφτασε στη συνειδητοποίηση του Εαυτού του, στην ένωση με τον Θεό.

από την άλλη, έχουν πολυάριθμες όψεις. Η ομορφιά της Δύσης είναι η καθαριότητά σας. Εδώ τα κουνούπια κι οι κοριοί δεν έχουν πολλές πιθανότητες να επιβιώσουν, ενώ στην Ανατολή υπάρχουν σε αφθονία. Μη συγχαίρετε όμως τον εαυτό σας πολύ γι' αυτό· διότι εδώ έχετε χειρότερα πράγματα -όπως απλήρωτους λογαριασμούς και οικονομικές ανησυχίες, ζώντας με δανειοληπτικά προγράμματα- που διαταράσσουν τη γαλήνη σας.

Η Ζωή Είναι Κάτι Περισσότερο από Απλή Ύπαρξη

Ο Θεός δεν δημιούργησε αυτή τη γη ως ένα μέρος μόνο για να τρώμε, να κοιμόμαστε και να πεθαίνουμε· αλλά για να ανακαλύψουμε τον σκοπό Του. Λίγοι σοφοί έχουν δει το θεϊκό σχέδιο, αλλά πολλοί άλλοι είναι τυφλοί και δεν το βλέπουν. Η γη γίνεται ένας θάλαμος βασανιστηρίων για εκείνους που ζουν μη γνωρίζοντας το σχέδιο του Θεού. Όταν όμως χρησιμοποιείτε τις εμπειρίες της ζωής ως δάσκαλό σας και μαθαίνετε απ' αυτές την αληθινή φύση του κόσμου και τον ρόλο σας σ' αυτόν, αυτές οι εμπειρίες γίνονται πολύτιμοι οδηγοί για την αιώνια πληρότητα και ευτυχία.

Ο Κύριος έχει κάνει την αυταπάτη τόσο ισχυρή! Ζούμε μέσα σε μια σύγχυση. Νομίζετε ότι τα χρήματα σημαίνουν ευτυχία, αλλά όταν τα αποκτήσετε ανακαλύπτετε πως πάλι δεν είστε ευτυχισμένοι. Μπορεί να έχετε χρήματα και να χάσετε την υγεία σας· ή να έχετε καλή υγεία και να χάσετε τα χρήματά σας· ή μπορεί να έχετε χρήματα και υγεία και να έχετε πολλά προβλήματα με τους άλλους. Κάνετε καλό στους άλλους κι αυτοί σας ανταποδίδουν μίσος. Χωρίς τον Θεό τίποτα δεν πρόκειται να σας ικανοποιήσει σ' αυτόν τον κόσμο. Και είναι σημαντικό ότι ο Θεός προσπαθεί να μας απομακρύνει απ' Αυτόν με υλικούς πειρασμούς· θέλει να ξέρει αν θέλουμε τον Δότη ή μόνο τα δώρα Του.

Αν ο Θεός είχε θελήσει να ζούμε μόνο με την εγκόσμια συνειδητότητα, τότε θα ήμαστε απόλυτα ευχαριστημένοι με τα πράγματα αυτού του κόσμου, ακολουθώντας τον εγκόσμιο τρόπο ζωής. Έχετε ποτέ παρατηρήσει ένα κοπάδι πρόβατα; Πηδά το ένα και πηδούν και όλα τα άλλα. Οι περισσότεροι άνθρωποι είναι έτσι. Κάποιος ξεκινά μια μόδα ή έναν τρόπο δράσης κι όλοι οι άλλοι ακολουθούν. Έτσι γινόταν πάντα, σ' όλους τους αιώνες. Κάθε έθνος έχει τα δικά του έθιμα· και δεν μπορούμε να πούμε ότι όλα είναι τέλεια. Ποιος όμως είναι εκείνος που θα πει ότι ένα είδος ζωής ή ένα έθιμο είναι γελοίο; Ένας τρόπος να κρίνουμε είναι να θυμόμαστε ότι στην αρχή όλα τα έθιμα είχαν έναν λόγο ύπαρξης. Αν δούμε ότι αυτός ο λόγος ισχύει ακόμα, το έθιμο έχει χρήσιμο σκοπό· είναι όμως ανόητο να ακολουθούμε τυφλά τα έθιμα. Πρέπει να βρούμε ποια είναι η αλήθεια και τι δίνει πραγματική ευτυχία και αυτό να ακολουθούμε.

Η Ζωή Θα Πρέπει να Απλουστευθεί

Αν αναλύατε αντικειμενικά τις ιδιοσυγκρασίες των ανθρώπων, θα βλέπατε πόσο αστείες είναι μερικές από τις συνήθειες και τα έθιμά μας. Εδώ στην Αμερική ακολουθείτε τόσο πολλούς κανόνες! Ντύνεστε ως εξής: επίσημο ένδυμα δείπνου, βραδινό ένδυμα για έξοδο, σπορ ένδυμα για τον ελεύθερο χρόνο – είδα ακόμα και μια διαφήμιση για ένδυμα καπνίσματος! Και οι γυναίκες αναρωτιούνται γιατί αρέσει στους συζύγους τους να φεύγουν στην εξοχή για διακοπές, όπου δεν είναι υποχρεωμένοι να φορούν κάλτσες και γραβάτες. Κατά καιρούς είναι καλό να ξεφεύγετε από τη συμμόρφωση σ' ένα μονότονο πρόγραμμα. Το να είστε μεθοδικοί και αποδοτικοί είναι αξιέπαινο, αλλά το να γίνετε υπερβολικά οργανωμένοι είναι επιζήμιο για την ευτυχία.

Στην Ινδία τα σπίτια είναι απλά, το ντύσιμο είναι απλό. Εδώ η ζωή είναι τόσο περίπλοκη που η ευτυχία χάνεται καθώς προσπαθείτε να κάνετε πράγματα μ' έναν καθορισμένο τρόπο. Γιατί να κάνουμε τη ζωή περίπλοκη με το να επιμένουμε στο να είναι στρωμένο το τραπέζι μ' έναν συγκεκριμένο τρόπο, ή το σπίτι να έχει συγκεκριμένα χαρακτηριστικά; Όταν προσκαλούμε ανθρώπους στα σπίτια μας στην Ινδία, όλοι χορεύουν χαρούμενα. Περιμένουν με ανυπομονησία αυτό το γεγονός. Στην Αμερική προσκαλείτε επισκέπτες και μετά ξοδεύετε ώρες γεμάτες ξέφρενη προετοιμασία ώστε να είστε βέβαιοι ότι τα πάντα έγιναν με τον σωστό τρόπο. Όταν πια οι προσκαλεσμένοι σας φτάσουν, είστε τόσο κουρασμένοι που δεν βλέπετε την ώρα να φύγουν!

Η διαβίωση θα πρέπει να είναι απλή· το ντύσιμο θα πρέπει να είναι απλό· το φαγητό θα πρέπει να είναι απλό. Πίστευα ότι δεν συμφέρει οικονομικά να τρως σε εστιατόριο, αλλά μια στο τόσο συμφέρει. Δεν μπορείς να ξοδεύεις τόσο χρόνο στην κουζίνα γιατί έτσι δεν σου μένει χρόνος για άλλα, πιο σημαντικά πράγματα. Όταν ταξίδευα και δίδασκα, συνήθιζα να απλοποιώ τη διατροφή μου και είχα μόνο ένα μπουκάλι γάλα και λίγο μαρούλι και τυρί στο περβάζι του παραθύρου. Ήταν τόσο εύκολο!

Ο Παράδεισος Βρίσκεται Μέσα Μας, Όχι σε Αντικείμενα

Η εκπαίδευσή μας στο άσραμ στην Ινδία ήταν πολύ αυστηρή. Μαθαίναμε να χαλιναγωγούμε τις επιθυμίες μας και να μη δίνουμε σημασία σε καταστάσεις που μας άρεσαν ή δεν μας άρεσαν, ούτε να έχουμε προτιμήσεις. Ήμαστε ευγνώμονες για ό,τι είχαμε. Με όλα όσα έχετε εδώ, πολλοί από εσάς είστε το ίδιο δυστυχισμένοι με τα υπάρχοντά σας όσο θα ήσαστε και χωρίς αυτά. Τα «θέλω» σας είναι ατέλειωτα. Το πρωί, μόλις ο σύζυγος ξυριστεί και ντυθεί, το πρώτο πράγμα που θέλει είναι το πρωινό του. Στο τραπέζι, εύχεται η γυναίκα του να είχε φτιάξει κάτι διαφορετικό, κι εκείνη εύχεται να είχε καλύτερους δίσκους και ασημικά. Μέρα με τη μέρα συνεχίζουν να θέλουν το ένα ή το άλλο, μέχρι που τίποτα δεν τους ικανοποιεί – δεν ικανοποιούνται ούτε καν ο ένας από τον άλλον, ούτε από τα παιδιά τους! Δεν είναι καθόλου ευτυχισμένοι. Κι επειδή είναι δυσαρεστημένοι ξεσπούν πάνω σ' αυτούς που είναι πιο κοντά τους. Η γυναίκα γκρινιάζει στον σύζυγο, ο σύζυγος φωνάζει στα παιδιά και τα παιδιά επαναστατούν και μπλέκουν με λάθος παρέες. Το θέμα είναι το εξής: δεν είναι λάθος να έχετε αποκτήματα, αλλά είναι λάθος να ελέγχεστε από τα αποκτήματά σας. Πρέπει να είστε ελεύθεροι από προσκολλήσεις.

Ο παράδεισός μου είναι μέσα μου· έτσι, όταν απολαμβάνω το υπέροχο μέρος μας στο Encinitas, ο εσωτερικός μου παράδεισος το κάνει ακόμα πιο παραδεισένιο. Χωρίς αυτήν την εσωτερική ευχαρίστηση, ακόμα κι ένας παράδεισος στη γη μπορεί να γίνει κόλαση.[2] Βλέπω ότι αν δεν είχα εσωτερική χαρά, τα προβλήματα από τις σοβαρές ευθύνες που έχω αναλάβει εδώ θα μπορούσαν να με κάνουν τόσο δυστυχισμένο, που θα ήθελα να φύγω. Ο μεγαλύτερος εχθρός της ευτυχίας σ' αυτή τη χώρα είναι οι λογαριασμοί! Υπάρχουν πάρα πολλά που μου αρέσουν στην Αμερική –αγαπώ ιδιαίτερα τους ανθρώπους– αλλά η ιδέα σας ότι πρέπει να έχετε συγκεκριμένα πράγματα για να είστε ευτυχισμένοι είναι αυταπάτη. Ακόμα κι όταν τα αποκτήσετε, πάλι δεν είστε ευτυχισμένοι! Τι νόημα έχει να κυνηγάτε τη χίμαιρα της υλικής ευτυχίας; Ζήστε απλά. Μην έχετε τόσα πολλά πράγματα που πρέπει να φροντίζετε. Φαίνεται

---

[2] «Στον διαχωρισμένο (έναν που δεν είναι εδραιωμένος στον Εαυτό) δεν ανήκει η σοφία, ούτε αυτός έχει διαλογισμό. Σ' αυτόν που δεν διαλογίζεται δεν υπάρχει ησυχία. Σ' αυτόν που δεν έχει γαλήνη, πώς να έρθει η ευτυχία;» (Μπάγκαβαντ Γκίτα II:66).

υπέροχο όταν αγοράζετε κάτι καινούργιο. Ύστερα από λίγο όμως η αίσθηση του καινούργιου ξεθωριάζει και δεν έχετε χρόνο γι' αυτό, ή το ξεχνάτε κι επιθυμείτε κάτι άλλο. Οι λογαριασμοί όμως δεν σας ξεχνούν! Ελέγξτε τη ζωή σας· κάντε την όσο πιο απλή μπορείτε. Να έχετε χρήματα στην τράπεζα για κάποια ανάγκη και έκτακτα περιστατικά. Να αποταμιεύετε περισσότερα απ' όσα ξοδεύετε για μη αναγκαίες «αναγκαιότητες». Και πάντα να συμπεριλαμβάνετε και κάποιον άλλον στην ευτυχία σας. Όταν εργάζεστε για το καλό των άλλων, ποτέ δεν θα βρεθείτε στην ανάγκη. Ξέρω ότι αν έφευγα απ' αυτό το μέρος τώρα αμέσως, ποτέ δεν θα μου έλειπε. Και ποτέ δεν θα ξέμενα από φαγητό· ό,τι χρειαζόμουν θα μου δινόταν. Αυτό δεν είναι αλαζονεία· έχω δει αυτή τη δύναμη να λειτουργεί στη ζωή μου. Είτε επιπλέω στην επιφάνεια της ζωής είτε πνίγομαι στα βάθη της θάλασσας, ξέρω ότι είμαι με τον Θεό και τίποτα δεν μπορεί να με αγγίξει. Αυτή η συνειδητοποίηση μου έχει δώσει υπέρτατη ευτυχία. Χωρίς την κατανόηση και την εμπειρία που έλαβα απ' αυτή τη διδασκαλία της Ινδίας, θα ήμουν το πιο δυστυχισμένο άτομο στον κόσμο. Αν και έχω κερδίσει πολλά χρήματα, δεν επέτρεψα σ' αυτά να με υποδουλώσουν. Ποτέ δεν επέτρεψα να με αγγίξουν τα χρήματα. Τα έδωσα όλα για το έργο του Θεού για τη βοήθεια των άλλων. Η εσωτερική μου ευτυχία είναι το μεγαλύτερο απόκτημά μου· είναι ένας πλούτος πέρα από τα όνειρα των βασιλιάδων.

Η Επιτυχία Σας Είναι Αυτό Που Έχετε Κατορθώσει Μέσα Σας

Όταν βλέπετε τα πλήθη του κόσμου που δεν έχουν πραγματική ευτυχία ή επιτυχία, μη νομίζετε ότι η ζωή είναι προορισμένη να είναι έτσι. Μπορείτε να γίνετε οτιδήποτε θελήσετε. Αυτό που έχετε κατορθώσει μέσα σας είναι αυτό που καθορίζει την επιτυχία σας. Αν δεν έχετε τίποτα μέσα σας, δεν έχετε ευτυχία. Κι αν δεν έχετε τίποτα εξωτερικά αλλά είστε ευτυχισμένοι μέσα σας, είστε πλήρως επιτυχημένοι. Έτσι, δεν μπορείτε να κρίνετε τους ανθρώπους από τις εξωτερικές συνθήκες της ζωής τους. Ακριβώς ανάμεσα σ' εσάς που βρίσκεστε εδώ, ανάμεσα στο πλήθος, μπορεί να υπάρχει κάποιος με υψηλότατο πνευματικό ανάστημα, που να έχει επιτύχει πραγματική ψυχική γαλήνη και ευτυχία μέσα του.

Αυτός είναι ο λόγος για τον οποίο η ηθική επιτυχία –η ελευθερία από τις υπαγορεύσεις των κακών συνηθειών και των παρορμήσεων– παρέχει περισσότερη ευτυχία απ' όσο η υλική επιτυχία. Στην ηθική επιτυχία υπάρχει μια ψυχολογική ευτυχία που δεν μπορεί να σας την πάρει καμιά εξωτερική κατάσταση. Μπορείτε να ξοδεύετε όλο σας τον χρόνο για να βγάζετε χρήματα, αλλά αυτό δεν θα οδηγήσει στη διαρκή άνεση και ασφάλεια που αναζητάτε. Στην πραγματικότητα θα φέρει περισσότερη δυστυχία, επειδή η γαλήνη και η ευτυχία βρίσκονται στον νου, όχι στα πράγματα. Αν επίσης δεν αφιερώσετε χρόνο στην πειθαρχία του νου σας, η υλική ευημερία, όσο μεγάλη κι είναι, δεν θα σας ικανοποιήσει. Αυτή η πειθαρχία δεν είναι βασανιστήριο, αλλά η εκπαίδευση της συνειδητότητας να υιοθετήσει εκείνες τις σκέψεις και πράξεις που οδηγούν στην ευτυχία.

Η ευτυχία σας είναι η επιτυχία σας, γι' αυτό μην αφήσετε κανέναν να σας πάρει την ευτυχία σας. Προστατέψτε τον εαυτό σας από εκείνους που προσπαθούν να σας κάνουν δυστυχισμένους. Όταν ήμουν νέος δεν ένιωθα καμία ανεκτικότητα όταν κάποιος έλεγε μια αναλήθεια για μένα· στη συνέχεια όμως ανακάλυψα ότι ήταν πολύ καλύτερα να έχω ικανοποιημένη τη συνείδησή μου παρά την επιδοκιμασία του κόσμου. Η συνείδηση είναι διαισθητική λογική που λέει την αλήθεια για τον εαυτό σας και τα κίνητρά σας. Όταν η συνείδησή σας είναι καθαρή, όταν γνωρίζετε ότι πράττετε το σωστό, δεν φοβάστε τίποτα. Μια καθαρή συνείδηση αντικατοπτρίζει ένα πιστοποιητικό αξιοσύνης από τον Θεό. Να είστε άψογοι μπροστά στο δικαστήριο της συνείδησής σας και θα είστε ευτυχισμένοι και θα έχετε την ευλογία του Θεού.

Αν δεν αποκτάτε χρήματα, είναι επειδή δεν έχετε επικεντρωθεί πραγματικά σ' αυτό· παρόμοια, αν δεν είστε ευτυχισμένοι, είναι γιατί δεν επικεντρώνεστε στο να είστε ευτυχισμένοι. Το μουλάρι που κουβαλά ένα σακί γεμάτο χρυσάφι στην πλάτη του δεν γνωρίζει την αξία αυτού του φορτίου. Παρόμοια, ο άνθρωπος είναι τόσο απορροφημένος από το να σηκώνει τα βάρη της ζωής, προσδοκώντας κάποια ευτυχία στο τέλος αυτής της διαδρομής, που δεν αντιλαμβάνεται ότι φέρει μέσα του την υπέρτατη και παντοτινή μακαριότητα της ψυχής. Επειδή αναζητά την ευτυχία στα «πράγματα», δεν γνωρίζει ότι ήδη κατέχει έναν πλούτο ευτυχίας μέσα στον εαυτό του.

Βάλτε τα Καθήκοντά Σας στη Σωστή Προοπτική

Η διδασκαλία της Γιόγκα δεν σας συμβουλεύει να εγκαταλείψετε τα καθήκοντά σας στον κόσμο. Σας λέει να διαποτίσετε τον εαυτό σας με τη σκέψη του Θεού ενώ εκτελείτε τον ρόλο σας σ' αυτόν τον κόσμο όπου Αυτός σας τοποθέτησε. Αν επιθυμείτε μια ζωή απομόνωσης στο δάσος ή στα βουνά, σκεπτόμενοι ότι μακριά από τις υποχρεώσεις θα βρείτε εκεί τον Θεό, θα πρέπει να διαθέτετε τη θέληση να κάθεστε όλη μέρα, μέρα με τη μέρα, σε διαλογισμό. Σίγουρα μια τέτοια προσπάθεια είναι αξιέπαινη. Είναι όμως πολύ ανώτερο το να είστε ικανοί να βρίσκεστε μέσα στον κόσμο αλλά χωρίς να είστε απ' αυτόν – να εκτελείτε τα αληθινά καθήκοντά σας προς όφελος των άλλων, ενώ ταυτόχρονα έχετε τον νου σας στον Θεό. «Εγκαταλείποντας την εργασία κανείς δεν φτάνει στην τελειότητα [...] Ω Αρτζούνα, παραμένοντας βυθισμένος στη γιόγκα, εκτέλεσε όλες τις πράξεις, εγκαταλείποντας την προσκόλληση (στα αποτελέσματά τους)».[3]

Πρέπει να σκέφτεστε τα πρωτεύοντα και τα δευτερεύοντα καθήκοντά σας με τη σωστή προοπτική. Και μην αφήνετε το ένα καθήκον να αναιρεί ένα άλλο. Στις σανσκριτικές Γραφές υπάρχει ένας θεϊκός νόμος, ένας από τους πιο όμορφους νόμους που έχουν ποτέ δοθεί στον κόσμο: «Αν ένα καθήκον αναιρεί κάποιο άλλο καθήκον, δεν είναι αληθινό καθήκον». Αν αναζητάτε οικονομική επιτυχία εις βάρος της υγείας σας, δεν εκπληρώνετε το καθήκον σας προς το σώμα. Αν είστε τόσο τρελοί από ενθουσιασμό για τη θρησκεία ώστε να παραμελείτε τις υλικές υποχρεώσεις σας, δεν είστε ισορροπημένοι· έχετε επιτρέψει σε ένα καθήκον να αναιρέσει τις υποχρεώσεις σας ως προς το σώμα και την οικογένειά σας. Αν παραβλέψετε το καθήκον σας προς τον Θεό επειδή έχετε στρέψει όλη σας την προσοχή στην ικανοποίηση των αναγκών της οικογένειάς σας, αυτό δεν είναι καθήκον.

Πολλοί ρωτούν: «Θα πρέπει να αποκτήσουμε πρώτα υλική επιτυχία για να εκπληρώσουμε τις εγκόσμιες υποχρεώσεις μας και μετά να αναζητήσουμε τον Θεό; Ή θα πρέπει πρώτα να βρούμε τον Θεό και μετά να επιδιώξουμε την επιτυχία;». Οπωσδήποτε, τον Θεό πρώτα. Ποτέ μην ξεκινάτε ούτε να τελειώνετε τη μέρα σας χωρίς να έρθετε σε κοινωνία μ' Αυτόν μέσα από βαθύ διαλογισμό. Θα πρέπει να θυμόμαστε ότι δεν μπορούμε να εκτελέσουμε κανένα καθήκον χωρίς τη δύναμη που δανειζόμαστε από τον Θεό. Ως εκ τούτου, σ' Αυτόν οφείλουμε πρωτίστως την αφοσίωσή μας. Αν εκτελείτε τα άλλα σας καθήκοντα αλλά ξεχνάτε τον Θεό, αυτό δεν Του αρέσει καθόλου. Το ιδεώδες είναι να εκτελείτε όλα τα καθήκοντα με μόνη επιθυμία να ευχαριστήσετε τον Θεό.

Το να μιλάμε για την αναζήτηση του Θεού και ταυτόχρονα για την υλική πληρότητα φαίνεται ωραίο· αν όμως δεν διαλογίζεστε βαθιά και

---

[3] Μπάγκαβαντ Γκίτα ΙΙΙ:4 και ΙΙ:48.

τακτικά ώστε να συνδέσετε στέρεα τη συνειδητότητά σας *πρώτα* με τον Θεό, ο κόσμος θα απαιτήσει όλη σας την προσοχή και δεν θα έχετε χρόνο γι' Αυτόν. Χωρίς τη συνειδητότητα ότι ο Θεός είναι μαζί σας, τα εγκόσμια καθήκοντά σας συνήθως μετατρέπονται σε μεθόδους βασανισμού. Αν όμως έχετε τον Θεό μαζί σας όλη την ώρα και εκτελείτε τα καθήκοντά σας με τη συνειδητότητα του Θεού, μπορείτε να είστε οι πιο ευτυχισμένοι άνθρωποι. «Με τις σκέψεις τους ολοκληρωτικά σ' Εμένα, την ύπαρξή τους παραδομένη σ' Εμένα, φωτίζοντας ο ένας τον άλλον, διακηρύσσοντάς Με πάντα, οι πιστοί Μου είναι ικανοποιημένοι και χαρούμενοι».[4] Αν δεν είχα την εκπαίδευση του γκουρού μου, του Σουάμι Σρι Γιουκτέσβαρ, ο οποίος μου έδωσε αυτή τη θεϊκή συνειδητότητα, θα είχα χάσει το κουράγιο μου από πολύ καιρό τώρα, προσπαθώντας να βοηθήσω τους ανθρώπους και να οικοδομήσω όλο αυτό το έργο, δεχόμενος μερικές φορές προσβολές αντί για συνεργασία.

Συνήθιζα να διαφωνώ με τον Γκούρουτζι, προβάλλοντας ως επιχείρημα ότι οι διάφορες οργανώσεις είναι σφηκοφωλιές. Ο καθένας προσδοκά να ευχαριστήσεις *αυτόν*. Έχω ανακαλύψει όμως ότι όταν βάζουμε πρώτο τον Θεό, μια πνευματική οργάνωση είναι η κυψέλη και ο Θεός είναι το μέλι που τρέφει τους ανθρώπους με θεϊκή αγάπη και γαλήνη. Αν καθοδηγείς τους άλλους με τη νοοτροπία: «Είμαι βασιλιάς», σύντομα θα σε εκθρονίσουν. Αν όμως καθοδηγείς τους άλλους με ειλικρινή αγάπη, μπορείς να είσαι βασιλιάς κάθε καρδιάς. Φυσικά, η αγάπη σου αντανακλάται περισσότερο στις αληθινές καρδιές· κι όταν τους αγαπάς όλους αμερόληπτα, μπορείς να αναγνωρίσεις εκείνους που ανταποκρίνονται σ' αυτήν την αγάπη. Ο Ιησούς έκανε νύξη γι' αυτό όταν ενέκρινε την αφοσίωση της γυναίκας που άλειψε το κεφάλι του με ακριβό μύρο,[5] και «την αγαθή μερίδα» που η Μαρία επέλεξε καθώς καθόταν απορροφημένη στα πόδια του αντί να βοηθά την αδελφή της Μάρθα στην εξυπηρέτηση των υπόλοιπων καλεσμένων.[6]

Η Θεϊκή Αγάπη Είναι Αξεπέραστη

Αχ, αν μόνο μπορούσατε να συνειδητοποιήσετε το ειδύλλιο που έχουν μερικοί πιστοί με τον Θεό! Καμία άλλη εμπειρία δεν μπορεί να

---

[4] Μπάγκαβαντ Γκίτα Χ:9.
[5] Κατά Ματθαίο ΚΣΤ:7-13.
[6] Κατά Λουκά Ι:39-42.

φτάσει αυτή τη χαρά. Γνώριζα έναν άγιο που ήταν τόσο απορροφημένος από τον Θεό, που το πρόσωπό του έλαμπε από τη Θεϊκή παρουσία. Τον ρώτησα για την οικογενειακή του ζωή. Είπε: «Αυτό είναι παρελθόν και πέρασε. Τώρα δεν γνωρίζω άλλη ζωή απ' αυτή που έχω με τον Θεό». Του είπα για τον πατέρα μου και πόσα πολλά είχε κάνει για μένα. Είπε: «Είσαι αχάριστος· ξέχασες ότι ο Ουράνιος Πατέρας σού έδωσε τον καλό γήινο πατέρα σου. Όταν ένιωσα το κάλεσμα του Θεού, σκέφτηκα: "Ας υποθέσουμε ότι πέθανα· ποιος τότε θα φρόντιζε την οικογένειά μου; Ο Ένας Εκείνος που μου έδωσε τη ζωή, Αυτός θα τους φροντίσει". Γνώριζα ότι θα το έκανε». Και πράγματι, ο Θεός τον βοήθησε επειδή αφιέρωσε ειλικρινά τη ζωή του στον Θεό και μόνο σ' Αυτόν.[7]

«Αυτόν που Με προσέχει συνεχώς, αυτόν προσέχω· ποτέ δεν Με χάνει από τα μάτια του, ούτε Εγώ τον χάνω από τα μάτια Μου».[8] Σε κάθε γωνιά της φύσης, κρυμμένος στα λουλούδια και κρυφοκοιτάζοντας μέσα από το φεγγοβόλο παράθυρο του φεγγαριού, ο Αγαπημένος μου παίζει κρυφό μαζί μου. Με παρακολουθεί πάντοτε μέσα από την οθόνη της φύσης, το πέπλο της αυταπάτης.

Ποτέ μην αγνοείτε τον Αγαπημένο πίσω απ' όλους τους αγαπημένους. Μην αφήνετε τη καρδιά σας να χτυπά στον ρυθμό της έξαψης του κόσμου, αλλά της συγκίνησης της θεϊκής αγάπης. Αυτή η αγάπη είναι αξεπέραστη. Τη στιγμή που η θεϊκή αγάπη κατακτά την καρδιά σας, ολόκληρο το σώμα σας ακινητοποιείται γεμάτο μακαριότητα: «Όταν ο Κύριος του Σύμπαντος ήρθε στον ναό του σώματός μου, η καρδιά μου ξέχασε να χτυπά κι όλα τα κύτταρα του σώματός μου ξέχασαν τα καθήκοντά τους. Καθηλώθηκαν ακούγοντας τη φωνή της Αθάνατης Ζωής – τον Αγαπημένο κάθε ζωής, τη Ζωή κάθε ζωής. Η καρδιά μου, το μυαλό μου, όλα τα κύτταρα της ύπαρξής μου ηλεκτρίστηκαν, έγιναν αθάνατα με τη Παρουσία Του». Τέτοια είναι η αγάπη του Κυρίου.

Η θλίψη που παράγεται από το μίσος και τον πόλεμο αποδεικνύει ότι η πνευματικότητα και η καλοσύνη είναι ανώτερες δυνάμεις. Το

---

[7] Στον πιστό που έχει ελευθερώσει την ψυχή του απ' όλες τις γήινες επιθυμίες και προσκολλήσεις και είναι αγκυροβολημένος στην υπέρτατη αγάπη για τον Θεό, ο Κύριος λέει: «Εγκαταλείποντας όλα τα άλλα *ντάρμα* (καθήκοντα), να θυμάσαι Εμένα μόνο· θα σε ελευθερώσω απ' όλες τις αμαρτίες (που προέρχονται από τη μη εκτέλεση αυτών των υποδεέστερων καθηκόντων)» (Μπάγκαβαντ Γκίτα XVIII:66).

[8] Μπάγκαβαντ Γκίτα VI:30, όπως παραφραζόταν συχνά από τον Παραμαχάνσατζι, ο οποίος έδωσε την εξής κυριολεκτική μετάφραση: «Αυτός που Με αντιλαμβάνεται παντού και βλέπει τα πάντα σ' Εμένα, ποτέ δεν Με χάνει από τα μάτια του, ούτε Εγώ τον χάνω από τα μάτια Μου».

μίσος είναι καταστροφικό· η αγάπη είναι η μεγαλύτερη εποικοδομητική δύναμη. Έτσι, αγαπημένοι φίλοι, από την ανοησία του μίσους και την τρέλα του πολέμου, μάθετε να αγαπάτε τον Θεό. Η αγάπη Του χαρίζει μια επιτυχία που εκπληρώνει τα πάντα, μια επιτυχία που τίποτα άλλο δεν μπορεί να σας τη δώσει. Μόνο η αγάπη θα φέρει πληρότητα στον κόσμο. Αν όλα τα έθνη αγαπούσαν το ένα το άλλο και ήταν πρόθυμα να βοηθήσουν το ένα το άλλο –όχι με τη βία και με λανθασμένες μεθόδους, αλλά με αγάπη και καλοσύνη– τότε θα ερχόταν αληθινή και διαρκής παγκόσμια επιτυχία.

Σκεφτείτε τα δισεκατομμύρια που ξοδεύονται για να σκοτώνει ο ένας τον άλλον στον πόλεμο! Ντροπή στην ανθρωπότητα! Τι θα αποφέρει εκτός από βάσανα και καταστροφή; Ο μόνος τρόπος να τερματίσουμε αυτή τη δυστυχία είναι η αγάπη. Όσο το ένα έθνος θα κατασκευάζει ισχυρότερα όπλα για άμυνα, τα άλλα έθνη θα προσπαθούν να βρουν ακόμα καλύτερες μεθόδους για να υπερασπιστούν τον εαυτό τους και οι άνθρωποι θα ζουν σε συνεχή τρόμο. Γιατί δεν καλλιεργούν όλα τα έθνη αγάπη και κατανόηση, αντί για μίσος και πόλεμο;

Μια οικουμενική θρησκεία της αγάπης είναι η πραγματική λύση. Η αγάπη σε κάνει νικητή· σε κάνει κατακτητή. Ο Ιησούς ήταν ένας από τους μεγαλύτερους απ' όλους τους κατακτητές, δεν ήταν; Ένας κατακτητής καρδιών.

Η Δύναμη Πίσω από Κάθε Δύναμη

Πρώτα και πάνω απ' όλα να είστε επιτυχημένοι απέναντι στον Κύριο του Σύμπαντος. Απορροφάστε τόσο πολύ από τα υλικά καθήκοντα, που λέτε ότι δεν έχετε χρόνο για τον Θεό. Ας υποθέσουμε όμως ότι ο Θεός πει ότι δεν έχει χρόνο να χτυπά μέσα στην καρδιά σας ή να σκέφτεται μέσα στον εγκέφαλό σας. Τι θα γινόσαστε τότε; Αυτός είναι η Αγάπη πίσω από κάθε αγάπη. Είναι η Λογική πίσω από κάθε λογική. Είναι η Θέληση πίσω από κάθε θέληση, η Επιτυχία πίσω από κάθε επιτυχία, η Δύναμη πίσω από κάθε δύναμη· το αίμα στις φλέβες σας· η ανάσα πίσω από τις λέξεις σας. Αν αποσύρει τη Δύναμή Του, η φωνή μου θα σιωπήσει και δεν θα μιλήσω ποτέ ξανά. Αν η δύναμή Του πάψει να εκφράζεται μέσα από την καρδιά και τον εγκέφαλό μας, θα μείνουμε βουβοί για πάντα. Γι' αυτό να θυμάστε, το πιο σημαντικό καθήκον σας στη ζωή είναι το καθήκον σας απέναντι στον Θεό.

Η Πρακτικότητα του να Αναζητά Κάποιος Πρώτα τον Θεό

Όλες οι Γραφές διδάσκουν: «Αναζητάτε πρώτα τη βασιλεία του Θεού».[9] Δείτε όμως πώς οι άνθρωποι διαχωρίζουν από την καθημερινή ζωή τους τις πνευματικές αλήθειες που διαβάζουν ή ακούν στην εκκλησία. Όταν εφαρμόσετε τις αρχές της αλήθειας και εξασκηθείτε σ' αυτές, θα συνειδητοποιήσετε την πρακτικότητα όλων των πνευματικών, των νοητικών και των υλικών νόμων. Όταν διαβάζετε τις Γραφές επιφανειακά, δεν παίρνετε τίποτε απ' αυτές. Αν όμως διαβάζετε για την αλήθεια με αυτοσυγκέντρωση και πραγματικά πιστεύετε αυτά που διαβάζετε, αυτές οι αλήθειες θα λειτουργήσουν προς όφελός σας. Μπορεί να θέλετε να πιστέψετε· μπορεί ακόμα και να νομίζετε ότι πιστεύετε· αν όμως πιστεύετε αληθινά, τα αποτελέσματα θα είναι ακαριαία.

Υπάρχουν διάφοροι βαθμοί πεποίθησης. Μερικοί άνθρωποι δεν πιστεύουν καθόλου. Μερικοί θέλουν να πιστέψουν, άλλοι πιστεύουν λίγο, και μερικοί πιστεύουν μέχρις ότου η πεποίθησή τους δοκιμαστεί. Είμαστε πολύ σίγουροι για τις πεποιθήσεις μας μέχρι που διαψεύδονται· τότε μπερδευόμαστε και γινόμαστε ανασφαλείς. Η πίστη είναι διαισθητική πεποίθηση, μια γνώση προερχόμενη από την ψυχή, η οποία δεν μπορεί να κλονιστεί ακόμα κι όταν αντικρουστεί.

Ο πρακτικός σκοπός πίσω από την εντολή των Γραφών να αναζητήσει ο άνθρωπος πρώτα τον Θεό είναι ότι μόλις Τον βρείτε θα μπορείτε να χρησιμοποιείτε τη δύναμή Του για την απόκτηση πραγμάτων που η κοινή σας λογική σάς υποδεικνύει ότι έχετε το δικαίωμα να αποκτήσετε. Έχετε εμπιστοσύνη σ' αυτόν τον νόμο. Σε συντονισμό με τον Θεό θα βρείτε τον δρόμο προς την αληθινή επιτυχία, η οποία είναι μια εξισορρόπηση των πνευματικών, των νοητικών, των ηθικών και των υλικών επιτευγμάτων.

Καλλιεργήστε τη σκέψη: «Πρέπει να βρω τον Θεό». Αφήστε αυτή τη σκέψη να κυριαρχεί μέσα σας όλη την ημέρα, και ειδικά στα μεσοδιαστήματα ανάμεσα στις άλλες υποχρεώσεις σας. Μεταθέστε την προσοχή σας στα πιο σημαντικά θέματα στη ζωή. Πάρα πολύς χρόνος ξοδεύεται σε επιφανειακά ενδιαφέροντα. Όταν οι σπουδαστές είναι μαζί μου, πάντα στρέφω την προσοχή τους προς τον Θεό. Μπορεί να

---

[9] Κατά Ματθαίο ΣΤ:33.

πουν: «Ο ωκεανός είναι υπέροχος», ή «Το μέρος εδώ είναι πολύ όμορφο».[10] Εγώ τους λέω: «Μείνετε ήσυχοι. Μην αισθάνεστε ότι πρέπει να μιλάτε συνεχώς. Εισχωρήστε μέσα σας και θα δείτε την Ομορφιά πίσω από κάθε τι ωραίο».

Οι περισσότεροι άνθρωποι μοιάζουν με πεταλούδες που πετούν δίχως σκοπό. Δεν φαίνεται να πετυχαίνουν ποτέ τίποτα ή να σταματούν για περισσότερο από μια στιγμή προτού να προσελκυστούν από κάποια άλλη διασκέδαση. Η μέλισσα εργάζεται και προετοιμάζεται για δύσκολους καιρούς. Η πεταλούδα όμως ζει μόνο για το σήμερα. Όταν έρθει ο χειμώνας η πεταλούδα χάνεται, ενώ η μέλισσα έχει αποθηκεύσει τροφή για να μπορεί να ζήσει. Πρέπει να μάθουμε να συλλέγουμε και να αποθηκεύουμε το μέλι της γαλήνης και της δύναμης του Θεού.

Οι άνθρωποι που είναι σαν την ανήσυχη πεταλούδα επικεντρώνονται σε κινηματογραφικές ταινίες και σε άχρηστες δραστηριότητες. Εάν έχετε πρώτα τον Θεό, δεν πειράζει να πηγαίνετε στον κινηματογράφο πού και πού, αλλά συνήθως είναι χάσιμο χρόνου. Στα αρχικά στάδια στο πνευματικό μονοπάτι, θα πρέπει να αναζητάτε ήσυχα μέρη όπου να μπορείτε να πηγαίνετε τακτικά για να μένετε μόνοι με τον εαυτό σας και να είστε ελεύθεροι να σκέφτεστε τον Θεό. Όταν είστε με άλλους, να είστε μαζί τους με όλη σας την καρδιά· να τους προσφέρετε την αγάπη και την προσοχή σας. Να βρίσκετε όμως και χρόνο για να μένετε μόνοι σας με τον Θεό. Σπάνια βλέπω ανθρώπους τα πρωινά· αυτή είναι η ώρα της απομόνωσής μου. Και μην έχετε πολλές κοινωνικές συναναστροφές. Δεν υπάρχει ευτυχία εκεί. Να είστε επιλεκτικοί με τις παρέες σας. Επιλέξτε έναν σοφό άνθρωπο ή μερικούς καλούς φίλους που θα ενσταλάξουν πνευματικές σκέψεις μέσα σας· και να ασχολείστε εντατικά με τον Θεό.

Ο Διαλογισμός Αίρει τους Νοητικούς Περιορισμούς

Το διάβασμα αξιόλογων βιβλίων είναι πολύ καλύτερο από το να ξοδεύετε τον χρόνο σας σε ανοησίες. Καλύτερος όμως από το διάβασμα βιβλίων είναι ο διαλογισμός. Εστιάστε την προσοχή σας μέσα σας. Θα αισθανθείτε μια νέα δύναμη, ένα νέο σθένος, μια νέα

---

[10] Το Κέντρο Άσραμ του Self-Realization Fellowship στο Encinitas, στην Καλιφόρνια, έχει θέα στον Ειρηνικό Ωκεανό. Το μέρος εκεί, καθώς και στο Μητρικό Κέντρο στο Λος Άντζελες, είναι όμορφα συντηρημένα για να εκφράζουν την αντανάκλαση του Θεού στη φύση.

αίσθηση γαλήνης - στο σώμα, στον νου και στο πνεύμα. Το πρόβλημά σας στον διαλογισμό είναι ότι δεν επιμένετε για αρκετό χρόνο ώστε να έχετε αποτελέσματα. Γι' αυτό ποτέ δεν γνωρίσατε τη δύναμη του εστιασμένου νου. Αν αφήσετε το λασπωμένο νερό να μείνει ακίνητο για πολλή ώρα, η λάσπη θα κατακαθίσει και το νερό θα γίνει καθαρό. Στον διαλογισμό, όταν η λάσπη των αεικίνητων σκέψεών σας αρχίσει να κατακάθεται, η δύναμη του Θεού αρχίζει να αντανακλάται στα καθαρά νερά της συνειδητότητάς σας.

Ξέρετε γιατί μερικοί άνθρωποι δεν καταφέρνουν ποτέ να αποκτήσουν υγεία ή να βγάλουν χρήματα, άσχετα με το πόσο σκληρά φαίνεται να προσπαθούν; Πρώτα απ' όλα, οι περισσότεροι άνθρωποι κάνουν τα πάντα με μισή καρδιά. Χρησιμοποιούν μόνο γύρω στο ένα δέκατο της προσοχής τους. Αυτός είναι ο λόγος που δεν έχουν τη δύναμη να πετύχουν. Επιπρόσθετα, μπορεί να είναι και το κάρμα τους, τα αποτελέσματα των παλιών λανθασμένων πράξεών τους, που τους έχει δημιουργήσει μια χρόνια κατάσταση αποτυχίας. Ποτέ μην αποδέχεστε τους καρμικούς περιορισμούς. Μην πιστεύετε ότι είστε ανίκανοι να κάνετε κάτι. Συχνά, όταν δεν μπορείτε να πετύχετε σε κάτι, είναι επειδή έχετε πιστέψει πως δεν μπορείτε να το καταφέρετε. Όταν όμως πείσετε τον νου σας ότι μπορεί να τα καταφέρει, τότε μπορείτε να κάνετε τα πάντα! Κοινωνώντας με τον Θεό αλλάζετε και γίνεστε από θνητή ύπαρξη, αθάνατη ύπαρξη. Όταν το κάνετε αυτό, όλα τα δεσμά που σας περιορίζουν θα σπάσουν. Αυτός είναι ένας πολύ σπουδαίος νόμος που πρέπει να θυμάστε. Μόλις η προσοχή σας εστιαστεί, η Δύναμη όλων των δυνάμεων θα έρθει, και μ' αυτήν μπορείτε να αποκτήσετε πνευματική, νοητική και υλική επιτυχία. Έχω επανειλημμένα χρησιμοποιήσει αυτή τη δύναμη στη ζωή μου· και μπορείτε κι εσείς να κάνετε το ίδιο. Γνωρίζω ότι η δύναμη του Θεού δεν μπορεί να αποτύχει ποτέ. Παρ' όλο που οι οποιεσδήποτε άλλες δυνάμεις που θα αποκτήσετε μπορεί να φέρουν ψήγματα επιτυχίας, αυτή η επιτυχία δεν πρόκειται να διαρκέσει. Όταν όμως η προσοχή σας γίνει θεϊκά επικεντρωμένη, θα καίει πάντοτε σαν ένα μεγάλο φως που θα αποκαλύπτει τον Θεό.

Όταν ένα πρόβλημα που αντιμετωπίζετε αποτρέπει τα σχέδιά σας –όταν δεν βρίσκετε λύση και κανέναν να σας βοηθήσει– διαλογιστείτε. Διαλογιστείτε μέχρι να βρείτε τη λύση. Η λύση αυτή θα έρθει. Το έχω δοκιμάσει αυτό εκατοντάδες φορές και γνωρίζω ότι η εστιασμένη δύναμη της προσοχής ποτέ δεν αποτυγχάνει. Είναι το μυστικό της επιτυχίας. Συγκεντρωθείτε και μη σταματήσετε μέχρι η συγκέντρωσή σας να γίνει τέλεια. Μετά κυνηγήστε αυτό που θέλετε. Ως θνητή ύπαρξη είστε περιορισμένοι, αλλά ως παιδιά του Θεού δεν δεσμεύεστε από κανέναν περιορισμό. Συνδέστε την αυτοσυγκέντρωσή σας με τον Θεό. Η αυτοσυγκέντρωση είναι το παν. Πρώτα μπείτε μέσα στον εσωτερικό εαυτό σας· μάθετε να εστιάζετε τον νου σας και να αισθάνεστε τη δύναμη του Θεού. Μετά επιδιώξτε την υλική επιτυχία. Αν θέλετε υγεία, πρώτα στραφείτε στον Θεό και συνδέστε τον εαυτό σας με τη Ζωή που βρίσκεται πίσω από κάθε ζωή· στη συνέχεια εφαρμόστε τους νόμους της υγείας. Θα δείτε ότι αυτό είναι πολύ πιο αποτελεσματικό από το να στηρίζεστε μόνο στους γιατρούς. Κοινωνήστε με τον Θεό και στη συνέχεια επιδιώξτε υγεία ή χρήματα ή έναν σύντροφο στη ζωή.

Για να λάβετε ανταπόκριση από τον Θεό πρέπει να διαλογίζεστε βαθιά. Ο διαλογισμός της κάθε μέρας πρέπει να είναι βαθύτερος από εκείνον της προηγούμενης μέρας. Τότε θα δείτε ότι μόλις η προσοχή σας εστιαστεί, εξουδετερώνει όλες τις ανεπάρκειες του νου σας και αισθάνεστε τη δύναμη του Θεού να έρχεται σ' εσάς. Αυτή η δύναμη μπορεί να καταστρέψει όλους τους σπόρους της αποτυχίας.

Κρατάτε την Προσοχή Σας Συγκεντρωμένη

Όταν πρωτοξεκίνησα σ' αυτό το μονοπάτι, ήμουν πολύ ανήσυχος κατά τη διάρκεια του διαλογισμού· ήρθε όμως ο καιρός που παρέμεινα σε διαλογισμό για σαράντα οκτώ ώρες, πλήρως απορροφημένος από την έκσταση του Θεού. Αναλογιστείτε αυτή τη δύναμη! Συγκεντρωθείτε πάνω σ' αυτή τη δύναμη.

Προσέχετε τον χρόνο σας. Μην τον σπαταλάτε. Αποφασίζετε να πεταχτείτε στην πόλη για να πάρετε κάτι που χρειάζεστε, αλλά πόσο εύκολα σας αποσπούν την προσοχή άλλα πράγματα! Πριν καν το καταλάβετε, έχετε λείψει για ώρες. Στο τελείωμα της μέρας διαπιστώνετε πόσο διασκορπίστηκε η προσοχή σας. Έχασε όλη την αποτελεσματική δύναμή της. Ο νους είναι σαν ένας σάκος γεμάτος σπόρους μουστάρδας. Αν σκορπίσετε αυτούς τους σπόρους στο πάτωμα, είναι δύσκολο να τους ξαναμαζέψετε. Η αυτοσυγκέντρωσή σας θα πρέπει να είναι σαν μια ηλεκτρική σκούπα που να τραβά αυτούς τους σκορπισμένους σπόρους-σκέψεις ώστε να συγκεντρωθούν ξανά.

Όταν θα έχετε τελειώσει τα καθήκοντά σας στο τέλος της ημέρας, να κάθεστε ήρεμα, μόνοι σας. Πάρτε ένα καλό βιβλίο και διαβάστε το με προσοχή. Στη συνέχεια διαλογιστείτε για πολλή ώρα και βαθιά. Θα βρείτε πολύ περισσότερη γαλήνη κι ευτυχία σ' αυτό παρά στις ανήσυχες δραστηριότητες, στις οποίες ο νους σας τρέχει ανεξέλεγκτα προς όλες τις κατευθύνσεις. Αν νομίζετε ότι διαλογίζεστε την ώρα που ο νους σας είναι διασκορπισμένος, απατάστε. Από την ώρα όμως που θα μάθετε να συγκεντρώνεστε στον Θεό, τίποτα δεν θα μπορεί να συγκριθεί μ' αυτό. Δοκιμάστε τον εαυτό σας. Πηγαίνετε σε μια ομαδική εκδρομή, πηγαίνετε στην πόλη, συναναστραφείτε με φίλους· στο τέλος της ημέρας θα είστε νευρικοί και ανήσυχοι. Αν όμως καλλιεργήσετε τη συνήθεια να είστε μόνοι στο σπίτι, διαλογιζόμενοι, μια μεγάλη δύναμη και γαλήνη θα σας κατακλύσουν. Και θα παραμένουν μέσα σας και κατά τη διάρκεια των δραστηριοτήτων σας και όταν θα διαλογίζεστε. Η απομόνωση είναι το τίμημα του μεγαλείου.

Η Εστίαση της Προσοχής στη Δύναμη του Θεού Καθιστά Βέβαιη την Επιτυχία σε Οποιοδήποτε Εγχείρημα

Ο σπουδαίος άνθρωπος πάντοτε κάνει τα πάντα με τη δύναμη της προσοχής. Η πλήρης ισχύς αυτής της δύναμης μπορεί να αποκτηθεί μέσω του διαλογισμού. Όταν χρησιμοποιείτε αυτή τη δύναμη της εστίασης του Θεού, μπορείτε να την εφαρμόζετε σε κάθε τι και να είστε επιτυχημένοι. Χρησιμοποιήστε την για την ανάπτυξη του σώματος, του νου και της ψυχής.

Γι' αυτό, φίλοι μου, η τελευταία μου λέξη είναι η εξής: Εστιάστε την προσοχή σας στον Θεό και θα έχετε όλη τη δύναμη που θέλετε προκειμένου να τη χρησιμοποιήσετε προς κάθε κατεύθυνση. Και αν ακολουθήσετε πιστά τις επιστημονικές μεθόδους αυτοσυγκέντρωσης και διαλογισμού του Self-Realization, θα διαπιστώσετε ότι δεν υπάρχει ταχύτερος ή ασφαλέστερος τρόπος για να ενωθείτε με τον Θεό.

Επισπεύδοντας την Ανθρώπινη Εξέλιξη

Buffalo, Νέα Υόρκη, 29 Μαΐου 1927[1]

Συνειδητοποιείτε πώς ξοδεύετε τη ζωή σας; Πολύ λίγοι από μας ξέρουν πόσο πολλά μπορούμε να κάνουμε και να πάρουμε από τη ζωή αν τη χρησιμοποιήσουμε σωστά, με σοφία και με οικονομία. Πρώτα, ας κάνουμε οικονομία του χρόνου μας – η διάρκεια ζωής λιγοστεύει πριν προλάβουμε να το συνειδητοποιήσουμε και αυτός είναι ο λόγος που δεν αντιλαμβανόμαστε την αθάνατη αξία του χρόνου που μας έχει δώσει ο Θεός. Πάρα πολύς χρόνος ξοδεύεται μέσα στη βιασύνη, χωρίς αυτό να μας βγάζει πουθενά. Θα πρέπει να σταματήσουμε, να σκεφτούμε και να προσπαθήσουμε να μάθουμε τι μπορεί να μας δώσει η ζωή. Οι περισσότεροι άνθρωποι δεν σκέφτονται βαθιά καθόλου – απλώς τρώνε, κοιμούνται, εργάζονται και πεθαίνουν.

Τα εξήντα χρόνια είναι ο μέσος όρος ζωής, αλλά γνωρίζετε στην πραγματικότητα πόσα χρόνια ζείτε; Οι περισσότεροι άνθρωποι κοιμούνται από έξι μέχρι δέκα ώρες την ημέρα – το ένα τρίτο της ζωής τους, δηλαδή είκοσι με εικοσιπέντε χρόνια χάνονται, ξοδεύονται στο ασυνείδητο. Έτσι, μένουν μόνο σαράντα ή τριάντα πέντε χρόνια. Γύρω στα πέντε με δέκα χρόνια ξοδεύονται σε κουτσομπολιά ή σε κουβέντες χωρίς καμιά αξία, καθώς και σε ψυχαγωγία. Αυτό κατεβάζει τον αριθμό στα τριάντα χρόνια – και σ' αυτά τα τριάντα χρόνια τι άλλο κάνετε; Φαγητό και χάζι, και φυσικά δουλειά. Η εργασία είναι αναγκαία για τον σκοπό της συντήρησης του σωματικού ζώου, του οποίου η φροντίδα κλέβει τον περισσότερο χρόνο σας. Στη πραγματικότητα, αν εξετάσετε

---

[1] Από σημειώσεις που τυπώθηκαν σε μια προηγούμενη έκδοση στο περιοδικό *Self-Realization*. Αργότερα κάποια αποσπάσματα αναθεωρήθηκαν υπό την καθοδήγηση του Παραμαχάνσατζι και αναδημοσιεύθηκαν σε διάφορες εκδόσεις του SRF, συμπεριλαμβανομένων κατοπινών τευχών του περιοδικού *Self-Realization* και των *Μαθημάτων* του *Self-Realization*. Η ομιλία έχει ανασυντεθεί εδώ και δημοσιεύεται ολόκληρη.

Επισπεύδοντας την Ανθρώπινη Εξέλιξη

εξονυχιστικά τον χρόνο σας, θα δείτε πως μετά βίας σας μένουν δέκα χρόνια!

Το πρωί οι περισσότεροι από σας ξυπνάτε με τη συνειδητότητά σας στον καφέ και το τοστ – καίγεστε από τη συνειδητότητα του πρωινού γεύματος· καμιά σκέψη για τον Θεό για να αναζωογονηθεί το πνεύμα σας – και στη συνέχεια τρέχετε στη δουλειά. Η μέρα περνά – βιασύνη, ανησυχία και το μεσημέρι καφές και ντόνατς· ούτε καν τρώτε σωστά! Έρχεται το απόγευμα – κινηματογράφος και χορός. Επιστρέφετε σπίτι αργά το βράδυ, πέφτετε για ύπνο, ξυπνάτε το πρωί και ξαναρχίζετε τα ίδια, με τη συνειδητότητά σας στο πρωινό. Αυτός είναι ο τρόπος με τον οποίο περνάτε τη ζωή σας.

Ο Σκοπός της Ζωής Είναι να Αναπτυχθείτε σε Γνώση και Σοφία

Στη διάρκεια των εξήντα χρόνων ζωής σας, πολλά πράγματα είναι απαραίτητα μόνο και μόνο για να διατηρήσετε το σωματικό όχημα σε καλή κατάσταση· αυτός όμως δεν είναι ο μοναδικός σκοπός της ζωής. Μη νομίζετε ότι για να είστε ντυμένοι καλά και να τρέφεστε επαρκώς χρειάζεται να έχετε εκατομμύρια – δεν χρειάζεται να ζείτε εξεζητημένα απλώς και μόνο για να θρέφετε και να φροντίζετε το σωματικό ζώο. Ο σκοπός της ζωής είναι κάτι πολύ περισσότερο απ' αυτό. Αυτός ο κόσμος είναι ένα τεράστιο σχολείο, στο οποίο αδιάκοπα θα πρέπει να αγωνιζόμαστε για να αποκτήσουμε μεγαλύτερη γνώση και σοφία.

Ρωτήστε τώρα τον εαυτό σας το εξής: Πόσα καλά βιβλία έχω διαβάσει σ' αυτή τη ζωή; Κάθε μέρα τυπώνονται στην Αμερική γύρω στα είκοσι πέντε καινούργια βιβλία σχετικά με την ηθική, τη μουσική, τη λογοτεχνία, τη βοτανολογία, τη λογική, την επιστήμη, τις Γραφές, τις αθάνατες αλήθειες – πώς θα μπορέσετε να μαζέψετε όλη αυτή τη γνώση μέσα στα δέκα χρόνια της ζωής σας; Από την άλλη μεριά, δεν ζουν όλοι εξήντα χρόνια· μόνο οι τυχεροί έχουν ακόμα κι αυτά. Τι διαβεβαίωση έχετε ότι η δεν θα έρθει η αρρώστια να σας συντομεύσει τη ζωή; Και παρ' όλα αυτά χασομεράτε και διοργανώνετε συγκεντρώσεις για να παίζετε χαρτιά! Δεν έχω αντίρρηση αν έχετε κάποιον καλό σκοπό για κάτι τέτοιο. Σκοπεύετε όμως να διασπαθίσετε τον χρόνο σας με το να στέκεστε στο πεζοδρόμιο και να παρακολουθείτε τους ανθρώπους να περνούν ή να κοιτάτε τις βιτρίνες για πράγματα που δεν χρειάζεστε και θέλετε να αγοράσετε; Σκοπεύετε να σπαταλήσετε τον χρόνο σας παραμένοντας στο περιθώριο;

Πώς θα μάθετε όλα αυτά που θέλετε να μάθετε; Δεν σκιρτά η καρδιά σας να μάθετε οτιδήποτε αξιόλογο συμβαίνει στον κόσμο; Πώς γίνεται ένα μέσο ανθρώπινο ον να κατακτήσει όλη τη σοφία; Πώς θα μπορέσετε να βρείτε χρόνο να διαβάσετε για τον Ιησού, τον Αριστοτέλη, για όλους τους μεγάλους ποιητές; Η ζωή φαίνεται απελπιστικά σύντομη όταν το σκέφτεστε αυτό. Διαβάζετε λίγα βιβλία και νομίζετε ότι ξέρετε τα πάντα. Στις πόλεις έχετε υπέροχες βιβλιοθήκες, αλλά λίγοι πηγαίνουν εκεί. Σκεφτείτε όλη τη γνώση και τη σοφία που τα ανθρώπινα όντα έχουν συγκεντρώσει από το σχολείο της ζωής· με ποιον τρόπο, σ' αυτά τα λίγα χρόνια, θα μπορέσετε να τη βάλετε στον εγκέφαλό σας; Είναι κατορθωτό; Όσο ζείτε σ' αυτή τη γη, όσο η δύναμη του ματιού σάς δίνει τη δυνατότητα να βλέπετε τ' αστέρια, όσο απολαμβάνετε τη λιακάδα του Θεού και αναπνέετε τον αέρα Του, τόσο θα λαχταράτε για γνώση.

Οι περισσότεροι άνθρωποι περνούν τη ζωή τους μ' ένα άδειο κρανίο. Νομίζουν ότι υπάρχει ένας εγκέφαλος εκεί – έτσι *νομίζουν*, αυτό είναι όλο· περπατούν μέσα στην κενότητα. «Α, ναι, έχω μια υπέροχη βιβλιοθήκη στο σπίτι. Έλα, θα σου τη δείξω». Υπέροχη αλλά ανέγγιχτη! Μουσική, ποίηση, επιστήμη, τα πάντα είναι εκεί. Με τόσα που θέλετε να μάθετε, δεν θέλετε να χάνετε τον χρόνο σας. Τον περισσότερο καιρό είστε γεμάτοι δυστυχία γιατί δεν απασχολείτε τον νου σας με κάτι άξιο. Σκεφτείτε τον Πλάτωνα, τον Σαίξπηρ, τον Μέτερλινκ, τον Σάνκαρα και τα έργα τους. Αναλογιστείτε το προνόμιο που έχετε. Μπορείτε να συνομιλήσετε με όλους αυτούς κατά βούληση μέσα από τα υπέροχα βιβλία τους. Αντί γι' αυτό, όλη την ώρα αναρωτιέστε ποια θα είναι η επόμενη παράσταση που θα δείτε![2]

Είναι καλό να ψυχαγωγείστε πού και πού· αν όμως ξοδεύετε τη ζωή σας σε άχρηστες ψυχαγωγίες και στο να κουτσομπολεύετε τους άλλους –ενδιαφερόμενοι για τα σφάλματα των άλλων αντί να αναγνωρίζετε τα δικά σας– οι χαμένοι θα είστε εσείς. Έχετε πολλά «άπλυτα».

Δημιουργείτε μια τόσο περιορισμένη σφαίρα ενδιαφερόντων γύρω σας! Ένας ράφτης πέθανε μια νύχτα και πήγε στον παράδεισο. Το πρωί άρχισε να ψάχνει για μια ραπτομηχανή Σίνγκερ. Η στενόμυαλη

---

[2] Στις ομιλίες του σε μεταγενέστερα χρόνια, όταν η διασκέδαση μέσω της τηλεόρασης έκανε την πρώτη εμφάνισή της, ο Παραμαχάνσατζι επέκρινε τη δυνατότητα αυτού του μέσου να σφετεριστεί τον χρόνο και τον νου των τηλεθεατών.

συνήθειά του ήταν ακόμα μέσα του, ακόμα και ενώ στον παράδεισο δεν χρειαζόταν ρούχα· ήταν ντυμένος με ενδύματα φωτός. Το ίδιο κι εσείς, χαραμίζετε ανεκτίμητο χρόνο σε επουσιώδη πράγματα, όταν οι θησαυροί του Θεού είναι γύρω σας, έτοιμοι να τους λάβετε.

Η σοφία έρχεται, σας χτυπά την πόρτα, ζητώντας ευγενικά: «Άσε με να μπω», αλλά δεν υπάρχει απάντηση, δεν υπάρχει σκέψη, δεν υπάρχει ανταπόκριση σ' αυτό. Φτηνά, αισθησιακά μυθιστορήματα σας καλούν μέσα από τη χυδαιότητά τους και οι σκέψεις σας τρέχουν να τα δεχτούν με ανοιχτή καρδιά. Μ' αυτόν τον τρόπο αναπτύσσετε μια προτίμηση για κατώτερα πράγματα. Αν καλλιεργήσετε μια προτίμηση για το χαλασμένο τυρί, χάνετε την ικανότητα να εκτιμάτε το καλό, φρέσκο τυρί. Καθώς αναπτύσσετε μια προτίμηση για κατώτερα πράγματα, χάνετε την ικανότητα να εκτιμάτε τα καλύτερα και νομίζετε πως δεν μπορείτε να είστε αλλιώς εξαιτίας της καταναγκαστικής δύναμης των κακών συνηθειών. Καλλιεργήστε την καλή συνήθεια να χρησιμοποιείτε αυτή τη ζωή για την επιδίωξη πιο αξιόλογων στόχων.

Προγραμματίστε τη ζωή σας. Διαβάστε τα καλύτερα βιβλία του κόσμου· μη χάνετε χρόνο διαβάζοντας το τάδε ή το δείνα αδιάκριτα. Διαβάστε για ιατρική, αστρονομία, επιστήμη, τις Γραφές. Ένα όμως γνωστικό πεδίο χρειάζεται να είναι η πρώτη σας προτίμηση: Πρέπει να βρείτε την αποστολή σας. Με την επαφή με τη Συμπαντική Δόνηση στον διαλογισμό[3] θα οδηγηθείτε στον σκοπό που είναι ο σωστός για σας· θα οδηγηθείτε στο έργο που θα πρέπει να κάνετε. Συγκεντρωθείτε στο να γίνετε άριστοι σ' αυτό. Πολλοί δοκιμάζουν δέκα διαφορετικά εγχειρήματα χωρίς να καταφέρουν να πραγματοποιήσουν κανένα. Ως αρχάριοι στην ανάπτυξη του εαυτού σας, δεν μπορείτε να απορροφήσετε τα πάντα γύρω από πολλά πράγματα· μάθετε λίγο για το κάθε τι και τα πάντα για ένα συγκεκριμένο πράγμα.

Η Εξέλιξη Μπορεί να Επιταχυνθεί

Ωστόσο η γνώση είναι τόσο αχανής, η πνευματική σοφία είναι τόσο αχανής! Και παρ' όλο που η γη δεν είναι παρά μια κουκκίδα μέσα στο σύμπαν, για μας είναι τεράστια. Εντούτοις, με τη γρήγορη πορεία

---

[3] Αναφορά στην τεχνική του Self-Realization Fellowship στον διαλογισμό στον Θεό ως Ομ (βλ. γλωσσάριο). Εγγενής στη δόνηση Ομ είναι η κατά Χριστόν Συνειδητότητα ή Οικουμενική Νοημοσύνη· επομένως η κοινωνία με το Ομ φέρνει τον διαλογιζόμενο σε επαφή με τη Άπειρη Πηγή της θεϊκής καθοδήγησης και σοφίας.

της ανθρώπινης προόδου, ο κόσμος μας αρχίζει να γίνεται μικρός - κάθε μέρα μικραίνει λόγω των σύγχρονων μεταφορικών μέσων. Σύντομα θα χρειαστεί να κάνουμε κάποιο ταξίδι σε άλλους πλανήτες για να εμπλουτίσουμε τις ταξιδιωτικές μας περιπέτειες! Ο ηλεκτρισμός πηγαίνει παντού σ' ένα δευτερόλεπτο - γιατί όχι κι εμείς, που τα σώματά μας είναι ουσιαστικά ηλεκτρομαγνητικά κύματα; Προοδεύουμε όμως με ποικίλους τρόπους, κάνοντας διάφορα συνηθισμένα πράγματα πιο γρήγορα. Η υιοθέτηση καλύτερων μεθόδων στις επιχειρήσεις και στις μεταφορές, η μαζική παραγωγή με τη χρήση τεράστιων μηχανών, έχουν επιταχύνει την εξέλιξη. Σκεφτείτε τον χρόνο που δαπανούσαν οι άνθρωποι μόνο για να υφαίνουν τα ρούχα με το χέρι στο παρελθόν! Αυτός ο χρόνος έχει εξοικονομηθεί με τα σύγχρονα μηχανήματα. Έτσι, η εξέλιξη της κοινωνίας έχει επιταχυνθεί με την υιοθέτηση ολοένα και καλύτερων μεθόδων. Γιατί να μην μπορούμε να επιταχύνουμε και την ανθρώπινη εξέλιξη - να μάθουμε πώς να ζούμε με τρόπο που να φτάσουμε γρηγορότερα στην πλήρη επιτυχία, απ' όλες τις πλευρές; Πώς θα μπορέσει ο ανθρώπινος εγκέφαλος να αποκτήσει μέσα σε μια ζωή όλη τη γνώση και τη σοφία; Αυτό είναι το θέμα μου.

Όταν συνάντησα τον Λούθερ Μπέρμπανγκ, μου έδειξε μια καρυδιά και είπε: «Επιτάχυνα περισσότερο από εκατό χρόνια τη συνηθισμένη χρονική διάρκεια ανάπτυξής της. Έκανα αυτό το δέντρο να αναπτυχθεί σε δώδεκα χρόνια». Και το δέντρο ήταν γεμάτο καρύδια!

Αν μπορούμε να κάνουμε την καρυδιά να ωριμάσει σε δώδεκα χρόνια αντί σε εκατόν πενήντα χρόνια, υπάρχει ελπίδα και για τον άνθρωπο. Μέσα σε εξήντα χρόνια ύπαρξης, είναι δυνατόν για ένα ανθρώπινο ον να αναπτυχθεί τόσο ώστε να γίνει ένα κέντρο όλης της γνώσης. Αυτή είναι η ιδέα που θέλω να βάλω στον νου σας. Έχω αναφέρει πώς τα μηχανήματα επιτάχυναν την εξέλιξη του κόσμου. Από πού προήλθαν τα μηχανήματα; - από το εργοστάσιο του ανθρώπινου νου. Όπως ο άνθρωπος επέσπευσε την εξέλιξη στην κοινωνία και στις επιχειρήσεις, έτσι μπορεί να επισπεύσει την εξέλιξή του και σε όλους τους κλάδους της ζωής του, συμπεριλαμβανομένων και των ικανοτήτων της εσωτερικής του ζωής.

Ο Μπέρμπανγκ επίσης έφτιαξε αμύγδαλα με μαλακά κελύφη, μεταποίησε τη ντομάτα και δημιούργησε το λουλούδι μαργαρίτα του είδους Σάστα από βολβούς, καθώς και κάκτους χωρίς αγκάθια. Στις πρωτόγονες εποχές τα διάφορα ζώα συνήθιζαν να τρώνε τους κάκτους, γι' αυτό και ο κάκτος ανέπτυξε προστατευτικά αγκάθια. Όταν μια μορφή ζωής αρχίζει να βλάπτει μια άλλη μορφή ζωής, τότε αυτή αναπτύσσει αμυντικά όπλα. Ο Μπέρμπανγκ μού είπε ότι κατά τη διάρκεια των πειραμάτων του για την ανάπτυξη του κάκτου χωρίς αγκάθια πήγαινε καθημερινά στον κήπο και μιλούσε στα ακανθωτά φυτά: «Σας παρακαλώ, αγαπημένοι μου κάκτοι, εγώ είμαι ο Λούθερ Μπέρμπανγκ, ο φίλος σας. Δεν πρόκειται να σας πληγώσω καθόλου, γιατί λοιπόν βγάζετε αγκάθια;». Και μ' αυτόν τον τρόπο δημιουργήθηκε ο κάκτος χωρίς αγκάθια. Με την ομιλία, με το ενδιαφέρον, με τη δύναμη της σκέψης και με τη γνώση των νόμων της φύσης, μπορεί κάποιος να εντυπώσει συγκεκριμένες δονήσεις πάνω στο πρωτόπλασμα κι έτσι να κατευθύνει και να επισπεύσει συνειδητά τη διαδικασία της εξέλιξης.

Αυξάνοντας τη Δεκτικότητα του Εγκεφάλου

Ο καθηγητής James του Χάρβαρντ είπε ότι οι περισσότερες από τις συνήθειές μας είναι κληρονομικές. Η επιστήμη λέει ότι η αδυναμία του νου των ανθρώπων δεν μπορεί να αντιμετωπιστεί. Οι επιστήμονες κάνουν υπολογισμούς και πιστεύουν υπερβολικά στη σφραγίδα της κληρονομικότητας. Δεν έχουν μάθει ακόμα ότι με την αφύπνιση των εγκεφαλικών κυττάρων ο άνθρωπος μπορεί να επιταχύνει την εξέλιξή του. Η δύναμη της δεκτικότητας των εγκεφαλικών κυττάρων μπορεί να αυξηθεί τόσο πολύ, ώστε ο άνθρωπος να μπορεί να λάβει, μέσα στη διάρκεια μιας και μόνο ζωής, όλη τη γνώση που επιθυμεί να απορροφήσει μέσα του.

Στην εκπαίδευση υπάρχει τεράστια διαφορά μεταξύ των μεθόδων που εφαρμόζονται από τους δασκάλους στην Ινδία και στη Δύση. Στη Δύση γεμίζουν με ιδέες τους εγκεφάλους των παιδιών. «Πόσα βιβλία έχεις διαβάσει; Πόσους δασκάλους είχες;». Κάποιος επέστρεψε από το Κολλέγιο με διδακτορικό πάνω στην παρασκευή ζάχαρης από διάφορα φρούτα. Τον ρώτησαν αν μπορεί να παραχθεί ζάχαρη από το φρούτο γκουάβα. Μετά από βαθιά σκέψη για λίγο, είπε: «Δεν το έχω μελετήσει αυτό. Δεν συμπεριλαμβανόταν στη διδακτέα ύλη μου». Η χρήση της κοινής λογικής ήταν πέρα απ' αυτόν.

Δεν είναι η συσσώρευση εξωτερικής γνώσης αυτό που δίνει σοφία· είναι η δύναμη και το εύρος της εσωτερικής σας δεκτικότητας αυτό που καθορίζει πόση από την αληθινή γνώση μπορείτε να αποκτήσετε και πόσο γρήγορα. Ο άνθρωπος που έχει τη δύναμη της δεκτικότητας κατανοεί τα πάντα γρήγορα. Οι άνθρωποι χωρίς δεκτικότητα μπορεί να εκτίθενται στις ίδιες εμπειρίες ή πληροφορίες και εντούτοις να μη βλέπουν πραγματικά ή να μην τις κατανοούν πλήρως. Ένας έξυπνος άνθρωπος ζει πολύ πιο μπροστά από τον ανόητο. Οι εμπειρίες σας φέρνουν σοφία ανάλογα με το μέτρο της δεκτικότητάς σας.

Η Εστιασμένη Αυτοσυγκέντρωση Σας Καθιστά Οξύτατα Δεκτικούς στη Σοφία

Πώς μπορείτε να αυξήσετε τη δεκτικότητά σας κι έτσι να επιταχύνετε την εξέλιξή σας; Με συνειδητή συμπύκνωση όλων των εμπειριών σας με τη δύναμη της αυτοσυγκέντρωσης. Αυτοσυγκέντρωση σημαίνει να εστιάζετε την προσοχή σας σ' ένα σημείο· συμπύκνωση σημαίνει να χρησιμοποιείτε αυτή τη συγκεντρωμένη προσοχή για να κάνετε κάτι γρήγορα, το οποίο σε φυσιολογικές συνθήκες θα χρειαζόταν πολύ χρόνο. Με την αυτοσυγκέντρωση μπορείτε να συμπυκνώσετε κάθε εμπειρία και να σταχυολογήσετε την όποια σοφία πρέπει να μαθευτεί απ' αυτήν. Συμπυκνώνοντας τις ατομικές εμπειρίες, μπορείτε να συμπτύξετε όλες τις εμπειρίες σας, καθώς και τη σοφία που αυτές εμπεριέχουν, σε συντομότερο χρονικό διάστημα, κι έτσι να κερδίσετε πολύ περισσότερα απ' ό,τι θα κερδίζατε αν ζούσατε τη ζωή σας χωρίς μέθοδο.

Θα σας διηγηθώ μια τέτοια εμπειρία. Ένας φίλος μου είπε πως ήμουν καλός στον τομέα μου ως πνευματικός άνθρωπος, αλλά δεν θα μπορούσα να πετύχω σε επιχειρήσεις. Απάντησα: «Θα βγάλω πέντε χιλιάδες δολάρια για σένα, με επιχειρηματικές δραστηριότητες, μέσα σε δύο εβδομάδες». Μου είπε: «Θα πρέπει να μου το αποδείξεις αυτό"».

Δεν βιάστηκα να επενδύσω χρήματα σε λανθασμένα πράγματα. Χρησιμοποίησα την αυτοσυγκέντρωση, αποδεσμεύοντας τον νου μου απ' όλους τους περισπασμούς, και εστίασα την προσοχή μου σ' ένα και μοναδικό σημείο μέσα μου. Οι περισσότεροι από σας έχετε τον προβολέα της προσοχής σας στραμμένο προς τα έξω όλη την ώρα αντί προς τα μέσα· θα πρέπει να στρέψετε τον προβολέα του νου μέσα σας για να αποκαλύψετε τη Θεϊκή Πηγή. (Ζούμε στην εξωτερική πλευρά του σύμπαντος· η εσωτερική πλευρά είναι περισσότερο χειροπιαστή και πραγματική, επειδή εκεί οι λεπτοφυείς νόμοι που λειτουργούν πίσω απ' όλα τα εξωτερικά φαινόμενα μπορούν να γίνουν αντιληπτοί. Κάθε αλλαγή στις επιχειρήσεις, κάθε αλλαγή στο πλανητικό σύστημα, στο υλικό μας σώμα – τα πάντα καταγράφονται εκεί.) Συνήθως οι

Επισπεύδοντας την Ανθρώπινη Εξέλιξη

άνθρωποι δεν συγκεντρώνονται – ο νους είναι ανήσυχος, κι ο ανήσυχος νους βγάζει γρήγορα συμπεράσματα και τρέχει να αποκτήσει κάτι που δεν του ανήκει δικαιωματικά. Πρέπει να υπακούτε τον θεϊκό νόμο. Να θυμάστε: Να αυτοσυγκεντρώνεστε και μετά να ζητάτε από τη Θεϊκή Δύναμη να σας βοηθήσει.

Έτσι, ήρθα σ' επαφή μ' αυτήν την Πηγή· και μόλις ήρθα σ' επαφή μαζί Της, μου φανερώθηκαν πολλά σπίτια. Δεν κάθισα όμως ήσυχος στο δωμάτιό μου λέγοντας: «Ο Ουράνιος Πατέρας θα ανοίξει το ταβάνι και θα ρίξει πέντε χιλιάδες δολάρια στην αγκαλιά μου», μόνο και μόνο επειδή Του ζήτησα με θερμή προσευχή μια χάρη. Αγόρασα τις κυριακάτικες εφημερίδες κι έψαξα τις αγγελίες των ακινήτων. Επέλεξα λίγα σπίτια και είπα στον φίλο μου να επενδύσει τα χρήματά του σ' αυτά.

Είπε: «Όλα δείχνουν πολύ αναξιόπιστα» κι εγώ απάντησα: «Μη σε νοιάζει, άπιστε Θωμά, μην καταστρέψεις την επιτυχία με τις αμφιβολίες σου».

Σε δύο εβδομάδες υπήρξε μια οικονομική έκρηξη στα ακίνητα και οι τιμές των σπιτιών ανέβηκαν πολύ. Πούλησε τα σπίτια και είχε καθαρό κέρδος πέντε χιλιάδες δολάρια. Του απέδειξα ότι η δύναμη του Θεού δουλεύει μέσω του νου οπουδήποτε την εφαρμόζουμε με πίστη.

Η αυτοσυγκέντρωση, όταν κατευθύνεται από τη Θεϊκή Δύναμη, δεν σας αφήνει να περιπλανιέστε σε λάθος επενδύσεις· πηγαίνετε κατευθείαν στην επιτυχία. Αν αυτή η δύναμη του νου μπορεί να εφαρμοστεί στις επιχειρήσεις, τότε μπορεί να εφαρμοστεί και σε άλλα πράγματα – στη μουσική και στη συγγραφή για παράδειγμα. Πάντοτε ξεκινώ από μέσα μου για να βγάλω τη γνώση προς τα έξω, και όχι απ' έξω, συσσωρεύοντας γνώση προς τα μέσα. Όλα τα μουσικά όργανα που παίζω τα έμαθα μ' αυτόν τον τρόπο. Ίσως ήμουν πολύ περήφανος για να σκεφτώ να πάω σε δάσκαλο· σκέφτηκα: «Ο πρώτος άνθρωπος που άρχισε να δημιουργεί μουσική δεν έμαθε από κανέναν· γιατί να μην μπορώ κι εγώ να κάνω το ίδιο;». (Είναι σωστό να λέτε κάτι τέτοιο, αλλά αν στέκεστε και περιμένετε να ανακαλύψετε τον τροχό, θα περάσει πολύς καιρός μέχρι να φτάσετε στον προορισμό σας!)

Όλες οι ερωτήσεις που είχα έχουν απαντηθεί· με την ταχύτητα που ο Θεός μπορεί να ανταποκριθεί, λαμβάνω άμεσες απαντήσεις απ' Αυτόν. Ξεκινήστε από μέσα σας, όχι απ' έξω. Αυτός είναι ο τρόπος με τον οποίο όλοι μπορούν να λάβουν εμπειρίες πολλών ετών μέσα σε σύντομο χρονικό διάστημα. Δεν χρειάζεται να διαβάσετε όλα τα βιβλία στη βιβλιοθήκη. Δεν χρειάζεται να μάθετε τα πάντα από τα σχολεία ή τους δασκάλους. Η ποίηση, η μουσική, ολόκληρη η γνώση έρχονται χωρίς περιορισμούς από την εσωτερική πηγή, από την ψυχή. Στο σύντομο χρονικό διάστημα της ανθρώπινης ζωής, πώς αλλιώς θα μπορέσετε να βρείτε απαντήσεις σχετικά με όλα τα μυστήρια του σώματος και τα μυστήρια μιας απεραντοσύνης θεϊκής σοφίας, αν δεν τις αντλήσετε από την εσωτερική σας πηγή που είναι πάνσοφη;

Πώς Ένας Αδαής Πιστός Ανακάλυψε Ότι ο Θεός Πρέπει να Αναζητηθεί Μέσα Του

Ήταν ένας Ινδουιστής πιστός ο οποίος προβληματιζόταν προσπαθώντας να αποφασίσει ποιες Γραφές έπρεπε να διαβάζει και ποιο θεϊκό ομοίωμα έπρεπε να προσκυνά. (Τα ομοιώματα θεοτήτων χρησιμοποιούνται στην Ινδία για να βοηθήσουν να προσηλωθεί ο νους σε αυτοσυγκέντρωση πάνω σε κάποια συγκεκριμένη όψη του ενός και χωρίς μορφή Πνεύματος και με σεβασμό τα έχουν σκεπασμένα στους ναούς για να μην καταστραφούν από τα πουλιά και τα καιρικά φαινόμενα.) Έτσι, αυτός ο πιστός αναρωτιόταν: «Ποια θεότητα να προσκυνήσω;». Αγόρασε κάποιο ομοίωμα και μετά φοβόταν ότι οι άλλες θεότητες θα θύμωναν μαζί του. Έτσι αποφάσισε να αγοράσει κι άλλο ένα. Είχε δύο μεγάλες κασέλες μέσα στις οποίες μετέφερε όλα τα ιερά βιβλία του και τις εικόνες, έχοντας τες κρεμασμένες στις άκρες ενός πασσάλου που στηριζόταν στους ώμους του. Κάθε μέρα όλο και κάποιος του έλεγε ότι ήταν προτιμότερο να λατρέψει τον ένα θεό ή τον άλλον και να διαβάσει το ένα ιερό βιβλίο ή το άλλο – έτσι οι κασέλες γίνονταν όλο και βαρύτερες. Είδε ότι έπρεπε να αγοράσει και μια τρίτη κασέλα! Σκέφτηκε όμως: «Δεν είναι δυνατόν να κουβαλάω τρεις κασέλες». Κάθισε λοιπόν στην άκρη μιας λιμνούλας κι άρχισε να θρηνεί: «Άπειρο Πνεύμα, πες μου ποιο βιβλίο να διαβάσω και ποιο ομοίωμα να προσκυνώ. Μόλις προσκυνώ έναν θεό, σκέφτομαι ότι οι άλλοι θυμώνουν».

Έτυχε ένας άγιος να περνά από εκείνο το μέρος, και βλέποντας τον άνθρωπο που έκλαιγε, ρώτησε: «Γιε μου, γιατί κλαις; Τι συμβαίνει;».

«Άγιε, δεν ξέρω ποιο βιβλίο να διαβάσω, και δείτε όλα αυτά τα εκατοντάδες ομοιώματα! Δεν ξέρω ποιο απ' όλα να ευχαριστήσω».

Ο άγιος είπε: «Κλείσε τα μάτια σου και πιάσε τυχαία ένα απ' όλα τα βιβλία και ακολούθησε αυτό το βιβλίο σ' όλη σου τη ζωή· και πέτα τα ομοιώματα πάνω σ' ένα βράχο και σπάσε τα ένα προς ένα. Εκείνο το ομοίωμα που δεν θα σπάσει, αυτό να προσκυνάς».

Έτσι, έπιασε από τον σωρό ένα βιβλίο. Τα περισσότερα ομοιώματα ήταν φτιαγμένα από πηλό και έσπασαν όλα εκτός από ένα που ήταν φτιαγμένο από σκληρή πέτρα. Τότε ο άγιος ξαφνικά επέστρεψε και του είπε: «Ξέχασα να σου πω κάτι. Τώρα που έχεις βρει τον θεό σου, γύρνα στο σπίτι σου. Αν όμως βρεις έναν πιο ισχυρό θεό απ' αυτόν, τότε προσκύνα εκείνον. Πάντοτε να προσκυνάς τον πιο ισχυρό θεό».

Έτσι, ο άνθρωπος γύρισε στο σπίτι του και στον μικρό του λατρευτικό βωμό τοποθέτησε το πέτρινο ομοίωμα, προσκυνώντας το και προσφέροντάς του φρούτα. Κάθε μέρα ανακάλυπτε ότι τα φρούτα έλειπαν, κι έτσι σκέφτηκε: «Ο άγιος σίγουρα μου υπέδειξε το σωστό ομοίωμα. Αφού έφαγε τα φρούτα, θα πρέπει να είναι ένας ζωντανός θεός».

Μια μέρα, κυριευμένος από περιέργεια, σκέφτηκε να παρακολουθήσει πώς τρώει ένας θεός. Άνοιξε λίγο τα μάτια του και καθώς προσευχόταν είδε έναν τεράστιο ποντικό να έρχεται και να τρώει τα φρούτα. Τότε είπε: «Κοίτα αυτό το πέτρινο ομοίωμα. Δεν μπορεί να φάει τα φρούτα, ενώ ο ποντικός μπορεί, οπότε αυτός είναι πιο ισχυρός θεός». Έπιασε τον ποντικό από την ουρά και τον έδεσε στον βωμό.

Η γυναίκα του είπε: «Τρελάθηκες;».

«Όχι, δεν τρελάθηκα. Απλά ακολουθώ τις οδηγίες του άγιου, σύμφωνα με τις οποίες θα πρέπει να προσκυνώ όποια μορφή του Θεού είναι ισχυρότερη». Έτσι, παραμέρισε την πέτρα και άρχισε να προσκυνά τον ποντικό.

Μια μέρα διαλογιζόταν όταν ξαφνικά άκουσε έναν δυνατό θόρυβο. Ανοίγοντας τα μάτια του, είδε μια γάτα να τρώει τον ποντικό. Σκέφτηκε: «Αυτό είναι ενδιαφέρον. Η γάτα είναι πιο ισχυρή από τον ποντικό. Γι' αυτό θα πρέπει να προσκυνώ τη γάτα». Έπιασε τη γάτα κι έφτιαξε ένα μέρος στον βωμό και την έβαλε εκεί. Η γάτα δεν χρειαζόταν να πιάνει ποντίκια πλέον, μια και καθημερινά της προσφερόταν γάλα χωρίς αυτή να κουράζεται για τίποτε. Μέρα με τη μέρα, ο διαλογισμός του ανθρώπου γινόταν όλο και βαθύτερος και η γάτα παχύτερη.

Μετά από κάθε διαλογισμό ο άνθρωπος αυτός συνήθιζε να πίνει μια κούπα με γάλα που άφηνε στο πλάι του η γυναίκα του. Η γάτα δεν ήταν ικανοποιημένη με ό,τι της έδιναν κι έτσι επικέντρωσε την προσοχή της στην κούπα με το γάλα του ανθρώπου. Μια μέρα ήπιε όλο το γάλα της κούπας και ξαναγύρισε στη θέση της στον βωμό. Η σύζυγος ήρθε στο δωμάτιο, είδε ότι έλειπε το γάλα, κοίταξε τη γάτα που καθόταν στον βωμό προσποιούμενη την αθώα και πήγε κι έφερε το σκουπόξυλο. Ο διαλογισμός του άντρα της διακόπηκε από τον θόρυβο του σκουπόξυλου που έπεσε πάνω στη γάτα που ούρλιαξε. Κοίταξε τη γυναίκα του που κυνηγούσε τη γάτα και σκέφτηκε: «Αυτό είναι ενδιαφέρον. Η γυναίκα μου είναι πιο ισχυρή από τη γάτα, οπότε αυτή είναι καλύτερος θεός από τη γάτα». Τότε απαίτησε από τη γυναίκα του να κάθεται στον βωμό. Έτσι λοιπόν αυτή καθόταν, και αυτός καθημερινά διαλογιζόταν πάνω της.

Φυσικά η σύζυγος συνέχιζε να μαγειρεύει για τον άντρα της και μόλις αυτός σταματούσε να την προσκυνά, έτρωγε το φαγητό του. Μια μέρα έτυχε να δαγκώσει ένα σκληρό κομμάτι κάρβουνου που βρέθηκε μέσα στο ρύζι. «Γιατί έβαλες κάρβουνο μέσα στο ρύζι; Γιατί το έκανες αυτό;», φώναξε δυνατά στη γυναίκα του.

Σ' αυτό το μάλωμα η σύζυγος απάντησε με απολογητικό τρόπο: «Αφέντη, δεν έβαλα επίτηδες το κάρβουνο στο ρύζι. Συγχώρησέ με· είμαι η υπηρέτριά σου».

Τότε αυτός είπε: «Α, αυτό είναι ενδιαφέρον. Ώστε είσαι υπηρέτριά μου· σου αρέσει να με υπηρετείς. Τότε εγώ είμαι πιο ισχυρός από σένα. Τότε εγώ είμαι ο πιο ισχυρός θεός. Ο Θεός είναι μέσα μου! Τώρα Τον βρήκα μέσα στον εαυτό μου».

Δεν πρόκειται να βρείτε τον Θεό πουθενά αλλού παρά μόνο μέσα σας. Βρείτε Τον μέσα σας, και τότε θα Τον βρείτε και έξω από σας, παντού. Αν Τον βρείτε στον ναό της ψυχής σας, θα Τον βρείτε ενθρονισμένο σε όλους τους ναούς και τις εκκλησίες και σε όλες τις ψυχές.

Η *Κρίγια Γιόγκα*: Η Επιστημονική Μέθοδος της Επιτάχυνσης της Ανθρώπινης Εξέλιξης

Είναι αδύνατο σ' αυτή τη ζωή να διαβάσετε όλες τις Βέδες και τις Βίβλους και να ακολουθήσετε όλα τα συστήματα που αυτές διδάσκουν για να μοιάσετε στον Θεό. Πώς τότε θα πετύχετε τον στόχο της εξέλιξής σας; Πρέπει να ψάξετε μέσα σας, ακριβώς όπως έκανε ο πιστός στην προηγούμενη ιστορία.

Δεν μπορείτε να κατέχετε όλη τη σοφία, εκτός κι αν ο εγκέφαλός σας εξελιχθεί ανάλογα. Τα πάντα εξαρτώνται από τη δεκτικότητα του νου σας, των εγκεφαλικών κυττάρων και των λεπτοφυών αστρικών κέντρων της ζωής και της συνειδητότητας στη σπονδυλική στήλη. Αυτό το σώμα αλλάζει κάθε δώδεκα χρόνια· γι' αυτό στα δώδεκα, στα είκοσι τέσσερα και στα τριάντα έξι μας χρόνια παρατηρούμε ευδιάκριτες αλλαγές. Αν δεν υπήρχαν τα εμπόδια της αρρώστιας και άλλων καρμικών συνεπειών λόγω παραβίασης των νόμων της φύσης, με το πέρασμα των χρόνων και τις αλλαγές του σώματος ο νους θα άλλαζε αντίστοιχα. Η ασθένεια και ο λανθασμένος τρόπος ζωής καθυστερούν αυτή την εξέλιξη αλλά φυσιολογικά σε δώδεκα χρόνια ο εγκέφαλός σας αναπτύσσεται με τέτοιο τρόπο που δείχνει μια ελαφρά εκλέπτυνση νοοτροπίας.

Αν η φυσική εξέλιξη χρειάζεται δώδεκα χρόνια ανάπτυξης και αλλαγής των ιστών για να εκδηλωθούν βελτιωμένοι τρόποι σκέψης, τότε, για να γίνει ο εγκέφαλος δεκτικός σε ολόκληρη τη σοφία, φαίνεται ότι χρειάζεται να περιμένετε σχεδόν επ' άπειρον. Για να επιταχύνετε αυτή τη διαδικασία εξέλιξης υπάρχει μια μέθοδος την οποία οι σοφοί της Ινδίας έχουν διδάξει, η περιστροφή συγκεκριμένων ζωτικών ρευμάτων γύρω από τη σπονδυλική στήλη και τον εγκέφαλο. Εξασκούμενοι σ' αυτή τη μέθοδο –περιστρέφοντας το ρεύμα γύρω από τα έξι (δώδεκα με τα αντίθετά τους ως προς την πολικότητα) αστρικά εγκεφαλονωτιαία κέντρα– μπορείτε να πετύχετε το αποτέλεσμα ενός χρόνου κανονικής φυσικής εξέλιξης. Αυτός είναι ο τρόπος με τον οποίο πολλοί άγιοι αποκτούν γρήγορα πνευματική γνώση, πολύ περισσότερη απ' αυτή των θεωρητικών θεολόγων. Για πράγματα που αντιλαμβάνονται αμέσως, θα απαιτούνταν χρόνια συνηθισμένων σπουδών και εμπειριών. Η περιστροφή αυτού του ρεύματος γύρω από τα κέντρα της θεϊκής ζωής και συνειδητότητας στη σπονδυλική στήλη και τον εγκέφαλο αναπτύσσει τη δεκτικότητά τους. Μέσα σ' έναν χρόνο τέτοιας εξάσκησης –ακόμα και με είκοσι λεπτά τη μέρα– μπορείτε να έχετε το αποτέλεσμα πολλών χρόνων φυσικής εξέλιξης. Ο Ιησούς Χριστός δεν πήγε στο Κολλέγιο, εντούτοις κανείς από τους μεγαλύτερους επιστήμονες του κόσμου δεν γνωρίζει για τον Θεό και τους νόμους της φύσης όσα γνώριζε αυτός.[4]

---

[4] Η πρακτική στην οποία γίνεται αναφορά είναι η *Κρίγια Γιόγκα*. Στην *Αυτοβιογραφία Ενός Γιόγκι* ο Παραμαχάνσατζι ανέφερε ότι η *Κρίγια* «είναι η ίδια επιστήμη που ο Κρίσνα είχε δώσει πριν από χιλιετίες στον Αρτζούνα· και που αργότερα έγινε γνωστή στον Πατάντζαλι και τον Χριστό, καθώς και στον Άγιο Ιωάννη, τον Απόστολο Παύλο και άλλους μαθητές».

«Οι αρχαίοι ρίσι ανακάλυψαν ότι το γήινο και το ουράνιο περιβάλλον ωθεί τον άνθρωπο προς το φυσικό του μονοπάτι σε μια σειρά κύκλων, ο καθένας εκ των οποίων διαρκεί δώδεκα χρόνια. Οι Γραφές διακηρύσσουν ότι ο άνθρωπος χρειάζεται ένα εκατομμύριο χρόνια φυσιολογικής, χωρίς ασθένειες, εξέλιξης για να τελειοποιήσει τον εγκέφαλό του και να φτάσει στη συμπαντική συνειδητότητα. [...] Μέσω σωστής διατροφής, έκθεσης στον ήλιο και αρμονικών σκέψεων, ο άνθρωπος που καθοδηγείται μόνο από τη Φύση και το θεϊκό σχέδιό της θα φτάσει στη συνειδητοποίηση του Εαυτού του σε ένα εκατομμύριο χρόνια. Για

Ταξίδι Προς τη Συνειδητοποίηση του Εαυτού

Η εμπειρική γνώση συνήθως έρχεται μέσω της διόδου των αισθήσεων· οι αισθήσεις όμως δεν δίνουν παρά γνώση των φαινομένων – της επιφανειακής μορφής της πραγματικής ουσίας. Όταν με την αυτοσυγκέντρωση και την εξάσκηση στην παραπάνω αναφερθείσα μέθοδο όλα τα λεπτοφυή κύτταρα της σπονδυλικής στήλης και του εγκεφάλου συντονίζονται με τη συμπαντική πηγή, μαγνητίζονται εξαιρετικά, φορτίζονται με θεϊκή νοήμονα δύναμη.

Κάποιοι λένε ότι τα εγκεφαλικά μας κύτταρα από τη γέννησή μας έχουν ήδη διαμορφωθεί με κάποια παγιωμένα χαρακτηριστικά και επομένως δεν μπορούν να αναδιαμορφωθούν. Αυτό δεν είναι αλήθεια. Εφόσον ο Θεός μάς έπλασε κατ' εικόνα Του, δεν γίνεται να έχουμε περιορισμούς. Αν διερευνήσουμε αρκετά βαθιά μέσα στον εαυτό μας, θα μάθουμε ότι έτσι είναι. Ακόμα και σ' αυτόν που έχει αδύναμο νου, η δύναμη του Θεού είναι παρούσα όσο και στον πιο σπουδαίο άνθρωπο. Ο ήλιος λάμπει το ίδιο πάνω στο κάρβουνο και στο διαμάντι· το κάρβουνο ευθύνεται για το ότι δεν αντανακλά το φως του ήλιου όπως το διαμάντι. Όλοι οι εκ γενετής περιορισμοί δημιουργούνται εξαιτίας της παραβίασης από τον ίδιο τον άνθρωπο κάποιου νόμου, κάποτε, σε μια παλιά ενσάρκωση. Ό,τι έγινε όμως μπορεί να αναιρεθεί. Αν τα εγκεφαλικά κύτταρα ενός ανθρώπου με αδύναμο νου αφυπνιστούν με τον προβολέα της αυτοσυγκέντρωσης, εστιασμένης μέσα του με την πιο πάνω μέθοδο, θα παρουσιάσει την ίδια νοημοσύνη μ' αυτήν ενός έξυπνου ανθρώπου, η οποία πιο πριν ήταν συσκοτισμένη.

Το σώμα σας αποτελείται από 27.000.000.000.000 κύτταρα. Κάθε κύτταρο είναι σαν μια νοήμων οντότητα.[5] Πρέπει να εκπαιδεύσετε

να συντελεστεί ακόμα και μια ελαφρά εκλέπτυνση στη δομή του εγκεφάλου χρειάζονται δώδεκα χρόνια φυσιολογικής, υγιούς ζωής· για να εξαγνιστεί επαρκώς το εγκεφαλονωτιαίο οικοδόμημα ώστε να εκδηλωθεί η συμπαντική συνειδητότητα, απαιτούνται ένα εκατομμύριο ηλιακά χρόνια. [...]

»Ο *Κρίγια Γιόγκι* κατευθύνει νοητικά τη ζωική ενέργεια στο να περιστρέφεται, προς τα πάνω και προς τα κάτω, γύρω από τα έξι κέντρα της σπονδυλικής στήλης (το πλέγμα του προμήκους μυελού, το πλέγμα του αυχένα, το ραχιαίο πλέγμα, το οσφυϊκό πλέγμα, το πλέγμα του ιερού οστού και αυτό του κόκκυγα), που αντιστοιχούν στα δώδεκα αστρικά σημεία του ζωδιακού κύκλου, τον συμβολικό Συμπαντικό Άνθρωπο. Μισό λεπτό περιστροφής της ενέργειας γύρω από την ευαίσθητη σπονδυλική στήλη του ανθρώπου παράγει μια λεπτοφυή πρόοδο στην εξέλιξή του· αυτό το μισό λεπτό της *Κρίγια* ισοδυναμεί με έναν χρόνο φυσιολογικής πνευματικής εξέλιξης».

[5] Δεκαετίες αφότου ο Παραμαχάνσα Γιογκανάντα έδωσε αυτή τη διάλεξη, οι βιολόγοι προσδιόρισαν το μόριο του DNA που υπάρχει στον πυρήνα κάθε κυττάρου. Με πειραματισμό αποδείχθηκε ότι μέσα στο DNA κάθε ατομικού κυττάρου βρίσκονται οι πληροφορίες και η

Επισπεύδοντας την Ανθρώπινη Εξέλιξη

την κοιμισμένη νοημοσύνη μέσα σε κάθε κύτταρο για να μάθετε όλα όσα υπάρχουν για να γνωρίσετε σ' αυτόν τον κόσμο. Ποτέ όμως δεν εκπαιδεύσατε αυτά τα κύτταρα. Αυτός είναι ο λόγος που είστε όλη την ώρα γεμάτοι μελαγχολία και φευγαλέες φαντασιώσεις και υποφέρετε από έλλειψη κατανόησης.

Η σπουδαία επιστημονική μέθοδος για τη νοητική και την πνευματική πρόοδο έγκειται στο να μαγνητίσετε τα κύτταρα, στέλνοντας ζωικό ρεύμα γύρω από τον εγκέφαλο και τη σπονδυλική στήλη κι έτσι να εξασφαλίσετε την εξελικτική πρόοδο ενός χρόνου υγιούς και αρμονικής διαβίωσης. Είκοσι λεπτά τέτοιας εξάσκησης καθημερινά θα εκλεπτύνει σε μεγάλο βαθμό τη νοημοσύνη σας. Όταν θα έχετε αναζωογονήσει τα εγκεφαλικά κύτταρα, όταν ο θεϊκός μαγνητισμός επιδράσει πάνω τους, κάθε εγκεφαλικό κύτταρο θα γίνει ένας παλλόμενος εγκέφαλος· και θα ανακαλύψετε μέσα σας μυριάδες αφυπνισμένους εγκεφάλους, έτοιμους να αδράξουν κάθε ίχνος γνώσης. Μ' αυτούς τους αφυπνισμένους εγκεφάλους, το μεγάλο πλήθος των εγκεφαλικών νοητικών ικανοτήτων του σώματος θα αφυπνιστεί και τα πάντα θα σας είναι κατανοητά. Θα μελετάτε το αχανές βιβλίο της Φύσης και της Αλήθειας με τη βοήθεια είκοσι επτά χιλιάδων δισεκατομμυρίων αφυπνισμένων και πνευματοποιημένων μικροσκοπικών εγκεφάλων και νοητικών ικανοτήτων. Γιατί λοιπόν να είστε ικανοποιημένοι με το να εκπαιδεύετε λίγο ένα μικρό μόνο τμήμα του εγκεφάλου σας;

Όλη η Γνώση, Όλη η Επιτυχία, Είναι Εφικτές σ' Αυτή τη Ζωή

Όποτε θέλετε να μάθετε κάτι, μην ξεκινάτε με πληροφορίες – αποσυρθείτε μέσα σας και αυτοσυγκεντρωθείτε. Αναζητήστε καθοδήγηση από μέσα σας. Όταν ο νους είναι δεκτικός, τότε ασχοληθείτε με τις πληροφορίες· ξεκινήστε να επεξεργάζεστε την υπόθεση ή τη νοητική λύση του θέματος. Μην αποθαρρύνεστε και λέτε ότι δεν μπορεί να γίνει.

Κάθε ανθρώπινο ον είναι ένας αντιπρόσωπος της Άπειρης Δύναμης. Θα πρέπει να εκδηλώνετε αυτή τη Δύναμη σε οτιδήποτε κάνετε. Όποτε θέλετε να δημιουργήσετε κάτι, μη βασίζεστε μόνο στις εξωτερικές πηγές· εισχωρήστε βαθιά μέσα σας και αναζητήστε την Άπειρη Πηγή. Όλες οι μέθοδοι επιτυχίας στις επιχειρήσεις, όλες οι εφευρέσεις,

---

νοημοσύνη για την ανάπτυξη ενός ολόκληρου νέου σώματος και εγκεφάλου.

όλες οι δονήσεις της μουσικής, όλες οι εμπνευσμένες σκέψεις και όλα τα σπουδαία συγγράμματα είναι καταγεγραμμένα στα χρονικά του Θεού.

Πρώτα καθορίστε ποιος είναι ο στόχος σας· ζητήστε τη θεϊκή βοήθεια να σας κατευθύνει στον σωστό τρόπο δράσης με τον οποίο η επιδίωξή σας θα εκπληρωθεί· μετά διαλογιστείτε. Στη συνέχεια, πράξτε σύμφωνα με την εσωτερική οδηγία που λάβατε· τότε θα πετύχετε αυτό που θέλετε. Όταν ο νους είναι ήρεμος, πόσο γρήγορα, πόσο ομαλά, πόσο υπέροχα θα αντιλαμβάνεστε τα πάντα! Η επιτυχία σε οτιδήποτε θα έρθει μέσα σε σύντομο χρονικό διάστημα, επειδή η Συμπαντική Δύναμη θα φανερωθεί μέσα από την εφαρμογή του κατάλληλου νόμου.

Ο επιστήμονας ή ο επιχειρηματίας ή όποιος αναζητά την επιτυχία θα κατάφερνε περισσότερα αν επικεντρωνόταν στο να αυξήσει την ποιότητα της δεκτικής ικανότητας των εγκεφαλικών κυττάρων του αντί να στηρίζεται απλά και μόνο στα βιβλία και στην πανεπιστημιακή εκπαίδευση για την πρόοδό του. Ο κόσμος ξεκινά με τα βιβλία και με εξωτερικές μεθόδους γνώσης, αλλά εσείς θα πρέπει να ξεκινάτε αυξάνοντας τη δεκτικότητα της διαίσθησής σας. Μέσα σας βρίσκεται η άπειρη έδρα όλης της γνώσης. Η ηρεμία, η αυτοσυγκέντρωση και η συμπύκνωση των εμπειριών μέσω της διαισθητικής αντίληψης θα σας κάνουν κυρίαρχους όλης της γνώσης. Κάντε τα πάντα με απόλυτη προσοχή, ποτέ αμεθόδευτα. Μην προσπαθείτε να κάνετε πάρα πολλά πράγματα ταυτόχρονα· να εκτελείτε πρώτα τα πιο σημαντικά καθήκοντα της ζωής με θερμό ενθουσιασμό και έντονη προσοχή. Μην αποδέχεστε αδιακρίτως άχρηστες ιδέες. Γιατί θα πρέπει να κάνετε ό,τι κάνουν οι άλλοι; Μην επιτρέπετε στον εαυτό σας να ενεργεί σαν ένα διανοούμενο γραμμόφωνο, ικανοποιημένος με το να παπαγαλίζει τις διάφορες γνώμες των άλλων, των οποίων η ορθότητα δεν έχει δοκιμαστεί.

Προς τα πού ψάχνετε, φίλοι μου; Οι προσευχές έγιναν, αλλά ο Θεός δεν απάντησε. Με τα αφυπνισμένα όμως εγκεφαλικά κύτταρα –τις νοήμονες οντότητες τις οποίες έχετε αφήσει ανεκπαίδευτες– να πάλλονται με τη χαρά του Θεού, ολόκληρη η γνώση μπορεί να κατακτηθεί σ' αυτή τη ζωή, να συνειδητοποιηθεί η Αιωνιότητα τώρα. Ξυπνήστε!

Απόδειξη της Ύπαρξης του Θεού

Γραμμένο γύρω στο 1940

Κάποτε κάποιος με ρώτησε: «Μπορείτε να μου δώσετε μια εξήγηση που να με βοηθήσει να πιστέψω στην ύπαρξη του Θεού;».
«Ναι», απάντησα. «Πώς αλλιώς θα μπορούσατε να εξηγήσετε την ύπαρξη της προφανούς νοημοσύνης που βρίσκεται σε ολόκληρη τη δημιουργία, από το απλό ατομικό σωματίδιο μέχρι τη σύνθετη οντότητα του ανθρώπου;». Συνέχισα εξηγώντας του με τον εξής τρόπο:
Εδώ είναι ένα τραπέζι· πάνω του είναι μια κανάτα με νερό· μέσα σ' όλο το δωμάτιο υπάρχει αέρας για να αναπνέουμε· έξω υπάρχει ένα δέντρο, ο ουρανός, ο ζεστός ήλιος. Το καθένα απ' αυτά τα πράγματα είναι διαφορετικό σε εμφάνιση από τα υπόλοιπα. Όλα όμως είναι το αποτέλεσμα μιας διαφοροποίησης μίας και μοναδικής οικουμενικής δόνησης.
Πώς γίνεται αυτή η μία δονητική συμπαντική ενέργεια να μετατρέπεται σε στερεά, ή σε υγρά, ή σε αέρια; Με ποια μυστηριώδη διαδικασία αυτές οι διαφορετικές συχνότητες δόνησης συνδυάζονται με τέτοιο τρόπο ώστε να κάνουν την ανθρώπινη ζωή εφικτή; Πίσω απ' όλη την εκδήλωση της δημιουργίας θα πρέπει να υπάρχει μια καθοδηγητική Νοήμων Δύναμη, η οποία να αποτελεί και την πρωταρχική αιτία όλης της δημιουργίας. Για παράδειγμα, βρισκόμαστε εδώ στη μικρή μας γη, κάπου μέσα στο διάστημα, σε τροχιά γύρω από τον πολύ μακρινό ήλιο του σύμπαντός μας. Χωρίς τη συνδρομή του ηλιακού φωτός και της θερμότητάς του δεν θα μπορούσε να υπάρξει ζωή στη γη. Έχουμε την αίσθηση της πείνας και η Φύση μάς παρέχει την αναγκαία τροφή· όταν αυτή η τροφή πέπτεται από τον οργανισμό μας, κάποια άγνωστη Δύναμη τη μετατρέπει σε ενέργεια και σε σωματικούς ιστούς. Όλα τα θαύματα της ζωής που θεωρούμε δεδομένα αποτελούν απόδειξη της ύπαρξης μιας πανταχού παρούσας θεϊκής Νοημοσύνης πίσω από τις διαδικασίες της φύσης.
Κοιτάζοντας τα άνθη της γης και τ' αστέρια-λουλούδια στις απέραντες εκτάσεις του ουρανού, πώς μπορεί κάποιος να μην αναρωτηθεί: «Υπάρχει άραγε μια κρυμμένη Ομορφιά πίσω απ' αυτά τα πεπερασμένα

σχήματα; Υπάρχει μια Νοημοσύνη πίσω από τη διάνοια του ανθρώπου;». Είναι μαγευτικό να κοιτάζεις τα άνθη της ζωής στον κήπο της γήινης ύπαρξης. Κάπου όμως υπάρχει μια πηγή Ομορφιάς και Νοημοσύνης ακόμα πιο συναρπαστική, από την οποία έχουμε προέλθει και μέσα στην οποία θα συγχωνευθούμε πάλι.

Τα πάντα μέσα στο σύμπαν αλληλοσυνδέονται. Και μέσα από την ορθή χρήση της δοθείσας από τον Θεό ανθρώπινης νοημοσύνης μας αρχίζουμε να βλέπουμε ότι όλη η ζωή είναι συνδεδεμένη με μια Υπέρτατη Νοημοσύνη. Μπορεί μερικές φορές να νομίζουμε ότι είμαστε μαριονέτες του πεπρωμένου· όταν όμως προβάλλουμε τη νοημοσύνη μας πέρα από τις περιοριστικές απατηλές μορφές και εξετάζουμε την ευρύτητα της συνειδητότητάς μας και της νοητικής μας αντίληψης, συνειδητοποιούμε ότι μέσα μας υπάρχει μια σπίθα της θεϊκής Δύναμης, Αυτής που δημιουργεί και συντηρεί κάθε ζωή, η οποία περιμένει να ανάψει.

Στις Γραφές κάθε αληθινής θρησκείας διαβάζουμε ότι ο Θεός είναι παντοδύναμος, άπειρος και αιώνιος. Μέσα από τα παράθυρα των Γραφών μπορούμε να έχουμε μια ματιά αυτής της θεϊκής Δύναμης στην οποία όλα τα πράγματα έχουν τις ρίζες τους. Ο νους μας όμως, με την πεπερασμένη ικανότητα κατανόησης, περιορισμένος από τους νόμους της αιτιότητας, δεν μπορεί να συλλάβει την αιωνιότητα· έτσι, ζούμε μέσα στον περιορισμένο κύκλο της νοητικής μας ικανότητας. Ο παντοδύναμος Θεός βρίσκεται και μέσα και πέρα από αυτόν τον κύκλο.

Στην Μπάγκαβαντ Γκίτα αναφέρεται το εξής: «Κάποιοι βλέπουν την ψυχή με κατάπληξη. Παρόμοια, άλλοι την περιγράφουν ως υπέροχη. Άλλοι ακούν ότι η ψυχή είναι θαυμαστή. Και υπάρχουν άλλοι που, ακόμα κι αφού ακούσουν τα πάντα για την ψυχή, δεν την καταλαβαίνουν καθόλου».[1]

Με αναρίθμητους τρόπους η ανθρώπινη λογική μάς δείχνει ότι ο Θεός είναι η αιτία όλων των πραγμάτων. Η απόδειξη όμως της ύπαρξης του Θεού δεν μπορεί να υπάρξει μόνο με διανοητικά συμπεράσματα. Αν θέλουμε να αντιληφθούμε τον Θεό, ο Οποίος είναι και ο μοναδικός σκοπός της ύπαρξής μας, θα πρέπει να μάθουμε να πηγαίνουμε πέρα από τη συνηθισμένη νοητική λειτουργία, επειδή Αυτός βρίσκεται πέρα από τα

---

[1] II:29. Ο Εαυτός είναι Πνεύμα που εκδηλώνεται στον άνθρωπο ως η αθάνατη εξατομικευμένη ψυχή, μια τέλεια αντανάκλαση του Θεού. Η συνειδητοποίηση του Εαυτού που κατοικεί μέσα μας αποτελεί την πρώτη εμπειρία του Πνεύματος, του Κυρίου ο Οποίος είναι και εγγενής (πανταχού παρών σε όλη τη δημιουργία) και υπερβατικός (το Μακάριο Απόλυτο).

όρια της ανθρώπινης λογικής. Δεν μπορεί να γίνει πλήρως αντιληπτός από έναν νου που μονίμως είναι απασχολημένος με αντικείμενα επιθυμιών και είναι συναισθηματικά ταραγμένος από την απόλαυση και τον πόνο. Για να πετύχουμε έναν ανώτερο βαθμό συνειδητότητας και θεϊκής αντίληψης, είναι απαραίτητο να αποσύρουμε τον νου μέσω του διαλογισμού από την ασταμάτητη αεικίνητη δραστηριότητά του. Σ' αυτήν την εσωτερικευμένη κατάσταση αφυπνίζεται η πνευματική ευαισθησία ή διαίσθηση. Η διαίσθηση είναι εκείνη η δύναμη του Πνεύματος που κληρονόμησε η ψυχή με την οποία η αλήθεια γίνεται αντιληπτή άμεσα, χωρίς τη μεσολάβηση οποιασδήποτε άλλης ικανότητας. Όπως η απεραντοσύνη του ωκεανού δεν μπορεί να χωρέσει μέσα σ' ένα μικρό κύπελλο, το ίδιο αδύνατον είναι να χωρέσει η άπειρη σοφία μέσα στο περιορισμένο κύπελλο της ανθρώπινης νοημοσύνης. Η συνειδητότητα του ανθρώπου θα πρέπει να διευρυνθεί για να συμπεριλάβει τον απεριόριστο ωκεανό της αλήθειας.

Η Απόδειξη της Ύπαρξης του Θεού Γίνεται Αισθητή στον Διαλογισμό

Όπως το περιορισμένο νερό ξεχύνεται ορμητικά προς όλες τις κατευθύνσεις όταν σπάσουν τα τείχη που το συγκρατούν, με τον ίδιο τρόπο ελευθερώνεται και η συνειδητότητα του ανθρώπου όταν διαλυθούν τα αναχώματα της μισαλλοδοξίας, του εγωκεντρισμού και της νευρικότητας. Με την εξάσκηση στον διαλογισμό, η συνειδητότητα διευρύνεται και συγχωνεύεται με τη μακάρια, πανταχού παρούσα συνειδητότητα του Πνεύματος.

Ο σκοπός του διαλογισμού είναι να ηρεμήσει τον νου, ώστε χωρίς διαστρέβλωση να μπορέσει να καθρεφτίσει την Πανταχού Παρουσία. Η ηρεμία στον διαλογισμό είναι το αρχικό θετικό στάδιο της νοητικής διεύρυνσης· η μακαριότητα της ένωσης με τον Θεό είναι το τελικό στάδιο.

Η τελειωτική απόδειξη της ύπαρξης του Θεού θα έρθει μέσα από τη δική σας προσωπική εμπειρία στον διαλογισμό. Μόλις Τον βρείτε μέσα στον καθεδρικό ναό του σιωπηλού διαλογισμού, στα μύχια της ψυχής σας, θα Τον βρίσκετε παντού.

Αμφιβολία, Πεποίθηση και Πίστη

Περίπου στις αρχές της δεκαετίας του 1930

Τα πάντα μέσα στη δημιουργία του Κυρίου έχουν κάποια συγκεκριμένη χρησιμότητα. Όλη η ύλη, όσο ασήμαντη κι αν είναι, έχει έναν ιδιαίτερο σκοπό και επίδραση. Το ίδιο ισχύει και με τις σκέψεις ή τα συναισθήματα που παρουσιάζονται στη συνειδητότητά μας και ακολούθως παρέρχονται. Πολύ λίγα γνωρίζουμε ως προς τις επιδράσεις που παράγουν σ' εμάς αυτές οι σκέψεις και τα συναισθήματα ή ως προς τη χρησιμότητα της δημιουργίας τους μέσα μας. Αν σκεφτείτε ένα κομμάτι χαλκού, γνωρίζετε τη χρησιμότητά του. Όταν όμως αναλογίζεστε μία και μοναδική σκέψη, ποιά είναι η χρησιμότητά της; Αναλύστε αυτό το ερώτημα. Όπως ο κόσμος συντίθεται από άτομα και μόρια, το ίδιο και η εσωτερική ύπαρξη, η φύση ή ο χαρακτήρας ενός ανθρώπου, συντίθεται από «άτομα και μόρια» σκέψεων. Αν θέλετε να κατανοήσετε την ποιότητα του εσωτερικού σας φωτός, βρείτε από πού ξεκίνησε κάθε σκέψη και στη ζυγαριά της κρίσης σας μετρήστε το βάρος της σχετικής της χρησιμότητας.

Σήμερα θα μετρήσουμε το βάρος των συναισθημάτων της αμφιβολίας, της πεποίθησης και της πίστης. Αυτά αποτελούν την ουσία του προβλήματος των θρησκευτικών διενέξεων. Μεγάλοι δάσκαλοι παροτρύνουν τους ανθρώπους να πιστεύουν και να στηρίζουν την πίστη τους στον Θεό και στις Γραφές και προειδοποιούν για τη δυνητική καταστροφική επίδραση της αμφιβολίας. Χωρίς όμως διάκριση, η χρησιμότητα αυτής της συμβουλής μπορεί να μη γίνει κατανοητή.

Μια και τίποτα δεν έχει δημιουργηθεί χωρίς να έχει κάποια χρησιμότητα, δεν μπορώ να συμφωνήσω με τους ηθικολόγους των Γραφών οι οποίοι ακόμα και στην απλή αναφορά της λέξης «αμφιβολία» αντιδρούν με περιφρόνηση. Αντιθέτως, ας προσπαθήσουμε να δούμε γιατί η αμφιβολία υπάρχει στον κόσμο. Ως προς τι είναι η αμφιβολία κακή –ή καλή!– για τα ανθρώπινα όντα; Αν δεν αναλύσουμε την ψυχολογία της αμφιβολίας, καθώς και αυτήν της πεποίθησης και της πίστης, δεν μπορούμε λογικά να υιοθετήσουμε ή να απορρίψουμε αυτά τα συναισθήματα με βάση το αν αυτά είναι ευεργετικά ή καταστροφικά.

Αμφιβολία, Πεποίθηση και Πίστη

Με την ανάλυση βρίσκουμε στην έννοια της αμφιβολίας ένα εποικοδομητικό όσο κι ένα καταστροφικό στοιχείο, ανάλογα με την εφαρμογή της. Δεν χρειάζεται να συζητήσω σε μάκρος για το καταστροφικό στοιχείο, επειδή τα αρνητικά αποτελέσματά του είναι κοινώς αναγνωρισμένα. Εξαιτίας της δυνητικής ζημιάς που μπορεί να προκύψει από την αμφιβολία, μερικοί θεολόγοι, ιδιαίτερα εκείνοι που είναι τυφλά προσκολλημένοι στις δογματικές πεποιθήσεις, συνηγορούν υπέρ της αποφυγής κάθε αμφιβολίας, τασσόμενοι υπέρ της τυφλής αποδοχής. Το να αποφεύγεις όμως την αμφιβολία είναι σαν να επιλέγεις να μη σκέφτεσαι.

Η καταστροφική αμφιβολία έχει παραλυτική επίδραση. Εμποδίζει την εποικοδομητική σκέψη καθώς και τη δύναμη της θέλησης. Σταματά τη δεκτικότητα στις ευεργετικές διεργασίες των ανώτερων δυνάμεων και νόμων του σύμπαντος, καθώς και στη χάρη του Θεού που είναι πάντα έτοιμη να προστρέξει σε βοήθεια. Παράγει μια εσωτερική ανησυχία και μια αίσθηση απελπισίας. Εμποδίζει την πρόοδο και απορρίπτει ιδέες με βάση τις ιδιορρυθμίες της άγνοιας, της προκατάληψης, ή του συναισθήματος.

Ας σκεφτούμε όμως το εποικοδομητικό στοιχείο της αμφιβολίας.

Αν ο Άνθρωπος Δεν Μπορούσε να Αμφιβάλλει, Δεν Θα Μπορούσε να Προοδεύσει

Η επικράτηση της ύλης μπροστά στα μάτια μας με τη μορφή αντικειμένων και όντων εμποδίζει την αντίληψη ολόκληρης της αλήθειας. Όταν αμφιβάλλουμε για την υπεροχή της ύλης, τότε εδραιώνεται η ύπαρξη του Θεού. Αν η ύλη, ένα συνονθύλευμα ατόμων και μορίων, είναι το μόνο που υπάρχει, τότε πώς μπορούν αυτά τα αόρατα σωματίδια να συγκροτούν μια «κυβέρνηση» και να καταφέρνουν να δημιουργούν και να κυβερνούν ένα τόσο οργανωμένο σύμπαν; Είναι αδύνατον τα άψυχα ατομικά σωματίδια να έχουν κατορθώσει να ενωθούν μεταξύ τους και να δημιουργήσουν νοήμονα όντα. Έτσι, η αποδοχή του Θεού, μιας Νοήμονος Συνειδητότητας ως δημιουργού αυτού του κόσμου, εδραιώθηκε από τον υλισμό με την εφαρμογή του εποικοδομητικού, προοδευτικού στοιχείου της αμφιβολίας. Αυτό το εποικοδομητικό στοιχείο είναι το επιστημονικό ρεύμα της σκέψης με το οποίο θέτουμε ερωτήματα προκειμένου να γνωρίσουμε τι είναι αληθινό. Χωρίς αυτό, αν απλώς δεχόμασταν τα πράγματα όπως δείχνουν, ο άνθρωπος θα γινόταν σαν τα ζώα. Μερικοί αρχαίοι πολιτισμοί είχαν την άποψη ότι ο ήλιος, η σελήνη και τα αστέρια ήταν θεότητες που κυβερνούσαν τη ζωή τους. Ο άνθρωπος ξεπέρασε αυτήν την αντίληψη μέσα από τη διαδικασία της αμφιβολίας. Μέσα από τον εποικοδομητικό τρόπο διερεύνησης, μια τέτοια πεποίθηση αποδείχθηκε ανεπαρκής. Αν ο άνθρωπος δεν μπορούσε να αμφιβάλλει, δεν θα μπορούσε να προοδεύσει· ο κόσμος θα είχε τελματωθεί στην άγνοια. Δεν θα ήμαστε ικανοί να διαχωρίσουμε τη θεωρία ή τα εσφαλμένα επιχειρήματα από την αλήθεια αν δεν μπορούσαμε να αμφισβητήσουμε. Επομένως είναι σωστό να εφαρμόζουμε τους κανόνες της λογικής.

Η αμφιβολία αποφαίνεται για την ορθότητα ή μη μιας υπόθεσης. Οι επιστήμονες παίρνουν κάποια θεωρία και τη διερευνούν έχοντας στο πλευρό τους τον πάντα παρόντα εξεταστή, την «κυρία Αμφιβολία». Τίποτε δεν λαμβάνεται ως δεδομένο. Το προς εξέταση θέμα οδηγείται σ' ένα συμπέρασμα προκειμένου να φανεί αν ισχύει ή όχι. Αν δεν ισχύει, τότε παραμερίζεται ή ανασκευάζεται. Αν οι επιστήμονες παρέμεναν ικανοποιημένοι με το εκάστοτε υφιστάμενο επίπεδο γνώσης, δεν θα υπήρχε συνέχεια του πολιτισμού. Εδώ υπάρχει ένα σπουδαίο μάθημα.

Σε σχέση με τη θρησκεία, οι επιστήμονες θα πρέπει να επιδείξουν την ίδια ανοιχτόμυαλη στάση του εποικοδομητικού στοιχείου της αμφιβολίας με το οποίο προσεγγίζουν την έρευνά τους στον επιστημονικό τομέα. Διότι για πάρα πολύ καιρό η επιστήμη, μπλοκαρισμένη από το καταστροφικό στοιχείο της αμφιβολίας, έχει αποκηρύξει τη θρησκεία χωρίς έρευνα ως δεισιδαιμονικό δόγμα. Αν μια εταιρεία κατασκευαστών είχε σαν σκοπό μόνο την κατεδάφιση των προβληματικών κτιρίων κι όχι την ανακατασκευή τους ή την αντικατάστασή τους με άλλα, πιο βελτιωμένα, αυτό θα ήταν καταστροφικό. Το ίδιο συμβαίνει και μ' εκείνους που αρνούνται την ηθική και τη θρησκεία χωρίς να αφήνουν χώρο για την ύπαρξη θεϊκών αρχών, οι οποίες μπορούν να αποδειχθούν ουσιώδεις για την ευημερία και την ευτυχία της ανθρώπινης ύπαρξης. Βέβαια, ακόμα και το καταστροφικό στοιχείο της αμφιβολίας μπορεί να είναι αναγκαίο για να μας απαλλάξει από σφάλματα που θεωρούσαμε σωστά εδώ και πολύ καιρό· αν όμως αυτή η διαδικασία αφανίζει ταυτόχρονα και την αλήθεια, τότε είναι επιζήμια για την ανθρωπότητα.

Η Εποικοδομητική Αμφιβολία Μάς Κατευθύνει στην Αλήθεια

Η αμφιβολία είναι μια δυναμική ενέργεια που θα πρέπει να τιθασευτεί κατάλληλα προκειμένου να μας οδηγήσει σε προοδευτικές πράξεις. Ακόμα κι αν με την εποικοδομητική αμφιβολία καταστρέψουμε μερικές από τις αγαπημένες μας θεωρίες, αυτό είναι καλύτερο από το να ακολουθούμε απλά τυφλά και ανόητα τους άλλους, όπως το λεγόμενο: «Ο τυφλός οδηγεί τον τυφλό». Η εποικοδομητική αμφιβολία σε σχέση με τα θεϊκά θέματα θα μας κατευθύνει προς την αλήθεια πιο γρήγορα απ' όσο η δογματική πεποίθηση. Η τελευταία αυτή μας κάνει να χάνουμε τη διαύγεια του νου που είναι απαραίτητη για να αντιληφθούμε σωστά την αλήθεια που ήδη έχει δοθεί σ' εμάς από τον Θεό. Ο δογματισμός καταστρέφει την ικανότητα να εμβαθύνουμε στις αλήθειες που κηρύχτηκαν από τους μεγάλους Δασκάλους, όπως αυτές του Ιησού στην Καινή Διαθήκη και του Κρίσνα στην Μπάγκαβαντ Γκίτα. Η θρησκεία, όπως η επιστήμη, θα πρέπει να επιβεβαιώνεται μέσα από συγκεκριμένες δοκιμασίες. Αυτός είναι ο τρόπος με τον οποίο οι αρχαίοι *ρίσι*, που είχαν φτάσει στη γνώση του Θεού, απέκτησαν συνειδητοποίηση: ερεύνησαν, ανακάλυψαν και απέδειξαν τις αμετάβλητες αρχές που αποδεικνύουν και εκδηλώνουν την Αιώνια Πραγματικότητα.

Οι μεγάλοι Δάσκαλοι μας ζητούν να πιστέψουμε, αλλά δεν λένε ότι δεν θα πρέπει να χρησιμοποιούμε την εποικοδομητική αμφιβολία στην αναζήτησή μας. Ας υποθέσουμε ότι έγινε κάποιο λάθος στην εκτύπωση ενός ιερού κειμένου· αντί να γραφεί «Να μην κλέβετε», η λέξη *μην* είχε παραλειφθεί από παραδρομή, κι έτσι διαβάζατε: «Να κλέβετε». Το να δέχεστε τα πάντα τυφλά σημαίνει ότι δέχεστε και τα διάφορα λάθη που μπορεί να παρεισφρήσουν – το γλίστρημα της πένας του συγγραφέα, το λάθος του εκτυπωτή.

Χρησιμοποιήστε τη λογική. Αν μπορείτε να αναλύετε ιδέες με σεβασμό και διάκριση, χωρίς προκαταλήψεις, θα μπορείτε πιο εύκολα να κατανοήσετε την αλήθεια και να διακρίνετε τι δεν είναι αλήθεια. Έχετε προικιστεί από τον Θεό με τη δύναμη να καταλαβαίνετε, αρκεί να χρησιμοποιείτε τα όργανα της νοημοσύνης σύμφωνα με τους νόμους που έχει ορίσει. Αντιμετωπίστε τη θρησκεία με τον ίδιο τρόπο που αντιμετωπίζετε τις επιστήμες. Χωρίς αμφιβολία και έρευνα, πολλοί είναι εκείνοι που δεν θα φτάσουν στην αλήθεια. Η λογική διερεύνηση θα καταστρέψει τα αναξιόπιστα ερείσματα του δογματικού φανατισμού και θα βοηθήσει να χτίσετε ένα γερό θεμέλιο πεποιθήσεων, πάνω στο οποίο θα μπορεί να στηριχτεί το υπέρ-οικοδόμημα της πίστης.

Η Πίστη Αρχίζει με Εποικοδομητική Πεποίθηση

Η πεποίθηση και η πίστη συχνά χρησιμοποιούνται σαν συνώνυμα, με αποτέλεσμα να μη χρησιμοποιούνται πάντα σωστά. Η πίστη είναι κάτι πολύ βαθύτερο από την απλή πεποίθηση, όπως θα φανεί. Στην πεποίθηση, όπως και στην αμφιβολία, υπάρχει ένα εποικοδομητικό και ένα καταστροφικό στοιχείο. Εφαρμοζόμενη εποικοδομητικά, η πιστή τήρηση σωστών πεποιθήσεων οδηγεί στη συνειδητοποίηση. Οι αλήθειες που αφορούν νοούμενα δεν γίνεται να κατανοηθούν από τον αισθητήριο νου. Τα φαινόμενα μπορούν να ερμηνευτούν από τη διάνοια του ανθρώπου μέσα από τις αισθητηριακές εμπειρίες, αλλά όχι και η ουσία ή τα νοούμενα που βρίσκονται πίσω απ' αυτά. Αυτό απαιτεί εσωτερική φώτιση. Γι' αυτόν τον λόγο ο Δάσκαλος που έχει πετύχει τη φώτιση λέει στον μη εξελιγμένο ακόμα μαθητή: «Μέχρι να γίνεις ικανός να κατανοείς, πίστευε και ακολούθησέ με». Αυτό δεν σημαίνει τυφλή αποδοχή. Η εποικοδομητική πεποίθηση εμπεριέχει μέσα της λογική. Η λογική και το συναίσθημα επιβεβαιώνουν ότι υπάρχει κάποια αλήθεια πίσω από κάθε σωστή πεποίθηση. Αν κάποιος μπορέσει να αποκτήσει πρόσβαση στην έμφυτη μέσα του διακριτική νοημοσύνη, θα μπορέσει να φτάσει σ' αυτήν την αλήθεια – την εσωτερική κατανόηση της αλήθειας που μπορεί να επιτευχθεί μόνο μέσα από την πνευματική ανάπτυξη των διαισθητικών δυνάμεων της αντίληψης της ψυχής. Μέχρι τότε, μπορεί να υπάρχει αντίθεση μεταξύ των πεποιθήσεων του μαθητή και της φωτισμένης συνειδητοποίησης του Δασκάλου. Γι' αυτό οι αληθινοί Δάσκαλοι πρέπει να ζητούν από τους μαθητές τους να πιστεύουν και να δέχονται ως δεδομένες τις συγκεκριμένες αντιλήψεις που αυτοί, ως επαΐοντες, κατέχουν, γνωρίζοντας ότι με τον καιρό οι μαθητές θα μπορέσουν να συνειδητοποιήσουν αυτές τις αλήθειες και οι ίδιοι. Αυτή είναι η βασική αρχή κάθε διερεύνησης.

Αν ένας καθηγητής μαθηματικών σάς εξηγεί τον λογισμό, αλλά αρνείστε να τον ακούσετε λέγοντας ότι δεν τον πιστεύετε επειδή στη συγκεκριμένη στιγμή δεν τον καταλαβαίνετε, τότε δεν θα μπορέσει να σας διδάξει. Πρώτα πρέπει να πάρετε χαρτί και μολύβι και να ακολουθήσετε τις οδηγίες του. Τότε, αν δεν έχετε τα αναμενόμενα αποτελέσματα, θα είστε δικαιολογημένοι να αμφιβάλλετε. Θα πρέπει όμως να είστε προσεκτικοί πριν ανακοινώσετε κάποια κρίση· να είστε βέβαιοι ότι δεν κάνατε κανένα λάθος στην επίλυση του προβλήματος. Βλέπετε λοιπόν, πρέπει να ξεκινάτε με την πεποίθηση.

Τα Βασικά Στοιχεία της Πεποίθησης

Η πεποίθηση είναι μια κατάσταση ή μια συνήθεια του νου κατά την οποία υπάρχει εμπιστοσύνη, βεβαιότητα, για κάποιο πρόσωπο, πράγμα, ή δόγμα· όπως κάποιος είναι πεπεισμένος για τις αλήθειες της θρησκείας. Πεποίθηση είναι μια βεβαιότητα ή ένα αίσθημα ότι αυτό

Αμφιβολία, Πεποίθηση και Πίστη

που πιστεύει κάποιος είναι αλήθεια ή πραγματικότητα.

Τα στοιχεία της πεποίθησης είναι η συναίνεση, η αποδοχή της αλήθειας, η σιγουριά, η εμπιστοσύνη, η πειθώ, η βεβαιότητα, η πίστη.

Η πεποίθηση, η πίστη, η πειθώ, η βεβαιότητα, ενυπάρχουν είτε μεμονωμένα είτε σε συνδυασμό μεταξύ τους μέσα στην ιδέα της συναίνεσης. Η πεποίθηση και η πίστη διαφέρουν κυρίως στο ότι η πεποίθηση γενικά υποδηλώνει απλώς και μόνο κάτι λίγο περισσότερο από μια διανοητική συναίνεση, ενώ η πίστη συνεπάγεται απόλυτη εμπιστοσύνη ή βεβαιότητα – όπως συμβαίνει σε κάποιον του οποίου η πεποίθηση έχει ωριμάσει και έχει γίνει πίστη.

Μια άποψη είναι μια βεβαιωμένη γνώμη, μια ιδέα για την οποία κάποιος έχει πείσει τον εαυτό του, όπως: «Είμαι πεπεισμένος ότι αυτός είναι ανέντιμο άτομο». Υποδηλώνει ότι αυτή η βεβαιότητα προκαλείται από τα συναισθήματα κάποιου ή τις επιθυμίες του και όχι από επιχειρήματα ή αποδείξεις.

Η βεβαιότητα υφίσταται στην περίπτωση μιας παγιωμένης και καθορισμένης πεποίθησης, όπως: «Το ότι έχει πεισθεί έχει ισχυροποιηθεί μ' ένα αίσθημα βεβαιότητας».

Η αποδοχή ότι κάτι είναι αλήθεια δίνει ουσία στην πεποίθηση· πρέπει κάτι να θεωρείται πιστευτό ώστε να γίνει αποδεκτό ως αλήθεια.

Η πεποίθηση εξαρτάται επίσης από την εμπιστοσύνη, που σημαίνει εμπιστοσύνη σε κάτι που πιστεύει κάποιος, η οποία προκύπτει από δεδομένα που την υποστηρίζουν.

Στην πεποίθηση ενυπάρχουν πάντα τα στοιχεία της θέλησης και της φαντασίας. Χωρίς προθυμία δεν γίνεται να έχει κάποιος πεποιθήσεις. Και εφόσον η πεποίθηση είναι μια αβέβαιη αναμονή με την ελπίδα της επιβεβαίωσής της, εμπεριέχει επίσης και το στοιχείο της φαντασίας. Ο Τζον φαντάζεται ότι θα είναι επιτυχημένος στην επιχείρησή του. Ως εκ τούτου, λέγεται ότι πιστεύει στο επιχειρηματικό εγχείρημά του. Τα στοιχεία της θέλησης και της φαντασίας στην πεποίθηση την κάνουν μια ισχυρή δύναμη για το καλό ή το κακό.

Οι Απερίσκεπτες Πεποιθήσεις Οδηγούν στην Απώλεια Καλής Ενέργειας

Η πεποίθηση σ' έναν δόλιο άνθρωπο, σε μια αποτυχημένη επιχείρηση, ή σ' ένα λανθασμένο δόγμα, είναι μια καθαρή απώλεια της καλής ενέργειας του ανθρώπου μέσα από τη λανθασμένη κατεύθυνσή της.

Τέτοιες απερίσκεπτες πεποιθήσεις δεν οδηγούν παρά σε πικρές εμπειρίες. Ένας υποκριτής φίλος μπορεί για πολύ καιρό να απαιτεί από μας να έχουμε την πεποίθηση ότι είναι καλός, μια καταδικασμένη σε αποτυχία επιχείρηση μπορεί παρόμοια να φαντάζει στον νου μας ότι αξίζει να τη στηρίξουμε, αλλά αργά ή γρήγορα σίγουρα θα σταματήσουμε να έχουμε αυτήν την πεποίθηση, καθώς τα γεγονότα θα αποκαλύψουν την αλήθεια. Επομένως, στα υλικά πράγματα οι λανθασμένες πεποιθήσεις τείνουν να είναι λιγότερο ζημιογόνες, μια και ο νους μας τείνει να θέλει χειροπιαστά αποτελέσματα.

Αντιθέτως, όσον αφορά τα πνευματικά θέματα, η νοητική μας στάση συχνά παραμένει ακαθόριστη και ουτοπική. Οι δάσκαλοι ή τα δόγματα μας παροτρύνουν να πιστεύουμε ενώ παρέχουν ελάχιστη εξήγηση ή κατανόηση ως προς τη φύση της αρετής αυτής ή ως προς τον τρόπο απόκτησής της. Η τυφλή αποδοχή είναι ο γενικός κανόνας και το μόνο καταφύγιο των περισσότερων θρησκευόμενων. Ως εκ τούτου, η πεποίθηση και η πίστη σ' ό,τι αφορά τη θρησκευτική ζωή είναι ελάχιστα κατανοητές. Η δυναμική τους ισχύς για την πλειοψηφία των θρησκευόμενων παραμένει κάτι το νεφελώδες, απροσδιόριστο, που δεν μπορεί να καλλιεργηθεί – κτήμα μόνο λίγων προικισμένων ατόμων, στα οποία ο Θεός έχει παραχωρήσει τη χάρη Του. Για τους περισσότερους η πεποίθηση στα πνευματικά θέματα είναι τυφλή, επειδή τα θέματα του Πνεύματος θεωρούνται μυστικιστικά και πέρα από την ικανότητα της ανθρώπινης αντίληψης.

Μια λανθασμένη πεποίθηση, αν διατηρείται χωρίς λεπτομερή εξέταση, εξελίσσεται σε πεισματικό δογματισμό. Μια πεποίθηση που διαψεύδεται μετατρέπεται από δογματισμό σε έλλειψη πεποίθησης. Από την άλλη μεριά, αν κάποιος είναι πεπεισμένος για την αλήθεια ενός δόγματος και το ακολουθεί σταθερά, τότε αυτή η πεποίθηση σταδιακά αποκρυσταλλώνεται σε βεβαιότητα και πίστη. Έτσι, βλέπουμε ότι μια πεποίθηση, λανθασμένη ή όχι, είναι προσωρινή. Μπορεί να υπάρξει μόνο πρόσκαιρα, γιατί στη συνέχεια μεταμορφώνεται είτε σε δογματισμό, είτε σε έλλειψη πεποίθησης, είτε σε πίστη.

Η ατελής ή ανώριμη πεποίθηση, της οποίας η αλήθεια δεν έχει αποδειχθεί, είναι τριών ειδών: (α) τυφλή, (β) σταθερή και δυνατή, (γ) προερχόμενη από περιέργεια.

(α) Η πεποίθηση που γεννιέται από πάθος ή κάποιο συναίσθημα αρχίζει με μια βαρύγδουπη ανακοίνωση «πίστης», όπως: «Θα σε ακολουθήσω μέχρι τον θάνατο». Τελειώνει όμως με βίαια καταδίκη όταν δοκιμαστεί από την κριτική ή την αντιπαράθεση.

(β) Αυτοί που ανήκουν στη δεύτερη κατηγορία εμμένουν με πείσμα στην τυφλή πεποίθηση. Ζουν και πεθαίνουν με τις ίδιες συναισθηματικές πεποιθήσεις, ακόμα κι αν αυτές είναι παντελώς λανθασμένες. Αυτό διαφέρει ελάχιστα από την πρωτόγονη κατάσταση της ύπαρξης, που ελέγχεται από τη δεισιδαιμονία.

(γ) Οι άνθρωποι είναι πιο ασφαλείς με τις πεποιθήσεις που ξεκινούν και τελειώνουν από περιέργεια. Όταν ανακαλύψουν ότι η περιέργειά τους τους έχει οδηγήσει σ' ένα λανθασμένο μονοπάτι, τότε γρήγορα παρατούν αυτήν την επιδίωξη και αναζητούν με χαρά κάτι καινούργιο.

Πέρα απ' αυτά τα τρία είδη, υπάρχει η διερευνητική πεποίθηση. Αυτή βασίζεται σε αποδοχή μέσω της λογικής. Κρατά τα μάτια και τα αυτιά ανοιχτά και είναι πάντοτε έτοιμη να διερευνήσει οτιδήποτε την προσελκύσει είτε μέσω της πειθούς είτε από ενδιαφέρον. Αυτή η μορφή πεποίθησης ωστόσο μπορεί εύκολα να εξελιχθεί σε μια συνήθεια αστάθειας· μπορεί από ιδιοτροπία να εγκαταλείψει όχι μόνο αυτό που είναι λάθος, αλλά κι εκείνο που είναι σωστό.

Η Γέννηση της Πίστης

Αυτό που χρειάζεται είναι η διερευνητική πεποίθηση με ειλικρίνεια και ευλάβεια, υποστηριζόμενη από επιμονή στις αληθινές πεποιθήσεις ή τουλάχιστον σ' εκείνες τις πεποιθήσεις οι οποίες συνεχώς επιδεικνύουν πειστικά αποτελέσματα. Μέσα από την υπομονή, σταγόνα-σταγόνα, η «χημεία» της αλήθειας εισέρχεται και αποκρυσταλλώνει μια τέτοια πεποίθηση σε στέρεα πίστη. Αν όμως η πεποίθηση δεν βασίζεται στην αλήθεια, δεν θα μπορέσει να υποστηρίξει τη βεβαιότητα που προκαλεί την πρόοδο προς την πίστη.

Η πίστη μπορεί να εκδηλωθεί σε πολλούς τομείς πεποίθησης αν στις πεποιθήσεις κάποιου υπάρχει εγγενής αλήθεια:

- Η ακλόνητη πεποίθηση ή εμπιστοσύνη (όπως σε κάποιο πρόσωπο, πράγμα, δόγμα, ή ιδέα), όπως η πίστη στον Θεό, η πίστη στην ιατρική.
- Η αναγνώριση των πνευματικών πραγματικοτήτων και των

ηθικών αρχών ως υπέρτατων.
- Η ιστορική πίστη, όπως η πίστη στην αλήθεια και στην αυθεντικότητα των αφηγήσεων και των διδασκαλιών των Γραφών. Ή η πρακτική πίστη –μέσω της αποδοχής από τη διάνοια, της στοργής και της θέλησης– στη χάρη του Θεού που προσφέρεται στον άνθρωπο μέσω των θεϊκών απεσταλμένων Του.
- Το σύνολο όλων των πεποιθήσεων κάποιου: ένα σύστημα θρησκευτικών πεποιθήσεων, όπως η χριστιανική πίστη ή η αυθεντία των Βεδών.

Το αποτέλεσμα της πίστης είναι η ιδιότητα της εμπιστοσύνης, της αφοσίωσης, της προσήλωσης.

Να Έχετε Ακλόνητη Πίστη Παρά τα Αινίγματα της Ζωής

Η ζωή, η ουσία και ο σκοπός της, είναι ένα αίνιγμα, δύσκολο αλλά όχι και άλυτο. Με τον προοδευτικά αναπτυσσόμενο τρόπο σκέψης μας εξιχνιάζουμε καθημερινά κάποια από τα μυστικά της. Οι ακριβέστατες και επιστημονικά κατασκευασμένες συσκευές της σύγχρονης εποχής είναι σίγουρα αξιοθαύμαστες. Οι ανακαλύψεις της φυσικής, που όλο και πληθαίνουν, μας προσφέρουν αξιέπαινα ένα πιο καθαρό οπτικό πεδίο των τρόπων με τους οποίους μπορεί να βελτιωθεί η ζωή. Παρά τις συσκευές και τις στρατηγικές και τις ανακαλύψεις μας όμως, φαίνεται να εξακολουθούμε να είμαστε παιχνίδια στα χέρια του πεπρωμένου και να έχουμε να διανύσουμε ακόμα πολύ δρόμο πριν ανεξαρτητοποιηθούμε από την κυριαρχία της φύσης.

Σίγουρα δεν συνιστά ελευθερία το να βρισκόμαστε διαρκώς στο έλεος της φύσης. Ο ενθουσιώδης νους μας καταλαμβάνεται βίαια από μια αίσθηση απελπισίας όταν γινόμαστε θύματα πλημμυρών, ανεμοστρόβιλων, ή σεισμών· ή όταν, φαινομενικά χωρίς λόγο και αιτία, ένα ατύχημα ή μια ασθένεια παίρνει από την αγκαλιά μας τους αγαπημένους μας. Τότε είναι που καταλαβαίνουμε ότι στην πραγματικότητα δεν έχουμε κατακτήσει πολλά. Παρά τις προσπάθειές μας να κάνουμε τη ζωή μας όπως εμείς θέλουμε, θα υπάρχουν πάντα κάποιες καταστάσεις που διαμορφώνονται σ' αυτόν τον πλανήτη –άπειρες και καθοδηγούμενες από μια άγνωστη Νοημοσύνη που λειτουργεί χωρίς τη δική μας πρωτοβουλία– τις οποίες είναι αδύνατο να ελέγξουμε. Στην καλύτερη περίπτωση, το μόνο που μπορούμε να κάνουμε είναι να επιφέρουμε κάποιες βελτιώσεις. Σπέρνουμε το σιτάρι και φτιάχνουμε το αλεύρι, ποιος

Αμφιβολία, Πεποίθηση και Πίστη

όμως δημιούργησε τον αρχικό σπόρο; Τρώμε το ψωμί που φτιάχνεται από το αλεύρι, ποιος όμως μας έδωσε τη δυνατότητα να το χωνεύουμε και να το αφομοιώνουμε;

Σε κάθε τομέα της ζωής φαίνεται ότι παρά τη δική μας επινοητικότητα, υπάρχει μια αναπόφευκτη εξάρτηση από τη Θεότητα, χωρίς την οποία δεν μπορούμε να ζήσουμε. Παρά τις τόσες βεβαιότητές μας, εξακολουθούμε να ζούμε στην αβεβαιότητα. Δεν ξέρουμε πότε θα σταματήσει η καρδιά μας. Προκύπτει λοιπόν η αναγκαιότητα να βασιζόμαστε θαρραλέα στον αληθινό, αθάνατο Εαυτό μας και στην Υπέρτατη Θεότητα κατ' εικόνα της οποίας έχει δημιουργηθεί αυτός ο Εαυτός – μια πίστη η οποία δρα χωρίς εγωισμό, που είναι γεμάτη χαρά, που δεν γνωρίζει τρόμο ή φραγμό.

Παραδοθείτε απόλυτα, άφοβα, σ' αυτήν την Ανώτερη Δύναμη. Δεν έχει σημασία αν σήμερα αποφασίσετε αμετάκλητα να είστε ελεύθεροι και ακλόνητοι και αύριο πάθετε γρίπη και αρρωστήσετε βαριά. Μην αποδυναμώνεστε! Προστάξτε τη συνειδητότητά σας να παραμείνει σταθερή στην πίστη της. Ο Εαυτός δεν μπορεί να μολυνθεί από ασθένεια. Οι ασθένειες του σώματος έρχονται σ' εσάς μέσω του νόμου των δημιουργημένων από σας συνηθειών κακής υγείας που έχουν εγκατασταθεί στον υποσυνείδητο νου σας. Τέτοιες καρμικές εκδηλώσεις δεν αναιρούν τη δραστικότητα, τη δυναμική ισχύ της πίστης.

Κρατηθείτε από τα ηνία της πίστης και μη νοιάζεστε για τα αλλεπάλληλα χτυπήματα των δυσάρεστων καταστάσεων. Να είστε πιο βίαιοι από τη βία της κακοτυχίας, πιο θρασείς από τους κινδύνους που αντιμετωπίζετε. Όσο πιο πολύ αυτή η νεοαποκτηθείσα πίστη θα ασκεί πάνω σας τη δυναμική της επίδραση, τόσο πιο πολύ η σκλαβιά σας στην αδυναμία θα μειώνεται ανάλογα.

Ούτε ένα αιμοσφαίριο του αίματος δεν μπορεί να κινηθεί, ούτε μια πνοή ανάσας δεν μπορεί να εισχωρήσει στα ρουθούνια σας χωρίς τη διαταγή του Κυρίου. Επομένως η απόλυτη παράδοση στον Θεό αποτελεί το κριτήριο της πίστης. Αυτή η παράδοση δεν είναι οκνηρία, περιμένοντας από τον Θεό να κάνει τα πάντα για σας –η μέγιστη προσπάθειά σας για την επίτευξη του επιθυμητού αποτελέσματος είναι επίσης απαραίτητη– αντίθετα, είναι μια παράδοση που προέρχεται από την αγάπη για τον Θεό και τον σεβασμό της υπεροχής Του. Άσχετα με τα εμπόδια, θα εργαζόμουν μέχρι την τελευταία μου πνοή με πλήρη παράδοση στον Θεό, αλλά δεν θα παραδιδόμουν ποτέ από δειλία ή από φόβο μήπως αποτύχω.

Η Πίστη Είναι Παντοτινά Απαραβίαστη - Άμεση Αντίληψη της Αλήθειας

Η πίστη δεν είναι αποτελεσματική μόνο σε περιπτώσεις ασθένειας ή σε άλλου είδους επιτυχίες, αλλά είναι επίσης η δύναμη που αποκαλύπτει τη λειτουργία των πνευματικών νόμων που βρίσκονται πίσω απ' όλα τα αποκαλούμενα «θαύματα».

«Είναι η πίστη πεποίθηση πραγμάτων που ελπίζουμε, βεβαιότητα πραγμάτων που δεν βλέπουμε».[1] Τα «ακατόρθωτα» που ελπίζουμε να γίνουν θα πραγματοποιηθούν μέσω της δύναμης αυτής της πίστης – που πιστεύει χωρίς να βλέπει, που πιστεύει ακόμα και ενάντια σε οποιεσδήποτε αντιξοότητες.

Η πίστη είναι η ίδια η συνειδητοποίηση. Δεν εμπεριέχει κανένα καταστροφικό στοιχείο όπως η πεποίθηση. Η πεποίθηση μπορεί να ανατραπεί ή να εξαλειφθεί από αντίθετες αποδείξεις και αμφιβολίες· η πίστη όμως είναι παντοτινά απαραβίαστη γιατί είναι άμεση αντίληψη της αλήθειας. Κάποτε πίστευαν ότι η γη ήταν επίπεδη, αλλά με την πρόοδο της επιστήμης αποδείχθηκε ότι είναι στρογγυλή· αυτό λοιπόν ήταν μόνο μια πεποίθηση που έπρεπε να εγκαταλειφθεί. Η πίστη όμως δεν μπορεί να αντικρουστεί επειδή είναι η εξελιγμένη έκφραση της αλάνθαστης διαίσθησης μέσα μας, η οποία μας φέρνει πρόσωπο με πρόσωπο με τις μέχρι τότε αόρατες πραγματικότητες. Έτσι, μπορεί κάποιος σωστά να μιλά για τυφλή πεποίθηση, όχι όμως και για τυφλή πίστη.

Η συνειδητοποίηση της αλήθειας από την ψυχή εκδηλώνεται σ' εμάς μέσα από τη διαίσθηση και η προκύπτουσα *γνώση* είναι η πίστη. Η διαίσθηση είναι εκείνο το σημείο στο οποίο μια βεβαιότητα ξαφνικά αλλάζει και γίνεται άμεση αντίληψη της αλήθειας αυτής της πεποίθησης. Δεν χρειάζεται κάποιο ενδιάμεσο, κάποια απόδειξη από τη μαρτυρία των αισθήσεων ή της λογικής.

Για παράδειγμα, πώς γνωρίζετε ότι υπάρχετε; Το γνωρίζετε επειδή το γνωρίζετε. Δεν υπάρχει αμφιβολία. Τίποτα σ' αυτόν τον κόσμο δεν θα μπορούσε να σας κάνει να πιστέψετε το αντίθετο. Ακόμα κι αν ήσαστε παράλυτοι και δεν μπορούσατε να δείτε τον εαυτό σας, εντούτοις θα αισθανόσαστε ή θα *βιώνατε* την ύπαρξή σας μέσα από την αντίληψη της ψυχής.

---

[1] Προς Εβραίους ΙΑ:1.

Η πίστη είναι το αλφαβητάρι της διαίσθησης. Είναι ένα βαθύ αίσθημα *γνώσης* μέσα σας. Σχεδόν όλοι έχουν νιώσει κάποιο προαίσθημα που αποδείχτηκε αληθινό. Αυτό είναι μια εκδήλωση μιας αναπτυσσόμενης ή μη ελεγχόμενης διαίσθησης. Η νοημοσύνη, κατευθυνόμενη προς τον εξωτερικό κόσμο, ερμηνεύει τα φαινόμενα· η πίστη, στρεφόμενη προς τα μέσα, ερμηνεύει τις διαισθήσεις της ψυχής μέσα από την επαφή της με τα νοούμενα. Τα πάντα μπορούν να έρθουν στο φως με τη δύναμη της πίστης.

Στην Ηρεμία, η Διαίσθηση Γεννά την Πίστη

Η σανσκριτική λέξη για την πίστη είναι έξοχα εκφραστική. Είναι η λέξη *βίσβας*. Η συνηθισμένη κυριολεκτική απόδοσή της, «αναπνέω εύκολα, έχω εμπιστοσύνη, είμαι ελεύθερος από τον φόβο», δεν αναδεικνύει το πλήρες νόημά της. Η σανσκριτική λέξη *σβας* αναφέρεται στις κινήσεις της αναπνοής, υποδηλώνοντας έτσι τη ζωή και το συναίσθημα. Η λέξη *βι* σημαίνει «αντίθετο, χωρίς». Δηλαδή, εκείνος του οποίου η αναπνοή, η ζωή και το συναίσθημα είναι ήρεμα, μπορεί να έχει πίστη που γεννιέται από τη διαίσθηση· αυτήν την πίστη δεν μπορούν να την έχουν άτομα που είναι συναισθηματικά ανήσυχα. Η καλλιέργεια της διαισθητικής ηρεμίας απαιτεί την ανάπτυξη της εσωτερικής ζωής. Όταν η διαίσθηση αναπτυχθεί επαρκώς, οδηγεί αμέσως στην κατανόηση της αλήθειας. Μπορείτε να έχετε αυτήν την υπέροχη συνειδητοποίηση. Ο διαλογισμός είναι ο τρόπος.

Να διαλογίζεστε με υπομονή και επιμονή. Μέσα στην ήρεμη αυτοσυγκέντρωση, θα εισέλθετε στο βασίλειο της διαίσθησης της ψυχής. Σε όλες τις εποχές, εκείνοι που πέτυχαν τη φώτιση ήταν αυτοί που προσέφευγαν σ' αυτόν τον εσωτερικό κόσμο της κοινωνίας με τον Θεό. Ο Ιησούς είπε: «Εσύ όμως, όταν προσεύχεσαι, μπες στο πιο απόμερο δωμάτιό σου, και αφού κλείσεις την πόρτα σου προσευχήσου στον Πατέρα σου που είναι στα κρυφά· και ο Πατέρας σου που βλέπει στα κρυφά θα σου ανταποδώσει στα φανερά».[2] Πηγαίνετε μέσα στον Εαυτό, κλείνοντας τις πόρτες των αισθήσεων και της ανάμειξής τους με τον ανήσυχο κόσμο, και ο Θεός θα σας αποκαλύψει όλα τα θαύματά Του.

Στην εσωτερική κοινωνία της ψυχής με τον Θεό, η διαίσθηση αρχίζει να αναπτύσσεται με φυσικό τρόπο. Αρχικά είναι απαραίτητο ένα

---

[2] Κατά Ματθαίο ΣΤ:6.

είδος προσωρινής εμπιστοσύνης. Να γνωρίζετε ότι ο Θεός είναι μαζί σας και ότι είστε παιδί Του, πλασμένο κατ' εικόνα Του. Παραδοθείτε σ' Αυτόν μέσω της αγάπης. Αυτή η πεποίθηση σταδιακά θα μετατραπεί σε πίστη μέσω της διαίσθησης. Πέρα από τις αισθήσεις και τη διάνοια, η διαίσθηση εκδηλώνεται ως αίσθημα στην ήρεμη συνειδητότητα και γίνεται αντιληπτή κυρίως μέσω της καρδιάς. Όταν ένα τέτοιο αίσθημα εμφανιστεί στον διαλογισμό, τότε λαμβάνετε μέσα απ' αυτό μια σίγουρη αίσθηση ως προς τη σωστή κατεύθυνση και μια ακλόνητη πεποίθηση. Σταδιακά θα κατορθώσετε να αναγνωρίζετε και να ακολουθείτε αυτή τη διαίσθηση. Αυτό δεν σημαίνει ότι εγκαταλείπετε τη λογική. Η ήρεμη και αμερόληπτη λογική μπορεί επίσης να οδηγήσει στη διαίσθηση. Χρησιμοποιήστε την κοινή λογική. Να θυμάστε όμως ότι η υπεροπτική ή η συναισθηματική λογική οδηγεί σε παρανοήσεις και λάθη.

Απορρίψτε το καταστροφικό στοιχείο στην αμφιβολία και την πεποίθηση και υιοθετήστε το εποικοδομητικό στοιχείο. Βαδίστε στέρεα και με σιγουριά προς το βασίλειο της πίστης. Αυτός είναι ο τρόπος της ανάπτυξης. Στην ηρεμία του διαλογισμού, η συνειδητότητά σας θα μπορεί να εστιαστεί στην αλήθεια και να καταλάβει. Σ' αυτήν την κατάσταση η πίστη αναπτύσσεται· μέσα από την ανάπτυξη της διαίσθησης, λαμβάνετε «βεβαιότητα πραγμάτων που δεν βλέπουμε».

Οράματα της Ινδίας: Η Εξέλιξη του Ανώτερου Εαυτού

Η ένωση της Ανατολής με τη Δύση, πολιτισμικά και πνευματικά, μέσω μιας «ανταλλαγής των πιο ευγενών διακριτικών γνωρισμάτων τους», αποτέλεσε ένα ιδανικό για το οποίο ο Παραμαχάνσα Γιογκανάντα διακρίθηκε καθ' όλη τη διάρκεια του έργου της ζωής του. Το κείμενο που ακολουθεί είναι ένα από τα πρώτα εγκώμια της πνευματικής γενέθλιας χώρας του, καθώς και γι' αυτά που η Ινδία είχε να προσφέρει στη Δύση, όπως και να λάβει απ' αυτήν. Παρ' όλο που με το πέρασμα πολλών δεκαετιών επήλθαν αλλαγές στις περιστάσεις και τις συνθήκες ζωής στην Ινδία, καθώς και σε ολόκληρο τον υπόλοιπο κόσμο, η βαθύτερη ουσία αυτής της πρότασης «Οράματα της Ινδίας», τη δεκαετία του 1920, εξακολουθεί να ισχύει και να παραμένει πολύτιμη, ως μια σύνοψη της ένωσης Ανατολής-Δύσης. Το κεντρικό θέμα του πνευματικού μηνύματος της Ινδίας προς τον κόσμο είναι η σπουδαιότητα της ανάπτυξης του ανώτερου Εαυτού, και είναι αυτό που ενέπνευσε τα λόγια του Παραμαχάνσατζι στο δεύτερο μισό αυτού του άρθρου.

Η Ινδία αποτελεί μια επιτομή του κόσμου – είναι μια χώρα με διάφορες κλιματολογικές συνθήκες, θρησκείες, εμπόριο, τέχνες, ανθρώπους, τοπία, επίπεδα πολιτισμού, γλώσσες.

Ο πολιτισμός της χρονολογείται πολλές χιλιάδες χρόνια πριν. Οι μεγάλοι σοφοί, οι προφήτες και οι κυβερνήτες της άφησαν καταγραφές πίσω τους που αποδεικνύουν τη μεγάλη αρχαιότητα του Άρυου πολιτισμού στην Ινδία.[1]

---

[1] Η αρχαία ονομασία για την Ινδία είναι *Αρυαβάρτα* (Aryavarta), που κυριολεκτικά σημαίνει «κατοικία των Αρύων». Η σανσκριτική ρίζα του *άρυα* σημαίνει «άξιος, ιερός, ευγενής». Η μετέπειτα χρήση της λέξης *Άρυαν* (Aryan) η οποία υποδήλωσε όχι πνευματικά αλλά σωματικά χαρακτηριστικά, θεωρείται από μερικούς εθνολόγους, συμπεριλαμβανομένου του φημισμένου ειδήμονα στα περί Ινδίας Max Müller, μια παρερμηνεία της αρχικής έννοιας.
Στην *Αυτοβιογραφία Ενός Γιόγκι* ο Παραμαχάνσα Γιογκανάντα έγραψε: «Τίποτα από την ινδική λογοτεχνία ή παράδοση δεν στοιχειοθετεί τη σύγχρονη ιστορική θεωρία της Δύσης ότι η αρχική Άρυα Φυλή "εισέβαλε" στην Ινδία από κάποιο άλλο μέρος της Ασίας ή από την Ευρώπη. Είναι κατανοητό το γιατί οι ιστορικοί δεν μπορούν να προσδιορίσουν την απαρχή αυτής της υποτιθέμενης διαδρομής. Οι αποδείξεις που περιέχονται στις Βέδες, ότι η Ινδία ήταν η χώρα των Ινδών από αμνημόνευτα χρόνια, παρουσιάστηκαν σ' έναν ασυνήθιστο και εύκολα κατανοητό τόμο, το *Rig-Vedic India*, του Abinas Chandra Das, που δημοσιεύθηκε το 1921 από

Πολλοί δυτικοί ταξιδιώτες που επισκέπτονται την Ινδία βλέπουν μερικούς από τους θαυματοποιούς των δρόμων, κάποιους που καταπίνουν σπαθιά, ή γητευτές φιδιών, και νομίζουν ότι αυτό είναι που έχει να προσφέρει η Ινδία. Αυτοί οι άνθρωποι όμως δεν αντιπροσωπεύουν την αληθινή Ινδία. Η πραγματική ζωή και το μυστικό της ζωτικότητας της Ινδίας είναι ο πνευματικός της πολιτισμός, από αμνημονεύτων ετών, ο οποίος την έχει κάνει τον γενέθλιο τόπο των θρησκειών. Παρ' όλο που η Δύση μπορεί να διδάξει πάρα πολλά στην Ινδία ως προς την υγιεινή, τις επιχειρήσεις και την ανάπτυξη των πλουτοπαραγωγικών πηγών –και παρ' όλο που η Ινδία χρειάζεται «επιχειρηματικούς ιεραπόστολους» σαν τον Χένρυ Φορντ και τον Τόμας Έντισον– εντούτοις οι δυτικές χώρες επίσης είναι διψασμένες, συνειδητά ή ασυνείδητα, για τα πρακτικά πνευματικά μαθήματα πάνω στα οποία η Ινδία έχει ειδικευτεί εδώ και αιώνες.

Στις πόλεις της Δύσης η επιστήμη έχει προοδεύσει τόσο πολύ που ο άνθρωπος συνήθως καλύπτει τις φυσικές του ανάγκες επαρκώς από άποψη διατροφής, ενδυμασίας και στέγασης. Εντούτοις οι σωματικές και οι υλικές ανέσεις χωρίς τη νοητική και την πνευματική γαλήνη και παρηγοριά δεν αρκούν. Ως πνευματικό πρότυπο όλων των θρησκειών, η Ινδία υπήρξε ο ανεπίσημος αναμορφωτής, ο μέγας εμπνευστής των ανθρώπινων μυαλών και ψυχών. Τα πιο μεγάλα και πιο πλούσια κληροδοτήματά της προς την ανθρωπότητα είναι οι τεχνικές για την επιστημονική πνευματική ανάπτυξη του ανθρώπου οι οποίες ανακαλύφθηκαν και παραδόθηκαν στις επόμενες γενιές δια μέσου των αιώνων από τους αγίους και τους σοφούς της.

Η Ινδία είναι μια χώρα μυστηρίου, αλλά ενός μυστηρίου που αποκαλύπτεται στον φιλικό ερευνητή και αναζητητή. Η Ινδία έχει τα μεγαλύτερα και ψηλότερα βουνά στον κόσμο – τα Ιμαλάια. Το Νταρτζίλινγκ (Darjeeling) στα βόρεια είναι η Ελβετία της Ινδίας. Τα μοναδικά ερείπια των αρχαίων κάστρων και των μεγάλων ανακτόρων των πριγκίπων στο Δελχί· η απέραντη έκταση του Γάγγη, ο οποίος έγινε ιερός μέσα στους αιώνες από τον διαλογισμό πολλών φωτισμένων αγίων κοντά στις όχθες του· οι χρυσές από τον ήλιο κορυφογραμμές των Ιμαλαΐων· οι αρχαίοι τόποι προσκυνημάτων και οι σπηλιές διαλογισμού όπου οι γιόγκι και οι σουάμι είδαν τα κούτσουρα της άγνοιας να λαμπαδιάζουν

το Πανεπιστήμιο της Καλκούτα».

και να καίγονται από τη σοφία του Θεού· το Τατζ Μαχάλ (Taj Mahal) στην Άγκρα, το ωραιότερο όνειρο της αρχιτεκτονικής που έχει ποτέ υλοποιηθεί σε μάρμαρο για να συμβολίζει το ιδεώδες της ανθρώπινης αγάπης· τα σκοτεινά δάση και οι ζούγκλες όπου περιφέρονται οι μεγαλοπρεπείς τίγρεις· το γαλάζιο του ινδικού ουρανού και το λαμπρό φως του ήλιου· η άφθονη ποικιλία των ανατολίτικων φρούτων και λαχανικών· οι ποικίλοι τύποι ανθρώπων – τα πάντα τείνουν να κάνουν την Ινδία διαφορετική, συναρπαστική, ρομαντική, αξέχαστη.

Μια Χώρα Μεγάλων Αντιθέσεων

Η Ινδία είναι μια χώρα με μεγάλες αντιθέσεις – απίστευτα πλούτη και απόλυτη φτώχεια· ανώτατη νοητική αγνότητα και άξεστη, άχαρη ζωή· Ρολς Ρόϊς και βοϊδάμαξες· παρδαλά στολισμένοι ελέφαντες και γραφικά κάρα με άλογα.

Στον Βορρά βρίσκουμε ξανθούς Ινδούς με γαλανά μάτια και στον πιο ζεστό Νότο τα σκουρόχρωμα από τον ήλιο δέρματα των τροπικών περιοχών. Από την αρχή μέχρι το τέλος η Ινδία είναι μια χώρα εκπλήξεων, αντιθέσεων και ακροτήτων. Η ζωή γίνεται μονότονη με υπερβολική επιχειρηματική δραστηριότητα και πολλές ανιαρές βεβαιότητες· έτσι, στην Ινδία αισθάνεται κάποιος ότι η ζωή είναι μια μεγάλη περιπέτεια, μια εμπειρία μυστηρίου και εκπλήξεων.

Η Ινδία μπορεί να μην έχει υλικούς ουρανοξύστες και όλες τις ανέσεις της σύγχρονης ζωής που μερικές φορές εξασθενίζουν το πνεύμα –έχει και τα μειονεκτήματά της, όπως όλα τα έθνη έχουν– αλλά η Ινδία στεγάζει πολλούς ανεπιτήδευτους πνευματικούς «ουρανοξύστες» που μοιάζουν στον Χριστό, οι οποίοι θα μπορούσαν να διδάξουν τα αδέλφια της Δύσης πώς να συλλέξουν την πληρέστερη πνευματική χαρά από οποιεσδήποτε συνθήκες της ζωής. Αυτοί οι επιστημονικοί μυστικιστές και σοφοί –που γνώρισαν την Αλήθεια με την προσωπική τους προσπάθεια και εμπειρία αντί να μείνουν ικανοποιημένοι με απλές πεποιθήσεις που δεν τις επαλήθευσαν οι ίδιοι– μπορούν να δείξουν στους άλλους πώς να καλλιεργήσουν τη διαίσθησή τους και να φέρουν μέσα τους την πηγή της γαλήνης και της ικανοποίησης κάτω από το έδαφος των μυστηρίων. Αν και έχω λάβει το πλεονέκτημα κάποιας δυτικής μόρφωσης, εντούτοις αισθάνομαι ότι μόνο στην Ινδία βρήκα την αληθινή εξήγηση των μυστηρίων της ζωής.

Οράματα της Φιλοσοφίας της Ινδίας, Μιας Φιλοσοφίας Που Δίνει Ζωή

Από αμνημόνευτους χρόνους, τα μεγαλύτερα μυαλά της Ινδίας έχουν ειδικευτεί στην ανακάλυψη και την κατανόηση της φιλοσοφίας και του νοήματος της ζωής. Ένα από τα πιο επίμαχα φιλοσοφικά ερωτήματα που τίθενται συχνά είναι το αν ο σκοπός της ανθρώπινης ζωής είναι η προσφορά ή η ιδιοτέλεια. Κάποτε είχα μια έντονη αντιπαράθεση μ' έναν Ευρωπαίο, ο οποίος επανειλημμένα και τυφλά διαβεβαίωνε ότι ο σκοπός της ζωής ήταν η προσφορά, ενώ εγώ επέμενα ότι ο σκοπός της ζωής ήταν η ανώτερη ιδιοτέλεια. Τον ρώτησα πολλές φορές για τους λόγους για τους οποίους πίστευε στην «προσφορά»· αντί όμως να αποδεικνύει με επιχειρήματα την άποψή του, συνέχιζε να επαναλαμβάνει: «Η προσφορά είναι ο σκοπός της ζωής. Είναι βλασφημία το να αμφιβάλλει κανείς γι' αυτό».

Βλέποντάς τον τόσο δογματικό, τον ρώτησα: «Είναι η προσφορά ο σκοπός της ζωής επειδή οι Γραφές το έχουν διακηρύξει;».

«Ναι», απάντησε παθιασμένα.

«Πιστεύετε τα πάντα μέσα στις Γραφές με την κυριολεκτική τους σημασία;», τον ρώτησα. «Νομίζετε ότι τον Ιωνά τον κατάπιε μια φάλαινα και βγήκε ζωντανός μετά από μερικές μέρες; Πώς το φαντάζεστε εσείς αυτό;».

«Όχι, δεν καταλαβαίνω πώς μπόρεσε να το κάνει αυτό», είπε ο φίλος μου.

Αυτό ακριβώς ήταν το θέμα. Προκειμένου να μάθει κάποιος πραγματικά την αλήθεια που περιέχεται στις ιστορίες των Γραφών –και προκειμένου να κατανοήσει τι είναι λανθασμένο και τι σωστό, τι είναι κυριολεκτικό και τι μεταφορικό στα κείμενα των Γραφών– θα πρέπει να χρησιμοποιήσει τη λογική, τη διάκριση και τη δύναμη της διαισθητικής πιστοποίησης που αναπτύσσεται με τον διαλογισμό.

Πολλοί άνθρωποι νομίζουν πως οτιδήποτε είναι γραμμένο πρέπει να είναι σωστό. Ειδικά δε, πολλοί θεολόγοι πιστεύουν πως οτιδήποτε φέρει το ένδυμα του κύρους των Γραφών είναι απολύτως πέραν πάσης αμφιβολίας. Η κάλυψη όμως μ' ένα εξωτερικό περίβλημα δεν μπορεί να κάνει κάποιον αλάνθαστο. Οι συγγραφείς των Γραφών μπορεί κι αυτοί να κάνουν λάθη· ή, πιο παραδοσιακά, να κρύβουν τις αλήθειες με τα πέπλα των αλληγοριών, των μεταφορών και των παραβολών. Για να μάθουμε την αλήθεια κάποιου δεδομένου δόγματος, θα πρέπει να το ζήσουμε και να ανακαλύψουμε αν πράγματι ισχύει ή όχι – να το περάσουμε μέσα από το οξύ της δοκιμασίας της εμπειρίας. Ας βγούμε έξω στον κόσμο πέρα από δογματισμούς κι ας συγκρίνουμε τις θρησκευτικές μας πεποιθήσεις με τη θρησκευτική εμπειρία και τη συνειδητοποίηση των αληθινών Δασκάλων. Ας πολεμήσουμε τα σφάλματα μέσα μας που πρέπει να εξαλειφθούν. Δεν θα πρέπει να έχουμε μέσα μας μια μη αφομοιωμένη πληθώρα θεολογικής γνώσης κι έτσι να υποφέρουμε από χρόνια θεολογική δυσπεψία.

Το Ιδεώδες της Προσφοράς Όπως Εξηγήθηκε από τους Σοφούς της Ινδίας

Ο νόμος της προσφοράς προς τους άλλους είναι δευτερεύων νόμος και φυσική συνέπεια του νόμου του ενδιαφέροντος για τον εαυτό μας ή της αυτοσυντήρησης, η οποία μπορεί να αποκληθεί «ιδιοτέλεια». Κανένας εχέφρων άνθρωπος δεν κάνει ποτέ τίποτα χωρίς κάποιον λόγο. Τα θρησκευτικά δόγματα και οι εντολές τους μπορεί να βασίζονται είτε σε τυφλή δεισιδαιμονία είτε σε πραγματική θρησκευτική εμπειρία. Ο πραγματικός λόγος πίσω από τις εντολές της Βίβλου: «Να βοηθάς τους συνανθρώπους σου» και «Να αγαπάς τον πλησίον σου όπως τον εαυτό σου», είναι ότι όλοι οι πιστοί θα πρέπει να υπακούν τον νόμο της προσφοράς προς τους άλλους για να διευρύνουν τα όρια του δικού τους εαυτού.

Καμία πράξη δεν εκτελείται χωρίς να συσχετίζεται με μια άμεση ή έμμεση σκέψη που να είναι ιδιοτελής· η ίδια η προσφορά είναι απαραίτητη για τη λήψη προσφοράς. Προσφέροντας στους άλλους με τη μορφή οικονομικής, νοητικής, ή ηθικής βοήθειας, ικανοποιούμε τον εαυτό μας. Αν κάποιος γνώριζε πέραν πάσης αμφιβολίας ότι βοηθώντας τους άλλους θα έχανε την ψυχή του, θα βοηθούσε κανέναν; Αν ο Ιησούς ένιωθε ότι θυσιάζοντας τη ζωή του στον βωμό της άγνοιας του ανθρώπου θα δυσαρεστούσε τον Θεό, θα ενεργούσε όπως ενήργησε; Όχι! Γνώριζε ότι παρ' όλο που θα έπρεπε να χάσει το σώμα, κέρδιζε τη χάρη του Πατέρα του καθώς και την απελευθερωτική αγαλλίαση της δικής του ψυχής. Τέτοια αθάνατα παιδιά του Θεού, καθώς και όλοι οι μάρτυρες και οι άγιοι, κάνουν μια καλή επένδυση – χάνουν το μικρό θνητό σώμα για να κερδίσουν αθάνατη ζωή. Τίποτα που να αξίζει δεν κερδίζεται χωρίς να πληρωθεί κάποιο τίμημα.

Έτσι, ακόμα και η πιο μεγάλη πράξη αυτοθυσίας για τους άλλους δεν μπορεί να γίνει χωρίς κάποια σκέψη του εαυτού μας. Είναι λογικό επομένως να ειπωθεί ότι η ανώτερη ιδιοτέλεια ή, αλλιώς, το να πράττουμε για το καλό του ανώτερου Εαυτού –αντί για την προσφορά προς τους άλλους χωρίς σκέψη του εαυτού- είναι το κίνητρο της ζωής.

Ο άνθρωπος γνωρίζει ότι πρέπει να προσφέρει στους άλλους, αλλιώς δεν θα δικαιούται κι αυτός να λάβει προσφορά απ' αυτούς. Όλα τα όντα είναι σε κάποιο βαθμό αλληλοεξαρτώμενα. Αν οι αγρότες εγκατέλειπαν τις αγροτικές τους εργασίες και οι επιχειρηματίες εγκατέλειπαν την υπηρεσία της μεταφοράς και διανομής των αγαθών, ούτε καν ο ασκητής δεν θα μπορούσε να συντηρήσει τον εαυτό του. Στην τωρινή εποχή, με την αύξηση του πληθυσμού και του πλούτου, ακόμα και τα δάση διαμοιράζονται και γίνονται ιδιοκτησία μεγάλων γαιοκτημόνων, οι οποίοι τοποθετούν πινακίδες στα δέντρα με προειδοποιήσεις ότι θα διώκονται ποινικά αυτοί που εισέρχονται στην ιδιοκτησία τους. Έτσι, ο ερημίτης δεν μπορεί να πει λογικά: «Δεν θα δουλέψω για να κερδίσω τα προς το ζην – θα συντηρούμαι από τα άγρια φρούτα του δάσους». Πρέπει να συνεισφέρει με κάποιου είδους προσφορά, για την οποία, ως ανταπόδοση, έχει δικαίωμα να λάβει υλική υποστήριξη. Ως εκ τούτου, η προσφορά που δίνεται ή λαμβάνεται –είτε από τον επιχειρηματία, ο οποίος προσφέρει μ' έναν υλικό τρόπο, είτε από τον πνευματικό ασκητή, ο οποίος προσφέρει μ' έναν θεϊκό τρόπο[2]– σχετίζεται με τον στόχο μιας κατώτερης ή μιας ανώτερης ιδιοτέλειας.

Τρία Είδη Ιδιοτέλειας – Η Φαύλη, η Καλή και η Ιερή

Θα πρέπει ωστόσο να διαχωρίσουμε ξεκάθαρα τα τρία είδη ιδιοτέλειας: τη φαύλη, την καλή και την ιερή. Η φαύλη ιδιοτέλεια είναι αυτή που κινητοποιεί έναν άνθρωπο να αναζητά τη δική του άνεση καταστρέφοντας την άνεση των άλλων. Το να είναι κάποιος πλούσιος σε βάρος των άλλων, ζημιώνοντάς τους, είναι αμάρτημα και είναι ενάντια στα συμφέροντα του ανώτερου ατομικού Εαυτού του ανθρώπου που προβαίνει σε τέτοιες πράξεις ιδιοτέλειας. Η ευχαρίστηση να πληγώνει κάποιος τους άλλους κατακρίνοντάς τους σκληρά είναι επίσης φαύλη ιδιοτέλεια· αυτή η κακεντρεχής ικανοποίηση δεν συμβάλλει σε τίποτα καλό που να διαρκεί. Η αληθινή και καλή ιδιοτέλεια κινητοποιεί έναν

---

[2] «Η απομόνωση είναι απαραίτητη για να εδραιωθεί κάποιος στον Εαυτό, αλλά οι Δάσκαλοι μετά επιστρέφουν στον κόσμο για να τον υπηρετήσουν. Ακόμα και οι άγιοι που δεν εμπλέκονται σε εξωτερική εργασία, χαρίζουν, μέσω των σκέψεών τους και των ιερών δονήσεών τους, πιο πολύτιμη ευεργεσία στον κόσμο ακόμα και απ' αυτήν που μπορεί να δοθεί από τις πιο έντονες ανθρωπιστικές δραστηριότητες των αφώτιστων ανθρώπων». – Παραμαχάνσα Γιογκανάντα, στην *Αυτοβιογραφία Ενός Γιόγκι*.

άνθρωπο να αναζητά την άνεσή του, την ευημερία του και την ευτυχία του, φροντίζοντας και οι άλλοι να διαθέτουν ευημερία και να είναι ευτυχισμένοι. Η φαύλη ευημερία κρύβει τα πολλά καταστροφικά δόντια της του αναπόφευκτου πόνου κάτω από τη φαινομενικά αθώα προσωρινή σιγουριά της άνεσης. Η φαύλη ιδιοτέλεια κλείνει κάποιον σ' έναν μικρό κύκλο και τον απομονώνει από την υπόλοιπη ανθρωπότητα. Η καλή ιδιοτέλεια συμπεριλαμβάνει και όλους τους άλλους σ' έναν κύκλο αδελφοσύνης. Η καλή ιδιοτέλεια φέρνει πολλούς καρπούς – ανταπόδοση της προσφοράς από τους άλλους, διεύρυνση του εαυτού, θεϊκή συμπόνια, ευτυχία που διαρκεί και συνειδητοποίηση του Εαυτού.

Η καλή ιδιοτέλεια θα πρέπει να εφαρμόζεται από τον επιχειρηματία ο οποίος με ειλικρινείς, έντιμες, ευεργετικές, εποικοδομητικές πράξεις και προσπάθειες, κατορθώνει να φροντίζει τον εαυτό του και τις ανάγκες της οικογένειάς του, καθώς και να παρέχει ωφέλιμη υπηρεσία στους άλλους. Ένας τέτοιος επιχειρηματίας είναι κατά πολύ ανώτερος από εκείνον που σκέφτεται και ενεργεί μόνο για τον εαυτό του, χωρίς να νοιάζεται για εκείνους που εξυπηρετεί ή για εκείνους που στηρίζονται σ' αυτόν. Στην τελευταία αυτή περίπτωση ο άνθρωπος αυτός δρα εναντίον των καλύτερων ιδιοτελών συμφερόντων του επειδή σύμφωνα με τον νόμο της αιτίας και του αποτελέσματος θα προσελκύσει πάνω του δυστυχία με τον καιρό. Ο πλούτος πολλών τσιγκούνηδων καταλήγει στους συγγενείς, οι οποίοι συχνά τον κατασπαταλούν σε λανθασμένες καταχρήσεις. Αυτού του είδους η ιδιοτέλεια τελικά δεν βοηθά ούτε αυτόν που δίνει ούτε αυτόν που παίρνει.

Για να αποφύγει κάποιος τις κακοτοπιές της φαύλης ιδιοτέλειας, θα πρέπει πρώτα να ακολουθήσει και να εμπεδώσει τους τρόπους δράσης της καλής ιδιοτέλειας, με την οποία να νοιάζεται για την οικογένειά του και για εκείνους στους οποίους προσφέρει ως μέρος του εαυτού του. Με την επίτευξη αυτή θα μπορέσει τότε να προχωρήσει στην ιερή ιδιοτέλεια (ή αλλιώς την ανιδιοτέλεια, όπως συνήθως οι απλοί άνθρωποι την ονομάζουν), σύμφωνα με την οποία βλέπει ολόκληρο το σύμπαν ως τον εαυτό του.

Το να Είναι Κάποιος Ιερά Ιδιοτελής

Το να αισθάνεται κάποιος τις λύπες των άλλων και να προστρέχει κοντά τους με σκοπό να τους ελευθερώσει από περαιτέρω δυστυχίες, το να αναζητά την ευτυχία μέσα από τη χαρά των άλλων, το να προσπαθεί συνεχώς να ικανοποιήσει τις ανάγκες ολοένα και μεγαλύτερου αριθμού ανθρώπων – αυτό σημαίνει να είναι ιερά ιδιοτελής. Ο άνθρωπος της ιερής ιδιοτέλειας θεωρεί όλες τις επακόλουθες γήινες απώλειές του ως θυσίες που κάνει σκόπιμα και πρόθυμα ο ίδιος για το καλό των άλλων, καθώς και για το δικό του μεγάλο και έσχατο κέρδος. Ζει για να αγαπά τα αδέλφια του, γιατί γνωρίζει ότι όλοι είναι παιδιά τού ενός Θεού. Όλη η ιδιοτέλειά του είναι ιερή, γιατί όποτε σκέφτεται τον εαυτό του, δεν σκέφτεται το μικρό υλικό σώμα και τον νου με την κατανόηση των συνηθισμένων ανθρώπων, αλλά τις ανάγκες κάθε σώματος και νου μέσα στην εμβέλεια των γνωριμιών του ή της επιρροής του. Ο «εαυτός» του γίνεται ο Εαυτός όλων. Γίνεται ο νους και τα συναισθήματα όλων των πλασμάτων. Έτσι, όταν κάνει οτιδήποτε για τον εαυτό του, μπορεί να κάνει μόνο αυτό που είναι καλό για όλους. Αυτός που αντιλαμβάνεται τον εαυτό του σαν κάποιον του οποίου το σώμα και τα μέλη συνίστανται από τα σώματα και τα μέλη ολόκληρης της ανθρωπότητας και όλων των πλασμάτων, σίγουρα βρίσκει και το Συμπαντικό Πνεύμα που Διαπερνά τα Πάντα ως τον εαυτό του.[3]

Ενεργεί χωρίς να προσδοκά τίποτα· με την άριστη κρίση και διαίσθησή του όμως, συνεχίζει να βοηθά τον εαυτό του ως τους πολλούς, με υγεία, τροφή, εργασία, επιτυχία και πνευματική απελευθέρωση.

Η εργασία με καλή ιδιοτέλεια και ιερή ιδιοτέλεια φέρνει κάποιον σε επαφή με τον Θεό, ο Οποίος βρίσκεται στο ιερό της καλοσύνης που διευρύνεται σε όλους. Κάποιος που το αντιλαμβάνεται αυτό εργάζεται ευσυνείδητα με μοναδικό σκοπό να ευχαριστήσει τον Θεό της Γαλήνης που πάντα τον καθοδηγεί μέσα του.

---

[3] «Βλέπει αληθινά αυτός που αντιλαμβάνεται τον Υπέρτατο Κύριο παρόντα εξίσου σε όλα τα πλάσματα, τον Άφθαρτο ανάμεσα στα φθαρτά. [...] Όταν ένας άνθρωπος βλέπει όλα τα ξεχωριστά όντα ως υπάρχοντα στον Ένα που επεκτάθηκε κι έγινε τα πολλά, τότε συγχωνεύεται με τον Μπραχμά» (Μπάγκαβαντ Γκίτα XIII:27, 30).

Θαύματα της Ράτζα Γιόγκα

Σύνθεση μιας διάλεξης και ενός άρθρου με τον ίδιο τίτλο, γύρω στο 1926-1927· με αναφορές από την Αυτοβιογραφία Ενός Γιόγκι.

«*"Θαύμα" συνήθως θεωρείται μια επίδραση ή ένα γεγονός χωρίς νόμο ή πέρα από τον νόμο. Όλα τα γεγονότα όμως στο ρυθμισμένο με ακρίβεια σύμπαν μας λειτουργούν σύμφωνα με νόμους και εξηγούνται σύμφωνα με νόμους. Οι αποκαλούμενες "θαυματουργές" δυνάμεις ενός Δασκάλου είναι ένα φυσικό επακόλουθο της ακριβούς κατανόησης απ' αυτόν των λεπτοφυών νόμων που λειτουργούν στο εσωτερικό σύμπαν της συνειδητότητας.*

»*Τίποτα δεν μπορεί να θεωρηθεί αληθινά "θαύμα", παρά μόνο με τη βαθύτερη έννοια ότι όλα είναι ένα θαύμα. Το ότι ο καθένας μας είναι κλεισμένος σ' ένα πολύπλοκα οργανωμένο σώμα και τοποθετήθηκε πάνω σε μια γη που περιστρέφεται στο διάστημα ανάμεσα στ' αστέρια – υπάρχει κάτι πιο κοινότοπο; Ή κάτι πιο θαυματουργό;*».

— Αυτοβιογραφία Ενός Γιόγκι

Η *Ράτζα Γιόγκα*, η «Βασιλική Γιόγκα», είναι η επιστήμη της συνειδητοποίησης του Θεού, μια βήμα προς βήμα μέθοδος για την επανένωση της ψυχής με το Πνεύμα –του ανθρώπου με τον Δημιουργό του– που αναπτύχθηκε από τους *ρίσι* της αρχαίας Ινδίας, με αποδεδειγμένα και ίδια σε όλους αποτελέσματα. Η *Ράτζα Γιόγκα* συστηματοποιήθηκε μεγαλειωδώς από τον μεγάλο σοφό Πατάντζαλι στις *Γιόγκα Σούτρα*. Συνδυάζει την ανώτατη μορφή όλων των άλλων μορφών γιόγκα: αφοσίωση, ορθή πράξη, σωματικό και νοητικό αυτοέλεγχο και θεϊκή κοινωνία μέσω επιστημονικών τεχνικών αυτοσυγκέντρωσης και διαλογισμού. Η επίτευξη του στόχου, η συνειδητοποίηση του Θεού, «κάνει τα πάντα εφικτά» γιατί διδάσκει πώς να γίνει ο θνητός αθάνατος.

Η Δύση διαπρέπει στις φυσικές επιστήμες που μας δίνουν υλική γνώση και εφευρέσεις. Η Ανατολή διαπρέπει στην πνευματική επιστήμη, που συντονίζει την ψυχή με το Άπειρο. Ωστόσο βλέπω πως οι άνθρωποι στην Αμερική είναι ακόμα πολύ αδιαφώτιστοι όσον αφορά την πνευματική επιστήμη και τις πραγματικές αλήθειες της Ανατολής. Υπάρχουν πολλές παρανοήσεις.

Ο Πραγματικός Πνευματικός Σοφός Δεν Είναι Μάγος ή Μάντης

Όταν ήμουν στο Σιάτλ, πήγα στην υπηρεσία μετανάστευσης για να υποβάλω αίτηση για βίζα για να πάω στο Βανκούβερ, στη Βρετανική Κολομβία. Ένας αξιωματικός της υπηρεσίας παρατήρησε με σαρκασμό το τουρμπάνι μου, χρώματος ώχρας.

Περίμενα στην αίθουσα για κάποια ώρα, αλλά αυτός ο άντρας, καθισμένος στο γραφείο του, δεν έκανε καμία κίνηση να με εξυπηρετήσει, ούτε καν έδειξε να αντιλαμβάνεται την παρουσία μου. Έτσι, χτύπησα τον πάγκο για να προσελκύσω την προσοχή του. Αυτό τελικά τον έκανε να σηκωθεί απρόθυμα από το γραφείο του και να με ρωτήσει τι ήθελα εκεί. Ο αξιωματικός με κοίταξε με περιφρόνηση, με τα μάτια του καρφωμένα στο τουρμπάνι μου και είπε: «Κάνετε κρυσταλλομαντεία, λέτε τις τύχες των ανθρώπων, καταπίνετε σπαθιά; Είστε γητευτής φιδιών;».

Τον διαβεβαίωσα ότι ο σκοπός μου στην Αμερική δεν ήταν να λέω την τύχη των ανθρώπων ή να γοητεύω φίδια. Δεν ήμουν φακίρης· είχα πάει για να ζητήσω ένα διαβατήριο για το Βανκούβερ. Μου είπε να πάω πάλι την επόμενη μέρα.

Την επομένη γύρισα μ' ένα βιβλίο που είχα γράψει και μερικές φωτοτυπίες με κάποια ποιήματά μου. Δεν είπα τίποτα, αλλά του τα παρουσίασα. Εξεπλάγη. Αφού διάβασε συγκαταβατικά μερικές γραμμές και πήρε ένα απολογητικό ύφος για τα βιαστικά συμπεράσματά του για μένα, τον κοίταξα χαμογελώντας και είπα: «Αγαπητέ αξιωματούχε, το ξέρατε ότι οι Ινδοί δεν είχαν ποτέ κανένα εργοστάσιο και δεν ήξεραν την τέχνη να φτιάχνουν κρυστάλλινες μπάλες; Τα κρύσταλλα είναι δυτικής προέλευσης. Γι' αυτό, είναι μια νέα πληροφορία για μένα ότι οι Ινδοί χαζεύουν σε κρύσταλλα.

»Όσον αφορά τους μάντεις, υπάρχουν αρκετοί εδώ στην Αμερική, όπως και στην Ινδία. Όποτε όμως συναντάτε έναν Αμερικανό κύριο, τον ρωτάτε αν είναι μάντης;».

Δεν είναι μάντης κάθε Ινδός. Οι Ινδοί δεν πιστεύουν στην κολακεία μιας ανύπαντρης γυναίκας με το να της λένε την τύχη της, λέγοντας ότι θα έχει έναν καλό, πλούσιο σύζυγο και μετά να της ξαφρίζουν τρία ή τέσσερα δολάρια για την πρόβλεψη που σκαρφίστηκαν. Οι σοφοί Ινδοί μπορούν να σας διδάξουν πώς να λύσετε τα προβλήματα της ζωής και να αλλάξετε την «τύχη» σας. Η τωρινή σας φτώχεια ή ο πλούτος, η αρρώστια ή η υγεία, πήγασε από τις δικές σας προηγούμενες πράξεις· και η τωρινή σας ζωή και οι τωρινές σας πράξεις θα καθορίσουν το μέλλον σας. Οι πνευματικοί σοφοί μπορούν να διαγνώσουν επιστημονικά πώς ο νόμος της αιτίας και του αποτελέσματος εφαρμόζεται στις ανθρώπινες πράξεις και ζωές. Δεν πιστεύουν στη μοίρα, δηλαδή σε προκαθορισμένα γεγονότα χωρίς αιτία. Δεν εξαπατούν τους ανθρώπους με προβλέψεις με ταχυδακτυλουργίες μέσω τεχνασμάτων της φαντασίας, διφορούμενες λέξεις, ή απάτες. Οι αληθινοί Ινδοί αστρολόγοι μελετούν επιστημονικά τον νόμο της αιτιότητας που κυβερνά τις ανθρώπινες πράξεις. Και δεν σου λένε απλά το παρελθόν, ούτε προβλέπουν το μέλλον, αλλά αντίθετα σου διδάσκουν την τέχνη να αποτρέπεις ένα δυσάρεστο γεγονός ή να προκαλείς την έλευση ενός επιθυμητού γεγονότος που έρχεται σ' εσένα σαν αποτέλεσμα των προηγούμενων κακών ή καλών πράξεών σου. Οι καλοί αστρολόγοι λένε στους σπουδαστές τους μόνον αυτό που θα τους ωφελήσει, όχι αυτό που θα ικανοποιήσει μια άχρηστη περιέργεια. Λένε ότι δεν υπάρχει λόγος να σου πουν τι πρόκειται να συμβεί ούτως ή άλλως, εκτός κι αν υπάρχει τρόπος να ελέγξεις ή να τροποποιήσεις αυτό το πεπρωμένο που ο ίδιος δημιούργησες. Μερικές φορές η άγνοια είναι μακαριότητα.

Είπα στον αξιωματικό της υπηρεσίας μετανάστευσης: «Κύριε, δεν είχα ποτέ τη μοναδική, επικίνδυνη εμπειρία να καταπιώ σπαθιά ή να εξημερώσω κόμπρες, κάτι που συχνά κάνουν οι επιβλητικοί μάγοι του δρόμου στο φως της ημέρας μπροστά στο διερευνητικό βλέμμα των ανθρώπων. Αν και κάποιοι μπορεί να διαθέτουν ασυνήθιστες δυνάμεις, είναι ταυτόχρονα επιτήδειοι σε ταχυδακτυλουργικά κόλπα. Κάνουν «μαγικά» παράγοντας οπτικές ψευδαισθήσεις. Σ' αυτό ο Ανατολίτης μάγος είναι ανώτερος από τον όμοιό του Δυτικό».

Μετά, σε ανάλαφρο πνεύμα, προκάλεσα τον αξιωματικό: «Έχω δει κάποιους υποκριτές εδώ στη Δύση να φορούν καπέλα και να ντύνονται με κοστούμια, αλλά ποτέ δεν συνέδεσα την υποκρισία με το να φορά κάποιος καπέλο. Εσείς πώς έτυχε και συνδέσατε τους γητευτές φιδιών με το τουρμπάνι μου;».

Μέχρι τότε οι προκατειλημμένες ιδέες του αξιωματικού είχαν αμβλυνθεί. Σε πολύ φιλικό τόνο είπε: «Συγγνώμη. Αναμφίβολα κάποιοι καλοί Ινδοί με τουρμπάνι υφίστανται δριμεία επίκριση από την κοινή γνώμη επειδή κάποιοι Ινδοί με τουρμπάνι έκαναν κακή εντύπωση στον λαό μας».

Απάντησα: «Δεν είναι δυνατόν να περιμένετε να σταματήσουν όλοι οι Ινδοί να φοράνε τουρμπάνια επειδή μερικοί απ' αυτούς έχουν ξεστρατίσει, όπως κι εγώ δεν περιμένω όλοι οι δυτικοί αδελφοί να εγκαταλείψουν τα καπέλα τους επειδή κάποιοι υποκριτές φορούν καπέλα. Οι τουρίστες από τη Δύση πηγαίνουν στην Ινδία, βλέπουν τους φτωχικά ντυμένους εργάτες μας, παρατηρούν τις επιδείξεις των μάγων ή των φακίρηδων στους δρόμους και νομίζουν ότι οι Ινδοί πρέπει να φορούν σακάκια με διχαλωτή ουρά και γραβάτες για να είναι πολιτισμένοι. Τα έθιμα και οι ιδιομορφίες είναι επουσιώδη πράγματα και προέρχονται από συγκεκριμένες επιδράσεις του κλίματος. Η πραγματική ανάπτυξη του ανθρώπου συνίσταται στην ανάπτυξη της δύναμης του νου του».

Γι' αυτό ο Αμερικανός τουρίστας που έρχεται στην Ινδία θα πρέπει να προσέξει να μην παρεξηγήσει τους πραγματικούς γιόγκι της Ινδίας. Οι πραγματικοί γιόγκι διαφέρουν αισθητά από τους μάγους, απ' αυτούς που καταπίνουν σπαθιά κι από εκείνους που αναπτύσσουν στη στιγμή δέντρα που παράγουν μάνγκο. Όλοι αυτοί είναι απλώς διασκεδαστές. Οι γιόγκι είναι μεγάλες ψυχές, που πολύ δύσκολα αναγνωρίζονται λόγω των ήρεμων και ανεπιτήδευτων τρόπων τους και της απλότητάς τους, παρ' όλο που κατέχουν θεϊκή γνώση και θαυματουργές δυνάμεις όμοιες με τις δυνάμεις που επέδειξε ο Χριστός. Όπως είπε ο Ιησούς: «Εάν δεν επιστρέψετε και γίνετε σαν τα παιδιά, δεν θα εισέλθετε στη βασιλεία των ουρανών. Όποιος λοιπόν ταπεινώσει τον εαυτό του [...] αυτός είναι ο μεγαλύτερος στη βασιλεία των ουρανών».[1] Μόνο μέσα από τη θεϊκή απλότητα και ταπεινότητα μπορεί κάποιος να αποκτήσει μεγάλο εύρος δύναμης και απέραντη σοφία.

Υλικά και Νοητικά Θαύματα – Η Ανάγκη για τη *Ράτζα Γιόγκα*

> «Όλη η δημιουργία κυβερνάται από νόμους. Οι αρχές που λειτουργούν στο εξωτερικό σύμπαν, που μπορούν να ανακαλυφθούν από επιστήμονες, ονομάζονται φυσικοί νόμοι. Υπάρχουν όμως και πιο λεπτοφυείς νόμοι που κυβερνούν τα κρυμμένα πνευματικά πεδία και το εσωτερικό βασίλειο της συνειδητότητας· αυτές οι αρχές μπορούν να γίνουν γνωστές μέσω της επιστήμης της γιόγκα. Αυτός που καταλαβαίνει την αληθινή φύση της ύλης δεν είναι ο φυσικός επιστήμονας, αλλά ο Δάσκαλος που έχει συνειδητοποιήσει τον Εαυτό του. Με τέτοια γνώση ο Χριστός μπόρεσε να ξανακολλήσει το αυτί του υπηρέτη όταν αυτό κόπηκε από έναν από τους μαθητές».[2]
>
> – Σουάμι Σρι Γιουκτέσβαρ, στην Αυτοβιογραφία Ενός Γιόγκι

---

[1] Κατά Ματθαίο ΙΗ:3-4.

[2] «Και χτύπησε ένας απ' αυτούς τον δούλο του αρχιερέα και του έκοψε το αυτί του το δεξί. Αποκριθείς δε ο Ιησούς, είπε· Αφήστε· και αφού έπιασε το αυτί του τον γιάτρεψε». (Κατά Λουκά ΚΒ:50-51.)

Θαύματα της Ράτζα Γιόγκα

Δεν υπάρχει καμιά διαφορά μεταξύ των υλικών νόμων και των υπέρ-νόμων ή θαυμάτων που εκτελούνται με τη γνώση της λειτουργίας του ανθρώπινου νου. Οι Αμερικανοί κάνουν θαύματα με τη χρήση των υλικών νόμων· οι προχωρημένοι γιόγκι κάνουν νοητικά θαύματα. Η λειτουργία του ραδιοφώνου και των τηλεσκοπικών καμερών αποτελούν ακόμα και σήμερα θαύματα για πολλούς Ινδούς, ενώ τα θαύματα του νου που μπορούν να πραγματοποιηθούν και επιδεικνύονται τόσο συχνά από τους γιόγκι της Ινδίας είναι άγνωστα στους Αμερικανούς. Στις μέρες μας των ολοένα και πιο θαυμαστών εφευρέσεων, θα ήταν συνετό για τους Αμερικανούς τουλάχιστον να διερευνήσουν λεπτομερώς την ανακάλυψη των πνευματικών θαυμάτων από τους Ινδούς αδελφούς τους. Τα θαύματα δεν είναι τίποτε άλλο από λειτουργία των υπέρ-νοητικών και των συμπαντικών νόμων. Ο Ιησούς, όπως και οι κυρίαρχοι του νου στην Ινδία, γνωρίζουν πώς να τους θέτουν σε λειτουργία. Στους απλούς ανθρώπους τέτοια φαινόμενα φαίνονται σαν θαύματα, αλλά στην πραγματικότητα είναι το αποτέλεσμα της φυσικής λειτουργίας συγκεκριμένων ανώτερων, κρυμμένων νόμων.

Η Γιόγκα ενώνει τη νοητική δύναμη με τη συμπαντική δύναμη. Οι αρχές της *Ράτζα Γιόγκα* που αφορούν την αυτοσυγκέντρωση εφαρμόζονταν με ευκολία ακόμα κι από τους *ράτζα*, δηλαδή από τους βασιλιάδες και ευγενείς της Ινδίας, που ήταν απορροφημένοι από τα πολύπλευρα καθήκοντα των βασιλείων τους. Αυτές οι μέθοδοι, οι οποίες φέρνουν δύναμη ελέγχου πάνω στο πεπρωμένο κάποιου και οι οποίες μπορούν να μετατρέψουν την αποτυχία –υλική, ηθική, κοινωνική, ή πνευματική– σε επιτυχία, μπορούν να εφαρμοστούν το ίδιο καλά και στην πολυάσχολη και ανήσυχη ζωή των δυτικών ράτζα και μαχαράτζα, των Αμερικανών εκατομμυριούχων και δισεκατομμυριούχων.

Η ανθρώπινη φύση είναι ίδια παντού. Ο Αμερικανός χρειάζεται ισορροπία και πνευματική δύναμη όσο χρειάζεται και ο Ινδός. Ο Αμερικανός έχει τα μηχανήματα να κάνουν τη σκληρή δουλειά αντί γι' αυτόν, ενώ ο Ινδός πρέπει να κερδίζει τα προς το ζην κάνοντας τη δουλειά του χειρωνακτικά. Θεωρητικά επομένως ο Αμερικανός επιχειρηματίας έχει περισσότερο χρόνο να αφιερώσει για να αναπτύξει δυνάμεις ώστε να κάνει πνευματικά θαύματα απ' ό,τι ο παραδοσιακός πνευματικός Ινδός.

Η ανωτερότητα της απόκτησης «θαυματουργών» νοητικών δυνάμεων έναντι της απόκτησης επιχειρηματικής ικανότητας είναι ότι η πρώτη δεν έχει περιορισμούς όπως έχει η δεύτερη. Ο συνηθισμένος έξυπνος επιχειρηματίας μπορεί να καταρρεύσει από τον σκληρό ανταγωνισμό.

Όταν η επιχειρηματική του ευφυΐα εξαντληθεί, αποτυγχάνει πλήρως. Ο Ινδουιστής σοφός όμως λέει ότι όταν τα διανοητικά αποθέματα στερέψουν, δεν χρειάζεται να παραιτηθεί κάποιος. Μπορεί να χρησιμοποιήσει τις απεριόριστες υπερδυνάμεις του για την υλοποίηση της επιθυμίας του. Όπως ο Θεός είναι παντοδύναμος, έτσι και ο άνθρωπος, ενωνόμενος μ' Αυτόν συνειδητά με τη *Ράτζα Γιόγκα*, γίνεται παρόμοια πανίσχυρος.

Στην προσπάθεια να θεραπευτούν χρόνιες ασθένειες, να αποκτηθεί επιτυχία ή γαλήνη μέσω υλικών μέσων, υπάρχουν περιορισμοί. Τα πάντα κυβερνώνται από τον νόμο της αιτίας και του αποτελέσματος. Αν προσπαθείτε κι έχετε προσπαθήσει επανειλημμένα και παρ' όλα αυτά δεν πετύχατε να θεραπεύσετε τις σωματικές ή τις νοητικές σας ασθένειες, πρέπει να εντοπίσετε πού βρίσκονται οι περιορισμοί σας. Γιατί ελπίζετε και προσδοκάτε να έρθει η επιτυχία με τη χρήση μιας περιορισμένης δύναμης; Χρειάζεται να ανοίξετε την πόρτα μέσα σας και να μάθετε τις θαυματουργές υπερδυνάμεις με τις οποίες η ζωή μπορεί να αναπτυχθεί πλήρως. Αλλιώς, ζείτε διακινδυνεύοντας με το πεπρωμένο που οι ίδιοι δημιουργήσατε.

Κοιτάξτε την κατάσταση του νου τόσων ανθρώπων. Νομίζουν ότι είναι σοφοί – όλοι τους τρέχοντας να βγάλουν χρήματα για να ικανοποιήσουν τις επιθυμίες τους για ασφάλεια και απόλαυση. Μεταχειρίζονται τη ζωή τους σαν ένα τρένο που κατευθύνεται με ταχύτητα προς έναν μόνο στόχο – λεφτά, λεφτά. Μη χρησιμοποιώντας τη λογική για να δουν πού θα τους οδηγήσει αυτή η πορεία, παίζουν με υλικές φιλοδοξίες μέχρι που πεθαίνουν με άδεια χέρια. Τέτοια ζωή είναι ανούσια, δεν έχει νόημα. Ποιος είναι ο σκοπός της ζωής μας εδώ και στο επέκεινα; Οι Δάσκαλοι διδάσκουν τη μέθοδο με την οποία όλοι, ακόμα και οι πιο επιτυχημένοι στον υλικό τομέα, με όλες τις διασκεδάσεις και τις ανέσεις τους και τα πλούτη τους, μπορούν να κάνουν τη ζωή τους ολοκληρωμένη – σωματικά, νοητικά και πνευματικά.

Να συμπεριφέρεστε σαν κυρίαρχοι του εαυτού σας, καθοδηγούμενοι όχι από συνήθειες, αλλά από ελεύθερη βούληση και τη σοφία της συνειδητοποίησης του Θεού. Έχετε το προνόμιο και την επιλογή να δημιουργήσετε τον δικό σας παράδεισο ακριβώς εδώ· έχετε όλα τα μέσα για να το κάνετε. Ο Θεός σάς έδωσε τη δύναμη να Τον γνωρίσετε. Με τη *Ράτζα Γιόγκα* σάς έδωσε την επιστήμη ως προς το πώς μπορείτε να κατευθύνετε τον νου σας σ' Αυτόν – την πραγματική επιστήμη της προσευχής με την οποία μπορείτε να έρθετε σε επαφή με τον Θεό και να κοινωνήσετε μαζί Του.

Ιστορικά Καταγεγραμμένα Θαύματα

Θα αφηγηθώ λίγα αυθεντικά, ιστορικά αληθή, θαυματουργά κατορθώματα των γιόγκι της Ινδίας, που αποδεικνύουν ότι ζούσαν πολύ πιο μπροστά από τη σύγχρονη εποχή κι έκαναν θαύματα από την κατανόηση των οποίων η σύγχρονη υλική επιστήμη απέχει ακόμα πολύ.

Πριν από περίπου εβδομήντα χρόνια, οι άνθρωποι στην ιερή πόλη του Μπενάρες ήταν συνεπαρμένοι από τα θαύματα του Τραϊλάνγκα Σουάμι.[3] Ήταν διακοσίων πενήντα ετών και λέγεται ότι συνήθιζε να παραμένει κάτω από τα νερά του Γάγγη ή να επιπλέει στην επιφάνειά του για δύο ή τρεις μέρες συνεχόμενα· διάβαζε τον νου των ανθρώπων σαν βιβλίο· ήπιε δηλητηριώδη υγρά από γαβάθες χωρίς να πεθάνει, και απ' ό,τι φαινόταν είχε κάνει όλων των ειδών τα θαύματα, σαν τον Χριστό. Η ιστορία λέει ότι μια φορά τον έβαλαν στη φυλακή γιατί αγνόησε τους νόμους της πόλης. Το επόμενο λεπτό τον είδαν να περπατά στη στέγη. Είχε πολλές θαυμαστές δυνάμεις. Μπορεί η επιστήμη να μας δείξει κάποιον άλλον που να έζησε διακόσια πενήντα χρόνια;

Ένα ακόμα θαύμα της *Ράτζα Γιόγκα* έγινε από τον Σάντου Χαρίντας (Sadhu Haridas), όταν επέτρεψε να τον θάψουν ζωντανό κάτω από τη γη για έξι εβδομάδες. Τον δέκατο ένατο αιώνα, στην αυλή του Πρίγκιπα Ranjit Singh –αυτοκράτορα του Punjab– και με τη σφραγίδα Γάλλων και άλλων Ευρωπαίων γιατρών, το θαύμα του Σάντου Χαρίντας καταγράφηκε ιστορικά. Αφού το σώμα του Χαρίντας αλείφθηκε παντού με κερί, κλείστηκε μέσα σε σάκο ο οποίος ράφτηκε με προσοχή και μετά σφραγίστηκε σ' ένα πέτρινο φέρετρο, ο αυτοκράτορας έθαψε τον *σάντου* αρκετά μέτρα κάτω από τη γη στην αυλή των ανακτόρων. Υπήρξε επισταμένη παρακολούθηση του σημείου της ταφής για έξι εβδομάδες. Όταν πέρασαν οι έξι εβδομάδες, εκατομμύρια άνθρωποι ανέμεναν τα νέα της εκταφής του *σάντου*. Το φέρετρο ανοίχτηκε, το σάβανο και το κερί αφαιρέθηκαν και το σώμα εξετάστηκε από Γάλλους και Άγγλους γιατρούς οι οποίοι ανακοίνωσαν ότι ήταν νεκρός. Εντούτοις, λίγα λεπτά αργότερα ο Σάντου Χαρίντας ανοιγόκλεισε τα μάτια του και επανήλθε στη ζωή. Μπούμ! Βρόντηξε το κανόνι από τις επάλξεις του φρουρίου του αυτοκράτορα στη Λαχόρη (στο Punjab, στην Ινδία), αναγγέλλοντας και δηλώνοντας ότι ο Άγιος Χαρίντας ήταν ζωντανός. Σε οποιοδήποτε εμπεριστατωμένο ιστορικό βιβλίο για

---

[3] Βλ. *Αυτοβιογραφία Ενός Γιόγκι*, κεφ. 31.

την Ινδία υπάρχει καταγεγραμμένο αυτό το περιστατικό.

Ακόμα και σήμερα υπάρχουν άγιοι που μερικές φορές εκδηλώνουν δημόσια θαυματουργές δυνάμεις. Η μητέρα μου είδε τον Δάσκαλο του Δασκάλου μου, τον Λαχίρι Μαχασάγια, σε μια εκστατική κατάσταση κατά την οποία είχε διακόψει όλες τις ζωτικές λειτουργίες του σώματός του.[4] Θεωρείται όμως πνευματικός ξεπεσμός και βλασφημία των νόμων του Θεού η επίδειξη από τους μεγάλους γιόγκι των δυνάμεών τους μόνο και μόνο για να ικανοποιήσουν την επιπόλαια επιθυμία αυτών που τις αναζητούν από απλή περιέργεια. Πέρασε πολύς καιρός μέχρι να αναγνωρίσω τη θαυματουργή δύναμη του Δασκάλου μου, του Σουάμι Σρι Γιουκτέσβαρτζι, αν και είχα στενή επαφή μαζί του.

Ο Δάσκαλός Μου Μου Έδειξε την Ανεξάντλητη Δύναμη του Θεού

«Ο Σρι Γιουκτέσβαρ ήταν συγκρατημένος και πρακτικός στη συμπεριφορά του. Δεν είχε καμία σχέση με αόριστες ή ανόητες ουτοπίες. Τα πόδια του πατούσαν σταθερά στη γη, ενώ το κεφάλι του ήταν στο λιμάνι του παραδείσου. [...] Ο γκουρού μου ήταν απρόθυμος να συζητά για τα υπερφυσικά βασίλεια. Η μοναδική "θαυμαστή" του αύρα ήταν η απόλυτη απλότητα. Στις συζητήσεις απέφευγε αναφορές που ξάφνιαζαν· στις πράξεις του εκφραζόταν ελεύθερα. Πολλοί δάσκαλοι μιλούσαν για θαύματα αλλά δεν μπορούσαν να πραγματοποιήσουν κανένα· ο Σρι Γιουκτέσβαρ σπάνια ανέφερε τους λεπτοφυείς νόμους, αλλά μυστικά τους έθετε σε λειτουργία κατά τη βούλησή του.

»Ένας άνθρωπος που έχει συνειδητοποιήσει τον Εαυτό του δεν πραγματοποιεί κανένα θαύμα αν δεν λάβει μια εσωτερική άδεια», εξήγησε ο Δάσκαλος. "Ο Θεός δεν επιθυμεί να αποκαλύπτονται τα μυστικά της δημιουργίας Του χωρίς ιδιαίτερο λόγο. Επίσης κάθε άτομο στον κόσμο έχει το αναφαίρετο δικαίωμα της ελεύθερης βούλησής του. Ένας άγιος δεν παραβιάζει αυτήν την ανεξαρτησία του"».

– Αυτοβιογραφία Ενός Γιόγκι

---

[4] «Όλοι ένιωθαν δέος όταν έβλεπαν τη συνηθισμένη κατάσταση του Λαχίρι Μαχασάγια, κατά την οποία παρουσίαζε υπεράνθρωπα χαρακτηριστικά, όπως το ότι η αναπνοή του σταματούσε εντελώς, ότι δεν κοιμόταν ποτέ, ο σφυγμός και η καρδιά του σταματούσαν, τα ήρεμα μάτια του έμεναν ακίνητα για ώρες χωρίς ούτε ένα βλεφάρισμα και απέπνεε μια βαθύτατη αύρα γαλήνης. Κανένας επισκέπτης δεν έφευγε χωρίς να νιώσει πνευματική ανάταση· όλοι ήξεραν ότι είχαν λάβει μια σιωπηλή ευλογία από έναν αληθινό άνθρωπο του Θεού». – *Αυτοβιογραφία Ενός Γιόγκι*.

Έχω δει τον Γκουρού μου να κάνει πολλά θαύματα· και απ' όλα τα θαυμαστά πράγματα που μπορώ να πιστοποιήσω ως μάρτυρας, δηλώνω στον κόσμο ότι πήρα το πτυχίο μου του Πανεπιστημίου μέσω της θαυματουργής του δύναμης. Κατά τη διάρκεια της φοίτησής μου στο Πανεπιστήμιο συνήθιζα να τον επισκέπτομαι και να μένω μαζί του στο άσραμ του σχεδόν κάθε μέρα, απορροφημένος από τη σοφία της παρουσίας του και από την εξάσκηση στον διαλογισμό. Παραμέλησα τόσο πολύ τις σπουδές μου, που με δυσκολία μπορούσα να βρω τα βιβλία μου. Πέντε μέρες πριν τις εξετάσεις για το Πανεπιστήμιο, είπα στον Δάσκαλο ότι δεν θα πήγαινα στις εξετάσεις. Το ζεστό παρουσιαστικό του άλλαξε ξαφνικά και είπε: «Τότε κάθε σχέση μου μαζί σου παύει αυτή τη στιγμή». Επέμεινε και είπε: «Το μόνο που σου ζητώ είναι να *πας* στις εξετάσεις». Δήλωσε ότι θα περνούσα παρ' όλο που δεν είχα διαβάσει. Συμφώνησα απρόθυμα, καθώς σκεφτόμουν να εκτελέσω στην κυριολεξία τη διαταγή του «να πάω» και ότι θα γέμιζα τις απαντητικές σελίδες με τη διδασκαλία του.

Μετά μου ζήτησε, αρχικά ευγενικά και μετά σε έντονο τόνο, να ζητήσω τη βοήθεια κάποιου φίλου μου, του Ρομές Τσάντρα Ντατ, ενός άριστου μαθητή. Όλες τις ημέρες που διήρκεσαν αυτές οι εξετάσεις του πτυχίου, κάθε πρωί έπρεπε να ρωτώ τον Ρομές ό,τι ερωτήσεις μου έρχονταν στον νου και να θυμάμαι τις απαντήσεις του. Ο Ρομές με κατατόπιζε στα διάφορα θέματα και απαντούσε σ' όλες μου τις απορίες. Αυτό το πτυχίο του Πανεπιστημίου της Καλκούτα, από ορισμένες απόψεις, είναι πιο δύσκολο να αποκτηθεί ακόμα και από το πτυχίο του Χάρβαρντ. Υπάρχει πολλή αδικία και πολλές δυσκολίες που έχουν να αντιμετωπίσουν αυτοί που εξετάζονται. Έκανα ό,τι μου είπε ο Δάσκαλος· και κατά περίεργο τρόπο, έπεσαν στις εξετάσεις ακριβώς οι ερωτήσεις που ο Ρομές είχε καθοδηγηθεί χωρίς να το γνωρίζει να μου πει για να προετοιμαστώ, ή για τις οποίες μου είχε δώσει τις απαντήσεις κατά τη διάρκεια που με δίδασκε. Μετά την πρώτη μέρα, δήλωσα με αυτοπεποίθηση στον κόσμο πως θα περνούσα τις εξετάσεις· κι όταν πράγματι πήρα το πτυχίο μου, ο πατέρας και οι φίλοι μου, που είχαν χάσει κάθε ελπίδα ότι θα πετύχαινα, μου είπαν ότι είχα κάνει ένα θαύμα. Γι' αυτόν τον λόγο μου αρέσει να βάζω τον τίτλο του πτυχίου μου μετά το όνομά μου σε όλα τα βιβλία μου και τα άρθρα μου· ο τίτλος μού θυμίζει αυτή τη μοναδική εμπειρία και ευλογία που μου παρασχέθηκαν από τη θεϊκή δύναμη του Γκουρού μου.⁵ Όταν ρώτησα τον Δάσκαλο πώς μπόρεσε κι έγινε αυτό, απάντησε απλά ότι η πίστη, η εργασία, και η γνώση του υπέρ-νοητικού νόμου μπορούν να κάνουν θαύματα εκεί όπου οι υλικές προσπάθειες του ανθρώπου αποτυγχάνουν.

Θυμάμαι, ένας φίλος μου, βλέποντάς με να είμαι ένθερμος μαθητής του Δασκάλου και να παραμελώ τις σπουδές μου, μια φορά μου είπε σαρκαστικά: «Λυπάμαι, αλλά πρέπει να σου πω ότι ούτε ο Γκουρού σου ούτε ο Θεός θα σε κάνουν να περάσεις τις εξετάσεις». Λίγο με πίστη και λίγο για χάρη της διαφωνίας, απάντησα: «Γιατί όχι;». Εκείνη την ώρα δεν φανταζόμουν ότι θα έβλεπα ποτέ την εκπληκτική πραγματοποίηση της δήλωσής μου.

Ο Δάσκαλός μου ζει ακόμα στην Ινδία με σάρκα και οστά και δεν τολμώ να πω όλα τα θαυμαστά πράγματα που έχω δει.⁶ Μόνο αυτό μπορώ να πω: Σε ολόκληρο τον δυτικό κόσμο δεν βρήκα ούτε έναν σαν αυτόν. Θα δεχόμουν όλη τη φτώχεια, την πείνα, τις δυσκολίες της ζωής στην Ινδία, παρά την άνεση της αμερικάνικης ζωής, για να κάθομαι στα πόδια ενός σαν τον Δάσκαλό μου. Με το απλό άγγιγμα του χεριού ή των ποδιών ενός Δασκάλου που συνειδητοποίησε τον Θεό, ο δεκτικός μαθητής εκστασιάζεται από το μεγαλειώδες πνεύμα του Θεού.

Άμεση Γνώση των Νόμων της Αλήθειας

> «Η πνευματική πρόοδος δεν πρέπει να μετριέται με την επίδειξη εξωτερικών δυνάμεων, αλλά μόνο με το βάθος της μακαριότητας στον διαλογισμό. [...]
>
> »Πόσο γρήγορα κουραζόμαστε από τις γήινες απολαύσεις! Η επιθυμία για υλικά αγαθά δεν τελειώνει ποτέ· ο άνθρωπος ποτέ δεν ικανοποιείται πλήρως και επιδιώκει τον ένα σκοπό μετά τον άλλον.

---

⁵ Σύντομα μετά την ομιλία αυτή, ο Παραμαχάνσατζι σταμάτησε σταδιακά να χρησιμοποιεί τον πανεπιστημιακό του τίτλο, νιώθοντας ότι ο τίτλος αυτός είχε εξυπηρετήσει τον σκοπό για τον οποίο ο Σρι Γιουκτέσβαρ τον είχε βοηθήσει να αποκτήσει – να τον εισαγάγει δηλαδή σ' ένα σκεπτικιστικό ακροατήριο της Δύσης: «Κάποια μέρα θα πας στη Δύση», είχε πει ο Σρι Γιουκτέσβαρ. «Οι άνθρωποί της θα είναι πιο δεκτικοί στην αρχαία σοφία της Ινδίας αν ο περίεργος Ινδός δάσκαλος έχει πτυχίο Πανεπιστημίου».

⁶ Ο Σουάμι Σρι Γιουκτέσβαρ εισήλθε στο *μαχασαμάντι*, την τελική συνειδητή έξοδο ενός γιόγκι από το σώμα, στις 9 Μαρτίου 1936. (Βλ. *μαχασαμάντι* στο γλωσσάριο.)

Η Δύση, το 1927, δεν ήταν προετοιμασμένη για τις εμπνευσμένες αποκαλύψεις που αφθονούν στις ζωές των θεϊκών γιόγκι-Χριστών της Ινδίας, οι οποίες έγιναν γνωστές είκοσι χρόνια αργότερα με την έκδοση της *Αυτοβιογραφίας Ενός Γιόγκι* του Παραμαχάνσα Γιογκανάντα.

Το "κάτι άλλο" που ψάχνει είναι ο Κύριος, ο Οποίος και μόνο μπορεί να χαρίσει παντοτινή χαρά. [...]

»Όταν ο νους έχει καθαριστεί μέσω της Κρίγια Γιόγκα από τα εμπόδια των αισθήσεων, ο διαλογισμός αφήνει να λάμψει μια διπλή απόδειξη του Θεού. Η πάντα ανανεούμενη χαρά αποδεικνύει την ύπαρξή Του, που πείθει όλο μας το είναι. Επίσης, στον διαλογισμό βρίσκει κάποιος την άμεση καθοδήγησή Του, την επαρκή απάντησή Του σε κάθε δυσκολία».

– Σουάμι Σρι Γιουκτέσβαρ, στην Αυτοβιογραφία Ενός Γιόγκι

Οι Αμερικανοί που είναι καλοί ακροατές και αγαπούν την πραγματική πρόοδο τώρα θα έπρεπε να πάνε βαθύτερα αντί να ακούν απλώς το φιλοσοφικό μήνυμα της πνευματικής επιστήμης της Ινδίας. Θα πρέπει να μάθουν την τεχνική με την οποία τα ανυπέρβλητα θαύματα του νου μπορούν να κατανοηθούν, καθώς και τους ανώτερους νόμους που εφαρμόζονται για να κάνουν τη ζωή όχι μόνο οικονομικά επιτυχημένη, αλλά γεμάτη μακαριότητα σε όλες τις πλευρές της.

Η σκέψη και η γνώση είναι δύο διαφορετικά πράγματα. Αν ακολουθήσετε τα μαθήματα αυτής της διδασκαλίας *Ράτζα Γιόγκα* της Γιογκόντα (Yogoda),[7] θα έχετε κάτι που ποτέ πριν δεν είχατε στη ζωή σας – άμεση αντίληψη της αλήθειας. Ξέρω ότι μπορώ να ακολουθήσω όσα δίδαξαν ο Γκουρού μου και οι *Παραμγκούρου*[8] μου και να συνειδητοποιήσω τον Εαυτό μου αντί να υποφέρω από «πνευματική δυσπεψία» αποδεχόμενος τυφλά διάφορες πεποιθήσεις ή προσπαθώντας να τις αφομοιώσω διανοητικά. Η πεποίθηση που θεμελιώνεται στο δόγμα ή σε απλή διανοητική γνώση δεν μπορεί να σας στηρίξει για πολύ όταν οι αποδείξεις στον κόσμο την αντικρούουν. Πρέπει να έχετε τη δύναμη της πεποίθησης που γεννιέται από τη συνειδητοποίηση· τότε ακόμα και βουνά από εμπόδια δεν θα μπορούν να σταθούν στον δρόμο σας. Μπορείτε να αποδείξετε την αλήθεια που ο Χριστός και Μεγάλοι Δάσκαλοι κήρυξαν.[9] Εσείς φταίτε αν αφήνετε τον εαυτό σας να απατάται. Αναζητήστε τη σοφία!

---

[7] Η Yogoda Satsanga Society (βλ. γλωσσάριο) είναι το όνομα με το οποίο η κοινότητα του Παραμαχάνσατζι είναι γνωστή στην Ινδία. Χρησιμοποιούσε επίσης τον όρο *Yogoda* σε σχέση με το έργο του στην Αμερική τα πρώτα χρόνια.

[8] *Παραμγκούρου* σημαίνει τον γκουρού του γκουρού κάποιου (βλ. γλωσσάριο).

[9] «Εάν έχετε πίστη και δεν διστάσετε [...] και στο όρος αυτό πείτε "Σήκω και ρίξου στη θάλασσα", θα γίνει» (κατά Ματθαίο ΚΑ:21).

Δεν μπορείτε να μένετε αδρανείς· ασχοληθείτε με κάτι που να αξίζει. Αυτό είναι που μου δίδαξε ο Δάσκαλός μου. Όλο το ενδιαφέρον του ήταν να μας φέρει σε επαφή με τον Θεό. Οι άνθρωποι ανταλλάζουν την ευτυχία τους με την απόκτηση μικρών πραγμάτων. Ο Θεός είναι ο αποθηκάριος του σύμπαντος· αναζητήστε Τον και ολόκληρη η αποθήκη θα ανοίξει για σας. Η πραγματική εμπειρία του Θεού και η συνειδητοποίηση της αλήθειας είναι που θα σας φέρουν εκεί.

Η Εσωτερική Πόρτα για τη Θεϊκή Δύναμη και Μακαριότητα

> *«Πώς ο Χριστός ανέστησε το σταυρωμένο σώμα του; Πώς ο Λαχίρι Μαχασάγια και ο Σρι Γιουκτέσβαρ έκαναν θαύματα; Η σύγχρονη επιστήμη μέχρι τώρα δεν έχει απάντηση· αν και με τον ερχομό της Ατομικής Εποχής, οι ορίζοντες του νου των ανθρώπων σε όλο τον κόσμο διευρύνθηκαν ραγδαία. Η λέξη "αδύνατο" αρχίζει όλο και πιο πολύ να χάνει την εξέχουσα θέση της στο λεξιλόγιο του ανθρώπου».*
>
> – Αυτοβιογραφία Ενός Γιόγκι

Η επιτυχία, ο πλούτος, η θεραπεία χρόνιων ασθενειών, ο έλεγχος των συνηθειών – όλα μπορούν να επιτευχθούν. Αν εξαντλήσετε όλες τις υλικές μεθόδους και προσπάθειες, μη συνεχίζετε χωρίς ελπίδα να επιστρατεύετε αυτά τα ανίσχυρα παλιά μέσα. Ανοίξτε την εσωτερική πόρτα και η αναζωογονητική πνευματική δύναμη θα εισρεύσει μέσα απ' αυτήν – όλες οι αδυναμίες και οι αποτυχίες θα εξαφανιστούν. Γιατί να μην έχετε επίγνωση της βοήθειας του Θεού; Αποκτήστε την ηρεμία που γεννά η αυτοσυγκέντρωση στο Πνεύμα· η διαλογιστική ηρεμία είναι μια απεριόριστη δεξαμενή θεϊκής δύναμης.

Ο Θεός δεν είναι μεροληπτικός. Αν ακολουθείτε τον νόμο θα Τον βρείτε. Όταν Τον ανακάλυψα μέσα μου, Τον ανακάλυψα παντού. Ακόμα κι όταν ήμουν μικρό παιδί λαχταρούσα να βρω τον Θεό. Κάποτε έγραψα ένα γράμμα σ' Αυτόν. Ναι, πράγματι το έκανα· και το ταχυδρόμησα βάζοντας διεύθυνση «στον Θεό στον Παράδεισο». Σίγουρα όταν γράφουμε ένα γράμμα σε κάποιον περιμένουμε μια απάντηση. Όταν δεν ήρθε καμιά απάντηση, η αναμονή και η προσμονή μού προκάλεσαν ποταμούς δακρύων. Η απάντηση ήρθε επιτέλους – όχι με λέξεις τυπωμένες σε χαρτί, αλλά μ' ένα μεγάλο όραμα φωτός. Τι υπέροχο που ήταν! *Μπορείτε να λάβετε την απόκριση του Θεού αν προσπαθήσετε και δεν τα παρατήσετε.* Θέστε τις ερωτήσεις σας με σοβαρότητα και αγάπη μέσα από τον εσωτερικό σας εαυτό, στείλτε τες στον Θεό με τον βαθύ σας διαλογισμό και να είστε απόλυτα βέβαιοι ότι θα λάβετε την απάντησή σας.

Ο Κύριος μπορεί να πεισθεί να μας πλησιάσει μόνο με τον νόμο και με την αγάπη, με πραγματική εσωτερική κοινωνία, με ακατάπαυστη λαχτάρα μέχρι να υπάρξει ανταπόκριση απ' Αυτόν. Μόλις ο εξωτερικός τοίχος της άγνοιας σπάσει με τον επιστημονικό διαλογισμό, θα φανερώσει την πόρτα που οδηγεί στην παρουσία Του. Χτυπάτε την πόρτα δυνατά και συνεχίστε να το κάνετε επίμονα. Θα ανοίξει, και οι απεριόριστες δυνάμεις και η μακαριότητα του Θεού θα τεθούν υπό τον έλεγχό σας.

Διαβεβαιώστε μαζί μου: «Εγώ κι ο Πατέρας μου είμαστε Ένα· Αυτός μέσα μου κι εγώ μέσα Του. Η γαλήνη, η μακαριότητα, η παντοδυναμία, βασιλεύουν μέσα μου – στον Θεό μέσα μου».

Ανάσταση: Ανανεώνοντας και Μεταμορφώνοντας το Σώμα, τον Νου και το Πνεύμα Σας

Μια διάλεξη που έδωσε ο Παραμαχάνσατζι στους σπουδαστές του Κέντρου του στην Ουάσινγκτον, 7 Απριλίου, 1929[1]

Η σκέψη είναι άπειρη! Κάθε λέξη αντιπροσωπεύει μια ιδεώδη σύλληψη του Άπειρου, γιατί πίσω από κάθε λέξη και σκέψη βρίσκεται μια εκδήλωση του Πνεύματος. Πολλά κύματα σκέψης χορεύουν στα κύματα της συνειδητότητας· πίσω απ' αυτά όμως υπάρχει ο μεγάλος, ατελείωτος Ωκεανός της Αλήθειας. Οι εκφράσεις της σκέψης μας είναι κυματισμοί αυτού του ωκεανού της κατανόησης.

Ποιο είναι το νόημα της ανάστασης; Το να ζήσουμε πάλι! Να εγερθούμε σε μια ανανεωμένη ζωή! Τι εγείρεται ξανά – και πώς; Πρέπει να καταλάβουμε με ποιον τρόπο η ανάσταση σημαίνει ότι θα ζήσουμε ξανά. Τα πάντα υφίστανται μια διαδικασία αλλαγής. Αυτές οι αλλαγές είτε είναι επιζήμιες είτε ευεργετικές για το αντικείμενο που αλλάζει. Για παράδειγμα, αν πάρω ένα βρόμικο ποτήρι και το σπάσω στο πάτωμα θα αλλάξει, έτσι δεν είναι; Αυτή η αλλαγή όμως δεν θα είναι ευεργετική· θα είναι επιζήμια για το αντικείμενο. Αν όμως πλύνω το ποτήρι και το κάνω να λάμπει, αυτή η αλλαγή είναι ευεργετική. *Ανάσταση σημαίνει κάθε ευεργετική αλλαγή σ' ένα αντικείμενο ή σ' ένα ανθρώπινο ον.*

Μπορείτε να αναστήσετε τα παλιά σας έπιπλα στο μαγαζί του μαραγκού ή βάζοντάς τους καινούργια ταπετσαρία. Μπορείτε να αναστήσετε το σπίτι σας με τη βοήθεια αρχιτεκτόνων. Μιλάμε όμως για την ανάσταση του ανθρώπινου σώματος. Σ' αυτό το πλαίσιο, ανάσταση

---

[1] Κάτω από τη καθοδήγηση του Παραμαχάνσα Γιογκανάντα, τμήματα αυτής της ομιλίας, καθώς και άλλων προηγούμενων ομιλιών και άρθρων, ενσωματώθηκαν στα *Μαθήματα* του Self-Realization Fellowship.

σημαίνει κάθε αλλαγή που εξυψώνει. Δεν μπορείτε να μένετε ακίνητοι. Πρέπει να πάτε είτε προς τα μπροστά είτε προς τα πίσω. Αυτή είναι μια μεγάλη αλήθεια που εμπνέει, ότι δηλαδή στη ζωή δεν μπορείτε να μείνετε στάσιμοι. Πρέπει να αποδεχτείτε είτε τις αλλαγές που είναι επιζήμιες για σας είτε αυτές που είναι ευεργετικές για σας.

Κάθε ανθρώπινο ον είναι μια έκφραση του αχανούς, απροσμέτρητου Πνεύματος. Δεν είναι υπέροχο να βλέπουμε τον τρόπο με τον οποίο τα ανθρώπινα όντα, χωρίς κινητήρες, χωρίς καλώδια, χωρίς κάποια ορατή πηγή ενέργειας, κινούνται ομαλά; Η ανθρώπινη μηχανή ξυπνά το πρωί, τρώει πρωινό, πηγαίνει στη δουλειά, πηγαίνει για μεσημεριανό, γυρίζει στο γραφείο, τρώει δείπνο, πηγαίνει στον κινηματογράφο (ή ίσως απολαμβάνει κάποιο χόμπι στο σπίτι)· μετά πέφτει για ύπνο, για να ξυπνήσει και να κάνει τα ίδια ξανά, μέρα μπαίνει μέρα βγαίνει. Ως θνητά όντα, ελεγχόμαστε από κάτι που λειτουργεί σαν το ραδιόφωνο – από τη νοήμονα ενεργητική και ζωτική ενέργεια που ελευθερώνει ο Θεός μέσα από τους δημιουργικούς νόμους της Φύσης.[2] Τα πλοία μπορούν να κινηθούν με ραδιοκύματα· παρόμοια, ελεγχόμαστε από τις «ραδιοφωνικές εκπομπές» των φυσικών νόμων του άπειρου, πανταχού παρόντος Πνεύματος.

Το θέμα όμως είναι ότι δεν είμαστε αυτόματα μηχανήματα. Η ψυχή μας είναι μια αντανάκλαση του Πνεύματος. Όπως μια ακτίνα φωτός που πέφτει πάνω σε κινούμενο νερό διασπάται σε μυριάδες λαμπυρίσματα, έτσι και το Πνεύμα, καθώς λάμπει πάνω στη δονούμενη δημιουργία, έχει αντανακλαστεί μέσα της ως εξατομικευμένο Πνεύμα ή ψυχή σε κάθε ανθρώπινο σώμα και νου. Όμως, αν και αυτή η ψυχή είναι μια αντανάκλαση του Πνεύματος, έχει ταυτιστεί με το σώμα και έχει προσλάβει όλους τους περιορισμούς του σώματος και του νου. Ωστόσο προσπαθεί πολύ σκληρά, μέσα από διαδικασίες εξέλιξης, να αναστηθεί από τις διαστρεβλώσεις που προκαλούνται από τη σκλαβιά στο σώμα και στον νου. Αυτό όμως είναι ευκολότερο να λέγεται παρά να πραγματοποιείται, έτσι δεν είναι; Η ανάσταση της ανακλώμενης ψυχής-εικόνας σημαίνει την απομάκρυνσή της από την παραμορφωτική νευρικότητα της σωματικής συνειδητότητας και την επανένωσή της με το αρχικό, μη διαστρεβλωμένο Φως του Πνεύματος που διαποτίζει τα πάντα.

---

[2] *Πρακρίτι*: η ενεργή έκφραση του Πνεύματος ως Δημιουργού.

Θεωρία και Πρακτική

Υπάρχει μια ιστορία για κάποιον χαρισματικό ιεροκήρυκα[3] που συνάντησε τον Θεό στον Παράδεισο και Του είπε: «Δεν με θυμάσαι; Σ' έκανα γνωστό σε πλήθη κόσμου, σε μεγάλες αίθουσες διαλέξεων και τους έστειλα όλους στον Παράδεισο· ήταν τόσοι πολλοί που γέμιζαν βαγόνια ολόκληρα». Τότε ο Θεός είπε: «Ναι, τους έστειλες, αλλά κανείς τους δεν έφτασε εδώ». Μερικές φορές προσευχόμαστε θεωρητικά· και νομίζουμε πως αναστηθήκαμε από τα ελαττώματά μας, αλλά αυτό είναι μόνο στη φαντασία μας. Τα λόγια και οι πράξεις μας αποδεικνύουν κάτι διαφορετικό. Αναστήστε τον Εαυτό σας. Η ανάσταση δεν πρέπει να γίνει μόνο σε θεωρητικό επίπεδο· πρέπει να συμβεί στην πράξη. Βέβαια, ακόμα και η θεωρητική προσευχή είναι καλύτερη από το τίποτα, αλλά μερικές φορές είναι επιζήμια για την πρακτική κατανόηση.

Ας μελετήσουμε αρχικά τη νοητική ανάσταση. Στο ξεκίνημα της ζωής η ψυχή παίζει με το σώμα-εργαλείο· βαθμιαία σκλαβώνεται στο σώμα. Γι' αυτόν τον λόγο πρέπει να μάθουμε να ζούμε πάνω από το υλικό επίπεδο. Η νοητική ανάπτυξη είναι ένα προϊόν της υλικής ανάπτυξης ή εξέλιξης. Ανακαλύπτουμε, σύμφωνα με τη φυσική εξέλιξη, ότι η ψυχή ανασταίνεται στο επίπεδο της διανόησης ή στο επίπεδο της ευημερίας —εκδηλώνοντας τις μοναδικές ικανότητες των ανθρώπινων όντων— και μετά εξυψώνεται στο επίπεδο της πνευματικής συνειδητοποίησης η οποία δίνει ένα νόημα στην ευημερία και στα διανοητικά επιτεύγματα. Τα διανοητικά επιτεύγματα είναι αναμφίβολα χρήσιμα – όλα τα καλά πράγματα βοηθούν. Σταδιακά κατανοούμε τον τρόπο να αναστήσουμε το σώμα μέσα στο Πνεύμα, δίνοντας πνευματικό χαρακτήρα στο σώμα και στον νου ώστε να γίνουν κατάλληλα όργανα για να εκφράσουν το Πνεύμα.

Ανάσταση σημαίνει απελευθέρωση της ψυχής από το κλουβί της άγνοιας· εξύψωση της ψυχής και απαλλαγή της από τα δεσμά της θνητής συνειδητότητας. Η ανθρώπινη ζωή είναι μερικές φορές πολύ όμορφη, αλλά αυτός που είναι προσκολλημένος σ' αυτήν μοιάζει μ' ένα παραδείσιο πουλί μέσα σ' ένα κλουβί. Ανοίγεις το κλουβί, αλλά εξαιτίας της προσκόλλησης και της συνήθειας, το πουλί μπορεί να μη θέλει να πετάξει στην ελευθερία. Δεν είναι κρίμα που δεν θέλει να βγει έξω στην απέραντη ελευθερία απ' όπου προήλθε; Εντούτοις φοβάται. Κι εμείς επίσης, καθώς

---
[3] Ο Ευαγγελιστής Billy Sunday (William Ashley Sunday, 1862-1935), όπως αναφέρεται στην πνευματώδη σάτιρα *Heavenly Discourse* («Συζήτηση του Παραδείσου») του Charles Erskine Scott Wood.

αισθανόμαστε να γλιστράμε έξω από τη σωματική συνειδητότητα στον βαθύ διαλογισμό, μπορεί να σκεφτούμε: «Μήπως γλιστρήσω μέσα στο Άπειρο και δεν ξαναγυρίσω ποτέ πίσω;». Φοβόμαστε να δοκιμάσουμε τους ουρανούς της απεριόριστης συνειδητότητας. Έχουμε ζήσει για πάρα πολύ καιρό ταυτισμένοι με το σώμα· και τώρα δεν τολμάμε να εισέλθουμε στην άπειρη πανταχού παρουσία μας, φοβούμενοι να αναστήσουμε την παντοδυναμία και την παντογνωσία της ψυχής μας. Η ανάσταση της έμφυτης σοφίας μας από τα δεσμά του σώματος είναι πνευματική ανάσταση.

Η Σωματική Ελευθερία Δεν Είναι Πραγματική Ελευθερία

Θα μιλήσω τώρα για την ανάσταση του σώματος, για την προώθηση των αναζωογονητικών αλλαγών στο σώμα που είναι ευεργετικές για σας. Θα μιλήσω αρχικά για τους ζωντανούς-νεκρούς ανθρώπους που περπατούν στους δρόμους. Πολλοί νομίζουν ότι είναι ελεύθεροι επειδή μπορούν να σκέφτονται και να μιλούν, να κινούν τα χέρια και τα πόδια τους και να περπατούν ελεύθερα στους δρόμους της πόλης. Δεν είναι όμως ελεύθεροι. Είναι δέσμιοι, αλυσοδεμένοι από τη Φύση και από τις υποσυνείδητες συνήθειές τους, σαν υπνοβάτες. Υπάρχουν πολλών ειδών υλικά δεσμά. Αν δεν έχετε κατορθώσει να αναστήσετε τον εαυτό σας από τα δεσμά της αρρώστιας, για παράδειγμα, τότε είστε ακόμα φυλακισμένοι πίσω από τα σίδερα της ύλης. Το να αναστήσετε τον εαυτό σας από την αρρώστια μέσω του σωστού τρόπου διαβίωσης είναι εξαιρετικά αναγκαίο. Μετά από πολλά χρόνια βαθιάς έρευνας, ανακάλυψα με έναν απλό, περιεκτικό τρόπο πώς να είμαι υγιής – με το να έρχομαι σε επαφή με τη Συμπαντική Ενέργεια.[4]

Πρέπει επίσης να κατανοήσουμε την αξία της τροφής. Το κρέας είναι επιβλαβές για τον οργανισμό σας· εξίσου βλαβερό όμως είναι κι ένα ακατάλληλα μαγειρεμένο γεύμα λαχανικών με καταστραμμένες τις βιταμίνες. Αναστήστε τον νου σας από τις κακές συνήθειες της λανθασμένης διατροφής.

Οι βιταμίνες είναι απόλυτα αναγκαίες για τον οργανισμό για την αρμονική ανάπτυξη της σωματικής δύναμης. Οι βιταμίνες είναι οι εγκέφαλοι της τροφής. Οι βιταμίνες αναδιατάσσονται στον οργανισμό

---

[4] Την *πράνα*, τη νοήμονα ενέργεια, πιο λεπτοφυή από την ατομική ενέργεια, που συνιστά τη θεμελιώδη αρχή της ζωής του υλικού σύμπαντος. Η εξάσκηση των τεχνικών του Self-Realization Fellowship, κυρίως οι Ασκήσεις Ενεργοποίησης, καθιστούν κάποιον ικανό να επαναφορτίζει το σώμα μ' αυτή τη συμπαντική ενέργεια ή οικουμενική *πράνα* (βλ. γλωσσάριο).

ώστε να δώσουν ζωτικότητα στο σώμα. Είναι σπινθήρες που ανάβουν την πυρίτιδα των χημικών στοιχείων θέτοντάς τα σε δράση.

Τα σύκα που δεν είναι ραντισμένα με θειάφι και οι σταφίδες είναι τα ζαχαρωτά της φύσης. Τα κοινά σύκα και οι σταφίδες του εμπορίου είναι σαν τις μούμιες. Έχουν υποστεί επεξεργασία για να μη σαπίζουν· δεν έχουν όμως ζωή. Μπορείτε να συμπεριλάβετε στη διαθήκη σας αυτά τα σύκα κι αυτές τις σταφίδες και να τις αφήσετε για τις επόμενες γενιές ως οικογενειακό κειμήλιο! Τα αποξηραμένα από τον ήλιο σύκα διατηρούνται μόνο τρεις μήνες. Στα σύκα του εμπορίου εισέρχονται οι καπνοί του θειαφιού και σκοτώνουν όλες τις βιταμίνες. Δεν είναι πολύ κακό να διατηρείς πράγματα σκοτώνοντας το καλό τους μέρος;

Είναι καλό να βράζετε τα αυγά πολύ, επειδή μπορεί να περιέχουν μικρόβια από άρρωστες κότες.

Αν θυμάστε τους βασικούς κανόνες –άφθονα φρέσκα φρούτα και λαχανικά που δεν έχουν αλλοιωθεί από ακατάλληλο μαγείρεμα ή αποθήκευση, καρύδια, αναποφλοίωτα δημητριακά και μερικά γαλακτοκομικά προϊόντα– δεν θα διαπράττετε καμία παραβίαση των νόμων της φύσης.[5] Μόνο μετά από χρόνια πειραματισμού βρήκα την αποτελεσματικότητα όλων αυτών. Θα διακηρύξω αυτήν την πληροφορία. Η Φύση δεν θα ακούσει τις δικαιολογίες σας για τα τόσα χρόνια παραβίασης των νόμων της όσον αφορά την υγεία. Αν τρώτε λογικά, τότε, αν έχετε τη συνήθεια να παραβιάζετε κατά καιρούς μερικούς από τους νόμους, αυτό δεν πρόκειται να σας βλάψει τόσο πολύ.

Ποτέ δεν ένιωσα καλύτερα στη ζωή μου. Παρ' όλο που μερικές φορές αρρώσταινα όταν ήμουν νέος, τώρα έχω πολύ δυνατούς μυς. Φυσικά η Γιογκόντα [οι τεχνικές του Self-Realization Fellowship] κι όχι μόνο η τροφή, βοηθά σ' αυτό.

Πρέπει να Τρώτε Σωστά

Πρόσφατα συνάντησα έναν άνθρωπο του οποίου το όνομα ήταν Uncle Billy Ries – εβδομήντα εννέα ετών. Έχει καταφέρει να του φυτρώσουν πυκνά μαλλιά στο κεφάλι του που παλιότερα ήταν εντελώς

---

[5] Αν και ο Παραμαχάνσα Γιογκανάντα σύστηνε να περιέχει η καθημερινή διατροφή του ανθρώπου μια μεγάλη αναλογία ωμών φρούτων και λαχανικών, συμβούλευε: «Αν η διατροφή σας περιλάμβανε μέχρι τώρα κυρίως μαγειρεμένα φαγητά, εισαγάγετε σ' αυτήν τα ωμά φρούτα σταδιακά, μέχρι ο οργανισμός σας να συνηθίσει την αλλαγή. Όταν μαγειρεύετε λαχανικά, είναι καλύτερα να τα μαγειρεύετε στον ατμό αντί να τα βράζετε. Τα λαχανικά που μαγειρεύονται σε νερό θα πρέπει να τρώγονται με τον ζωμό τους».

Το κτίριο της διοίκησης της έδρας του Self-Realization Fellowship, το 1996. Απ' αυτήν την περιοχή των 75 στρεμμάτων στην κορυφή του Mt. Washington, με θέα στο Λος Άντζελες, οι διδασκαλίες της *Κρίγια Γιόγκα* που έφερε στη Δύση ο Παραμαχάνσα Γιογκανάντα διαδίδονται σε όλο τον κόσμο.

Το Κέντρο Άσραμ του Self-Realization Fellowship, στο Encinitas (Ενσινίτας), στην Καλιφόρνια, που ίδρυσε ο Σρι Γιογκανάντα το 1936. Στο Ερημητήριο (στο ακρωτήρι ψηλά πάνω από τον Ειρηνικό Ωκεανό) έγραψε την *Αυτοβιογραφία Ενός Γιόγκι* και άλλα έργα. Σήμερα το μέρος αυτό προσελκύει επισκέπτες απ' όλο τον κόσμο, που έρχονται να μείνουν εδώ στο Ησυχαστήριο του SRF ή να απολαύσουν τους όμορφους κήπους για διαλογισμό στην κορυφή του λόφου.

φαλακρό. Είπε ότι για χρόνια είχε μεγάλη κοιλιά και είχε υποκύψει στη σκέψη ότι θα πέθαινε στα είκοσι πέντε του χρόνια. Ανέστησε τον εαυτό του. Ξεκίνησε με τον συλλογισμό: «Αν υπάρχει Θεός, δεν έχει καμιά δουλειά να με κάνει να αρρωστήσω»· στη συνέχεια άρχισε να σκέφτεται ότι αυτό που του συνέβαινε έπρεπε να είναι δικό του λάθος. Βλέπετε, ανέσταινε τον εαυτό του από την ασθένεια την οποία ο ίδιος προσέλκυε συνεχώς πάνω του για πολλά χρόνια εξαιτίας του δικού του σφάλματος. Βρήκε ότι για το σώμα είναι απαραίτητα δεκαέξι στοιχεία. Έτσι, προσάρμοσε τη διατροφή του ανάλογα και βρήκε ξανά πλήρως την υγεία του. Δίνει κλοτσιά και πηδά ψηλά στον αέρα και είμαστε ισοδύναμοι στη μυϊκή δύναμη όταν συναγωνιζόμαστε. Είμαστε πολύ καλοί φίλοι. Μου έδωσε πολλές πολύτιμες πληροφορίες γύρω από την υγεία.

Αφού πρέπει να τρώτε, γιατί να μην τρώτε σωστά; Μπορεί να τρώτε ολόκληρα πλήρη γεύματα συχνά και εντούτοις να φυτοζωείτε· τα πλήρη γεύματα με άσπρο ψωμί και ζάχαρη και πίτες μπορεί να ικανοποιούν το αίσθημα της πείνας κάποιου, αλλά να τον σκοτώσουν σε λίγους μήνες. Γι' αυτό αναστήστε τον εαυτό σας από τη συνήθεια της κακής διατροφής. Ένας κροταλίας σας προειδοποιεί πριν σας επιτεθεί, αλλά οι παχιές σάλτσες και το λευκό αλεύρι δεν θα σας προειδοποιήσουν· έχουν πολύ ωραία εμφάνιση και γεύση. Οτιδήποτε άσπρο –ραφιναρισμένο αλεύρι, ζάχαρη και σιτηρά– δεν είναι πάντα ωφέλιμο· μερικές φορές τα καφέ πράγματα –τα μη αποφλοιωμένα, ακατέργαστα σιτηρά και η φυσική ζάχαρη των φρούτων και του μελιού– είναι πολύ καλά. Χρησιμοποιούσαμε ακατέργαστα δημητριακά μέχρι που η μηχανική κατεργασία έκανε την εμφάνισή της κι αρχίσαμε να επεξεργαζόμαστε τα διάφορα είδη· και τώρα, μ' έναν έμμεσο τρόπο, το πιο ωφέλιμο τμήμα αφαιρείται από τα σιτηρά. Με το λευκό ψωμί επέρχεται δηλητηρίαση του εντέρου. Δεν γίνεται να ζείτε με δυσκοιλιότητα. Η άσκηση του στομάχου της Γιογκόντα είναι εξαιρετικά αποτελεσματική για τη διευκόλυνση της πέψης και της απέκκρισης.[6]

Η Σοφία της Νηστείας

Επίσης, κάθε εβδομάδα θα πρέπει να νηστεύετε για μια μέρα με σκέτο χυμό πορτοκαλιού για να αναπαύσετε τα εσωτερικά όργανα του σώματος. Δεν θα πεθάνετε – θα *ζήσετε*! Μια φορά τον μήνα να

---

[6] Η οποία διδάσκεται ως μέρος των Ασκήσεων Ενεργοποίησης του Παραμαχάνσατζι στα *Μαθήματα* του *Self-Realization Fellowship*.

(Αριστερά) Ο συγγραφέας με τον Πρόεδρο του Μεξικού, Dr. Emilio Portes Gil, που ήταν μεγάλος θαυμαστής του Σρι Γιουκτάνδα και των διδασκαλιών του, στο Μεξικό, το 1929. *(Δεξιά)* Υποδεχόμενος τον Πρεσβευτή της Ινδίας στις Η.Π.Α. Binay R. Sen, την κυρία Sen και τον γενικό πρόξενο M. R. Ahura· στην έδρα του Self-Realization Fellowship, τον Μάρτιο του 1952.

νηστεύετε για δύο ή τρεις μέρες συνεχόμενα, πίνοντας μόνο πορτοκαλάδα.[7] Υπάρχει τόσο μεγάλη υποδούλωση στην ύλη - από τον φόβο μήπως κάποιος χάσει ένα γεύμα. Είναι προφανές ότι δεν ζούμε με το πνεύμα του Θεού όπως είχε κηρύξει ο Χριστός: «Είναι γραμμένο, με ψωμί μόνο δεν θα ζήσει ο άνθρωπος, αλλά με κάθε λόγο εξερχόμενο από το στόμα του Θεού».[8] Αναστήστε τον εαυτό σας απ' αυτήν την κακή νοητική συνήθεια να τρώτε παραπάνω απ' όσο πρέπει και από την υποδούλωση στον ουρανίσκο. Η νηστεία με χυμό πορτοκαλιού καθαρίζει κάθε κύτταρο. Τουλάχιστον μια φορά το μήνα πρέπει να κάνετε μια γενική καθαριότητα στο σώμα σας με νηστεία. Μην αφήνετε να συσσωρεύεται δηλητήριο στον οργανισμό σας. Όταν ξαφνικά αρρωσταίνετε σπεύδετε να προσευχηθείτε στον Θεό για γιατρειά. Μην αφήνετε τον εαυτό σας να αρρωστήσει. Ο πιο καλός και πιο απλός τρόπος να διατηρήσετε την υγεία σας είναι να νηστεύετε με χυμό πορτοκαλιού μία μέρα την εβδομάδα και δύο ή τρεις συνεχόμενες μέρες μια φορά τον μήνα. Αναστήστε την ψυχή σας από την ύπνωση των κακών συνηθειών στο φαγητό.

Πρέπει να αναστηθείτε σε πάρα πολλά θέματα για να φτάσετε στον Θεό. Για να καταστήσετε το σώμα κατάλληλο πνευματικά, δεν είναι αναγκαία μόνο η αυτοσυγκράτηση σε όλα τα πράγματα, αλλά εξίσου σημαντικά είναι και το φως του ήλιου και η σωματική άσκηση.

Αναστήστε τον Εαυτό Σας από τη Συνειδητότητα της Αρρώστιας

Μετά έρχεται το ζήτημα της ανάστασης του εαυτού σας από τη *συνειδητότητα* της αρρώστιας. Αυτό είναι πιο σημαντικό από το να προσπαθείτε να χρησιμοποιήσετε ακόμα και τον διαλογισμό ή υλικά μέσα για να βρείτε γιατρειά όταν είστε άρρωστοι. Σύμφωνα με πειράματα που διεξήχθησαν από Γερμανούς επιστήμονες, πολλοί άνθρωποι είναι καλύτερα όταν δεν αναλύουν συνεχώς τη σωματική τους κατάσταση

---

[7] Οι άνθρωποι που έχουν καλή υγεία κανονικά δεν θα πρέπει να έχουν καμία δυσκολία να νηστέψουν για δύο ή τρεις μέρες· πιο μακροχρόνιες νηστείες δεν πρέπει να γίνονται παρά μόνο μετά από ιατρική συμβουλή και με σωστή ιατρική παρακολούθηση. Οποιοσδήποτε υποφέρει από χρόνια ασθένεια ή κάποια οργανική ανωμαλία θα πρέπει να εφαρμόζει τις συστάσεις που αναφέρονται σ' αυτό το άρθρο σχετικά με τη διατροφή και την υγεία μόνο αφού συμβουλευθεί τον γιατρό του.

[8] Κατά Ματθαίο Δ:4.

ή όταν δεν υποφέρουν από νοητική αποθάρρυνση εξαιτίας των ασθενειών τους. Υπάρχει στενή σχέση μεταξύ του νου και του σώματος, οπότε η καταστροφή της συνειδητότητας της αρρώστιας είναι ζωτικά σημαντική. Πολλές φορές γίναμε καλά από αρρώστιες, αλλά η συνειδητότητα της ασθένειας τις επανεμφάνισε.

Καθώς διαλογιζόταν αργά ένα βράδυ, ένας άγιος είδε το φάντασμα της φοβερής ασθένειας της ευλογιάς να μπαίνει στο χωριό όπου ζούσε. «Σταμάτα κύριε Φάντασμα!», φώναξε. «Φύγε. Δεν πρέπει να ενοχλήσεις μια πόλη στην οποία προσκυνώ τον Θεό».

«Θα πάρω μόνο τρεις ανθρώπους», απάντησε το φάντασμα, «σύμφωνα με το συμπαντικό καρμικό μου καθήκον». Σ' αυτό ο άγιος έγνεψε συναινώντας λυπημένα.

Την επόμενη μέρα τρία άτομα πέθαναν από ευλογιά. Τη μεθεπόμενη μέρα όμως πέθαναν αρκετοί ακόμα και κάθε μέρα από τότε υπέκυπταν κι άλλοι στη φρικιαστική αρρώστια. Σκεπτόμενος ότι το φάντασμα τον είχε εξαπατήσει άσχημα, διαλογίστηκε βαθιά και το κάλεσε. Όταν εμφανίστηκε, ο άγιος το μάλωσε.

«Κύριε Φάντασμα, όταν μου είπες ότι θα πάρεις μόνον τρεις ανθρώπους με την ευλογιά σου με εξαπάτησες και δεν είπες την αλήθεια».

Το φάντασμα όμως απάντησε: «Στο όνομα του Μεγάλου Πνεύματος, σας είπα την αλήθεια».

Ο άγιος επέμεινε. «Υποσχέθηκες ότι θα έπαιρνες μόνο τρία άτομα αλλά στην αρρώστια υπέκυψαν δεκάδες άνθρωποι».

«Πήρα μόνο τρεις», είπε το φάντασμα. «Οι υπόλοιποι σκότωσαν τον εαυτό τους από τον φόβο τους».

Πρέπει να αναστήσετε τον νου σας από τη συνειδητότητα της ασθένειας – από τη σκέψη της ασθένειας. Είστε το άτρωτο Πνεύμα· τώρα όμως το σώμα κυβερνά τον νου. Ο νους πρέπει να κυβερνά το σώμα. Τότε το σώμα δεν θα δέχεται επιδράσεις από το περιβάλλον ή την κληρονομικότητα. Ο λανθασμένος τρόπος ζωής στο υλικό επίπεδο διδάχθηκε στις γενιές από τους αρχικούς προγόνους μας οι οποίοι υπέκυψαν στην αυταπάτη των θνητών. Συχνά εμφανίζονται αρρώστιες μόνο και μόνο γιατί διεγείρατε τη συνειδητότητα της αρρώστιας που κληρονομήσατε από τους προπάππους σας κι έτσι ενισχύσατε την ευαισθησία σας σ' αυτές. Θα πρέπει πάντα να θυμάστε ότι αν το Πνεύμα απέσυρε τη νοήμονα «τηλε-εκπεμπόμενη» ενέργεια που δραστηριοποιεί τη δημιουργία, θα πεθαίνατε επί τόπου, σαν ένα πουλί που το πυροβόλησαν· παρ' όλη την αίγλη σας και όλα τα χρήματά σας, δεν θα μπορούσατε να ζήσετε. Πρέπει να αναγνωρίσετε ότι ζείτε αποκλειστικά και άμεσα με τη δύναμη του Θεού. Αναστήστε τον εαυτό σας από τη συνειδητότητα της σωματικής ασθένειας. Δεν δημιούργησε ο Θεός την αρρώστια. Αναστήστε τον εαυτό σας από τη συνειδητότητα της αρρώστιας που πέρασε σ' εσάς από τους προγόνους σας. Μη σας πτοούν οι δυσκολίες· μη φοβάστε. Αυτές είναι οι αλήθειες που κηρύσσονται στην Ινδία εδώ και αιώνες. Αλήθειες που θα σας απελευθερώσουν!

Μετά, σειρά έχει η ανάσταση από τις νοητικές μας συνήθειες. Ο μεταξοσκώληκας υφαίνει ένα κουκούλι γύρω του. Τότε, πριν προλάβει να αναπτυχθεί ώστε να βγάλει φτερά και να βγει από το κουκούλι, ο παραγωγός τον πιάνει κι έτσι ο μεταξοσκώληκας ψοφά μέσα στη φυλακή που ο ίδιος δημιούργησε. Όλοι είμαστε παγιδευμένοι με τον ίδιο τρόπο. Πριν αναπτυχθούμε πνευματικά, υφαίνουμε ανόητα γύρω μας ένα κουκούλι από φόβο, στενοχώρια και άγνοια, μέχρι που έρχονται η αρρώστια και ο θάνατος και μας σκοτώνουν. Είμαστε δέσμιοι με δεσμά που οι ίδιοι δημιουργήσαμε. Τι είναι το πιο καταστροφικό; Οι δικές μας λανθασμένες σκέψεις, ο δικός μας εσφαλμένος τρόπος ζωής – το να σκεφτόμαστε χωρίς να χρησιμοποιούμε τη διάκριση και να πράττουμε ανάλογα. Πρέπει να αναστήσουμε τον εαυτό μας από σκέψεις θυμού που μας σκοτώνουν πνευματικά, από τις σκέψεις που τρέφουν την ιδιοτέλεια, από την αντάρα της δυσαρμονίας στη ζωής μας.

«Άσε τους Νεκρούς να Θάψουν τους Νεκρούς Τους»

Πολλοί άνθρωποι νομίζουν ότι είναι ξύπνιοι αλλά δεν είναι. Συνήθως είναι απλώς νεκροί που περπατούν. Έχετε ακούσει για υπνοβάτες που φωνάζουν «φωτιά» ή που δίνουν διαλέξεις. Οι περισσότεροι άνθρωποι είναι σαν αυτούς. Δεν εννοώ τους σπουδαστές της Γιογκόντα ή αυτούς που ζουν τη ζωή της αλήθειας. Ο Ιησούς είπε: «Άσε τους νεκρούς να θάψουν τους νεκρούς τους».[9] Κάποιος επρόκειτο να θαφτεί κάτω από το χώμα από κάποιον που ήταν ήδη θαμμένος κάτω από το χώμα της άγνοιας. Θα πρέπει να βοηθάτε να αναστηθούν αυτοί που έθαψαν τον εαυτό τους κάτω από τον εσφαλμένο τρόπο ζωής τους. Για να το κάνετε αυτό, πρέπει να μπορείτε να χαμογελάτε μέσα από τη δική σας αναστημένη ψυχή. Όταν λέω να χαμογελάτε δεν εννοώ να κάνετε γκριμάτσες. Κάθε φορά που χαμογελάτε όταν ο Θεός χαμογελά μέσα

---

[9] Κατά Λουκά Θ:60.

από την καρδιά, μέσα από την ψυχή, και όταν τότε η ψυχή χαμογελά μέσα από την καρδιά και η καρδιά χαμογελά μέσα από τα μάτια, τότε ο Πρίγκιπας του Χαμόγελου ενθρονίζεται στην ουράνια όψη σας. Μην αφήσετε καμία ατίθαση υποκρισία να την καταστρέψει. Να χαμογελάτε ακόμα και μέσα στην καταιγιστική οχλαγωγία των βασάνων γύρω σας.

Ο Θεός γνωρίζει ότι κλυδωνίζεστε σε μια θάλασσα βασάνων επειδή έχετε δημιουργήσει οι ίδιοι μια ομίχλη άγνοιας που σας εμποδίζει να δείτε το πανταχού παρόν Πνεύμα που διαποτίζει τα πάντα. Γνωρίζει ότι τα έχετε χαμένα μέσα στη μικρή φυσαλίδα της ζωής σας και πρέπει να παλέψετε με τις καταιγίδες γύρω σας. Γνωρίζει όμως επίσης ότι προχωράτε προς Αυτόν. Όταν έρχονται δυσκολίες, να προσεύχεστε στον Πατέρα: «Βρίσκομαι σε μια σκοτεινή θάλασσα αλλά άκουσα το κάλεσμά Σου. Ξέρω ότι γνωρίζεις πως έρχομαι». Πρέπει να παλέψετε· ακόμα κι αν φαίνεται ότι δεν αντέχετε άλλο, πρέπει να παλέψετε, πρέπει να μην παραιτηθείτε. Τότε, όταν τα σύννεφα εξαφανιστούν και η ευτυχία και η ευημερία επανέλθουν, θα ξεχάσετε τις δοκιμασίες που περάσατε.

Οι δοκιμασίες δεν έρχονται για να σας καταστρέψουν, αλλά για να σας βοηθήσουν να εκτιμήσετε περισσότερο τον Θεό. Δεν στέλνει ο Θεός αυτές τις δοκιμασίες. Τις έχετε δημιουργήσει εσείς – είναι τα αποτελέσματα των συνειδητών ή μη συνειδητών πράξεών σας του παρελθόντος κάπου, κάποτε. Τον εαυτό σας πρέπει να κατηγορείτε γι' αυτές· μην επιτρέψετε όμως στον εαυτό σας να νιώσει σαν αποτέλεσμα σύνδρομο κατωτερότητας. Το μόνο που έχετε να κάνετε για να ξεπεράσετε τις δοκιμασίες σας είναι να αναστήσετε τη συνειδητότητά σας από το περιβάλλον της πνευματικής άγνοιας. Πάντα να διαβεβαιώνετε τον εαυτό σας: «Ουράνιε Πατέρα, ξέρω ότι προστρέχεις για να με βοηθήσεις και ότι θα Σε δω να φωτίζεις τα σκοτεινά σύννεφα. Σ' αυτήν την τρικυμιώδη θάλασσα της δοκιμασίας είσαι ο πολικός αστέρας των ναυαγισμένων σκέψεών μου».

Τι φοβάστε; Είστε αθάνατοι. Δεν είστε ούτε άντρας ούτε γυναίκα, όπως μπορεί να νομίζετε, αλλά ψυχή, χαρούμενη, αιώνια. Μην ταυτίζετε την αθανασία σας με ανθρώπινες συνήθειες· οι συνήθειες είναι οι πιο θανάσιμοι εχθροί σας. Όπως ο Ιησούς μπόρεσε να εκδηλώσει την αγάπη του και να πει όταν δοκιμάστηκε με τόσο οδυνηρό τρόπο: «Πατέρα, συγχώρησέ τους γιατί δεν ξέρουν τι κάνουν», έτσι κι εσείς θα πρέπει να γίνετε ικανοί να συγχωρείτε τους άλλους ακόμα και εν μέσω σοβαρών δεινών και να λέτε: «Η ψυχή μου έχει αναστηθεί. Η δύναμη μου να υπερβαίνω τις δοκιμασίες είναι μεγαλύτερη απ' όλες αυτές τις δοκιμασίες μου γιατί είμαι παιδί του Θεού». Αυτοί που μπορούν να λάβουν τον Θεό είναι αυτοί που αναπτύσσουν τις νοητικές τους δυνάμεις με τη σοβαρή εφαρμογή των πνευματικών νόμων. Όταν οι νοητικές σας δυνάμεις διευρυνθούν, η δυνατότητά σας συνειδητοποίησης θα αυξηθεί αρκετά ώστε να χωρέσει τον Ωκεανό της Γνώσης. Τότε θα έχετε αναστήσει τον εαυτό σας.

Κάντε το Καλό και Ρίξτε το στον Γιαλό

Το περασμένο Πάσχα γιορτάστηκε η ανάσταση του Ιησού, του οποίου η ζωή αποτέλεσε τόσο σπουδαίο παράδειγμα. Μερικοί άνθρωποι στους οποίους κάνετε καλό μπορεί να γυρίσουν και να σας χαστουκίσουν. Η προσδοκία να σας αποζημιώσουν για το καλό που κάνατε είναι κακία, είναι μικροπρέπεια. Κάντε το καλό και ρίξτε το στον γιαλό – ξεχάστε το. Αν ο διπλανός σας σας χαστουκίσει, απλώς σκεφτείτε ότι τόσο του κόβει· μην το πείτε όμως φωναχτά. Αναστήστε τον εαυτό σας από τη μικροπρέπεια της ζωής, τα ασήμαντα πράγματα που σας ενοχλούν.

Σκέφτεστε ποτέ ότι η ζωή σάς φέρθηκε πολύ άσχημα – νιώθετε ταραγμένοι, διαλυμένοι, μαστιγωμένοι, αδύναμοι; Εξαφανίστε τέτοιες σκέψεις! Έχετε δύναμη· δεν τη χρησιμοποιείτε. Έχετε όλη τη δύναμη που χρειάζεστε. Δεν υπάρχει τίποτα πιο μεγάλο από τη δύναμη του νου. Αναστήστε τον νου σας από τις ασήμαντες συνήθειες που σας κρατούν όλη την ώρα δεμένους με τον γήινο κόσμο. Χαμογελάστε μ' αυτό το αιώνιο χαμόγελο – αυτό το χαμόγελο του Θεού. Χαμογελάστε μ' αυτό το πανίσχυρο, ισορροπημένα αμέριμνο χαμόγελο – αυτό το χαμόγελο των εκατομμυρίων δολαρίων που κανείς δεν μπορεί να σας κλέψει.

Πριν από αρκετά χρόνια, όταν ήμουν σ' ένα τρένο για το Λος Άντζελες, συνάντησα έναν άντρα του οποίου οι τρόποι και το γενικότερο παρουσιαστικό αμέσως μου τράβηξαν την προσοχή. Ήταν ένας καλοντυμένος, προφανώς πλούσιος επιχειρηματίας, και όλα έδειχναν ότι ήταν ευλογημένος να έχει όλα τα καλά πράγματα της ζωής και είχε κάθε λόγο να είναι ευτυχισμένος. Παρ' όλα αυτά τον λυπήθηκα γιατί απέπνεε βαθιά μελαγχολία. Αναρωτήθηκα: «Τι συμβαίνει μ' αυτόν τον άνθρωπο; Φαίνεται να έχει θαφτεί κάτω από την επίπλαστη συνήθεια της μελαγχολίας. Πρέπει να τον αναστήσω».

Κοιτάζοντάς τον στα μάτια, τον ρώτησα: «Είστε ευτυχισμένος;». Προσπάθησε να με αποθαρρύνει μ' ένα αγριεμένο βλέμμα, αλλά συνέχισα να τον κοιτώ στα μάτια. Σκέφτηκα ότι με τη ματιά του με είχε ήδη δολοφονήσει στον νου του, οπότε δεν θα μπορούσε να με σκοτώσει ξανά. Στο τέλος μίλησε: «Δεν είναι δική σας δουλειά αυτό». «Είναι», απάντησα. «Ανασταίνω τους ζωντανούς νεκρούς».

Μετά από λίγο απάντησε: «Ναι, είμαι ευτυχισμένος». «Όχι», επέμεινα. «Μπορώ να ξέρω τι υπάρχει στον νου των ανθρώπων».

«Γιατί να μην είμαι ευτυχισμένος;», ανταπάντησε. «Βάζω πενήντα με εξήντα χιλιάδες δολάρια το μήνα στην τράπεζα». «Καημένη ψυχή!», σκέφτηκα, συνειδητοποιώντας ότι πίστευε ότι η ευτυχία του ήταν η κατάθεση αυτών των μεγάλων χρηματικών ποσών στην τράπεζα. Είπα όμως: «Αύριο μπορεί να μην είστε εδώ και να μην μπορείτε να έχετε ούτε ένα δολάριο μαζί σας. Έχετε ανοίξει "τον τραπεζικό σας λογαριασμό" με τον Θεό;».

Αργότερα με κάλεσε σε γεύμα, αλλά συνέχισε να είναι εσωτερικά ανταγωνιστικός μαζί μου. Μετά μιλήσαμε πάλι και έγινε πιο λογικός. «Μη βασίζεστε στα πλούτη», τον συμβούλεψα. «Μπορεί να πεθάνετε και να μην έχετε καν την ευκαιρία να γράψετε τη διαθήκη σας. Αυτά τα υλικά πλούτη δεν είναι δικά σας. Ανοίξτε τον "τραπεζικό σας λογαριασμό" με τον Θεό».

Είχε αρχίσει να ενδιαφέρεται κι έτσι μου πρότεινε να τον επισκεφτώ στη Βοστόνη. «Επισκεφθείτε με εσείς στο Λος Άντζελες», αντέτεινα. Δεν είχε χρόνο όμως. Αργότερα, όταν βρέθηκα στη Βοστόνη, έμεινα στο ξενοδοχείο στο οποίο μου είπε ότι είχε μείνει. Όταν ρώτησα γι' αυτόν, ο διευθυντής του ξενοδοχείου μού είπε: «Δεν ξέρετε τι του συνέβη; Ερχόταν από έναν αγώνα χόκεϋ και τον χτύπησε ένα φορτηγό. Ποτέ δεν ανέκτησε τις αισθήσεις του». Λυπήθηκα πολύ. Είχε αφυπνιστεί λίγο, αλλά όχι αρκετά.

Η Αγκαλιά της Αθανασίας

Αν είστε συντονισμένοι με το Άπειρο, θα ξέρετε ότι είτε η φύση διαλύσει το σώμα σας είτε όχι, είστε στην αγκαλιά της Αθανασίας, στην αγκαλιά αυτής της άπειρης ασφάλειας. Αναστήστε τον εαυτό σας από τη συνειδητότητα των ανθρώπινων συνηθειών και των σκέψεων που απορρέουν απ' αυτές. Ζήστε το κάθε δευτερόλεπτο με τη συνειδητότητα της σχέσης σας με το Άπειρο. Μόνο αυτή είναι αιώνια· είναι το μοναδικό πράγμα που θα ζει για πάντα. Δεν το λέω αυτό για να σας φοβίσω, αλλά για να σας κάνω να καταλάβετε πιο γρήγορα, να σας κάνω να επισπεύσετε τις προσπάθειές σας, ώστε να μην κρατάτε την ψυχή σας θαμμένη κάτω από μια ψεύτικη ικανοποίηση.

Ανοίξτε τον «τραπεζικό σας λογαριασμό» με τον Θεό – δεν θα χαθεί ποτέ. Μπορείτε να τον χρησιμοποιήσετε σε όλα τα ταξίδια σας, τώρα και στην αιωνιότητα, είτε στο γήινο επίπεδο είτε σε κάποιο αστρικό. Θα πρέπει να λέτε στον εαυτό σας: «Θα πετάξω από αστέρι σε αστέρι· είτε σ' αυτήν είτε στην άλλη πλευρά της αιωνιότητας, είτε ξεχύνομαι μέσω των κυμάτων της ζωής από μόριο σε μόριο –πετώντας με τα φώτα ή στροβιλιζόμενος με τ' αστέρια ή χορεύοντας με ανθρώπινες ζωές– είμαι ένας αθάνατος! Ανέστησα τον εαυτό μου από τη συνειδητότητα του θανάτου».

Αναστήστε τον εαυτό σας από τον θυμό, τη μελαγχολία, τις αποτυχίες. Πρέπει να επιτύχετε να μάθετε ότι είστε παιδί του Θεού. Η επιτυχία δεν περιορίζεται σε πνευματικά θέματα. Πρέπει να πετύχετε σε όλα. Αναστηθείτε από τη συνειδητότητα της αρρώστιας, από τις νοητικές συνήθειες και την αδυναμία. Να έχετε ένα δυνατό χαμόγελο που ποτέ δεν θα σβήσει από δυσμενείς περιστάσεις.

Η Πνευματική Ανάσταση

Μετά έρχεται η πνευματική ανάσταση. Πνευματική ανάσταση σημαίνει μεταφυσική χαλάρωση, απόσυρση της συνειδητότητας από την επίμονη συνήθεια της ταύτισης με το σώμα σας. Με τον διαλογισμό απελευθερώνεστε από την ταύτιση με το νοητικό σώμα ακινητοποιώντας τον αεικίνητο νου που είναι ταυτισμένος με τις αισθήσεις. Πρέπει παρόμοια να χαλαρώσετε τη ζωική δύναμη από τα εσωτερικά υλικά όργανα κι έτσι να απαλλαγείτε από τη συνειδητότητα του σώματος. Μ' αυτή τη χαλάρωση από την αρπάγη της σωματικής συνειδητότητας απελευθερώνεστε· αποκαλύπτεται η φύση της ψυχής σας και γνωρίζετε ότι μπορείτε να ζείτε χωρίς το σώμα αν και ζείτε μέσα στο σώμα· είναι ξεχωριστό από σας. Η ανάσταση δεν είναι μια αλλαγή που συμβαίνει μόνο μετά τον θάνατο. Πρέπει να αναστηθείτε ενόσω ζείτε σ' αυτό το σώμα. Το κάνετε κάθε βράδυ στον ύπνο σας, ο οποίος είναι μια ανάσταση της οποίας δεν έχετε συνείδηση. Πρέπει να μάθετε να το κάνετε στον διαλογισμό, που είναι συνειδητή ανάσταση. Υπήρξαν στην Ινδία άγιοι που αφού μπήκαν συνειδητά σε μια κατάσταση όμοια με του θανάτου, θάφτηκαν για αρκετές μέρες κάτω από το χώμα και μετά την εκταφή τους ανέκτησαν τις αισθήσεις τους και τη συνειδητότητά τους. Απέδειξαν ότι η ανάσταση του σώματος είναι εφικτή.[10] Ο Άγιος Παύλος, ο Άγιος Ιωάννης και άλλοι μαθητές του Χριστού γνώριζαν επίσης την επιστήμη της συνειδητής χαλάρωσης του δεσμού της ζωής με το σώμα κατά τον διαλογισμό, καθώς και την επαναφορά του δεσμού αυτού κατά βούληση – ο Άγιος Παύλος, έτσι, διακήρυξε: «Κάθε μέρα πεθαίνω».[11] Το να ζει κάποιος χωρίς καθόλου φαγητό είναι μια άλλη μορφή ανάστασης.

Η ανάσταση του Ιησού Χριστού είναι διαφορετική. Είναι ανώτερη. Αυτή η ανώτερη ανάσταση σημαίνει ότι καταλαβαίνεις τη δημιουργία – πώς να απελευθερώσεις την ψυχή από τα δεσμά της άγνοιας, της μεγάλης απατηλής δύναμης της *μάγια*.

Δεν έχουμε υλική υπόσταση παρά μόνο με την οικουμενική έννοια. Το σώμα που βλέπετε δεν είναι τίποτα άλλο από υλοποιημένη ενέργεια. Πώς θα μπορούσε η ενέργεια να αρρωστήσει; Η αρρώστια είναι μια αυταπάτη. Το να λέτε όμως απλώς ότι είναι αυταπάτη δεν αρκεί. Αν σ' ένα όνειρο δείτε ότι χτυπήσατε το κεφάλι σας-όνειρο σ' έναν τοίχο-όνειρο θα πάθετε ένα ονειρικό κάταγμα κρανίου. Μόλις ξυπνήσετε γίνεστε καλά από το ονειρικό σας τραύμα. Η Γιογκόντα διδάσκει ότι μόνο με την επαφή με τον Θεό μπορεί κάποιος να δει ότι ο Θεός έγινε το σύμπαν και ότι το ανθρώπινο σώμα –και οτιδήποτε άλλο– δεν είναι παρά μια μάζα συμπυκνωμένης ενέργειας· και ότι η ενέργεια είναι «παγωμένη» Συμπαντική Συνειδητότητα ή Θεός. Δεν πρέπει να την ονομάζουμε νου. Ο νους είναι διαφορετικός. Το να λέμε ότι τα πάντα είναι νους δεν είναι σωστό. Είναι η Συμπαντική Συνειδητότητα που μας κάνει να έχουμε επίγνωση των διαφορετικών πραγμάτων, να έχουμε μια συνειδητότητα αυτού που ονομάζουμε ύλη και μια συνειδητότητα του Πνεύματος.

Έχω γράψει με σαφήνεια στις *Επιστημονικές Θεραπευτικές Διαβεβαιώσεις*[12] το γιατί δεν βλέπουμε το Πνεύμα στην ύλη. Ο Ιησούς Χριστός είχε τη δύναμη να το βλέπει. Ανάσταση δεν σημαίνει μόνο την ανάσταση του σώματος και της ψυχής σε μια άλλη σφαίρα ύπαρξης,

---

[10] Βλ. ιστορία του Σάντου Χαρίντας στη σελ. 359.

[11] Προς Κορινθίους Α' ΙΕ:31.

[12] Στα Αγγλικά, *Scientific Healing Affirmations*. Έχει μεταφραστεί στα Ελληνικά. Δημοσιεύονται και τα δύο από το Self-Realization Fellowship.

όπως έκανε ο Ιησούς, αλλά το να αλλάζει κάποιος τα άτομα του σώματος (καθώς και να τα καθιστά πνευματικά και να τα απελευθερώνει μαζί με τον νου). Τα πάντα –το δέρμα, τα μαλλιά, τα μάτια– δεν είναι τίποτα άλλο από παγωμένη ενέργεια και παγωμένη συνειδητότητα του Θεού. Όταν ο Πέτρος έκοψε το αυτί του εκατόνταρχου, ο Ιησούς το αποκατέστησε. Πώς; Τα άτομα και τα μόρια τον υπάκουσαν γιατί *ήξερε* ότι τα άτομα ελέγχονται από τη συνειδητότητα του Θεού. Δεν σας υπακούν γιατί δεν είστε συντονισμένοι μ' αυτήν την ελεγκτική δύναμη της Συμπαντικής Συνειδητότητας που συγκρατεί αυτό εδώ το λουλούδι σαν λουλούδι. Έχετε την ψευδαίσθηση ότι η ύλη είναι μια στερεή πραγματικότητα. Με τον διαλογισμό θα μπορέσετε να διαχωρίσετε την ψυχή από την ψευδαίσθηση του στερεού σώματος. Θα μάθετε ότι η συμπαντική χρυσή χορδή που ενώνει τα άτομα και τα μόρια είναι η τρυφερή συνειδητότητα του Πνεύματος. Μ' αυτή τη χορδή ο Θεός ενώνει τα άτομα ώστε να σχηματίσουν ένα λουλούδι ή ένα ανθρώπινο σώμα. Παίρνει μυριάδες ηλεκτρόνια, όπως ένα παιδί που δίνει μορφή στον πηλό, και τα ρίχνει στην αιωνιότητα για να γίνουν αστέρια ή σύμπαντα. Φανταστείτε πόσο μικροί είμαστε γι' Αυτόν – νομίζω όχι παραπάνω από βακτηρίδια. Αν και είμαστε τόσο μικροί, ωστόσο σαν ψυχές πλασμένες κατ' εικόνα Του είμαστε πολύ μεγάλοι!

Μια μικρή ιστορία – όσον αφορά το μέγεθος. Νομίζουμε ότι τα κατορθώματά μας είναι υπέροχα, αλλά δεν είναι καθόλου μεγάλα για τον Θεό. Μια μέρα είδα έναν μεγάλο σωρό από άμμο πάνω στον οποίο σερνόταν ένα μυρμήγκι. Είπα: «Το μυρμήγκι μάλλον θα σκέφτεται ότι ανεβαίνει τα Ιμαλάια!». Ο σωρός αναμφίβολα φαινόταν γιγαντιαίος στο μυρμήγκι, αλλά όχι σ' εμένα. Παρόμοια, ένα εκατομμύριο ηλιακά χρόνια μπορεί να είναι λιγότερο από ένα λεπτό στον νου του Θεού. Πρέπει να εκπαιδεύσουμε τον εαυτό μας να σκέφτεται πολύ μακροπρόθεσμα: Αιωνιότητα! Άπειρο!

Η Σταύρωση της Αλαζονείας

Τέλος, αναστήστε τον νου σας από την τυπική πίστη – από πεποιθήσεις που μπορεί να σας έδωσαν μια μικρή ικανοποίηση αλλά τις έχετε ξεπεράσει· από θρησκείες που ενστερνιστήκατε με την πεποίθηση ότι γνωρίζετε – ενώ δεν γνωρίζετε. Η μεγαλύτερη σταύρωση της ψυχής είναι η σταύρωση από το αλαζονικό εγώ που σκέφτεται ότι είναι επαρκές από μόνο του – το να σκεφτόμαστε πόσο μεγάλοι και σοφοί είμαστε. Η ψυχή σας πρέπει να απελευθερωθεί από τα δεσμά στη μικρότητα και στους περιορισμούς του σώματος και στον πόνο στον οποίο υπόκειται το σώμα. Όταν είστε απελπισμένοι από μια αρρώστια, νομίζετε ότι είναι μια αδικία του Θεού· *μάθετε όμως ότι είστε αθάνατοι – η αρρώστια δεν έρχεται για να σας συντρίψει, αλλά για να μάθετε να εκδηλώνετε την αθανασία σας και να χαμογελάτε*. Να λέτε: «Είμαι αθάνατος, σταλμένος σ' ένα θνητό σχολείο για να μάθω και να ανακτήσω την αθανασία μου. Αν και τίθεμαι σε δοκιμασία απ' όλες τις εξαγνιστικές φλόγες της γης, είμαι η *ψυχή* και δεν γίνεται να καταστραφώ. Η φωτιά δεν μπορεί να με κάψει· το νερό δεν μπορεί να με βρέξει· ο άνεμος δεν μπορεί να με ξεράνει· τα άτομα και τα μόρια δεν μπορούν να με διαλύσουν· είμαι ο αθάνατος που ονειρεύεται μαθήματα αθανασίας – όχι για να με συντρίψουν, αλλά για να με διασκεδάσουν». Στη χώρα του ονείρου, η ασθένεια και η υγεία είναι το ίδιο, η ευημερία και η αποτυχία είναι το ίδιο – μόνο ονειρικές εικόνες της φαντασίας. Σίγουρα όμως ένα όνειρο ευημερίας είναι καλύτερο από ένα όνειρο αποτυχίας. Έτσι, αφού πρέπει να έχετε όνειρα, γιατί να μην έχετε καλά όνειρα σ' αυτή τη ζωή; Αν έχετε πολλά άσχημα όνειρα θα ασχολείστε μόνο με το να κλαίτε και δεν θα έχετε τον χρόνο για να καταλάβετε ότι όλα είναι ένα όνειρο. Είναι πολύ καλύτερα τα όνειρα της υγείας και της ευημερίας και της σοφίας.

Ποτέ Μην Παραδέχεστε Ότι Νικηθήκατε

Αναστήστε την ψυχή σας απ' όλα τα όνειρα της αδυναμίας. Αναστήστε την ψυχή σας στην αιώνια σοφία. Ποια είναι η μέθοδος; Περιλαμβάνει πολλά πράγματα: αυτοέλεγχο, σωστή διατροφή, ψυχικό σθένος, μια απτόητη νοητική στάση και χαλάρωση της συνειδητότητας της ταύτισης με το σώμα με πιστή καθημερινή εξάσκηση επιστημονικών αρχών αυτοσυγκέντρωσης και διαλογισμού. Αρνηθείτε να ηττηθείτε. Μην παραδέχεστε ότι νικηθήκατε· το να παραδεχθείτε ότι νικηθήκατε είναι ακόμα μεγαλύτερη ήττα. Έχετε απεριόριστη δύναμη· πρέπει να καλλιεργήσετε αυτή τη δύναμη, αυτό είναι όλο.

Ο διαλογισμός είναι ο σπουδαιότερος τρόπος να αναστήσετε την ψυχή σας από τη δουλεία στο σώμα και την τροχοπέδη όλων των δυσκολιών σας. Να διαλογίζεστε στο Άπειρο. Μάθετε να διαποτίζετε το είναι σας με τη συνειδητότητα του Θεού. Οι δοκιμασίες σας μπορεί να είναι μεγάλες, βαριές, αλλά ο μεγαλύτερος εχθρός του εαυτού σας είναι ο εαυτός σας. Είστε αθάνατοι· οι δοκιμασίες σας είναι των θνητών. Αυτές μεταβάλλονται· εσείς είστε αμετάβλητοι. Μπορείτε να απελευθερώσετε απεριόριστες δυνάμεις και να διαλύσετε τις περιορισμένες δυσκολίες σας.

Δύο βάτραχοι, ένας μικρός κι ένας μεγάλος, έπεσαν μέσα σ' έναν κουβά με γάλα. Τα βατράχια δεν μπορούσαν να σκαρφαλώσουν στα τοιχώματα του κουβά για να βγουν έξω γιατί γλιστρούσαν. Έδιναν μάχη για να κρατηθούν στη ζωή· κάθε φορά όμως που σήκωναν τα στόματά τους για να πάρουν λίγο αέρα, βυθίζονταν πάλι. Τσαλαβουτούσαν γύρω γύρω συνεχώς. Μετά από λίγο ο μεγάλος βάτραχος σταμάτησε την προσπάθεια και πνίγηκε. Ο μικρός βάτραχος όμως είπε: «Η ζωή είναι πολύ γλυκιά. Δεν θέλω να πεθάνω. Θα συνεχίσω να κολυμπάω ακόμα κι αν μου κοπούν τα πόδια». Έτσι, συνέχισε να παλεύει για ώρες, όταν ξαφνικά πάτησε πάνω σε κάτι στέρεο – το γάλα είχε πήξει και είχε γίνει βούτυρο! Το μικρό βατράχι πήδηξε έξω! Έτσι ακριβώς είναι η ζωή! Αν δεν αντιμετωπίσετε τις αντιξοότητες με σθένος, αν τα παρατήσετε σαν τον μεγάλο βάτραχο, τότε αξίζετε να υποκύψετε στα προβλήματά σας· αν όμως συνεχίσετε να παλεύετε με αποφασιστικότητα, θα υπερβείτε τις δυσκολίες σας – θα διαφανεί κάποια απάντηση από το Άπειρο και θα βγείτε από τα προβλήματά σας. Να είστε σαν τον μικρό βάτραχο. Με κάθε τρόπο συνεχίστε να παλεύετε. Αποφασιστικότητα! Αναστηθείτε από την αδυναμία, την αρρώστια, την άγνοια, τη συνειδητότητα της αρρώστιας και πάνω απ' όλα από τα ελαττώματα των θνητών συνηθειών που ταλανίζουν τη ζωή σας.

Ενότητα με τον Άπειρο Χριστό

Στην έδρα του Self-Realization Fellowship στο Λος Άντζελες, Καλιφόρνια, 25 Δεκεμβρίου 1934

Η εξέλιξη προχωρά γραμμικά, η μια κατάσταση εξελίσσεται στην επόμενη. Έτσι και η εξατομικευμένη ψυχή προοδεύει προς ολοένα και ανώτερες μορφές της Φύσης μέχρι να βρει τέλεια έκφραση στον πνευματικά αφυπνισμένο θεϊκό άνθρωπο. Η συμπαντική επίδραση σ' αυτή τη φυσική εξέλιξη είναι κυκλική.[1] Στο ανοδικό τόξο του κύκλου πρώτα έρχεται η υλική, μετά η διανοητική και μετά η πνευματική ανάπτυξη. Μετά η γενική τάση της ζωής επιστρέφει πάλι στο διανοητικό και μετά στο υλικό επίπεδο. Μ' αυτόν τον τρόπο εξελίσσεται συνεχώς η δημιουργία του Θεού. Εμείς, οι ηθοποιοί, παίζουμε ξανά και ξανά το θεατρικό έργο της ζωής στη σκηνή του χρόνου. Πρέπει να καταλάβουμε τον σκοπό. Είμαστε εδώ για να παίξουμε τους ρόλους μας σωστά, αλλά χωρίς να παγιδευόμαστε και να ταυτιζόμαστε τόσο μ' αυτούς.

Έχουμε μια διαστρεβλωμένη αντίληψη της ζωής γιατί βλέπουμε τα πράγματα με στενότητα και ιδιοτέλεια. Μακάρι να μπορούσαμε να δούμε με τα μάτια του Θεού. Όταν ανοίγουμε τα εσωτερικά μάτια μας της σοφίας της ψυχής βλέπουμε το πανταχού παρόν Φως του Θεού. Μέσα σ' αυτό το Φως βρίσκεται η συνειδητότητα του Χριστού, του «Υιού» ή της καθαρής αντανάκλασης του Θεού που βρίσκεται παντού στο σύμπαν. Αυτή η κατά Χριστόν Συνειδητότητα, ο Άπειρος Χριστός, είναι η νοημοσύνη και η αγάπη του Θεού που μας καλεί να ανοίξουμε τα κλειστά βλέφαρα της ψυχής μας, συμβουλεύοντάς μας ότι το μόνο που πρέπει να κάνουμε είναι να δούμε αυτό το Φως μέσα μας και τότε όλη η άγνοια και οι ποικιλομορφίες θα εξαφανιστούν. Γι' αυτόν που άνοιξε το εσωτερικό του μάτι,[2] τα πάντα είναι Ένα. Ο Ιησούς αναφερόταν σ' αυτή τη συμπα-

---

[1] Αναφορά στους συμπαντικούς κύκλους ή *γιούγκα* (βλ. γλωσσάριο).

[2] Ο «απλούς οφθαλμός» (όπως αναφέρεται στην αυθεντική Αγία Γραφή, γραμμένη στα αρχαία Ελληνικά) ή μονό ή πνευματικό μάτι της σοφίας ή αλλιώς η πάνσοφη διαίσθηση της ψυχής. «Εάν λοιπόν το μάτι σου είναι μονό, όλο το σώμα σου θα είναι φωτεινό» (κατά

ντική συνειδητότητα όταν είπε: «Εγώ και ο Πατέρας είμαστε ένα».³ Ο Κρίσνα μίλησε κι αυτός απ' αυτό το επίπεδο της θεϊκής ενότητας: «Είμαι η Πηγή των πάντων· από Μένα εκπορεύεται όλη η δημιουργία. [...] Δες στο Συμπαντικό Μου Σώμα όλους τους κόσμους. [...] Αλλά δεν μπορείς να Με δεις με θνητά μάτια. Γι' αυτό σου δίνω θεϊκή όραση».⁴

Το να βλέπουμε τον Θεό ως τη μία Πραγματικότητα είναι ο τρόπος να λύσουμε το πρόβλημα της παγίδευσής μας στις απατηλές διαστρεβλώσεις των υλικών εμπειριών μας. Αστέρια, πλανήτες, φυτά, ζώα και ανθρώπινα όντα, όλα αφέθηκαν σε μια όμορφη συμπαντική σκηνή, με το καθένα να παίζει έναν ρόλο που του ανατέθηκε. Πολύ λίγοι άνθρωποι καταλαβαίνουν το νόημα του θεατρικού έργου γιατί δεν σταματούν για να σκεφτούν βαθιά πάνω σ' αυτό το θέμα. Στους αφώτιστους ανθρώπους αυτό το έργο φαίνεται χαοτικό και άδικο. Ο Θεός όμως επίτηδες δεν έκανε όλους τους ανθρώπους φτωχούς ή όλους εκατομμυριούχους, γιατί αν όλοι ήταν ίδιοι, αυτό το θεατρικό έργο δεν θα μπορούσε να υπάρξει. Η ποικιλομορφία είναι η βάση της Φύσης και η προσωπική εξέλιξη του καθενός είναι ένας τρόπος να διατηρηθεί αυτή η ποικιλομορφία. Σύμφωνα με τον νόμο της αιτίας και του αποτελέσματος, της δράσης και της αντίδρασης, κάνουμε τον εαυτό μας αυτό που είμαστε τώρα και αυτό που θα είμαστε στο μέλλον. Το αποτέλεσμα αυτής της ποικιλίας, που δημιουργείται και από τον άνθρωπο και από τη Φύση, είναι αυτό που βιώνουμε ως συμπαντικό θεατρικό έργο. Ωστόσο ο Θεός δεν θέλει να υποφέρουμε εξαιτίας αυτών των διαφορών. Θέλει να ξέρουμε ότι είτε τώρα κάποιος παίζει τον ρόλο ενός βασιλιά είτε ενός υπηρέτη, πρέπει να κάνει το καλύτερο που μπορεί, αλλά να μην ξεχνά ποτέ ότι ως ψυχή κατ' εικόνα του Θεού υποδύεται μόνον έναν προσωρινό ρόλο.

Επομένως δεν έχει σημασία αν καθαρίζουμε πατώματα ή είμαστε ηγέτες μεγάλων εθνών· μέχρι να μάθουμε ότι απλώς υποδυόμαστε έναν ρόλο στη σκηνή του χρόνου, θα υποφέρουμε απ' αυτές τις δυαδικότητες που είναι εγγενείς στη συνειδητότητα της ταύτισης μ' αυτές τις διαφορετικές θέσεις και καταστάσεις. Οι ηθοποιοί δεν θρηνούν για τους ρόλους τους αλλά τους υποδύονται όσο καλύτερα μπορούν, γνωρίζοντας ότι είναι προσωρινές απεικονίσεις. Βλέπετε; Μόνο όταν

Ματθαίο ΣΤ:22). (Βλ. *πνευματικό μάτι* στο γλωσσάριο.)

³ Κατά Ιωάννη Ι:30.

⁴ Μπάγκαβαντ Γκίτα Χ:8, ΧΙ:7, 8.

παίρνουμε τη ζωή στα σοβαρά υποφέρουμε.

Συνειδητοποιήστε τη Μία Ζωή Που Διαποτίζει τα Πάντα

Αν και αναγνωρίζουμε τη σχετικότητα των διαφορών, ωστόσο δεν αρκεί η διανοητική γνώση αλλά η πνευματική συνειδητοποίηση ότι Μία Ζωή διαποτίζει τα πάντα. Δεν υπάρχει παρά μία μόνο θρησκεία του Θεού, μία Αλήθεια που βρίσκεται πίσω απ' όλα τα ονόματα των θρησκειών. Αυτό το οικουμενικό επίπεδο της συνειδητότητας είναι πολύ δύσκολο να επιτευχθεί, εκτός κι αν κάποιος έχει φτάσει να έχει συνειδητοποιήσει τον Εαυτό του, να γνωρίζει ότι είμαστε ψυχές και ότι όλες οι ψυχές είναι τμήματα του Ενός Θεού. Και τα μικρά κύματα και τα μεγάλα κύματα σηκώνονται από τον ίδιο ωκεανό. Έτσι, αν αποστασιοποιηθούμε πνευματικά και εξετάσουμε αμερόληπτα κάθε άνθρωπο και κάθε θρησκεία, θα δούμε ότι τα πάντα είναι φτιαγμένα από τον Θεό.

Μέχρι να δούμε όλα τα κύματα της δημιουργίας μ' αυτόν τον τρόπο, θα υπάρχουν πάντα διαφορές, με τα προβλήματα και τις δυσκολίες που τις συνοδεύουν. Κανένας άνθρωπος, κανένας προφήτης, δεν θα μπορέσει να εξαλείψει όλες τις ανισότητες και τις διαιρέσεις σ' αυτή τη γη. Όταν όμως βρεθείτε στη συνειδητότητα του Θεού, αυτές οι διαφορές θα εξαφανιστούν και θα πείτε:

> Ω, η ζωή είναι γλυκιά κι ο θάνατος ένα όνειρο,
> Όταν το τραγούδι Σου ρέει μέσα μου.
> Τότε η χαρά είναι γλυκιά κι ο πόνος ένα όνειρο,
> Όταν το τραγούδι Σου ρέει μέσα μου.
> Τότε η υγεία είναι γλυκιά κι η αρρώστια ένα όνειρο,
> Όταν το τραγούδι Σου ρέει μέσα μου.
> Τότε ο έπαινος είναι γλυκός κι η μομφή ένα όνειρο
> Όταν το τραγούδι Σου ρέει μέσα μου.[5]

Αυτή είναι η ύψιστη φιλοσοφία. Μη φοβάστε τίποτα. Ακόμα κι όταν κλυδωνίζεστε πάνω σ' ένα κύμα κατά τη διάρκεια μιας καταιγίδας, πάλι βρίσκεστε στην αγκαλιά του ωκεανού. Πάντα να κρατιέστε από τη συνειδητότητα της παρουσίας του Θεού, που βρίσκεται στα πάντα. Να είστε ατάραχοι και να λέτε: «Δεν φοβάμαι· είμαι φτιαγμένος από την ουσία του Θεού. Είμαι μια σπίθα της Φωτιάς του Πνεύματος. Είμαι ένα

---

[5] "When Thy Song Flows Through Me" («Όταν το Τραγούδι Σου Ρέει Μέσα Μου») από τα *Cosmic Chants* του Παραμαχάνσα Γιογκανάντα.

μόριο της Συμπαντικής Φλόγας. Είμαι ένα κύτταρο από το απέραντο συμπαντικό σώμα του Πατέρα. Εγώ και ο Πατέρας μου είμαστε Ένα».

Προσπαθήστε να Ζήσετε Όπως Έζησε ο Χριστός

Συνειδητοποιήστε την τρομακτική πνευματική δύναμη και ομορφιά της ζωής του Χριστού και προσπαθήστε να ζήσετε όπως αυτός. Ο Χριστός δεν είχε εθνικότητα. Αγαπούσε όλες τις φυλές ως παιδιά τού Θεού. Προσπαθήστε να νιώσετε αυτήν την αδελφοσύνη με όλες τις εθνικότητες. Η πραγματική αδελφοσύνη δεν θα έρθει ποτέ αν δεν τη νιώσουμε μέσα στην καρδιά μας. Αυτό το συναίσθημα μπορούμε να το αισθανθούμε μόνο μέσω της συνειδητοποίησης του Εαυτού μας και μέσω αληθινής επαφής με τον Θεό μέσα στην καρδιά μας.

Τα πάντα θα σας προδώσουν αν προδώσετε τον Θεό με το να Τον ξεχάσετε. Γι' αυτό είναι ώρα να συνειδητοποιήσετε την ενότητά σας με όλους βιώνοντας την ενότητά σας με τον Θεό. Εξασκηθείτε σ' αυτό το αίσθημα της ενότητας στην απεραντοσύνη της διευρυμένης συνειδητότητάς σας κατά τον διαλογισμό. Να είστε πολύ αποφασισμένοι σε σχέση μ' αυτό. Κλείστε την πόρτα στον κόσμο στη σιωπή του διαλογισμού, για να μην αποσπάσουν την προσοχή σας απ' Αυτόν τα κατώτερα πράγματα της δημιουργίας Του. Μην αφήνετε τίποτα άλλο να πλησιάσει αυτόν τον εσωτερικό ναό. Μέσα στο ιερό της καρδιάς σας πρέπει να υπάρχει μία δύναμη, μία χαρά, μία γαλήνη – ο Θεός. Αν το συνειδητοποιήσετε αυτό, θα βρείτε τον Άπειρο Χριστό να βαφτίζει τη συνειδητότητά σας στην ενότητα της πανταχού παρουσίας του Θεού.

Η εξωτερική σας ζωή πρέπει επίσης να είναι καθαρή – αγνή στον λόγο, στη σκέψη και στην πράξη. Να είστε καλοί με όλους· ακόμα κι αν ο μεγαλύτερος των αμαρτωλών έρθει σ' εσάς, να τον θεωρείτε αδελφό σας – έστω κι αν είναι ένας αδελφός που κοιμάται. Μην πληγώνετε κανέναν· μην κρίνετε κανέναν παρά μόνο τον εαυτό σας. Καταστρέψτε τις ψυχολογικές μεταπτώσεις· εκμηδενίστε τες.

Μάθετε να Ενεργείτε Σύμφωνα με την Εσωτερική Θέληση της Συνείδησης

Ο Δάσκαλος [ο Σουάμι Σρι Γιουκτέσβαρ] συνήθιζε να μου λέει: «Μάθε να φέρεσαι». Αυτό είναι το πιο δύσκολο πράγμα. Θα πρέπει να μάθετε να πράττετε σύμφωνα με την εσωτερική θέληση της συντονισμένης με τη θέληση του Θεού συνείδησής σας και όχι σύμφωνα με τα

Ενότητα με τον Άπειρο Χριστό

συναισθήματά σας και τα ένστικτά σας. Όταν συνάντησα για πρώτη φορά τον γκουρού μου, μου είπε: «Επίτρεψέ μου να σε πειθαρχήσω». Δεν εννοούσε ότι θα με έκανε να φέρομαι μηχανικά, έναν τυφλό οπαδό. Είπε: «Θα σου δώσω θεϊκή όραση». Όταν συντόνισα τη θέλησή μου με του Δασκάλου, αυτή ενδυναμώθηκε και καθοδηγούνταν από σοφία.

Η θέληση του Θεού κυβερνάται από σοφία και δικαιοσύνη. Αυτοί που είναι συντονισμένοι μ' Αυτόν δεν δεσμεύονται από ιδιοτροπίες και συνήθειες. Ζουν με την ελευθερία του Θεού, με τη λογική τους να καθοδηγείται από τη σοφία και τη δικαιοσύνη Του. Γι' αυτό είναι σημαντικό για τον πνευματικά αρχάριο να συντονίσει τη θέλησή του μ' αυτούς που είναι συντονισμένοι με τον Θεό. Τέτοια υπακοή δεν συνιστά άρνηση της προσωπικής βούλησης κάποιου. Απαιτείται η καλλιέργεια τρομακτικής δύναμης θελήσεως για να συντονιστεί κάποιος με τη σοφία. Χρειάστηκε να επιστρατεύσω όλο μου τον αυτοέλεγχο για να ακολουθώ τις συμβουλές του γκουρού μου αντί να παρακινούμαι από ένστικτα και συνήθειες που είχα από πριν. Ο Δάσκαλος ποτέ δεν ζητούσε τίποτα από τους μαθητές του· ο καθένας λάμβανε ανάλογα με την προθυμία του και τη δεκτικότητά του. Ακολουθώντας τον ολόψυχα, κέρδισα πλήρη έλεγχο πάνω στον εαυτό μου – μια ελευθερία που δεν θα είχα βρει ποτέ μόνος μου.

Ούτε ο Θεός ούτε ο Σατανάς –ούτε κανένας άλλος– δεν μπορεί να σας επηρεάσει· μόνον εσείς μπορείτε να χρησιμοποιήσετε με σωστό ή λανθασμένο τρόπο τη θέλησή σας. Χρησιμοποιήστε τη δοθείσα από τον Θεό ελεύθερη βούληση για να Τον αναζητήσετε. Τότε σίγουρα θα βρείτε ελευθερία. Και να θυμάστε ότι είναι ύψιστης σημασίας να περιβάλλεστε από την καλύτερη συντροφιά, αυτούς που θα σας εμπνεύσουν και θα ενισχύσουν τη διάκρισή σας και τη δύναμη της θέλησής σας.

Οι μύγες δεν διακρίνουν ανάμεσα στη βρομιά και στο μέλι· πετούν από το ένα στο άλλο. Η μέλισσα όμως προσελκύεται μόνο από τη γλυκύτητα του μελιού. Παρόμοια, υπάρχουν άνθρωποι που δεν χρησιμοποιούν τη διάκριση και, σαν τις μύγες, έλκονται από υλικές επιθυμίες, άσχετα με το πόσο μιαρές είναι. Κάποιοι μπορεί σποραδικά να νιώθουν έλξη για τον Θεό και τον διαλογισμό· μόλις όμως εμφανιστεί κάποιος ακόμα πειρασμός, αιχμαλωτίζονται πάλι στην υλιστική ζωή. Ο πιστός είναι σαν τη μέλισσα. Οι πιστοί αγαπούν μόνο ό,τι είναι όμορφο και αγνό. Βλέπουν, ακούν, μυρίζουν, γεύονται και αγγίζουν μόνο ό,τι είναι καλό. Έχουν μέσα τους καλοσύνη και πάντα αναζητούν το γλυκό νέκταρ της παρουσίας του Θεού κατά τον διαλογισμό.

Πάνω απ' όλα να είστε ειλικρινείς με τον Θεό. Να είστε ταπεινοί καθώς προσπαθείτε μέσω εσωτερικής δεκτικότητας να μάθετε τα πάντα από τα χείλη του Θεού. Πετάξτε από τη ζωή σας ό,τι σας κρατά μακριά από τον Θεό. «Και αν σε σκανδαλίζει το χέρι σου, κόψε το».[6] Απομακρύνετε όλα τα εμπόδια από τον δρόμο σας – οτιδήποτε δυσχεραίνει την πνευματική σας ανάπτυξη.

Να Διαλογίζεστε Όσο Υπάρχει Ακόμα Καιρός!

Εύχομαι να κάνετε όλοι την υπέρτατη προσπάθεια να διαλογίζεστε. Η αναζήτησή σας του Θεού δεν μπορεί να περιμένει. Αφήστε όλα τα άλλα να περιμένουν, αλλά μην αφήνετε τον Θεό να σας περιμένει. Μην καθυστερείτε άλλο, γιατί τα γηρατειά και η αρρώστια μπορεί να τερματίσουν ξαφνικά τη ζωή σας. Όσο υπάρχει ακόμα καιρός και έχετε τη δυνατότητα, να διαλογίζεστε!

Σας δίνω τη ζωντανή μαρτυρία του Χριστού που νιώθω με τη χαρά της παρουσίας του από χθες που μου εμφανίστηκε κατά τον διαλογισμό μας.[7] Πάντα πίστευα ότι τα μάτια του ήταν σκούρα επειδή ήταν από την Ανατολή· απέρριπτα τη δυτική άποψη ότι είχε γαλάζια μάτια. Παράξενο όμως, αυτή τη φορά τον είδα με γαλάζια μάτια. Ήταν τόσο όμορφα! Ποτέ δεν έχω ξαναδεί τέτοια μάτια! Καθώς τον κοίταζα, έγιναν μαύρα με θαυμαστό τρόπο· και η φωνή του Χριστού είπε: «Γιατί θέλεις να με δεις σε μορφή; Δες με σαν το Άπειρο!».

Όλοι οι άγιοι που έχουν ενωθεί με τον Θεό έχουν τη δύναμη να παίρνουν τις μορφές που είχαν κάποτε στη γη. Πόσο λίγοι άνθρωποι συνειδητοποιούν την ενυπάρχουσα παρουσία των αγγέλων και των μεγάλων Δασκάλων! Όπως μπορείτε να συντονιστείτε με τραγούδια που υπάρχουν στον αιθέρα όταν έχετε ραδιόφωνο, έτσι είναι δυνατόν να συντονιστείτε με αγίους που βρίσκονται ακριβώς πίσω από το αιθερικό πέπλο του χώρου, αρκεί να διαλογίζεστε.

Όταν έρχεται στη γη ένας μεγάλος Δάσκαλος, η παρουσία του χαρίζει δύναμη και έμπνευση και γεμίζει τους μαθητές του με πολλή χαρά. Αφού φύγει όμως, μπορεί να νιώσουν στερημένοι και χαμένοι αν δεν

---

[6] Κατά Μάρκο Θ:43.

[7] Μια αναφορά στον ετήσιο ολοήμερο διαλογισμό, τον οποίο ο Παραμαχάνσα Γιογκανάντα καθιέρωσε στην έδρα του Self-Realization Fellowship το 1931 και τον καθοδηγούσε προσωπικά για πολλά χρόνια. Αυτή η πνευματική παράδοση συνεχίστηκε από τα μέλη του Self-Realization Fellowship σε όλο τον κόσμο.

Ενότητα με τον Άπειρο Χριστό

έχουν δική τους πνευματική δύναμη που να τους κινητοποιεί. Αυτός είναι ο λόγος για τον οποίο ο διαλογισμός και ο θεϊκός συντονισμός είναι αναγκαίοι, για να μάθουν οι αναζητητές πώς να επαναφορτίζονται με έμπνευση και χαρά. Όλα τα θαύματα του Θεού θα αποκαλυφθούν στην εκστατική κοινωνία του βαθέος διαλογισμού.

Η επαφή με τον Θεό δεν είναι λησμονιά της συνειδητότητας. Η έκσταση είναι η αφύπνιση της συνειδητότητας, η διεύρυνση της επίγνωσης από τα στενά πλαίσια του σώματος στη χωρίς όρια Αιωνιότητα, όπου βλέπετε τη μικρή φυσαλίδα της ζωής να χορεύει στον Ωκεανό του Απείρου.

Γνωρίζω ότι δεν είμαι τίποτα άλλο από μια μορφή στην κινηματογραφική ταινία του Θεού, όπως κι εσείς. Κάποια μέρα, όταν σταματήσουμε να είμαστε ηθοποιοί στην οθόνη της ζωής, θα συνειδητοποιήσουμε ότι οι μορφές μας δεν είναι παρά σκιές διάσπαρτες μέσα στη συμπαντική ακτίνα της πανταχού παρουσίας του Θεού και ότι το μόνο πράγμα που είναι αληθινό μέσα στο εκδηλωμένο σύμπαν είναι το φως του Άπειρου Χριστού. Ας στείλουμε αυτή τη σκέψη σε όλους όσους αναζητούν την ευτυχία με οποιονδήποτε τρόπο και που δεν γνωρίζουν ότι αυτό που πραγματικά ψάχνουν είναι ο Θεός.

Το μεγαλύτερο χριστουγεννιάτικο δώρο μου σ' εσάς είναι η ευχή να νιώσετε τη χαρά που ένιωσε ο Χριστός μέσα στην ψυχή του· και καθώς μπαίνετε στον καινούργιο χρόνο, να έχετε μαζί σας αυτήν την πάντα ανανεούμενη χαρά του Χριστού.

Πάλι και πάλι, προσευχηθείτε μέσα από την ψυχή σας: «Χριστέ, Κύριε, έλα, απομάκρυνε τη σκόνη της αδιαφορίας μου. Άπειρε Χριστέ, πλημμύρισε τη συνειδητότητά μου με τη θεϊκή Σου συνειδητότητα!».

* * *

«Ω, Τι Χαρά!»

Όταν η χριστουγεννιάτικη συγκέντρωση του 1934 έφτασε στο τέλος της, ο Παραμαχάνσα Γιογκανάντα προσευχήθηκε ένθερμα και ολόψυχα στον Θεό. Η Σρι Ντάγια Μάτα, που κατέγραφε τα λόγια του στενογραφικά, σημείωσε: «Μια πολύ συγκινητική, λατρευτική προσευχή που προκάλεσε σε όλους τους παρόντες δάκρυα διακαούς λαχτάρας για τον Θεό».

Ω αγαπημένο Πνεύμα, Υπέρτατη Θεϊκή Αγάπη! Βρισκόμαστε στην αγκαλιά της αγάπης Σου μέσα στο πανταχού παρόν φως και την πανταχού παρούσα ευτυχία του Άπειρου Χριστού. Μπροστά στη δική Σου αγάπη, η δική μου αγάπη είναι μικρή· δεν είναι παρά δανεική από τη δική Σου αγάπη. Ω Χριστέ, σε έκσταση ευτυχίας οι καρδιές μας είναι ενωμένες σ' ένα απέραντο ιερό πάνω στο οποίο η απαστράπτουσα παρουσία Σου λάμπει ασταμάτητα.

Πατέρα, Μητέρα, Φίλε, Αγαπημένε Θεέ, πάρε όλα τα υπάρχοντά μου, ακόμα και το σώμα. Τίποτε άλλο δεν έχει σημασία παρά μόνο ότι Εσύ είσαι μαζί μου – η συνειδητότητά Σου, το πνεύμα Σου, η αγάπη Σου. Καμία πλέον δόξα, ούτε όνομα, ούτε καμιά οργάνωση· μόνο η Παρουσία Σου αιωνίως. Η μόνη μου επιθυμία: Είθε η αγάπη Σου να λάμπει για πάντα στην καρδιά μου και είθε να μπορώ να αφυπνίζω την αγάπη Σου σε κάθε καρδιά.

Πατέρα, είθε πάντα να αισθανόμαστε τη χαρά Σου. Ω Θεϊκέ Ωκεανέ, που πάλλεσαι πίσω από το κύμα της συνειδητότητάς μου, σαν μικρό κυματάκι κλυδωνιζόμουν από την καταιγίδα της άγνοιας. Τώρα νιώθω πίσω από κάθε σωματίδιο της ύπαρξής μου την υποστηρικτική παρουσία του απέραντου ωκεανού Σου της ευτυχίας.

Ω, τι χαρά· ω, τι γαλήνη· ω, τι μακαριότητα της Ύπαρξής Σου! Το σιντριβάνι της χαράς Σου ξεσπά μέσα στις ψυχές μας, εξαφανίζοντας κάθε συναίσθηση του χρόνου. Χαρά! Χαρά! Χαρά! Κολυμπάμε στην κρήνη της ευτυχίας Σου, στη μακαριότητα της Παρουσίας Σου.

Ω Πατέρα, Μητέρα, Φίλε, Αγαπημένε Θεέ, το εννοώ, το εννοώ! Πάρε τα πάντα από μένα αν αυτό είναι το θέλημά Σου. Άσε με να κυλιέμαι από ευτυχία στη σκόνη στα πόδια Σου. Την αγάπη Σου και μόνο θα κηρύξω. Κάνε με να μιλώ μόνο για την αγάπη Σου. Όχι άλλα κηρύγματα· όχι σαγήνη του κόσμου με το θέλητρο των λέξεων, αλλά με το φλεγόμενο πάθος της αγάπης μου για Σένα. Στείλε μου πιστούς που Σ' αγαπούν, επειδή δεν θέλω τίποτα άλλο.

Ω Αιώνια Έκσταση, πού είναι το τέλος της χαράς Σου; Η ατέλειωτη χαρά, η αιώνια χαρά, μου κόβει την ανάσα· πώς να μιλήσω, ω ευλογημένη Παρουσία;

Ω ιερέ Θεέ, δικέ μας Πατέρα, Μητέρα, Αγαπημένε, Εσύ είσαι η μόνη πραγματικότητα. Μπες στον θρόνο της καρδιάς μας. Μη μας αφήσεις ποτέ να περιπλανηθούμε μακριά Σου. Σύρε μας στη ζεστή Σου αγκαλιά της αθανασίας, ω Μητέρα, να πιούμε το γάλα της συμπονετικής προστασίας Σου.

Θεϊκή Μητέρα, μη μας αφήνεις στον λάκκο του πειρασμού· ενδυνάμωσε την επιθυμία να επιθυμούμε Εσένα μόνο. Ω Θεϊκό Πνεύμα, δικό μας Αγαπημένο Άγιο των Αγίων, τι χαρά, τι ευτυχία! Να μας ευλογείς πάντα, όπου κι αν είμαστε. Δίδαξέ μας να πίνουμε το όνομά Σου σε θεϊκή κοινωνία – όλα τα κηρύγματα και τα βιβλία τα ρίχνω στη φωτιά της Παρουσίας Σου. Στείλε μου μόνο εκείνους που, μαζί μου, επιθυμούν να πιούν από Σένα.

Η αγάπη μου περπατά το χρυσό μονοπάτι που οδηγεί σ' Εσένα. Ω Πλησιέστερε των πλησίον κι εντούτοις πιο Μακρινέ κι απ' τον πιο μακρινό, Σε αναζητούσα παντού και ανεπάντεχα ανακάλυψα ότι πάντα ήσουν μέσα στην καρδιά μου. Προσφέρω την αγάπη μου σ' Εσένα μέσα μου, έξω, παντού. Ω Θεϊκό Πνεύμα, γονατίζω στα πόδια Σου· είμαι η ταπεινή σκόνη στα πόδια Σου.

Πατέρα, Μητέρα, Φίλε, Αγαπημένε Θεέ, δικέ μου, δέξου την καρδιά μου. Μη μ' αφήνεις να σπαταλώ χρόνο σε τίποτα. Όπου κι αν πηγαίνω, όπου κι αν είμαι, δώσε μου τη χαρά του ακούσματος του ονόματός Σου μαζί με τους άλλους. Αυτό είναι το μόνο που ζητώ. Πάρε μου τα πάντα, αλλά όχι την αγάπη μου για Σένα. Ω Πνεύμα, δικό μου, δικό μου, βάφτισέ μας όλους με την αγάπη Σου, ώστε να την αισθανθούμε αληθινά.

Ω Θεέ, ω Χριστέ, ω Γκουρού, τι να πω για να Σας ευχαριστήσω γι' αυτή τη χαρά; Είμαι μεθυσμένος από τη χαρά Σας! Αιώνια Έκσταση, υποκλίνομαι ξανά και ξανά. Βρίσκεσαι σε κάθε μου σκέψη. Τι ζωντανή χαρά, ευτυχία ατέλειωτη. Ω Πατέρα, ω Χριστέ αιώνιας χαράς!

Υποκλίνομαι σε όλους σας, στον Άπειρο Χριστό που είναι παρών μέσα σας. Ω Χριστέ, δώσε μας την έκσταση της χαράς σου, ώστε αυτή να είναι μαζί μας κάθε ώρα, κάθε λεπτό, κάθε μέρα. Χαρά! Χαρά! Χαρά!

Γίνετε Ένα με την Κατά Χριστόν Συνειδητότητα

24 Δεκεμβρίου 1938

Μια ιδιαίτερα ευλογημένη ετήσια τελετή στην έδρα του Self-Realization Fellowship είναι ο ολοήμερος χριστουγεννιάτικος διαλογισμός. Ο Παραμαχάνσα Γιογκανάντα εγκαινίασε αυτή την ιεροτελεστία το 1931, και ο ίδιος προσωπικά τη διεξήγαγε κάθε χρόνο. Κατά τη διάρκεια αυτών των διαλογισμών, τα λόγια του εξέφραζαν μερικές φορές τη δική του θεϊκή θέρμη που απευθυνόταν άμεσα στον Θεό· άλλες φορές καλούσε τον Κύριο για χάρη των συγκεντρωμένων πιστών ή κάποιου απ' αυτούς· μερικές φορές τα λόγια του αποτελούσαν πνευματική καθοδήγηση για τους παρόντες – αυθόρμητες εμπνεύσεις μιας ψυχής σε βαθιά κοινωνία με τον Θεό.

Το κάλεσμα της ζωής και το κάλεσμα του θανάτου είναι επιβεβλημένα, αλλά *το κάλεσμα του Θεού είναι το πιο σημαντικό απ' όλα*. Με μέγιστη αυτοσυγκέντρωση προσφέρετε την καρδιά σας και την ψυχή σας στον Θεό. Ξεχάστε τη συνειδητότητα του χρόνου. Ειδικά τη σημερινή μέρα θα πρέπει να χρησιμοποιήσετε όλη τη δύναμη της ψυχής σας για να δείξετε στον Θεό ότι Τον αγαπάτε περισσότερο απ' οτιδήποτε άλλο στη ζωή. Είθε να αγαπάτε τον Δότη όλων των δώρων περισσότερο απ' όλα Του τα δώρα! Αν προσφέρετε την ευλάβειά σας συνεχώς, με ολοένα και αυξανόμενη ένταση, θα δείτε και θα νιώσετε την παρουσία του Θεού σήμερα όπως δεν την έχετε βιώσει ποτέ πριν.

Ξεχνώντας τον τόπο και τον χρόνο, ας διευρύνουμε όλοι τη συνειδητότητα της ύπαρξής μας. Γεμίστε με γαλήνη και χαρά. Η χαρά είναι η απόδειξη της παρουσίας του Θεού. Καθώς συνεχίζετε να διαλογίζεστε, μια βαθιά χαρά θα έρθει στην ψυχή σας. Αισθανθείτε αυτή τη χαρά. Αισθανθείτε διευρυμένοι στο πνεύμα του Χριστού. Είμαστε εδώ για να προσκυνήσουμε τόσο τον Χριστό που βρισκόταν μέσα στον Ιησού, όσο και τον Ιησού, τον άνθρωπο που εκδήλωσε την Κατά Χριστόν Συνειδητότητα, και τους Μεγάλους που είναι όλοι ένα μέσα σ' αυτή τη συνειδητότητα. Ο Θεός και ο Χριστός είναι ένα. Όλοι οι απελευθερωμένοι

Δάσκαλοι, μέσω του τέλειου συντονισμού τους με τον Υιό ή αλλιώς την Κατά Χριστόν Συνειδητότητα, είναι ενωμένοι με τον Θεό. Γι' αυτό προσπαθήστε με τη μέγιστη αποφασιστικότητα να αισθανθείτε αυτή τη συνειδητότητα του Οικουμενικού Χριστού.

Αν σκάψετε με την αξίνα της προσοχής, κάτω από τα βράχια της νευρικότητας θα βρείτε τον πολύτιμο λίθο της κατά Χριστόν Συνειδητότητας. Η σημερινή μέρα μπορεί να είναι η μέρα που θα το πετύχετε. Η σημερινή μέρα μπορεί να είναι για σας η ένδοξη αρχή της μεταστροφής σας από τη χώρα της ύλης στη μέγιστη χαρά και ελευθερία στον Θεό. Ενωθείτε στο πνεύμα με όλη σας τη δύναμη και την ψυχή, με όλη σας την αγάπη, ώστε όλοι μας να νιώσουμε απελευθερωμένοι στον Θεό. Τοποθετείστε τα χέρια σας με τις παλάμες ενωμένες πάνω στη καρδιά σας και πείτε: «*Πρανάμ*».[1] Τώρα προσευχηθείτε μαζί μου: «Υποκλινόμαστε στον ύψιστο Θεό. Ιησού Χριστέ, Μπάγκαβαν Κρίσνα, Μαχαβατάρ Μπάμπατζι, Λαχίρι Μαχασάγια, Σρι Γιουκτέσβαρ, [Γκουρού-Δάσκαλέ μας], άγιοι όλων των θρησκειών, υποκλινόμαστε στην κατά Χριστόν Συνειδητότητα μέσα σε καθέναν από σας. *Ομ. Ομ. Ομ.* Ουράνιε Πατέρα, φόρτισε το σώμα μας με την κατά Χριστόν Συνειδητότητα. Φόρτισε τον νου μας με την κατά Χριστόν Συνειδητότητα. Φόρτισε την ψυχή μας με την κατά Χριστόν Συνειδητότητα. Απευθύνουμε την εξής προσευχή στον κόσμο: η γέννηση του Χριστού να γιορτάζεται κάθε χρόνο όπως τη γιορτάζουμε εμείς σήμερα, με επικοινωνία με την κατά Χριστόν Συνειδητότητα. Όπου κι αν πηγαίνουμε, ας μιλάμε γι' αυτή τη μέρα, ώστε ο κόσμος να αποφασίσει να γιορτάζει κάθε χρόνο τα πνευματικά Χριστούγεννα πριν τον κοινωνικό εορτασμό των Χριστουγέννων στις 25 Δεκεμβρίου. Διότι ο Χριστός ήταν του Θεού, ενώ οι γιορτές είναι του κόσμου· έτσι, με τον διαλογισμό προσκυνάμε τον Χριστό στο πνεύμα και με τις γιορτές προσκυνάμε τον Χριστό σαν σώμα. *Ομ*. Ειρήνη. *Ομ*».

Ο διαλογισμός σας δεν θα πρέπει να είναι μια λήθη περιπλανώμενων σκέψεων, αλλά μια προσηλωμένη, συνεχώς αυξανόμενη αφοσίωση στον Θεό – μια βαθιά χαρά προερχόμενη από την επαφή με το Πνεύμα. Στη σιωπή μέσα σας ικετεύστε Τον ξανά και ξανά να εμφανιστεί, με τη λαχτάρα που νιώσατε όταν επιθυμήσατε κάτι πάρα πολύ έντονα. Μ'

---

[1] Από το *πρα*, «πλήρης» και *ναμ*, «χαιρετισμός» ή «βαθιά υπόκλιση». Αυτός ο χαιρετισμός, με τα χέρια στη θέση της προσευχής, είναι μια έκφραση ευλάβειας στον Θεό ή σε κάποιον στον οποίο ο Θεός είναι εκδηλωμένος.

αυτήν την κατεπείγουσα επιθυμία προσευχηθείτε σ' Αυτόν και πείτε Του ότι Τον θέλετε. Άσχετα με το αν οι σκέψεις σας τρέχουν εδώ κι εκεί, μη δίνετε σημασία. Φέρτε τον νου σας πίσω στον Θεό με τη συνεχή προσευχή: «Αποκαλύψου. Έλα σ' εμένα· έλα σ' εμένα. Ω Θεέ, ακριβώς όπως αποκαλύφθηκες στον Χριστό, αποκαλύψου και σ' εμένα. Αποκαλύψου. Έλα σ' εμένα». Η αυτοσυγκέντρωση του νου σας θα πρέπει να είναι σαν πλημμύρα που να αυξάνει σε όγκο καθώς κινείται προς τον ωκεανό της παρουσίας του Θεού. Ξανά και ξανά αυξήστε τη θέρμη σας. «Υποκλινόμαστε στην αιωνιότητά Σου, ω Πνεύμα! Αποκαλύψου».

[Ακολούθησε μια περίοδος διαλογισμού. Όταν ο Παραμαχάνσατζι μίλησε ξανά, άρχισε με την ακόλουθη αληθινή ιστορία:]

Ένας υλιστής γιατρός κάποτε έψαξε να βρει έναν συγκεκριμένο άγιο, σκεπτόμενος ότι θα έφερνε τον Δάσκαλο σε δύσκολη θέση. «Αν μπορέσω να βρω αυτόν τον άγιο», σκεφτόταν καθώς περπατούσε προς το ερημητήριο του Δασκάλου, «θα του τραβήξω το αυτί και θα του δείξω ότι ο κόσμος είναι πραγματικός κι ότι ο Θεός δεν υπάρχει».

Την ώρα που ο γιατρός τα σκεφτόταν αυτά, ένας μαθητής του αγίου ήρθε τρέχοντας προς το μέρος του και είπε: «Ο Δάσκαλός μου επιθυμεί να δει τον γιατρό που θα του τραβήξει το αυτί και θα τον διδάξει ότι ο Θεός δεν υπάρχει».

Ο γιατρός σχεδόν λιποθύμησε από την έκπληξή του. Όταν έφτασε στον άγιο, τον οποίο βρήκε να κάθεται κάτω από ένα δέντρο, είπε: «Για πρώτη φορά νιώθω μετανιωμένος. Νιώθω ότι ο Θεός ήταν αυτός που σας είπε για μένα. Σας παρακαλώ, πείτε μου αν ποτέ θα συναντήσω αυτόν τον Θεό που μιλά μαζί σας».

«Δύο φορές στη ζωή σου», απάντησε ο άγιος, «αν προσεύχεσαι πολύ ειλικρινά μέρα και νύχτα».

«Μα ο νους περιπλανιέται από το ένα θέμα στο άλλο», διαμαρτυρήθηκε ο γιατρός.

«Δεν έχει σημασία πόσες φορές περιπλανιέται ο νους», απάντησε ο άγιος. «Αν ξανά και ξανά προσεύχεσαι στον Θεό, τότε Αυτός θα απαντήσει».

Έναν μήνα μετά από αυτό το περιστατικό, η σύζυγος του αδελφού του γιατρού αρρώστησε βαριά. Βρισκόταν υπό την επίβλεψη ενός ομοιοπαθητικού, ο οποίος είπε ότι η γυναίκα θα ανάρρωνε αν έτρωγε φρέσκα σταφύλια. Το φρούτο αυτό όμως ήταν εκτός εποχής. Όταν ο γιατρός, ο κουνιάδος της, το άκουσε αυτό, θυμήθηκε τα λόγια του αγίου: ότι ο Θεός θα άκουγε τις προσευχές του. Ψιθύρισε στον αδελφό του: «Θα φέρω μερικά σταφύλια».

Ο γιατρός έστειλε έναν υπηρέτη στα μαγαζιά, αλλά δεν υπήρχαν πουθενά σταφύλια. Έτσι, ο γιατρός προσευχήθηκε να μπορέσει με κάποιο τρόπο να βρει λίγα από τα πολύτιμα αυτά φρούτα. Η μέρα πέρασε, καθώς και το απόγευμα· τα μεσάνυχτα άκουσε ένα χτύπημα στην πόρτα. Πήγε να ανοίξει και μπροστά του στεκόταν ένας άνθρωπος μ' ένα καλάθι με σταφύλια. Κατάπληκτος, ο γιατρός τον ρώτησε γι' αυτά. «Ο εργοδότης μου σας στέλνει αυτά τα φρούτα», απάντησε ο ξένος.

Το επόμενο πρωί ο εργοδότης του υπηρέτη τηλεφώνησε και εξήγησε: «Είχα πέσει στο κρεβάτι γύρω στις δέκα χθες το βράδυ όταν σας είδα σε όραμα να εκλιπαρείτε για σταφύλια. Η γυναίκα μου κι εγώ μόλις είχαμε επιστρέψει από τον Βορρά όπου αυτά τα φρούτα βγαίνουν κι είχαμε φέρει μερικά απ' αυτά πίσω μαζί μας. Ξανά και ξανά σας έβλεπα συνεχώς να εκλιπαρείτε γι' αυτά τα φρούτα. Τελικά ένα μεγάλο Φως εμφανίστηκε, κι άκουσα μια Φωνή να λέει: "Πήγαινε αυτά τα φρούτα στον γιατρό, τον κύριο —". Σηκώθηκα, αλλά μετά σκέφτηκα ότι πρέπει να τα είχα φανταστεί όλα αυτά κι έτσι ξαναέπεσα στο κρεβάτι. Παρ' όλο όμως που μισοκοιμόμουν, εκείνο το Φως κι εκείνη η Φωνή με ενοχλούσαν ακόμα. Μετά από λίγο ξύπνησα από τον θόρυβο που έκανε η γυναίκα μου στριφογυρίζοντας. Μου είπε ότι είχε δει και η ίδια ένα μεγάλο Φως και είχε ακούσει μια Φωνή που της έλεγε να στείλει τα σταφύλια μας σ' εσάς αμέσως. Κι έτσι έστειλα τον υπηρέτη μου να σας τα φέρει».

Έτσι, ο γιατρός ήξερε ότι ο Θεός είχε στείλει τα φρούτα. Πήγε τα σταφύλια στη γυναίκα του αδελφού του, η οποία με τη βοήθεια των ευλογημένων φρούτων ανάρρωσε γρήγορα από την αρρώστια της.

Ο γιατρός ο ίδιος μου είπε αυτή την ιστορία. Η εμπειρία αυτή του άλλαξε τη ζωή.

Εντούτοις δεν θα πρέπει κάποιος να αναζητά τον Θεό απλά και μόνο για τέτοιες εμπειρίες. Όσο υπάρχει η επιθυμία για θαύματα, ο Θεός ο Ίδιος δεν θα έρθει. Μην αφήνετε κανέναν να γνωρίζει τι υπάρχει μέσα στην καρδιά σας και τι αισθάνεται η ψυχή σας. Μέσα σας θα πρέπει να ζητάτε συνεχώς την παρουσία Του. Θα έρθει. Πάνω απ' όλες τις άλλες μέρες, αυτή είναι η μέρα που θα πρέπει πιο πολύ να προσπαθήσετε να Τον λάβετε μέσα σας. Ξεχάστε το παρελθόν. Αυτή μπορεί να είναι η σπουδαιότερη μέρα της ζωής σας αν προσπαθήσετε. Έχετε περάσει πάρα πολύ καιρό σκεπτόμενοι τις εγκόσμιες απολαύσεις. Αυτή τη μέρα θα πρέπει να προσευχηθείτε με όλη σας την καρδιά· αυτή είναι η μεγαλύτερη ευκαιρία που είχατε ποτέ να προσφέρετε την ανθοδέσμη της αφοσίωσής σας στον Θεό.

Πολλές φορές ο Θεός ήρθε όταν σχεδόν δεν το περίμενα. Πολλές φορές ήρθε καθώς περπατούσα δίπλα στον ωκεανό στο Encinitas. Ο Άγιος Φραγκίσκος και οι Μεγάλοι Δάσκαλοι ήρθαν. Ακόμα και τώρα είναι όλοι τους εδώ μαζί σας. Ο αστρικός παράδεισος βρίσκεται ακριβώς πίσω από τη χονδροειδή δόνηση αυτού του κόσμου. Χθες το βράδυ το αγαπημένο πνεύμα της Σέβα Ντέβι[2] μού εμφανίστηκε σε μια τέλεια αστρική μορφή και μου είπε: «Είμαι ελεύθερη. Θα είμαι μαζί σας αύριο στον χριστουγεννιάτικο διαλογισμό». Είναι μεγάλη χαρά για μένα που κι αυτή είναι μαζί μας, αληθινά και με μεγάλη ευλάβεια. Τη βλέπω τόσο καθαρά όσο εσείς βλέπετε εμένα.

Πρέπει να λύσουμε τα μεγάλα μυστήρια της ζωής και του θανάτου. Αυτά έχουν έναν σκοπό – να μας κάνουν να ψάχνουμε με όλη τη θέρμη της ψυχής μας μέχρι να βρούμε τον Θεό, τον αιώνιο Αγαπημένο μας.

Γνωρίζω ότι μας λείπει ο πολυαγαπημένος μας Άγιος Λυν (St. Lynn).[3] Αναγκάσθηκε να παραμείνει στο Κάνσας αυτή τη φορά. Είναι όμως κι αυτός μαζί μας με το πνεύμα του, ακριβώς τώρα.

Προσεύχομαι να απολαμβάνετε κάθε μέρα της ζωής σας την κοινωνία με τον Θεό που απολαμβάνετε σήμερα. Είμαι τόσο ευγνώμων· η καρδιά μου είναι πλημμυρισμένη από την καλοσύνη Του. Μου έδωσε όλα όσα θέλησα σ' αυτή τη ζωή· πάνω απ' όλα όμως μου έδωσε τον Εαυτό Του. Τι ευγνωμοσύνη νιώθω! Αυτός που έπαιζε κρυφτό μέσα στην καρδιά μου τώρα είναι πάντα κοντά. Κρύβεται πίσω απ' όλες τις ιταμές εκδηλώσεις της «πραγματικότητας». Είναι εκεί, περιμένοντάς σας. Δεν υπάρχει λόγος να υποφέρετε. Τρέξτε σ' Αυτόν. Ο Πιο Αγαπημένος περιμένει· τα χέρια Του είναι ανοιχτά για να σας δεχθούν, να σας κάνουν πνευματικούς και αθάνατους. Δεν υπάρχει θάνατος ή αρρώστια που να σας κυνηγούν παρά μόνο στο όνειρο της άγνοιας.

Να είστε αληθινοί στην καρδιά σας. Μην επιδεικνύετε την αφοσίωσή σας στον Θεό μπροστά σε άλλους. Να είστε ειλικρινείς. Να είστε συγκεντρωμένοι, να έχετε ατσάλινη αποφασιστικότητα στην προσπάθειά σας να διαλογιστείτε σήμερα, γιατί ο Παντοδύναμος είναι μαζί μας.

«Πατέρα, Μητέρα, Φίλε, Αγαπημένε Θεέ, Σ' ευχαριστούμε μέσα

---

[2] Μια αφοσιωμένη μαθήτρια του Παραμαχάνσατζι από τη Δύση στην οποία είχε δώσει αυτό το ινδικό όνομα. Είχε πεθάνει τον προηγούμενο μήνα μετά από μια σοβαρή ασθένεια.

[3] Βλ. *Ράτζαρσι Τζανακανάντα* στο γλωσσάριο.

από την καρδιά μας που αντί να χάνουμε τον χρόνο μας σε επιπολαιότητες είμαστε εδώ για να Σε προσκυνήσουμε και να Σου δείξουμε την ευγνωμοσύνη μας».

[Επακολούθησε μια περίοδος διαλογισμού].

«Η φωνή της καρδιάς είναι η φωνή Σου, ω Θεέ! Στις εκφράσεις της αφοσίωσής μας ακούμε την ηχώ της φωνής Σου. Μη λάβεις υπ' όψη Σου το κάρμα μας του παρελθόντος ή τη νευρικότητά μας για να μας τιμωρήσεις με την απουσία Σου. Έλα σ' εμάς, επειδή δεν είμαστε τίποτε άλλο από παιδιά Σου. Απαιτούμε την παρουσία Σου! Ας γίνει αυτή η μέρα της κοινωνίας μας μ' Εσένα ένας φάρος καθοδήγησης στο μονοπάτι της ζωής, για να μας οδηγήσει στην αιώνια ζωή Σου. Κύριε, Θεέ, Ουράνιε Πατέρα, λάμπρυνε τη μέρα μας με τη δόξα της παρουσίας Σου, ώστε αυτή η μέρα μ' Εσένα να ξεχωρίζει από τις υπόλοιπες 364 μέρες του χρόνου τις οποίες ξοδεύουμε σχεδόν εντελώς απορροφημένοι από την υλιστική διαβίωση.

»Ευλόγησέ μας, ω Κύριε, ώστε να αρχίσουμε να Σ' αγαπάμε τόσο πολύ ώστε κάθε μέρα να μεθάμε από αγάπη για Σένα, τόσο πολύ ώστε τις μέρες που γινόμαστε ανυπόμονοι για τα εγκόσμια να νιώθουμε αποστροφή γι' αυτή τη νοητική κατάσταση.

»Ω Θεϊκό Πνεύμα! Ευλόγησέ μας να ζούμε κάθε μέρα με τη συνειδητότητά Σου. Όποτε γλιστράμε στην υλιστική συνειδητότητα, κάνε μας ανυπόμονους για Σένα. Αντίστρεψε την τάση της ζωής μας έτσι ώστε όταν οι κακές συνήθειες προσπαθούν να τραβήξουν την προσοχή μας στην ύλη, ο νους μας αντίθετα να φτερουγίζει προς Εσένα. Είμαστε νευρικοί όταν ασχολούμαστε με τον κόσμο της ύλης, αλλά γαλήνιοι όταν είμαστε μ' Εσένα. Στην εκστατική κοινωνία όλοι είμαστε ένα μ' Εσένα. Εσύ είσαι η ζωή μας και η αγάπη μας και όλη η γλυκύτητα που αναζητάμε. Με την πιο βαθιά μας αφοσίωση υποκλινόμαστε σ' Εσένα. Είσαι ο Κύριος της καρδιάς μας. Από Σένα εξαρτάται να παραχωρήσεις τον Εαυτό Σου σ' εμάς. Αν και η αφοσίωσή μας δεν είναι επαρκής, Εσύ ωστόσο συγκινήσου από το ειδύλλιο της ειλικρίνειας και της αποφασιστικότητάς μας. Αποκαλύψου σε όλους μας.

»Είθε η αγάπη Σου να λάμπει για πάντα στο ιερό της αφοσίωσής μας και είθε να μπορούμε να αφυπνίζουμε την αγάπη Σου μέσα σε κάθε καρδιά. Ουράνιε Πατέρα, μη μας αφήσεις στο λάκκο του πειρασμού στον οποίο έχουμε πέσει εξαιτίας της κακής χρήσης του δώρου της λογικής που μας έχεις δώσει».

Ξανά και ξανά βυθιστείτε μέσα σας. Ξανά και ξανά βυθιστείτε

στην ουράνια χαρά αυτής της πολύτιμης στιγμής, ώστε όλη σας η ζωή να είναι μια επανάληψη αυτής της θεϊκής εμπειρίας. «Ουράνιε Χριστέ, ειδικά αυτή τη μέρα επικαλούμαστε την παρουσία σου, τη συνειδητότητά σου· είθε η αγάπη σου να λάμπει στο ιερό της αφοσίωσής μας. Ουράνιε Πατέρα, είθε η συνειδητότητά Σου να κατέλθει σ' εμάς και, με τον Χριστό και τους Μεγάλους Αγίους, να μπορέσουμε να έρθουμε σ' Εσένα για πάντα, στην αιωνιότητα. *Ομ. Ομ. Ομ*».

[Διαλογισμός]

Ήταν ο μεγάλος Μπάμπατζι, μαζί με τον Χριστό, αυτοί που έστειλαν αυτό το έργο του Self-Realization Fellowship στον κόσμο. Ο Χριστός ήρθε για να φέρει τη συνειδητότητά του σε όλους, και λυπάται βαθύτατα που βλέπει την ανθρωπότητα να μην τον προσκυνά στο πνεύμα. Η ευσπλαχνική αγάπη του Χριστού για όλους τους ανθρώπους είναι πραγματική· η κοινωνία μαζί του είναι πραγματική· εντούτοις αυτές οι αλήθειες σημαίνουν πολύ λίγα για τους περισσότερους ανθρώπους γιατί έχουν χάσει το αληθινό πνεύμα των Χριστουγέννων γιορτάζοντας τη γέννηση του Χριστού κυρίως με υλικούς τρόπους. Ποιος είναι ο σκοπός του εορτασμού, αν όχι να βιώσουμε τη γέννηση της κατά Χριστόν Συνειδητότητας μέσα μας; Συνειδητοποιήστε τι σημαίνει αυτό! Είναι λάθος να παρεκκλίνουμε από τον σκοπό των Χριστουγέννων, ο οποίος είναι να προσκυνάμε τον Χριστό πνευματικά. Ήταν ο Χριστός αυτός που με ενέπνευσε να θεσπίσω αυτούς τους διαλογισμούς διαρκείας, μία ή δύο μέρες πριν τα Χριστούγεννα. Πολλοί άνθρωποι σ' αυτή τη χώρα τώρα τηρούν αυτήν την τελετή και ελπίζω ότι με τον καιρό κάθε εκκλησία και κάθε οικογένεια που τιμά τον Χριστό θα τηρεί αυτήν την τελετή μιας ημέρας σιωπής και διαλογισμού πριν τα Χριστούγεννα.

Η σιωπή είναι το ιερό του Θεού. Δεν αρκεί να σταματάμε μόνο τις σκέψεις μας· πρέπει να κοινωνούμε με τον Χριστό. Ο Χριστός είναι παρών παντού, και μέσα σας και έξω από σας – ένα αστραφτερό φως. Το βρέφος Χριστός γεννιέται στο λίκνο της αγάπης μας. Σκεφτείτε το αυτό σήμερα. Κάντε την κάθε μέρα μια νέα γέννηση της κατά Χριστόν Συνειδητότητας στη ζωή σας. Διαδώστε αυτό το μήνυμα παντού. Ελπίζω ότι ο καθένας από σας θα υποστηρίξει αυτήν την ιδέα στο σπίτι του και σε κάθε άλλο σπίτι.

Υποτιμάτε τη δύναμή σας. Αφυπνίστε ψυχές που έχουν κλείσει τα μάτια τους στον Θεό. Η παντογνωσία του Θεού βρίσκεται και μέσα στον σοφό άνθρωπο και μέσα σ' εκείνον που έχει κλειστά τα μάτια του στο φως. Εξαρτάται από σας να δείτε αυτό το φως μέσα σας με παρατεταμένη και βαθιά κοινωνία – με μια συνεχή εκδήλωση της αγάπης σας στον Παντοδύναμο.

Όπως κάποιος που παρακολουθεί μια συναρπαστική ταινία ξεχνά εύκολα όλα τα άλλα, το ίδιο κι αυτός που αγαπά τον Θεό ξεχνά τα πάντα εκτός από τον Αγαπημένο. Ο συνηθισμένος άνθρωπος δεν έχει αρκετή αφοσίωση ώστε να αισθανθεί την παρουσία του Θεού επειδή ο νους του είναι συνήθως στραμμένος στα υλικά πράγματα και όχι στη Θεότητα. Αν οι ταινίες και το σεξ και οι εγκόσμιες απολαύσεις μπορούν να κρατήσουν την προσοχή κάποιου για ώρες, τότε σκεφτείτε πόσο συναρπαστική πρέπει να είναι η κοινωνία με τον Θεό, την πιο ψυχαγωγική Ύπαρξη στο σύμπαν! Το πρόβλημα είναι ότι ο περισσότερος κόσμος δεν *προσπαθεί* να Τον γνωρίσει. Αν Τον γνωρίσετε, τότε θα περνάτε ώρες μέσα στη μεγαλύτερη θεϊκή μέθη. Δεν βρίσκω χαρά σε τίποτα άλλο, άσχετα με το τι κάνω, εκτός κι αν ο Θεός είναι μαζί μου. Κι όταν είμαι αηδιασμένος μ' αυτόν τον κόσμο, κλείνω τις πόρτες των αισθήσεων και επικοινωνώ μόνο με τον Θεό. Δεν υπάρχει σύγκριση με οτιδήποτε υπάρχει στον κόσμο τούτο με την ευτυχία που έρχεται όταν κάποιος κλείνει τα μάτια του στον κόσμο και προχωρά σταθερά προς το ευλογημένο βασίλειο του Θεού.

Σ' εμένα φαίνεται πολύ απλό. Σ' εσάς φαίνεται πολύ δύσκολο απλά και μόνο γιατί νομίζετε ότι στο σκοτάδι πίσω από τα κλειστά μάτια δεν υπάρχει ποικιλία ή ψυχαγωγία. Αντιθέτως, εκεί βρίσκεται κάθε δυνατή ποικιλία· δεν τη βρίσκετε επειδή δεν περιμένετε. Όταν όμως διασχίσετε το κατώφλι του υποσυνείδητου νου, τότε αρχίζετε να αισθάνεστε μια μεγάλη υπερσυνείδητη χαρά, η οποία μεθά τον νου και το σώμα και την ψυχή. Αυτή η κατάσταση διαρκεί πολλές ώρες χωρίς ο πιστός να έχει καμιά συναίσθηση του κόσμου.

Πολλοί άνθρωποι έχουν ένα χαμόγελο στο πρόσωπό τους, αλλά αυτό το χαμόγελο χάνει τη λάμψη του αν πίσω του δεν βρίσκεται το χαμόγελο του Θεού. Βλέπω το τέλος όλων των πραγμάτων· βλέπω ότι όλες οι ανθρώπινες απολαύσεις οδηγούν τελικά σε αδιέξοδο. Ο Θεός δεν θέλει να σας επιβάλει τον Εαυτό Του. Εσείς είστε αυτοί που πρέπει να Τον αναζητήσετε και να Τον βρείτε. Σας έχει δώσει την αγάπη που αισθάνεστε στην καρδιά σας κι εσείς την καταχράστε με το να δένεστε με έναν μικρό αριθμό ανθρώπων τους οποίους θεωρείτε δικούς σας. Καθώς είστε προσκολλημένοι στη δική σας μικρή οικογένεια, ξεχνάτε ότι όλοι τους θα φύγουν από σας. Αγαπώντας τους, στην πραγματικότητα αγαπάτε τον Θεό, και είναι Εκείνος που σας αγαπά μέσα απ' αυτούς. Κανείς δεν μπορεί να αγαπά τον Θεό χωρίς να αγαπά την οικογένειά του και τους φίλους του· εκείνος όμως που χάνεται μέσα στην ανθρώπινη αγάπη, θα χάσει τον Θεό. Αυτός είναι που μας αγαπά ως πατέρας, ως μητέρα, παιδιά και φίλοι. Όταν ξεχνάμε τον σκοπό αυτού του θεατρικού έργου, τιμωρούμε τον εαυτό μας μέσα από την άγνοιά μας. Μην παραπλανάστε από εγκόσμιες επιδιώξεις. Αν και είμαι φιλόδοξος για το έργο του Self-Realization, είμαι ελεύθερος μέσα στην καρδιά μου, γνωρίζοντας ότι το θεατρικό αυτό έργο διαδραματίζεται σύμφωνα με το θέλημα του Θεού.

Γνωρίζω ότι μ' αγαπά κι ότι κι εγώ Τον αγαπώ. Τον αγαπώ περισσότερο απ' οτιδήποτε άλλο. Δεν υπάρχει τίποτα άλλο που να αιχμαλωτίζει την προσοχή μου. Έχω βρει ότι ο Θεός είναι πιο ελκυστικός από οποιονδήποτε εγκόσμιο πειρασμό.

«Νύχτα και μέρα υπάρχει μόνο ένας πόθος στη καρδιά μου, ω Κύριε! Κάνε με να πράττω αυτό που Εσύ θέλεις να πράττω κι όχι να ακολουθώ τις φιλοδοξίες μου, ούτε τις επιθυμίες μου. Δίδαξέ με να κάνω οτιδήποτε Εσύ θέλεις να κάνω προκειμένου να μετατρέψω αυτή τη γη σ' έναν τέλειο τόπο· ώστε όλες μου οι σκέψεις να διακηρύσσουν Εσένα· ώστε όλα όσα έχω δημιουργήσει να θυμίζουν στους άλλους Εσένα».

Έτσι, αγαπημένοι μου, να διαλογίζεστε πρωί και βράδυ. Μη χάνετε τον χρόνο σας. Πού και πού αφήστε τον νου σας να τρέχει εδώ κι εκεί, αλλά μην είστε δέσμιοι της προσκόλλησης σε οτιδήποτε. Να κλείνεστε σε απομόνωση και να διαλογίζεστε. Στην αρχή ο νους σας θα επαναστατεί ενάντια στη θέλησή σας· αν όμως προσπαθείτε έντονα, τελικά θα δείτε ότι τίποτε άλλο δεν μπορεί να σας ικανοποιήσει όπως ο διαλογισμός. Τι ελευθερία βρίσκω όταν κλείνω τα μάτια μου! Η χαρά του Θεού με κυριεύει. Αυτή η χαρά είναι πραγματική μέσα στην καρδιά μου. Ποιο μεγαλύτερο θαύμα θέλετε να δείτε πέρα από το θαύμα του ανθρώπινου σώματος και του συμπαντικού σώματος της Φύσης που έχει δημιουργήσει ο Θεός; Η ανθρώπινη σωματική μπαταρία δεν συντηρείται από την τροφή αλλά από κάθε λόγο (κύμα συμπαντικής ενέργειας) που ρέει μέσα από τον προμήκη μυελό και τον εγκέφαλο και την καρδιά από τον Δημιουργό Κύριο. Πηγαίνετε στην πηγή και αισθανθείτε τον Θεό κι έτσι ανακαλύψτε μέσα σας εκείνη τη μεγάλη Πηγή από την οποία αναβλύζει χαρά και ζωή.

Συνάντησα έναν άγιο στην Ινδία ο οποίος είχε παραμείνει σε διαλογισμό για δεκαοχτώ χρόνια αναζητώντας τον Θεό πριν κατορθώσει να Τον βρει. Σκεφτείτε όμως τι κέρδισε! Τον Θεό όλη την ώρα κοντά του, στην αιωνιότητα! Κάποια στιγμή κάθε μέρα να αποσύρεστε από τα πάντα και να διαλογίζεστε. Η καλύτερη ώρα για να είστε με τον Θεό είναι η νύχτα. Ποτέ μην πέφτετε στο κρεβάτι πριν έρθετε σε κοινωνία μαζί Του. Και όλη την ώρα, άσχετα με το τι συμβαίνει, να Του λέτε: «Κύριε, Σε θέλω πάνω απ' οτιδήποτε άλλο. Μπορεί να με δελεάζεις με τα πάντα, αλλά εγώ δεν θέλω τίποτε άλλο εκτός από την παρουσία Σου».

Όταν το λέτε αυτό μέσα από την καρδιά σας, ο Θεός θα ανταποκριθεί. Θα συνειδητοποιήσετε ότι δεν έχει νόημα να ξοδεύετε τον χρόνο σας ανιχνεύοντας τα λάθη σας ή τα λάθη των άλλων. Άσχετα με το πόσο ο Σατανάς προσπαθεί να με παρασύρει (και πράγματι προσπαθεί, ακόμα και μετά από τόσα χρόνια που ακολουθώ αυτό το μονοπάτι), βλέπω ότι έχω τον Θεό. Είναι πάντα μέσα στην καρδιά μου. Τα λάθη μου μπορεί να ήταν σοβαρότατα, αλλά η αγάπη μου για τον Θεό τα έσβησε. Είμαι απολύτως ελεύθερος στην καρδιά μου· ούτε μία επιθυμία δεν παραμονεύει εκεί. Τον αγαπώ περισσότερο απ' οτιδήποτε άλλο. Και, αν έτσι επιθυμεί, είμαι έτοιμος να σφουγγαρίσω πατώματα προκειμένου να εκφράσω την αγάπη μου γι' Αυτόν.

«Αφιερώνω το σώμα μου, την καρδιά μου, τον νου μου, την ψυχή μου σ' Εσένα, Κύριε. Δεν με νοιάζει τι θα κάνεις με το σώμα μου. Τον λίγο χρόνο που βρίσκομαι εδώ, είμαι όλος δικός Σου, ω Κύριε. Είθε κάθε μυς να χορεύει με τη χαρά Σου· κάθε κύτταρο του αίματος να πάρει την απόχρωση της λάμψης του φωτός Σου. Η γεύση της ύλης είναι σαν δηλητήριο στο στόμα μου· τώρα πίνω από το νέκταρ Σου. Δεν υπάρχει τίποτε που να συγκρίνεται μ' αυτή την εμπειρία, ω Κύριε! Αφιερώνω τη ζωή μου, τις σκέψεις μου, τις επιθυμίες μου, σ' Εσένα. Είδα ότι οι επιθυμίες μου δεν είναι τίποτε άλλο από αδιέξοδα που οδηγούν σε ατέλειωτες απογοητεύσεις· έχω όμως μάθει το μάθημα ότι, επιθυμώντας τα πράγματα που Εσύ επιθυμείς να έχω, Αγαπημένε Θεέ, βρίσκω πλήρη ικανοποίηση. Είθε η παρουσία Σου να είναι έκδηλη σε όλους, όπως Σε αισθάνομαι εγώ – κι ακόμα περισσότερο, επειδή είσαι απεριόριστα ψυχαγωγικός. Αποκαλύψου σε όλους.

»Δεν είμαστε εδώ, Κύριε, απλώς για να προσευχόμαστε ή να ψέλνουμε. Δεν είμαστε εδώ για να παρακολουθούμε μηχανικά αυτή τη μέρα προς τιμήν του Ιησού, αλλά για να προσφέρουμε συνειδητά, στα πόδια της πανταχού παρουσίας Σου, την ανθοδέσμη της αγάπης μας. Λάβε την ευωδιαστή χαρά της καρδιάς μας. Είναι πολύ λίγη, αλλά όλες οι χαρές και η αγάπη για Σένα, που αναπτύσσονται στον κήπο της καρδιάς μας, ανήκουν σ' Εσένα. Λάβε ό,τι είναι δικό Σου. Εμείς είμαστε δικοί Σου. Κακοί ή καλοί, είμαστε παιδιά Σου. Δεσμεύεσαι απ' αυτήν την αγάπη να εκδηλωθείς και να εκφραστείς σ' εμάς. Πρέπει να έρθεις σ' εμάς. Είμαστε παντοτινά ελεύθεροι μέσα σ' Εσένα.

»Τα χρώματα της αυγής που χορεύουν στους ουρανούς, τα βουνά, τα λαμπερά καμίνια της φωτιάς στον ήλιο και στ' αστέρια – τα πάντα δεν είναι τίποτε άλλο από εκφράσεις της χάρης Σου και της πανταχού παρουσίας Σου. Ω Πνεύμα, καθώς η καρδιά μας φλέγεται όλο και περισσότερο για Σένα, καθώς η καρδιά μας βροντά σαν τον σεισμό με τη λαχτάρα της για Σένα, σπεύδουμε να φέρουμε την ψυχή μας, που είναι εγκλωβισμένη σ' αυτό το γήινο σώμα, στις ακτές Σου της αιωνιότητας. Είσαι δικός μας. Γιατί κρύβεσαι από μας; Ευλόγησέ μας ώστε να κλείσουμε τις πόρτες των αισθήσεων και να αγαπάμε Εσένα εκεί όπου Εσύ θέλεις να βρίσκεσαι, στο ιερό το πνιγμένο στα δάκρυα της ψυχής μας. Πατέρα, Μητέρα, Φίλε, Αγαπημένε Θεέ! Κακοί ή καλοί, είμαστε παιδιά Σου· Σε θέλουμε. Όλες οι απογοητεύσεις μας, όλες οι αδυναμίες μας, όλες οι κακές συνήθειές μας δεν μπορούν πλέον να μας φοβίσουν· διότι η αγάπη μας για Σένα είναι μεγαλύτερη. Κατάστρεψε τα μοσχεύματα των συνηθειών στο δέντρο της αιώνιας ζωής μας. Αποσπάμε την ορχιδέα των ανθρώπινων απολαύσεων από το δέντρο της ζωής και την εναποθέτουμε στα πόδια Σου. Εσύ είσαι η μόνη χαρά που αναζητάμε σε όλες τις ανθρώπινες δραστηριότητες. Λαχταράμε τη λαμπρότητα της δόξας Σου, τη φωτεινότητα της ύπαρξής Σου».

[Διαλογισμός]

«Πατέρα, Σ' ευχαριστούμε. Είθε αυτή η μέρα να λάμπει στο εξής στη ζωή μας ως καθοδηγητικός φάρος της χάρης Σου, της δόξας Σου και της ενθύμησής Σου να μας δίνεις φως στο σκοτάδι αυτής της ενσάρκωσης. Πατέρα, είθε το Φως Σου να φωτίζει αυτή τη μέρα και να μας καθοδηγεί σε όλη τη διάρκεια αυτής της ζωής· και στη διάρκεια των πολλών μεταγενέστερων ζωών, αν πρέπει να επιστρέψουμε σ' αυτόν τον κόσμο. Πατέρα, Μητέρα, Φίλε, Αγαπημένε Θεέ, λάβε την έντονη θέρμη της ψυχής μας. Δέξου την αγνή αγάπη και αφοσίωση της ψυχής μας. Τι περισσότερο μπορούμε να πούμε εκτός του ότι Σ' αγαπάμε; Εκδήλωσε τη συνειδητότητά Σου μέσα μας όπως αυτή ήταν εκδηλωμένη στον Χριστό. Είμαστε ευγνώμονες που μας παραχώρησες τη χαρά και την κατά Χριστόν Συνειδητότητα σήμερα. Σ' ευχαριστούμε αιώνια».

Πάρτε Νέες Αποφάσεις: Γίνετε Αυτό Που Θέλετε να Γίνετε!

Στην έδρα του Self-Realization Fellowship, 31 Δεκεμβρίου 1934

«Ουράνιε Πατέρα, καθώς μπαίνουμε στον νέο χρόνο, είθε να βλέπουμε μέσα από τις ανοιχτές πύλες του τη δόξα Σου, τα ιδανικά Σου. Είθε να νιώθουμε πάντα μαζί μας τη δύναμή Σου, τη ζωτικότητά Σου και την καθοδήγησή Σου, την οποία να ακολουθούμε με συνεχή ορθή δραστηριότητα, το άμεσο μονοπάτι που οδηγεί σ' Εσένα».

Πάρτε νέες αποφάσεις σχετικά με το τι θα κάνετε και τι άνθρωποι θα γίνετε σ' αυτόν τον επόμενο χρόνο. Καθορίστε ένα πρόγραμμα για τον εαυτό σας· ακολουθήστε το πιστά και θα δείτε πόσο πιο ευτυχισμένοι θα γίνετε. Η αποτυχία να τηρήσετε το πρόγραμμα που θέσατε για τη βελτίωσή σας σημαίνει ότι έχετε παραλύσει τη θέλησή σας. Δεν έχετε κανέναν μεγαλύτερο φίλο και κανέναν μεγαλύτερο εχθρό από τον εαυτό σας. Αν γίνετε φίλοι με τον εαυτό σας, θα πετύχετε.[1] Δεν υπάρχει κανένας νόμος του Θεού που να σας εμποδίζει να γίνετε αυτό που θέλετε να γίνετε και να πετύχετε αυτό που θέλετε να πετύχετε. Κανένα επιζήμιο γεγονός δεν μπορεί να σας επηρεάσει παρά μόνο αν το επιτρέψετε.

Η δύναμη της θέλησής σας είναι αυτή που θα καθορίσει τι μπορείτε να κάνετε – τίποτα άλλο: ούτε οι παλιές σας συνήθειες, ούτε το παλιό σας κάρμα, ούτε το ωροσκόπιό σας. Με το να συμβουλεύεστε αστρολογικούς χάρτες δίνετε κύρος και δύναμη στο παλιό σας κάρμα. Αυτό αποδυναμώνει τη θέλησή σας. Ο Θεός είναι η θέλησή σας. Πρέπει με κάθε τρόπο να μην επιτρέψετε στην αμφιβολία και στην αποκαρδίωση να εισχωρήσουν ανάμεσα στη δύναμη της θέλησής σας και τη ζωή σας. Η αμφιβολία είναι καταστροφική. Παραλύει την κινητήρια δύναμη

---

[1] «Ας εξυψώσει ο άνθρωπος τον εαυτό (το εγώ) με τον εαυτό· ο εαυτός ας μην υποβαθμιστεί (να μην πτοηθεί). Πράγματι, ο εαυτός είναι φίλος του· και ο εαυτός είναι εχθρός του» (Μπάγκαβαντ Γκίτα VI:5).

της ελπίδας και καταστρέφει τη θέληση. Αν η δύναμη της θέλησής σας εξασθενίσει, θα έχετε καταστρέψει τη δυνατότητα επιτυχίας. Η πίστη μπορεί να καταφέρει τα πάντα· η αμφιβολία μπορεί να καταστρέψει τα πάντα. Με καμία δύναμη μην επιτρέψετε στον εαυτό σας να γίνει θύμα της αμφιβολίας.

Μην αφήσετε τίποτα να εξασθενίσει την πεποίθησή σας ότι μπορείτε να γίνετε οτιδήποτε θελήσετε. Κανείς δεν σας εμποδίζει παρά μόνον ο εαυτός σας. Αν και ο Δάσκαλός μου, ο Σουάμι Σρι Γιουκτέσβαρτζι, μου το έλεγε αυτό συνέχεια, στην αρχή ήταν δύσκολο να το πιστέψω. Καθώς όμως χρησιμοποιούσα τη δοθείσα από τον Θεό δύναμη θελήσεως στη ζωή μου, είδα ότι αυτή ήταν ο σωτήρας μου. Το να μη χρησιμοποιείτε τη δύναμη της θέλησης σημαίνει να είστε αδρανείς όσο μια πέτρα, ένα άψυχο αντικείμενο – ένα ανεπαρκές ανθρώπινο ον.

Η Δύναμη της Σκέψης

Είναι πολλοί οι άνθρωποι που δεν είναι μόνο σωματικά οκνηροί, αλλά και νοητικά. Η εποικοδομητική σκέψη οπωσδήποτε θα σας δείξει το μονοπάτι για την επιτυχία σαν ένας μεγάλος κρυμμένος προβολέας. Πάντα υπάρχει ένας τρόπος για όλα αν σκεφθείτε αρκετά. Οι άνθρωποι που παραιτούνται μετά από λίγο μειώνουν τη δύναμη της σκέψης τους. Για να καταφέρετε τον σκοπό σας πρέπει να χρησιμοποιείτε τη σκέψη σας όσο περισσότερο μπορείτε μέχρι να γίνει αρκετά φωτεινή ώστε να σας αποκαλύψει τον δρόμο για τον στόχο σας.

Η δύναμη της υποβολής είναι πολύ δυνατή. Όλη η ικανότητά μας να επιτυγχάνουμε βρίσκεται στον νου. Το ίδιο το σώμα σας ουσιαστικά συντηρείται από τη σκέψη. Το φαγητό είναι μόνο συμπτωματικό· η κύρια δύναμη που σας συντηρεί είναι ο νους σας, η συνειδητότητά σας. Η σκέψη είναι που φέρνει ενέργεια στο σώμα. Όταν η σκέψη εξουδετερώνεται, το σώμα νιώθει αδύναμο και αρχίζει να καταρρέει.

Η σκέψη του Θεού είναι η ουσία των πάντων. Είναι ζωντανή, είναι άπειρη. Τα πάντα εκπορεύτηκαν από την Άπειρη Απεραντοσύνη. Ο Θεός προβάλλει μια σκέψη από τη συνειδητότητά Του κι αυτή η σκέψη γίνεται μια ζωντανή ύπαρξη. Προβάλλει μια άλλη σκέψη και της λέει να γίνει λουλούδι, κι αυτή γίνεται ένα συγκεκριμένο είδος άνθους· άλλες σκέψεις γίνονται βουνά ή πετράδια ή αστέρια.

Διώξτε όλες τις αρνητικές σκέψεις και τους φόβους. Να θυμάστε ότι ως παιδιά του Θεού είστε προικισμένοι με τις ίδιες δυνατότητες που

Πάρτε Νέες Αποφάσεις: Γίνετε Αυτό Που Θέλετε να Γίνετε!

διαθέτουν οι πιο άριστοι ανάμεσα στους ανθρώπους. Ως ψυχή, κανείς δεν είναι καλύτερος από τον άλλον. Συντονίστε τη θέλησή σας έτσι ώστε να καθοδηγείται από τη σοφία του Θεού όπως εκφράστηκε μέσω της σοφίας των αγίων. Αν η θέλησή σας ενωθεί με τη σοφία, μπορείτε να κατακτήσετε τα πάντα. Ο φόβος αναχαιτίζει την πρόοδο. Οτιδήποτε πρόκειται να έρθει, να είστε προετοιμασμένοι να το αντιμετωπίσετε· να έχετε τη νοητική ετοιμότητα να περνάτε μέσα από κάθε αλλαγή χωρίς να υποκύπτετε στην αδράνεια που προκαλείται από τον πόνο. Ακόμα και το να αντιμετωπίσετε τον θάνατο δεν είναι κάτι που πρέπει να σας φοβίζει. Είναι γελοίο να φοβάστε τον θάνατο, γιατί όσο δεν είστε νεκροί είστε ζωντανοί, κι όταν είστε νεκροί δεν υπάρχει τίποτα πλέον για να στενοχωριέστε! Είναι κάτι που όλοι μας θα χρειαστεί να το περάσουμε, οπότε δεν μπορεί να είναι τόσο κακό. Είμαστε κύματα στην επιφάνεια της θάλασσας· και στον θάνατο, για ορισμένο χρόνο, η συνειδητότητά μας τυλίγεται μέσα στην Άπειρη Ενότητα από την οποία προήλθαμε. Δεν υπάρχει τίποτε για το οποίο να θρηνούμε· είναι μια ξεκούραση, μια συνταξιοδότηση από τον μόχθο της ζωής – μια προώθηση σε μια μεγαλύτερη ελευθερία.[2]

Διατηρήστε αταραξία του νου κάτω απ' όλες τις περιστάσεις. Σε κάθε περίσταση να είστε ήρεμα δραστήριοι και δραστήρια ήρεμοι. Εξαφανίστε όλες τις απογοητεύσεις που μπορεί να έχετε υποστεί από απώλειες και βάσανα. Αυτοί οι περιορισμοί στη δύναμη της σκέψης και της θέλησης πρέπει να εξαλειφθούν πλήρως. Οι δοκιμασίες σας δεν σας συνέβησαν για να σας τιμωρήσουν αλλά για να σας αφυπνίσουν – για να σας κάνουν να συνειδητοποιήσετε ότι είστε ένα τμήμα του Πνεύματος και ότι ακριβώς πίσω από τη σπίθα της ζωής σας βρίσκεται η Φλόγα του Απείρου· ακριβώς πίσω από τις αναλαμπές των σκέψεών σας βρίσκεται το Μεγάλο Φως του Θεού· ακριβώς πίσω από τη λογική σας και τη διάκρισή σας βρίσκεται η παντογνωσία του Πνεύματος· ακριβώς πίσω από την αγάπη σας βρίσκεται η γεμάτη πληρότητα αγάπη του Θεού. Αν μόνο μπορούσατε να το συνειδητοποιήσετε αυτό! Μη διαχωρίζετε τον εαυτό σας από τον Θεό. Δεν έκανε κανέναν πιο προνομιούχο από τον άλλον. Όλοι είναι φτιαγμένοι το ίδιο, κατ' εικόνα Του· δεν αντανακλούν όμως όλοι με τον ίδιο τρόπο το Θεϊκό Φως Του εξαιτίας των επιθυμιών τους και των κακών συνηθειών τους. Η

---

[2] Βλ. *αστρικός κόσμος* στο γλωσσάριο.

ολοκλήρωσή σας δεν έγκειται στην απόκτηση των αντικειμένων που επιθυμείτε, αλλά στην ανάπτυξη των ψυχικών σας ιδιοτήτων στην προσπάθεια να φέρετε σε πέρας αξιόλογους στόχους. Δεν υπάρχει τίποτα που να σας εμποδίζει να αισθανθείτε αυτή τη μεγάλη Δύναμη που βρίσκεται πίσω από τη ζωή σας. Οι κακές συνήθειές σας είναι που σας λένε το αντίθετο.

Οι Κακές Συνήθειες Είναι οι Χειρότεροι Εχθροί Σας

Οι κακές συνήθειες είναι οι χειρότεροι εχθροί που μπορείτε να έχετε. Τιμωρείστε απ' αυτές τις συνήθειες. Σας αναγκάζουν να κάνετε πράγματα που δεν θέλετε να κάνετε και μετά σας αφήνουν να υφίστασθε τις συνέπειες. Πρέπει να αποτινάξετε τις κακές συνήθειες και να τις αφήσετε πίσω σας καθώς κινείστε προς τα μπροστά. Η κάθε μέρα θα πρέπει να είναι μια μετάβαση από τις παλιές συνήθειες σε καλύτερες συνήθειες. Στον νέο αυτό χρόνο που μας έρχεται πάρτε μια σοβαρή απόφαση να κρατήσετε μόνο εκείνες τις συνήθειες που είναι για το ύψιστο καλό σας.

Ο καλύτερος τρόπος να απαλλαγείτε από τις ανεπιθύμητες ροπές σας είναι να μην τις σκέφτεστε· να μην τις αναγνωρίζετε. Ποτέ μην αποδεχτείτε ότι μια συνήθεια έχει κάποια δύναμη πάνω σας. «Πως γίνεται να αναγκαστώ να κάνω κάτι που δεν μου αρέσει να κάνω;». Αυτή η σκέψη σάς κάνει να συνεχίζετε να προχωράτε μπροστά σε πείσμα των συνηθειών που προσπαθούν να σας κρατήσουν πίσω. Ο συνειδητός σας νους ρυθμίστηκε να σκέφτεται ότι είναι υπνωτισμένος από τις κακές συνήθειες. Όταν έρχεται στον νου σας η σκέψη ότι συνηθίζετε να καπνίζετε ή να τρώτε υπερβολικά, αισθάνεστε αμέσως ότι πρέπει να καπνίσετε ή να φάτε. Όταν όμως αρνηθείτε να αναγνωρίσετε αυτή τη συνήθεια, τότε έχει έρθει το τέλος της. Θα πρέπει να αναπτύξετε τη συνήθεια να λέτε: «Όχι, δεν θα το κάνω». Και μείνετε μακριά απ' ό,τι διεγείρει κακές συνήθειες. Μη βάζετε τον εαυτό σας σε δοκιμασία με τον πειρασμό.

Οι κακές συνήθειες συνεχώς σας λένε ότι δεν μπορείτε να τις νικήσετε· μπορείτε όμως. Αρνηθείτε εντελώς τις λανθασμένες συνήθειές σας. Βάλτε στόχο να πετύχετε. Ο νους είναι το παν· είναι παντοδύναμος. Ο νους μπορεί να ελέγξει τη ζωή και τον θάνατο.

Έτσι, ας είναι αυτός ο νέος χρόνος ένας χρόνος αποφασιστικότητας. Δεν έχουμε δικαίωμα να μεταφέρουμε τα νεκρά συμβάντα του προηγούμενου χρόνου στον καινούργιο. Είστε παιδιά του Θεού. Τι κι

Ο Παραμαχάνσα Γιογκανάντα στη Νέα Υόρκη, το 1926

αν έχουν γίνει στο παρελθόν άσχημα πράγματα; Έχετε αφυπνιστεί· τίποτα δεν μπορεί να σας κρατήσει πίσω εκτός κι αν το επιτρέψετε εσείς. Είστε οι αφέντες του πεπρωμένου σας. Είστε τυχεροί γιατί ο Θεός δεν μεροληπτεί· σας αγαπά το ίδιο όπως ακριβώς αγαπά τον Ιησού και τους μεγάλους αγίους. Είναι Άνευ Όρων Αγάπη, επειδή ο Ίδιος βρίσκεται μέσα στο κάθε τι. Όπου Αυτός βρίσκεται, εκεί βρίσκεται και η αγάπη Του και η αφοσίωσή Του. Μοιάστε σ' εκείνους που αντανακλούν την παρουσία Του περισσότερο από τους άλλους. Μόλις αναπτύξετε τη διαφάνεια της δεκτικότητας, θα σπινθηροβολήσει μέσα σας.

Η Ζωή Περιπαίζει τα Καθήκοντα που Επιβάλλετε Εσείς οι Ίδιοι στον Εαυτό Σας

Μην είστε δεμένοι μ' αυτή τη γη. Αυτή είναι μόνο ένα μέρος όπου βρίσκεστε για κάποιο χρονικό διάστημα για να παίξετε τον ρόλο σας. Μην της δίνετε υπερβολική σημασία. Εξισορροπήστε τα υλικά και τα πνευματικά καθήκοντα στη ζωή σας· αυτό θα σας φέρει υπέρτατη ευτυχία. Να είστε φιλόδοξοι για τον Θεό, κάτι που θα σας βοηθήσει να παίξετε τον ρόλο σας καλά. Ο Θεός δεν θα σας είχε δώσει μυαλό αν δεν ήθελε να σκέφτεστε και να χρησιμοποιείτε τη λογική. Δεν θα σας είχε δώσει θέληση αν δεν περίμενε να τη χρησιμοποιήσετε. Ενώ όμως εκτελείτε τα καθήκοντά σας, μη δημιουργείτε νέες επιθυμίες. Γίνετε τέλειοι ηθοποιοί, επιζητώντας μόνο να εκτελείτε τις εντολές του Θεού. Μόνο τελειοποιώντας την παράσταση του ρόλου σας στο θεατρικό έργο του Θεού θα κερδίσετε το δικαίωμα να αποσυρθείτε στο Θεϊκό σας Σπίτι.

Η ζωή είναι απόλυτα άσπλαχνη· περιπαίζει τα καθήκοντα που επιβάλλετε εσείς οι ίδιοι στον εαυτό σας. Οι υποχρεώσεις σας και ο αγώνας να ικανοποιήσετε επιθυμίες, ακόμα και αυτές που αξίζουν, ματαιώνονται αμέσως όταν έρθει ο θάνατος. Γιατί να δίνετε τόση μεγάλη σημασία στη ζωή; Παρ' όλα αυτά πρέπει να παραμείνετε δραστήριοι εκτελώντας τις υποχρεώσεις σας· μην ξεχνάτε όμως ότι αυτή η ζωή είναι απλά και μόνο μια παράσταση. Πρέπει να παίξετε καλά, αλλά με τη σκέψη στον Θεό. Εκτελέστε τα καθήκοντά σας γιατί θέλετε να ευχαριστήσετε τον Θεό. Το να αποφεύγετε τα καθήκοντα και τις υποχρεώσεις σας δεν πρόκειται να σας σώσει, γιατί δεν είναι αυτό το σχέδιό Του. Ο Ίδιος είναι αιωνίως απασχολημένος διευθύνοντας το σύμπαν Του για το όφελός μας. Τίποτα δεν θα μπορούσε να δημιουργηθεί ή να επιτευχθεί από κανέναν αν δεν είχε πρώτα γεννηθεί στον νου του

Το Γιογκόντα Μάτ (Yogoda Math), στον Γάγγη στο Ντακσινεσβάρ (Dakshineswar), κοντά στην Καλκούτα. Το επιβλητικό άσραμ, που αποκτήθηκε από τον Παραμαχάνσα Γιογκανάντα το 1939, είναι η έδρα του έργου του στην Ινδία (του Yogoda Society of India).

Η λίμνη Σράιν (Lake Shrine) του Self-Realization Fellowship, στο Λος Άντζελες, που εγκαινιάστηκε από τον Παραμαχάνσα Γιογκανάντα το 1950. Το γαλήνιο πνευματικό ιερό των σαράντα στρεμμάτων, με έναν ναό στην κορυφή του λόφου (που εγκαινιάστηκε το 1996) το επισκέπτονται δεκάδες χιλιάδες άνθρωποι κάθε χρόνο. Κοντά στους πύργους-λωτούς, στα αριστερά, βρίσκεται το Μνημείο Παγκόσμιας Ειρήνης του Μαχάτμα Γκάντι, το μοναδικό μέρος έξω από την Ινδία όπου βρίσκεται ένα τμήμα από τις στάχτες του Μαχάτμα.

Θεού. Είμαστε μόνο τα όργανά Του, με τη δύναμη να προχωρούμε σε αλλαγές και τροποποιήσεις για τη βελτίωση του εαυτού μας και των άλλων. Χρησιμοποιήστε τη δημιουργική ικανότητα που σας δόθηκε από τον Θεό· αυτή είναι η βάση της επιτυχίας. Οτιδήποτε κι αν έχει συμβεί, προσπαθήστε να το βελτιώσετε. Ο άνθρωπος της δημιουργικής ικανότητας συγκαταλέγεται ανάμεσα στα καλύτερα εργαλεία του Θεού. Επιφέρει βελτιώσεις στον εαυτό του και σε οποιαδήποτε εξέλιξη έχει μέχρι τώρα προκαλέσει στο γήινο περιβάλλον του. Ο Θεός προχωρά μέσα από τέτοιους πρόθυμους νεωτεριστές.

Να είστε δραστήριοι και να χρησιμοποιείτε τη δύναμη της θέλησής σας και τη λογική, σκεπτόμενοι διαρκώς ότι ακριβώς πίσω από τη ζωή σας βρίσκεται η ζωή του Θεού, ακριβώς πίσω από τη θέλησή σας βρίσκεται η θέληση του Θεού. Για να ανακαλύψετε ποιο είναι το θέλημα του Κυρίου χρησιμοποιήστε τη λογική σας· μην κάθεστε απλά περιμένοντας να έρθουν τα πράγματα όπως τα θέλετε. Χρησιμοποιήστε τη θέλησή σας· να ζητάτε όμως από τον Θεό να σας κατευθύνει και να πιστεύετε στην καθοδήγησή Του. Ολόγυρά σας, με πολλούς τρόπους, θα ανακαλύπτετε συνειδητή καθοδήγηση. Δεν θα χρειάζεται να ανησυχείτε πια. Οποιοσδήποτε ρόλος κι αν σας έχει δοθεί, αν κάνετε το καλύτερο που μπορείτε, αυτό είναι το μόνο που έχει σημασία.

Όλοι οι Ρόλοι Είναι Αναγκαίοι στο Θεατρικό Έργο του Θεού

Να είστε ικανοποιημένοι με τον ρόλο σας. Μην κλαίτε τη μοίρα σας. Σ' αυτή τη ζωή όλοι έχουν προβλήματα που νομίζουν ότι κανείς άλλος δεν τα έχει. Ποτέ μην εύχεστε να ήσαστε κάποιος άλλος που νομίζετε ότι είναι σε καλύτερη κατάσταση από σας. Είναι καλύτερα να μην εύχεστε τίποτα, αλλά μόνο να ζητάτε από τον Κύριο να σας δίνει αυτό που είναι για το ύψιστο καλό σας. Είστε ένα μέρος της δημιουργίας του Κυρίου· τους χρειάζεται όλους προκειμένου να συνεχιστεί αυτό το θεατρικό έργο. Ποτέ μη συγκρίνετε τον εαυτό σας με οποιονδήποτε άλλον. Είστε αυτό που είστε. Κανείς δεν είναι ίδιος μ' εσάς. Κανείς δεν μπορεί να παίξει τον ρόλο σας όπως εσείς. Παρόμοια, δεν θα πρέπει να προσπαθείτε να παίξετε τον ρόλο κάποιου άλλου. Αυτό που είναι σημαντικό είναι να κάνετε το θέλημα Αυτού που σας έστειλε εδώ· αυτό είναι που θέλετε. Ενώ παίζετε τον ρόλο σας, να σκέφτεστε συνεχώς ότι ο Θεός εργάζεται μέσα από σας.

Μην περιορίζετε τον εαυτό σας με τη στενότητα της ιδιοτέλειας. Συμπεριλάβετε και τους άλλους στα επιτεύγματά σας και στην ευτυχία σας και τότε θα κάνετε το θέλημα του Θεού. Όποτε σκέφτεστε τον εαυτό σας, να σκέφτεστε και τους άλλους. Όταν προσπαθείτε να βρείτε γαλήνη, να σκέφτεστε και τους άλλους που έχουν κι αυτοί ανάγκη τη γαλήνη. Αν προσπαθείτε με όλη σας τη δύναμη να κάνετε τους άλλους ευτυχισμένους, θα ανακαλύψετε ότι ευχαριστείτε τον Πατέρα.

Το να ζείτε σε αρμονία, το να ζείτε με ισχυρή δύναμη θέλησης για να κάνετε το θέλημα Εκείνου που σας έστειλε εδώ είναι το μόνο που θα πρέπει να σας ενδιαφέρει. Ποτέ μη χάνετε το κουράγιο σας και πάντα να χαμογελάτε. Να έχετε το χαμόγελο της καρδιάς και το χαμόγελο του προσώπου σε απόλυτη αρμονία. Αν στο σώμα, στον νου και στην ψυχή καταγράφεται το χαμόγελο της εσωτερικής συνειδητότητας του Θεού, μπορείτε να σκορπίζετε χαμόγελα γύρω σας όπου κι αν πηγαίνετε.

Η Χαρά του Διαλογισμού Είναι η Καλύτερη Συντροφιά Σας

Να είστε πάντα με ανθρώπους που σας εμπνέουν· να περιτριγυρίζεστε από ανθρώπους που προκαλούν ανάταση της ψυχής σας. Μην αφήνετε τις αποφάσεις σας και τη θετική σκέψη σας να δηλητηριάζονται από κακή παρέα. Ακόμα κι αν δεν μπορείτε να βρείτε καλή συντροφιά που να σας εμπνέει, μπορείτε να τη βρείτε στον διαλογισμό. Η καλύτερη συντροφιά που μπορείτε να έχετε είναι η χαρά του διαλογισμού. Κοιμάστε έξι ή οκτώ ώρες την ημέρα χωρίς να νιώθετε ότι αυτό είναι κάτι δύσκολο· το απολαμβάνετε επειδή έχετε κάποια συναίσθηση της εσωτερικής γαλήνης και χαράς. Όταν όμως διαλογίζεστε, αισθάνεστε με πλήρη συνείδηση τη χαρά που αντιλαμβάνεστε αχνά στη διάρκεια του ύπνου. Αυτή η χαρά του διαλογισμού είναι τόσο πολύ μεγαλύτερη! Ολόκληρες ώρες περνούν και ούτε που το καταλαβαίνετε. Αυτή η χώρα της χαράς βρίσκεται ακριβώς πίσω από το υποσυνείδητο της χώρας του ονείρου. Σ' αυτήν την κατάσταση συνειδητοποιείτε: «Δεν είμαι το εγώ· αισθάνομαι, αλλά δεν είμαι τα συναισθήματα· σκέφτομαι λογικά, αλλά δεν είμαι η διάνοια· έχω σώμα, αλλά είμαι το Πνεύμα».

Η αφοσίωσή σας, σαν ένα βαρίδι, πρέπει να βυθίζεται ολοένα και βαθύτερα στη θάλασσα της θεϊκής αντίληψης. Εκείνοι των οποίων τα μάτια της εσωτερικής όρασης είναι ανοιχτά στον διαλογισμό θα αντιλαμβάνονται την Παρουσία του Θεού ακριβώς εδώ, στην καρδιά. Για όσο καιρό θα υπάρχει ο δαιμονικός χορός της νευρικότητας και των επιθυμιών στον ναό του σώματος, ο Πατέρας θα είναι απών. Όταν όμως Τον καλείτε επίμονα και αφοσιωμένα, θα έρθει, όπως η μητέρα ανταποκρίνεται στο επίμονο κλάμα του βρέφους της. Στην αρχή έρχεται ως μια αίσθηση γαλήνης μέσα στον ναό της σιωπής. Αν προχωρήσετε βαθύτερα, τότε μέσα στον ναό του *σαμάντι*, της Ενότητας, Τον συναντάτε και Τον αγγίζετε και νιώθετε τη μακαριότητά Του μέσα σας και παντού. Χωρίς την εσωτερική αντίληψη του Θεού είναι πολύ δύσκολο να Τον αγαπήσετε. Όταν όμως αυτή η Υπέρτατη Ευτυχία διαποτίσει τις σκέψεις σας και όλη σας την ύπαρξη, δεν μπορείτε παρά να Τον αγαπήσετε.

Η Ζωή Είναι Γεμάτη με την Αόρατη Θεϊκή Παρουσία

Το κύπελλο της ζωής σας είναι γεμάτο μέσα κι έξω με τη Θεϊκή Παρουσία, αλλά λόγω της έλλειψης προσοχής δεν αντιλαμβάνεστε την ενύπαρξη του Θεού. Όταν είστε συντονισμένοι, όπως συμβαίνει όταν συντονίζεστε με κάποιον σταθμό στο ραδιόφωνο, τότε λαμβάνετε μέσα σας το Πνεύμα. Είναι σαν να πάρετε ένα μπουκάλι γεμάτο θαλασσινό νερό, να το κλείσετε μ' έναν φελλό και να το αφήσετε στον ωκεανό· παρ' όλο που το μπουκάλι επιπλέει πάνω στο νερό, το περιεχόμενό του δεν αναμειγνύεται με την τεράστια ποσότητα νερού του ωκεανού που το περιβάλλει. Αν όμως ανοίξετε το μπουκάλι, το νερό που ήταν μέσα του αμέσως συγχωνεύεται με τη θάλασσα. Πρέπει να αφαιρέσουμε τον φελλό της άγνοιας πριν μπορέσουμε να έρθουμε σε επαφή με το Πνεύμα.

Το Άπειρο είναι το Σπίτι μας. Απλώς διαμένουμε προσωρινά για λίγο στο πανδοχείο του σώματος. Εκείνοι που είναι μεθυσμένοι από την αυταπάτη έχουν ξεχάσει πώς να ακολουθούν τα ίχνη που οδηγούν στον Θεό. Όταν όμως στον διαλογισμό ο Θεός εμφανίζεται στο παραστρατημένο παιδί, τότε δεν υπάρχει πια χάσιμο χρόνου.

Μπείτε στις πύλες του νέου χρόνου με καινούργια ελπίδα. Να θυμάστε ότι είστε παιδιά του Θεού. Εναπόκειται στον καθένα σας το τι θα γίνετε. Να είστε υπερήφανοι που είστε παιδιά του Θεού. Τι έχετε να φοβηθείτε; Άσχετα με το τι συμβαίνει, πιστέψτε ότι είναι ο Κύριος που σας το στέλνει· και πρέπει να πετύχετε να αντεπεξέλθετε σ' αυτές τις καθημερινές προκλήσεις. Εκεί έγκειται η νίκη σας. Κάντε το θέλημά Του· τότε τίποτα δεν μπορεί να σας βλάψει. Σας αγαπά παντοτινά. Σκεφτείτε το αυτό. Πιστέψτε το. *Μάθετέ* το. Και ξαφνικά μια μέρα θα ανακαλύψετε ότι είστε αθάνατα ζωντανοί στον Θεό.

Να διαλογίζεστε περισσότερο και να πιστεύετε σ' αυτήν την ισχυρή συνειδητότητα ότι ο Θεός είναι πάντα μαζί σας άσχετα με το τι συμβαίνει. Τότε θα δείτε ότι το πέπλο της αυταπάτης θα φύγει και θα είστε ένα μ' Εκείνο που είναι Θεός. Μ' αυτόν τον τρόπο βρήκα τη μεγαλύτερη ευτυχία μου στη ζωή. Δεν προσβλέπω σε τίποτα τώρα πλέον επειδή έχω τα πάντα μέσα σ' Αυτόν. Ποτέ δεν θα αποχωριζόμουν Αυτό που είναι το πλουσιότερο απ' όλα τα αποκτήματα.

Αυτό είναι το μήνυμά μου σ' εσάς για τον καινούργιο χρόνο.

«Η Αγάπη Σου Μόνο Αρκεί»
Ένα Απόγευμα Θεϊκής Κοινωνίας

Μια απογευματινή τελετή, ημέρα Πέμπτη, που διεξήχθη από τον Παραμαχάνσατζι στην έδρα του Self-Realization Fellowship (στο Mount Washington), λίγο καιρό αφότου είχε επιστρέψει από το ταξίδι του στην Ινδία που διήρκεσε έναν χρόνο· 6 Δεκεμβρίου 1936

«Αγαπημένε Θεέ και μεγάλοι Γκουρού, είθε η άπειρη χάρη Σας να ευλογεί αυτήν την κοινότητα του Self-Realization Fellowship ώστε να είναι πάντα όπως επιθυμούσα σ' όλη μου τη ζωή – όπως Εσείς προστάξατε.

»Ουράνιε Πατέρα, ευλόγησε το παιδί της καρδιάς μου, τον Άγιο Λυν. Σ' ευχαριστώ που μου έστειλες μια τέτοια ψυχή για να αντιπροσωπεύει Εσένα και την αλήθεια Σου. Σ' ευχαριστώ επίσης για όλες τις υπέροχες ψυχές που έχουν έρθει εδώ να αφιερώσουν τη ζωή τους και για όλους εκείνους που θα έρθουν αναζητώντας Εσένα. Εκδήλωσε τη Ζωή Σου στη ζωή τους. Ευλόγησέ μας ώστε μέσα από την αγάπη μας για Σένα να κάνουμε το Mount Washington έναν παράδεισο στη γη· και καθώς Σε υπηρετούμε, να μην επιθυμούμε τη δική μας δόξα, αλλά τη δική Σου, ω Πατέρα. Είθε ένας φορητός παράδεισος να εγκατασταθεί στην καρδιά κάθε ενός που έρχεται εδώ να Σε αναζητήσει. Εσύ, Mount Washington, έχεις καθαγιαστεί από τους αγαπημένους εδώ. Είθε αυτό το μέρος να προσελκύει εκείνους που αγαπούν τον Θεό.

»Ω Υπέρτατο Πνεύμα, Πατέρα, Μητέρα, Φίλε, Αγαπημένε Θεέ, προσφέρουμε την άνευ όρων αφοσίωσή μας σ' Εσένα. Είθε να Σ' αγαπάμε με την αγάπη όλων των αγίων. Είσαι η Πηγή κάθε μορίου υλοποιημένων πραγμάτων: η Δύναμη που δημιουργεί τ' αστέρια, η Ζωτικότητα που συντηρεί όλη τη δημιουργία και θρέφει κάθε ζωή, η Ομορφιά που κάνει όλα τα πράγματα όμορφα, η Αγάπη που κάνει όλες τις καρδιές να αισθάνονται αγάπη. Είσαι η Πηγή της πάντα ανανεούμενης χαράς που αναβλύζει σπινθηροβολώντας στους ναούς των ψυχών όλων των διαλογιζόμενων πιστών Σου. Με την καρδιά μου, την ψυχή

«Η Αγάπη Σου Μόνο Αρκεί»

μου, τη νοημοσύνη μου, τον νου μου και την αφοσίωσή μου προσεύχομαι –απαιτώ ως παιδί Σου– την παρουσία Σου ανάμεσά μας. Τίποτε άλλο δεν θα ικανοποιήσει την καρδιά μας.

»Δεν ήμουν ποτέ τόσο ευτυχισμένος όσο είμαι τώρα, Κύριε, επειδή τόσο πολλές ψυχές Σε προσκαλούν. Δεν αναζητώ δύναμη, ούτε μαθητές, αλλά μόνο την αγάπη Σου, ω Πνεύμα. Τίποτε άλλο δεν θα γεμίσει την καρδιά μου. Δεν υπάρχει χώρος για οτιδήποτε άλλο εκτός από Σένα. Δεν προσεύχομαι πια με λέξεις, αλλά με την αγάπη μου, με την καρδιά μου, με την ψυχή μου.

»Θεϊκή Μητέρα, χθες το βράδυ με ρώτησες τι θέλω. Δεν νιώθω καμιά λαχτάρα για τίποτα πέρα από την αγάπη Σου στην καρδιά μου και την αγάπη Σου για εκείνους που μ' αγαπούν και οι οποίοι Σε αναζητούν. Αυτό είναι όλο.

»Θεϊκό Πνεύμα, ας είναι καθαγιασμένο το βασίλειό Σου που βρίσκεται μέσα μας. Σε καλούμε με όλη την αφοσίωση της ύπαρξής μας. Εκδήλωσε τη συνειδητότητά Σου μέσα μας. Μη μας αφήνεις στον λάκκο του πειρασμού στον οποίο πέσαμε εξαιτίας της κακής χρήσης της λογικής που μας έδωσες. Όταν θα είμαστε δυνατότεροι, αν είναι το θέλημά Σου να μας δοκιμάσεις, Πατέρα, τότε γίνε πιο ελκυστικός από τον πειρασμό. Στη ζυγαριά του νου μου ζύγισα Εσένα και όλα τα άλλα πράγματα και Σε βρήκα απείρως πιο ελκυστικό, πιο όμορφο, πιο γοητευτικό. Τίποτα δεν μπορεί να συγκριθεί με την απαράμιλλη ομορφιά Σου. Μπροστά στην ομορφιά Σου όλα τα άλλα θέλγητρα ωχριούν.

»Ω Πρίγκιπα Γητευτή, αποκαλύψου σ' εμάς. Μέσα απ' όλα τα μονοπάτια της ζωής μας, ευλόγησέ μας, τους πιστούς Σου, να μην παραπλανηθούμε ούτε για μια στιγμή και συμβιβαστούμε με κάτι λιγότερο από την αγάπη Σου στην καρδιά μας. Εσύ είσαι ο αληθινός Αγαπημένος μας. Τέτοια χαρά, τέτοια μακαριότητα· αιώνια δόξα. Πού είναι η επιθυμία, πού είναι ο διαχωρισμός; Ξεθωριάζουν μπροστά στη λαμπρότητα της πάντα ανανεούμενης χαράς Σου.

»Ω Πνεύμα, τι μπορεί να συγκριθεί με την αγάπη Σου! Αγαπημένε της καρδιάς μου, Αγαπημένε κάθε καρδιάς, Κύριε των δυνάμεων, Θεέ όλων των θεών, Πατέρα, Μητέρα, Φίλε, Αγαπημένε Θεέ, η δόξα Σου είναι μεγάλη. Αποφεύγω οτιδήποτε δεν φέρνει στον νου μου Εσένα· καλωσορίζω οτιδήποτε Σε αντανακλά. Ω Θεϊκό Πνεύμα, έφερες τους πιστούς Σου εδώ. Δεν θα κάνω κήρυγμα, αλλά θα τους προσφέρω την αγάπη Σου με την ανθοδέσμη της καρδιάς μου.

»Θεϊκό Πνεύμα, διαπότισε την καρδιά μας με τη δόξα Σου, γέμισε τις ψυχές μας με το πνεύμα Σου. Εδραιώσου μέσα μας για πάντα. Μόνο Εσύ, ω Πνεύμα, μόνο Εσύ. Υποκλινόμαστε σ' Εσένα ξανά και ξανά· προσφέρουμε την αγάπη μας στα ρόδινα πόδια Σου. Με τη χαρά Σου, ω Πνεύμα, κάνε τη συνειδητότητά μας να στραφεί μέσα μας. Απορρόφησε μέσα στη συμπαντική χαρά Σου τις αισθητήριες εντυπώσεις της σάρκας που μας αποσπούν. Μη μας παραπλανάς με το ασήμαντο σώμα όταν η χαρά Σου περιμένει ακριβώς πίσω από το πέπλο της σιωπής. Με τη βοήθειά Σου θα σκίσουμε το πέπλο. Μη μας παραπλανάς πια με τη συμπαντική Σου αυταπάτη, αλλά γέμισέ μας με την αγάπη Σου, ώστε να μπορέσουμε να συνειδητοποιήσουμε ότι Εσύ είσαι ο Ένας, ο μοναδικός Ένας που αναζητάμε.

»Όλες τις φιλοδοξίες τις εναποθέτω στα πόδια Σου, ω Παντοδύναμη Θεότητα. Η αγάπη Σου και μόνο αρκεί. Πάρε ακόμα και τη ζωή μου αυτή τη στιγμή αν αυτή είναι η επιθυμία Σου. Δεν θέλω τίποτα άλλο εκτός από Σένα, μόνο Εσένα. Στις καρδιές των πιστών Σου θα έρθω σε κοινωνία μαζί Σου. Δεν θα χάσω χρόνο, αλλά θα χρησιμοποιήσω το κάθε λεπτό για να γεύομαι το όνομά Σου που είναι εντυπωμένο στη συνειδητότητα κάθε καρδιάς που Σ' αγαπά. Αυτό είναι που θέλω – Εσένα, που είσαι ο αιώνιος Θησαυρός του παραδείσου. Τι περισσότερο θα μπορούσα να επιθυμήσω από τη δόξα του Πνεύματός Σου;

»Ω Θεϊκό Πνεύμα, με τη ζωή μου, με τον νου μου, με όλη τη σοφία και την αντίληψη που λαμβάνω από Σένα κι από τον αγαπημένο μου Γκουρού, παίρνω ξανά και ξανά τον εξής επίσημο όρκο μέσα στην καρδιά μου: αιώνια πίστη και υποταγή σ' Εσένα και όλη μου την αγάπη στους πιστούς που Σ' αγαπούν. Πνεύμα, να είσαι μαζί μας, να είσαι μαζί μας. Τέτοια χαρά, τέτοια χαρά· ω ευδαιμονία του Πνεύματος, ω ευδαιμονία της δόξας Σου! Για τι άλλο να μιλήσω παρά για την αγάπη Σου; Όχι, γέμισε τις καρδιές μας με την αγάπη Σου. Αυτό είναι το μόνο που θέλω.

»Ω Άπειρε Κύριε, είσαι ο Απέραντος ουρανός· εγώ είμαι μια σταγόνα του ουρανού. [Ο Παραμαχάνσατζι ψέλνει:] "Είμαι ο ουρανός, Μητέρα, είμαι ο ουρανός [...] είμαι μια μικρή σταγόνα του ουρανού, του παγωμένου ουρανού"».[1]

Ο ουρανός, το απέραντο διάστημα, δεν μπορεί να περιοριστεί ή να πληγωθεί από τίποτα· είμαστε σταγονίδια αυτού του Απείρου, μικρές

---

[1] Από το "I Am the Sky" («Είμαι ο Ουρανός») στα *Cosmic Chants* του Παραμαχάνσα Γιογκανάντα.

«Η Αγάπη Σου Μόνο Αρκεί»

φωλιές-λίκνα του πανταχού παρόντος Πνεύματος.

[Στο σημείο αυτό ο Παραμαχάνσατζι εισήλθε σε μακάριο *σαμάντι*. Μετά από ένα διάστημα εσωτερικευμένης πνευματικής κοινωνίας, απευθύνθηκε στους συγκεντρωμένους πιστούς:]

Ποτέ μην αναφέρετε το όνομα του Θεού μάταια. Όταν τραγουδάτε υμνώντας Τον, να αισθάνεστε τι τραγουδάτε και μετά να τραγουδάτε αυτό που αισθάνεστε. Στον Θεό του παραδείσου, στον Θεό των σύννεφων και των αστεριών, στον Θεό των θεών, στον Θεό των εκατομμυρίων ψυχών που ήρθαν κι αυτών που έχουν φύγει, στον Θεό όλων των πιστών – σ' αυτόν τον Αιώνιο Κύριο προσφέρουμε την αιώνια πίστη και υποταγή μας. Γιατί να μιλάμε γι' Αυτόν με την πεζότητα των λέξεων και μέσα από τους περιορισμούς των σκέψεων; Θα Τον αισθανόμαστε στον ναό του διαλογισμού, εκεί όπου λαχταρά να έρθει σ' εμάς.

Όπως ο ωκεανός είναι ακριβώς κάτω από το κύμα, έτσι και ο ωκεανός του Πνεύματος είναι ακριβώς κάτω από το κύμα του σώματος. Στον ύπνο δεν είστε το σώμα· δεν έχετε σώμα. Όταν ξυπνάτε περιορίζετε τον εαυτό σας στην αυταπάτη της σάρκας, αλλά όταν κλείνετε τα μάτια σας μπορείτε να αισθανθείτε τη συνειδητότητά σας αχανή.

Βλέπω αυτό το μικρό σώμα ως παγωμένο ουρανό· και καθώς διαλογίζομαι, το σώμα γίνεται ο αχανής ουρανός μέσα στην απεραντοσύνη του Θεού. *Παγωμένος ουρανός* σημαίνει παγωμένη φαντασία, όπως οι εικόνες σ' ένα όνειρο. Στα όνειρα βλέπετε ανθρώπους να γεννιούνται και να γελούν και να πεθαίνουν, αλλά όταν ξυπνάτε όλα χάνονται. Παρόμοια, αυτό το σώμα είναι μια συμπύκνωση της απεραντοσύνης του χώρου. Δεν σας φαίνεται όμως έτσι. Όταν είστε ξύπνιοι, σε συνηθισμένη εγρήγορση, το σώμα και τα όριά του φαίνονται πραγματικά, αλλά στην πραγματικότητα ονειρεύεστε. Όταν θα αποδιώξετε το όνειρο της αυταπάτης στην αληθινή εγρήγορση του διαλογισμού, θα συνειδητοποιήσετε ότι οι γήινες εμπειρίες σας ήταν παγωμένες σκέψεις του Θεού. Τα όνειρα στη διάρκεια του υποσυνείδητου ύπνου είναι οι δικές μας παγωμένες σκέψεις και εμείς είμαστε οι παγωμένες σκέψεις-όνειρα του Θεού. Για να ξυπνήσετε απ' αυτό το όνειρο θα πρέπει να ξυπνήσετε εν Θεώ. Αυτή η εγρήγορση είναι η πραγματικότητα. Αυτό είναι που βλέπω κάθε λεπτό, κάθε δευτερόλεπτο· αυτή η συνειδητότητα παραμένει διαρκώς μέσα μου.

Σας λέω αυτά τα πράγματα όπως τα αισθάνομαι μέσα μου. Δεν θέλω να κάνω διαλέξεις πλέον. Η Θεϊκή Μητέρα λέει: «Πιες μόνο την αγάπη Μου μαζί με τους πιστούς». Αυτό είναι το μόνο που θέλω να κάνω. Δεν έχω καμιά άλλη επιθυμία. Εκείνοι που θέλουν να έρθουν σ' εμένα, να έρθουν μ' αυτό το πνεύμα.

Μερικοί από τους μεγαλύτερους Δασκάλους της Ινδίας μιλούσαν πολύ λίγο. Δίδασκαν τους οπαδούς τους να εισέρχονται στον εσωτερικό τους εαυτό και να *αισθάνονται*, και μετά τους ζητούσαν να εξηγήσουν τι βίωναν. Η σύγχρονη θρησκεία, αντίθετα, δίνει βάρος στον συναισθηματισμό ή στη διανοητική ανάλυση. Αυτά δεν δίνουν στον αναζητητή πραγματική εμπειρία του Θεού. Η δίψα για τον Θεό είναι τέτοια που δεν μπορεί να ικανοποιηθεί με τίποτα λιγότερο από τον Ίδιο τον Θεό.

Σ' αυτόν τον διαρκώς μεταβαλλόμενο, αβέβαιο κόσμο, συχνά αισθάνεστε μεγάλη μοναξιά. Μόνον ο Θεός δεν θα σας απογοητεύσει ποτέ. Η χαρά που παίρνετε απ' όλα τα άλλα πράγματα ξεθωριάζει και επιθυμείτε κάτι άλλο. Ο Θεός όμως είναι Εκείνο που, όταν Το έχετε, Το επιθυμείτε όλο και περισσότερο.

Το μόνο πραγματικό κήρυγμα είναι η επαφή με τον Θεό – μ' αυτή τη μέγιστη δύναμη του Θεού η οποία δονείται παντού μέσα σ' αυτή την αίθουσα. Είναι πολύ ιερή. Αυτός είναι ο λόγος που δεν θέλω με τις ομιλίες μου να προσελκύω αναζητητές που διακατέχονται μόνο από περιέργεια. Θέλω μόνο να δώσω την αγάπη Του στις διψασμένες ψυχές παντού. Η αίγλη των Δασκάλων πρέπει να αναβιώσει. Συνήθιζαν να κάθονται στο δάσος σε θεϊκή κοινωνία –χωρίς να μιλούν, χωρίς να προσπαθούν να προσελκύσουν οπαδούς– περιτριγυρισμένοι από αληθινές ψυχές που προσελκύονταν από τον μαγνητισμό της αγάπης του Θεού. Στους αγρούς και ανάμεσα στα δέντρα, εκεί κατέρχεται το φως του Θεού. Φανταστείτε! Τι χαρά! Τι δόξα! Ένα μέρος θεϊκής κοινωνίας – τέτοιο πρόκειται να γίνει το Mount Washington. Μέρα και νύχτα θα πίνουμε το όνομά Του. Μ' αυτόν τον τρόπο πρέπει να Τον αναζητάμε, να Τον αισθανόμαστε και να μιλάμε γι' Αυτόν, ώστε αυτοί που έρχονται εδώ να μπορούν να φεύγουν τραγουδώντας για τον Θεό, αισθανόμενοι τον Θεό και μιλώντας για τον Θεό.

Η Θεϊκή Μητέρα ήρθε εδώ. Της μίλησα! «Ω Θεϊκή Μητέρα, δεν θέλω τίποτε άλλο εκτός από κοινωνία με τη συνειδητότητά Σου, το μεγαλείο Σου, τη δύναμή Σου. Ευλόγησε μας, τον καθένα από μας, ώστε να μπορέσουμε να Σε νιώθουμε και να μιλάμε για Σένα μέσα από τη συνειδητοποίηση της ψυχής μας καθώς εργαζόμαστε για να απομακρύνουμε τους άλλους από το δίχτυ του Σατανά.

»Πατέρα, Μητέρα, Φίλε, Αγαπημένε Θεέ, αφύπνισε σε όλες τις

«Η Αγάπη Σου Μόνο Αρκεί»

ψυχές αυτήν την αγάπη που νιώθω. Ας μην υπάρχει καμιά άλλη επιθυμία, καμιά άλλη φιλοδοξία, παρά μόνο να λάβουμε και να εκφράζουμε τη χαρά Σου, τη σοφία Σου, την αιώνια ομορφιά Σου. Ζούμε, κινούμαστε και υπάρχουμε μέσα σ' Εσένα, ω Κύριε. Αυτό το σώμα έχει αξία μόνο αν στο έδαφος της σάρκας, του νου και της ψυχής σπείρουμε τους σπόρους της αγάπης Σου και θερίσουμε τη συγκομιδή της μακαριότητάς Σου.

»Ευλόγησε τον Άγιο Λυν ξανά και ξανά ώστε να μπορέσει να συνεχίσει το έργο όταν εγώ θα έχω φύγει. Ποτέ μου δεν έχω βρει κανέναν πιο τίμιο, πιο ειλικρινή και πιο ταπεινό. Είθε να είναι πάντα έτσι. Άσχετα με το πού βρίσκεται, θα είναι προστατευμένος. Είθε να ζει με την αγάπη του Θεϊκού Πνεύματος. Είθε η ζωή του να φέρει τη μαρτυρία της δικής μου ζωής.

»Θεϊκή Μητέρα, το φως της αγάπης Σου έχει κρυφτεί για λίγο από τα δεινά του κόσμου. Θα καταστήσουμε όμως έκδηλη την αγάπη Σου ώστε αυτή, σαν μια φωτοβόλα θεϊκή πλημμύρα, να κάψει το σκοτάδι για πάντα. Αισθάνομαι τη μεγάλη δύναμή Σου. Με τα όπλα της δύναμής Σου μπορούμε να καταστρέψουμε όλα τα δεινά του κόσμου· αλλά, Θεϊκή Μητέρα, η μεγαλύτερη δύναμή Σου είναι η δύναμη της αγάπης. Είναι αυτή η δύναμη που θα πρέπει να αναπτύξουμε και να εφαρμόσουμε για να εξαλείψουμε τους πολέμους και τις δυστυχίες που πλήττουν τον κόσμο. Αισθάνομαι την αγωνία του κόσμου, και θα έρθω στη γη ξανά και ξανά για να σώσω τα παιδιά Σου.

»Ευλόγησέ μας, Αγαπημένε Θεέ, ώστε σαν μια αφοσιωμένη ομάδα αγγελιαφόρων Σου να μπορέσουμε να διασχίσουμε τη γη για να Σε δοξάσουμε και να διαδώσουμε το όνομά Σου και το μεγαλείο Σου – αναζητώντας συνέχεια, όχι την αναγνώριση του ανθρώπου, αλλά τη δική Σου αναγνώριση, ω Πνεύμα.

»Δεν θέλω τίποτε άλλο από το να είμαι μαζί μ' αυτούς που Σ' αγαπούν. Θέλω να πίνω το όνομά Σου μαζί με τους πιστούς Σου. Έλα σ' εμένα, ω Αγαπημένε, Εσύ, η πρώτη και η τελευταία αγάπη της καρδιάς μου. Κάνε όλους να αισθανθούν την αγάπη Σου και το μεγαλείο Σου ώστε να εγκαταλείψουν τα πάντα, όλα τα ευφάνταστα όνειρα, και να γεμίσουν με την αγάπη Σου. Για τίποτε άλλο δεν μπορώ να μιλήσω, παρά για την αγάπη Σου, τη χαρά Σου! Ενστάλαξε μέσα μας τη διαρκή αντίληψη της αγάπης Σου και την επείγουσα ανάγκη να κοινωνήσουμε μαζί Σου τώρα. Δίδαξέ μας να εγκαταλείψουμε οτιδήποτε μας κρατά μακριά Σου.

»Εσύ μονάχα είσαι αιώνιος και η μόνη Πραγματικότητα. Τα πάντα παίρνουν ζωή και δύναμη από Σένα. Εσύ είσαι η τροφή μου, ο ύπνος μου, η δύναμή μου, η χαρά μου. Ω, τι ελευθερία· τι χαρά! Ελευθέρωσε τους πάντες, όπως ελευθέρωσες εμένα! Είσαι ευλογημένος που μου έδωσες αυτή τη χαρά».

Τώρα προσευχηθείτε μαζί μου και έχετε τη λαχτάρα της ψυχής σας πίσω από τα λόγια σας: «Ουράνιε Πατέρα, Μητέρα, Φίλε, Αγαπημένε Θεέ, Σου προσφέρω τους λυγμούς της ψυχής μου. Συγχώρεσε τις περιπλανήσεις μου στη χώρα της ύλης. Να είσαι μαζί μου τώρα και για πάντα, ώστε να μπορώ να αισθάνομαι αδιάκοπα την ευλογημένη παρουσία Σου. Δεν χρειάζεται να Σε αποκτήσω, γιατί είσαι ήδη δικός μου στην αιωνιότητα. Μόνο ευλόγησέ με να αναβιώσω τη μνήμη μου της παρουσίας Σου, τη μνήμη ότι Εσύ είσαι δικός μου αιώνια. *Ομ, Ομ, Αμήν*».

Να Είστε Κατακτητές Κάθε Καρδιάς

Μια ανεπίσημη ομιλία στους κατοίκους του άσραμ και σε άλλα μέλη, στην έδρα του Self-Realization Fellowship στο Λος Άντζελες, 3 Νοεμβρίου 1938

Αν κοιτάξουμε τη ζωή απρόσωπα, τη βρίσκουμε υπέροχη. Τη βλέπουμε σαν μια παράσταση· κάθε μέρα κι ένα διαφορετικό κινηματογραφικό έργο. Δεν θα θέλαμε να βλέπουμε το ίδιο έργο να επαναλαμβάνεται συνεχώς· θα ήταν άσκοπα μονότονο. Αν η ζωή δεν είχε τα σκαμπανεβάσματά της, τις νίκες της και τις σκληρές συγκρούσεις της, πολύ λίγο θα άξιζε. Μόνο μην τη παίρνετε πολύ στα σοβαρά, γιατί τότε μετατρέπεται σε μια τρομερή δυστυχία. Αν θέλετε να πετύχετε την αμετάβλητη, γαλήνια κατάσταση του Πνεύματος, να διατηρείτε πάντοτε αταραξία του νου. «Ω Αρτζούνα! Οι σχετικότητες της ύπαρξης έχουν υπερνικηθεί ακόμα κι εδώ, σ' αυτόν τον κόσμο, από εκείνους που είναι ακλόνητα ατάραχοι. Έτσι, είναι ενθρονισμένοι στο Πνεύμα – αλήθεια, το άσπιλο, το τέλεια ισορροπημένο Πνεύμα».[1]

Οι προσωπικές επιθυμίες είναι σαν οξύ που διαβρώνει τη γαλήνη της ψυχής μας. Μερικές φορές τα πάντα κυλούν όμορφα και νομίζουμε ότι ο κόσμος είναι εντάξει, όπως και η θέση μας μέσα σ' αυτόν· στη συνέχεια όμως έρχεται κάποια στιγμή που τα πάντα δείχνουν να στρέφονται εναντίον μας. Αυτό είναι ένα μάθημα που μας δίνεται προκειμένου να μας ενδυναμώσει, να φέρει στην επιφάνεια τις κρυμμένες δυνάμεις μας. Αντί γι' αυτό όμως η μη εκπλήρωση των επιθυμιών προκαλεί θυμό. Όταν οι επιθυμίες εμποδίζονται κι εμείς είμαστε μέσα στον παροξυσμό του θυμού, ο νους συσκοτίζεται και ξεχνάμε τη θέση μας και χάνουμε την ικανότητά μας της διάκρισης· και όταν ενεργούμε χωρίς διάκριση, τότε ακολουθούν λάθη και δυστυχία.[2] Αν ποτέ δεν θυμώνετε με τις αντιξοότητες της ζωής ή

---

[1] Μπάγκαβαντ Γκίτα V:19.

[2] «Το να σκέφτεται κάποιος έντονα τα αντικείμενα των αισθήσεων δημιουργεί προσκόλληση σ' αυτά. Η προσκόλληση γεννά πόθο· ο πόθος γεννά θυμό. Ο θυμός γεννά την αυταπάτη· η αυταπάτη γεννά απώλεια της μνήμης (του Εαυτού). Η απώλεια της ορθής μνήμης προκαλεί

με τους ανθρώπους που τις προκαλούν, μπορείτε να δείτε τον δρόμο σας καθαρότερα μέσα απ' οτιδήποτε συμβαίνει γύρω σας.

Αυτός είναι ο λόγος για τον οποίο η γαλήνη σας πρέπει να διαφυλάσσεται πάνω απ' οτιδήποτε άλλο. Αν μπορείτε να διατηρείτε την εσωτερική σας γαλήνη, σ' αυτό έγκειται η υπέρτατη νίκη σας. Άσχετα με το ποια είναι η θέση σας στη ζωή, ποτέ μη νιώθετε ότι είστε δικαιολογημένοι να χάσετε τη γαλήνη σας. Όταν αυτή χαθεί και δεν μπορείτε να σκεφτείτε καθαρά, έχετε χάσει τη μάχη. Αν δεν χάσετε ποτέ τη γαλήνη σας, θα ανακαλύψετε ότι πάντα θα είστε νικητές, άσχετα με την έκβαση των προβλημάτων σας. Αυτός είναι ο τρόπος να κατακτήσετε τη ζωή. Δεν έχετε τίποτα να φοβάστε. Αν πρέπει να φοβάστε κάτι, να φοβάστε τον εαυτό σας. Αν όμως κάνετε τα πάντα με ειλικρίνεια και με αγάπη μέσα στην καρδιά σας, τότε δεν χρειάζεται να φοβάστε κανέναν και τίποτα. Καθώς θα βρίσκετε το ψυχικό σας απόθεμα της γαλήνης, τόσο πιο λίγες διενέξεις θα μπορούν να πλήξουν τη ζωή σας.

Κάποιος που αγαπά τον Θεό ζει σύμφωνα με την ψυχή του, τον αληθινό Εαυτό του. Κάνει τα πάντα για τον Θεό, τίποτε για τον εαυτό του. Αγαπά τους πάντες επειδή βλέπει τον κόσμο ως τη συμπαντική παράσταση του Κυρίου. Ποτέ δεν μπορεί να παρακινηθεί να πει ή να κάνει κάτι από θυμό ή εγωισμό, αλλά μόνο με την επιθυμία να βοηθά τους πάντες. Αυτή είναι η νοοτροπία που πρέπει να έχετε. Πρέπει να γίνει βίωμά σας. Δεν μπορεί να προκύψει από προσποίηση, όσο μεγάλη κι αν είναι, αλλά μόνο όταν βλέπετε τον Θεό σε όλους – όταν αγαπάτε τους πάντες ως μέρος της αγάπης σας για τον Θεό.

Με καθέναν από σας για τον οποίο εργάζομαι, αισθάνομαι το ίδιο εκείνο δέσιμο που εσείς αισθάνεστε με τις οικογένειές σας – αισθάνομαι την ίδια αίσθηση ενότητας με όλη την ανθρωπότητα όπως εσείς αισθάνεστε με τους στενότερους συγγενείς σας. Κανείς δεν μπορεί να περιγράψει αυτό το συναίσθημα. Όταν αυτό έρθει, τότε είναι που αρχίζετε να καταλαβαίνετε το νόημα και την ομορφιά της ζωής.

Να Αγαπάτε τους Ανθρώπους Αλλά Όχι τα Ελαττώματά Τους

Αν αγαπάτε τον Θεό και κατά συνέπεια αγαπάτε όλους τους ανθρώπους, αυτό δεν σημαίνει ότι αγαπάτε και τα ελαττώματά τους. Η

κατάπτωση της ικανότητας διάκρισης. Με την κατάπτωση της διάκρισης, επέρχεται ο αφανισμός (της πνευματικής ζωής)» (Μπάγκαβαντ Γκίτα ΙΙ:62-63).

αγάπη σας για τον Θεό σάς κάνει ακλόνητους στις αρχές Του. Όταν βεβαιώθηκα ότι εργάζομαι μόνο για τον Θεό, τότε η συνειδητότητα και ο φόβος ότι θα μπορούσα να κάνω λάθος ως προς τις πεποιθήσεις μου εξαφανίστηκε. Είμαι έτοιμος να διορθωθώ αμέσως αν κάνω λάθος· αν όμως έχω δίκιο, η εσωτερική αίσθηση ποτέ δεν με εγκαταλείπει. Δεν γεννιέται από συναίσθημα αλλά από την αλήθεια· και σ' αυτήν παραμένω σταθερός.

Η απαρασάλευτη ευτυχία με την επαφή σας με τον Θεό αποτελεί το σωστό θεμέλιο όλων των δραστηριοτήτων, οτιδήποτε κάνετε. Ο άνθρωπος που επιθυμεί να λάβει αυτή τη σίγουρη αντίληψη από τον Θεό θα πρέπει να μπορεί να σκύψει το κεφάλι του στα πόδια τού καθενός· και εντούτοις να είναι επίσης προετοιμασμένος να παραμένει ακλόνητος όσον αφορά την αλήθεια, αγκυροβολημένος στην ευτυχία και την ασφάλεια του Θεού.

Στον ναό της ψυχής βρίσκεται η πιο όμορφη, τέλεια παρουσία του Θεού. Εκείνοι που έχουν απόλυτη αγάπη για τον Θεό, που πλέουν μέσα στην αγάπη του Θεού, μπορούν να δουν την υπέροχη παρουσία Του μέσα σε όλους· ταυτόχρονα όμως μπορούν να δουν την τύφλωση εκείνων των ανθρώπων των οποίων τα μάτια είναι κλειστά από το λάθος και την άγνοια. Έτσι, αυτός που αγαπά τον Θεό βλέπει και το σκοτάδι και το φως στους άλλους. Για παράδειγμα, ας υποθέσουμε ότι υπάρχει ένας μεγαλοπρεπής ναός: εκείνοι των οποίων τα μάτια είναι ανοιχτά βλέπουν την ομορφιά· εκείνοι όμως που κρατούν τα μάτια τους κλειστά δεν βλέπουν τον ναό αλλά σκοτάδι. Έτσι είναι που οι μεγάλες ψυχές μπορούν να βλέπουν τη δοξασμένη παρουσία του Θεού μέσα στους ναούς των ψυχών όλων των ανθρώπων· μ' αυτό το ίδιο φως όμως βλέπουν κι εκείνους που σκοντάφτουν μέσα στο σκοτάδι γιατί τα μάτια τους είναι κλειστά.

Ποτέ δεν ήθελα να είμαι δάσκαλος. Παρατήρησα ότι αυτή η ιδιότητα συχνά δίνει σε κάποιον τη συνειδητότητα ότι ξέρει πολλά όταν στην πραγματικότητα γνωρίζει πολύ λίγα. Μόνο όταν ο Δάσκαλος [ο Σουάμι Σρι Γιουκτέσβαρ] μου είπε: «Δεν θα είχες λάβει αυτή τη σοφία αν δεν σου την είχα δώσει εγώ», αφιέρωσα τη ζωή μου στη διδασκαλία. Όπως ο Δάσκαλος έδωσε αυτήν την αλήθεια σ' εμένα, έτσι με ενθάρρυνε να τη δώσω κι εγώ ανιδιοτελώς σε άλλους.

Για να είσαι δάσκαλος πρέπει να είσαι ειλικρινής. Ό,τι λες πρέπει να το νιώθεις μέσα σου. Αν είσαι αμερόληπτος και έντιμος, τότε το πνεύμα σου δεν μπορεί ποτέ να δωροδοκηθεί για να παρεκκλίνει από τις αρχές του Θεού. Δεν μπορείς να είσαι αγενής γιατί δεν δραστηριοποιείσαι από εγωισμό ή θυμό. Ό,τι κάνεις, το κάνεις με τη μέγιστη ειλικρίνεια. Να συμπεριφέρεστε μ' αυτόν τον τρόπο –είτε διδάσκετε από τον άμβωνα είτε με τον τρόπο της ζωής σας– και δείτε τι θα συμβεί για να μεταμορφωθεί η ζωή σας όσο και η ζωή εκείνων που επιζητάτε να βοηθήσετε. Να είστε ειλικρινείς και να μη φοβάστε απ' αυτή τη στιγμή. Όπου πηγαίνετε, να αφήνετε τον Κύριο να μιλά μέσα από σας, όχι το εγώ σας. Δεν χρειάζεται να είστε πανέξυπνοι με τους ανθρώπους· πρέπει να είστε αυθεντικοί. Αν είστε αυθεντικοί, όλοι όσοι είναι ειλικρινείς θα έχουν αρμονική σχέση μαζί σας – θα λαμβάνετε αυθεντικά συναισθήματα απ' αυτούς. Αν προσεγγίσετε τους άλλους όχι με κομπορρημοσύνη ή με θυμό, αλλά με ειλικρινή αγάπη, θα είναι πάρα πολύ λίγοι εκείνοι που θα σας παρεξηγήσουν. Και ο Θεός να βοηθήσει αυτούς που σας παρεξηγούν, καθώς βάζουν τον εαυτό τους σε δύσκολες καταστάσεις.

Αν κάποιος αγαπά τον Πατέρα όλων και έχει έστω και την παραμικρή σκέψη εκδίκησης για οποιονδήποτε ή επιθυμεί να τιμωρήσει κάποιον, τότε απομακρύνεται ένα εκατομμύριο χιλιόμετρα μακριά από τον Θεό. Κάποιος που αγαπά τον Θεό δεν τολμά να σκεφτεί να προκαλέσει κακό σε κανέναν. Φυσικά θα ήταν λάθος να υποστηρίζουμε κάποιον τυφλά. Η έλλειψη υποστήριξης όμως εκείνων που βλάπτουν τους άλλους δεν σημαίνει και ότι θα πρέπει κάποιος να πληγώνει εκδικητικά τους άλλους. Ένας φιλόσοφος κάποτε είπε: «Το καλύτερο είδος εκδίκησης είναι το να μην είσαι ίδιος μ' εκείνον που έπραξε το κακό». Θα πρέπει να σεβόμαστε τη γνώμη των άλλων όπως κι εμείς επιθυμούμε οι άλλοι να σέβονται τις δικές μας απόψεις· δεν υπάρχει χώρος για ασχήμια. Θα πρέπει να διαφωνούμε με στοργικό τρόπο, όπως και με τον ίδιο τρόπο να συμφωνούμε.

Κρίνετε τον Εαυτό Σας Ενώπιον του Θεού και της Συνείδησής Σας

Είναι εύκολο να είσαι Δάσκαλος στα λόγια, αλλά απαιτείται τρομακτικά μεγάλη δύναμη για να είσαι ένας Δάσκαλος που να ζει με τους ανθρώπους. Ο καθένας σε βλέπει και σε κρίνει σύμφωνα με τον δικό του νου. Χρόνια πριν, ήταν ένα νεαρό αγόρι που ταξίδευε μαζί μας σε μια περιοδεία διαλέξεων από την Ανατολική Ακτή μέχρι το Λος Άντζελες. Είχε τη συνήθεια να κριτικάρει τα πάντα. Πριν την ώρα της διάλεξης συνήθιζα να χτενίζω τα μακριά μαλλιά μου. Συνεχώς με ανέλυε, αλλά δεν ήξερε ότι κι εγώ επίσης είχα στραμμένη πάνω του τη νοητική μου κάμερα. Μετά από δύο εβδομάδες του είπα: «Θέλω να μιλήσουμε. Τι γράφεις συνεχώς στα γράμματά σου για μένα;». Εξεπλάγη και είπε: «Κάποιος ανοίγει τα γράμματά μου». Είπα: «Τότε το παραδέχεσαι. Μια και γνώριζα ότι το έκανες αυτό, ήθελα να σου δώσω υλικό για να γράψεις, κι έτσι έκανα ιδιαίτερη προσπάθεια να στέκομαι μπροστά στον καθρέφτη και να υπερβάλλω ως προς το χτένισμα των μαλλιών μου». Ντράπηκε.

Αυτό που είστε ενώπιον του Θεού και της συνείδησής σας, αυτό είστε στην πραγματικότητα. Ακόμα κι αν ολόκληρος ο κόσμος σας παρεξηγεί, δεν χάθηκε τίποτα· είστε αυτοί που είστε. Το να υπομένει κάποιος την κριτική είναι ένας πολύ αποτελεσματικός τρόπος για να γίνει καλύτερος άνθρωπος. Αν και είναι ευκολότερο να κριτικάρετε τους άλλους από το να βρίσκετε λάθη στον εαυτό σας, είναι πρωταρχικής σημασίας να διορθώσετε τον εαυτό σας πρώτα. Έμαθα από τον Δάσκαλο να αναλύω διεξοδικά τον εαυτό μου όταν δέχομαι κριτική. Αν βρω κάποιο σφάλμα, διορθώνομαι· κι όταν δεν βρω τίποτα λάθος, χαμογελώ.

Η βεβαιότητα της αλήθειας είναι ο κυρίαρχος παράγοντας για την ικανοποίηση της ψυχής σας· ποτέ μην την εγκαταλείψετε ούτε να συμβιβαστείτε ως προς αυτήν. Όταν κάποιος ασκεί κριτική ή αντιπαρατίθεται μόνο και μόνο για να ικανοποιήσει μια εγωιστική επιθυμία να φανεί ανώτερος ή κυρίαρχος, αυτό είναι λάθος. Οι έξυπνοι άνθρωποι μπορούν να βρουν γρήγορα ένα επίπεδο συμφωνίας γιατί έχουν καλοπροαίρετη διάθεση. Ο Δάσκαλός μου διέθετε τόσο απέραντη σοφία που διασκέδαζα εμπλέκοντας τον σε συζητήσεις για αμφιλεγόμενα θέματα. Όταν καταλάβαινα κάτι λανθασμένα, παρέμενε αμετακίνητος στις απόψεις του. Λίγο αργότερα καταλάβαινα και έβλεπα πού έκανα λάθος. Όταν η όρασή σας καθοδηγείται από τη Θεϊκή Δύναμη, τότε δεν λοξοδρομείτε καθόλου. Αισθάνεστε πάντα το καθοδηγητικό χέρι του Πνεύματος. Αυτός είναι ο συντονισμός τον οποίο θέλετε να διατηρήσετε στη ζωή σας. Να είστε άφοβοι, ειλικρινείς και στοργικοί, και θα μπορείτε να κοιτάτε τον καθένα κατά πρόσωπο, γνωρίζοντας ότι έχετε κάνει ό,τι καλύτερο μπορούσατε με ειλικρίνεια. Αν θέλετε να αποδείξετε σε κάποιον την ειλικρίνειά σας, αφήστε τις πράξεις σας να μιλούν για σας.

Ο Θεός σάς στέλνει τις εμπειρίες που χρειάζεστε ώστε να επωφεληθείτε απ' αυτές. Αν αποφύγετε αυτά τα μαθήματα, θα υποχρεωθείτε να τα μάθετε κάποια άλλη φορά, κάπου αλλού. Κάθε εμπειρία είναι ένας καλός δάσκαλος αν μάθετε απ' αυτήν· είναι όμως τύραννος αν την αντιμετωπίσετε με δυσανασχέτηση και έλλειψη κατανόησης. Με σωστή νοοτροπία, η ζωή είναι πολύ απλή και πολύ εύκολη.

Μόνο οι Πνευματικές Σχέσεις Διαρκούν

Ελπίζω όλοι σας να καταλαβαίνετε τα λόγια μου. Έχω δώσει τον εαυτό μου ολοκληρωτικά στον Θεό· κι ό,τι μου λέει, αυτά σας λέω. Πιστεύω πως οτιδήποτε ο Θεός μού δίνει έχει κάποια πρακτική αξία και πως έχει σχέση με όλους εκείνους που είναι κοντά μου και μου είναι αγαπητοί. Όπως έχω πει, δεν έχω συγγενείς. Κάθε ένας από σας που αγαπά τον Θεό είναι δικός μου άνθρωπος. Το επιβεβλημένο από τη φύση ένστικτο της οικογενειακής σχέσης είναι παραπλανητικό· η πνευματική όμως σχέση διαρκεί παντοτινά, γιατί ο Θεός είναι ο Πατέρας μας κι εμείς είμαστε παιδιά Του. Μια μητέρα αγαπά το παιδί της τώρα· αν όμως αυτό το παιδί πεθάνει και ξαναγεννηθεί στην οικογένεια του διπλανού σπιτιού, δεν θα αναγνωρίσει και δεν θα αγαπήσει αυτό το παιδί με τον ίδιο τρόπο που το αγαπούσε. Η πνευματική σχέση όμως είναι ο ισχυρότερος δεσμός, επειδή συνεχίζεται από τη μια ζωή στην άλλη.

Σε τελική ανάλυση, καθώς όλοι μας είμαστε παιδιά του Θεού, θα πρέπει να μάθουμε να αγαπάμε τον καθένα με όλη μας την καρδιά απόλυτα και χωρίς διακρίσεις. Θυμάμαι που ο Δάσκαλός μου με ρώτησε: «Αγαπάς τους πάντες το ίδιο;», κι εγώ απάντησα: «Ναι». Εκείνος όμως είπε: «Όχι ακόμα, όχι ακόμα». Τότε ο νεότερος αδελφός μου ήρθε για να σπουδάσει στο σχολείο μου στο Ραντσί[3] κι ένιωθα ότι ήταν δικός μου άνθρωπος. Τότε συνειδητοποίησα γιατί ο Δάσκαλός μου είχε πει: «Όχι ακόμα». Σταδιακά αυτή η συνειδητότητα εξασθένισε και συνειδητοποίησα ότι ο αδελφός μου δεν ήταν παρά ένα μέρος ολόκληρης της ανθρωπότητας που αγαπούσα. Αυτή δεν είναι μια αναίσθητη, απάνθρωπη στάση. Αγαπάς τους πάντες το ίδιο, όπως ο Θεός. Μετά μαθαίνεις να κάνεις για τους άλλους ό,τι θα έκανες και για τους δικούς σου ανθρώπους. Μια μέρα, ξανά, ο Δάσκαλος με ρώτησε: «Αγαπάς ολόκληρο τον κόσμο;». Εγώ είπα απλά: «Αγαπώ». Τότε χαμογέλασε και είπε: «Η εκπαίδευσή σου τελείωσε».

---

[3] Το Γιογκόντα Σαντσάγκα Βιντιαλάυα (Yogoda Satsanga Vidyalaya), που ίδρυσε ο Παραμαχάνσα Γιογκανάντα το 1918. (Βλ. *Σχολείο Ραντσί* στο γλωσσάριο.)

Να Είστε Κατακτητές Κάθε Καρδιάς

Ένιωσα τη μεγαλύτερη χαρά όταν πήγα πίσω στην Ινδία το 1935-1936 και είδα ότι η αγάπη μου για τη χώρα που με γέννησε δεν περιοριζόταν μόνο σ' αυτήν, αλλά ότι ένιωθα την ίδια αγάπη για όλα τα έθνη. Όταν πριν χρόνια άφησα το οικογενειακό μου σπίτι για να ακολουθήσω αυτό το μονοπάτι, ο πατέρας μου, που ήταν το πιο αγαπημένο μου πρόσωπο μετά τον θάνατο της μητέρας μου, με ρώτησε: «Ποιός θα φροντίζει τους αδελφούς και τις αδελφές σου αν πεθάνω;». Απάντησα: «Πατέρα, σ' αγαπώ πιο πολύ από οποιονδήποτε άλλον στο κόσμο· Αυτόν όμως που μου έδωσε εσένα Τον αγαπώ περισσότερο απ' όλους. Δεν θα μπορούσα να σε είχα εκτιμήσει, ούτε κι εσύ εμένα, αν δεν υπήρχε ο Θεός. Κάποια μέρα, όταν θα έρθω σ' εσένα με τη συνειδητότητα του Πατέρα να πάλλεται μέσα μου, τότε θα αισθανθείς περισσότερο ότι άξιζα την αγάπη σου».

Η αγάπη του Θεού είναι η υπέρτατη αγάπη. Δεν υπάρχει αγάπη μεγαλύτερη απ' αυτήν. Η αγάπη που γεννιέται από το ένστικτο έχει τα μειονεκτήματά της επειδή είναι αναγκαστική. Γι' αυτό τραγούδησα στον Θεό ως Θεϊκή Μητέρα: «Σ' αυτόν τον κόσμο, Μητέρα, κανείς δεν μπορεί να με αγαπήσει· σ' αυτόν τον κόσμο δεν γνωρίζουν πως να μ' αγαπούν».[4] Μόνο η θεϊκή αγάπη των μεγάλων αγίων γεννιέται από τη σοφία. Αυτή η αγάπη είναι άπειρα μεγαλύτερη από τη γονική αγάπη ή απ' οποιαδήποτε άλλη μορφή ανθρώπινης αγάπης – ο Ιησούς θυσίασε τη ζωή του για τον κόσμο.

Ποιος ενδιαφέρεται για την ψυχή μου εκτός από τον Θεό και τον Δάσκαλό μου; Ήταν ο Δάσκαλός μου που με προφύλασσε πάντοτε – με προφύλασσε από την άγνοια, με κίνητρο μόνο την αγάπη. Μου έδωσε σοφία με άπειρη αγάπη. Μπορώ να βλέπω εκείνα τα μάτια στα οποία δεν υπήρχε τίποτα άλλο εκτός από Υπέρτατη Αγάπη.

Ο Θεός είναι που μας αγαπά μέσα από τα αγαπημένα μας πρόσωπα· επομένως θα πρέπει να είμαστε απεριόριστα ευγνώμονες στον Θεό ο Οποίος μας δίνει μια καλή μητέρα και πατέρα και καλούς φίλους και έναν γκουρού ο οποίος θέλει για μας μόνο το καλύτερο. Η αγάπη της μητέρας είναι κοντά στη τελειότητα της αγάπης του Θεού, επειδή

---

[4] Από το "Where Is There Love?" («Πού Υπάρχει Αγάπη;») στα *Cosmic Chants* του Παραμαχάνσα Γιογκανάντα: «Σ' αυτόν τον κόσμο, Μητέρα, κανείς δεν μπορεί να μ' αγαπήσει. Σ' αυτόν τον κόσμο δεν γνωρίζουν πώς να μ' αγαπούν. Πού υπάρχει αγνή στοργική αγάπη; Πού υπάρχει αγνή αγάπη για μένα; Εκεί η ψυχή μου λαχταρά να είναι». Το βιβλίο εκδίδεται από το Self-Realization Fellowship.

μας αγαπά ακόμα κι όταν κανείς άλλος δεν μας αγαπά· και συγχωρεί όταν κάνουμε λάθη. Η υπέρτατη όμως έκφραση της θεϊκής αγάπης είναι η αγάπη ενός αληθινού γκουρού. Μας αγαπά άνευ όρων· και μέσα από αυτήν την ανυπέρβλητη αγάπη μάς καθοδηγεί και μας πειθαρχεί για την αιώνια ευτυχία της ψυχής μας. Παρ' όλο που θα αγαπώ πάντοτε πολύ τη μητέρα μου, η αγάπη μου για τον Δάσκαλό μου είναι υπέρτατη.

Πραγματική Αγάπη και Ιδιοτελής Αγάπη

Να κάνετε τα πάντα με αγάπη – αγάπη για τον Θεό και για τον Θεό μέσα σε όλους. Είναι δύσκολο για τον συνηθισμένο άνθρωπο να γνωρίζει τη διαφορά μεταξύ μιας επιθυμίας που αφορά το καλό των άλλων και μιας επιθυμίας που αφορά την ικανοποίηση της αγάπης για τον εαυτό του. Συχνά κάποιος που έχει την καλή πρόθεση να φροντίζει τους άλλους παρασύρεται από την αγάπη για τον εαυτό του. Όταν η επιθυμία του ενδιαφέροντος για τον εαυτό μας έχει εξαλειφθεί εντελώς από τη συνειδητότητά μας και η μόνη επιθυμία μας είναι να προσφέρουμε στους άλλους και να κάνουμε το ύψιστο καλό σε όλους, αυτό είναι σοφία. Είναι πολύ δύσκολο να επιτευχθεί· όταν όμως η εγωιστική αγάπη εκλείψει εντελώς, τότε ο άνθρωπος γεύεται τη θεϊκή αγάπη.

Πραγματική αγάπη είναι να παρακολουθείτε συνεχώς την πρόοδο της ψυχής. Μόλις αρχίσετε να ικανοποιείτε τις υλικές ανάγκες κάποιου και τις κακές του συνήθειες, δεν αγαπάτε αυτήν την ψυχή πλέον. Απλώς τον καλοκαρδίζετε μήπως και δυσαρεστηθεί μαζί σας. Άσχετα με το πόσο δυσάρεστο είναι το να πείτε σ' έναν φίλο ότι κάνει λάθος, αν το πείτε με αγάπη στην καρδιά σας και επιμείνετε σ' αυτό, κάποια στιγμή θα σας σεβαστεί αν έχετε δίκιο. Αν έχετε άδικο, ακόμα και τότε θα ξέρει πως το κάνατε με ειλικρίνεια, από αγάπη. Ποτέ μη συμφωνείτε με κάποιον που κάνει λάθος, ακόμα και μ' αυτούς που είναι οι πιο κοντινοί και οι πιο αγαπητοί σ' εσάς. Το να συμφωνείτε με κάποιον που πράττει λανθασμένα ή άδικα είναι σαν να δωροδοκείτε την ψυχή σας για να έχετε την εύνοιά του, κάτι που θα επιφέρει αργότερα καταστροφικά αποτελέσματα. Μην τσακώνεστε· δεν είναι αυτός ο τρόπος να πείσετε τους άλλους. Ο τρόπος να τους επηρεάζετε είναι μέσω της αγάπης σας. Πείτε αυτό που έχετε να πείτε μία ή δύο φορές και μετά διώξτε το από τον νου σας. Να είστε ταπεινοί και ελεύθεροι από θυμό. Απλώς πείτε: «Ας περιμένουμε και θα δούμε. Ο χρόνος θα δείξει». Ο χρόνος φανερώνει τα πάντα· κι αν υφίσταται καλοπροαίρετη κατανόηση μεταξύ των φίλων, τότε δεν θα υπάρξει συμπεριφορά του είδους: «Εγώ είχα δίκιο κι εσύ άδικο».

Έτσι, αυτή είναι η δέησή μου για σας, να μάθετε όλοι σας πώς να είστε αληθινοί φίλοι, πώς να είστε αληθινά στοργικές ψυχές. Αν έχετε αυτή τη θεϊκή νοοτροπία, τότε θα είστε κατακτητές κάθε καρδιάς. Δεν υπάρχει τίποτε πιο ικανοποιητικό απ' αυτό. Ποτέ δεν θα είστε μόνοι, γιατί θα προσελκύετε κοντά σας πραγματικές ψυχές. Ακόμα κι αν μείνετε μόνοι, θα είστε με τον Θεό.

Δεν ξέρετε πόσο υπέροχη είναι αυτού του είδους η αγάπη. Είναι ανυπέρβλητη. Πού και πού έχετε μια φευγαλέα εικόνα της όταν είστε πολύ ευτυχισμένοι και αισθάνεστε την ενότητα με τον Θεό στους άλλους – όταν αγαπάτε ο ένας τον άλλον επειδή ο Θεός είναι ο Πατέρας σας, ανεξάρτητα από οποιαδήποτε ανθρώπινη συγγένεια.

Η Προσκόλληση Δεν Μπορεί να Σχηματίσει Έναν Πνευματικό Δεσμό· η Αγάπη Μπορεί

Έχουμε μαζευτεί εδώ για να ταξιδέψουμε μαζί για λίγο χρονικό διάστημα. Στη συνέχεια θα πρέπει να πάμε προς διαφορετικές κατευθύνσεις· αν όμως έχουμε θεϊκή αγάπη στην ψυχή μας, άσχετα με το πού θα πάμε, θα συναντηθούμε ξανά στο βασίλειο του Κυρίου. Ποτέ δεν μπορούμε να μείνουμε χώρια· θα προσελκύσουμε ο ένας τον άλλον ξανά. Η προσκόλληση δεν μπορεί να σχηματίσει αυτόν τον πνευματικό δεσμό· η αγάπη μπορεί. Η Φύση χορεύει αυτόν τον *μακάβριο χορό*, τον χορό του θανάτου. Η αγάπη διαρκεί περισσότερο από τον θάνατο και τη φθορά του χρόνου. Όλους εκείνους που αγάπησα, σ' αυτήν ή σε άλλες ζωές, τους αγαπώ το ίδιο και τώρα.

Η προσκόλληση είναι καταστροφική επειδή εξαναγκάζει και περιορίζει. Μόλις ένα παιδί γεννηθεί, η μητέρα το αγαπά. Αυτό το συναίσθημα ενσταλάζεται στη μητέρα από τη φύση, αλλιώς δεν θα φρόντιζε το ανυπεράσπιστο βρέφος. Η παρόρμηση να αγαπάμε τα μέλη της οικογένειάς μας έχει δοθεί σ' εμάς ως πρώτο μάθημα για να μάθουμε να προσφέρουμε αγάπη σε όλους, άνευ όρων. Η προσκόλληση όμως διαφθείρει την οικογενειακή αγάπη, όπως και όλες τις μορφές των ανθρώπινων σχέσεων, επειδή αποκλείει τους υπόλοιπους και είναι τυφλά κτητική. Εξαλείψτε την προσκόλληση και μάθετε να προσφέρετε αληθινή, ειλικρινή αγάπη σε όλους. Η αληθινή αγάπη είναι απρόσωπη και δεν δεσμεύεται από τίποτα. Τα μάτια μας ζωηρεύουν απ' αυτήν την αγάπη και νιώθουμε μια υπέροχη αίσθηση εγγύτητας· αισθανόμαστε ότι είμαστε ένα. Πού και πού αυτό το συναίσθημα το νιώθουμε στη συνηθισμένη ζωή μας, αλλά μετά ακρωτηριάζεται πολύ εύκολα λόγω της οικειότητας που επακολουθεί και της έλλειψης σεβασμού.

Πρέπει να μάθουμε να αγαπάμε την οικογένειά μας αγνά, να αγαπάμε τους φίλους μας αγνά, να αγαπάμε τη χώρα μας αγνά και να αγαπάμε όλη την ανθρωπότητα αγνά. Ο πατριωτισμός είναι υπέροχος· αν όμως οδηγεί σε επιθετικότητα, τότε είναι λανθασμένος. Ο πατριωτικός εγωισμός είναι κακός. Τα έθνη θα πρέπει να φυλάγονται από τον εγωισμό. Πόσα τέτοια έθνη έχουν καταστραφεί από τον Θεό! Η Ινδία ήταν ένα από τα μεγαλύτερα έθνη του κόσμου. Σύμφωνα με τον καρμικό νόμο, ο πλούτος και η δύναμή της χάθηκαν με την ξένη κατοχή όταν κάτω από την επίδραση του εγωισμού οι ανώτερες τάξεις είπαν: «Είμαστε Άρυοι» και άρχισαν να αποκλείουν και να εξευτελίζουν τους υπόλοιπους τοποθετώντας τους μέσα στα στεγανά του συστήματος της κάστας.[5] Η Ινδία όμως θα αποκτήσει ξανά την προηγούμενη κατάστασή της λόγω της πνευματικότητάς της.

Η τελειοποιημένη αγάπη της οικογένειας, η τελειοποιημένη αγάπη των φίλων, η τελειοποιημένη αγάπη των εθνών, η τελειοποιημένη αγάπη ολόκληρης της ανθρωπότητας – αυτή είναι η αγάπη του Θεού, όταν αμερόληπτα είστε έτοιμοι να ζήσετε και να πεθάνετε για όλους. Αυτός είναι ο λόγος για τον οποίο ενδιαφέρομαι για όλους εσάς. Καθώς απολαμβάνω τον Θεό στο Encinitas, μ' έκανε να αισθανθώ ότι σας παραμέλησα.[6] Είναι αυτή η αίσθηση του πνευματικού καθήκοντος, που γεννήθηκε από την αγάπη μου για τον Θεό και για όλους εσάς, που μ' έφερε εδώ κοντά σας. Δεν έχω καμία άλλη επιθυμία εκτός απ' αυτή για τον Θεό, και καμία άλλη φιλοδοξία εκτός από το να εργάζομαι για τον Θεό.

Ο Θεός είναι Αυτός που μας έφερε μαζί. Είναι η μεγαλύτερη ευκαιρία που θα μπορούσε να έχει κάποιος – να μπορεί να υπηρετεί τον Θεό. Όταν θα έχουμε φύγει απ' αυτή τη γη, πολλές ψυχές θα έρθουν και θα αισθανθούν τις δονήσεις μας εδώ. Όποτε αφήνουμε καλές δονήσεις πίσω μας, αφήνουμε ένα μέρος της αιώνιας ζωής μας. Ο Σαίξπηρ έχει πεθάνει, ο Λίνκολν έχει πεθάνει, αλλά άφησαν κάποιο αθάνατο κομμάτι της

---

[5] Βλ. κάστα στο γλωσσάριο.

[6] Από τότε που επέστρεψε από την Ινδία το 1936, ο Παραμαχάνσατζι συνήθιζε να αφιερώνει πολύ χρόνο στο Ερημητήριο του Self-Realization στο Encinitas όπου μπορούσε να εργάζεται πάνω στα συγγράμματά του σε σχετική απομόνωση.

ζωής τους εδώ. Το ίδιο έχει συμβεί και με τον Δάσκαλό μου και με τους *Παραμγκούρου*[7] μου. Για όσο καιρό το όνομα αυτής της γης θα διαρκεί, θα διαρκούν και οι δονήσεις που έχουν αφήσει οι μεγάλες ψυχές· κι όταν αυτή η γη χαθεί, αυτές οι δονήσεις θα μείνουν στην αγκαλιά του Πατέρα.

Έτσι θα αφήσουμε «ίχνη στην άμμο του χρόνου» – πνευματικά ίχνη καλών δονήσεων τις οποίες θα αισθανθούν αυτοί που θα έρθουν μετά από μας. Αν αυξήσουμε αυτές τις δονήσεις με την αγάπη μας για τον Θεό και την εργασία μας για την εκτέλεση του έργου Του, σκεφτείτε πόσο υπέροχο θα είναι αυτό που θα αφήσουμε πίσω μας.

Να Συνεργάζεστε ο Ένας με τον Άλλον για το Καλό Όλων

Σ' ένα σύνταγμα, το δίκαιο της ελευθερίας βασίζεται σ' έναν κοινό νόμο. Σε μια κοινότητα –όπως ένα ερημητήριο, ένα κέντρο διαλογισμού, μια οικογένεια, μια επιχείρηση– ο καθένας θα πρέπει να θυσιάζει τις προσωπικές του επιθυμίες και τον εγωισμό του για το καλό όλων. Όταν είστε μαζί, οι κανόνες της κοινής προσπάθειας θα πρέπει να γίνονται σεβαστοί. Το θέμα δεν είναι ποιος είναι ανώτερος ή κατώτερος – το ιδεώδες είναι να συνεργάζεστε ο ένας με τον άλλον. Σ' αυτό ελπίζω ότι θα κάνετε αυτό που σας αναλογεί. Το να είστε ικανοί να ακολουθείτε τους κοινούς κανόνες μιας οργάνωσης είναι ο τρόπος να δημιουργήσετε δύναμη και αρμονία.

Η γνώμη του Θεού είναι γραμμένη στην περγαμηνή της αιωνιότητας και ποτέ δεν θα σβηστεί για όλο το διάστημα που θα ακολουθήσει. Να προσπαθείτε πρώτα και κύρια να ευχαριστείτε τον Θεό και μετά τους ανθρώπους. Το να προσπαθείτε να ευχαριστείτε τους ανθρώπους είναι κάτι που επίσης ευχαριστεί τον Θεό, αλλά η προσπάθειά σας να ευχαριστήσετε τους ανθρώπους πρέπει να γίνεται με σοφία. Να προσπαθείτε να μη δυσαρεστείτε τους ανθρώπους, αλλά πάνω απ' όλα να σκέφτεστε το καθήκον σας προς τον Θεό.

Είναι τόσο υπέροχο να είστε καλοί και ταπεινοί! Ο εγωισμός απωθεί· η ταπεινότητα έλκει. Όταν ο άνθρωπος συμπεριφέρεται με ταπεινό τρόπο αγγίζει την καρδιά των άλλων. Ένας ταπεινός άνθρωπος ασκεί εύκολα πνευματική επιρροή στους άλλους. Ένας τέτοιος άνθρωπος έχει την ικανοποίηση ότι έκανε το καλύτερο που μπορούσε σ' αυτή

---

[7] Βλ. γλωσσάριο.

τη γη. Αυτό ακριβώς είπε ο αβατάρ Βασιλιάς Ράμα: «Είμαι ο Ράμα του οποίου ο θρόνος είναι οι καρδιές όλων των ανθρώπων». Εκείνοι που βασιλεύουν σε αληθινές καρδιές είναι οι πραγματικοί βασιλιάδες. Κανείς δεν μπορεί να αισθανθεί εγωισμό όταν ο Θεός βρίσκεται στην καρδιά του. Όσο πιο ταπεινοί είστε, τόσο πιο δυνατοί θα είστε πνευματικά.

Καθώς το έργο του Self-Realization διευρύνεται, ελπίζω όλοι σας να ρωτάτε πάντα μέσα στην καρδιά σας: «Πού υπάρχει αγνή στοργική αγάπη;». Η δύναμη της αγάπης είναι η μεγαλύτερη απ' όλες τις δυνάμεις. Καμιά δύναμη εξουσίας δεν είναι μεγαλύτερη απ' αυτήν. Η αγάπη μπορεί να κατακτήσει τα πάντα. Υπάρχει τόση πολλή αγάπη και κατανόηση εδώ! Η αδελφή Γκιαναμάτα[8] και ο Άγιος Λυν έχουν τη μεγαλύτερη κατανόηση εδώ, περισσότερη απ' όση εγώ έχω δει ποτέ. Η αδελφή, χωρίς να της ζητηθεί, φεύγει αθόρυβα από το δωμάτιό της όταν έρχονται επισκέπτες για να έχουν αυτοί ένα μέρος να μείνουν· κοιμάται στο πλυσταριό. Αν όλοι μας έχουμε την αγάπη του Θεού στην καρδιά μας, μια μέρα θα φτάσουμε σ' εκείνη τη χώρα όπου όλα τα παραπετάσματα των παρανοήσεων θα έχουν φύγει – όταν οι ψυχές μας και οι σκέψεις μας θα είναι κρυστάλλινα διαυγείς.

Ήρθαμε στη γη για να αγαπάμε ο ένας τον άλλον με την τέλεια αγάπη του Θεού, χωρίς καμιά ιδιοτελή επιθυμία. Όλοι μας αισθανόμαστε έτσι κάποιες φορές, αλλά μετά το συναίσθημα αυτό το απομακρύνει ο Σατανάς. Ο Σατανάς είναι δυσαρμονία και παρανόηση. Ο Θεός είναι Αγάπη και η Αγάπη είναι Θεός. Αν κάποιος λέει άσχημα πράγματα για σας, μην το παίρνετε πολύ στα σοβαρά. Απλώς ανταποδώστε αγάπη. Όποιος κι αν είναι αυτός που δεν σας καταλαβαίνει, απλά κοιτάξτε τον με αγάπη στα μάτια σας, αγάπη που να γεννιέται από απόλυτη κατανόηση, και θα δείτε πώς αυτός ο άνθρωπος θα αλλάξει.

«Οτιδήποτε Έχω Πει, Το Έχω Πει από την Καρδιά Μου»

Ό,τι λέω δεν είναι απλώς και μόνο λόγια, αλλά αυτό που αισθάνομαι για όλους εσάς. Θα ήταν το ευκολότερο πράγμα να παρέμενα

---

[8] Η Σρι Γκιαναμάτα (Sri Gyanamata) - («Μητέρα της Σοφίας») υπήρξε μια από τους πρώτους *σαννυάσι* (εκείνους που έχουν δώσει τους τελικούς όρκους) του Μοναστικού Τάγματος του Self-Realization Fellowship. Ο Παραμαχάνσα Γιογκανάντα συχνά επαινούσε το άγιο πνευματικό της ανάστημα. Η ζωή της και οι εμπνευσμένες πνευματικές παραινέσεις της εκτίθενται στο *God Alone: The Life and Letters of a Saint* («Μόνο ο Θεός: Η Ζωή και τα Γράμματα Μιας Αγίας», βιβλίο που εκδίδεται από το Self-Realization Fellowship).

Να Είστε Κατακτητές Κάθε Καρδιάς

σιωπηλός ή να έφευγα και να ζούσα κάτω από ένα δέντρο με τον Θεό μόνο. Αν ποτέ πρόσβαλα κάποιον από άγνοια, ζητώ τη συγχώρεσή σας. Η συνείδησή μου είναι καθαρή. Δεν έχω τίποτα να φοβηθώ. Οτιδήποτε έχω πει, το έχω πει από την καρδιά μου. Αν ακολουθήσετε αυτά που έχω πει, τότε θα ευχαριστήσετε τον Θεό· κι αν δεν τα ακολουθήσετε, αυτό θα θλίψει τον Θεό. Τίποτα όμως απ' ό,τι θα μπορούσατε να κάνετε δεν θα μπορούσε να με κάνει να αισθανθώ θυμό για σας επειδή δεν έχω καμιά προσωπική επιθυμία· η μόνη μου επιθυμία είναι να ευχαριστώ τον Θεό και να υπηρετώ όλους εσάς για το δικό σας καλό.

Ας προσευχηθούμε: «Ουράνιε Πατέρα, δώσε μας αληθινή αγάπη για όλους· και βοήθησέ μας κυρίως να νιώθουμε αυτήν την αγάπη με ειλικρίνεια ο ένας για τον άλλον. Κάνε μας να αισθανόμαστε και να εκδηλώνουμε αυτήν την αγάπη έτσι ώστε να μπορέσουμε να απολαύσουμε την αιωνιότητα μαζί με όλες τις απελευθερωμένες ψυχές, γιατί Εσύ, ω Θεέ, είσαι αυτή η Αγάπη».

Ο Κύριος μου έδωσε ένα όραμα ολόκληρου του κόσμου, ακριβώς τώρα καθώς σας μιλώ. Είπε: «Αγαπώ τους πάντες και έχω δώσει την ελευθερία σε όλους να Με απορρίψουν ή να Με δεχτούν. Αν ακολουθούν τις επιθυμίες Μου ή Μου εναντιώνονται, πάλι τους αγαπώ όλους. Παρ' όλο που έδωσα στον κόσμο την αγάπη Μου, αυτοί αλόγιστα καταστρέφουν ο ένας τον άλλον με μίσος, σκοτώνοντας ο ένας τον άλλον με βόμβες – εντούτοις τους αγαπώ όλους. Θα αισθανθούν την αγάπη Μου αν την αναζητήσουν στον ναό κάθε καρδιάς. Αυτή την αγάπη που έχω όμοια για όλα τα έθνη και όλους τους πολιτισμούς, άσχετα με τις κακές πράξεις τους, είναι η αγάπη που κι εσείς πρέπει να έχετε – ώστε να μπορέσετε να νιώσετε και να καταλάβετε την αγάπη Μου για τους πάντες». Αυτό είναι το μήνυμα του Κυρίου προς εσάς. Μας αγαπά όλους, ανεξάρτητα από τις λανθασμένες και φαύλες πράξεις μας – αν και η ζημιά που προκαλούμε στον εαυτό μας λόγω των κακών πράξεων Τον κάνει να θλίβεται. Αν θέλουμε να είμαστε αληθινά παιδιά του Θεού, πρέπει να νιώθουμε άνευ όρων αγάπη όπως Αυτός.

Έτσι, οτιδήποτε κι αν κάνετε, να το κάνετε για τον Θεό. Όσο ζείτε να διαδίδετε την αλήθεια και την αγάπη – να είστε σαν μικρά παιδιά, άφοβα, απλά και ευγενικά. Μη νοιάζεστε πώς φέρονται οι άλλοι. Υπήρξε μια εποχή κατά την οποία δυσανασχετούσα και ένιωθα πληγωμένος αν κάποιος χτυπούσε το χέρι μου όταν εγώ το άπλωνα για να τον βοηθήσω· τώρα πια όμως δεν το νιώθω αυτό. Η καρδιά μου ξεχειλίζει από αγάπη για τον Θεό και την τρομερή αγάπη Του για όλους.

Πώς να Επισπεύσετε την Πνευματική Σας Πρόοδο

Στο Ερημητήριο του Self-Realization Fellowship στο Encinitas, Καλιφόρνια, 22 Αυγούστου 1943

Το μονοπάτι που οδηγεί στον Θεό έχει περιγραφεί ως τόσο στενό όσο η κόψη ενός ξυραφιού - και μερικές φορές είναι και το ίδιο κοφτερό. Αν κάποιος με ελεύθερη επιλογή περπατά αυτό το στενό μονοπάτι με γενναιότητα στην καρδιά του και δεν δειλιάσει και δεν παρατήσει την προσπάθεια λόγω της αιχμηρότητας του μονοπατιού, θα φτάσει στον Θεό. Φαίνεται δύσκολο· πιστεύω όμως ότι το μονοπάτι είναι πολύ απλό αν κάποιος αποφασίσει να το διασχίσει ολόκληρο για την αγάπη του Θεού. Όποιος αγαπά τον Θεό ποτέ δεν μπορεί να σκεφτεί να γυρίσει πίσω.

Παρ' όλο που η σωστή νοοτροπία κάνει το μονοπάτι απλό, αυτό δεν σημαίνει ότι κάποιος δεν θα συναντήσει συγκρούσεις και προβλήματα στην πορεία του. Αυτά όμως δεν πτοούν τον αληθινό πιστό.

Ανάμεσα στις δοκιμασίες που κάποιος μπορεί να αντιμετωπίσει είναι η αμφιβολία, ένα καταστροφικό εμπόδιο. Τόσο πολλοί άνθρωποι πιάστηκαν στα δίχτυα της αναποφασιστικότητας της αμφιβολίας – κάνοντας εικασίες για τον Θεό· διερωτώμενοι αν είναι δυνατόν να Τον γνωρίσει κάποιος, κι αν είναι έτσι, κατά πόσο αυτοί οι ίδιοι έχουν την ικανότητα να Τον βρουν. Πολλές ενσαρκώσεις συχνά χαραμίζονται μέσα από τέτοιον αμφιταλαντευόμενο τρόπο σκέψης.

Βλέπω πόσο πολλοί αναζητητές έρχονται και φεύγουν από το μονοπάτι αυτό, ενδίδοντας στην αυταπάτη. Κοιτάζω το κάρμα τους από το παρελθόν· και παρ' όλο που θλίβομαι από την έλλειψη αποφασιστικότητάς τους, τους κατανοώ. Αυτός είναι ο λόγος που ποτέ δεν ενθουσιάζομαι υπερβολικά όταν οι πιστοί έρχονται κοντά μου, και ποτέ δεν απογοητεύομαι από εκείνους που φεύγουν. Γνωρίζω ακριβώς πού οδηγεί το κάρμα του καθενός. Αυτή η κατεύθυνση όμως δεν είναι αναγκαίο να λαμβάνεται ως δεδομένη και απόλυτη. Αν κάποιος ακούσει έναν Δάσκαλο, τότε μπορεί να αλλάξει αυτό το σχέδιο εξέλιξης που ο ίδιος έχει δημιουργήσει· μπορεί να υπερβεί το κάρμα του.

Αν κάποιος αμφιβάλλει ως προς τη σωστή διατροφή, δεν σταματά να τρώει. Εντούτοις μερικοί άνθρωποι όταν έρχονται αντιμέτωποι με τις αμφιβολίες στην αναζήτηση του Θεού εγκαταλείπουν την πνευματική τους τροφή σαν να ήταν δυνατόν να ζήσουν χωρίς αυτήν. Έτσι, υποφέρουν. Επομένως όταν έρθουν οι αμφιβολίες θα πρέπει να εξαφανιστούν με πίστη και θέληση. Ακολουθήστε κάποιον που έχει βρει τον Θεό. Αυτός είναι ο σίγουρος τρόπος για να πετύχετε στο πνευματικό μονοπάτι.

Ο Τυφλός Δεν Μπορεί να Οδηγήσει τον Τυφλό

Υπάρχουν πολλοί που προσπαθούν να καθοδηγήσουν τους άλλους, αλλά που δεν έχουν κανένα δικαίωμα να καθοδηγούν. Ο τυφλός δεν μπορεί να οδηγήσει τον τυφλό. Κανείς δεν μπορεί να σας φέρει στον Θεό εκτός κι αν ο ίδιος Τον έχει βρει. Αναπτύσσονται οργανώσεις γύρω από χαρισματικές προσωπικότητες, αλλά εξαφανίζονται μαζί μ' αυτές τις προσωπικότητες. Ένας αληθινός γκουρού δεν έχει προσωπική φιλοδοξία να αποκτήσει όνομα ή φήμη· η μοναδική του επιθυμία είναι να υπηρετεί τους άλλους με τη συνειδητοποίηση του Θεού.

Έψαξα σε όλη την Ινδία για να βρω έναν αληθινό Δάσκαλο. Έψαξα σε βιβλία· ταξίδεψα από ναό σε ναό, από το ένα ιερό μέρος στο άλλο· οι αμφιβολίες μου όμως με ακολουθούσαν παντού. Όταν όμως βρήκα εκείνον τον έναν που είχε κατορθώσει τη συνειδητοποίηση του Εαυτού του –τον γκουρού μου, τον Σρι Γιουκτέσβαρτζι– και είδα εκείνο το θεϊκό πνεύμα στα μάτια του, όλες οι αμφιβολίες μου εξαφανίστηκαν. Μέσα από την ευλογία του άλλαξε ολόκληρη η ζωή μου. Γι' αυτόν τον λόγο σας τονίζω τη σημασία να ακολουθήσετε έναν αληθινό γκουρού και τις διδασκαλίες του. Είπα στον Δάσκαλο ότι ποτέ δεν θα δίδασκα για τον Θεό αν δεν Τον είχα νιώσει. Ακολουθώντας τον Γκουρού άνευ όρων, βρήκα τον Θεό.

Όταν είστε αμετακίνητοι στις αρχές της σχέσης γκουρού-μαθητή, το πνευματικό μονοπάτι γίνεται πολύ εύκολο. Τότε δεν μπορείτε να ξεστρατίσετε. Άσχετα με το πόσο προσπαθεί η αυταπάτη να σας τραβήξει μακριά, ο Δάσκαλος που έχει βιώσει τον Θεό γνωρίζει τα προβλήματά σας και θα σας βοηθήσει να σταθεροποιηθείτε ξανά στο μονοπάτι. Αυτό είναι που κάνει ο γκουρού για σας αν είστε συντονισμένοι μαζί του. Ακόμα κι όταν εσείς και ο γκουρού βρίσκεστε χιλιάδες χιλιόμετρα μακριά ο ένας από τον άλλον, η βοήθειά του θα φτάσει σ' εσάς. Αισθάνομαι τον Δάσκαλο μαζί μου όλη την ώρα, παρ' όλο που δεν είναι πλέον ενσαρκωμένος σ' αυτό το γήινο πεδίο. Το να έχεις την καθοδήγηση και την ευλογία του γκουρού μαζί σου είναι ο ευκολότερος τρόπος να προχωρήσεις στο πνευματικό μονοπάτι.

Ο Θεός Είναι Ήδη Δικός Σας

Ο Θεός δεν χρειάζεται να αποκτηθεί· χρειάζεται να συνειδητοποιηθεί, γιατί είναι ήδη δικός σας. Αυτό Του λέω όλη την ώρα: «Κύριε, γιατί κρύβεσαι; Δεν έχεις δικαίωμα να το κάνεις αυτό γιατί όλοι είναι δικοί Σου κι Εσύ ανήκεις σε όλους – μόνιμα και παντοτινά. Προς τι λοιπόν αυτός ο φαινομενικός διαχωρισμός;». Διάφοροι περιστασιακοί αναζητητές δικαιολογούν τον πνευματικό τους λήθαργο με τις εξής εκλογικεύσεις: «Ο νους μου είναι πολύ νευρικός», ή «Είμαι πολύ φιλήδονος» και ούτω καθ' εξής. Ποτέ μην επικεντρώνεστε στα ελαττώματά σας. Αν το κάνετε αυτό, ταυτίζεστε μ' αυτά. Εσείς είστε που τοποθετείτε το πέπλο της αυταπάτης μπροστά στα μάτια της σοφίας σας. Ό,τι σκέφτεστε, αυτό είστε.

Κατά τη διάρκεια της ημέρας είστε δεμένοι με την ενθύμηση των αδυναμιών σας, αλλά κάθε βράδυ, όταν ξεχνάτε τον κόσμο στη διάρκεια του ύπνου, ξεχνάτε και τους περιορισμούς σας. Στον βαθύ ύπνο είστε καθαρό Πνεύμα, ένα με τον Άπειρο Εαυτό σας. Γιατί δεν μπορείτε να το συνειδητοποιήσετε αυτό και κατά τη διάρκεια της ημέρας; Κάθε νύχτα ο Θεός σάς δείχνει τι είστε· γιατί αμφιβάλλετε γι' αυτό; Δεν είστε καθόλου ένα μάτσο από κόκκαλα και σάρκα. Συνειδητά ή ασυναίσθητα είστε με τον Θεό. Ο αληθινός Εαυτός εκδηλώνεται πέρα από την κατάσταση των ονείρων. «Πέρα από τη φαντασία, είμαι άμορφος».[1] Η συνειδητότητά σας διευρύνεται στο πανταχού παρόν Πνεύμα. Διατηρήστε τη σκέψη ότι κάθε νύχτα είστε με το Πνεύμα· μόνο προσωρινά Το ξεχνάτε στη διάρκεια της ημέρας.

Απ' όλα τα πράγματα που ο Θεός έχει δώσει στον άνθρωπο, θα μπορούσε να ειπωθεί ότι το μεγαλύτερο δώρο Του είναι ο ύπνος, γιατί είναι η λησμονιά αυτού του θνητού ονείρου, μια ανάπαυλα από

---

[1] Ένας στίχος από ένα σανσκριτικό ψαλμό του Σουάμι Σάνκαρα, μέρος του οποίου περιλαμβάνεται στα *Cosmic Chants* του Παραμαχάνσα Γιογκανάντα με τον τίτλο "No Birth, No Death" («Ούτε γέννηση, ούτε θάνατος»).

τη θνητή συνειδητότητα. Ο συνηθισμένος άνθρωπος δεν έχει άλλη διέξοδο, αλλά ακόμα κι ο πιο άξεστος άνθρωπος έχει μια πνευματική αναζωογόνηση μέσα στο ασυνείδητο *σαμάντι*[2] του ύπνου. Εντούτοις, σε αντίθεση με το συνειδητό *σαμάντι*, ο ύπνος είναι ένα είδος ναρκωτικού. Έχω παίξει με τον ύπνο. Έχω πλησιάσει στην κατάσταση του ύπνου και στη συνέχεια παρέμεινα στο ενδιάμεσο της εγρήγορσης και της νύστας. Και μερικές φορές κοιμάμαι βαθιά και μπορώ ταυτόχρονα να παρατηρώ τον εαυτό μου να κοιμάται. Με τον έλεγχο αυτών των καταστάσεων της συνειδητότητας, μου αποκαλύφθηκαν διάφορες συνειδητοποιήσεις των λειτουργιών της ψυχής και του εγώ.

Σήμερα το βράδυ στον βαθύ ύπνο θα ξεχάσετε όλες σας τις αδυναμίες που έχουν συσσωρευτεί μέσω ατέλειωτων ενσαρκώσεων. Θα αμπαρωθείτε μέσα στην αγκαλιά του Πνεύματος. Μάθετε να το κάνετε αυτό συνειδητά και στη διάρκεια της ημέρας· κρατηθείτε στην αδιακύμαντη εσωτερική γαλήνη του βαθέος ύπνου. Τότε μπορείτε να γνωρίσετε τον Θεό, γιατί όταν βρίσκεστε σε ηρεμία είστε μαζί με το Άπειρο. Ο διαλογισμός *Κρίγια Γιόγκα* σάς βοηθά να εδραιώσετε τη συνειδητότητά σας σ' αυτήν την κατάσταση.

Επανακτήστε τη Θεϊκή Σας Φύση

Δεν δίνω έμφαση μόνο στον διαλογισμό. Αυτό που είναι αναγκαίο είναι ο διαλογισμός συν η προσήλωση του νου στον Θεό κατά τη διάρκεια της δραστηριότητας. Η μισή μάχη θα κερδηθεί με τον διαλογισμό, γιατί η ψυχική δύναμη που παράγεται με τον διαλογισμό θα επηρεάσει τις σκέψεις και τη συμπεριφορά σας κατά τη διάρκεια της δραστηριότητας. Όταν διαλογίζεστε βαθιά, αυτή η διαδικασία στηρίζει τις πνευματικές σας σκέψεις. Όσο πιο πολύ και πιο βαθιά θα διαλογίζεστε σε τακτά χρονικά διαστήματα, τόσο περισσότερο θα ανακαλύπτετε ότι δεν υπάρχει διαφορά μεταξύ εργασίας και διαλογισμού. Δηλαδή, είτε εργάζεστε είτε διαλογίζεστε, παραμένετε βυθισμένοι μέσα στη θεϊκή συνειδητότητα του Μακάριου Πνεύματος. Δεν ταυτίζεστε πλέον με τις δραστηριότητες και τους πόνους του θνητού σώματος· συνειδητοποιείτε ότι είστε καθαρό Πνεύμα.

Το σώμα είναι μια φωλιά της αυταπάτης. Μας κάνει να πιστεύουμε ότι αυτός ο πεπερασμένος κόσμος είναι πραγματικός. Όταν όμως

---

[2] Βλ. υποσημείωση στη σελ. 18.

είμαστε με τον Θεό αυτή η φαινομενική πραγματικότητα χάνεται. Είναι τόσο απλό. Στην κατάσταση του *σαμάντι* στον διαλογισμό απολαμβάνουμε συνειδητά την μακάρια επίγνωση του Θεού ως τη Μοναδική Πραγματικότητα.

Γιατί παραιτείστε από τη θεϊκή σας φύση; Γιατί φορτώνεστε όλων των ειδών τις διαθέσεις και τα συναισθήματα που παραμορφώνουν αυτό που πραγματικά είστε; Εξασκηθείτε στην ατάραχη γαλήνη όλη την ώρα. Γίνετε βασιλιάδες, απόλυτοι μονάρχες του νοητικού βασιλείου σας της ηρεμίας. Κατά την ηρεμία ο νους είναι παντελώς ελεύθερος από συναισθηματικές διεγέρσεις. Αν ο νους δεν είναι ήρεμος, ο Θεός θα είναι συσκοτισμένος. Γι' αυτό μην αφήνετε τίποτα να διαταράξει το γαλήνιο βασίλειό σας της ηρεμίας. Νύχτα και μέρα να έχετε μαζί σας τη χαρά «της ειρήνης του Θεού, η οποία υπερβαίνει κάθε νόηση».[3]

Οι ψυχολογικές μεταπτώσεις είναι ο μεγαλύτερος εχθρός σας. Μην ενδίδετε σ' αυτές· καταστρέψτε τες γιατί είναι ένα φοβερό εμπόδιο στο μονοπάτι της προόδου σας. Με το αμείλικτο σθένος της παρατηρητικότητας προφυλαχθείτε από τις ψυχολογικές μεταπτώσεις. Άσχετα με τις δοκιμασίες που μπορεί να έρθουν, ποτέ δεν επιτρέπω σε ψυχολογικές μεταπτώσεις να εισέλθουν στη συνειδητότητά μου. Και προτιμώ να μη σχετίζομαι με οποιονδήποτε έχει τέτοιες μεταπτώσεις. Δεν δίνω καμιά προσοχή στις μεταπτώσεις τους γιατί είναι πολύ μεταδοτικές. Κάποιος είναι γκρινιάρης· πηγαίνεις κοντά του και γίνεσαι κι εσύ γκρινιάρης. Κάντε παρέα μ' εκείνους που έχουν θετικό, εύθυμο ταμπεραμέντο. Κάποιος χαμογελά· πηγαίνεις κοντά του και θέλεις να χαμογελάσεις.

Ποτέ μη θυμώνετε. Ποτέ μην προσπαθείτε να εκδικηθείτε. Και μη βρίσκετε τα λάθη στους άλλους· διορθώστε τον εαυτό σας. Ολόκληρος ο κόσμος μπορεί να σας φερθεί άσχημα, αλλά εσείς γιατί θα πρέπει να φέρεστε άσχημα στον εαυτό σας με λανθασμένη συμπεριφορά;

Μην Αποδέχεστε Επιρροές που Περιορίζουν

Να θυμάστε ότι όλα σας τα προβλήματα δεν είναι τίποτα άλλο παρά μοσχεύματα στη συνειδητότητά σας. Δεν ανήκουν στην ψυχή σας. Γιατί λοιπόν να αποδέχεστε την περιοριστική επιρροή τους; Γιατί να φοβάστε ή να αμφιβάλλετε; Γιατί να λέτε ότι είστε νευρικοί ή κακοδιάθετοι ή ότι δεν μπορείτε να διαλογιστείτε; Τέτοιες δηλώσεις είναι ψευδείς

---

[3] Προς Φιλιππησίους Δ:7.

γιατί αντίκεινται στην αλήθεια του πραγματικού σας Εαυτού. Αντίθετα, να διαβεβαιώνετε μέσα σας: «Είμαι παιδί του Θεού. Είμαι μαζί Του και είναι μαζί μου». Όλα τα χρόνια από την παιδική μου ηλικία, παρ' όλο που μερικές φορές ο νους μου μπορεί να ήταν νευρικός, δεν θυμάμαι ούτε μια εβδομάδα ή μια μέρα, ή ακόμα κι ένα λεπτό που να μην ήμουν μέσα μου μαζί Του – νύχτα και μέρα. Αυτός είναι ο τρόπος να ζήσετε τη ζωή σας. Στην αρχή –και ίσως για χρόνια– θα χρειαστεί να κάνετε συνεχείς προσπάθειες· και στη συνέχεια η ανάγκη για προσπάθεια τελειώνει γιατί είστε πλέον διαρκώς με τον Θεό. Ο επίδοξος πιανίστας θα πρέπει να εξασκείται συνεχώς, μέχρι η μουσική να γίνει κομμάτι του εαυτού του. Όπως ο συγγραφέας συνεχώς σκέφτεται αυτά που γράφει και όπως ο επινοητικός μηχανικός συνεχώς σκέφτεται τη μηχανική, το ίδιο και ο θεϊκός άνθρωπος σκέφτεται όλη την ώρα τον Θεό. Όταν έχετε αυτή τη διαρκή ενθύμηση του Θεού θα είστε πάρα πολύ ευτυχισμένοι. Τίποτα δεν μπορεί να περιγράψει αυτή τη θεϊκή χαρά.

Χθες ήμουν απασχολημένος όλη την ημέρα με κόσμο και ήταν αργά όταν μπόρεσα να επιστρέψω στην ώρα της σιωπής μου. Όταν όμως κάθισα στο δωμάτιό μου να διαλογιστώ, ο νους μου αμέσως ενώθηκε με τον Θεό. Προσευχήθηκα: «Κύριε, είσαι ο εαυτός μου». Και μόλις το είπα αυτό ο κόσμος κύλησε έξω από τη συνειδητότητά μου και βρέθηκα σε πλήρη έκσταση με τον Θεό. Θα έρθει ο καιρός που θα έχετε κι εσείς αυτήν την εμπειρία αν καταβάλετε την προσπάθεια.

Ο Θεός σάς έχει ήδη δώσει τον Εαυτό Του αλλά δεν Τον έχετε δεχτεί. Το ότι δεν κάνετε την απαιτούμενη προσπάθεια να Τον γνωρίσετε αποτελεί τη βασική αιτία όλης της θλίψης σας. Την προσελκύετε πάνω σας. «Κύριε, Εσύ μ' έκανες πρίγκιπα, αλλά εγώ με τη θέλησή μου περιπλανήθηκα μακριά από το θεϊκό μου βασίλειο· και ως άσωτος γιος, επέλεξα να είμαι ζητιάνος».

Φυσικά κι εγώ επικρίνω τον Θεό και λέω ότι είναι ο κύριος υπεύθυνος για τα προβλήματά μας γιατί μας δημιούργησε. Κάθε μέρα Τον μαλώνω. Λέω: «Κύριε, δεν έχεις συσσωρεύσει αρκετό κακό κάρμα δημιουργώντας αυτόν τον βασανιστικό κόσμο;». Ξέρω όμως ότι δεν έχει κάρμα. Κι όταν συνειδητοποιήσετε την ενότητά σας μαζί Του, ότι είστε φτιαγμένοι κατ' εικόνα Του, τότε ούτε κι εσείς θα έχετε κάρμα. Αυτός είναι ο λόγος για τον οποίο δεν τονίζω υπερβολικά τη θεωρία του κάρμα. Όσο περισσότερο προσκολλάστε στην ιδέα του περιορισμού, τόσο περισσότερο φυλακίζετε τον εαυτό σας. Ο Ιησούς είπε: «Δεν είναι γραμμένο στον νόμο σας, εγώ είπα, θεοί είστε;».[4] Η πνευματικά ανώτερη νοοτροπία είναι να μην κυριαρχείστε από την ιδέα της αμαρτίας γιατί είναι ψέμα. Όταν ένας πρίγκιπας που κοιμάται ονειρεύεται ότι είναι ζητιάνος και οδύρεται με αγωνία για την εξαθλίωσή του και την πείνα του δεν του λέτε: «Ζητιάνε, ξύπνα!». Του λέτε: «Πρίγκιπα, ξύπνα!». Παρόμοια, γιατί θα πρέπει ο οποιοσδήποτε να αποκαλεί τον εαυτό του ή κάποιον άλλον αμαρτωλό; Ξεχάστε αυτή την ιδέα. Άσχετα με το τι λάθη έχετε κάνει, να διατηρείτε σταθερή μέσα σας τη σκέψη: «Κύριε, είμαι φτιαγμένος κατ' εικόνα Σου». Έχετε μέσα σας τη δύναμη να είστε καλοί!

Μη Θέλετε Τίποτα Άλλο Εκτός από τον Θεό

Σε τι χρησιμεύει απλώς να θρηνείτε και να μοιρολογείτε για την κατάστασή σας; Πιστέψτε μέσα σας ότι μπορείτε να έχετε τον Θεό στη διάρκεια αυτής της ζωής. Σ' Αυτόν πρέπει να πάτε γιατί σ' Αυτόν βρίσκεται το σπίτι σας. Για όσο καιρό μένετε μακριά από τον Θεό δεν θα τελειώνουν τα βάσανά σας – τα σωματικά, τα ηθικά ή νοητικά, ή τα πνευματικά. Δεν ξέρετε τι σας μέλλει να περάσετε. Έχετε όμως αρκετή νοημοσύνη για να γνωρίσετε τον Εαυτό σας και να συνειδητοποιήσετε ότι πρέπει να επιστρέψετε στον Θεό απ' όπου έχετε προέλθει.

Η αγάπη σας για τον Θεό θα πρέπει να είναι τόσο μεγάλη ώστε να μη θέλετε τίποτα άλλο εκτός απ' Αυτόν. Δεν μπορώ να σκεφτώ καμία επιθυμία που θα μπορούσα να Του ζητήσω να εκπληρώσει. Μερικές φορές πράγματι ζητώ κάτι που σχετίζεται με το έργο Του κι Αυτός μου το παραχωρεί – συχνά αμέσως. Δεν μπορώ όμως ποτέ να ζητήσω κάτι που να αφορά τον εαυτό μου, εκτός από το εξής: «Να είσαι μαζί μου πάντα. Δεν έχει σημασία τι δοκιμασίες περνώ· απλώς δώσε μου τη δύναμη να τις αντιμετωπίζω με τη συνειδητότητά Σου. Ποτέ όμως μη με δοκιμάσεις, Κύριε, με την απουσία Σου».

Συχνά λέω στον Κύριο: «Τα ξέρω τα τεχνάσματά Σου τώρα. Έκανες αυτόν τον κόσμο προκλητικό για τις αισθήσεις για να δεις αν αγαπάμε Εσένα ή τη δημιουργία Σου. Εγώ θέλω μόνο Εσένα, Κύριέ μου. Δεν υπάρχει κανείς που να μπορεί να με βοηθήσει ή να γεμίσει την καρδιά μου εκτός από Σένα – μόνο Εσένα».

Μιλήστε στον Θεό μ' αυτόν τον τρόπο. Θα σας κάνει να νομίσετε ότι δεν ανταποκρίνεται. Εκεί όμως που θα το περιμένετε στο ελάχιστο,

---

[4] Κατά Ιωάννη Ι:34.

αν διαθέτετε απόλυτη αγάπη και εμπιστοσύνη, θα σας απαντήσει. Ακόμα κι όταν νομίζετε ότι ο Θεός είναι μακριά σας, αν συνεχίζετε σταθερά να Τον επιθυμείτε –«Γιατί δεν έρχεται;»– είναι μαζί σας. Να το θυμάστε αυτό. Σας παρακολουθεί. Γνωρίζει την κάθε σκέψη που κάνετε, ό,τι αισθάνεστε. Το να διατηρείτε τον νου γεμάτο με σκουπίδια είναι ανοησία. Γεμίστε τον νου σας με σκέψεις για τον Θεό. Να προσεύχεστε να Τον θυμάστε αδιάκοπα. Να Τον σκέφτεστε πριν ενεργήσετε, την ώρα που ενεργείτε και αφού έχετε τελειώσει τα καθήκοντά σας. «Αυτός που Με αντιλαμβάνεται στα πάντα και βλέπει στα πάντα Εμένα, ποτέ δεν Με χάνει από τα μάτια του, ούτε κι Εγώ ποτέ τον χάνω από τα μάτια Μου».[5] Είναι ο πιο κοντινός από τους κοντινούς, ο πιο αγαπημένος από τους αγαπημένους, ο πιο οικείος από τον πιο οικείο.

Κρατάτε τη συνειδητότητά σας στην αλήθεια ότι ο Θεός είναι το σπουδαιότερο πράγμα στη ζωή σας. Για όσον καιρό είστε προσκολλημένοι στην ανθρώπινη αγάπη, ή στη ζωή, ή στην ομορφιά, ή στη φήμη, ή στα χρήματα, ή σε οτιδήποτε άλλο, και τα θεωρείτε πιο σημαντικά, δεν θα έρθει σ' εσάς.

Σταλθήκατε στη γη για να βιώσετε τη συμπαντική παράσταση του Θεού και μετά να επιστρέψετε στην κατοικία σας σ' Αυτόν, αλλά έχετε κάνει αυτήν την αίθουσα της παράστασης σπίτι σας. Αυτή δεν είναι πια σπίτι για μένα. Στον εγκόσμιο άνθρωπο αυτό ακούγεται πολύ παράξενο· είναι όμως η πιο υπέροχη συνειδητότητα. Τι άλλο θα μπορούσατε να θέλετε όταν έχετε εδραιωθεί στην αιώνια ευτυχία; Όταν βρίσκεστε σ' αυτήν την πάντα ανανεούμενη χαρά, πώς μπορεί να είστε κακόκεφοι ή θυμωμένοι ή να λαχταράτε το ένα και το άλλο; Δεν έχετε χρόνο για τέτοιες θνητές ασχολίες. Μέσα μου είμαι μακριά από τα πάντα τώρα, μέσα στην ενότητα με τον Θεό. Δεν ενδιαφέρομαι για τίποτα άλλο – μόνο για εκείνους που ενδιαφέρονται για τον Θεό. Η ιδέα της συμμετοχής σε μια θρησκευτική συνάθροιση προκειμένου να αποκτήσει κάποιος υγεία ή πλούτο ή δυνάμεις είναι ανοησία. Αυτές είναι ιδέες που σας αποσπούν από τον Θεό. Φυσικά η υγεία είναι καλύτερη από την αρρώστια και η επιτυχία καλύτερη από την αποτυχία, αλλά ο σκοπός της θρησκείας είναι να σας φέρει στον Θεό. Με κάποιον τρόπο πρέπει να γυρίσετε πίσω σ' Αυτόν.

Ο μόνος τρόπος που γνωρίζουμε για να ευχαριστήσουμε τον Θεό είναι να αποβάλουμε όλες τις επιθυμίες, ακόμα και την επιθυμία για

---
[5] Μπάγκαβαντ Γκίτα VI:30.

υγεία. Μέσα σας να είστε τέλειοι απαρνητές. Να φροντίζετε για τις ανάγκες του σώματος και του νου και να εκπληρώνετε τις υποχρεώσεις σας που σας δόθηκαν από τον Θεό, αλλά με αίσθηση μη προσκόλλησης, απαλλαγμένοι από κάθε επιθυμία. Δεν είναι απαραίτητο να φύγετε μακριά από τον κόσμο. Ούτε και να απορροφηθείτε υπερβολικά απ' αυτόν γιατί τότε δεν θα μπορέσετε να παραμείνετε μέσα σας απαλλαγμένοι από κάθε προσκόλληση. Εκείνοι που από τεμπελιά εγκαταλείπουν όλες τις υποχρεώσεις τους καταφεύγοντας στην απομόνωση με πρόφαση την αναζήτηση του Θεού πολλαπλασιάζουν τα προβλήματά τους. Οι ψυχολογικές μεταπτώσεις τους, τα πάθη τους, οι αδυναμίες τους, τους συνοδεύουν όπου κι αν πάνε. Η εκτέλεση των καθηκόντων σε συνδυασμό με τον διαλογισμό είναι ο ασφαλέστερος τρόπος να κατακτηθεί το μικρό εγώ.

Γιατί ο Θεός Θα Έπρεπε να Μας Ψυχαγωγεί με Δυνάμεις και Θαύματα;

Ένα άλλο ασθενές σημείο συνηθισμένο στους αβέβαιους πνευματικούς αναζητητές είναι ότι αρχίζουν να εξασθενούν πνευματικά όταν ο Κύριος δεν τους παρέχει εκδηλώσεις εντυπωσιακών φαινομένων. Γιατί ο Θεός θα έπρεπε να μας διασκεδάζει με δυνάμεις και θαύματα; Αν έχετε την τάση να ενδιαφέρεστε για τέτοιες εκδηλώσεις, δεν θέλετε στην ουσία τον Θεό· και δεν πρόκειται να Τον βρείτε. Όταν αληθινά επιθυμείτε τον Θεό, δεν λαχταράτε τίποτα άλλο, κι αυτό περιλαμβάνει και τις δυνάμεις. Η απόκτηση της ικανότητας να κάνει κάποιος θαυματουργά κατορθώματα δεν αποτελεί κατ' ανάγκη και ένδειξη ότι γνωρίζει τον Θεό. Ο θεϊκός άνθρωπος δεν ενδιαφέρεται για τέτοιες ικανότητες· προσκυνά τη Μοναδική Δύναμη – τον Θεό. Όταν γνωρίζετε τον Θεό, μπορεί εσείς οι ίδιοι να μην κατέχετε θαυματουργές δυνάμεις, αλλά όλη η δύναμη του σύμπαντος βρίσκεται στις προσταγές σας αν τη χρειάζεστε. Ο Θεός μού έδωσε πολλές δυνάμεις σ' αυτή τη ζωή, αλλά τις επέστρεψα πίσω σ' Αυτόν· τις χρησιμοποιώ μόνο όταν Αυτός μου λέει να το κάνω.

Λέγεται μια ιστορία για τον μυστικιστή Μαντουσουντάν (Madhusudan) και τη συνάντησή του με τον Γκορακνάτ (Gorakhnath), τον άγιο του Γκορακπούρ (Gorakhpur), εκεί όπου γεννήθηκε το σώμα μου. Όταν άκουσα αυτή την ιστορία, γιατρεύτηκα από κάθε επιθυμία για θαυματουργές δυνάμεις. Ο Γκορακνάτ είχε αποκτήσει και τις οκτώ υπερφυσικές δυνάμεις ή *αϊσβάρυα* ενός πλήρως φωτισμένου γιόγκι.⁶ Όταν ήρθε η ώρα να εγκαταλείψει το σώμα του, θέλησε να κληροδοτήσει τις δυνάμεις του σε κάποια άξια ψυχή. Οι Δάσκαλοι μπορούν να το κάνουν αυτό, όπως ο μανδύας της δύναμης του Ηλία (Ηλιού) πέρασε στον Ελισαίο (Ελισαιέ).⁷ Μια μέρα ο Γκορακνάτ είδε σε όραμα έναν νεαρό άντρα, μια πολύ πνευματική ψυχή, να στέκεται στις όχθες του Γάγγη στο Μπενάρες. Διαθέτοντας τη δύναμη να μεταφέρεται αστρικά από το ένα μέρος στο άλλο, ο Γκορακνάτ εμφανίστηκε μπροστά στον νεαρό άντρα, τον Μαντουσουντάν, ο οποίος σήκωσε το κεφάλι του και βλέποντας τον άγιο, είπε: «Σας παρακαλώ, μη στέκεστε μπροστά μου. Μου κρύβετε τον ήλιο».

Ο άγιος απάντησε: «Δεν ξέρεις ποιός είμαι; Είμαι ο Γκορακνάτ».

«Το ξέρω», απάντησε ο νεαρός άντρας, «αλλά είμαι απασχολημένος τώρα με τη λατρευτική μου προσευχή». Μετά από λίγη ώρα ο πιστός ρώτησε τον άγιο: «Τι θέλετε από μένα;».

Ο Γκορακνάτ εξήγησε: Έχω οκτώ δυνάμεις· και εκείνος στον οποίο θα δώσω αυτό το *τσιντάμανι* [ένα μυστικιστικό πετράδι που πραγματοποιεί όλες τις επιθυμίες] θα αποκτήσει αυτές τις δυνάμεις. Επιθυμώ να τις προσφέρω σ' εσένα».

Ο Μαντουσουντάν είπε: «Εντάξει, δώστε τές μου». Και τότε, προς μεγάλη κατάπληξη του Γκορακνάτ, ο Μαντουσουντάν πήρε το μυστικό πετράδι και το πέταξε μακριά μέσα στα νερά του Γάγγη.

«Γιατί το έκανες αυτό;», απαίτησε μια εξήγηση ο Γκορακνάτ.

Τότε ο νεαρός άντρας είπε: «Ακόμα αυταπάτη, ακόμα αυταπάτη. Αυτές οι δυνάμεις μού δόθηκαν για να τις κάνω ό,τι θέλω, έτσι δεν είναι; Λοιπόν, αυτό είναι το μόνο που θέλω να κάνω μ' αυτές. Συγκρινόμενες μ' Αυτό που ήδη έχω, αυτές δεν είναι τίποτα».

Ο μέγας Γκορακνάτ υποκλίθηκε σ' αυτόν και είπε: «Με απάλλαξες από την τελευταία αυταπάτη που με κρατούσε μακριά από τον Θεό».

Ακόμα και οι μεγάλοι άγιοι μερικές φορές εκτρέπονται από τον Στόχο. Ο Γκορακνάτ είχε τόσο μαγευτεί από τις δυνάμεις του που δεν

---

⁶ Οι *αϊσβάρυα* ή *σιντί*, οι θεϊκές δυνάμεις που εκδηλώνονται καθώς ο γιόγκι προοδεύει στα ανώτατα στάδια της πνευματικής εξέλιξης, έχουν περιγραφεί από τον Πατάντζαλι στις *Γιόγκα Σούτρα* του, στο παράρτημα ΙΙΙ· και από τον Σουάμι Σρι Γιουκτέσβαρ στο κεφάλαιο 4 του *The Holy Science*, βιβλίο που εκδίδεται από το Self-Realization Fellowship).

⁷ Βασιλέων ΙΙ, Β:9-14. (Για όσους διαθέτουν Αγία Γραφή που περιέχει 4 κεφάλαια Βασιλειών, η περικοπή βρίσκεται στο Δ:9-14.)

προχώρησε πέρα απ' αυτές προς τον Θεό. Όταν όμως στο τέλος απαρνήθηκε την προσκόλληση σ' αυτό το πολύτιμο απόκτημά του, πέτυχε την ένωση με τον Θεό. Βλέπετε, η αυταπάτη παίρνει πολλές μορφές· ο λάτρης του Θεού όμως μοιάζει με τον αφοσιωμένο πιστό Μαντουσουντάν σ' αυτήν την ιστορία. Όταν αγαπάς τον Θεό δεν επιθυμείς τίποτε άλλο γιατί ο Θεός είναι ο πιο αξιαγάπητος απ' οτιδήποτε θα μπορούσες να κατέχεις. Ο πιστός δεν αποδέχεται κανένα υποκατάστατο του Θεού. Ξέρει ότι ο Θεός είναι τα πάντα μέσα στα πάντα, ότι είναι διαρκώς παρών κι ότι Αυτός και μόνο είναι το ασφαλές καταφύγιο από τα βάσανα της ζωής.

Να Ζείτε στην Αμετάβλητη Πραγματικότητα

Κάποτε αυτός ο κόσμος μού φαινόταν τόσο πραγματικός! Τώρα όμως τον βιώνω σαν μια κινηματογραφική ταινία. Βλέπω τη μητέρα μου καθισμένη στο Γκορακπούρ, καθαρίζοντας μάνγκο για μένα. Είναι τόσο ζωντανή η εικόνα της σαν να συμβαίνει τώρα, παρ' όλο που εκείνη η μητέρα που αγάπησα δεν υπάρχει πλέον. Εκείνες οι πρώιμες σκηνές της παιδικής μου ηλικίας έρχονται όλες στον νου μου. Με τον ίδιο τρόπο, αυτό το κομμάτι της κινηματογραφικής ταινίας με όλους εσάς καθισμένους εδώ μαζί μου, μια μέρα θα έχει παρέλθει, έχοντας αντικατασταθεί από νέους ηθοποιούς και σκηνές μέσα στην προοδευτική εξέλιξη του φιλμ του χρόνου. Εντούτοις αυτή η σκηνή θα παραμένει πάντα στα αρχεία του συμπαντικού έργου.

Παρ' όλο που ζω σ' αυτόν τον κόσμο και τον αντιλαμβάνομαι ως μια παράσταση ενός κινηματογραφικού έργου που συνεχώς εξελίσσεται, εντούτοις τον περισσότερο καιρό αυτή η γήινη παράσταση είναι μακριά από τη συνειδητότητά μου. Πηγαίνω μέσα μου, στην Αμετάβλητη Πραγματικότητα. Αυτός είναι ο τρόπος να αναζητάτε τον Θεό. Να ζείτε σ' αυτήν την αιώνια συνειδητότητα.

Ακόμα και ψάχνοντας τον κόσμο ολόκληρο, δεν πρόκειται να βρείτε τον Θεό. Οι διανοητικές ομιλίες σχετικά με τον Δημιουργό δεν θα σας δώσουν τον Θεό. Αναζητώντας Τον όμως μέσα σας, προσπαθώντας κάθε μέρα, θα Τον βρείτε. Ο δρόμος για τον Θεό δεν περνά μέσα από τη διανόηση αλλά μέσα από τη διαίσθηση. Η πνευματικότητα μετριέται με το τι βιώνετε διαισθητικά, από την κοινωνία της ψυχής σας με τον Θεό. Είναι τόσο απλό αν μέσα σας συνεχώς Του μιλάτε: «Κύριε, έλα σ' εμένα!». Γιατί υψώνετε φραγμούς αμφιβολίας ανάμεσα σ' εσάς και τον Θεό; Αν Τον αγαπάτε και μέσα σας Του μιλάτε και ξέρετε ότι είναι μαζί σας, θα έχετε πάρα πολύ περισσότερα αποτελέσματα απ' ό,τι θα έχετε αν κάθεστε απλώς αφηρημένα σιωπηλοί, υποτιθέμενα σε διαλογισμό, με τον νου σας να περιπλανιέται στα πάντα εκτός από τον Θεό. Κρατάτε Τον στην καρδιά σας όλη την ώρα. Κι όταν διαλογίζεστε, να εισχωρείτε βαθιά σε θεϊκή κοινωνία.

Σε τελευταία ανάλυση, είστε πλήρως εξαρτώμενοι από τον Θεό. Δεν θα μπορούσατε ούτε να προφέρετε μια κουβέντα δίχως τη δύναμη του Θεού. Πάλλεται στην καρδιά σας. Σκέφτεται μέσα από τον εγκέφαλό σας. Γνωρίζει την κάθε σας σκέψη και πράξη ακόμα και πριν τις κάνετε. Γιατί Τον αμφισβητείτε; Κουβεντιάστε ευθέως μαζί Του. Μιλήστε Του. Δεν θα σας απογοητεύσει.

Για τη Συνομιλία με τον Θεό Απαιτείται Σιωπή

Για τη συνομιλία με τους ανθρώπους απαιτείται φωνή που να ακούγεται. Για τη συνομιλία με τον Θεό απαιτείται σιωπή. Οι άνθρωποι που μιλούν υπερβολικά δεν είναι με τον Θεό· υπάρχει πολύ λιγότερος χρόνος στις σκέψεις τους για Εκείνον. Εκείνοι που μέσα τους συνομιλούν με τον Θεό, εξωτερικά είναι περισσότερο σιωπηλοί. Άσχετα με το περιβάλλον όπου βρίσκονται, είναι συνήθως πιο ήσυχοι. Επειδή ο πιστός έχει πάρα πολλά να πει στον Θεό, έχει πολύ λίγα να πει στους άλλους. Όταν εκείνοι που έχουν να πουν πολλά στον Θεό μιλούν, τα λόγια τους αφορούν τον Θεό και είναι γεμάτα σοφία και κατανόηση.

Όταν αρχίσετε να αντιλαμβάνεστε τον Θεό δεν έχετε χρόνο για άχρηστα πράγματα. Θέλετε να μένετε μόνοι σας – ο Θεός κι εσείς. Και δεν θέλετε να χάσετε ούτε μια πολύτιμη στιγμή που θα μπορούσατε να την περάσετε μ' Εκείνον. Ακόμα κι όταν τέτοιοι πιστοί είναι δραστήριοι, αυτή η δραστηριότητα ποτέ δεν ελαττώνει την αντίληψη της αγάπης τους για τον Θεό.

Οι άσκοπες κουβέντες κάνουν κάποιον να χάσει την αφοσίωση του στον Θεό. Τρέφουν νοητική νευρικότητα που αποσπά τον νου απ' Αυτόν. Χθες καθόμουν δίπλα στη λίμνη εδώ στο Encinitas. Υπήρχε πολλή φλυαρία. Εγώ όμως βρισκόμουν σ' εκείνο το Άπειρο Φως μέσα στο οποίο ο ουρανός και όλα τα άλλα είχαν απορροφηθεί από θεϊκή ακτινοβολία. Παρέμεινα όλη την ώρα σιωπηλός. Δεν είναι μια εξαναγκαστική κατάσταση, αλλά μια εσωτερική ακινησία και γαλήνη που γίνεται μέρος της φύσης κάποιου.

Να προσπαθείτε αδιάκοπα να κρατάτε τον νου σας στραμμένο στον Θεό. Να είστε μαζί Του όλη την ώρα. Να εξασκείστε στο να νιώθετε την παρουσία Του. Μη χάνετε τον χρόνο σας. Σ' αυτόν τον κόσμο της δράσης, η διάρκεια της ημέρας είναι το γήπεδο του διαβόλου. Ο μόνος τρόπος να ξεγελάσετε τον διάβολο είναι να έχετε στραμμένο τον νου σας στον Θεό. Κι όταν έρχεται η νύχτα, να εγκαταλείπετε τον κόσμο κι όλες τις έγνοιες σας της ημέρας και να διαλογίζεστε· να είστε εκστασιασμένοι από την αγάπη του Θεού. Το να είστε μαζί Του είναι ένα εκατομμύριο φορές πιο ευχάριστο και δυναμωτικό απ' ό,τι ο ύπνος.

Είμαστε Ψυχές, Όχι Σάρκινα Όντα

Είμαστε ψυχές, εξατομικευμένο Πνεύμα· αυτός είναι ο λόγος για τον οποίο πρέπει να επιστρέψουμε στον Θεό. Πρέπει να σκεφτόμαστε τον εαυτό μας ως ψυχή και όχι ως σάρκινο ον. Τώρα, όταν βλέπω την εικόνα του πατέρα μου και της μητέρας μου, δεν μπορώ να πιστέψω ότι το σώμα μου είναι δυνατόν να έχει γεννηθεί απ' αυτούς, γιατί γνωρίζω ότι κι αυτοί δημιουργήθηκαν από τον Θεό. Ο Αγγειοπλάστης έκανε τον πηλό κι έφτιαξε απ' αυτό τον πατέρα μου και τη μητέρα μου κι εμένα. Πώς λοιπόν μπορώ να πω ότι οι γονείς μου με δημιούργησαν; Ο Πατέρας μου στον Παράδεισο ήταν ο μόνος υπεύθυνος για τον ερχομό μου. Παρόμοια, ο Σάνκαρα είπε: «Ούτε γέννηση, ούτε θάνατο, ούτε κάστα έχω. Ούτε πατέρα, ούτε μητέρα. Είμαι Αυτός, είμαι Αυτός· ευλογημένο Πνεύμα, είμαι Αυτός». Τώρα αυτοί οι γήινοι γονείς έχουν φύγει, αλλά στη συνειδητότητά μου και στη μνήμη της ψυχής μου παραμένουν ως ένα μέρος του Θεού, όπως κι εγώ είμαι ένα μέρος του Θεού. Πώς λοιπόν μπορώ να περιορίσω αυτή την ανάμνηση αποκαλώντας τους πατέρα και μητέρα μου;

Η αφοσίωση στους γονείς έπεται της αφοσίωσης στον Θεό γιατί ο αληθινός σας Γονιός ανέθεσε σ' αυτούς να σας φροντίζουν. Η πρωταρχική πίστη σας όμως πρωτίστως πρέπει να είναι στον Θεό, τον Γονιό που βρίσκεται πίσω από τον πατέρα και τη μητέρα. Ο Θεός είναι ο Πατέρας σας, ο Θεός είναι η Μητέρα σας, ο Θεός είναι η Υπέρτατη Αγάπη σας. Με τον Θεό οι γονικές και όλες οι άλλου είδους ανθρώπινες σχέσεις είναι υπέροχες· χωρίς τον Θεό όμως είναι μόνο μια αλληλοεξαρτώμενη διαδικασία των νόμων του κάρμα και της φύσης γι' αυτή τη συγκεκριμένη ζωή. Αυτές οι σχέσεις δεν θα είχαν κανένα νόημα αν ο Θεός δεν είχε ενσταλάξει τη σκέψη και την αγάπη Του στην καρδιά μας.

Αν μόνο γνωρίζατε πόσο όμορφη είναι η ψυχή σας και πόσο έχετε αμαυρώσει την εκδήλωσή της μέσα από το εγώ και έχετε διαταράξει αυτή τη θεϊκή συνειδητότητα μέσα από λανθασμένες πράξεις, θα μένατε κατάπληκτοι. Οι περισσότεροι άνθρωποι νομίζουν ότι η ζωή είναι πολύ ελκυστική· εντούτοις με τον καιρό νιώθουν κουρασμένοι απ' αυτήν και κατά τον θάνατο στρέφονται ασυναίσθητα προς την ψυχή. Η συνειδητότητά μου ακολουθεί ακριβώς την αντίθετη πορεία. Ζω μέσα στην ψυχή τώρα, και ταυτόχρονα, με κάποιο τρόπο, συνεχίζω να εκτελώ το έργο μου σ' αυτόν τον κόσμο. Δεν επιτρέπω όμως στον εαυτό μου να προσκολληθεί σε τίποτα, επειδή βλέπω τις αδικίες και την προσωρινότητα της ζωής. Βλέπω τις βιαιότητες – το μεγάλο ψάρι να τρώει το μικρό, το ένα ζώο να διατηρείται στη ζωή τρώγοντας τη σάρκα κάποιου άλλου, τη ζωή να πολεμά τη ζωή, τη φρίκη της φτώχειας και της αρρώστιας. Λέω: «Κύριε, αυτή είναι η παράστασή Σου. Ας είναι. Δεν ενδιαφέρομαι όμως να είμαι μέρος της, αλλά μόνο να κάνω το θέλημά Σου. Όσο πιο γρήγορα μπορώ, θα εκτελέσω το έργο Σου και θα αποχωρήσω από αυτήν την παράστασή Σου· θέλω όμως να πάρω κι άλλους μακριά από αυτό το απατηλό θεατρικό έργο της κωμωδίας και του εφιάλτη».

Μην παίρνετε αυτή τη ζωή πολύ στα σοβαρά. Θα χαθεί πριν καν το καταλάβετε. Όταν ήμαστε παιδιά η ζωή έδειχνε τόσο όμορφη! Υπήρχαν τόσα πράγματα να επιθυμήσουμε, τόσα πράγματα να απολαύσουμε με τόσο λίγη ευθύνη! Τώρα όμως δείτε πώς είναι η ζωή. Όλα εκείνα τα όνειρα έχουν χαθεί. Με τον ίδιο τρόπο αυτό το τωρινό επεισόδιο της ζωής θα χαθεί. Για όσο διάστημα όμως υφίσταται για σας, έχετε συνεχώς μία και μοναδική σκέψη στον νου σας – τον Θεό. Αν Τον αναζητάτε ένθερμα, πώς θα μπορέσει να αντισταθεί στην αγάπη σας; Διαρκώς να Του μιλάτε μέσα σας· τότε δεν μπορεί να μείνει μακριά σας.

«Στείλε στη Μητέρα μου ένα κάλεσμα ψυχής· δεν μπορεί να παραμείνει κρυμμένη πλέον».[8] Να κλείνετε τα μάτια σας, να σκέφτεστε τον Θεό και να στέλνετε στη Θεϊκή Μητέρα ένα κάλεσμα μέσα από την ψυχή σας. Αυτό μπορείτε να κάνετε οποιαδήποτε ώρα, οπουδήποτε. Άσχετα με το τι άλλο κάνετε, μπορείτε νοητικά να συνομιλείτε με τον Θεό: «Κύριέ μου, Σε ψάχνω. Δεν θέλω τίποτε άλλο παρά μόνο Εσένα. Λαχταρώ να είμαι μαζί Σου πάντα. Με έφτιαξες κατ' εικόνα Σου· και το σπίτι μου είναι μαζί Σου. Δεν έχεις κανένα δικαίωμα να με κρατάς

---

[8] Από το "I Give You My Soul Call" («Σε καλώ μέσα από την ψυχή μου») στα *Cosmic Chants* του Παραμαχάνσα Γιογκανάντα.

μακριά Σου. Ίσως έχω κάνει λάθη, παρασυρμένος από την απατηλή συμπαντική παράστασή Σου· επειδή όμως είσαι η Μητέρα μου, ο Πατέρας μου, ο Φίλος μου, ξέρω ότι θα με συγχωρήσεις και θα με δεχτείς πίσω. Θέλω να πάω στο Σπίτι. Θέλω να έρθω σ' Εσένα».

Συνειδητοποιώντας τον Θεό στην Καθημερινή Σας Ζωή

Στον Ναό του Self-Realization Fellowship στο Χόλυγουντ, Καλιφόρνια, 4 Οκτωβρίου, 1942

Αν είστε βαθιά αφοσιωμένοι στον Θεό μπορείτε να Του ζητήσετε τα πάντα. Κάθε μέρα Του υποβάλλω καινούργια ερωτήματα και μου απαντά. Ποτέ δεν ενοχλείται από οποιαδήποτε ειλικρινή ερώτηση Του κάνουμε. Μερικές φορές φτάνω να Τον μαλώνω γιατί έπλασε αυτή τη δημιουργία: «Ποιός θα υποστεί το κάρμα για όλη τη φαυλότητα σ' αυτό το θεατρικό έργο; Εσύ, ο Δημιουργός, είσαι ελεύθερος από το κάρμα. Γιατί τότε μας υπέβαλες σ' αυτή τη δυστυχία;».[1] Νομίζω ότι αισθάνεται μεγάλη λύπη για μας. Η επιθυμία Του είναι να μας φέρει πίσω κοντά Του, αλλά δεν μπορεί να το κάνει χωρίς τη συνεργασία μας και την προσωπική μας προσπάθεια.

Παρ' όλο που κατακρίνω τον Θεό γιατί δημιούργησε την αυταπάτη, δεν παύουν τα πράγματα να έχουν έτσι. Και δεν πρόκειται να αλλάξουν. Έτσι, αντί να κατηγορούμε τον Θεό που μας έβαλε σ' αυτόν τον κυκεώνα, είναι προτιμότερο να κατηγορούμε τον εαυτό μας που επιλέγουμε να παραμένουμε μέσα σ' αυτόν. Εμείς είμαστε που πρέπει να ελευθερώσουμε τον εαυτό μας από την αυταπάτη· και ο μόνος τρόπος είναι μέσω της σοφίας. Όσο πιο έντονα θα ζητάτε κατανόηση από τον Θεό, τόσο περισσότερο θα λαμβάνετε τις απαντήσεις Του. Ο αληθινός πιστός, ακόμα κι όταν είναι παγιδευμένος σε πολλές αμφιβολίες, ποτέ δεν χάνει την αφοσίωση και την αποφασιστικότητά του.

Ακόμα και οι αληθινοί πιστοί μερικές φορές νομίζουν ότι ο Θεός δεν απαντά στις προσευχές τους. Απαντά πράγματι, σιωπηλά, μέσα από τους νόμους Του· μέχρι όμως να βεβαιωθεί απόλυτα για τον πιστό

---

[1] Ένα ιδιαίτερα βαθύ αίσθημα διαμαρτυρίας στο πλαίσιο της τραγωδίας που εκτυλισσόταν σαν αποτέλεσμα του τότε μαινόμενου δευτέρου Παγκόσμιου Πολέμου.

Ταξίδι Προς τη Συνειδητοποίηση του Εαυτού

δεν θα του απαντήσει φανερά, δεν θα του μιλήσει. Ο Κύριος των Συμπάντων είναι τόσο ταπεινός που δεν μιλά για να μην επηρεάσει την ελεύθερη βούληση του πιστού να Τον προτιμήσει ή να Τον απορρίψει. Μόλις Τον γνωρίσετε δεν υπάρχει αμφιβολία ότι θα Τον αγαπήσετε. Ποιος θα μπορούσε να αντισταθεί στον Ακαταμάχητο; Πρέπει όμως να αποδείξετε την άνευ όρων αγάπη σας για τον Θεό προκειμένου να Τον γνωρίσετε. Πρέπει να έχετε πίστη. Πρέπει να *γνωρίζετε* ότι την ώρα που προσεύχεστε σας ακούει. Τότε θα φανερωθεί σ' εσάς. Τότε δεν θα μπορεί να κάνει πως δεν ακούει την προσευχή σας.

Η σχέση μας με τον Θεό δεν είναι μια ψυχρή και απρόσωπη σχέση, όπως αυτή μεταξύ εργοδότη κι εργαζόμενου. Είμαστε παιδιά Του. *Πρέπει* να μας ακούσει! Δεν υπάρχει τρόπος να ξεφύγουμε απ' το γεγονός ότι είμαστε παιδιά Του. Δεν είμαστε απλώς πλάσματα δημιουργημένα απ' Αυτόν· είμαστε τμήματά Του. Μας έκανε πρίγκιπες, αλλά επιλέξαμε να γίνουμε σκλάβοι. Θέλει να γίνουμε πάλι πρίγκιπες, να επιστρέψουμε στο Βασίλειό μας. Κανείς όμως που έχει απαρνηθεί τη θεϊκή του κληρονομιά δεν πρόκειται να την επανακτήσει χωρίς προσπάθεια. Είμαστε φτιαγμένοι κατ' εικόνα Του, αλλά με κάποιον τρόπο έχουμε ξεχάσει αυτήν την αλήθεια. Έχουμε υποκύψει στην αυταπάτη ότι είμαστε θνητά όντα και πρέπει να σκίσουμε το πέπλο αυτής της αυταπάτης με το μαχαίρι της σοφίας.

Το να αποδίδουμε την όποια πραγματικότητα στην εξωτερική παράσταση της ζωής εκφράζει έλλειψη αληθινής σοφίας, αλλά ο Θεός μάς έχει εντυπωσιάσει τόσο πολύ με τη *μάγια* Του -τη συμπαντική ψευδαίσθηση που μας κάνει να βλέπουμε σαν πραγματικό αυτό που είναι μόνο ένα παιχνίδι φωτός και σκιάς- που είναι πολύ δύσκολο να μην επηρεαζόμαστε απ' αυτήν. Όταν πεινάτε, είναι η *μάγια* που σας κάνει να νομίζετε ότι θα λιμοκτονήσετε αν δεν φάτε. Εντούτοις υπάρχουν πολλοί άνθρωποι που νήστεψαν ακόμα και για εβδομήντα μέρες. Εγώ έχω υποβληθεί σε μακρόχρονες περιόδους νηστείας και μετά από τριάντα μέρες δεν έχω την παραμικρή αίσθηση πείνας. Αν όμως ο νους σας πιστεύει ότι δεν μπορείτε να ζήσετε χωρίς τροφή, τότε δεν θα ζήσετε. Αυτή είναι μια συνηθισμένη αυταπάτη· η βάση της βρίσκεται αποκλειστικά στον νου μας. Εξαιτίας του μικρού αριθμού των εξαιρέσεων αυτού που φαίνεται να αποτελεί τον κανόνα, η επιστήμη δηλώνει ότι τα ανθρώπινα όντα δεν μπορούν να ζήσουν για πολύ χωρίς τροφή. Υπάρχουν όμως περιπτώσεις ανθρώπων που ζουν κυριολεκτικά χωρίς να τρώνε τίποτα: Η Τερέζα Νόιμαν της Βαυαρίας και η Γκιρί Μπαλά της Βεγγάλης είναι δύο αγίες του εικοστού αιώνα που ζουν χωρίς να τρώνε τίποτα.²

Επίσης συνήθως νομίζουμε ότι δεν μπορούμε να ζήσουμε ούτε χωρίς αναπνοή, εντούτοις όταν στον βαθύ διαλογισμό εξασκούμαστε στην *Κρίγια Γιόγκα*, τότε ξέρουμε ότι αυτό μπορεί να γίνει. Άγιοι της Ανατολής και της Δύσης έχουν εισέλθει πολλές φορές στην κατάσταση αυτή του *σαμάντι* με διακοπή της αναπνοής. Η θνητή ζωή είναι απλά ένα σύστημα υποβολών που μας κάνει να νομίζουμε ότι θα πρέπει να συμμορφωνόμαστε σε κάποιο συγκεκριμένο μοντέλο διατροφής, αναπνοής, και ούτω καθ' εξής. Μόλις όμως διαλογιστείτε και επιτρέψετε στη συνειδητότητά σας να αποσυρθεί μέσα σας, στην πηγή της, την αθάνατη ψυχή, συνειδητοποιείτε ότι δεν υπόκεισε σ' αυτούς τους περιορισμούς. Τότε γνωρίζετε ότι η φωτιά δεν μπορεί να σας κάψει, ούτε το νερό να σας πνίξει, ότι η υγεία και η ασθένεια είναι όνειρα. Στη δυνατή φλόγα των επιθυμιών και των ψυχολογικών διαθέσεών μας έχουμε σχηματίσει μια αντίληψη του κόσμου που δεν είναι αληθινή. Η αλήθεια είναι ενσωματωμένη στη σοφία των μεγάλων αγίων οι οποίοι μας αποκαλύπτουν τον κόσμο όπως αυτός είναι στην πραγματικότητα. Αν δεν είχα λάβει την εκπαίδευση σ' αυτή τη σοφία, δεν θα μου άρεσε να παραμένω σ' αυτόν τον κόσμο.

«Φύγε Μακριά απ' Αυτόν τον Ωκεανό των Βασάνων»

Η αλήθεια είναι ότι μόνο οι ανόητοι είναι προσκολλημένοι σ' αυτόν τον κόσμο. «Ανόητοι» είναι εκείνοι που ζουν μέσα στην άγνοια, εκείνοι για τους οποίους ο κόσμος είναι πραγματικός επειδή νομίζουν ότι αυτός είναι ο μόνος τρόπος ζωής. Η άγνοια είναι σαν το έκζεμα. Όσο ξύνεσαι προσπαθώντας να ανακουφιστείς, τόσο περισσότερο αυτό σε τρώει· όσο περισσότερο όμως το αγνοείς, τόσο λιγότερο σ' ενοχλεί. Αυτός είναι ο λόγος για τον οποίο ο Κρίσνα λέει στον Αρτζούνα στην Μπάγκαβαντ Γκίτα: «Φύγε μακριά απ' αυτόν τον ωκεανό των βασάνων».³ Να είστε μέσα στον κόσμο και να κάνετε αυτό που σας αναλογεί, αλλά μην πιαστείτε στις αυταπάτες του και δεθείτε μ' αυτές, αλλιώς θα σκλαβωθείτε.

Εκείνοι που ζουν συνεχώς στο επίπεδο του σεξ νομίζουν ότι δεν μπορούν να ζήσουν χωρίς αυτό. Εκείνος όμως που απέχει απ' αυτό και

---

² Βλ. κεφάλαια 39 και 46 στην *Αυτοβιογραφία Ενός Γιόγκι* του Παραμαχάνσατζι.

³ Παράφραση του XII:7.

μεταστοιχειώνει αυτή την ενέργεια, ποτέ δεν το επιθυμεί. Το κάπνισμα δημιουργεί την ίδια αυταπάτη. Στους ανθρώπους που ποτέ δεν κάπνισαν, ή που έχουν κόψει αυτή τη συνήθεια, δεν τους λείπει ποτέ ο καπνός.

Ο Θεός Είναι η Μεγαλύτερη Ανάγκη της Ζωής Σας

Για να βρείτε παντοτινή ευτυχία πρέπει να σταματήσετε να νομίζετε ότι είστε θνητά όντα. Ζήστε μ' αυτήν την αλήθεια στην καθημερινή σας ζωή. Είναι μια μάχη που πρέπει να δώσετε στη διάρκεια αυτής της ζωής, καθώς και στις επόμενες ενσαρκώσεις, οπότε είναι καλύτερα να αρχίσετε από τώρα! Μην το αναβάλλετε σκεπτόμενοι ότι θα αρχίσετε να διαλογίζεστε από αύριο. Το αύριο ποτέ δεν θα έρθει. Πολύ καιρό πριν, πέρασα έναν ολόκληρο χρόνο σκεπτόμενος έτσι, και συνέχιζα να λέω «αύριο». Τότε πήρα την απόφαση: «Θα αρχίσω να διαλογίζομαι από σήμερα». Από τότε δεν έχω χάσει ποτέ ούτε μία μέρα.

Πρέπει πρώτα να ξεκαθαρίσετε στον νου σας τη σπουδαιότητα του Θεού. Πρέπει να συνειδητοποιήσετε μέσα σας ότι είναι η μεγαλύτερη ανάγκη της ζωής σας. Αρχικά να νιώθετε την παρουσία του Θεού στην καθημερινή ζωή κάνοντας τους διαλογισμούς σας πολύ βαθείς. Είναι καλύτερο να διαλογίζεστε για λίγο χρόνο αλλά με βάθος αντί να διαλογίζεστε για μεγάλα χρονικά διαστήματα αλλά με τον νου να τρέχει εδώ κι εκεί. Αν δεν κάνετε την προσπάθεια να ελέγξετε τον νου, τότε αυτός θα συνεχίσει να κάνει ό,τι του αρέσει, άσχετα με το πόσο χρόνο διαλογίζεστε.

Στη συνέχεια να εξασκείστε στον διαλογισμό για μεγάλα χρονικά διαστήματα και σε βάθος. Αυτό είναι που θα σας φέρει στο βασίλειό Του. Μέχρι να μάθετε να εξασκείστε στον διαλογισμό για μεγάλα χρονικά διαστήματα και σε βάθος, ο Θεός δεν πρόκειται να σας αποκαλυφθεί. Ο Γκάντι αφιέρωνε μια μέρα της εβδομάδας στη σιωπή και τον διαλογισμό. Όλοι οι άγιοι που βρήκαν τον Θεό αναζητούσαν αυτή τη σιωπή. Εγώ αφιερώνω τις νύχτες και τα πρωινά μου σ' Αυτόν. Δεν είναι εφικτό να πραγματοποιηθεί αυτό μ' αυτόν ακριβώς τον τρόπο στον επιχειρηματικό κόσμο, αλλά αν προσπαθήσετε, θα εκπλαγείτε με το πόσο χρόνο θα βρείτε για να αφοσιωθείτε σε σκέψεις για τον Θεό. Αυταπατώμεθα και στερούμαστε τον Θεό όταν νομίζουμε ότι μπορούμε να περιμένουμε μέχρι αύριο για να κάνουμε αυτή τη μεγάλη προσπάθεια να είμαστε μαζί Του.

Η αυταπάτη καταστρέφεται με τις καλές συναναστροφές, με τη συναναστροφή με αγίους και με την αφοσίωση στους αγγελιαφόρους του Θεού. Ακόμα και το να σκέφτεστε τους αγίους θα σας βοηθήσει να απομακρύνετε την αυταπάτη. Εκείνο που καταστρέφει την αυταπάτη δεν είναι τόσο η προσωπική συναναστροφή, όσο ο συντονισμός της σκέψης με τον αγγελιαφόρο του Θεού. Ο αληθινός γκουρού δεν επιθυμεί να βάλει τον εαυτό του στην καρδιά των άλλων, αλλά να αφυπνίσει στη συνειδητότητά τους τη συνειδητότητα του Θεού. Ο Δάσκαλος [ο Σουάμι Σρι Γιουκτέσβαρ] ήταν έτσι: ήταν ένα μ' εμάς – ποτέ δεν επεδείκνυε τη μεγαλοσύνη του. Αν κάποιος στο άσραμ επιθυμούσε αναγνώριση ή κάποια θέση εξουσίας, ο Δάσκαλος του την πρόσφερε. Εγώ όμως ήθελα την καρδιά του Δασκάλου, τη θεϊκή συνειδητότητα που είχε μέσα του· και ως αποτέλεσμα είναι παντοτινά εδώ, μέσα στην καρδιά μου. Αυτός είναι ο συντονισμός που χρειάζεστε με τους Μεγάλους.

Να Εκτελείτε τις Υποχρεώσεις Σας Έχοντας στη Σκέψη Σας τον Θεό

Μαζί με τις περιόδους του διαλογισμού, θα πρέπει να σκέφτεστε μέρα και νύχτα τον Θεό. «Την πόρτα της καρδιάς μου ορθάνοικτη την κρατώ για Σένα [...] Νύχτα και μέρα, νύχτα και μέρα, Σε γυρεύω νύχτα και μέρα».[4] Θα πρέπει να εξυψώσουμε τη συνειδητότητά μας έτσι ώστε ακόμα και τα πιο εγκόσμια καθήκοντα να εκτελούνται με τη σκέψη στον Θεό. Υπάρχουν δύο ειδών καθήκοντα: εκείνα που εκτελείτε για τον εαυτό σας (τα οποία σας κρατούν δέσμιους) κι εκείνα που εκτελείτε για τον Θεό. Το καθήκον που επιτελείται ως προσφορά στον Θεό είναι τόσο πνευματικά ευεργετικό όσο και ο διαλογισμός. Ο Θεός αγαπά αυτού του είδους την αφοσίωση που είτε μέσα από τη δράση είτε μέσα από τη σιωπή παίρνει τη μορφή αφιέρωσης προς Αυτόν. Δεν μπορείτε όμως να Τον βρείτε μόνο μέσα από την εκτέλεση καλών έργων: πρέπει να Του προσφέρετε τη βαθύτατη αγάπη σας. Θέλει από σας να Του παραδώσετε την καρδιά, τον νου και την ψυχή σας. Θέλει να ξέρει ότι Τον αγαπάτε. Πρέπει να Τον αναζητήσετε και μέσα στη δράση και μέσα στον διαλογισμό. Όταν μέσα σας προχωράτε μαζί με τον Θεό και ταυτόχρονα κουβαλάτε ένα βαρύ φορτίο εγκόσμιων υποχρεώσεων στους ώμους σας, τότε σας αγαπά ακόμα περισσότερο. Έτσι, πριν κάνετε κάτι, την ώρα που το κάνετε, κι όταν έχετε τελειώσει αυτό που κάνατε, να

---

[4] Από το "Door of My Heart" («Πόρτα της Καρδιάς Μου») στα *Cosmic Chants* του Παραμαχάνσα Γιογκανάντα.

Τον σκέφτεστε. Η Γκίτα λέει: «Αυτός που συνεχώς Με παρακολουθεί, αυτόν Εγώ παρακολουθώ. Αυτός ποτέ δεν Με χάνει από τα μάτια του, ούτε κι Εγώ τον χάνω από τα μάτια Μου».[5]

Στον διαλογισμό θα πρέπει να εξασκείστε κάθε μέρα. Αρχίστε τώρα! Μην κοιτάτε το μέλλον. Ξεκινήστε αυτή τη στιγμή να σκέφτεστε τον Θεό. Μ' αυτή τη σκέψη είστε βασιλιάδες. Γιατί να είστε αιχμάλωτοι θνητών ψυχολογικών διαθέσεων και συνηθειών; Δεν αληθεύει ότι όταν προβαίνετε σε ενδοσκόπηση βλέπετε ότι έχετε κάνει πράγματα που δεν θέλατε να κάνετε; Το να πραγματοποιεί κάποιος τις αποφάσεις του είναι μια συνεχής μάχη. Είναι καλό να αποφασίζετε να κάνετε κάτι και στη συνέχεια να το φέρνετε σε πέρας. Πρέπει να αναπτύξετε μια δυνατή, σιωπηλή, ψυχρή θέληση. Ποτέ μην εγκαταλείπετε τις καλές αποφάσεις σας.

Καλλιεργήστε τη θέληση να σκέφτεστε τον Θεό κατά τη διάρκεια των δραστηριοτήτων σας. Είναι απόλυτα αναγκαίο να το κάνετε αυτό μέρος της καθημερινής σας ζωής. Μην το κάνετε μόνο για μερικές μέρες κι ύστερα το ξεχάσετε εντελώς. Να το τηρείτε όσο καλύτερα μπορείτε κάθε μέρα. Ακόμα κι αν γλιστρήσετε πίσω στις παλιές συνήθειες, συνεχίστε να προσπαθείτε. Θα γίνετε πνευματικά δυνατοί και υγιείς στον κατάλληλο χρόνο.

Ο Θεός Ανταποκρίνεται Όταν Κάνουμε την Προσπάθεια

Ο Θεός ανταποκρίνεται όταν κάνουμε την προσπάθεια. Τότε γνωρίζετε ότι *υπάρχει*. Δεν είναι πια ένας μύθος. Θα ανταποκριθεί αόρατα στις επιθυμίες σας παίζοντας κρυφτό μαζί σας. Και στη συνέχεια θα εμφανιστεί σ' εσάς ανοιχτά. Τα λάθη σας του παρελθόντος δεν έχουν σημασία. Το να συνεχίζετε όμως αυτά τα λάθη είναι το μεγαλύτερο αμάρτημα εναντίον του εαυτού σας, γιατί όταν πράττετε λανθασμένα στερείστε την αληθινή ευτυχία. Έχετε τη δύναμη να πληγώσετε τον εαυτό σας ή να τον ωφελήσετε. Εξαρτάται από σας να κρατήσετε μακριά τα μυρμήγκια της άγνοιας που δαγκώνουν τη σάρκα σας. Αν δεν επιλέξετε να είστε ευτυχισμένοι, κανείς δεν μπορεί να σας κάνει ευτυχισμένους. Μην κατηγορείτε τον Θεό γι' αυτό! Κι αν επιλέξετε να είστε ευτυχισμένοι, κανείς δεν μπορεί να σας κάνει δυστυχισμένους. Αν δεν μας είχε δώσει την ελευθερία να χρησιμοποιούμε τη δική μας

---

[5] Μια παράφραση της Μπάγκαβαντ Γκίτα VI:30.

βούληση, τότε θα Τον κατηγορούσαμε όταν είμαστε δυστυχισμένοι, αλλά μας έδωσε αυτήν την ελευθερία. Εμείς είμαστε αυτοί που κάνουμε τη ζωή αυτό που είναι.

Μπορεί να ρωτήσετε: «Αν έχουμε ελεύθερη βούληση, γιατί τα πράγματα δεν γίνονται όπως εμείς θέλουμε;». Δεν γίνονται έτσι επειδή έχετε αποδυναμώσει τη θέλησή σας, τη συνειδητότητα των θεϊκών δυνάμεων μέσα σας. Αν όμως ενδυναμώσετε τη θέλησή σας με αυτοέλεγχο και διαλογισμό, αυτή γίνεται ελεύθερη· και μόλις η θέλησή σας γίνει ελεύθερη, γίνεστε αφέντες της μοίρας σας. Αν όμως ανακαλύψετε ότι μέρα με τη μέρα ζείτε μια ζωή αντίθετα με τη συνείδησή σας, τότε ποτέ δεν θα είστε ελεύθεροι. Πρέπει να βρείτε χρόνο να κάνετε τα πράγματα που είναι ωφέλιμα για σας. Κανείς δεν σας σταματά εκτός από τον ίδιο σας τον εαυτό. Εσείς φυλακίζετε τον εαυτό σας με τις δικές σας ψυχολογικές μεταπτώσεις και τις δικές σας κακές συνήθειες. Γι' αυτόν τον λόγο θα πρέπει να εκπαιδεύσετε τη θέλησή σας να γίνει πιο ελαστική. Κρατήστε τη θέλησή σας κάτω από έλεγχο, κάνοντας τα καλύτερα πράγματα στη ζωή – σκεπτόμενοι περισσότερο τον Θεό, διαλογιζόμενοι περισσότερο, εξασκώντας αυτοέλεγχο και ούτω κάθε εξής.

Η Δυναμική Ισχύς των «Νοητικών Ψιθύρων»

Μια πολύ μεγάλη βοήθεια για την ανάπτυξή σας είναι η συνήθεια να ψιθυρίζετε νοητικά στον Θεό. Θα δείτε μια αλλαγή στον εαυτό σας που θα σας αρέσει πάρα πολύ. Άσχετα με το τι κάνετε, ο Θεός θα πρέπει να είναι διαρκώς στον νου σας. Όταν θέλετε να δείτε κάποια ιδιαίτερη παράσταση ή να αγοράσετε ένα ρούχο ή ένα αυτοκίνητο που σας αρέσει, δεν είναι αλήθεια ότι άσχετα με το τι άλλο κάνετε, διαρκώς σκέφτεστε πώς να έχετε αυτά που επιθυμείτε; Μέχρι να εκπληρώσετε τις ισχυρές επιθυμίες σας, ο νους σας δεν ησυχάζει· δουλεύει ασταμάτητα για την ικανοποίηση αυτών των επιθυμιών. Ο νους σας θα πρέπει να είναι στραμμένος στον Θεό νύχτα και μέρα με τον ίδιο τρόπο. Μεταστοιχειώστε τις ασήμαντες επιθυμίες σε μια μεγάλη επιθυμία για Εκείνον. Ο νους σας θα πρέπει διαρκώς να ψιθυρίζει: «Νύχτα και μέρα, νύχτα και μέρα, Σε γυρεύω νύχτα και μέρα».

Οι νοητικοί ψίθυροι αναπτύσσουν δυναμική ισχύ και αναδιαμορφώνουν την ύλη σ' αυτό που εσείς θέλετε. Δεν συνειδητοποιείτε πόσο μεγάλη είναι η δύναμη του νου. Όταν ο νους και η θέλησή σας βρίσκονται σε συντονισμό με τη Θεϊκή Θέληση δεν χρειάζεται να κουνήσετε ούτε το δάχτυλό σας προκειμένου να επιφέρετε αλλαγές πάνω στη γη. Ο θεϊκός νόμος θα λειτουργήσει για σας. Όλα τα αξιόλογα κατορθώματα της ζωής μου έχουν επιτευχθεί μέσω αυτής της δύναμης του νου σε συντονισμό με τη θέληση του Θεού. Όταν αυτή η θεϊκή γεννήτρια βρίσκεται σε λειτουργία, οτιδήποτε επιθυμώ πραγματοποιείται. Όταν αυτός ο καινούργιος ναός μας γεννήθηκε στον νου μου, υπήρχε μια δύναμη πίσω απ' αυτή την ιδέα που γνώριζα ότι τίποτα δεν θα μπορούσε να τη σταματήσει. Είδα τη μεγάλη θέληση του Θεού να λειτουργεί. Πράγματα που ο θνητός νους ποτέ δεν θα μπορούσε ούτε καν να ελπίσει να προσδοκήσει, πραγματοποιήθηκαν.[6]

Οτιδήποτε πιστεύετε πολύ έντονα στον νου σας θα υλοποιηθεί. Ο Ιησούς είπε: «Διότι αλήθεια σας λέω ότι όποιος πει στο όρος τούτο, Σήκω και ρίξου στη θάλασσα, και δεν διστάσει στην καρδιά του, αλλά πιστέψει ότι εκείνα τα οποία λέει γίνονται, θα γίνει σ' αυτόν ό,τι πει».[7]

Μην αποθαρρύνεστε σκεπτόμενοι ότι είστε αμαρτωλοί κι ότι ο Θεός ποτέ δεν θα έρθει σ' εσάς. Τότε παραλύετε τη θέλησή σας. Η αμαρτία είναι μια προσωρινή αυταπάτη, κι ό,τι έχει γίνει έχει τελειώσει. Δεν ανήκει πια σ' εσάς. Δεν θα πρέπει όμως να διαπράξετε ξανά το ίδιο λάθος.

Μην Αποδέχεστε το Κακό Κάρμα Σας

Αρνηθείτε το κάρμα. Πάρα πολλοί άνθρωποι παρερμηνεύουν το νόημα του κάρμα, υιοθετώντας μια μοιρολατρική στάση. Δεν είναι υποχρεωτικό να αποδεχτείτε το κάρμα. Αν σας πω ότι πίσω σας βρίσκεται κάποιος έτοιμος να σας κάνει κακό γιατί κάποτε τον χτυπήσατε κι εσείς πειθήνια πείτε: «Τι να κάνω, αυτό είναι το κάρμα μου» και περιμένετε να σας χτυπήσει, τότε φυσικά θα φάτε ξύλο! Γιατί να μην προσπαθήσετε να τον μαλακώσετε; Ηρεμώντας τον μπορεί να ελαττώσετε την πικρία του και έτσι να εξαλείψετε την επιθυμία του να σας χτυπήσει.

Όταν συνειδητοποιήσετε ότι είστε παιδί του Θεού, τι κάρμα έχετε; Ο Θεός δεν έχει κάρμα. Κι εσείς δεν έχετε κάρμα όταν *γνωρίζετε* ότι είστε παιδί Του. Κάθε μέρα θα πρέπει να διαβεβαιώνετε: «Δεν είμαι ένα θνητό ον· δεν είμαι το σώμα. Είμαι ένα παιδί του Θεού». Αυτό είναι το

---

[6] Αναφορά στον Ναό του Self-Realization Fellowship στο Χόλυγουντ που εγκαινιάστηκε στις 30 Αυγούστου 1942. Η κατασκευή ξεκίνησε στη διάρκεια του δευτέρου Παγκοσμίου Πολέμου, όταν επικρατούσαν σημαντικοί περιορισμοί και τα οικοδομικά υλικά σπάνιζαν. Όλα τα εμπόδια, ένα προς ένα, ξεπεράστηκαν.

[7] Κατά Μάρκο ΙΑ:23.

να νιώθετε συνεχώς την παρουσία του Θεού. Ο Θεός είναι ελεύθερος από το κάρμα. Είστε φτιαγμένοι κατ' εικόνα Του. Είστε κι εσείς ελεύθεροι από το κάρμα.

Ο καλύτερος τρόπος να εξαλείψετε τις αδυναμίες σας είναι να μην τις σκέφτεστε· αλλιώς θα συντριβείτε. Φέρτε το φως μέσα σας και θα νιώσετε ότι ποτέ δεν υπήρξε σκοτάδι. Σ' αυτή τη σκέψη βρίσκεται μια από τις μεγαλύτερες εμπνεύσεις της ζωής μου. Αν το φως μπει μέσα σε μια σπηλιά όπου το σκοτάδι βασίλευε για χιλιάδες χρόνια, το σκοτάδι θα εξαφανιστεί αμέσως. Έτσι και τα λάθη και οι αδυναμίες μας εξαφανίζονται όταν φέρνουμε μέσα μας το φως του Θεού. Τότε το σκοτάδι της άγνοιας δεν μπορεί να μπει μέσα μας ποτέ ξανά.

Αυτή είναι η φιλοσοφία της ζωής σύμφωνα με την οποία θα πρέπει να ζούμε. Όχι αύριο, αλλά σήμερα, αυτή τη στιγμή. Δεν μπορεί να υπάρξει καμιά δικαιολογία να μη σκεφτόμαστε τον Θεό. Μέρα και νύχτα, να περιστρέφετε στο πίσω μέρος του νου σας τη σκέψη: «Θεέ! Θεέ! Θεέ!», αντί για χρήματα ή σεξ ή φήμη. Είτε πλένετε πιάτα είτε σκάβετε χαντάκια είτε δουλεύετε σε γραφείο ή σ' έναν κήπο –οτιδήποτε κι αν κάνετε– μέσα σας να λέτε: «Κύριε, φανερώσου σ' εμένα! Είσαι εδώ. Είσαι στον ήλιο. Είσαι στο γρασίδι. Είσαι στο νερό. Είσαι μέσα σ' αυτό το δωμάτιο. Είσαι μέσα στην καρδιά μου».

Κι όταν η μεγάλη αγάπη για τον Θεό έρθει στην καρδιά σας, δεν θα σας λείπει τίποτα· άσχετα με το τι έχετε ή δεν έχετε σ' αυτόν τον κόσμο, θα νιώθετε πληρότητα. Η θεϊκή αγάπη μεταστοιχειώνει όλες τις υλικές επιθυμίες – ακόμα και τη λαχτάρα για ανθρώπινη αγάπη, αυτό το θνητό πάθος που τόσο συχνά προκαλεί πόνο, είτε λόγω της άστατης φύσης του είτε γιατί επέρχεται ο θάνατος. Αγαπώντας τον Κύριο ποτέ ξανά δεν θα ικανοποιηθείτε με μικρότερη αγάπη. Σ' Αυτόν θα βρείτε όλη την αγάπη κάθε καρδιάς. Θα βρείτε πληρότητα. Οτιδήποτε ο κόσμος σάς δίνει και μετά σας το παίρνει, αφήνοντάς σας στον πόνο ή στην απογοήτευση, θα το βρείτε στον Θεό μ' έναν πολύ ανώτερο τρόπο και χωρίς το επακόλουθο της θλίψης.

Το Κάθε Λεπτό Είναι Πολύτιμο

Η ζωή μοιάζει τόσο χειροπιαστή πραγματικότητα και εντούτοις διαφεύγει. Το κάθε λεπτό είναι πολύτιμο. Σήμερα υπάρχετε· αύριο έχετε χαθεί. Το θυμίζω αυτό στον εαυτό μου κάθε μέρα. Ο ένας μετά τον άλλον αποχωρούμε. Θα έρθουν άλλοι κι εμείς θα φύγουμε. Το σώμα όμως είναι μόνο ένα ένδυμα. Πόσες πολλές φορές έχετε αλλάξει ρούχα σ' αυτή τη ζωή, ωστόσο δεν λέτε ότι έχετε αλλάξει και *εσείς* εξαιτίας αυτού. Παρόμοια, όταν έρχεται ο θάνατος δεν αλλάζετε καθώς εγκαταλείπετε αυτό το σωματικό ρούχο. Είστε ακριβώς οι ίδιοι, αθάνατες ψυχές, παιδιά του Θεού. Μετενσάρκωση σημαίνει απλώς αλλαγή του θνητού ενδύματος. Ο πραγματικός σας εαυτός όμως ποτέ δεν θα αλλάξει. Πρέπει να επικεντρωθείτε στον πραγματικό σας εαυτό κι όχι στο σώμα το οποίο δεν είναι τίποτε άλλο παρά ένα ένδυμα.

Μερικές φορές σκέφτομαι ότι οι αντιλήψεις των αισθήσεων είναι οι χειρότεροι εχθροί του ανθρώπου, επειδή μας κάνουν να πιστεύουμε ότι είμαστε κάτι που δεν είμαστε. Η αίσθηση του κρύου μάς κάνει να νομίζουμε ότι κρυώνουμε και η αίσθηση της ζέστης μάς κάνει να νομίζουμε ότι ζεσταινόμαστε. Αν αρνιόμασταν αυτές τις αισθήσεις στον νου μας, δεν θα αισθανόμασταν ούτε κρύο ούτε ζέστη.

Μια νύχτα, πολύ παλιά, στο Duxbury της Μασσαχουσέτης, πήγα να κολυμπήσω στον ωκεανό με το φεγγαρόφωτο. Ο Δρ Λιούις και ο γιος του Μπράντφορντ με συνόδευσαν. Το νερό ήταν πολύ κρύο, αλλά υπενθύμισα στον εαυτό μου ότι τα πάντα είναι φτιαγμένα από ηλεκτρισμό· ότι ο ίδιος ηλεκτρισμός που δημιουργεί το κρύο δημιουργεί επίσης και τη ζέστη, καθώς και ότι το νερό το ίδιο δεν είναι τίποτε περισσότερο από μια εκδήλωση ηλεκτρικής ενέργειας. Την ώρα που το σκεφτόμουν αυτό, ο Μπράντφορντ με κοίταξε περίεργα και μετά στράφηκε προς τον πατέρα του και αναφώνησε: «Ο Σουάμιτζι[8] έχει ένα φως γύρω από το σώμα του!». Το φως του Θεού είχε έρθει πάνω μου ενόσω εγώ αρνιόμουν να δεχτώ την αίσθηση του κρύου και διαβεβαίωνα αντιθέτως την αλήθεια ότι τα πάντα είναι φτιαγμένα από Θεϊκό Ηλεκτρισμό.

Πιάστε τον Θεό στο Δίχτυ της Άνευ Όρων Αγάπης

Αν όμως μιλάτε υπερβολικά για τέτοια πράγματα, τότε αυτά απομακρύνονται από σας. Ο Θεός είναι σαν ένα μικρό παιδί. Είναι άδολος. Αν όμως Τον εξαπατήσετε ή Τον ξεγελάσετε έστω και λίγο, έφυγε. Γι' αυτό είναι τόσο δύσκολο να Τον κρατήσετε κοντά σας. Πρέπει να Τον πιάσετε στο δίχτυ της άνευ όρων αγάπης σας. Αγάπη σημαίνει λαχτάρα

---

[8] Το 1935, ο Σρι Γιουκτέσβαρ απένειμε στο πολυαγαπημένο του μαθητή Γιογκανάντα τον πνευματικό τίτλο *Παραμαχάνσα*. Πριν απ' αυτό ήταν γνωστός ως Σουάμι Γιογκανάντα. Το μόριο *τζι* υποδηλώνει σεβασμό και προστίθεται στα ονόματα και στους τίτλους στην Ινδία. (Βλ. *σουάμι* στο γλωσσάριο.)

Συνειδητοποιώντας τον Θεό στην Καθημερινή Σας Ζωή

για τον Θεό. Ο Θεός εκτιμά περισσότερο την αγάπη από την αφοσίωση: Στην αφοσίωση υπάρχει απόσταση και δέος, ίσως και φόβος· στην αγάπη υπάρχει ενότητα, ταύτιση.

Μην απελπίζεστε αν δεν αισθάνεστε ακόμα άνευ όρων αγάπη για τον Θεό. Η λύτρωση είναι για όλους. Αν επιλέξετε να καθυστερήσετε σ' αυτό το μονοπάτι της εξέλιξης, είναι δική σας απώλεια. Δεν μπορείτε να παραμείνετε ακίνητοι· πρέπει να πάτε είτε μπροστά είτε πίσω. Πρέπει όμως να λυτρωθείτε κάποτε. Να λυτρωθείτε σημαίνει να αποβάλετε την άγνοια που καλύπτει την ψυχή. Δεν μπορείτε να δείτε ένα σβώλο χρυσού αν είναι καλυμμένος με λάσπη. Και όσο καιρό η λάσπη της άγνοιας βρίσκεται γύρω από τη χρυσή ψυχή, δεν μπορείτε να τη δείτε. Είστε ανίκανοι να σκεφτείτε τον εαυτό σας ως ψυχή επειδή γνωρίζετε μόνο το σώμα. Η ανθρώπινη μορφή είναι η λάσπη που έχετε βάλει πάνω στην ψυχή σας κι αυτός είναι ο λόγος που δεν γνωρίζετε τι είστε. Ξεπλύνετε τη λάσπη, ξεχάστε το σώμα με τον διαλογισμό, και θα γνωρίσετε τι είστε. Πώς θα μπορούσατε να είστε οτιδήποτε άλλο εκτός από τέλειοι, εφόσον είστε παιδιά του Θεού; Πρέπει όμως να συνειδητοποιήσετε την έμφυτη θεϊκή φύση σας.

Πρέπει να είστε πολύ εχέμυθοι σε σχέση με την αγάπη σας για τον Θεό. Και πρέπει να είστε πολύ σιωπηλοί σε σχέση με την αγάπη Του· δεν πρέπει να λέτε ότι είναι μαζί σας. Να είστε σαν τους Μεγάλους, οι οποίοι μέσα τους σκέφτονται διαρκώς την Ομορφιά πίσω από τα λουλούδια· το Φως πίσω από τον ήλιο· τη Ζωή που λαμπυρίζει σ' όλα τα μάτια, που χτυπά σε κάθε καρδιά· την Κίνηση που περπατά με όλα τα πόδια, που εργάζεται με όλα τα χέρια· τον Νου που εργάζεται μέσα από κάθε νου· την Αγάπη που βρίσκεται πίσω από κάθε αγάπη.

Ο Θεός είναι τόσο μεγάλος, τόσο θαυμάσιος! Το να ζεις στον χώρο της θεϊκής συνειδητότητας είναι το να βλέπεις αυτόν τον γήινο κόσμο –τον ανίδεο ως προς τον Θεό– ως έναν εφιάλτη και να είσαι αιώνια ελεύθερος από τη φρίκη του.

Σπαταλάτε πολύτιμο χρόνο κάθε μέρα. Κάθε μικρή στιγμή που αφιερώνετε στον Θεό είναι για το ύψιστο καλό σας· και οτιδήποτε κάνετε με την επιθυμία να ευχαριστήσετε τον Θεό μέσα στην καρδιά σας θα μείνει στην αιωνιότητα. Ο Θεός είναι ελευθερία από κάθε δυστυχία. Ο Θεός είναι ο πλούτος και η υγεία που αναζητάτε. Ο Θεός είναι η αγάπη που αναζητάτε. Η επιθυμία της ψυχής για τον Θεό βρίσκεται πίσω απ' όλες τις άλλες επιθυμίες. Οι εγκόσμιες επιθυμίες καλύπτουν τη λαχτάρα της ψυχής να ενωθεί ξανά με τη Μακαριότητα του Θεού. Μόνον ο Θεός μπορεί να ικανοποιήσει όλες τις επιθυμίες αυτής της ζωής και των προηγούμενων ενσαρκώσεων. Έχω ανακαλύψει ότι έτσι είναι.

Τίποτα Δεν Μπορεί να Συγκριθεί με την Εμπειρία του Θεού

Γι' αυτό λοιπόν να Τον ψάχνετε νύχτα και μέρα. Τίποτα δεν μπορεί να συγκριθεί με την εμπειρία που θα έχετε αν το κάνετε αυτό. Ο Θεός είναι ο Στόχος που αναζητάτε. Δεν μπορείτε να ζήσετε χωρίς Αυτόν. Και όλα όσα επιθυμείτε θα τα βρείτε σ' Αυτόν. Παίζει κρυφτό με τους πιστούς Του, αλλά κάποια μέρα, όταν αυτή η παράσταση θα έχει τελειώσει, θα πει στον καθέναν από σας: «Κρύφτηκα από σένα για πολύ καιρό, όχι για να σε βασανίσω, αλλά για να κάνω την επανένωσή μας στο τέλος λαμπρή και όμορφη. Μετά από την έρευνά σου μέσα από τις ενσαρκώσεις, επιτέλους ήρθες σ' Εμένα κι Εγώ γεμάτος χαρά σε καλωσορίζω στο Σπίτι σου. Σε περίμενα πάρα πολύ καιρό. Δεν ήσουν ο μόνος που αναζητούσε. Μέσα απ' όλες τις εμπειρίες της ζωής σου ήμουν Εγώ, μεταμφιεσμένος με διάφορα είδη οικογενειακής και φιλικής αγάπης, που σε ακολουθούσα. Σε παρακολουθούσα και σε περίμενα πιο ανυπόμονα απ' όσο Με γύρευες εσύ. Πολλές φορές Με ξέχασες, αλλά Εγώ δεν μπορούσα να σε ξεχάσω, παιδί Μου. Πολυαγαπημένε, με τη δική σου ελεύθερη βούληση επιτέλους ήρθες πίσω σ' Εμένα. Δεν θα χωριστούμε ποτέ ξανά».

Το κάθε ανθρώπινο ον ο Θεός το αγαπά μ' αυτόν τον τρόπο. Σας περιμένει. Μη στρέφετε την προσοχή σας στον κόσμο. Να εκτελείτε τα καθήκοντά σας, αλλά να είστε ταυτόχρονα μαζί με τον Θεό. Αξίζει. Κάθε στιγμή της ζωής σας θα πρέπει να είναι γεμάτη με τη σκέψη του Θεού. Μη χάνετε τον χρόνο σας. Ανυπομονώ να επιστρέψω στον Θεό· όχι μόνο για τον εαυτό μου, αλλά και για να δείξω στους άλλους τον δρόμο προς αυτήν την Αιώνια Ασφάλεια. Θέλω να πάω σ' Αυτόν και να πάρω κι άλλους μαζί μου. Παρακαλώ προσευχηθείτε μαζί μου:

«Δόξα σ' Εσένα, Κύριε του σύμπαντος, Κύριε της ψυχής μου! Μας αγαπάς και μας αποζητάς ακόμα κι όταν εμείς δεν Σ' αγαπάμε. Κύριε της αγάπης, Κύριε του κόσμου, μπες μέσα στον ναό της ζωής μας! Γίνε Εσύ ο μοναδικός Βασιλιάς που να κάθεται στον θρόνο όλων των επιθυμιών μας, γιατί Εσύ είσαι η μοναδική ευτυχία, η μοναδική χαρά. Ευλόγησέ μας να Σε βρίσκουμε ακριβώς πίσω από τις σκέψεις μας, κάθε μέρα, κάθε λεπτό της ύπαρξής μας. Απομάκρυνε από μας το κύπελλο της θνητής αυταπάτης· αν όμως χρειάζεται να το δοκιμάσουμε για λίγο, ευλόγησέ μας ώστε με μεγαλύτερη χαρά και απόλαυση να γευτούμε την Αιωνιότητα. *Ομ. Ειρήνη. Ομ*».

ΠΑΡΑΜΑΧΑΝΣΑ ΓΙΟΓΚΑΝΑΝΤΑ:
Ένας Γιόγκι στη Ζωή και στον Θάνατο

Ο Παραμαχάνσα Γιογκανάντα μπήκε σε *μαχασαμάντι* (τη συνειδητή τελική έξοδο του γιόγκι από το σώμα) στο Λος Άντζελες της Καλιφόρνια στις 7 Μαρτίου 1952, αφού ολοκλήρωσε την ομιλία του σ' ένα δείπνο προς τιμήν του Πρεσβευτή της Ινδίας Binay R. Sen.

Ο μεγάλος δάσκαλος του κόσμου απέδειξε την αξία της γιόγκα (των επιστημονικών τεχνικών για τη συνειδητοποίηση του Θεού) όχι μόνο στη ζωή αλλά και στον θάνατο. Για εβδομάδες μετά την αποχώρησή του από τον κόσμο, το αναλλοίωτο πρόσωπό του έλαμπε με τη θεϊκή ακτινοβολία της μη αποσύνθεσης.

Ο Harry T. Rowe, Διευθυντής του Νεκροτομείου του Λος Άντζελες, Forest Lawn Memorial-Park (στο οποίο τοποθετήθηκε προσωρινά το σώμα του μεγάλου δασκάλου), έστειλε στο Self-Realization Fellowship ένα επικυρωμένο από συμβολαιογράφο γράμμα, από το οποίο πάρθηκαν τα ακόλουθα αποσπάσματα:

«Η απουσία οποιωνδήποτε οπτικών ενδείξεων σήψης στο νεκρό σώμα του Παραμαχάνσα Γιογκανάντα αποτελεί την πιο εξαιρετικά ασυνήθιστη περίπτωση που έχουμε δει. [...] Καμία αποσύνθεση δεν ήταν ορατή στο σώμα του ακόμα και είκοσι μέρες μετά τον θάνατο. [...] Καμία ένδειξη μούχλας δεν ήταν ορατή στο δέρμα του και καμία ορατή αφυδάτωση δεν υπήρξε στους σωματικούς ιστούς. Αυτή η κατάσταση της τέλειας συντήρησης του σώματος είναι, καθ' όσον γνωρίζουμε από τα ιατρικά χρονικά, κάτι που δεν έχει συμβεί ποτέ ξανά. [...] Την ώρα που παρέλαβε το σώμα του Γιογκανάντα, το προσωπικό του Νεκροτομείου περίμενε να παρατηρήσει, μέσα από το γυάλινο κάλυμμα του φερέτρου, τις συνήθεις ενδείξεις της σταδιακής σήψης του σώματος. Η κατάπληξή μας αυξανόταν καθώς περνούσαν οι μέρες χωρίς να επιφέρουν οποιαδήποτε ορατή αλλαγή στο σώμα καθώς το παρατηρούσαμε. Το σώμα του Γιογκανάντα ήταν προφανώς σε μια απίστευτη κατάσταση μη μεταβλητότητας. [...]

»Καμία οσμή σήψης δεν αναδύθηκε από το σώμα του οποιαδήποτε στιγμή. [...] Η εμφάνιση του Γιογκανάντα στις 27 Μαρτίου, ακριβώς πριν το μπρούτζινο κάλυμμα του φερέτρου τεθεί στη θέση του, ήταν η ίδια όπως στις 7 Μαρτίου. Στις 27 Μαρτίου φαινόταν τόσο φρέσκος και ανέγγιχτος από την αποσύνθεση όσο φαινόταν την ημέρα του θανάτου του. Στις 27 Μαρτίου δεν υπήρχε καμία ένδειξη ώστε να πούμε ότι το σώμα του είχε υποστεί οποιαδήποτε αποσύνθεση. Γι' αυτούς τους λόγους δηλώνουμε ξανά ότι η περίπτωση του Παραμαχάνσα Γιογκανάντα είναι μοναδική στην εμπειρία μας».

Στόχοι Και Ιδεώδη του Self-Realization Fellowship

Όπως καθορίστηκαν από τον Παραμαχάνσα Γιογκανάντα, Ιδρυτή
Αδελφός Τσιντάναντα, Πρόεδρος

Η διάδοση στα έθνη της γνώσης συγκεκριμένων επιστημονικών τεχνικών για την επίτευξη άμεσης προσωπικής αντίληψης του Θεού.

Η διδασκαλία ότι ο σκοπός της ζωής είναι η εξέλιξη, μέσω προσωπικής προσπάθειας, της θνητής συνειδητότητας του ανθρώπου σε συνειδητότητα του Θεού· και, γι' αυτόν τον σκοπό, η ίδρυση ναών του Self-Realization Fellowship για κοινωνία με τον Θεό σε όλο τον κόσμο και η παρότρυνση για την ίδρυση προσωπικών ναών του Θεού στα σπίτια και στις καρδιές των ανθρώπων.

Η αποκάλυψη της πλήρους αρμονίας και της βασικής ενότητας του αρχικού Χριστιανισμού, όπως διδάχθηκε από τον Ιησού Χριστό και της αρχικής Γιόγκα, όπως διδάχθηκε από τον Μπάγκαβαν Κρίσνα· και η απόδειξη ότι αυτές οι αρχές της αλήθειας είναι τα κοινά επιστημονικά θεμέλια όλων των αληθινών θρησκειών.

Η κατάδειξη της μιας θεϊκής λεωφόρου στην οποία τελικά οδηγούν όλα τα μονοπάτια των αληθινών θρησκευτικών πεποιθήσεων: τη λεωφόρο του καθημερινού, επιστημονικού, λατρευτικού διαλογισμού στον Θεό.

Η απελευθέρωση του ανθρώπου από τον τρίπτυχο πόνο: τη σωματική αρρώστια, τις νοητικές δυσαρμονίες και την πνευματική άγνοια.

Η ενθάρρυνση για «απλή ζωή και υψηλό στοχασμό»· και η διάδοση ενός πνεύματος αδελφοσύνης ανάμεσα σε όλους τους λαούς, με τη συνειδητοποίηση αυτών ότι όλοι οι άνθρωποι είμαστε παιδιά του ενός Θεού.

Η απόδειξη της ανωτερότητας του νου πάνω στο σώμα και της ψυχής πάνω στον νου.

Η υπέρβαση του κακού με το καλό, του πόνου με τη χαρά, της βαναυσότητας με την καλοσύνη, της άγνοιας με τη σοφία.

Η ένωση της επιστήμης με τη θρησκεία μέσω της συνειδητοποίησης της ενότητας των αρχών που βρίσκονται πίσω απ' αυτές.

Η υποστήριξη της πολιτισμικής και πνευματικής κατανόησης ανάμεσα στην Ανατολή και τη Δύση και η ανταλλαγή των καλύτερων διακριτών χαρακτηριστικών τους.

Η προσφορά υπηρεσίας στην ανθρωπότητα ως τον ευρύτερο Εαυτό του ανθρώπου.

Βιβλία στα Ελληνικά από τον Παραμαχάνσα Γιογκανάντα

Διαθέσιμα από τον εκδότη και τα ελληνικά βιβλιοπωλεία:

Μέζντα
Διαθέσιμο από τις εκδόσεις «Κέδρος»

Διαθέσιμα από τον εκδότη:

Self-Realization Fellowship
3880 San Rafael Avenue • Los Angeles, California 90065-3219
Τηλ. (323) 225-2471 • Φαξ (323) 225-5088
www.srfbooks.org

Αυτοβιογραφία Ενός Γιόγκι
(νέα μετάφραση) (Autobiography of a Yogi)

Επιστημονικές Θεραπευτικές Διαβεβαιώσεις
(Scientific Healing Affirmations)

Ο Νόμος της Επιτυχίας
(The Law of Success)

Μεταφυσικοί Διαλογισμοί
(Metaphysical Meditations)

Μέσα στο Ιερό της Ψυχής
(In the Sanctuary of the Soul)

Η Αιώνια Αναζήτηση του Ανθρώπου
(Man's Eternal Quest)

Το Θεϊκό Ειδύλλιο
(The Divine Romance)

Η Επιστήμη της Θρησκείας
(The Science of Religion)

Εσωτερική Γαλήνη
(Inner Peace)

Πώς μπορείτε να μιλάτε με τον Θεό
(How you can talk with God)

Ο Παραμαχάνσα Γιογκανάντα Είπε:
(Sayings of Paramahansa Yogananda)

Ταξίδι Προς τη Συνειδητοποίηση του Εαυτού
(Journey to Self-Realization)

Βιβλία στα Αγγλικά από τον Παραμαχάνσα Γιογκανάντα

Διαθέσιμα απ' ευθείας από τον εκδότη:
Self-Realization Fellowship
3880 San Rafael Avenue • Los Angeles, California 90065-3219
Τηλ. (323) 225-2471 • Φαξ (323) 225-5088
www.yogananda-srf.org

Autobiography of a Yogi

The Second Coming of Christ:
The Resurrection of the Christ Within You
Ένας αποκαλυπτικός σχολιασμός πάνω στις αυθεντικές διδασκαλίες του Ιησού.

God Talks with Arjuna; The Bhagavad Gita
Μια νέα μετάφραση και σχολιασμός.

Man's Eternal Quest
Ο πρώτος τόμος διαλέξεων και ανεπίσημων ομιλιών του Παραμαχάνσα Γιογκανάντα.

The Divine Romance
Ο δεύτερος τόμος διαλέξεων, ανεπίσημων ομιλιών και δοκιμίων του Παραμαχάνσα Γιογκανάντα

Journey to Self-Realization
Ο τρίτος τόμος διαλέξεων και ανεπίσημων ομιλιών του Παραμαχάνσα Γιογκανάντα

Wine of the Mystic:
The Rubaiyat of Omar Khayyam — A Spiritual Interpretation
Ένας εμπνευσμένος σχολιασμός που φέρνει στο φως τη μυστικιστική επιστήμη της κοινωνίας με τον Θεό που είναι κρυμμένη πίσω από τα αινιγματικά λόγια των Ρουμπαγιάτ.

Where There Is Light:
Insight and Inspiration for Meeting Life's Challenges

Whispers from Eternity
Μια συλλογή από τις προσευχές και θεϊκές εμπειρίες του Παραμαχάνσα Γιογκανάντα στις εξυψωμένες καταστάσεις διαλογισμού.

The Science of Religion

The Yoga of the Bhagavad Gita:
An Introduction to India's Universal Science of God-Realization

The Yoga of Jesus:
Understanding the Hidden Teachings of the Gospels

In the Sanctuary of the Soul:
A Guide to Effective Prayer

Inner Peace:
How to Be Calmly Active and Actively Calm

To Be Victorious in Life

Why God Permits Evil and How to Rise Above It

Living Fearlessly:
Bringing Out Your Inner Soul Strength

How You Can Talk With God

Metaphysical Meditations
Περισσότεροι από 300 διαλογισμοί, προσευχές, και διαβεβαιώσεις που εξυψώνουν πνευματικά.

Scientific Healing Affirmations
Εδώ ο Παραμαχάνσα Γιογκανάντα παρουσιάζει μια εμβριθή εξήγηση της επιστήμης της διαβεβαίωσης.

Sayings of Paramahansa Yogananda
Μια συλλογή λεγομένων και σοφών συμβουλών που μεταφέρει τις ειλικρινείς και γεμάτες αγάπη απαντήσεις του Παραμαχάνσα Γιογκανάντα σ' αυτούς που ζήτησαν την καθοδήγησή του.

Songs of the Soul
Μυστικιστική ποίηση από τον Παραμαχάνσα Γιογκανάντα.

The Law of Success
Εξηγεί δυναμικές θεμελιώδεις αρχές για να κατορθώνει κάποιος τους στόχους του στη ζωή.

Cosmic Chants
Λέξεις (στα Αγγλικά) και μουσική σε 60 τραγούδια αφοσίωσης, με μια εισαγωγή που εξηγεί πώς ο πνευματικός ψαλμός μπορεί να οδηγήσει σε κοινωνία με τον Θεό.

Ηχητικές Καταγραφές του Παραμαχάνσα Γιογκανάντα

Beholding the One in All

The Great Light of God

Songs of My Heart

To Make Heaven on Earth

Removing All Sorrow and Suffering

Follow the Path of Christ, Krishna, and the Masters

Awake in the Cosmic Dream

Be a Smile Millionaire

One Life Versus Reincarnation

In the Glory of the Spirit

Self-Realization: The Inner and the Outer Path

Άλλες Εκδόσεις από το Self-Realization Fellowship

Ένας πλήρης κατάλογος που περιγράφει όλες τις δημοσιεύσεις και ηχητικές καταγραφές ή βίντεο ή DVD του Self-Realization Fellowship είναι διαθέσιμος κατόπιν αιτήματος.

The Holy Science
από τον Swami Sri Yukteswar

Only Love:
Living the Spiritual Life in a Changing World
από τη Sri Daya Mata

Finding the Joy Within You:
Personal Counsel for God-Centered Living
από τη Sri Daya Mata

God Alone:
The Life and Letters of a Saint
από τη Sri Gyanamata

"Mejda":
The Family and the Early Life of Paramahansa Yogananda
από τον Sananda Lal Ghosh

Self-Realization
(ένα τριμηνιαίο περιοδικό που άρχισε να εκδίδεται από τον Παραμαχάνσα Γιογκανάντα το 1925)

DVD (ντοκυμαντέρ)

AWAKE: The Life of Yogananda
Ένα ντοκυμαντέρ που κέρδισε πολλά βραβεία σχετικά με τη ζωή και το έργο του Παραμαχάνσα Γιογκανάντα

Μαθήματα του
Self-Realization Fellowship

Τα *Μαθήματα του Self-Realization Fellowship* είναι μοναδικά ανάμεσα στα δημοσιευμένα έργα του Παραμαχάνσα Γιογκανάντα ως προς το ότι δίνουν τις λεπτομερείς οδηγίες του για την εξάσκηση στην ανώτατη επιστήμη της γιόγκα για τη συνειδητοποίηση του Θεού. Αυτή η αρχαία επιστήμη είναι ενσωματωμένη στις συγκεκριμένες αρχές και τις τεχνικές διαλογισμού της *Κρίγια Γιόγκα* (βλ. γλωσσάριο και κεφάλαιο 26 στην *Αυτοβιογραφία Ενός Γιόγκι*).

Χαμένη από την ανθρωπότητα για αιώνες κατά τη διάρκεια των σκοτεινών εποχών, η *Κρίγια Γιόγκα* αναβίωσε στη σύγχρονη εποχή από μια σειρά φωτισμένων Δασκάλων – τον Μαχαβατάρ Μπάμπατζι, τον Λαχίρι Μαχασάγια, τον Σουάμι Σρι Γιουκτέσβαρ και τον Παραμαχάνσα Γιογκανάντα. Η διάδοση της απελευθερωτικής πνευματικής επιστήμης ανά τον κόσμο μέσω του Self-Realization Fellowship ήταν η αποστολή που ανέθεσαν στον Παραμαχάνσα Γιογκανάντα ο γκουρού του και οι *παραμγκούρου* του.

Κατά τη διάρκεια της ζωής του ταξίδεψε εκτενώς, δίνοντας διαλέξεις και μιλώντας σε τάξεις γιόγκα σε όλες τις Ηνωμένες Πολιτείες της Αμερικής, καθώς και στην Ευρώπη και την Ινδία. Ωστόσο γνώριζε ότι πολλοί περισσότεροι θα έλκονταν από τη φιλοσοφία και την εξάσκηση στη γιόγκα από εκείνους που μπορούσε να διδάξει προσωπικά ο ίδιος. Έτσι, συνέλαβε την ιδέα «μιας σειράς εβδομαδιαίων μελετών για τους αναζητητές της γιόγκα σε ολόκληρο τον κόσμο» – προκειμένου να διαιωνιστούν στην αυθεντική τους καθαρότητα και σε γραπτή μορφή οι διδασκαλίες που του δόθηκαν από τη σειρά των γκουρού του.

Τα *Μαθήματα του Self-Realization Fellowship* παρουσιάζουν τις μεθόδους της αυτοσυγκέντρωσης, της ενεργοποίησης και του διαλογισμού που δίδαξε ο Παραμαχάνσα Γιογκανάντα, που αποτελούν αναπόσπαστο τμήμα της επιστήμης της *Κρίγια Γιόγκα*. Επιπρόσθετα, αυτές οι λεπτομερείς σειρές μαθημάτων για το σπίτι παρέχουν όλο το εύρος των θεμάτων που καλύφθηκε απ' αυτόν στη διάρκεια των τριάντα χρόνων που έζησε και δίδαξε στη Δύση – προσφέροντας την εμπνευσμένη και πρακτική καθοδήγησή του για την επίτευξη ισορροπημένης σωματικής, νοητικής, και πνευματικής ευημερίας.

Μετά από μια προκαταρκτική περίοδο μελέτης και εξάσκησης, οι μαθητές των Μαθημάτων του Self-Realization Fellowship μπορούν να ζητήσουν να μυηθούν στην προηγμένη τεχνική διαλογισμού της *Κρίγια Γιόγκα* που περιγράφεται σ' αυτό το βιβλίο.

Περαιτέρω πληροφορίες για τα Μαθήματα του Self-Realization Fellowship περιλαμβάνονται στο φυλλάδιο *Undreamed-of Possibilities*, που είναι διαθέσιμο μετά από σχετικό αίτημα.

Αυτοί που έχουν έρθει στο Self-Realization Fellowship αναζητώντας αληθινά εσωτερική πνευματική βοήθεια, θα λάβουν αυτό που αναζητούν από τον Θεό. Είτε έρθουν όσο ακόμα είμαι σ' αυτό το σώμα είτε μετά, η δύναμη του Θεού μέσα από τη σειρά των Γκουρού του Self-Realization Fellowship θα ρέει μέσα στους πιστούς ακριβώς το ίδιο, και θα αποτελέσει την αιτία της σωτηρίας τους.

– Παραμαχάνσα Γιογκανάντα

SELF-REALIZATION FELLOWSHIP
3880 San Rafael Avenue, Los Angeles, CA 90065-3219
Τηλ. (323) 225-2471, Φαξ (323) 225-5088
www.yogananda-srf.org

ΓΛΩΣΣΑΡΙΟ

Αβατάρ. Θεϊκή ενσάρκωση· από το σανσκριτικό *αβατάρα*, με τις ρίζες *αβα*, «κάτω», και *τρι*, «περνώ». Αυτός που επιτυγχάνει την ένωση με το Πνεύμα και μετά επιστρέφει στη γη για να βοηθήσει την ανθρωπότητα καλείται *αβατάρ*.

Αβίντια. Κατά κυριολεξία, «μη γνώση», άγνοια· η εκδήλωση στον άνθρωπο της *μάγια*, της συμπαντικής αυταπάτης. Ουσιαστικά *αβίντια* είναι η άγνοια του ανθρώπου ως προς τη θεϊκή φύση του και τη μοναδική πραγματικότητα: το Πνεύμα.

Άγιο Πνεύμα. Βλ. *Ομ* και *Τριάδα*.

Αιθέρας. Στα Σανσκριτικά *ακάσα*. Αν και δεν θεωρείται παράγοντας στη σύγχρονη επιστημονική θεωρία σχετικά με τη φύση του υλικού σύμπαντος, ο αιθέρας έχει αναγνωριστεί εδώ και χιλιετίες από τους σοφούς της Ινδίας. Ο Παραμαχάνσα Γιογκανάντα αναφέρθηκε στον αιθέρα ως το υπόβαθρο πάνω στο οποίο ο Θεός προβάλλει τη συμπαντική κινηματογραφική παράσταση της δημιουργίας. Ο χώρος δίνει διαστάσεις στα αντικείμενα· ο αιθέρας διαχωρίζει τις εικόνες. Αυτό το «υπόβαθρο», μια δημιουργική δύναμη που συντονίζει όλες τις δονήσεις του χώρου, είναι ένας απαραίτητος παράγοντας όσον αφορά τις λεπτοφυέστερες δυνάμεις –τη σκέψη και τη ζωική ενέργεια (την *πράνα*)– και τη φύση του χώρου και την πηγή των υλικών δυνάμεων και της ύλης. Βλ. *στοιχεία*.

Αιτιατό σώμα. Ουσιαστικά ο άνθρωπος ως ψυχή είναι ένα ον αιτιατής σωματικής δομής. Το αιτιατό του σώμα αποτελεί το καλούπι-ιδέα του αστρικού και του υλικού του σώματος. Το αιτιατό σώμα συντίθεται από 35 ιδέες-στοιχεία που αντιστοιχούν στα 19 στοιχεία του αστρικού σώματος συν τα 16 βασικά υλικά στοιχεία του υλικού σώματος.

Αιτιατός κόσμος. Πίσω από τον κόσμο της ύλης (τα άτομα, τα πρωτόνια, τα ηλεκτρόνια) και τον λεπτοφυή αστρικό κόσμο της φωτοβόλας ζωικής ενέργειας (τα ζωητρόνια) βρίσκεται ο αιτιατός ή ιδεατός κόσμος της σκέψης (τα σκεπτρόνια). Όταν ο άνθρωπος εξελιχθεί επαρκώς ώστε να υπερβεί το υλικό και το αστρικό σύμπαν, τότε διαμένει στο αιτιατό σύμπαν. Στη συνειδητότητα των αιτιατών όντων, το υλικό και το αστρικό σύμπαν είναι διαλυμένα μέσα στην ουσία της σκέψης τους. Οτιδήποτε μπορεί να κάνει ο υλικός άνθρωπος με τη φαντασία του, ο αιτιατός άνθρωπος μπορεί να το κάνει στην πραγματικότητα – καθώς ο μόνος περιορισμός είναι η σκέψη. Τελικά, ο άνθρωπος αποβάλλει και το τελευταίο κάλυμμα της ψυχής –το αιτιατό του σώμα– για να ενωθεί με το πανταχού παρόν Πνεύμα, πέρα απ' όλα τα δονητικά βασίλεια.

Αναπνοή. «Η εισροή αμέτρητων συμπαντικών ρευμάτων μέσα στον άνθρωπο μέσω της αναπνοής φέρνει νευρικότητα στον νου του», έγραψε ο Παραμαχάνσα Γιογκανάντα. «Έτσι, η αναπνοή τον συνδέει με τους προσωρινούς φαινομενικούς κόσμους. Για να ξεφύγει από τη θλίψη της παροδικότητας και να εισέλθει στο μακάριο βασίλειο της Πραγματικότητας, ο γιόγκι μαθαίνει να ηρεμεί την αναπνοή με επιστημονικό διαλογισμό».

Αρτζούνα. Ο πολύ ανεπτυγμένος πνευματικά μαθητής στον οποίο ο Μπάγκαβαν Κρίσνα μετέδωσε το αθάνατο μήνυμα της Μπάγκαβαντ Γκίτα· ένας από τους πέντε πρίγκιπες Παντάβα στο μεγάλο ινδουιστικό έπος, τη *Μαχαμπαράτα*, στην οποία ήταν το βασικό πρόσωπο.

Ασκήσεις Ενεργοποίησης. Ο άνθρωπος περιβάλλεται από συμπαντική ενέργεια, όπως το ψάρι περιβάλλεται από νερό. Οι Ασκήσεις Ενεργοποίησης, που επινόησε ο Παραμαχάνσα Γιογκανάντα και διδάσκονται στα *Μαθήματα του Self-Realization Fellowship* (βλ. λήμμα), επιτρέπουν στον άνθρωπο να επαναφορτίσει το σώμα του μ' αυτή τη συμπαντική ενέργεια ή οικουμενική *πράνα*.

Άσραμ. Ένα πνευματικό ερημητήριο· συχνά ένα μοναστήρι.

Αστρικό σώμα. Το λεπτοφυές σώμα του ανθρώπου από φως, *πράνα* ή *ζωητρόνια*· το δεύτερο από τα τρία περιβλήματα που διαδοχικά εγκλωβίζουν την ψυχή: το αιτιατό σώμα (βλ. λήμμα), το αστρικό σώμα και το υλικό σώμα. Οι δυνάμεις του αστρικού σώματος δίνουν ζωή στο υλικό σώμα, όπως περίπου ο ηλεκτρισμός ανάβει μια λάμπα. Το αστρικό σώμα έχει δεκαεννέα στοιχεία: νοημοσύνη, εγώ, συναίσθημα, νου (συνειδητότητα των αισθήσεων)· πέντε όργανα γνώσης (τις αισθητήριες δυνάμεις μέσα στα υλικά όργανα της όρασης, της ακοής, της γεύσης, της όσφρησης και της αφής)· πέντε όργανα δράσης (τις εκτελεστικές δυνάμεις μέσα στα υλικά όργανα του σώματος της αναπαραγωγής, της απέκκρισης, της ομιλίας, της μετακίνησης και της εξάσκησης της χειρωνακτικής ικανότητας)· και πέντε όργανα ενέργειας της ζωής, τα οποία επιτελούν τις λειτουργίες της κυκλοφορίας, του μεταβολισμού, της αφομοίωσης, της δημιουργίας κρυσταλλικών δομών και της αποβολής.

Αστρικό φως. Το λεπτοφυές φως που εκπέμπεται από τα ζωητρόνια (βλ. *πράνα*)· η δομική ουσία του αστρικού κόσμου. Μέσα από τη διαισθητική αντίληψη της ψυχής που εμπεριέχει τα πάντα, οι πιστοί, σε καταστάσεις διαλογιστικής αυτοσυγκέντρωσης, μπορούν να αντιληφθούν το αστρικό φως, ιδίως ως το πνευματικό μάτι (βλ. λήμμα).

Αστρικός κόσμος. Η λεπτοφυής σφαίρα της δημιουργίας του Κυρίου, ένα σύμπαν φωτός και χρώματος αποτελούμενο από δυνάμεις πιο λεπτοφυείς από τις πυρηνικές, δηλαδή δονήσεις της ζωικής ενέργειας ή ζωητρονίων (βλ. *πράνα*). Κάθε ον, κάθε αντικείμενο, κάθε δόνηση στο υλικό επίπεδο έχει ένα αστρικό αντίστοιχο, γιατί στο αστρικό σύμπαν (τον παράδεισο) βρίσκεται το πανομοιότυπο σχέδιο του υλικού μας σύμπαντος. Όταν επέρχεται ο υλικός θάνατος, η ψυχή του ανθρώπου, περιβεβλημένη από ένα αστρικό σώμα φωτός, ανέρχεται σ' ένα από τα ανώτερα ή χαμηλότερα αστρικά επίπεδα, ανάλογα με την αξία της, προκειμένου να συνεχίσει ο άνθρωπος αυτός την πνευματική του εξέλιξη μέσα στη μεγαλύτερη ελευθερία αυτού του λεπτοφυούς βασιλείου. Εκεί παραμένει για ένα καρμικά προκαθορισμένο διάστημα μέχρι να ξαναγεννηθεί στο υλικό πεδίο.

Βεδάντα. Κατά κυριολεξία, «τέλος των Βεδών»· η φιλοσοφία που απορρέει από τις *Ουπανισάντ*, ή το τελευταίο μέρος των Βεδών. Ο Σάνκαρα (στον όγδοο ή στις αρχές του ένατου αιώνα) ήταν ο κύριος επεξηγητής της Βεδάντα, η οποία δηλώνει ότι ο Θεός είναι η μόνη πραγματικότητα και ότι η δημιουργία είναι ουσιαστικά μια ψευδαίσθηση. Καθώς ο άνθρωπος είναι το μόνο πλάσμα που είναι ικανό να συλλάβει τον Θεό, πρέπει ο ίδιος να είναι θεϊκός και ως εκ τούτου είναι υποχρέωσή του να συνειδητοποιήσει την αληθινή του φύση.

Βέδες. Οι τέσσερις ιερές Γραφές των Ινδουιστών: η Ριγκ Βέδα (Rig Veda), η Σάμα Βέδα (Sama Veda), η Γιάτζουρ Βέδα (Yajur Veda) και η Ατάρβα Βέδα (Atharva Veda). Ουσιαστικά είναι ένα συγγραφικό σύνολο ψαλμών, τελετουργιών και απαγγελιών για να αναζωογονηθούν και να αποκτήσουν πνευματικό χαρακτήρα όλες οι φάσεις της ζωής και της δραστηριότητας του ανθρώπου. Ανάμεσα στα τεράστια κείμενα της Ινδίας, οι Βέδες (από τη σανσκριτική ρίζα *βιντ*, «γνωρίζω») είναι τα μόνα γραπτά των οποίων ο συγγραφέας δεν έχει προσδιοριστεί. Η Ριγκ Βέδα προσδίδει μια ουράνια προέλευση στους ύμνους και μας λέει ότι έχουν προέλθει από τους «αρχαίους χρόνους», περιβεβλημένοι με νέα γλώσσα. Αποκαλυμμένες από εποχή σε εποχή με θεϊκό τρόπο στους *ρίσι*, τους «σοφούς», οι τέσσερις Βέδες λέγεται ότι κατέχουν *νιτυάτβα*, «αιώνια οριστικότητα».

Γιόγκα. Από το σανσκριτικό *yuj*, «ένωση». Γιόγκα σημαίνει ένωση της ατομικής ψυχής με το Πνεύμα· επίσης, οι μέθοδοι με τις οποίες επιτυγχάνεται αυτός ο στόχος. Μέσα στο μεγαλύτερο φάσμα της ινδουιστικής φιλοσοφίας, η Γιόγκα είναι ένα από τα έξι ορθόδοξα συστήματα: *Βεδάντα (Vedanta), Μιμάμσα (Mimamsa), Σανκυά (Sankhya), Βεϊσέσικ (Vaisesika), Νυάγια (Nyaya),* και *Γιόγκα (Yoga)*. Υπάρχουν επίσης διάφοροι τύποι μεθόδων γιόγκα: η *Χάτα Γιόγκα (Hatha Yoga)*, η *Μάντρα Γιόγκα (Mantra Yoga)*, η *Λάγια Γιόγκα (Laya Yoga)*, η *Κάρμα Γιόγκα (Karma Yoga)*, η *Γκιάνα Γιόγκα (Jnana Yoga)*, η *Μπάκτι Γιόγκα (Bhakti Yoga)* και η *Ράτζα Γιόγκα (Raja Yoga)*. Η *Ράτζα Γιόγκα*, η «βασιλική» ή ολοκληρωμένη γιόγκα, είναι αυτή που διδάσκεται από το Self-Realization Fellowship και την οποία ο Μπάγκαβαν Κρίσνα εκθειάζει στον μαθητή του Αρτζούνα στην Μπάγκαβαντ Γκίτα: «Ο γιόγκι είναι ανώτερος από τους ασκητές που πειθαρχούν το σώμα, ανώτερος ακόμα κι από εκείνους που ακολουθούν το μονοπάτι της σοφίας ή το μονοπάτι της δράσης· να είσαι, ω Αρτζούνα, γιόγκι!» (Μπάγκαβαντ Γκίτα VI:46). Ο σοφός Πατάντζαλι, ο κυριότερος επεξηγητής της Γιόγκα, έχει περιγράψει οκτώ συγκεκριμένα βήματα με τα οποία ο *Ράτζα Γιόγκι* επιτυγχάνει το *σαμάντι*, την ένωση με τον Θεό. Αυτά είναι (1) η *γιάμα*, η ηθική συμπεριφορά· (2) η *νιγιάμα*, η τήρηση θρησκευτικών κανόνων· (3) η *άσανα*, η σωστή στάση του σώματος για την εξουδετέρωση της σωματικής νευρικότητας· (4) η *πραναγιάμα*, ο έλεγχος της *πράνα*, των λεπτοφυών ζωικών ρευμάτων· (5) η *πρατυαχάρα*, η εσωτερίκευση· (6) η *νταράνα*, η αυτοσυγκέντρωση· (7) η *ντυάνα*, ο διαλογισμός· και (8) το *σαμάντι*, η υπερσυνείδητη εμπειρία.

Γιόγκι. Αυτός που εξασκείται στη Γιόγκα (βλ. λήμμα). Οποιοσδήποτε εφαρμόζει μια επιστημονική τεχνική με στόχο τη θεϊκή συνειδητοποίηση είναι γιόγκι. Μπορεί να είναι παντρεμένος ή ανύπαντρος, με εγκόσμιες υποχρεώσεις ή να έχει δώσει επίσημους θρησκευτικούς όρκους.

Γιούγκα. Ένας κύκλος ή μια περίοδος της δημιουργίας που περιγράφεται στα αρχαία ινδουιστικά κείμενα. Ο Σρι Γιουκτέσβαρ (βλ. λήμμα) περιγράφει στο βιβλίο του *The Holy Science* έναν Ισημερινό Κύκλο 24.000 χρόνων και την τωρινή θέση της ανθρωπότητας σ' αυτόν. Αυτός ο κύκλος λαμβάνει χώρα μέσα στον πολύ μεγαλύτερο σε διάρκεια συμπαντικό κύκλο των αρχαίων Γραφών, όπως υπολογίστηκε από τους αρχαίους *ρίσι*, και αναφέρεται στην *Αυτοβιογραφία Ενός Γιόγκι*, στο κεφάλαιο 16: «Ο συμπαντικός κύκλος των Γραφών εκτείνεται σε 4.300.560.000 χρόνια και αποτελεί το μέτρο μιας "Ημέρας της Δημιουργίας". Αυτό το απέραντο νούμερο βασίζεται στη σχέση μεταξύ της χρονικής διάρκειας του ηλιακού έτους και ενός πολλαπλασίου του π (3,1416 – το πηλίκο της περιφέρειας του κύκλου δια της διαμέτρου του).

»Η διάρκεια ζωής ενός ολόκληρου σύμπαντος σύμφωνα με τους αρχαίους σοφούς είναι 314.159.000.000.000 ηλιακά χρόνια ή "Ένα Έτος του Μπραχμά"».

Γκιάνα Γιόγκα. Το μονοπάτι της ένωσης με τον Θεό μέσω της μεταστοιχείωσης της διακριτικής δύναμης της διάνοιας στην παντογνώστρια σοφία της ψυχής.

Γλωσσάριο

Γκούνα. Οι τρεις ιδιότητες της Φύσης: η *τάμας*, η *ράτζας* και η *σάτβα* – παρεμπόδιση, δραστηριότητα και διεύρυνση· ή, μάζα, ενέργεια και νοημοσύνη. Στον άνθρωπο οι τρεις *γκούνα* εκφράζονται ως άγνοια ή αδράνεια· δραστηριότητα ή αγώνας· και σοφία.

Γκουρού. Πνευματικός διδάσκαλος. Παρ' όλο που η λέξη γκουρού συχνά χρησιμοποιείται λανθασμένα για να υποδηλώσει απλώς οποιονδήποτε δάσκαλο ή εκπαιδευτή, ένας αληθινός, θεϊκά φωτισμένος γκουρού είναι αυτός που, έχοντας αποκτήσει κυριαρχία πάνω στον εαυτό του, έχει συνειδητοποιήσει την ταύτισή του με το πανταχού παρόν Πνεύμα. Ένας τέτοιος άνθρωπος κατέχει με μοναδικό τρόπο τη δυνατότητα να οδηγήσει τον αναζητητή στο δικό του εσωτερικό ταξίδι προς τη θεϊκή συνειδητοποίηση.

Όταν ένας πιστός είναι έτοιμος να αναζητήσει τον Θεό ένθερμα, ο Κύριος του στέλνει έναν γκουρού. Μέσα από τη σοφία, τη νοημοσύνη, τη συνειδητοποίηση του Εαυτού και τις διδασκαλίες ενός τέτοιου Δασκάλου, ο Θεός καθοδηγεί τον μαθητή. Ακολουθώντας τις διδασκαλίες και την πειθαρχία του Δασκάλου, ο μαθητής κατορθώνει να εκπληρώσει την επιθυμία της ψυχής του για το μάννα της αντίληψης του Θεού. Ένας αληθινός γκουρού, προσταγμένος από τον Θεό να βοηθήσει ειλικρινείς αναζητητές ανταποκρινόμενος στη βαθιά λαχτάρα της ψυχής τους, δεν είναι ένας συνηθισμένος δάσκαλος: είναι ένα ανθρώπινο όχημα του οποίου ο Θεός χρησιμοποιεί το σώμα, την ομιλία, τον νου και την πνευματικότητα ως έναν δίαυλο για να προσελκύσει και να καθοδηγήσει χαμένες ψυχές πίσω στο σπίτι τους της αθανασίας. Ένας γκουρού είναι μια ζωντανή ενσωμάτωση της βιβλικής αλήθειας. Είναι ένα όργανο σωτηρίας που όρισε ο Θεός ανταποκρινόμενος στην απαίτηση ενός πιστού να απελευθερωθεί από τα δεσμά της ύλης. «Το να βρίσκεται κάποιος στη συντροφιά του Γκουρού», έγραψε ο Σουάμι Σρι Γιουκτέσβαρ στο *The Holy Science*, «δεν είναι μόνο να βρίσκεται κοντά του με την έννοια της υλικής παρουσίας (καθώς αυτό μερικές φορές είναι αδύνατον), αλλά κυρίως να τον έχει στην καρδιά του και να είναι ένα μαζί του ως προς τις αρχές του και να συντονίζεται μαζί του». Βλ. *Δάσκαλος*.

Γκουρουντέβα. «Θεϊκός δάσκαλος», ένας εθιμικός σανσκριτικός όρος σεβασμού που χρησιμοποιείται στην προσφώνηση και στην αναφορά του πνευματικού δασκάλου κάποιου.

Γκουρού του Self-Realization Fellowship. Οι Γκουρού του Self-Realization Fellowship (Yogoda Satsanga Society of India) είναι ο Ιησούς Χριστός, ο Μπάγκαβαν Κρίσνα και μια σειρά φωτισμένων Δασκάλων της σύγχρονης εποχής: ο Μαχαβατάρ Μπάμπατζι, ο Λαχίρι Μαχασάγια, ο Σουάμι Σρι Γιουκτέσβαρ και ο Παραμαχάνσα Γιογκανάντα. Η φανέρωση της αρμονίας και της ουσιαστικής ενότητας των διδασκαλιών του Ιησού

Χριστού και των αρχών της Γιόγκα του Μπάγκαβαν Κρίσνα αποτελεί ένα αναπόσπαστο μέρος της αποστολής του Self-Realization Fellowship. Όλοι αυτοί οι Γκουρού, με τις ανυπέρβλητες διδασκαλίες τους και τη θεϊκή τους μεσολάβηση, συνεισφέρουν στην εκπλήρωση της αποστολής του Self-Realization Fellowship η οποία είναι το να φέρει σε όλη την ανθρωπότητα μια πρακτική πνευματική επιστήμη για τη συνειδητοποίηση του Θεού.

Δάσκαλος. Αυτός που έχει πετύχει κυριαρχία πάνω στον εαυτό του. Ο Παραμαχάνσα Γιογκανάντα τόνισε ότι «τα ξεχωριστά προσόντα ενός Δασκάλου δεν είναι υλικής φύσης αλλά πνευματικά. [...] Απόδειξη ότι κάποιος είναι Δάσκαλος αποτελεί μόνο η ικανότητά του να εισέρχεται κατά βούληση στην κατάσταση του σταματήματος της αναπνοής *(σαμπικάλπα σαμάντι)* και η επίτευξη της αμετάβλητης μακαριότητας *(νιρμπικάλπα σαμάντι)*». Βλ. *σαμάντι*.

Ο Παραμαχάνσατζι δηλώνει περαιτέρω: «Όλες οι Γραφές διακηρύσσουν ότι ο Κύριος δημιούργησε τον άνθρωπο σύμφωνα με τη παντοδύναμη εικόνα Του. Η κυριαρχία πάνω στο σύμπαν δείχνει να είναι κάτι υπερφυσικό, αλλά στην πραγματικότητα αυτή η δύναμη είναι έμφυτη και φυσιολογική σε οποιονδήποτε επιτυγχάνει "ορθή ενθύμηση" της θεϊκής του καταγωγής. Οι άνθρωποι που έχουν συνειδητοποιήσει τον Θεό [...] είναι απαλλαγμένοι από το εγώ (το *αχάμκαρα*) και τις προσωπικές επιθυμίες που αυτό θρέφει· οι πράξεις των αληθινών Δασκάλων βρίσκονται σε μια αβίαστη συμφωνία με τη *ρίτα*, τη φυσική δικαιοσύνη. Με τα λόγια του Emerson, όλοι οι μεγάλοι άγιοι γίνονται "όχι ενάρετοι, αλλά Αρετή· εκεί λύνονται όλα τα μυστήρια της δημιουργίας και ο Θεός είναι πολύ ευχαριστημένος"».

Διαίσθηση. Η ικανότητα της ψυχής να γνωρίζει τα πάντα, η οποία καθιστά ικανό τον άνθρωπο να βιώνει την άμεση αντίληψη της αλήθειας χωρίς τη μεσολάβηση των αισθήσεων.

Διαλογισμός. Η αυτοσυγκέντρωση στον Θεό. Ο όρος χρησιμοποιείται με μια γενική έννοια για να δηλώσει την εξάσκηση οποιασδήποτε τεχνικής εσωτερίκευσης της προσοχής και της εστίασής της σε κάποια όψη του Θεού. Με μια πιο στενή έννοια, ο διαλογισμός αναφέρεται στο τελικό αποτέλεσμα της επιτυχούς εξάσκησης τέτοιων μεθόδων: την άμεση εμπειρία του Θεού μέσω διαισθητικής αντίληψης. Είναι το έβδομο βήμα *(ντυάνα)* του Οκτάπτυχου μονοπατιού της Γιόγκα που περιγράφηκε από τον Πατάντζαλι (βλ. λήμμα) και που κατορθώνεται μόνο αφού κάποιος έχει πετύχει εκείνη την εστιασμένη συγκέντρωση μέσα του με την οποία είναι εντελώς απερίσπαστος από τις αισθητήριες εντυπώσεις του εξωτερικού κόσμου. Στον βαθύτατο διαλογισμό ο άνθρωπος βιώνει το όγδοο βήμα του μονοπατιού της Γιόγκα: το *σαμάντι*, κοινωνία, ενότητα με τον Θεό. (Βλ. επίσης *Γιόγκα*).

Γλωσσάριο

Εαυτός. Με το έψιλον κεφαλαίο υποδηλώνει το *άτμαν*, την ψυχή, τη θεϊκή ουσία του ανθρώπου, σε αντιδιαστολή με τον συνηθισμένο εαυτό, ο οποίος είναι η ανθρώπινη προσωπικότητα ή το εγώ. Ο Εαυτός είναι εξατομικευμένο Πνεύμα, του οποίου η ουσιαστική φύση είναι πάντα υπάρχουσα, πάντα συνειδητή, πάντα ανανεούμενη Μακαριότητα. Ο Εαυτός ή ψυχή είναι η εσωτερική πηγή της αγάπης, της σοφίας, της γαλήνης, του θάρρους, της συμπόνιας και όλων των άλλων θεϊκών ιδιοτήτων του ανθρώπου.

Εγωισμός. Η θεμελιώδης αρχή του εγώ, το *αχάμκαρα* (στην κυριολεξία «εγώ κάνω»), είναι η ρίζα-αιτία του δυισμού ή του φαινομενικού διαχωρισμού μεταξύ του ανθρώπου και του Δημιουργού του. Το *αχάμκαρα* φέρνει τις ανθρώπινες υπάρξεις κάτω από την εξουσία της *μάγια* (βλ. λήμμα), η οποία κάνει το υποκείμενο (το εγώ) να εμφανίζεται ψευδώς ως αντικείμενο· τα πλάσματα φαντάζονται ότι είναι δημιουργοί. Εξαφανίζοντας τη συνειδητότητα του εγώ, ο άνθρωπος αφυπνίζεται στη θεϊκή του ταυτότητα, την ενότητά του με τη Μοναδική Ζωή: τον Θεό.

Ενσινίτας (Encinitas), Καλιφόρνια. Το Ενσινίτας, μια παραλιακή πόλη στη νότια Καλιφόρνια, είναι η τοποθεσία ενός Κέντρου Άσραμ του Self-Realization Fellowship, ενός Ησυχαστηρίου και ενός Ερημητηρίου, που ίδρυσε ο Παραμαχάνσα Γιογκανάντα το 1937. Οι ευρύχωρες εκτάσεις και το κτίριο του Ερημητηρίου, το οποίο βρίσκεται πάνω σε μια πλαγιά με θέα στον Ειρηνικό Ωκεανό, ήταν ένα δώρο στον Παραμαχάνσατζι από τον Ράτζαρσι Τζανακανάντα (βλ. λήμμα).

Ζωητρόνια. Βλ. *πράνα*.

Ζωική Ενέργεια. Βλ. *πράνα*.

Θεϊκή Μητέρα. Η όψη του Θεού που είναι ενεργή μέσα στη δημιουργία· η *σάκτι*, ή δύναμη, του Υπερβατικού Δημιουργού. Άλλοι όροι γι' αυτή την όψη της Θεότητας είναι Φύση ή *Πρακρίτι, Ομ*, Άγιο Πνεύμα, Συμπαντική Νοήμων Δόνηση. Επίσης, η προσωπική πλευρά του Θεού ως Μητέρα που εκφράζει την αγάπη του Κυρίου και τις ευσπλαχνικές ιδιότητες.

Οι ινδουιστικές Γραφές διδάσκουν ότι ο Θεός είναι ταυτόχρονα ενυπάρχων και υπερβατικός, προσωπικός και απρόσωπος. Μπορεί να αναζητηθεί ως το Απόλυτο· ως μια από τις εκδηλωμένες αιώνιες ιδιότητές Του όπως η αγάπη, η σοφία, η μακαριότητα, το φως· στη μορφή μιας *ίστα* (θεότητας)· ή σε έννοιες όπως Ουράνιος Πατέρας, Μητέρα, Φίλος.

Κάρμα. Τα αποτελέσματα παρελθόντων πράξεων, σε αυτήν ή σε προηγούμενες ζωές· από το σανσκριτικό *kri*, κάνω. Ο εξισορροπητικός νόμος του κάρμα, όπως αναπτύσσεται στις σανσκριτικές Γραφές, είναι αυτός της δράσης και της αντίδρασης, της αιτίας και του αποτελέσματος, της σποράς και του θερισμού. Στη διαδικασία της φυσικής δικαιοσύνης, κάθε άνθρωπος με τις σκέψεις και τις πράξεις του γίνεται ο πλάστης του πεπρωμένου του. Οποιεσδήποτε ενέργειες αυτός ο ίδιος έχει ενεργοποιήσει σοφά ή ασύνετα, θα πρέπει να επιστρέψουν σ' αυτόν ως το σημείο αφετηρίας τους, όπως ένας κύκλος που ολοκληρώνεται αμείλικτα. Η κατανόηση του κάρμα ως νόμου δικαιοσύνης βοηθά να ελευθερωθεί ο ανθρώπινος νους από το αίσθημα δυσανασχέτησης προς τον Θεό και τον άνθρωπο. Το κάρμα ενός ανθρώπου τον ακολουθεί από ενσάρκωση σε ενσάρκωση μέχρις ότου αυτό εκπληρωθεί ή ξεπεραστεί με πνευματικό τρόπο. (Βλ. *μετενσάρκωση*.)

Οι αθροιστικές πράξεις των ανθρώπινων όντων μέσα στις κοινότητές τους, στα έθνη τους, ή στον κόσμο ως σύνολο, συνιστούν το μαζικό κάρμα, το οποίο παράγει τοπικά ή ευρείας κλίμακας αποτελέσματα ανάλογα με τον βαθμό και την υπερίσχυση του καλού ή του κακού. Οι σκέψεις και οι πράξεις του κάθε ανθρώπινου όντος, ως εκ τούτου, συνεισφέρουν στην καλή ή κακή κατάσταση αυτού του κόσμου και όλων των ανθρώπων μέσα σ' αυτόν.

Κάρμα Γιόγκα. Το μονοπάτι προς τον Θεό μέσω της δράσης και της υπηρεσίας χωρίς προσκόλληση. Με ανιδιοτελή υπηρεσία, προσφέροντας τους καρπούς των πράξεών του στον Θεό και βλέποντας τον Θεό ως τον μοναδικό Πράττοντα, ο πιστός ελευθερώνεται από το εγώ και βιώνει τον Θεό. Βλ. *Γιόγκα*.

Κάστα. Η κάστα στην αρχική της σύλληψη δεν αποτελούσε κοινωνική θέση με βάση την κληρονομικότητα, αλλά μια ταξινόμηση βασισμένη στις φυσικές ικανότητες του ανθρώπου. Στη διάρκεια της εξέλιξής του, ο άνθρωπος περνά μέσα από τέσσερις διακριτές κατηγορίες, προσδιορισμένες από τους αρχαίους Ινδουιστές σοφούς ως *Σούντρα, Βαΐσυα, Κσάτριγια* και *Βραχμάνου*. Ο *Σούντρα* ενδιαφέρεται πρωτίστως για την ικανοποίηση των σωματικών αναγκών και επιθυμιών του· η εργασία που ταιριάζει πιο πολύ στο επίπεδο της ανάπτυξής του είναι ο σωματικός μόχθος. Ο *Βαΐσυα* είναι φιλόδοξος για εγκόσμιο κέρδος και για ικανοποίηση των αισθήσεων· έχει περισσότερη δημιουργική ικανότητα από τον *Σούντρα* και ασχολείται ως γεωργός-κτηματίας, επιχειρηματίας, καλλιτέχνης, και γενικά με οτιδήποτε ικανοποιείται η νοητική του ενέργεια. Ο *Κσάτριγια*, έχοντας εκπληρώσει μέσα από πολλές ζωές τις επιθυμίες των επιπέδων του *Σούντρα* και του *Βαΐσυα*, αρχίζει να αναζητά το νόημα της ζωής· προσπαθεί να υπερνικήσει τις κακές του συνήθειες, να ελέγχει τις αισθήσεις του και να πράττει το σωστό. Οι *Κσάτριγια* είναι ευγενείς κυβερνήτες, πολιτικές προσωπικότητες, πολεμιστές. Ο *Βραχμάνος* έχει ξεπεράσει την κατώτερη φύση του, έχει μια φυσική έλξη προς πνευματικές επιδιώξεις, γνωρίζει τον Θεό και ως εκ τούτου είναι ικανός να διδάξει και να βοηθήσει τους άλλους να απελευθερωθούν.

Γλωσσάριο

Κατά Κρίσνα Συνειδητότητα. Κατά Χριστόν Συνειδητότητα· *Κουτάστα Τσαϊτάνια*. Βλ. Κατά Χριστόν Συνειδητότητα.

Κατά Χριστόν κέντρο. Το *Κουτάστα* ή *άτζνα τσάκρα* στο σημείο μεταξύ των φρυδιών, άμεσα συνδεδεμένο με τον προμήκη μυελό (βλ. λήμμα) μέσω πολικότητας· το κέντρο της θέλησης και της συγκέντρωσης και της Κατά Χριστόν Συνειδητότητας· έδρα του πνευματικού ματιού (βλ. λήμμα).

Κατά Χριστόν Συνειδητότητα. «Χριστός» ή «κατά Χριστόν Συνειδητότητα» είναι η προβαλλόμενη συνειδητότητα του Θεού που ενυπάρχει σε ολόκληρη τη δημιουργία. Στις χριστιανικές Γραφές καλείται ο «Μονογενής Υιός», η μόνη καθαρή αντανάκλαση του Θεού ως Πατέρα μέσα στη δημιουργία· στις ινδουιστικές Γραφές καλείται *Κουτάστα Τσαϊτάνια* ή *Τατ*, η συμπαντική νοημοσύνη του Πνεύματος που είναι πανταχού παρούσα μέσα στη δημιουργία. Είναι η οικουμενική συνειδητότητα, η ενότητα με τον Θεό, που εκδηλώθηκε από τον Ιησού, τον Κρίσνα και άλλους *αβατάρ*. Οι μεγάλοι άγιοι και οι γιόγκι τη γνωρίζουν ως την κατάσταση του διαλογισμού *σαμάντι*, στον οποίο η συνειδητότητά τους έχει ταυτιστεί με τη νοημοσύνη κάθε μορίου της δημιουργίας· αισθάνονται ολόκληρο το σύμπαν ως το σώμα τους. Βλ. *Τριάδα*.

Καταστάσεις της συνειδητότητας. Στη θνητή συνειδητότητα ο άνθρωπος βιώνει τρεις καταστάσεις: τη συνειδητότητα της εγρήγορσης, τη συνειδητότητα του ύπνου και τη συνειδητότητα των ονείρων. Αλλά δεν βιώνει την ψυχή του, το υπερσυνείδητο, και δεν βιώνει τον Θεό. Αυτός που είναι σαν τον Χριστό Τον βιώνει. Όπως ο θνητός άνθρωπος είναι συνειδητός ως προς το σώμα του, ο άνθρωπος-Χριστός είναι συνειδητός ως προς όλο το σύμπαν, το οποίο νιώθει ως σώμα του. Πέρα από την κατάσταση της κατά Χριστόν Συνειδητότητας βρίσκεται η συμπαντική συνειδητότητα, η εμπειρία της ενότητας με τον Θεό στην απόλυτη συνειδητότητά Του πέρα από τη δονητική δημιουργία, καθώς και με την πανταχού παρουσία του Κυρίου που εκδηλώνεται μέσα στους φαινομενικούς κόσμους.

Κρίγια Γιόγκα. Μια ιερή πνευματική επιστήμη που αναπτύχθηκε στην Ινδία εδώ και χιλιετίες. Περιλαμβάνει συγκεκριμένες τεχνικές διαλογισμού των οποίων η αφοσιωμένη εφαρμογή οδηγεί στη συνειδητοποίηση του Θεού. Ο Παραμαχάνσα Γιογκανάντα εξήγησε ότι η σανσκριτική ρίζα της *ίκρίγια* είναι το *κρι*, κάνω, δρω και αντιδρώ· η ίδια ρίζα απαντάται στη λέξη *κάρμα*, τη φυσική θεμελιώδη αρχή της αιτίας και του αποτελέσματος. Έτσι, *Κρίγια Γιόγκα* είναι «ένωση *(γιόγκα)* με το Άπειρο μέσω συγκεκριμένης δράσης ή τελετουργίας *(κρίγια)*». Η *Κρίγια Γιόγκα*, μια μορφή της *Ράτζα* («βασιλικής» ή «ολοκληρωμένης») *Γιόγκα*, εξυμνείται από τον Κρίσνα στην Μπάγκαβαντ Γκίτα και από τον Πατάντζαλι στις *Γιόγκα Σούτρα*. Αναβίωσε στη σημερινή εποχή από τον Μαχαβατάρ Μπάμπατζι. Η

Ταξίδι Προς τη Συνειδητοποίηση του Εαυτού

Κρίγια Γιόγκα είναι η *ντίκσα* (πνευματική μύηση) που παραχωρείται από τους Γκουρού του Self-Realization Fellowship. Από το *μαχασαμάντι* (βλ. λήμμα) του Παραμαχάνσα Γιογκανάντα και μετά, η *ντίκσα* απονέμεται από τον πνευματικό αντιπρόσωπό του, τον πρόεδρο του Self-Realization Fellowship / Yogoda Satsanga Society of India (ή από κάποιο άλλο πρόσωπο διορισμένο από τον πρόεδρο). Για να λάβουν την *ντίκσα*, τα μέλη του SRF θα πρέπει να εκπληρώνουν κάποιες προκαταρκτικές πνευματικές προϋποθέσεις. Αυτός που έχει λάβει αυτή την *ντίκσα* είναι ένας *Κρίγια Γιόγκι* ή *Κριγιάμπαν*. Βλ. επίσης *γκουρού* και *μαθητής*.

Κρίσνα. Βλ. *Μπάγκαβαν Κρίσνα*.

Λάγια Γιόγκα. Αυτό το γιογκικό σύστημα διδάσκει την απορρόφηση του νου στην αντίληψη συγκεκριμένων αστρικών ήχων, οδηγώντας στην ένωση με τον Θεό ως τον συμπαντικό ήχο *Ομ*. Βλ. *Ομ* και *Γιόγκα*.

Λαχίρι Μαχασάγια. *Λαχίρι* ήταν το οικογενειακό όνομα του Σιάμα Τσαράν Λαχίρι (Shyama Charan Lahiri) (1828-1895). *Μαχασάγια*, ένας σανσκριτικός θρησκευτικός τίτλος, σημαίνει «ευρύνους». Ο Λαχίρι Μαχασάγια ήταν μαθητής του Μαχαβατάρ Μπάμπατζι και ο γκουρού του Σουάμι Σρι Γιουκτέσβαρ (του γκουρού του Παραμαχάνσα Γιογκανάντα). Ένας δάσκαλος όμοιος με τον Χριστό, με θαυματουργές δυνάμεις, ήταν επίσης οικογενειάρχης με επιχειρηματικές υποχρεώσεις. Η αποστολή του ήταν να κάνει γνωστή μια γιόγκα που να ταιριάζει στον σύγχρονο άνθρωπο, κατά την οποία ο διαλογισμός εξισορροπείται με τη σωστή εκτέλεση των εγκόσμιων καθηκόντων. Έχει αποκληθεί *Γιογκαβατάρ*, «Ενσάρκωση της Γιόγκα». Ο Λαχίρι Μαχασάγια ήταν ο μαθητής στον οποίο ο Μπάμπατζι αποκάλυψε την αρχαία, σχεδόν χαμένη επιστήμη της *Κρίγια Γιόγκα* (βλ. λήμμα), δίνοντάς του οδηγίες να μυήσει με τη σειρά του σ' αυτήν ειλικρινείς αναζητητές. Η ζωή του Λαχίρι Μαχασάγια περιγράφεται στην *Αυτοβιογραφία Ενός Γιόγκι*.

Λυν, Τζέϊμς. (Lynn, James J.) – (St. Lynn). Βλ. *Ράτζαρσι Τζανακανάντα*.

Μάγια. Η απατηλή δύναμη που είναι εγγενής στη δομή της δημιουργίας, με την οποία το Ένα εμφανίζεται ως πολλά. Η *μάγια* είναι η αρχή της σχετικότητας, της αντιστροφής, της αντίθεσης, της δυαδικότητας, των αντίθετων καταστάσεων· ο «Σατανάς» (στα Εβραϊκά στην κυριολεξία ο «αντίπαλος») των προφητών της Παλαιάς Διαθήκης· και ο «διάβολος» τον οποίο ο Χριστός περιέγραψε γραφικά ως «ανθρωποκτόνο» και «ψεύτη» επειδή «δεν υπάρχει αλήθεια σ' αυτόν» (κατά Ιωάννη Η:44).

Ο Παραμαχάνσα Γιογκανάντα έγραψε:

«Η σανσκριτική λέξη *μάγια* σημαίνει "ο μετρητής"· είναι η μαγική δύναμη στη δημιουργία με την οποία οι περιορισμοί και οι διαχωρισμοί είναι εμφανώς παρόντες μέσα στο Απροσμέτρητο και το Αδιαίρετο. *Μάγια*

Γλωσσάριο

είναι η ίδια η Φύση - οι φαινομενικοί κόσμοι, διαρκώς σε μεταβατική διακύμανση, σε αντίθεση με τη Θεϊκή Αμεταβλητότητα.

»Στο σχέδιο και το έργο (*λίλα*) του Θεού, η μοναδική λειτουργία του Σατανά ή *μάγια* είναι να επιχειρεί να εκτρέψει τον άνθρωπο από το Πνεύμα στην ύλη, από τη Πραγματικότητα στη μη πραγματικότητα. "Από την αρχή ο διάβολος αμαρτάνει. Γι' αυτό φανερώθηκε ο Υιός του Θεού, για να καταστρέψει τα έργα του διαβόλου" (Επιστολή Α' Ιωάννη Γ:8). Δηλαδή η εκδήλωση της κατά Χριστόν Συνειδητότητας μέσα στην ανθρώπινη ύπαρξη αβίαστα καταστρέφει τις ψευδαισθήσεις ή αλλιώς "τα έργα του διαβόλου".

»Η *μάγια* είναι το πέπλο της μεταβλητότητας στη Φύση, το αδιάκοπο γίγνεσθαι της δημιουργίας· το πέπλο που κάθε άνθρωπος πρέπει να ανασηκώσει για να δει πίσω απ' αυτό τον Δημιουργό, τη σταθερή Αμεταβλητότητα, την αιώνια Πραγματικότητα».

Μαθήματα του Self-Realization Fellowship. Οι διδασκαλίες του Παραμαχάνσα Γιογκανάντα, σταχυολογημένες σε περιεκτικές σειρές μαθημάτων για μελέτη στο σπίτι και διαθέσιμες στους ειλικρινείς αναζητητές της αλήθειας σε ολόκληρο τον κόσμο. Αυτά τα μαθήματα περιλαμβάνουν τις τεχνικές του διαλογισμού γιόγκα που δίδαξε ο Παραμαχάνσα Γιογκανάντα, συμπεριλαμβανομένης και της *Κρίγια Γιόγκα,* για εκείνους που εκπληρώνουν συγκεκριμένες προϋποθέσεις. Πληροφορίες για τα *Μαθήματα* είναι διαθέσιμες κατόπιν αιτήσεως στην έδρα του Self-Realization Fellowship. Βλ. επίσης σελίδα 472.

Μαθητής. Κάποιος με πνευματικές προσδοκίες που πηγαίνει σ' έναν γκουρού αναζητώντας να γνωρίσει τον Θεό, και γι' αυτόν τον στόχο αναπτύσσει έναν αιώνιο δεσμό με τον γκουρού. Στο Self-Realization Fellowship, ο δεσμός γκουρού-μαθητή εδραιώνεται με την *ντίκσα,* τη μύηση, στην *Κρίγια Γιόγκα.* Βλ. επίσης *γκουρού* και *Κρίγια Γιόγκα.*

Μάντρα Γιόγκα. Η θεϊκή επικοινωνία που επιτυγχάνεται μέσω λατρευτικής, συγκεντρωμένης επανάληψης ήχων - ριζών-λέξεων που έχουν μια πνευματικά ευεργετική δονητική δύναμη. Βλ. *Γιόγκα.*

Μαχαβατάρ Μπάμπατζι. Ο αθάνατος *μαχαβατάρ* («μέγας *αβατάρ»)* ο οποίος το 1861 μύησε στην *Κρίγια Γιόγκα* (βλ. λήμμα) τον Λαχίρι Μαχασάγια, κι έτσι επανέφερε στον κόσμο την αρχαία μέθοδο σωτηρίας. Παντοτινά νεανικός, ζει για αιώνες στα Ιμαλάϊα, δίνοντας συνεχείς ευλογίες στον κόσμο. Η αποστολή του είναι να βοηθά τους προφήτες στην εκτέλεση της ιδιαίτερης αποστολής τους. Πολλοί τίτλοι τού έχουν δοθεί που τονίζουν το σπουδαίο πνευματικό του ανάστημα, αλλά ο *μαχαβατάρ* έχει γενικά υιοθετήσει το απλό όνομα Μπάμπατζι, από το σανσκριτικό *μπάμπα,* «πατέρας», και το μόριο *τζι* που υποδηλώνει σεβασμό. Περισσότερες πληροφορίες γύρω από τη ζωή του και την πνευματική αποστολή του παρέχονται στην *Αυτοβιογραφία Ενός Γιόγκι*. Βλ. *αβατάρ*.

Μαχασαμάντι. Στα Σανσκριτικά *μαχά*, «μεγάλο», *σαμάντι*. Ο τελευταίος διαλογισμός, ή η συνειδητή κοινωνία με τον Θεό, στη διάρκεια του οποίου ένας τελειοποιημένος Δάσκαλος συγχωνεύεται με το συμπαντικό *Ομ* και αποβάλλει το υλικό σώμα. Ένας Δάσκαλος γνωρίζει από πριν και με ακρίβεια την ώρα που ο Θεός έχει καθορίσει γι' αυτόν να εγκαταλείψει τη σωματική του διαμονή. Βλ. *σαμάντι*.

Μετενσάρκωση. Το δόγμα ότι τα ανθρώπινα όντα, αναγκασμένα από τον νόμο της εξέλιξης, ενσαρκώνονται επανειλημμένα σε διαδοχικά ανώτερες βαθμίδες ζωής –επιβραδυνόμενα από λανθασμένες πράξεις και επιθυμίες και επιταχυνόμενα από πνευματικές προσπάθειες– μέχρι να επιτευχθεί η συνειδητοποίηση του Εαυτού και η ένωση με τον Θεό. Έχοντας μ' αυτόν τον τρόπο υπερβεί τους περιορισμούς και τις ατέλειες της θνητής συνειδητότητας, η ψυχή απελευθερώνεται για πάντα από την εξαναγκαστική μετενσάρκωση. «Αυτόν που νικά θα τον κάνω στύλο στον ναό του Θεού μου και δε θα εξέλθει πλέον έξω» (Αποκάλυψη Γ:12).

Η μετενσάρκωση δεν είναι αποκλειστική ιδέα της ανατολικής φιλοσοφίας, αλλά θεωρούνταν θεμελιώδης αλήθεια της ζωής από πολλούς αρχαίους πολιτισμούς. Η χριστιανική Εκκλησία τα πρώτα χρόνια αποδεχόταν την αρχή της μετενσάρκωσης, η οποία υποστηριζόταν από τους Γνωστικούς και από πολλούς Εκκλησιαστικούς Πατέρες, συμπεριλαμβανομένων του Κλήμη του Αλεξανδρινού, του Ωριγένη και του Αγίου Ιερώνυμου. Διατηρήθηκε μέχρι τη Δεύτερη Οικουμενική Σύνοδο της Κωνσταντινούπολης, το 553 μ.Χ., οπότε το δόγμα αυτό αφαιρέθηκε επισήμως από τις διδασκαλίες της Εκκλησίας. Σήμερα πολλοί Δυτικοί στοχαστές αρχίζουν να υιοθετούν την ιδέα του νόμου του *κάρμα* και της μετενσάρκωσης, βλέποντας σ' αυτόν μια έξοχη και καθησυχαστική ερμηνεία των φαινομενικών αδικιών της ζωής.

Μπάγκαβαν Κρίσνα. Ένας *αβατάρ* (βλ. λήμμα) που έζησε στην αρχαία Ινδία, αιώνες πριν τη χριστιανική εποχή. Μια από τις έννοιες που δίνονται στη λέξη *Κρίσνα* στις ιερές ινδουιστικές Γραφές είναι «Πάνσοφο Πνεύμα». Έτσι, *Κρίσνα*, όπως *Χριστός*, είναι ένας πνευματικός τίτλος που δηλώνει το θεϊκό μεγαλείο του *αβατάρ* – την ενότητά του με τον Θεό. Ο τίτλος *Μπάγκαβαν* σημαίνει «Κύριος». Την εποχή που έδωσε την ομιλία που καταγράφεται στην Μπάγκαβαντ Γκίτα, ο Κύριος Κρίσνα ήταν βασιλιάς στη βόρεια Ινδία. Τα παιδικά του χρόνια, ο Κρίσνα ζούσε ως αγελαδοβοσκός και μάγευε τους συντρόφους του με τη μουσική από το φλάουτό του. Σ' αυτό το ρόλο ο Κρίσνα συχνά θεωρείται ότι αντιπροσωπεύει αλληγορικά την ψυχή που παίζει το φλάουτο του διαλογισμού για να κατευθύνει τις παραπλανημένες σκέψεις πίσω στην αγκαλιά της παντογνωσίας.

Γλωσσάριο

Μπάγκαβαντ Γκίτα. «Τραγούδι του Κυρίου». Μια αρχαία ινδική Γραφή αποτελούμενη από δεκαοκτώ κεφάλαια από το έκτο βιβλίο *(Μπίσμα Πάρβα)* του έπους *Μαχαμπαράτα*. Παρουσιαζόμενη με τη μορφή ενός διαλόγου μεταξύ του *αβατάρ* Κυρίου Κρίσνα και του μαθητή του Αρτζούνα την παραμονή της ιστορικής μάχης του Κουρουκσέτρα, η Γκίτα αποτελεί μια βαθυστόχαστη πραγματεία πάνω στην επιστήμη της Γιόγκα (της ένωσης με τον Θεό) και μια αιώνια συνταγή για ευτυχία και επιτυχία στην καθημερινή ζωή. Η Γκίτα είναι μια αλληγορία και ταυτόχρονα ένα ιστορικό συμβάν, μια πνευματική διατριβή πάνω στην εσωτερική μάχη ανάμεσα στις καλές και τις κακές ροπές του ανθρώπου. Ανάλογα με το περιεχόμενο, ο Κρίσνα συμβολίζει τον γκουρού, την ψυχή, ή τον Θεό· ο Αρτζούνα αντιπροσωπεύει τον πιστό που προσδοκά την απελευθέρωση. Γι' αυτήν την οικουμενική Γραφή ο Μαχάτμα Γκάντι έγραψε: «Εκείνοι που θα διαλογίζονται πάνω στην Γκίτα θα αντλούν ανανεούμενη χαρά και καινούργιες ιδέες απ' αυτήν κάθε μέρα. Δεν υπάρχει ούτε ένας πνευματικός γρίφος που η Γκίτα να μην μπορεί να διαλευκάνει».

Εκτός αν ορίζεται διαφορετικά, οι στίχοι από την Μπάγκαβαντ Γκίτα που αναφέρονται σ' αυτό το βιβλίο προέρχονται από τις μεταφράσεις του Παραμαχάνσα Γιογκανάντα, τις οποίες αυτός αποδίδει στα Αγγλικά από τα Σανσκριτικά, μερικές φορές κατά λέξη και μερικές φορές παραφρασμένες, ανάλογα με το περιεχόμενο της ομιλίας του. Η εκτενής μετάφραση και τα περιεκτικά σχόλια του Παραμαχάνσατζι περιέχονται στο βιβλίο *God Talks With Arjuna: The Bhagavad Gita – Royal Science of God-Realization* (δημοσιευμένο από το Self-Realization Fellowship).

Μπάκτι Γιόγκα. Η πνευματική προσέγγιση του Θεού που δίνει έμφαση στη γεμάτη παράδοση αγάπη ως το πρώτιστο μέσο για την κοινωνία και την ένωση με τον Θεό. Βλ. *Γιόγκα*.

Μπάμπατζι. Βλ. *Μαχαβατάρ Μπάμπατζι*.

Μπραχμά. Το Απόλυτο Πνεύμα.

Μπραχμά-Βισνού-Σίβα. Τρεις όψεις της ενύπαρξης του Θεού στη δημιουργία. Αντιπροσωπεύουν την τριαδική λειτουργία της κατά Χριστόν Νοημοσύνης *(Τατ)* η οποία καθοδηγεί τις δραστηριότητες της Συμπαντικής Φύσης: τις δραστηριότητες της δημιουργίας, της συντήρησης και της διάλυσης. Βλ. *Τριάδα*.

Ντάρμα. Αιώνιες αρχές Δικαίου που υποβαστάζουν ολόκληρη τη δημιουργία· η έμφυτη υποχρέωση του ανθρώπου να ζει σε αρμονία μ' αυτές τις αρχές. Βλ. επίσης *Σάναταν Ντάρμα*.

Ντίκσα. Πνευματική μύηση· από το σανσκριτικό ρήμα-ρίζα *diksh*, αφιερώνομαι. Βλ. επίσης *μαθητής* και *Κρίγια Γιόγκα*.

Ταξίδι Προς τη Συνειδητοποίηση του Εαυτού

Ομ (Aum). Η σανσκριτική ρίζα-λέξη ή ο ήχος-σπόρος που συμβολίζει την όψη του Θεού η οποία δημιουργεί και συντηρεί τα πάντα· Συμπαντική Δόνηση. Το *Ομ* των Βεδών έγινε η ιερή λέξη *Χαμ* των Θιβετιανών· το *Άμιν* των Μουσουλμάνων· και το *Αμήν ή Άμεν* των Αιγυπτίων, των Ρωμαίων, των Εβραίων και των Χριστιανών. Οι μεγάλες θρησκείες του κόσμου δηλώνουν ότι όλα τα δημιουργημένα πράγματα προέρχονται από τη συμπαντική δονητική ενέργεια του *Ομ* ή Αμήν, τον Λόγο ή Άγιο Πνεύμα. «Στην αρχή ήταν ο Λόγος, και ο Λόγος ήταν με τον Θεό, και Θεός ήταν ο Λόγος. [...] Όλα μέσω αυτού έγιναν (του Λόγου ή του *Ομ*)· και χωρίς αυτό δεν έγινε ούτε ένα το οποίο έγινε» (κατά Ιωάννη Α:1, 3).

Αμήν στα Εβραϊκά σημαίνει *σίγουρος, πιστός*. «Αυτά λέει ο Αμήν, ο μάρτυρας ο πιστός και αληθινός, η αρχή της κτίσεως τού Θεού» (Αποκάλυψη Γ:14). Όπως παράγεται ήχος από τη δόνηση ενός κινητήρα σε λειτουργία, έτσι και ο πανταχού παρών ήχος του *Ομ* επιβεβαιώνει πιστά τη λειτουργία του «Συμπαντικού Κινητήρα», ο οποίος διατηρεί όλη τη ζωή και κάθε μόριο της δημιουργίας μέσω δονούμενης ενέργειας. Στα *Μαθήματα του Self-Realization Fellowship,* ο Παραμαχάνσα Γιογκανάντα διδάσκει τεχνικές διαλογισμού, η εφαρμογή των οποίων φέρνει άμεση εμπειρία του Θεού ως *Ομ* ή Άγιο Πνεύμα. Αυτή η μακάρια κοινωνία με την αόρατη θεϊκή Δύναμη («τον Παράκλητο, το Πνεύμα το Άγιο» – κατά Ιωάννη ΙΔ:26) είναι η αληθινά επιστημονική βάση της προσευχής.

Παραμαχάνσα. Πνευματικός τίτλος που υποδηλώνει έναν Δάσκαλο. Μπορεί να απονεμηθεί μόνο από έναν αληθινό γκουρού σ' έναν μαθητή που έχει τα απαιτούμενα προσόντα. *Παραμαχάνσα* κατά κυριολεξία σημαίνει «υπέρτατος κύκνος». Στις ινδουιστικές Γραφές, το *χάνσα* ή κύκνος συμβολίζει την πνευματική διάκριση. Ο Σουάμι Σρι Γιουκτέσβαρ απένειμε τον τίτλο αυτόν στον αγαπημένο του μαθητή Γιογκανάντα το 1935.

Παραμγκούρου. Κατά κυριολεξία «υπέρτατος γκουρού» ή «μεγάλος γκουρού»· ο γκουρού του γκουρού κάποιου. Στους μαθητές του Παραμαχάνσα Γιογκανάντα, ο *παραμγκούρου* είναι ο Σρι Γιουκτέσβαρ. Για τον Παραμαχάνσατζι, ήταν ο Λαχίρι Μαχασάγια. Ο Μαχαβατάρ Μπάμπατζι είναι ο *πάραμ-παραμγκούρου* του Παραμαχάνσατζι.

Πατάντζαλι. Αρχαίος επεξηγητής της Γιόγκα, του οποίου οι *Γιόγκα Σούτρα* περιγράφουν τις αρχές του μονοπατιού της γιόγκα, διαιρώντας το σε οκτώ βήματα: (1) *γιάμα*, ηθική συμπεριφορά· (2) *νιγιάμα*, τήρηση των θρησκευτικών κανόνων· (3) *άσανα*, σωστή σωματική στάση για να ακινητοποιηθεί το σώμα· (4) *πραναγιάμα*, έλεγχος της *πράνα*, των λεπτοφυών ζωικών ρευμάτων· (5) *πρατυαχάρα*, εσωτερίκευση· (6) *νταράνα*, αυτοσυγκέντρωση· (7) *ντυάνα*, διαλογισμός· και (8) *σαμάντι*, υπερσυνείδητη εμπειρία. Βλ. *Γιόγκα*.

Γλωσσάριο

Περιοδικό του Self-Realization (Self-Realization Magazine). Ένα τριμηνιαίο περιοδικό που εκδίδεται από το Self-Realization Fellowship, το οποίο περιέχει τις ομιλίες και τα γραπτά του Παραμαχάνσα Γιογκανάντα καθώς και άλλα άρθρα πνευματικού, πρακτικού, και πληροφοριακού σύγχρονου ενδιαφέροντος και διαχρονικής αξίας.

Πνευματικό μάτι. Το ένα μάτι της διαίσθησης και της πανταχού παρούσας αντίληψης στο κατά Χριστόν *(Κουτάστα)* κέντρο *(άτζνα τσάκρα)* ανάμεσα στα φρύδια. Ο βαθιά διαλογιζόμενος πιστός βλέπει το πνευματικό μάτι σαν ένα δακτυλίδι χρυσού φωτός που περιβάλλει μια σφαίρα ιριδίζοντος μπλε χρώματος, και στο κέντρο ένα πενταγωνικό λευκό αστέρι. Μικροκοσμικά, αυτά τα σχήματα και τα χρώματα συνοψίζουν αντίστοιχα το δονητικό βασίλειο της δημιουργίας (τη Συμπαντική Φύση, το Άγιο Πνεύμα)· τον Υιό ή τη νοημοσύνη του Θεού μέσα στη δημιουργία (την κατά Χριστόν Συνειδητότητα)· και το χωρίς δόνηση Πνεύμα πέρα απ' όλη τη δημιουργία (τον Θεό τον Πατέρα).

Το πνευματικό μάτι είναι η είσοδος προς τις τελικές καταστάσεις της θεϊκής συνειδητότητας. Στον βαθύ διαλογισμό, καθώς η συνειδητότητα του πιστού διαπερνά το πνευματικό μάτι και εισέρχεται στα τρία βασίλεια που συνοψίζονται εκεί, βιώνει διαδοχικά τις ακόλουθες καταστάσεις: το υπερσυνείδητο ή την πάντα ανανεούμενη χαρά της συνειδητοποίησης της ψυχής και της ενότητας με τον Θεό ως *Ομ* ή Άγιο Πνεύμα· την κατά Χριστόν συνειδητότητα, την ενότητα με την οικουμενική νοημοσύνη του Θεού σε ολόκληρη τη δημιουργία· και τη συμπαντική συνειδητότητα, την ενότητα με την πανταχού παρουσία του Θεού που βρίσκεται πέρα από δονητική εκδηλωμένη δημιουργία καθώς και μέσα σ' αυτήν. Βλ. επίσης *καταστάσεις της συνειδητότητας· υπερσυνείδητο· κατά Χριστόν Συνειδητότητα*.

Εξηγώντας ένα εδάφιο από τον Ιεζεκιήλ (ΜΓ:1-2), ο Παραμαχάνσα Γιογκανάντα έγραψε: «Μέσω του θεϊκού ματιού στο μέτωπο, ("της ανατολής"), ο γιόγκι εισάγει τη συνειδητότητά του μέσα στην πανταχού παρουσία, ακούγοντας τον Λόγο ή *Ομ*, τον θεϊκό ήχο των "πολλών υδάτων": τις δονήσεις του φωτός που συνιστούν τη μόνη πραγματικότητα της δημιουργίας». Με τα λόγια του Ιεζεκιήλ: «Ακολούθως αυτός με έφερε στην πύλη, εκείνη που κοιτά προς την ανατολή· και ιδού, η δόξα του Θεού του Ισραήλ ήρθε από τη μεριά της ανατολής· και η φωνή Του έμοιαζε με τον ήχο πολλών υδάτων· και η γη έλαμψε με τη δόξα Του».

Ο Ιησούς επίσης μίλησε για το πνευματικό μάτι: «Το λυχνάρι τού σώματος είναι το μάτι· όταν λοιπόν το μάτι σου είναι μονό, όλο το σώμα σου είναι φωτεινό. [...] Πρόσεχε λοιπόν το φως μέσα σου να μην είναι σκοτάδι» (κατά Λουκά ΙΑ:34-35).

Πράνα. Σπίθες νοήμονος ενέργειας, πιο λεπτοφυούς από την πυρηνική, που συνιστούν τη ζωή, οι οποίες συλλογικά αναφέρονται στις πραγματείες των ινδουιστικών Γραφών ως *πράνα,* που ο Παραμαχάνσα Γιογκανάντα μετέφρασε ως «ζωητρόνια». Ουσιαστικά είναι συμπυκνωμένες σκέψεις του Θεού· η ουσία του αστρικού κόσμου και η θεμελιώδης αρχή της ζωής του υλικού σύμπαντος. Στον υλικό κόσμο υπάρχουν δυο είδη *πράνα*: (1) η συμπαντική δονητική ενέργεια που είναι πανταχού παρούσα στο σύμπαν, δομώντας και συντηρώντας τα πάντα· και (2) η ειδική *πράνα* ή ενέργεια η οποία διαποτίζει και συντηρεί κάθε ανθρώπινο σώμα μέσω πέντε ρευμάτων ή λειτουργιών. Το ρεύμα *Πράνα* εκτελεί τη λειτουργία της δημιουργίας κρυσταλλικών δομών· το ρεύμα *Βυάνα,* τη λειτουργία της κυκλοφορίας· το ρεύμα *Σαμάνα,* τη λειτουργία της αφομοίωσης· το ρεύμα *Ουντάνα,* τη λειτουργία του μεταβολισμού· και το ρεύμα *Απάνα,* τη λειτουργία της αποβολής.

Πραναγιάμα. Ο συνειδητός έλεγχος της *πράνα* (της δημιουργικής δόνησης ή ενέργειας η οποία ενεργοποιεί και συντηρεί τη ζωή στο σώμα). Η γιογκική επιστήμη της *πραναγιάμα* είναι ο άμεσος τρόπος να αποσυνδεθεί συνειδητά ο νους από τις λειτουργίες της ζωής και τις αισθητήριες αντιλήψεις που δένουν τον άνθρωπο με τη συνειδητότητα του σώματος. Η *πραναγιάμα* έτσι ελευθερώνει τη συνειδητότητα του ανθρώπου ώστε αυτός να έρθει σε κοινωνία με τον Θεό. Όλες οι επιστημονικές τεχνικές που οδηγούν στην ένωση της ψυχής με το Πνεύμα μπορούν να ταξινομηθούν ως γιόγκα, και η *πραναγιάμα* είναι η ανώτερη γιογκική μέθοδος για την επίτευξη αυτής της θεϊκής ένωσης.

Πρανάμ. Ένα είδος χαιρετισμού στην Ινδία. Τα χέρια πιέζονται παλάμη με παλάμη, με τη βάση των παλαμών στο ύψος της καρδιάς και τα ακροδάχτυλα να ακουμπούν το μέτωπο. Αυτή η χειρονομία είναι στην πραγματικότητα μια τροποποίηση του *πρανάμ,* κατά κυριολεξία «πλήρης χαιρετισμός», από τη σανσκριτική ρίζα *ναμ,* «χαιρετώ ή υποκλίνομαι» και του μορίου *πρα,* «πλήρως». Ένας *πρανάμ* χαιρετισμός αποτελεί τον γενικό κανόνα χαιρετισμού στην Ινδία. Ενώπιον απαρνητών και άλλων ατόμων που χαίρουν υψηλής πνευματικής εκτίμησης, μπορεί να συνοδεύεται ο χαιρετισμός και με την προφορά της λέξης «*Πρανάμ*».

Προμήκης μυελός. Το κύριο σημείο εισόδου της ζωικής ενέργειας (της *πράνα*) στο σώμα· έδρα του έκτου εγκεφαλονωτιαίου κέντρου, του οποίου η λειτουργία είναι να λαμβάνει και να κατευθύνει την εισερχόμενη ροή της συμπαντικής ενέργειας. Η ζωική ενέργεια αποθηκεύεται στο έβδομο κέντρο (το *σαχασράρα*) στο ανώτατο σημείο του εγκεφάλου. Από αυτόν τον ταμιευτήρα διανέμεται σε όλο το σώμα. Το λεπτοφυές κέντρο στον προμήκη μυελό είναι ο κεντρικός διακόπτης που ελέγχει την είσοδο, την αποθήκευση και τη διανομή της ενέργειας της ζωής.

Ράτζα Γιόγκα. Το «βασιλικό» ή ανώτατο μονοπάτι για την ένωση με τον Θεό. Διδάσκει τον επιστημονικό διαλογισμό ως το απόλυτο μέσον για

Γλωσσάριο

τη συνειδητοποίηση του Θεού και περιλαμβάνει τα υψηλότερα ουσιώδη στοιχεία απ' όλες τις άλλες μορφές της Γιόγκα. Οι *Ράτζα Γιόγκα* διδασκαλίες του Self-Realization Fellowship περιγράφουν έναν τρόπο ζωής που οδηγεί στην τέλεια ανάπτυξη του σώματος, του νου και της ψυχής, βασισμένες στο θεμέλιο του διαλογισμού *Κρίγια Γιόγκα*. Βλ. *Γιόγκα*.

Ράτζαρσι Τζανακανάντα (Τζέιμς Λυν) (James J. Lynn). Ο αγαπημένος μαθητής του Παραμαχάνσα Γιογκανάντα και πρώτος διάδοχός του ως πρόεδρος και πνευματικός ηγέτης του Self-Realization Fellowship / Yogoda Satsanga Society of India μέχρι τον θάνατό του στις 20 Φεβρουαρίου του 1955. Ο Λυν αρχικά έλαβε τη μύηση στην *Κρίγια Γιόγκα* από τον Παραμαχάνσατζι το 1932· η πνευματική του εξέλιξη ήταν τόσο γρήγορη, που ο Γκουρού στοργικά αναφερόταν σ' αυτόν ως ο «Άγιος Λυν», μέχρι που του απένειμε τον μοναστικό τίτλο Ράτζαρσι Τζανακανάντα το 1951.

Ρίσι. Εξελιγμένα όντα που εκδηλώνουν θεϊκή σοφία· ειδικά, οι φωτισμένοι σοφοί της αρχαίας Ινδίας στους οποίους οι Βέδες αποκαλύφθηκαν διαισθητικά.

Σαμάντι. Το ανώτατο βήμα του Οκτάπτυχου Μονοπατιού της Γιόγκα, όπως περιγράφηκε από τον σοφό Πατάντζαλι (βλ. λήμμα). Το *σαμάντι* επιτυγχάνεται όταν ο διαλογιζόμενος, η διαδικασία του διαλογισμού (κατά την οποία ο νους αποσύρεται από τις αισθήσεις με εσωτερίκευση) και το αντικείμενο του διαλογισμού (ο Θεός) γίνονται Ένα. Ο Παραμαχάνσα Γιογκανάντα εξήγησε ότι «στα αρχικά στάδια της κοινωνίας με τον Θεό (στο *σαμπικάλπα σαμάντι*) η συνειδητότητα του πιστού συγχωνεύεται με το Συμπαντικό Πνεύμα· η ζωική του ενέργεια αποσύρεται από το σώμα, το οποίο μοιάζει «νεκρό», ή ακίνητο και άκαμπτο. Ο γιόγκι είναι πλήρως ενήμερος της σωματικής του κατάστασης, αυτή της αναστολής της ζωντάνιας. Καθώς προοδεύει σε ανώτερα πνευματικά στάδια (στο *νιρμπικάλπα σαμάντι*), ωστόσο, κοινωνεί με τον Θεό χωρίς να ακινητοποιείται το σώμα του· και στη συνηθισμένη κατάσταση εγρήγορσης της συνειδητότητάς του, ακόμα και εν μέσω επίπονων εγκόσμιων καθηκόντων, συνεχίζει να βρίσκεται σε συνεχή κοινωνία με τον Θεό». Και οι δύο αυτές καταστάσεις χαρακτηρίζονται από την ενότητα με την πάντα ανανεούμενη μακαριότητα του Πνεύματος, αλλά η κατάσταση του *νιρμπικάλπα* βιώνεται μόνο από τους πιο ύψιστα εξελιγμένους Δασκάλους.

Σάναταν Ντάρμα. Κατά κυριολεξία «αιώνια θρησκεία». Το όνομα που δόθηκε στο σύνολο των βεδικών διδασκαλιών που ονομάστηκαν Ινδουισμός αφότου οι Έλληνες ονόμασαν *Ινδούς* τους ανθρώπους που βρίσκονταν στις όχθες του ποταμού Ινδού. Βλ. *ντάρμα*.

Σάνκαρα, Σουάμι. Μερικές φορές αναφέρεται ως Άντι («ο πρώτος») Σανκαρατσάρια (Σάνκαρα + *ατσάρια*, «δάσκαλος»)· ο πιο ξακουστός φιλόσοφος της Ινδίας. Η εποχή που έζησε δεν είναι βέβαιη· πολλοί ειδικοί την προσδιορίζουν στον όγδοο ή στις αρχές του ένατου αιώνα. Περιέγραψε τον Θεό όχι ως μια αρνητική αφηρημένη έννοια, αλλά ως θετική, αιώνια, πανταχού παρούσα, πάντα ανανεούμενη Μακαριότητα. Ο Σάνκαρα αναδιοργάνωσε το αρχαίο Τάγμα των Σουάμι και ίδρυσε τέσσερα μεγάλα *ματ* (μοναστικά κέντρα πνευματικής εκπαίδευσης), των οποίων οι επικεφαλής με αποστολική διαδοχή φέρουν τον τίτλο του Τζαγκαντγκούρου Σρι Σανκαρατσάρια (Jagadguru Sri Shankaracharya). Η έννοια του *Τζαγκαντγκούρου* είναι «παγκόσμιος δάσκαλος».

Σάντανα. Μονοπάτι πνευματικής πειθαρχίας. Οι ειδικές οδηγίες και πρακτικές διαλογισμού που δίνει ο γκουρού στους μαθητές του, οι οποίοι, τηρώντας τες πιστά, τελικά συνειδητοποιούν τον Θεό.

Σατανάς. Κατά κυριολεξία, στα Εβραϊκά, «ο αντίπαλος». Σατανάς είναι η συνειδητή και ανεξάρτητη οικουμενική δύναμη η οποία κρατά τα πάντα και τους πάντες παραπλανημένους με τη μη πνευματική συνειδητότητα του πεπερασμένου και του διαχωρισμού από τον Θεό. Για να το πετύχει αυτό, ο Σατανάς χρησιμοποιεί τα όπλα της *μάγια* (της συμπαντικής αυταπάτης) και της *αβίντια* (της ατομικής αυταπάτης, της άγνοιας). Βλ. *μάγια*.

Σατ-Τατ-Ομ. *Σατ*, Αλήθεια, το Απόλυτο, η Μακαριότητα· *Τατ*, οικουμενική νοημοσύνη ή συνειδητότητα· *Ομ*, συμπαντική νοήμων δημιουργική δόνηση, λέξη-σύμβολο για τον Θεό. Βλ. *Ομ* και *Τριάδα*.

Σίντα. Κατά κυριολεξία, «αυτός που είναι επιτυχημένος». Κάποιος που έχει πετύχει τη συνειδητοποίηση του Εαυτού του.

Σουάμι. Ένα μέλος του πιο αρχαίου μοναστικού τάγματος της Ινδίας, που αναδιοργανώθηκε από τον Σουάμι Σάνκαρα τον όγδοο ή στις αρχές του ένατου αιώνα. Ένας σουάμι δίνει επίσημους όρκους αγαμίας και αποκήρυξης των εγκόσμιων δεσμών και φιλοδοξιών· αφιερώνεται στον διαλογισμό και σε άλλες πνευματικές πρακτικές και σε υπηρεσία στην ανθρωπότητα. Υπάρχουν δέκα ταξινομητικοί τίτλοι του σεβαστού Τάγματος Σουάμι, όπως *Γκιρί, Πούρι, Μπαράτι, Τίρτα, Σαρασβάτι* και άλλοι. Ο Σουάμι Σρι Γιουκτέσβαρ (βλ. λήμμα) και ο Παραμαχάνσα Γιογκανάντα ανήκαν στον κλάδο *Γκιρί* («βουνό»). Η Σανσκριτική λέξη *σουάμι* σημαίνει «αυτός που είναι ένα με τον Εαυτό *(Σουά)*».

Σρι. Ένας τίτλος σεβασμού. Όταν χρησιμοποιείται μπροστά από το όνομα ενός θρησκευτικού ατόμου, σημαίνει «άγιος» ή «σεβάσμιος».

Σρι Γιουκτέσβαρ, Σουάμι. Ο Σουάμι Σρι Γιουκτέσβαρ Γκιρί (1855-1936), ο *Γκιαναβατάρ*, «Ενσάρκωση της Σοφίας», της Ινδίας· ο γκουρού του Παραμαχάνσα Γιογκανάντα και *παραμγκούρου* των *Κριγιάμπαν* μελών του Self-Realization Fellowship. Ο Σρι Γιουκτέσβαρτζι ήταν μαθητής του

Γλωσσάριο

Λαχίρι Μαχασάγια. Κατ' εντολή τού Μαχαβατάρ Μπάμπατζι, του γκουρού τού Λαχίρι Μαχασάγια, έγραψε το *The Holy Science*, μια πραγματεία πάνω στην ενότητα των χριστιανικών και των ινδουιστικών Γραφών και εκπαίδευσε τον Παραμαχάνσα Γιογκανάντα για την παγκόσμια πνευματική αποστολή του: τη διάδοση της *Κρίγια Γιόγκα*. Ο Παραμαχάνσατζι περιέγραψε με πολλή αγάπη τη ζωή του Σρι Γιουκτέσβαρτζι στην *Αυτοβιογραφία Ενός Γιόγκι*.

Στοιχεία (πέντε). Η Συμπαντική Δόνηση, ή *Ομ*, δομεί ολόκληρη την υλική δημιουργία, συμπεριλαμβανόμενου και του υλικού σώματος του ανθρώπου, μέσα από την εκδήλωση πέντε *τάτβα* (στοιχείων): της γης, του νερού, της φωτιάς, του αέρα και του αιθέρα (βλ. λήμμα). Αυτά είναι δομικές δυνάμεις, νοήμονες και δονητικές στη φύση τους. Χωρίς το στοιχείο της γης δεν θα υπήρχε κατάσταση στερεάς ύλης· χωρίς το στοιχείο του νερού δεν θα υπήρχε η υγρή κατάσταση· χωρίς το στοιχείο του αέρα δεν θα υπήρχε αέρια κατάσταση· χωρίς το στοιχείο της φωτιάς δεν θα υπήρχε θερμότητα· χωρίς το στοιχείο του αιθέρα δεν θα υπήρχε υπόβαθρο πάνω στο οποίο να παραχθεί η συμπαντική κινηματογραφική παράσταση. Στο σώμα, η *πράνα* (η συμπαντική δονητική ενέργεια) εισέρχεται στον προμήκη μυελό και μετά διαιρείται στα πέντε στοιχειώδη ρεύματα μέσω της δράσης των πέντε κατώτερων *τσάκρα* ή κέντρων: του κέντρου του κόκκυγα (γη), του κέντρου του ιερού οστού (νερό), του οσφυϊκού κέντρου (φωτιά), του ραχιαίου (αέρας), και του αυχενικού κέντρου (αιθέρας). Η σανσκριτική ορολογία γι' αυτά τα στοιχεία είναι *πριτίβι, απ, τετζ, πράνα* και *ακάς*.

Συμπαντική αυταπάτη. Βλ. *μάγια*.

Συμπαντική ενέργεια. Βλ. *πράνα*.

Συμπαντική Νοήμων Δόνηση. Βλ. *Ομ*.

Συμπαντική Συνειδητότητα. Το Απόλυτο· το Πνεύμα πέρα από τη δημιουργία. Επίσης η κατάσταση του διαλογισμού *σαμάντι* της ενότητας με τον Θεό, και πέρα από τη δημιουργία και μέσα στη δονητική δημιουργία. Βλ. *Τριάδα*.

Συμπαντικός Ήχος. Βλ. *Ομ*.

Συνειδητοποίηση του Εαυτού – (Self-realization). Ο Παραμαχάνσα Γιογκανάντα όρισε τη συνειδητοποίηση του Εαυτού ως ακολούθως: «Συνειδητοποίηση του Εαυτού είναι το να γνωρίζουμε –στο σώμα, στον νου και στην ψυχή– ότι είμαστε ένα με την πανταχού παρουσία του Θεού· ότι δεν χρειάζεται να προσευχόμαστε να έρθει αυτή σ' εμάς, ότι δεν είμαστε απλώς κοντά της συνεχώς, αλλά ότι η πανταχού παρουσία του Θεού είναι η δική μας πανταχού παρουσία· ότι είμαστε τόσο ένα τμήμα Του τώρα,

Ταξίδι Προς τη Συνειδητοποίηση του Εαυτού

όσο θα είμαστε για πάντα. Το μόνο που χρειάζεται να κάνουμε είναι να βελτιώσουμε τη γνώση μας».

Σχολείο Ραντσί (Ranchi school). Το Yogoda Satsanga Vidyalaya, που ιδρύθηκε από τον Παραμαχάνσα Γιογκανάντα το 1918 όταν ο Μαχαραγιάς του Κασιμπαζάρ (Kasimbazar) παραχώρησε το καλοκαιρινό του παλάτι και εκατό στρέμματα γης στο Ραντσί της περιοχής Μπιχάρ (Bihar) για να χρησιμοποιηθεί ως σχολείο αγοριών. Η ιδιοκτησία αυτή περιήλθε οριστικά στην κυριότητα του Παραμαχάνσατζι όταν ήταν στην Ινδία το 1935-1936. Περισσότερα από δύο χιλιάδες παιδιά τώρα παρακολουθούν τα σχολεία Yogoda στο Ραντσί, από το νηπιαγωγείο μέχρι το κολλέγιο. Βλ. *Yogoda Satsanga Society of India*.

Τεχνική Αυτοσυγκέντρωσης. Η Τεχνική Αυτοσυγκέντρωσης του Self-Realization Fellowship [επίσης Τεχνική *Χονγκ-Σο (Hong-Sau)*] που διδάσκεται στα *Μαθήματα του Self-Realization Fellowship*. Αυτή η τεχνική βοηθά με επιστημονικό τρόπο να αποσυρθεί η προσοχή απ' όλα τα αντικείμενα που την αποσπούν και να εστιάζεται σ' ένα πράγμα κάθε φορά. Έτσι, είναι ανεκτίμητη για τον διαλογισμό και για την αυτοσυγκέντρωση του νου στον Θεό. Η Τεχνική *Χονγκ-Σο* αποτελεί αναπόσπαστο τμήμα της επιστήμης της *Κρίγια Γιόγκα* (βλ. λήμμα).

Τζι. Ένα μόριο που υποδηλώνει σεβασμό, που προστίθεται σε ονόματα και τίτλους στην Ινδία· όπως Γκάντιτζι, Παραμαχάνσατζι, Γκούρουτζι.

Τριάδα. Όταν το Πνεύμα εκδηλώνει τη δημιουργία, τότε Αυτό γίνεται η Τριάδα: Πατέρας, Υιός, Άγιο Πνεύμα, ή *Σατ, Τατ, Ομ*. Ο Πατέρας *(Σατ)* είναι ο Θεός ο Δημιουργός που υπάρχει πέρα από τη δημιουργία. Ο Υιός *(Τατ)* είναι η πανταχού παρούσα νοημοσύνη του Θεού που υπάρχει μέσα στη δημιουργία. Το Άγιο Πνεύμα *(Ομ)* είναι η δονητική δύναμη του Θεού η οποία αντικειμενοποιεί, ή που γίνεται η δημιουργία. Πολλοί κύκλοι συμπαντικής δημιουργίας και διάλυσης έχουν έρθει και έχουν παρέλθει μέσα στην Αιωνιότητα (βλ. *γιούγκα*). Την ώρα της συμπαντικής διάλυσης, η Τριάδα και όλες οι άλλες σχετικότητες της δημιουργίας διαλύονται μέσα στο Απόλυτο Πνεύμα.

Τσάκρα. Στη Γιόγκα, τα επτά απόκρυφα κέντρα ζωής και συνειδητότητας στη σπονδυλική στήλη και στον εγκέφαλο, τα οποία ζωογονούν το υλικό και το αστρικό σώμα του ανθρώπου. Αυτά τα κέντρα αναφέρονται ως *τσάκρα* («τροχοί») επειδή η συγκεντρωμένη ενέργεια στο καθένα απ' αυτά μοιάζει με ένα κέντρο τροχού από το οποίο εκπέμπονται ακτίνες φωτός και ενέργειας που δίνουν ζωή. Με ανοδική σειρά, αυτά τα *τσάκρα* είναι το *μουλαντάρα* (του κόκκυγα, στη βάση της σπονδυλικής στήλης)· το *σβαντιστάνα* (του ιερού οστού, πέντε εκατοστά πάνω από το *μουλαντάρα*)· το *μανιπούρα* (το οσφυϊκό, απέναντι από τον αφαλό)· το *αναχάτα* (το ραχιαίο, απέναντι από την καρδιά)· το *βισούντα* (το αυχενικό, στη βάση του λαιμού)· το *άτζνα* (παραδοσιακά τοποθετημένο ανάμεσα στα φρύδια· στην πραγματικότητα, άμεσα συνδεδεμένο με τον προμήκη μυελό μέσω πολικότητας· βλ. επίσης *προμήκης μυελός* και *πνευματικό μάτι*)· και το *σαχασράρα* (στο ανώτατο μέρος του εγκεφάλου).

Τα επτά κέντρα είναι θεϊκά σχεδιασμένες έξοδοι ή «πόρτες-παγίδες» μέσα από τις οποίες η ψυχή κατήλθε στο σώμα και μέσα από τις οποίες πρέπει να ανέλθει ξανά με τη διαδικασία του διαλογισμού. Με επτά διαδοχικά βήματα, η ψυχή δραπετεύει και εισέρχεται στη Συμπαντική Συνειδητότητα. Στη συνειδητή ανοδική διέλευσή της μέσα από τα επτά ανοιγμένα ή «αφυπνισμένα» εγκεφαλονωτιαία κέντρα, η ψυχή διασχίζει τη λεωφόρο προς το Άπειρο, το αληθινό μονοπάτι από το οποίο η ψυχή πρέπει να ξαναπεράσει για να επανενωθεί με τον Θεό.

Οι πραγματείες της Γιόγκα γενικά θεωρούν ως *τσάκρα* μόνο τα έξι κατώτερα κέντρα, αναφερόμενες στο *σαχασράρα* ξεχωριστά ως ένα έβδομο κέντρο. Εντούτοις, και τα επτά κέντρα συχνά αναφέρονται ως λωτοί, με τα πέταλά τους ανοιχτά ή στραμμένα προς τα πάνω, σε πνευματική αφύπνιση, καθώς η ζωή και η συνειδητότητα διασχίζουν ανοδικά τη σπονδυλική στήλη.

Τσέλα. Ινδική λέξη για τον «μαθητή».

Τσιτά. Διαισθητικό αίσθημα· το σύνολο της συνειδητότητας, μέσα στην οποία ενυπάρχουν το *αχάμκαρα* (εγωισμός), το *μπούντι* (νοημοσύνη), και το *μάνας* (νους ή συνειδητότητα των αισθήσεων).

Υπερσυνείδητο. Η αγνή, διαισθητική, πάντα μακάρια συνειδητότητα της ψυχής που βλέπει τα πάντα. Μερικές φορές χρησιμοποιείται γενικά σε αναφορά σε όλες τις διάφορες καταστάσεις του *σαμάντι* που βιώνεται στον διαλογισμό, αλλά πιο συγκεκριμένα προσδιορίζει την πρώτη κατάσταση του *σαμάντι* (βλ. λήμμα), στην οποία κάποιος υπερβαίνει τη συνειδητότητα του εγώ και συνειδητοποιεί τον εαυτό του ως ψυχή, φτιαγμένη κατ᾽ εικόνα του Θεού. Από εκεί και πέρα ακολουθούν οι ανώτερες καταστάσεις της συνειδητοποίησης: η κατά Χριστόν συνειδητότητα και η συμπαντική συνειδητότητα (βλ. λήμματα).

Υπερσυνείδητος νους. Η δύναμη της ψυχής που γνωρίζει τα πάντα και αντιλαμβάνεται την αλήθεια με άμεσο τρόπο· η διαίσθηση.

Χάτα Γιόγκα. Ένα σύστημα τεχνικών και σωματικών στάσεων (*άσανα*) που προάγουν την υγεία και τη νοητική ηρεμία. Βλ. *Γιόγκα*.

Ψυχή. Εξατομικευμένο Πνεύμα. Η ψυχή ή Εαυτός (*άτμαν*) είναι η αληθινή και αθάνατη φύση του ανθρώπου και όλων των ζωντανών μορφών ζωής· είναι κρυμμένη, προσωρινά μόνο, κάτω από τα ενδύματα του αιτιατού,

Ταξίδι Προς τη Συνειδητοποίηση του Εαυτού

του αστρικού και του υλικού σώματος. Η φύση της ψυχής είναι Πνεύμα: πάντα υπάρχουσα, πάντα συνειδητή, πάντα ανανεούμενη Μακαριότητα.

Mount Washington (Mt. Washington). Η τοποθεσία και κατ' επέκταση ένα συχνά χρησιμοποιούμενο όνομα του Μητρικού Κέντρου και της διεθνούς έδρας του Self-Realization Fellowship στο Λος Άντζελες. Το 50 στρεμμάτων έκτασης κτήμα αποκτήθηκε από τον Παραμαχάνσα Γιογκανάντα το 1925. Αυτός το έκανε το εκπαιδευτικό κέντρο του μοναστικού Τάγματος του Self-Realization και το διοικητικό κέντρο για τη διάδοση της αρχαίας επιστήμης της *Κρίγια Γιόγκα* ανά τον κόσμο. Βλ επίσης σελ. 472.

Self-Realization. Το συνοπτικό όνομα του Self-Realization Fellowship, της οργάνωσης που ίδρυσε ο Παραμαχάνσα Γιογκανάντα και συχνά μνημόνευε σε ανεπίσημες ομιλίες· για παράδειγμα «οι διδασκαλίες του Self-Realization»· «το μονοπάτι του Self-Realization»· «η έδρα του Self-Realization στο Λος Άντζελες» κλπ.

Self-Realization Fellowship. Η οργάνωση που ίδρυσε ο Παραμαχάνσα Γιογκανάντα στις Ηνωμένες Πολιτείες το 1920 [και ως Yogoda Satsanga Society of India το 1917] με σκοπό τη διάδοση ανά τον κόσμο των πνευματικών αρχών και των τεχνικών διαλογισμού της *Κρίγια Γιόγκα* (βλ. λήμμα), για τη βοήθεια και το όφελος της ανθρωπότητας. Η έδρα, το Μητρικό Κέντρο, βρίσκεται στο Λος Άντζελες, στην Καλιφόρνια. Ο Παραμαχάνσα Γιογκανάντα εξήγησε ότι το όνομα Self-Realization Fellowship σημαίνει: «Κοινωνία με τον Θεό μέσω συνειδητοποίησης του Εαυτού και φιλία με όλες τις ψυχές που αναζητούν την αλήθεια». Βλ. επίσης «*Στόχοι και Ιδεώδη του Self-Realization Fellowship*», σελ. 465.

Yogoda Satsanga Society of India. Το όνομα με το οποίο η οργάνωση του Παραμαχάνσα Γιογκανάντα είναι γνωστή στην Ινδία. Η οργάνωση ιδρύθηκε απ' αυτόν το 1917. Το κεντρικό γραφείο της, το Γιογκόντα Ματ (Yogoda Math), βρίσκεται στις όχθες του Γάγγη στο Ντακσινεσβάρ (Dakshineswar), κοντά στη Καλκούτα, μ' ένα παράρτημα *ματ (math)* στο Ραντσί (Ranchi) της περιοχής Μπιχάρ (Bihar). Εκτός από τα κέντρα διαλογισμού και τις ομάδες μαθητών σε ολόκληρη την Ινδία, η Οργάνωση Yogoda Satsanga διαθέτει είκοσι ένα εκπαιδευτικά ιδρύματα, από δημοτικά μέχρι κολλέγια ανώτατης εκπαίδευσης. Το Yogoda *(Γιογκόντα)*, μια λέξη που επινόησε ο Παραμαχάνσα Γιογκανάντα, προέρχεται από τη λέξη *γιόγκα*, «ένωση, αρμονία, ισορροπία»· και το *ντα*, «αυτό που μεταδίδει». Satsanga *(Σατσάνγκα)* σημαίνει «θεϊκή αδελφότητα», ή «αδελφότητα με την Αλήθεια». Για τη Δύση, ο Παραμαχάνσατζι μετέφρασε το ινδικό αυτό όνομα σε «Self-Realization Fellowship» (βλ. λήμμα).

www.ingramcontent.com/pod-product-compliance
Lightning Source LLC
Chambersburg PA
CBHW071308150426
43191CB00007B/549